KB084028

임원경제지
권55-56

보양지

葆養志 2

임원경제지
권55-56

보양지 葆養志 2

건강양생 백과사전

권4·수진(修眞, 몸의 수련)

권5·복식(약·음식 복용)

풍석 서유구 지음   추담 서우보 교정
도올 김용옥 감수 및 서문
🌿 임원경제연구소 전종욱, 정명현 옮김

🐚 풍석문화재단

임원경제지 보양지2

지은이	풍석 서유구
교 정	추담 서우보
옮기고 쓴 이	🌿**임원경제연구소** [전종욱(대표역자), 정명현]
	교감·교열 : 민철기, 정정기, 최시남, 김현진,
	김수연, 강민우, 김광명, 김용미
	자료정리 : 고윤주
	감수 및 서문 : 도올 김용옥
펴낸 곳	🏛️ **풍석문화재단**
	펴낸 이 : 신정수
	진행 : 진병춘, 박정진　진행지원 : 박소해
	전화 : 02)6959-9921　E-mail : pungseok@naver.com
일러스트	노금희
편집디자인	아트퍼블리케이션 디자인 고흐
인 쇄	상지사피앤비
펴낸 날	초판 1쇄 2020년 11월 2일
	초판 2쇄 2021년 1월 15일
ISBN	979-11-89801-33-5

이 도서의 국립중앙도서관 출판예정도서목록(CIP)은 서지정보유통지원시스템 홈페이지
(http://seoji.nl.go.kr)와 국가자료종합목록 구축시스템(http://kolis-net.nl.go.kr)에서 이용하실 수 있습니다.
(CIP제어번호 : CIP2020040900)

* 표지그림 : 신선도병풍(神仙圖屛風)(국립고궁박물관 소장), 신선도(神仙圖)(국립민속박물관 소장)
* 사진 사용을 허락해주신 국립수목원에 감사드립니다.

차례

보양지 권제5 葆養志 卷第五 임원십육지 56 林園十六志 五十六

복식(약 음식 복용) 服食

1. 약이(藥餌, 약과 약 음식) 藥餌

일러두기

- 이 책은 풍석 서유구의 《임원경제지》를 표점, 교감, 번역, 주석, 도해한 것이다.

- 저본은 정사(正寫) 상태, 내용의 완성도, 전질의 구성 등을 고려하여 고려대학교 도서관 소장본으로 했다.

- 현재 남아 있는 이본 가운데 서울대학교 규장각한국학연구원, 일본 오사카 나카노시마부립도서관본을
  교감하고, 교감 사항은 각주로 처리했으며, 각각 규장각본, 오사카본으로 약칭했다.

- 교감은 본교(本校) 및 대교(對校)와 타교(他校)를 중심으로 하고, 필요에 따라서는 이교(理校)를 반영했으며
  교감 사항은 각주로 밝혔다.

- 번역주석의 번호는 일반 숫자(9)로, 교감주석의 번호는 네모 숫자(⑨)로 구별했다.

- 원문에 네모 칸이 쳐진 注와 서유구의 의견을 나타내는 案, 又案 등과 인용문헌은 원문의 표기와 유사하게
  네모를 둘렀다.

- 원문의 주석은【 】로 표기했다.

- 서명과 편명은 번역문에만 각각 《 》 및 〈 〉로 표시했다.

- 표점 부호는 마침표(.), 쉼표(,), 물음표(?), 느낌표(!), 쌍점(:), 쌍반점(;), 인용부호(" ", ' '), 가운뎃점(·),
  모점(,), 괄호(( )), 서명 부호《 》를 사용했고 인명, 지명 등 고유명사에는 밑줄을 그었다.

- 字, 號, 諡號 등으로 표기된 인명은 성명으로 바꿔서 옮겼다.

- 그림 및 사진의 출처는 해당 자료와 함께 표기하였다. 별도표기가 없는 경우, 바이두(Baidu.com)와
  구글(Google.com) 등의 이미지를 활용하였다.

보양지 권제 4

葆養志 卷第四

임원십육지 55

林園十六志 五十五

Ⅰ. 수진(修眞, 몸의 수련)

도가(道家)는 오직 도인을 위주로 하고 약석을 말하지 않는다. 대개 약에는 진짜와 가짜가 있고 그 성질에도 반오(反悟)가 있으므로 병은 비록 없어져도 약의 독은 아직 남아 있다. 더러 추위나 더위의 변화에 당하거나 음식을 잘못 먹음으로 인해 다른 질병이 생겼다가 죽는 경우가 생기기도 한다. 그래서 선가(仙家)에서는 약석을 취하지 않지만 도인은 귀하게 여긴다. 최상의 도인은 병이 없을 때 행하는 것이고, 중간의 도인은 병에 걸리기 전에 행하는 것이며, 최하의 도인은 병에 걸린 다음 행하는 것이다.

— Ⅰ —

수진(修眞, 몸의 수련)

修眞

— Ⅰ —

수진(修眞, 몸의 수련)

修眞

1 도인(導引)
2 안마(按摩)
3 부록 가결(歌訣)

1. 도인(導引)[1]

導引

1) 총론(總論)

수양(修養)은 태을씨(太乙氏)[2]가 시작했고, 도인(導引)은 음강씨(陰康氏)[3]가 시작했다. 태을씨의 시대에는 의약이 정립되지 않아서 혈기를 조화롭게 하는 것으로 장생을 확보하였으니, 이에 수양법이 세상에 알려졌다. 음강씨의 시대에는 백성들이 다리가 붓는 병을 앓았으므로 무법(舞法)을 만들어 기혈을 소통했으니, 이에 도인술이 세상에 알려졌다.[4] 영호총(令狐璁)[5]《보생심감서(保生心鑑序)[6]》[7]

總論

修養始於太乙氏, 而導引則始於陰康氏. 太乙時, 醫藥未立, 乃調和血氣以保長生, 而修養之法顯. 陰康時, 民患重腄, 因制舞法以疏氣血, 而導引之術名. 鐵峯居士《保生心鑑序》

사람은 음양의 기운을 받고 태어나 본래 처음에는 조금도 결함이 없었다. 그러나 일단 외물과 접하

人稟陰陽之氣以生, 其本始未嘗少欠, 一與物接, 乾

---

1 도인(導引) : 도교에서 선인이 되기 위하여 하는 양생술의 일종. 호흡과 몸짓을 통하여 이루어진다.
2 태을씨(太乙氏) : 중국 고대사상에서 우주의 본체를 인격화한 신.
3 음강씨(陰康氏) : 중국 고대 전설속의 인물. 신농(神農) 이전에 활동했다고 알려져 있으며 음기(陰氣) 및 물과 관련되어 있다.
4 음강씨의……알려졌다 : 서문의 이어지는 문장에서 태을씨의 수양과 음강씨의 도인은 그 실행 방법이 좀 다르지만 그 신묘한 효과는 동일하다고 했다.
5 영호총(令狐璁) : 1516~1582. 중국 명나라의 학자. 호는 철봉거사(鐵峯居士). 성리학과 양생술에 관심이 많았다. 저서는 《성리찬요(性理纂要)》·《가례집요(家禮執要)》·《보생심감(保生心鑑)》등이 있다.
6 보생심감서(保生心鑑序) : 1506년 중국 명나라의 영호총이 편찬한 기공양생서(氣功養生書)《보생심감》의 서문. 《보생심감》에서는 섭생의 도를 수양·의약·도인으로 구분했다.
7 《保生心鑑》〈保生心鑑序〉《壽養叢書》6, 2쪽). 고서에는 쪽수가 없어서 편의상 PDF파일의 쪽수를 적는다. 실제 책의 쪽수와는 약간의 차이가 있을 수 있다.

면서부터 근본이 되는 건원(乾元, 하늘의 덕)이 점차 7
정(七情)[8]에 의해 소모된다. 이 때문에 기와 혈이 뭉
치고 지체되어 병이 생긴다. 그러므로 옛날의 군자
들은 명료하게 도를 깨달아 말을 알고 기를 기르며
[知言養氣], 의를 모으는 공을 행하려 하면[欲行集義][9]
반드시 먼저 웅경조신(熊頸鳥伸)[10]하며, 보고 듣는 것
을 거두어 되돌림으로써[收視返聽] 몸의 관(關)과 절
(節)[11]을 도인하였다. 관과 절이 통하면 온몸의 기가
아래위로 흐르게 된다. 왕채(王蔡)[12]《수진비요서(修眞
秘要序)[13]》[14]

元之祖漸爲七情所耗，是
以氣滯血凝而病生焉．故
古之君子見道分明，知言
養氣，欲行集義之功，必先
熊頸鳥伸，收視返聽，以導
引其關節．關節通則一氣
流行於上下矣．<u>王蔡</u>《修眞
秘要序》

2) 약석(藥石)[15]이 도인보다 못하다

도가(道家)는 오직 도인을 위주로 하고 약석을 말
하지 않는다. 대개 약에는 진짜와 가짜가 있고 그 성

論藥石不如導引

道家惟主導引，不言藥石．
蓋藥有眞僞，性有反愎，疾

---

8 7정(七情) : 사람의 7가지 감정. 희(喜)·노(怒)·애(哀)·구(懼)·애(愛)·오(惡)·욕(欲).

9 말을……하면[欲行集義] :《맹자》〈공손추〉에 "我知言, 我善養吾浩然之氣(나는 말을 알고, 호연지기를 잘
   기른다)."와 "是集義所生者, 非義襲而取之也(이 호연지기는 의를 축적하여 생겨나는 것이다. 의는 하루아
   침에 갑자기 엄습하여 이를 취하는 것이 아니다)."라 한 말과 관련된 말이다. 서문을 볼 때 왕채는 공자와
   맹자를 양생법의 원조로 보고 있을 정도로 유가적 정체성이 강하게 드러나는 양생가이다. 곧 공자는 주역
   건괘에서 한 말로 "변통(變通)이 사시(四時)보다 큰 것이 없다(變通, 莫大乎四時)."라 하여 역을 체화한 인
   물로, 맹자는 앞서 호연지기 장에서 말한 지언양기(知言養氣)를 잘 하는 인물로 특히 부각시키면서 천지의
   의(義)를 모으며 시청언동(視聽言動)을 수렴하여 거두어들이는 행공의 대가로 묘사했다.

10 웅경조신(熊頸鳥伸) : 곰이 앞발로 나무를 짚고 일어서는 모양과 새가 목을 펴는 동작처럼 하는 도인법의
    하나.

11 관(關)과 절(節) : 현대어 관절로 풀이하기에 난점이 있어서 음절을 따로 분리하였다. 관과 절은 지금의 뼈
    마디를 포함하여 온몸, 즉 상체·하체·겉의 피부·속의 장기를 연결하는 빗장과 마디를 의미한다(뒤에는 그
    대로 '관절'로 옮기기도 했다).

12 왕채(王蔡) : ?~?. 중국 명(明)나라의 양생가. 저서로《수진비요(修眞秘要)》가 있다.

13 수진비요서(修眞秘要序) : 중국 명나라의 왕채가 편찬한 양생서《수진비요》의 서문. 왕채는 서문에서 공자
    와 맹자의 말 속에서 사시(四時)·지언(知言)·호연지기(浩然之氣)를 언급하며 양생의 요점은 지언양기(知言
    養氣)라고 하였다. 또한《수진비요》는《보양지》에서《수진비요》에 그림과 함께 나와 있는 49가지 양생도
    인법 중에서 44개를 인용하고 있을 정도로 중요한 인용서이다.

14 《修眞秘要》〈修眞秘要序〉(《壽養叢書》4, 2~3쪽).

15 약석(藥石) : 식물성 약재와 광물성 약재의 총칭. 약(藥)은 식물성 약재, 석(石)은 광물성 약재이다.

질에도 반오(反悞)[16]가 있으므로 병은 비록 없어져도 약의 독은 아직 남아 있다. 더러 추위나 더위의 변화에 당하거나 음식을 잘못 먹음으로 인해 다른 질병이 생겼다가 죽는 경우가 생기기도 한다.

그래서 선가(仙家)[17]에서는 약석을 취하지 않지만 도인은 귀하게 여긴다. 최상의 도인은 병이 없을 때 행하는 것이고, 중간의 도인은 병에 걸리기 전에 행하는 것이며, 최하의 도인은 병에 걸린 다음 행하는 것이다.

24가지 사기가 살갗으로 파고들고 경락에 머물러 있을 때, 안마로 기를 움직이게 하고, 닫힌 곳을 뚫어서 쳐내고, 침을 삼키고 숨을 들이쉬는 기술로 화평하게 함으로써, 사기가 영위(榮衛)를 침범하여 장부를 갉아 먹지 않도록 하는 것이다. 몸을 닦고 수명을 기르는 자는 이 점을 취한 것이다.《태청24기수화취산도서(太淸二十四氣水火聚散圖序)[18]》[19]

縱去而毒尙留, 或乘寒暑之變, 或因飮食之反, 而生他疾, 至於殺身者有之.

故仙家不取藥石, 而貴導引. 導引之上, 行其無病; 導引之中, 行其未病; 導引之下, 行其已病.

二十四邪方襲肌膚, 方滯經絡, 按摩以行之, 注閉以攻之, 嚥納以平之, 使不至於侵其榮衛而蝕其臟腑, 修身養命者, 於是乎取之.《太淸二十四氣水火聚散圖序》

3) 초학타좌법(初學打坐法, 초심자의 좌공 배우기)

두텁게 깔아 부드러운 좌대에 앉아 옷은 느슨히 하고 띠를 풀며, 결가부좌(結跏趺坐)나 반가부좌(半跏

初學打坐法

須厚鋪軟座, 寬衣解帶, 結跏趺坐, 或半跏趺坐, 令

---

16 반오(反悞) : 약의 성질이 상충되어 함께 써서는 안 되는 약재 또는 그러한 일.

17 선가(仙家) : 도가와 같은 말로 쓰이며, 장생신선사상(長生神仙思想)과 양생술을 위주로 하는 유파.

18 태청24기수화취산도서(太淸二十四氣水火聚散圖序) : 중국 명나라의 학자 영호총(令狐璁, 1516~1582)이 지은 《보생심감(保生心鑑)》의 편명으로, 24절기에 따라 행하는 양생도인술에 관한 그림과 그에 대한 설명이 적힌 글이다. 24기좌공각병도(二十四氣坐功卻病圖)·사시좌공각병도(四時坐功卻病圖)·진희이24기좌공도(陳希夷二十四氣坐功圖)·24기도인좌공법(二十四氣導引坐功法)·24기도인도(二十四氣導引圖)·각병연년동공(卻病延年動功) 등으로 구성되어 있다.

19 《保生心鑑》〈太淸二十四氣水火聚散圖序〉《壽養叢書》6, 22쪽).

跌坐)20를 하고 등허리와 목의 뼈마디를 서로 반듯하게 세워야 한다. 귀와 어깨를 나란히 하고, 코와 배꼽을 나란히 하고, 혀끝은 입천장에 두고서 양입술과 치아는 서로 붙인다. 눈은 약간 뜨되 완전히 감으면 안 되니, 그러면 쉬이 잠들어 버릴까봐서이다. 몸은 부처[浮圖]21의 모습처럼 평안하고 바르게 해야 하는데, 자세의 요체는 편안하게 몸을 펴서 자연스러움에 맡기는 것이다.

숨은 코로 쉬되 거칠거나, 급하거나, 참거나, 억누르면 안 된다. 숨이 출입하고 오갈 때 면면히 끊이지 않도록 힘써야 하며, 또 의식적으로 호흡을 하면 안 된다. 이때 일체의 선악을 생각하지 말아야 한다. 생각을 하면 자연스런 호흡을 깨게 되고, 깨면 오래갈 수 없다. 오래도록 속세의 연을 잊고 스스로 일편의 단심을 이루어내어 선정(禪定)22을 마치고 나오게 되면 서서히 몸을 움직여 평온하게 생활하는 것이다. 이 뜻을 얻으면 자연스럽게 사지가 가볍고 상쾌해지니, 이것이 이른바 '안락법(安樂法)'이다. 《복수전서(福壽全書)23》24

腰脊頭項骨節相拄. 耳與肩對, 鼻與臍對, 舌抵上齶, 脣齒相著. 目須微開, 不可全閉, 若全閉, 恐易昏睡. 身須平直, 狀類浮圖, 坐要安舒, 任其自然.

從鼻通, 不可麤, 不可促, 不可閉, 不可抑, 出入往來, 務要綿綿不斷, 亦不可著意爲之. 一切善惡都莫思量, 念之卽覺, 覺之卽無久. 久忘緣, 自成一片出定之時, 徐徐動身, 安詳而起居. 得此意, 自然四大輕爽, 所謂"安樂法"也. 《福壽全書》

---

20 결가부좌(結跏趺坐)나 반가부좌(半跏趺坐) : 가(跏)는 발바닥, 부(趺)는 발등을 말한다. 결가부좌는 오른쪽 발을 왼쪽 허벅다리 위에, 왼쪽 발을 오른쪽 허벅다리 위에 놓고 앉거나 그 반대로 놓고 앉는 방법을 말하며, 반가부좌는 왼쪽 발을 그대로 오른쪽 발밑에 두고 오른쪽 발만을 왼쪽 허벅다리 위에 올려 놓고 앉는 방법을 말한다.

21 부처[浮圖] : 범어 Buddha의 음역으로 불타(佛陀)로 쓰기도 하는데, 곧 석가모니 혹은 석가모니처럼 깨달은 사람을 의미한다.

22 선정(禪定) : 불교의 근본 수행방법 중 하나로, 산란한 마음을 고요하게 가라앉혀 번뇌와 근심이 없는 상태로 나아가는 것이다. 여기에서는 도인법의 수행방법 중 하나로 언급하였다.

23 복수전서(福壽全書) : 중국 명나라의 진계유(陳繼儒, 1558~1639)가 지은 양생서.

24 《福壽全書》卷1〈衛生〉(국립중앙도서관 古古10-00-나9, 75~76쪽).

4) 종리권(鍾離權)[25]의 8단금(八段錦) 도인법[26]

鍾離八段錦導引法

① 눈을 감고 마음을 가라앉히고 앉아【주 마음을 가라앉히고 자리에 가부좌하여 앉는다】

閉目冥心坐【注 冥心盤趺而坐】,

손은 악고(握固, 엄지를 나머지 네 손가락으로 감싸 쥠)하고 조용히 신(神)을 생각하네.

握固靜思神.

고치(叩齒)[27]를 36번 하고,

叩齒三十六,

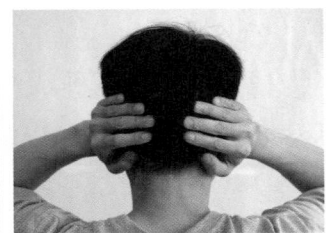

고치집신도세(叩齒集神圖勢, 고치하고 신을 모으는 자세 그림)《준생팔전》《보생심감》에도 같은 그림이 있으나 보다 선명한 《준생팔전》의 그림을 넣었다.

(임원경제연구소, 최시남)

---

25 종리권(鍾離權) : ?~?. 중국 도교 팔선(八仙) 중의 한 선인(仙人). 자는 운방(雲房)·적도(寂道). 호는 정양자(正陽子)·화곡자(和穀子). 한때 대장군을 지낸 무장이었는데 세속에서 벗어나 은거하며 신선이 되었다고 한다. 스승인 현보 선생의 도를 배워 깨우치고, 후에 그 술법이 여동빈(呂洞賓, 798~?)에게 전해져 《종려전도집(鍾呂傳道集)》이 전해진다. 도교 전진도(全真道)에서는 그를 정양조사(正陽祖師)로 일컬었고, 2대 조사(祖師)가 되었다. 작품으로 〈환단가(還丹歌)〉·〈파미정도가(破迷正道歌)〉 등이 있다.

26 8단금(八段錦) 도인법 : '8단(八段)'이란 양생법의 행공이 8부분으로 되어 있다는 뜻이고 금(錦)은 도인 자세가 아름답고 부드러워 비단 같다는 뜻에서 붙여진 이름이다. 후세 8단금은 동공입8단(動功立八段)·정공좌8단(靜功坐八段)으로 나누어지는데, 무8단(武八段)·문8단(文八段)이라고도 한다. 입식(立式)의 무8단은 진(晉)나라 허손(許遜, 239~374)의 《영검자인도자오기(靈劍子引導子午記)》에서 시작되었고, 좌식(坐式)의 문8단은 당나라의 종리권에서 유래하였다. 본문은 그가 전하는 8단금 도인법을 요약한 5언시이다.

27 고치(叩齒) : 윗니와 아랫니를 부딪쳐 이뿌리를 튼튼하게 하는 수양법.

요천주도세(搖天柱圖勢, 목을 흔드는 자세 그림)《준생팔전》

두 손은 머리를 감싸 쥐지【주】두 손을 목 뒤로 깍지를 끼고 9번 호흡하는데, 귀에 들리지 않도록 한다. 이후에도 숨 쉴 때는 늘 숨소리가 귀에 들리게 해서는 안 된다】.

귀의 좌우로 천고(天鼓)[28]를 울려

24번 들리게 하지【주】두 손바닥으로 두 귀를 막고 먼저 검지를 중지 위에 올려놓고 힘을 주면서 뒷머리를 세게 탁 두드려준다. 좌우 각각 24번 한다】.

② 목을 조금 흔들면서【주】머리를 좌우로 흔들어 어깻죽지를 돌아보는 움직임을 24번 한다. 이에 앞서 손을 악고한다】,

兩手抱崑崙【注】叉兩手向項後, 數九息, 勿令耳聞. 自此以後, 出入息, 皆不可使耳聞】.

左右鳴天鼓,

二十四度聞【注】移兩手心, 掩兩耳, 先以第二指壓中指, 彈擊腦後左右各二十四次】.

微擺撼天柱【注】搖頭左右, 顧肩膊, 隨動二十四, 先須握固】,

---

28 천고(天鼓) : 도인술의 일종으로, 손바닥으로 귓바퀴를 막고 뒷머리에 손가락을 대는데 2지를 중지 위에 올렸다가 내리면서 머리를 탁 두들기면 귀에서 큰 소리가 들린다. 그래서 천고를 두드린다고 표현한 것이다.

적룡(赤龍)으로 물을 휘저어 섞네【주 적룡은 혀이다. 혀로 입안·치아·좌우의 볼 안을 문질러 진액이 생기면 삼킨다】.

③ 침으로 수진(漱津)[29]하기를 36번 하여【주 어떤 이는 이를 '고수(鼓漱)'[30]라 한다】,

신수(神水, 침)가 입에 고루 가득하지.

이 침 1모금을 3번 나누어 삼켜【주 입에 머금은 침을 3번으로 나누어 꿀꺽 소리를 내면서 삼킨다】,

용이 움직이면 범은 절로 달리게 하네【주 침은

赤龍攪水渾【注 赤龍者, 舌也. 以舌攪口齒并左右頰, 待津液生而嚥】.

漱津三十六【注 一云 "鼓漱"】,

神水滿口均.

一口分三嚥【注 所漱津液, 分作三口, 作汨汨聲而嚥之】,

龍行虎自奔【注 液爲龍,

설교수인도세(舌攪漱咽圖勢, 혀를 흔들어 침으로 양치하고 삼키는 자세 그림) 다만 팔을 올리는 모습은 본문의 내용에 없는 동작이다(《준생팔전》)

---

29 수진(漱津) : 혀로 입안을 자극하여 침을 생성하고 삼키는 도인술. 수연(漱嚥)·연수(嚥漱)·연진(嚥津)·탄진(呑津)이라고도 한다.
30 고수(鼓漱) : 혀로 입안의 곳곳을 문지르고 자극하여[鼓] 침이 많아지게 하고, 침으로 양치질을 하고 뱉어내는 방법.

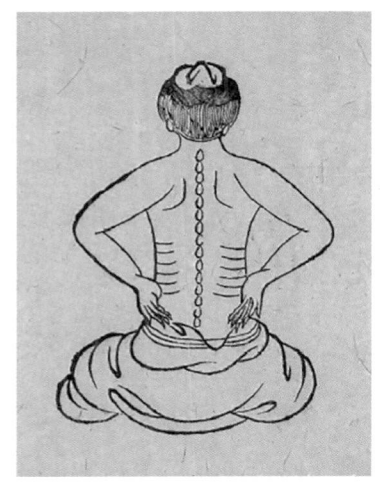

마신당도세(摩腎堂圖勢. 신장 부위를 문지르는 자세 그림)
《준생팔전》

용이고, 숨은 범이다】.

④ 호흡을 멈추고 손으로 콧등을 문질러 열을 낸
뒤【주】코로 맑은 공기를 흡입하고 잠시 숨을 멈춘
다. 손으로 콧등을 문질러 콧속을 매우 뜨겁게 하
고, 서서히 묵은 숨을 내보낸다】,

등에는 뒤의 정문(精門)을 문지르지【주】정문은
허리 뒤쪽의 신장 부위이다. 두 손을 모아 마찰한
손을 거두어 정문에 대고 악고한다】.

이렇게 1번을 다 하면【주】다시 호흡을 멈춘다】,

화기(火氣)를 존상(存想, 의식으로 상상함)하여 제륜(臍
輪, 배꼽)을 태우네【주】입과 코의 숨을 멈춰 심장의
화기가 내려가 단전(丹田)31을 태우는 것을 존상(存想)

氣爲虎】.

閉氣搓手熱【注】以鼻引淸
氣, 閉之少頃, 搓手令極
熱鼻中, 徐徐放故氣出】,

背摩後精門【注】精門者,
腰後外腎也. 合兩手摩畢,
收手握固】.

盡此一口氣【注】再閉氣也】,
想火燒臍輪【注】閉口鼻之
氣, 想用心火下燒丹田, 覺
熱極, 卽用後法】.

---

31 단전(丹田) : 영단(靈丹)을 제조하고 저장하는 부위로, 배꼽에서 9cm 아래에 있다.

한다. 열이 매우 뜨겁게 느껴지면 바로 다음 방법을 쓴다】.

⑤ 좌우로 녹로(轆轤)[32]를 돌린 뒤【주 머리를 숙여 두 어깨를 36번 흔들고, 화기가 단전(丹田)에서 쌍관(雙關)[33]을 통과하여 뇌호(腦戶)[34]로 들어가는 것을 존상한다】,

두 다리를 쭉 펴지【주 두 다리를 곧게 편다】.

⑥ 두 손을 깍지 끼어 허공으로 밀어올리고【주 손을 깍지 끼고 위를 향하여 공중으로 3번이나 9번 밀어올린다】,

머리 숙이고 발 자주 당기네【주 두 손을 앞으로 향해 발바닥을 12번 당기고서야 발을 거두어 단정히 앉는다】.

左右轆轤轉【注 俯首, 擺撼兩肩三十六, 想火自丹田透雙關, 入腦戶】,

兩脚放舒伸【注 放直兩脚】.

叉手雙虛托【注 叉[1]手相交, 向上托空三次或九次】,

低頭攀足頻【注 以兩手向前, 扳脚心十二[2]次, 乃收[3]足端坐】.

---

32 녹로(轆轤) : 도르래를 이용하여 무거운 물건을 들어 올리는 데 쓰이던 기구. 여기서는 등뼈의 양 옆. 정좌하여 손을 어깨와 연동하여 돌리는 동작을 녹로의 도르래가 돌아가는 모습으로 표현하였다.

33 쌍관(雙關) : 인체의 등에서 정기가 오르내리는 길에 존재하는 3개의 관문을 삼관(三關)이라 한다. 《동의보감(東醫寶鑑)》〈신형(身形)〉에서 삼관에 대해, 머리 뒤꼭지를 옥침관(玉枕關)이라 하고, 등뼈의 양쪽 옆을 녹로관이라 하며, 엉치뼈에 있는 것을 미려관(尾閭關)이라 했다. 쌍관은 이 3개의 관문, 즉 삼관과 관련이 있다. 등뼈의 맨 꼭대기는 동금(潼金)과 같이 동그란데, 그 위에 9개의 구멍이 있어 안팎으로 서로 통하게 되어 있으며 정기(精氣)는 이환궁(泥丸宮)에서 단전을 거쳐 미려관으로 오르내린다고 한다. 척추 끝의 미려관에서 척추의 쌍관을 타고 뇌 속의 니환궁까지 연결되는 기운의 흐름을 표현하기도 했다. 쌍관은 또 손등의 합곡혈(合谷穴)과 발등의 태충혈(太衝穴)을 가리킨다. 이 혈은 양손과 양발에 4개의 혈이 있어 4관혈(四關穴)이라고도 하며, 상반신의 운기를 관장한다.

34 뇌호(腦戶) : 뒷목 머리카락 경계선 정중앙에서 12cm 위에 있는 혈자리. 두통·구토 등의 증상과 관련되어 있다. 뇌호를 니환궁으로 들어가는 문호로 보고 있는 듯하다.

[1] 叉 : 저본에는 "又". 오사카본·규장각본에 근거하여 수정.

녹로(轆轤)《임원경제지 본리지》

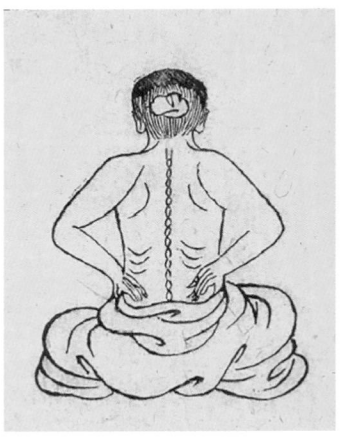
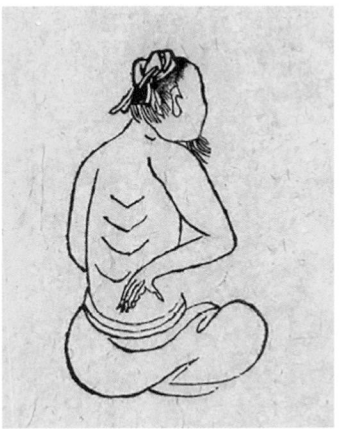

좌우녹로도세(左右轆轤圖勢. 좌우 어깨를 동시에 돌리는 자세 그림)(《준생팔전》)

단관녹로도세(單關轆轤圖勢. 좌우 어깨를 따로 돌리는 자세 그림)(《준생팔전》)

좌우안정도세(左右按頂圖勢. 양손을 위쪽으로 밀어 올리는 자세 그림)(《준생팔전》)

구반도세(鉤攀圖勢. 손으로 발을 걸고 발을 들어올리는 자세 그림)(《준생팔전》)

⑦ 물이 거슬러 올라가는지 살피고【주】입속에 침이 생기는지 보고, 생기지 않으면 다시 혀를 움직 以候逆水上【注】候口中津液生, 如未生, 再用舌攪取

---

② 二 : 저본에는 "三". 《遵生八牋·延年却病牋·高子三知延壽論》에 근거하여 수정.
③ 收 : 저본에는 "手". 오사카본·규장각본에 근거하여 수정.

Ⅰ. 수진(修眞, 몸의 수련)   27

여 침을 거두는 일은 앞의 방법과 같이 한다】,

다시 양치하고 침을 삼키네.

이와 같은 과정을 3번 마치면,

침을 9번 삼키게 되지【注 다시 앞의 방법과 같이 36번 양치했다가, 이 과정에서 모인 1모금을 3번에 나누어 삼켜야 9번이 된다는 말이다】.

⑧ 삼킬 때 꿀꺽 소리가 나면,

모든 맥이 저절로 고르게 되네.

하거(河車)35의 운반이 끝나면【注 어깨와 몸을 함께 24번 흔들고, 다시 녹로를 24번 돌린다】,

화기(火氣)가 발생하여 몸을 두루 태우지【注 단전의 화기가 아래에서 위로 올라가 신체를 두루 태우는 것을 존상한다. 존상할 때는 입과 코 모두 잠시 호흡을 멈춘다】.

이렇게 하면 삿된 기운 감히 가까이 오지 못하고,

꿈에서도 정신 흐려질 수 없지.

추위나 더위가 침범할 수 없어서

재액과 병이 머물 수 없네.

자시(子時, 오후 11시~오전 1시) 이후 오시(午時, 오전 11시~오후 1시) 이전에 행해야

조화가 건곤(乾坤, 음양)에 합하지.

그렇게 하면 순환이 순서에 맞게 돌아가니,

水④, 同前法】,

再漱再吞津.

如此三度畢,

神水九次吞【注 謂再漱三十六如前, 一口分三嚥, 乃爲九也】.

嚥下汩汩響,

百脈自調均.

河車搬運訖【注 擺肩幷身二十四次, 及再轉轆轤二十四次】,

發火遍燒身【注 想丹田火自下而上, 遍燒身體, 想時, 口及鼻皆閉氣少須】.

邪魔不敢近,

夢寐不能昏.

寒暑不能入,

災病不能迍.

子後午前作,

造化合乾坤.

循環次第轉,

---

35 하거(河車) : 몸의 기와 혈을 움직이는 과정을 운하나 도로에 물자가 움직이는 모습에 비유한 표현이다.

④ 水 : 저본에는 "收". 오사카본·《遵生八牋·延年却病牋·高子三知延壽論》에 근거하여 수정.

팔괘(八卦)의 법칙이 바로 이것이라.

【구결】 그 법은 갑자일 밤중에 자시(子時)에 일어나, 행할 때에는 입으로 숨을 쉬지 말고 오직 콧속으로 맑은 숨을 조금씩 내쉬어야 한다. 매일 자시 이후부터 오시(午時) 이전에 각각 1번 하거나, 밤낮 모두 3번 행한다. 오래하면 저절로 질병이 깨끗하게 제거되고 점점 몸이 가벼워짐을 느낀다. 만약 부지런히 힘써서 게을리하지 않으면 신선의 도가 멀지 않을 것이다】종리권(鍾離權) 지음, 이랑진군(二郎眞君)[36] 주석.[37]

5) 화타(華佗)[38]의 5금희법(五禽戱法)[39]

태상노군(太上老君)[40]이 말했다. "옛 선인들이 도인이라는 것을 하면서 짐승처럼 신체를 밀고 당겨[41] 여러 관절을 움직이면서 늙지 않기를 구했는데, 이름을 '5금지희(五禽之戱)'라 했다. 발을 끌어당겨 도인을 행하였으니, 몸이 상쾌하지 않으면 일어나 1금지희를 했다."

八卦是良因.

【訣】 其法於甲子日夜半子時起首, 行時口中不得出氣, 唯鼻中微放淸氣. 每日子後、午前各行一次, 或晝夜共行三次, 久而自知蠲除疾疫, 漸覺身輕. 若能勤苦不怠, 則仙道不遠矣】鍾離祖師撰, 妙道眞君注.

華佗五禽戱法

老君曰: "古之仙者, 爲導引之事, 能鳥伸挽引膚體, 動諸關節以求難老, 名曰'五禽之戱'. 挽引蹄足以當導引, 體中不快, 起作一禽之戱."

---

36 이랑진군(二郎眞君) : 도교의 신. 치수를 담당하였으며 무술이 뛰어난 무신(武神)으로 알려져 있다.

37 《保生心鑑》〈附活人心法〉"導引法"(《壽養叢書》6, 77~96쪽) ; 《遵生八牋》卷10〈延年却病牋〉下"高子三知延壽論"'八段錦導引法'(《遵生八牋校注》, 342~348쪽).

38 화타(華佗) : ?~208. 중국 후한(後漢)의 의학가. 주(周)나라 때의 편작(扁鵲)과 더불어 명의의 상징이다. 마비산(麻沸散)이라는 마취제를 사용하여 수술을 하였다고도 전해지며, 낙향하여 조조(曹操)의 치료를 거부하다 사형당했다. 저서로 《화씨중장경(華氏中藏經)》이 전해지고, 《화타방(華佗方)》·《화타내사(華佗內事)》 등이 있었다고 하나 남아 있지는 않다.

39 5금희법(五禽戱法) : 호랑이·곰·사슴·원숭이·새의 동작을 본떠 만든 양생술로, 일종의 체조와 같다.

40 태상노군(太上老君) : 노자(老子)를 도교에서 부르는 말. 노자는 본래 중국 전국 시대 초기의 인물이었으나 한(漢)나라 때 황로학(黃老學)이 유행하고부터 신으로 추앙받았다. 도덕천존(道德天尊)이라고도 불렸으며, 불교가 처음 중국에 전파되었을 때는 석가모니와 동일시되기도 했다.

41 동물처럼……당겨 : 원문의 "能鳥伸挽引膚體"는 "熊頸鴟顧, 引輓腰體"로 쓰인 문헌도 상당하다. 곰이 목운동을 하고 올빼미가 뒤돌아보기를 하는 것처럼 하며, 또 허리와 몸체를 끌어당기는 동작을 표현한다.

① 호희(虎戲, 호랑이의 동작을 본뜬 양생술) : 팔다리를 땅에 댄 뒤 앞으로 3번 뛰어 나갔다가 뒤로 3번 뛰어 돌아온다. 몸을 길게 늘여서 앞으로 내밀었다가 뒤로 당겼다가 하는데, 시선은 하늘을 쳐다보았다가 원래대로 돌아온다. 땅에 엎드려 걸어가는 동작을 앞으로 뒤로 각각 7번 한다.

一. 虎戲 : 四肢踞地, 前三躑, 却三躑, 長引肩, 乍前乍却, 仰天卽反伏, 踞地行前却, 各七.

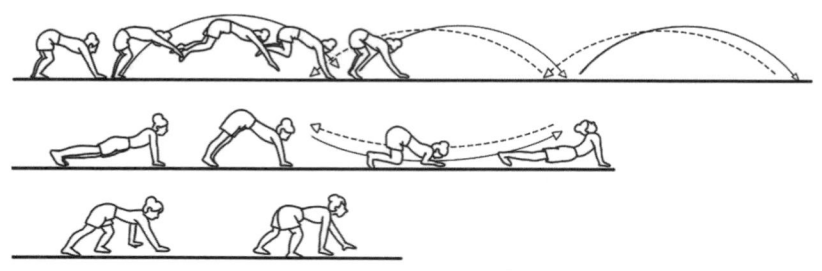

호희(虎戲). 여기의 '호희'부터 아래 '조희'까지의 그림 : "바이두의 고무망(古武網) 사이트를 참고했다.

② 웅희(熊戲, 곰의 동작을 본뜬 양생술) : 바로 앉아 하늘을 쳐다보며 두 손으로 무릎을 감싸고, 머리를 든다. 이어서 왼쪽 발로 땅을 7번 두드리고, 오른쪽 발도 땅을 7번 두드린다. 손은 왼쪽 오른쪽 손을 각각 7번씩 땅으로 민다.

一. 熊戲 : 正仰, 以兩手抱膝下, 擧頭, 左擗地七, 右亦七, 躑地, 手左右托地各七.

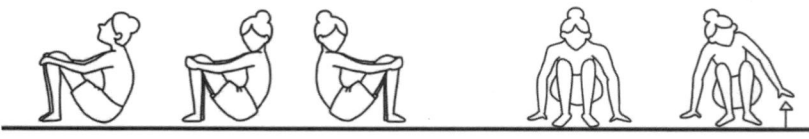

웅희(熊戲)

③ 녹희(鹿戲, 사슴의 동작을 본뜬 양생술) : 팔다리를 땅에 대고 정수리를 끌어당겨 돌아보기를 좌우로

一. 鹿戲 : 四肢踞地, 引頂反顧左三右三, 左伸右脚,

3번씩 한다. 다리를 뻗고 굽히기를 하는데 왼쪽 다리를 할 때는 오른쪽 다리를 펴고, 오른쪽 다리를 할 때는 왼쪽 다리를 편다. 좌우 각각 3번씩 뻗고 굽히기를 한다.

右伸左脚, 左右伸縮各三.

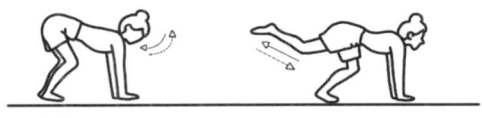

녹희(鹿戱)

④ 원희(猿戱, 원숭이의 동작을 본뜬 양생술) : 나무봉 같은 물건에 매달려 신체를 상하로 7번 구부렸다 폈다 한다.[42] 다리를 나무봉 같은 물건에 걸고 거꾸로 매달리는데, 좌우로 각각 7번씩 한다. 앉아서 양 손으로 나무봉 같은 물건에 매달리되 다리를 5번씩 올려서 갖다 댄다. 각 7번 한다.[43]

一. 猿戱 : 攀物自懸, 伸縮身體上下七, 以脚拘物倒懸, 左七右七, 坐左右手拘, 脚五按, 各七.

원희(猿戱)

⑤ 조희(鳥戱, 새의 동작을 본뜬 양생술) : 일어서서 한 발을 허공에 들고, 두 팔은 부채를 펴듯 펴는 동작

一. 鳥戱 : 立起翹一足, 伸兩臂, 揚扇用力各二七, 坐

---

42 나무봉……한다 : 지금의 턱걸이 운동과 비슷한 동작을 하는 모습을 표현하고 있다.
43 앉아서……한다 : 이 구절은 풀이가 애매하여 어떤 곳은 "左右七, 手鉤, 却立, 按頭各七"로 보고 "다시 선 상태로 머리를 7번 누른다."라 했다.

조희(鳥戲)

을 힘을 써서 14번 한다. 앉아서 다리를 펴고 손으로 발가락 당기기를 각각 7번 한다. 두 팔을 쭉 펴고 굽히기를 각각 7번 한다.

伸脚起, 挽足指各七, 伸縮兩臂各七.

이상의 5금희법을 땀이 날 때까지 힘껏 하면 몸이 가볍고 음식이 잘 소화되며, 기력이 더해지고 온갖 병이 없어진다. 화타가 이를 행하여 100살이 넘게 살았고, 제자인 광릉(廣陵)[44]의 오보(吳普)[45]에게 가르침을 전했더니 그도 오래 살았다. 《도장경》[46]

右五禽戲法, 任力爲之, 以汗出爲限, 輕身消穀氣, 益氣力除百病. 陀行之年過百歲, 敎傳弟子廣陵 吳普, 亦得延年長壽.《道藏經》

6) 팽조(彭祖)[47]의 곡선와인법(穀仙臥引法)

① 평상시에 옷을 풀고 눕는다. 허리를 펴고 아랫배(단전)로 기를 채운 뒤 5번 호흡하면서 신장으로 단전의 기를 끌어온다는 생각을 한다. 그러면 소갈을 제거하고 음양을 통하게 한다.

彭祖穀仙臥引法

居常解衣被臥. 伸腰塡小腹五息止, 引腎. 去消渴, 利陰陽.

---

44 광릉(廣陵) : 지금의 중국 강소성(江蘇省) 양주시(揚州市) 일대.

45 오보(吳普) : ?~?. 화타의 제자. 5금희(五禽戲)를 전수받아 90세가 되어서도 시력과 청력이 좋고 치아도 튼튼했다고 한다.

46 《太上老君養生訣》〈五禽〉(《中華道藏》 23-40, 243쪽) ; 《養生導引法》〈補益門〉 "五禽戲法"(《壽養叢書》8, 40~42쪽).

47 팽조(彭祖) : 중국 고대 전설속의 인물. 5제(五帝) 중의 한 사람인 전욱(顓頊)의 현손이라 전해진다. 은(殷)나라 때까지 아내 49명과 자식 54명이 죽는 것을 보며 800여년을 살았으나 죽어가면서 아직 살 만큼 다 살지 못하고 젊은 나이에 죽는다고 탄식했다고 한다.

② 누운 채로 왼쪽 다리를 펴고 오른쪽 무릎을 굽히고 세워 왼쪽 무릎을 향해 안으로 누르고 5번 호흡하면서 비장을 도인하면 심장과 배의 한열과 가슴이 사기로 부풀어오르는 증상을 제거한다.

伸左脚屈右膝, 內壓之, 五息止, 引脾. 去心腹寒熱, 胸臆邪脹.

③ 앉아서 양팔을 앞으로 들고 양손으로 두 발가락을 당긴 뒤 5번 호흡하면서 뱃속[腹中]의 기운을 단전으로 끌어온다. 그러면 산가(疝瘕)[48]를 제거하고 9규(九竅)[49]를 통하게 한다.

挽兩足指, 五息止, 引腹中. 去疝瘕, 利九竅.

④ 누워서 두 발의 발가락을 위로 향하게 하고

仰兩足指, 五息止, 引腰

곡선와인법-1

곡선와인법-2

곡선와인법-3

곡선와인법-4

---

48 산가(疝瘕) : 산증(疝證)과 가증(瘕證)의 총칭. 산증은 아랫배가 뜨거우면서 아프고 흰 점액이 요도로 흘러 나오는 증상이고, 가증은 뱃속의 덩어리가 생기는 증상이다.
49 9규(九竅) : 몸에 있는 9개의 구멍. 귀·눈·코·입·요도·항문.

5번 호흡하면서 허리와 척추의 기운을 단전으로 끌어온다. 그러면 중풍으로 반신이 마르는 증상을 제거하고 소리가 잘 들리게 한다.

⑤ 누워서 두 다리가 안쪽으로 서로 마주보도록 엄지발가락을 맞대게 한 뒤 5번 호흡하면서 심폐(心肺)의 기운을 단전으로 끌어온다. 그러면 기침이 치밀어오르는 증상과 기가 치밀어오르는 증상을 제거한다.

⑥ 누워서 발꿈치가 서로 안쪽으로 마주보게 한

脊. 去痺偏枯, 令人耳聲⑤.

兩足內相向, 五息止, 引心肺. 去欬逆上氣.

踵內相向, 五息止, 短股,

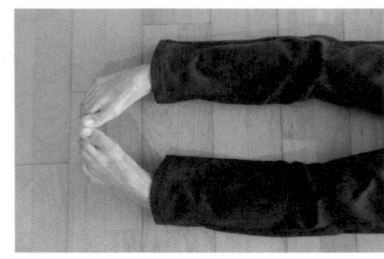
곡선와인법-5

곡선와인법-5-1

곡선와인법-6

곡선와인법-6-1

⑤ 耳聲 : 오사카본 두주에는 "耳聲似誤('耳聲'은 잘못된 글자인 듯하다)"라 되어 있다.

곡선와인법-7

곡선와인법-8

곡선와인법-9

뒤 5번 호흡하면서 넓적다리로 단전의 기를 끌어오고[短股][50] 5락(五絡, 오장의 낙맥)의 기를 부드럽게 펴준다는 생각을 한다. 그러면 장과 위장을 통하게 하고 사기를 제거한다.

徐五絡之氣. 利腸胃, 去邪氣.

⑦ 누워서 왼쪽 정강이를 펴고 오른쪽 무릎을 구부려서 왼쪽 넓적다리를 누른 뒤 5번 호흡하면서 간으로 단전의 기를 끌어온다는 생각을 한다. 그러면 풍으로 허약해진 증상을 제거하고 눈이 밝아진다.

掩左脛, 屈右膝, 內壓之, 五息止. 引肝. 去風虛, 令人明目.

⑧ 누워서 정강이와 두 발의 발가락을 편 뒤 '아' 하고 소리내면서 5번 호흡하고 그친다. 그러면 근육이 뒤틀리지 않게 된다.

張脛、兩足脂, 號五息止. 令人不轉筋.

⑨ 누워서 두 무릎을 굽혀서 두 손으로 무릎을 끌어안고 가슴 위에 둔 뒤 5번 호흡하고 그친다. 그러면 허리통증을 낫게 한다.

兩手牽膝, 置心上, 五息止. 愈腰痛.

---

50 넓적다리로 단전의 기를 끌어오고[短股] : 원문의 단(短)의 의미가 분명하지 않지만 전통적 해석을 따라 이와 같은 뜻으로 풀었다..

곡선와인법-10

곡선와인법-10-1

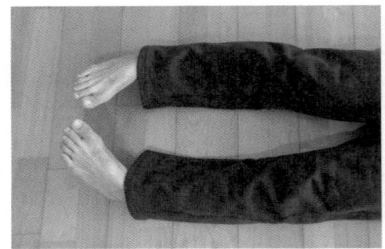
곡선와인법-10-2

곡선와인법-10-3

⑩ 두 발을 바깥쪽으로 10번 돌린 뒤, 안쪽으로 10번 돌리고 그친다. 그러면 여러 허로(虛勞, 몸이 쇠약해져 생기는 증상) 증세를 회복시켜준다.

外轉兩足十通, 內轉兩足十通止. 復諸勞.

이 도인법은 모두 10개 동작으로, 한 동작에 5번 호흡하므로 50번 호흡을 하게 되는데, 전체를 5회 반복하면 250번 호흡하는 셈이다.

凡十節五十息, 五五二百五十息.

도인하려 할 때는 항상 밤중에서 닭이 우는 새벽까지 하고, 배불리 먹는 것과 목욕을 금한다. 《양생도인법》[51]

欲導引, 常夜半, 至鷄鳴平朝爲之. 禁飽食沐浴. 《養生導引法》

---

51 《養生導引法》〈補益門〉"彭祖穀仙臥引法除百病延年益壽"(《壽養叢書》8, 28~29쪽).

7) 왕자교(王子喬)[52]의 8신(八神)[53] 도인법

베개 높이는 0.4척으로 하고, 발 사이의 거리는 0.5척, 손과 몸 사이의 거리는 0.3척으로 하며, 옷을 풀고 머리를 풀고 똑바로 누워야 한다. 생각을 두지 말고, 의식을 안정시키고서야 코로 천천히 숨(즉 기)을 들이쉬고 입으로 내쉰다. 호흡을 통해 들어온 기(氣)를 각각 해당되는 장기에 도달하게 하고, 끝나면 다시 시작한다. 쉬려면 먼저 극한까지 간 다음에 멈춘다. 호흡은 억지로 길게 해서는 안 되며 오랫동안 익혀야 저절로 길어질 것이다.

숨이 드나드는 소리가 귀에 들리거나 코에 감지되지 않도록 하고 미세하면서 길게 이어지도록 하면 숨이 마침내 복토(伏兎, 허벅지의 혈)의 허벅지 부위와 정강이까지 이르게 된다. 호흡은 적게 하는 것을 귀하게 여긴다. 있는 듯 없는 듯 100번을 호흡하면 뱃속의 기운이 요동하여 울리는 소리가 밖에서 난다. 이 정도에 도달하면 공을 이룬 것이다. 공을 이룬 사람에게 어찌 병이 있겠는가?

① 목구멍은 흰색 은고리처럼 12겹으로 가슴 속까지 이어져 있다.

② 아래로 내려가서 폐를 만나는데, 폐의 색은 희고 윤택하다. 폐는 앞의 2엽이 높고 뒤의 2엽이 낮다.

王子喬八神導引法

枕當高四寸, 足相去各五寸, 手去身各三寸, 解衣被髮, 正偃臥. 勿有所念, 定意, 乃以鼻徐納氣, 以口出之. 各致其臟所, 竟而復始, 欲休先極之而止. 勿强長息, 久習乃自長矣.

氣之往來, 勿令耳聞鼻知[6], 微而傳之長, 遂推之伏兎股胻, 以省爲貴. 若存若亡, 爲之百遍, 動腹鳴氣有外聲, 足則得成功. 成功之士, 何疾而已.

喉嚨如白銀鐶[7], 一十二重繫膺.

下去得肺, 其色白澤. 前兩葉高, 後兩葉卑.

---

52 왕자교(王子喬): 중국 고대 전설속의 인물. 주(周)나라 영왕(靈王)의 아들이라는 설이 있다. 피리 불기를 즐기고 봉황의 소리를 흉내내었으며, 고산(嵩山)에 올라가서 신선이 되었다고 한다. 적송자(赤松子)와 함께 중국 신선의 대표 격으로 추앙되었다.
53 8신(八神): 아래에 나오는 항목에서 폐·심장·간·담·비장·신장·위장·소장의 8개 장기를 말한다.
[6] 知:《養生導引法·補益門·王子喬八神導引法延年益壽除百病》에는 "無知".
[7] 鐶:《養生導引法·補益門·王子喬八神導引法延年益壽除百病》에는 없음.

③ 심장은 그 아래에 이어져 위는 크고 아래는 뾰족하다. 대체로 붉으며 연잎이 벌어지지 않은 모양과 같고 거꾸로 매달려 폐에 붙어 있다.

心繫其下, 上大下銳, 率率赤, 如蓮葉未開, 倒懸着肺也.

④ 간은 그 아래에 이어지고 색은 정청색(正靑色)이며 숫오리의 머리 같다. 간의 6엽이 위를 감싸고 있는데, 앞의 2엽은 높고 뒤의 4엽은 낮다.

肝繫其下, 色正靑, 鳧翁頭也, 六葉抱胃, 前兩葉高, 後四葉卑.

⑤ 쓸개는 그 아래에 이어지며 초록실로 짠 주머니 같다.

膽繫其下, 如綠綈囊.

⑥ 비장은 중앙에 있고 역시 위장을 감싸고 있으며, 금색처럼 정황색(正黃色)으로, 환한 빛이 난다.

脾在中央亦抱, 正黃如金, 鑠鑠然也.

⑦ 신장은 쥐 2마리가 엎드린 모양 같으며 척추를 끼고 반대편의 배꼽에 마주보는 위치에 있는데, 이는 높은 자리를 차지하기 위함이다. 그 색은 정흑색(正黑色)이지만, 살진 기름기로 둘러싸여 있어 흑백이 분명하다.

腎如兩伏鼠, 夾脊眞臍肘而居, 欲得其居高也, 其色正黑, 肥肪絡之, 白黑昭然.

⑧ 위장은 흰 주머니 같고 그 굴절방향이 오른쪽으로 굽은 것을 생각해보면 오물로 더러워질 걱정은 없을 것이다.[54]

胃如素囊, 念其屈折右曲, 無汚穢之患.

⑨ 간은 혼(魂)을 저장하고, 폐는 백(魄)을 저장하고, 심장은 신(神)을 저장하고, 비장은 뜻[意]을 저장하고, 신장은 정(精)을 저장하니, 이 오장을 '신사(神舍)'[55]라 한다. 신사를 수양하면 모든 맥이 고르게 되고 사기와 병은 있을 곳이 없어진다.

肝藏魂, 肺藏魄, 心藏神, 脾藏意, 腎藏精, 此名曰 "神舍". 神舍修則百脈調, 邪病無所居矣.

---

54 위장은……것이다 : 위는 음식물을 받아들이는 곳으로, 보통의 주머니처럼 생겼으면 음식물이 그 안에서 썩어서 더러워질 텐데 밑부분이 오른쪽으로 휘어 금방 다른 곳으로 운송되므로 위 자체가 오물로 더러워지지는 않을 것이라는 뜻으로 보았다.

55 신사(神舍) : 오장은 각기 정신작용과 관련된 오신을 간직하고 있다는 설명이다. 그래서 오장은 이들 신이 머무는 집이라는 의미로 신사(神舍)라는 이름을 붙였다.

⑩ 소장은 길이가 9척이니, 이는 9주(九州, 세상)를 본받은 것이다【어떤 이는 "9토(九土, 세상)는 소장을 상징하고, 길이는 24척이다."라 했다】. 56《양생도인법》57

무릇 도인을 하려 할 때 허한 상태이면 눈을 감고 하고, 실한 상태이면 눈을 뜨고 한다. 아픈 부위로 기를 운행시키되, 7회 호흡 시간 동안 숨을 멎고 그친다. 천천히 왔다갔다 200보(步) 되게 걸은 다음 앞아서 조금씩 숨을 들이마신다. 이렇게 5~6번 해서 차도가 없으면 다시 원래 방법대로 도인하되, 병이 낫기를 기한으로 삼는다.

무릇 몸에 고통스런 곳이 있을 때 똑바로 누워 머리를 풀고 정해진 도인법대로 천천히 입으로 숨을 들이쉬어 배를 끝까지 채운다. 호흡이 끊어지려 하면 천천히 코로 숨을 내쉬기를 수십 번 하여, 허한 곳은 보(補)하고 실한 곳은 사(瀉)해준다. 입을 다물고 따뜻한 숨을 삼키기를 30번 하고 뱃속이 뒤틀리거나 울려야 멈추는데, 왔다갔다 200보를 걷는다. 낫지 않으면 다시 한다.

병이 목에 있거나 가슴에 있으면 베개 높이를 0.7척으로 하고, 병이 심장 아래에 있으면 베개 높이를 0.4척으로 하고, 병이 배꼽 아래에 있으면 베개를

小腸者, 長九尺, 法九州也【一云 : "九土, 小腸者, 長二丈四尺."】.《養生導引法》

諸欲導引, 虛者閉目, 實者開目. 以所苦行氣, 不用第七息止, 徐徐往來, 度二百步所, 却坐小咽氣, 五六不差, 復如法引, 以愈爲效.

諸有所苦, 正偃臥被髮, 如法徐以口納氣, 塡腹自極, 息欲絕, 徐以鼻出氣數十所, 虛者補之, 實者瀉之, 閉口溫氣咽之三十所, 腹中轉鳴乃止, 往來二百步. 不愈, 復爲之.

病在喉中、胸中者, 枕高七寸 ; 病在心下者, 枕高四寸 ; 病在臍下者, 去枕.

---

56 소장은……했다 : 9척이라 한 곳도 있고, 24척(2장 4척)이라 한 곳도 있다는 말이다. 척의 단위가 시대마다 일정치 않지만 서유구의 기준으로 약 23cm라고 계산할 때 24척이면 5.52m가 된다. 지금은 소장의 평균길이를 6~7m로 보고 있다.

57 《養生導引法》〈補益門〉 "王子喬八神導引法延年益壽除百病"(《壽養叢書》8, 29~31쪽).

없앤다.

입으로 숨을 들이쉬고 코로 숨을 내쉬는 호흡을 '보(補)'라 하고, 입을 다물고 따뜻한 숨을 삼키는 호흡을 '사(瀉)'라 한다.

숨을 참아 여러 병을 치료하는 법 : 머리의 병을 도인법으로 치료하려면 머리를 위로 향한 자세로, 허리나 다리의 병을 도인법으로 치료하려면 발가락 10개를 위로 향한 자세로, 가슴의 병을 도인법으로 치료하려면 발가락 10개를 잡아당기는 자세로, 팔의 병을 도인법으로 치료하려면 팔뚝을 덮은 자세로, 뱃속의 한열과 여러 불쾌한 증상을 제거하려면 한기에 맞아 몸에 열이 나는 경우처럼 모두 숨을 참고 뱃속을 팽창시킨다. 숨을 쉬려면 코로 천천히 숨 쉬는데, 마치면 다시 반복한다. 병이 나아야 그친다.

① 편안히 앉아 허리·다리·두 팔을 펴고, 손을 뒤집어 손등을 땅에 대고 입으로 천천히 숨을 들이쉬고 코로 내쉰다. 그러면 가슴과 폐의 통증을 제거한다. 숨을 들이쉬어 환부를 따뜻하게 하고 눈을 감는다.

② 단정히 앉아 허리를 펴고 코로 숨을 들이쉰 다음 참고서 머리를 앞뒤로 각각 30번 흔든다. 그러

以口納氣, 鼻出氣者, 名曰 "補"；閉口溫氣咽之者, 名曰"瀉".

閉[8]氣治諸病法 : 欲引頭病者, 仰頭；欲引腰脚病者, 仰足十指；欲引胸中病者, 挽足十指；引臂病者, 掩臂. 欲去腹中寒熱諸不快, 若中寒身熱, 皆閉氣脹腹, 欲息者, 徐以鼻息, 已, 復爲, 至愈乃止.

一. 平坐, 生[9]腰脚兩臂, 覆手據地, 口徐納氣, 以鼻吐之. 除胸中、肺中痛, 咽氣令溫, 閉目也.

二. 端坐, 生腰, 以鼻納氣, 閉之, 自前後搖[10]頭各

---

[8] 閉 : 저본에는 "門". 《養生導引法·補益門·王子喬八神導引法延年益壽除百病》에 근거하여 수정.

[9] 生 : 《養生導引法·補益門·王子喬八神導引法延年益壽除百病》에는 "伸". 이하의 "生"에는 별도로 참조주를 달지 않는다.

[10] 搖 : 저본에는 "擔". 《養生導引法·補益門·王子喬八神導引法延年益壽除百病》에 근거하여 수정.

면 머리가 텅 비어버린 듯하고 땅이 빙빙 도는 증상을 제거한다. 머리를 흔들 때는 눈을 감는다.

③ 단정히 앉아 허리를 펴고 왼쪽 옆구리를 대고 옆으로 누워 입으로 숨을 들이쉬고 코로 내쉰다. 그러면 적취(積聚)[58]와 심장 아래 부분이 불쾌한 증상을 제거한다.

④ 단정히 앉아 허리를 펴고 천천히 코로 숨을 들이쉬고 오른손으로 코를 잡는다. 그러면 눈이 어둡고 눈물이 나오려는 증상을 제거하고, 콧속의 군살을 제거하고 귀가 잘 들리지 않는 증상도 제거한다. 상한(傷寒)[59]으로 머리가 찬 증상과 두통으로 어지러운 증상을 제거한다. 이 증상들 모두의 경우 도인은 마땅히 땀이 날 때까지 해야 한다.

⑤ 똑바로 누워 입으로 천천히 숨을 들이쉬고 코로 내쉰다. 그러면 이급(裏急)[60]을 제거한다. 배불리 먹은 뒤 숨을 조금씩 삼키는데, 목구멍으로 수십 번 숨을 삼켜 따뜻하게 한다. 한기가 침범한 경우 이 도인을 하면 환자가 헛구역질을 하거나 배가 아프다. 이때는 입으로 숨을 7~10번 들이쉬어 배를 가득 채운다.

⑥ 오른쪽 옆구리를 대고 옆으로 누워 코로 숨을 들이쉬고 입으로 조금씩 수십 번 숨을 삼키고, 양손을 뜨겁게 서로 문지르고 그 손으로 배를 문질러주어 기를 아래로 나가게 한다. 그러면 옆구리와 피부

三十. 除頭虛空耗, 轉地. 閉目搖之.

三. 端坐, 生腰, 以左脇側臥, 以口納氣, 以鼻吐之. 除積聚 心下不快.

四. 端坐, 生腰, 徐以鼻納氣, 以右手持鼻. 除目晦淚若出, 去鼻中息肉, 耳聾亦然. 除傷寒頭寒, 頭痛洸洸, 皆當以汗出爲度.

五. 正偃臥, 以口徐納氣, 以鼻出之. 除裏急, 飽食後小咽, 咽氣數十令溫. 寒者, 使人乾嘔腹痛. 從口納氣七十所, 大塡腹.

六. 右脇側臥, 以鼻納氣, 以口小咽氣數十, 兩手相摩熱以摩腹, 令其氣下出之. 除脇皮膚痛, 七息止.

---

58 적취(積聚) : 체증이 오래되어 뱃속에 덩어리가 생기는 증상.
59 상한(傷寒) : 추위로 인한 질병의 총칭.
60 이급(裏急) : 아랫배가 당기는 것처럼 아프면서 대변이 나올 듯한 증상.

통증을 제거한다. 7번 호흡을 하고 그친다.

⑦ 단정히 앉아 허리를 펴고 곧바로 위로 두 팔을 펴고서 두 손바닥을 위로 한 다음 코로 숨을 들이쉬고 참는다. 숨을 7번 최대한 참는 중에 통증이 멎는다. 이를 '촉왕대(蜀王臺)'라 한다. 그러면 옆구리 아래의 적취를 제거한다.

⑧ 엎드려 누워 베개를 치우고 양발을 세운 채로 코로 숨을 들이쉰다. 16번 하고 다시 코로 숨을 내쉰다. 숨이 다해서 미세한 숨을 콧속으로 들일 때 코가 감지하지 못하게 한다. 그러면 몸속의 열과 등의 통증을 제거한다.

⑨ 단정히 앉아 허리를 펴고 왼손을 드는데, 손바닥을 위로 향하게 하며 오른손은 반대로 손바닥을 아래로 향하게 한다. 그러면 두 팔과 등의 통증 및 기가 뭉친 증상을 제거한다.

⑩ 단정히 앉아 두 손을 교차하여 무릎을 안은 다음 호흡을 멈추었다가 배를 14번이나 21번 두드리고 숨이 가득 찼을 때 곧 내쉬면 기가 모두 통한다. 그러면 10년을 행하면 늙었어도 젊은 용모를 가진다.

⑪ 단정히 앉아 허리를 펴고 머리를 좌우로 기울여 눈을 감은 다음 코로 숨을 들이쉰다. 이렇게 두풍(頭風)을 제거한다. 힘껏 7번 호흡하고 그친다.

⑫ 만약 뱃속이 가득차 있거나 저녁에 배불리 먹었으면, 앉아서 허리를 펴고 입으로 숨을 수십 번 들이쉰다. 편안해질 때까지 하고 불편하면 다시 한

七. 端坐, 生腰, 直上展兩臂, 仰兩手掌, 以鼻納氣閉之, 自極七中痛息[11], 名曰 "蜀王臺". 除脇下積聚.

八. 覆臥去枕立兩足, 以鼻納氣, 四四所, 復以鼻出之, 極, 令微氣入鼻中, 勿令鼻知. 除身中熱、背痛.

九. 端坐, 生腰, 擧左手仰其掌, 却右手. 除兩臂、背痛結氣也.

十. 端坐, 兩手相叉抱膝, 閉氣鼓腹二七, 或三七, 氣滿卽吐, 卽氣皆通暢. 行之十年, 老有少容.

十一. 端坐, 生腰, 左右傾閉目, 以鼻納氣. 除頭風, 自極七息. 止.

十二. 若腹中滿, 食飮昔飽, 坐生腰, 以口納氣數十, 以便爲故, 不便復爲

---

[11] 自……息:《養生導引法·補益門·王子喬八神導引法延年益壽除百病》에는 "自極七息".

다. 한기가 있어 뱃속이 편안하지 않아도 이 행공을 한다.

⑬ 단정히 앉아 활을 최대한 당긴 것처럼 두 손을 벌린다. 그러면 팔다리가 답답한 증상과 등이 뻣뻣하게 당기는 증상을 치료할 수 있다. 매일 수시로 한다.

⑭ 단정히 앉아 허리를 펴고 오른손을 들어 손바닥을 위로 향하고 왼손은 왼쪽 옆구리에 댄 다음 코로 숨을 들이쉬고 힘껏 7번 호흡한다. 그러면 위장에서 소화되지 않은 찬 음식물을 제거하여 낫는다.

⑮ 단정히 앉아 허리를 펴고 왼손을 들어 손바닥을 위로 향하고 오른손은 오른쪽 옆구리에 댄 다음 코로 숨을 들이쉬고 힘껏 7번 호흡한다. 어혈과 기가 뭉친 증상을 제거한다.

⑯ 양손으로 땅을 지탱하고 머리와 눈을 위로 향하여 입으로 숨을 들이쉬었다가 이어서 삼키기를 수십 번 한다. 그러면 열증·몸의 상처·굳은살을 제거한다.

⑰ 똑바로 누워 팔다리를 단정하게 펴고 코로 숨을 들이쉬는데, 힘껏 7번 호흡하여 발을 30번 흔들고 그친다. 그러면 가슴 속의 한기·온몸의 마비·궐역(厥逆)[61]을 제거한다.

⑱ 누워서 무릎을 구부리고, 두 무릎 끝의 안쪽을 다른 쪽의 손과 서로 마주보게 하고 두 발을 뒤집는다. 허리를 펴고 입으로 숨을 들이쉬는데, 궐역으로 배가 차 있는 듯한 증상에는 힘껏 7번 호흡한

之. 有寒氣腹中不安亦行之.

十三. 端坐, 使兩手如張弓滿射. 可治四肢煩悶、背急. 每日或時爲之.

十四. 端坐, 生腰, 舉右手仰掌, 以左手承左脇, 以鼻納氣, 自極七息. 除胃寒食不變則愈.

十五. 端坐, 生腰, 舉左手仰掌, 以右手承右脇, 以鼻納氣, 自極七息. 除瘀血結氣.

十六. 兩手却據, 仰頭目, 以口納氣, 固[12]而咽之數十. 除熱, 身中傷、死肌.

十七. 正偃臥, 端展足臂, 以鼻納氣, 自極七息, 搖足三十而止. 除胸足中寒、周身痺、厥逆.

十八. 偃臥屈膝, 令兩膝頭內向相對手, 翻兩足, 生腰, 以口納氣, 厥逆塡腹, 自極七息. 除痺疼、熱痛、

---

61 궐역(厥逆): 가슴과 배가 아프면서 두 다리가 싸늘해지고 가슴이 답답하고 음식을 먹지 못하는 증상. 만성 두통을 가리키기도 한다.

[12] 固:《養生導引法·補益門·王子喬八神導引法延年益壽除百病》에는 "因".

다. 그러면 마비되고 쑤시는 증상, 열로 인해 아픈 증상, 두 다리를 움직이지 못하는 증상을 제거한다.

⑲ 몸 상태가 정신은 흐릿하고 혼미하며 기분이 화창하지 않은 경우 두 손으로 머리를 감싸고 천천히 위아래로 회전하는 도인법을 행한다. 이를 '개협 (開脇, 옆구리를 연다)'이라 한다.

⑳ 웅크리고 앉아 오른쪽 다리를 펴고, 두 손으로 왼쪽 무릎 끝을 감싸고, 허리를 편 다음 코로 숨을 들이쉬면서 힘껏 7번 호흡한다. 그러면 절하고 일어날 때 굴신하기 어려운 증상, 뇌 속이 아픈 증상, 어혈로 인한 마비를 제거한다.

㉑ 웅크리고 앉아 왼쪽 다리를 펴고, 두 손으로 오른쪽 무릎을 감싸고, 허리를 펴고 코로 숨을 들이쉬면서 힘껏 7번 호흡한 다음 왼쪽 다리를 펴서 바깥쪽으로 가게 한다. 그러면 절하고 일어날 때 굴신하기 어려운 증상, 뇌 속이 쑤신 증상을 제거한다 【다른 판본에서는 풍사로 눈이 어두운 증상과 귀가 잘 들리지 않는 증상을 제거한다고 했다】.

㉒ 똑바로 누워 두 다리를 곧게 하고, 두 손으로 자궁이 있는 곳을 꼬집어 기름주머니 속의 단약처럼 붉게 한다. 그러면 음부가 축축한 증상, 소변이 잘 나오지 않는 증상, 아랫배가 무겁고 불편한 증상, 뱃속에 열이 있는 증상을 제거한다. 다만 입으로 숨을 들이쉬고 코로 내쉬기를 수십 번 하는데, 굳이 숨을 조금씩 삼키지 않아도 된다. 뱃속이 뜨겁

兩脚不⒀隨.

十九. 覺身體昏沈不通暢, 卽導引, 兩手抱頭, 宛轉上下, 名爲"開脇".

二十. 踞伸右脚, 兩手抱左膝頭, 生腰, 以鼻納氣, 自極七息. 除難屈伸拜起、腦中痛、瘀痺.

二十一. 踞伸左足, 兩手抱右膝, 生腰, 以鼻納氣, 自極七息, 展左足着外. 除難屈伸拜起、腦中疼【一本, 除風目晦、耳聾】.

二十二. 正偃臥, 直兩足, 兩手捻胞所在, 令赤如油囊裏丹. 除陰下濕、小便難頹、小腹重不便、腹中熱. 但口納氣, 鼻出之數十, 不須小咽氣, 卽腹中不熱者, 七息已, 溫氣咽之十所.

지 않게 되면 7번 호흡했다가 멈추고, 따뜻한 숨을
10번 삼킨다.

㉓ 웅크리고 앉아 두 손으로 두 무릎 끝을 감싸고, 코로 숨을 들이쉬면서 힘껏 7번 호흡한다. 그러면 허리가 마비되는 증상, 등의 통증을 제거한다.

㉔ 엎드려 누워 옆으로 두 발꿈치를 보고, 허리를 펴고, 코로 숨을 들이쉬면서 힘껏 7번 호흡한다. 그러면 다리가 활처럼 당기면서 아픈 증상, 근육이 뒤틀리는 증상, 다리가 시큰시큰 쑤시고 아픈 증상을 제거한다.

㉕ 누워서 두 손을 펴고, 발꿈치를 밖으로 향하고, 발가락은 서로 마주보게 하며, 또한 코로 숨을 들이쉬면서 힘껏 7번 호흡한다. 그러면 두 무릎의 한기와 정강이뼈가 쑤신 증상을 제거한다.

㉖ 누워서 두 다리와 두 손을 펴고, 두 발꿈치를 서로 향하게 하며, 또한 코로 숨을 들이쉬면서 힘껏 7번 호흡한다. 그러면 굳은살, 다리를 들지 못하는 증상, 정강이의 한기를 제거한다.

㉗ 누워서 두 손과 두 다리를 펴고, 두 발꿈치를 왼쪽으로 향하고, 코로 숨을 들이쉬면서 힘껏 7번 호흡한다. 그러면 위 속의 음식물로 인해 쓴 물이 올라오는 증상을 제거한다.

㉘ 웅크리고 앉아 허리를 펴고, 두 손으로 두 발꿈치를 당기고, 코로 숨을 들이쉬면서 힘껏 7번 호흡한 다음 두 무릎 끝을 편다. 그러면 마비되거나 토하는 증상을 제거한다.

㉙ 누워서 두 손과 두 다리를 펴고, 발가락은 위

二十三. 踞兩手抱兩膝頭, 以鼻納氣, 自極七息. 除腰痺、背痛.

二十四. 覆臥, 傍視兩踵, 生腰, 以鼻納氣, 自極七息. 除脚中弦痛、轉筋、脚酸疼.

二十五. 偃臥, 展兩手, 外踵, 指相向, 亦鼻納氣, 自極七息. 除兩膝寒、脛骨疼.

二十六. 偃臥, 展兩脚兩手, 兩踵相向, 亦鼻納氣, 自極七息. 除死肌, 不仰足、脛寒.

二十七. 偃臥, 展兩手、兩脚, 左傍兩足踵, 以鼻納氣, 自極七息. 除胃中食苦嘔.

二十八. 踞生腰, 以兩手引兩踵, 以鼻納氣, 自極七息, 布兩膝頭. 除痺嘔也.

二十九. 偃臥, 展兩手兩

를 향하고, 코로 숨을 들이쉬면서 힘껏 7번 호흡한다. 그러면 뱃속이 팽팽하게 당기면서 몹시 아픈 증상을 제거한다.

③⓪ 누워서 왼쪽 발꿈치로 오른발 엄지발가락을 젖히고, 코로 숨을 들이쉬면서 힘껏 7번 호흡한다. 그러면 궐역을 제거한다. 환자의 다리가 어긋나서 발꿈치로 엄지발가락을 젖히지 못하면 발바닥에 근거하여 해야 한다.[62]

③① 누워서 오른쪽 발꿈치로 왼쪽 엄지발가락을 젖히고, 코로 숨을 들이쉬면서 힘껏 7번 호흡한다. 그러면 온몸이 마비되는 증상을 제거한다.

③② 병이 왼쪽에 있으면 단정히 앉아 허리를 펴고, 눈으로 왼쪽을 보고, 입으로 숨을 천천히 들이쉬고 삼키기를 수십 번 한다. 눈을 감고 눈 위로 기가 들어가게 한다.

③③ 병이 심장 아래에 있으면서 적취(積聚)와 같으면 단정히 앉아 허리를 펴고, 해를 향하여 머리를 들고, 천천히 입으로 숨을 들이쉬었다가 그대로 숨을 30번 삼키고 그친 다음 눈을 뜬다.

③④ 병이 오른쪽에 있으면 단정히 앉아 허리를 펴고, 눈으로 오른쪽을 보고, 입으로 천천히 숨을 들이쉬었다가 그대로 숨을 수십 번 삼킨 다음 눈을 뜬다. 《양생도인법》[63]

脚, 仰足指, 以鼻納氣, 自極七息. 除腹中弦急切痛.

三十. 偃臥, 左足踵拘右足拇指, 以鼻納氣, 自極七息. 除厥逆. 疾人脚錯, 踵不拘拇指, 根据[14]文用之.

三十一. 偃臥, 以右足踵拘左足拇指, 以鼻納氣, 自極七息. 除周身痺.

三十二. 病在左, 端坐, 生腰, 左視目, 以口徐納氣而咽之數十所[15], 閉目, 目上入.

三十三. 病在心下若積聚, 端坐, 生腰, 向[16]日仰頭, 徐以口納氣, 因而咽之三十所而止, 開目.

三十四. 病在右, 端坐, 生腰, 右視目, 以口徐納氣而咽之數十所, 開目. 同上

62 발바닥에……한다 : 이 구절의 의미를 제대로 이해하지 못했다.

63 《養生導引法》〈補益門〉"王子喬八神導引法延年益壽除百病"(《壽養叢書》8, 31~40쪽).

[14] 根据 : 저본에는 "依". 《養生導引法·補益門·王子喬八神導引法延年益壽除百病》에 근거하여 수정.

[15] 所 : 저본에는 "一所". 《養生導引法·補益門·王子喬八神導引法延年益壽除百病》에 근거하여 수정.

[16] 向 : 저본에는 "仰向". 《養生導引法·補益門·王子喬八神導引法延年益壽除百病》에 근거하여 수정.

8) 영씨(甯氏)[64]의 도인행기법(導引行氣法)[65]

① 항상 자시(子時) 이후부터 오시(午時) 이전에 머리를 풀고 동쪽을 향하여 손을 악고(握固)한 채로 호흡을 1번 참는다. 손을 좌우로 번갈아들면서 도인하고 손으로 두 귀를 감싸주면 머리가 검게 되고 백발이 되지 않는다. 누워서 3번 도인하고, 손가락으로 목덜미의 경맥을 3번 쳐주면[66] 눈이 밝아진다.

② 동쪽을 향하여 앉아 호흡을 2번 참고, 두 손의 중지로 입 속의 침을 14번 찍어 눈을 문질러준다. 그렇게 하면 눈을 밝게 해준다.

③ 동쪽을 향하여 앉아 호흡을 3번 참고 손으로 두 콧구멍을 문지른다. 그렇게 하면 코의 묵은 궂은 살을 치료하여 낫는다.

④ 동쪽을 향하여 앉아 호흡을 4번 참고 치아를 수없이 두드린다.[67]

⑤ 앞으로 엎드렸다가 옆으로 누워 호흡을 6번 참는다. 그렇게 하면 귀가 잘 들리지 않는 증상과 눈이 어질어질한 증상을 낫게 한다.

⑥ 다시 누워 호흡을 7번 참는다. 그렇게 하면

甯氏導引行氣法

常以子後午前, 解髮東向, 握固不息一通, 舉手左右導引, 手掩兩耳, 令髮黑不白. 臥引爲三, 以手指搯項⑰ 邊脈三通, 令人目明.

東向坐, 不息再通, 以兩手中指點口中唾之二七, 相摩拭目, 令人目明.

東向坐, 不息三通, 以手捻鼻兩孔. 治鼻宿息肉愈.

東向坐, 不息四通, 啄齒無通數.

伏前側臥, 不息六通, 愈耳聾, 目眩.

還臥, 不息七通, 愈胸中痛

64　영씨(甯氏) : 중국 고대 전설속의 인물. 황제(黃帝) 이전의 신선이라고도 하고, 황제와 동시대의 사람이라고도 한다.

65　도인행기법(導引行氣法) : 호흡·신체·의식의 조절을 통해 건강을 유지하고 병을 예방하는 단련법. 영씨의 도인행기법의 특징은 각 단계마다 숨을 멎는 시간이 길어진다는 점이다. 1에서 9까지 不息口通에 숫자가 변해가는 것을 확인할 수 있다.

66　손가락으로……쳐주면 : 타천고(打天鼓)를 말하고 있다. 손바닥으로 귀를 막고 손가락으로 뒷통수를 타격하여 소리를 울리는 도인법이다.

67　동쪽을……두드린다 : 이상에서 순서대로 1회씩 호흡을 멎는 시간이 늘어가는데, 이 기사 아래로 호흡을 5번 참는 내용이 없고, 호흡을 4번 참는 내용에서도 고치법을 설명한 뒤, 그 효과에 대한 설명이 없는 것은 예외적이다. 이 부분이 원래 있었는데 전승과정에서 사라졌을 것으로 추측된다.

⑰　項 : 저본에는 "頂". 《養生導引法·補益門·王子喬八神導引法延年益壽除百病》에 근거하여 수정.

가슴의 통증과 기침을 낮게 한다.

⑦ 두 무릎을 감싸고 땅에 기대어 호흡을 8번 참는다. 그렇게 하면 가슴 위로 머리·목·귀·눈·목구멍·코의 외부 사기(邪氣)로 인한 열증을 낮게 한다.

⑧ 베개를 제거하고 악고한 채로 숨을 참은 다음 땅에 기대어 호흡을 9번 참는다. 동쪽으로 머리를 두어 기가 몸의 상하로 돌게 한 다음 코로 미세하게 숨을 들이쉰다. 그렇게 하면 야위는 증세를 낮게 한다. 날씨 조건을 모두 따를 수는 없지만 원칙적으로 날씨가 매우 궂은 때에는 행공하지 않는다.

두꺼비의 행기법(行氣法, 기 운행법) : ① 바르게 앉아 두 팔을 흔들고 호흡을 12번 참는다. 허로(虛勞)를 치유하는 데 매우 효과가 좋다.

② 좌우로 누워 호흡을 12번 참는다. 그렇게 하면 담음(痰飲)[68]이 삭지 않는 증상을 치료한다. 오른쪽에 담음을 앓으면 오른쪽으로 눕고, 왼쪽에 담음을 앓으면 왼쪽으로 눕는다. 해소되지 않은 기운은 빼내준다. 일출·정오·일몰의 하루 3번 해를 향하여 똑바로 서고 호흡을 9번 참은 다음 머리를 들고 해의 정기와 빛을 빨아들여 9번 삼킨다. 그렇게 하면 정을 보익하는 효과가 만점이다.

불에 들어가 두 팔을 내리고 숨을 참음으로써 화

欬.

抱兩膝, 自企於地, 不息八通, 愈胸以上至頭頸、耳目、咽鼻邪熱.

去枕, 握固不息, 自企於地, 不息九通, 東首, 令人氣上下通, 微鼻內氣, 愈羸, 不能從陰陽, 法, 大陰勿行之.

蝦蟇行氣法 : 正坐, 自動搖兩臂, 不息十二通, 愈勞大佳.
左右側臥, 不息十二通, 治痰飲不消. 右有飮病, 右側臥 ; 左有飮病, 左側臥. 有不消氣, 排之. 日初出、日中、日入此三時向日正立, 不息九通, 仰頭吸日精光, 九咽之, 益精百倍.

入火垂兩臂不息卽不傷火

상을 입지 않는 법 : ① 남쪽을 향하여 걸터앉아 무릎을 굽힌 뒤, 굽힌 무릎 사이로 두 손을 넣어 발가락 5개를 잡고 안쪽으로 굽혀준다. 그렇게 하면 허리와 꽁무니[尻完]를 시원하게 한다. 임병(淋病)[69]을 치료하며, 잘 때 소변을 지리는 증상이 낫는다.

② 다리를 펴고 앉아 두 다리를 교차하고 손을 다리 사이에 넣는다. 또 두 손을 교차하여 힘껏 도인한다. 그렇게 하면 잠들었을 때나 깨어 있을 때나 정액을 유설하지 않는다.

③ 두 손을 턱 아래에 교차하고 힘껏 도인한다. 그렇게 하면 폐의 기를 통하게 하고 심한 기침병을 치료한다.

④ 두 다리를 들어 두 볼의 가장자리에 끼고 두 손을 땅에 대고 웅크린다. 그렇게 하면 오래된 옹증(癰症)[70]을 치료한다.

⑤ 오른손을 들고 왼손을 펴고 앉아, 오른쪽 다리 위를 왼쪽 다리로 감싼다. 그렇게 하면 꽁무니의 통증을 낫게 한다.

⑥ 손을 들고 목 위에서 교차하여 서로 쥐고 힘껏 도인한다. 그렇게 하면 옆구리 아래의 통증을 치료한다.

⑦ 왼손을 펴고 오른손으로 왼손 엄지를 밑에서 쥔 다음 힘껏 도인하고, 오른손을 펴고 왼손으로 오른손 엄지를 밑에서 쥔 다음 힘껏 도인한다. 그렇게

法 : 向南方蹲踞, 以兩手從屈膝中入, 掌足五指令內曲. 利腰尻完, 治淋, 遺溺愈.

箕踞, 交兩脚, 手內拉脚中, 又叉兩手極引之. 愈寤寐精氣不泄.

兩手交叉頤下, 自極. 利肺氣, 治暴氣欬.

舉兩脚夾兩頰邊, 兩手據地服. 療宿癰.

舉右手, 展左手, 坐, 右脚上掩左脚. 愈尻完痛.

舉手交頸上相握, 自極. 治脇下痛.

舒左手, 右手在下, 握左手拇指, 自極 ; 舒右手, 左手在下, 握右手拇指, 自極.

---

69 임병(淋病) : 소변이 잘 나오지 않고 아픈 증상을 넓게 지칭하는 용어로, 현대의 임질만을 가리키는 것은 아니다.
70 옹증(癰症) : 옹증(癰症)과 같다. 기혈에 열독이 뭉쳐 장부나 피부가 곪는 증상을 말한다.

하면 모두 관절이 시큰거리고 아픈 증상을 치료한다. 皆治骨節酸痛.

⑧ 두 다리를 감싸고 두 손의 손가락을 발가락 5개에 붙인다. 그렇게 하면 허리가 꺾여 몸을 숙이거나 젖히지 못하는 증상을 낫게 한다. 만약 혈이 오래되어 어혈이 되었어도 이 방법을 쓰면 곧 낫는다. 掩兩脚, 兩手指著足五指上. 愈腰折不能抵仰, 若血久瘀爲之卽愈.

⑨ 발가락 5개를 세운다. 그렇게 하면 허리뼈와 등뼈의 통증을 낫게 하고, 고개를 돌려 돌아보지 못하는 증상도 낫게 한다. 竪足五脂. 愈腰脊痛、不能反顧視者.

⑩ 오른손을 머리 위에서부터 아래로 뻗어 내려 아래쪽 왼손을 끌어당긴다. 그렇게 하면 고개를 돌려 돌아보지 못하는 증상을 낫게 한다. 以右手從頭上來下, 又挽下手. 愈頸不能反顧視.

⑪ 자리에 앉아 왼손은 펴고 오른손 손가락으로 왼쪽 어깨를 끌어당긴다. 그렇게 하면 무릎과 허리가 반대쪽으로 기운 증상과 소변이 나오지 않는 증상을 낫게 한다. 坐地, 掩左手, 以右手指肩挽之. 愈傾側膝腰反、小便不通.

⑫ 동쪽을 향하여 앉아 해를 향하여 왼손으로 눈을 비비고 몸을 들어 북두(北斗) 방향을 바라본다. 달의 기를 가슴으로 들이마시면 비로소 온갖 나쁜 기운이 들어오지 못하게 된다. 그렇게 하면 머리를 위로 쳐들기가 괴로운 증상을 다스린다. 東向坐, 向日, 左手揩目, 擧身望北斗, 心服月氣, 始得衆惡不入. 理頭仰苦難.

⑬ 오른손을 끌어당겨 반대로 꺾고, 좌우로 각각 활을 힘껏 당기듯 편다. 그렇게 하면 오장(五臟, 심장·폐·비장·간·신장)의 부족한 기를 보충하여 기가 오장에 도달한다. 牽右手反折, 各左右自極張弓. 兼補[18]五臟不足氣則至.

---

[18] 補 : 저본에는 없음. 《養生導引法·補益門·王子喬八神導引法延年益壽除百病》에 근거하여 보충.

⑭ 두 손으로 두 무릎을 감싸 가슴에 대고 힘껏 도인한다. 그렇게 하면 항상 단전의 기가 돌아 뇌를 보해준다.

抱兩膝著胸, 自極, 此常令丹田氣還補腦.

⑮ 땅에 앉아 두 다리를 곧게 하고 손으로 다리와 정강이를 문지른 다음 머리를 땅에 닿게 한다. 그렇게 하면 등뼈의 여러 뼈를 고르게 하고, 모근에 기가 통하여 머리카락이 길고 아름답게 된다.

坐地, 直兩脚, 以手捻脚脛, 以頭至地. 調脊諸椎, 利髮根, 令長美.

⑯ 땅에 앉아 두 다리를 교차하고 두 손을 굽은 다리 속에 넣은 다음 머리를 숙이고 손을 목 위로 교차하게 한다. 오래된 한증으로 절로 따뜻해지지 못한 증상과 귀가 들리지 않아 목소리를 적정한 정도로 내지 못하고 2배로 내는 증상을 치료한다.

坐地, 交叉兩脚, 以兩手從曲脚中入, 低頭叉項上. 治久寒不能自溫, 耳不聞勿正倍聲.

⑰ 호흡을 멈추고 기를 운행하여 머리에서 발바닥까지 이르게 한다. 그렇게 하면 부스럼·대풍(大風, 나병)·반신불수·여러 마비 증상을 낫게 한다.

不息行氣, 從頭至足心. 愈疽痂、大風、偏枯、諸痺.

⑱ 두 팔을 오른쪽으로 힘껏 펼치고, 호흡을 9번 참는다. 그렇게 하면 팔의 통증·피로·풍기(風氣)로 근육이 움직이지 않는 증상을 낫게 한다.

極力右振兩臂, 不息九通. 愈臂痛、勞倦、風氣不隨.

거북의 행기법 : ① 옷으로 입과 코를 덮고 호흡을 9번 참는다. 똑바로 누워 코로 숨을 조금씩 들이쉰다. 그렇게 하면 코가 막혀 숨을 쉴 수 없는 증상을 낫게 한다.

龜鼈行氣法 : 以衣覆口鼻, 不息九通, 正臥, 微鼻出納氣. 愈鼻塞不通.

② 동쪽을 향하여 앉아 머리를 들고 호흡을 5번 참은 다음 혀로 입 속의 침을 휘젓고 가득채워 14번 삼킨다. 그렇게 하면 입마름과 입이 쓴 증상을 낫게 한다.

東向坐, 仰頭不息五通, 以舌撩口中沫滿二七咽. 愈口乾、舌苦.

기러기의 행기법 : ① 머리를 숙이고 벽에 기대, 호흡을 12번 참는다. 이때 의식으로 유음(留飮)[71]과 식체를 밀어내어 하부로 나오게 하면 저절로 낫는다.

雁行氣法 : 低頭倚壁, 不息十二通. 以意排留飮、宿食, 從下部出自愈.

용의 행기법 : ① 머리를 숙여 아래를 보고 호흡을 12번 참는다. 그렇게 하면 개창(疥瘡)[72]과 악창(惡瘡, 악성 피부병)을 낫게 하고 열이 몸 속으로 들어가지 못하게 한다.

龍行氣法 : 低頭下視, 不息十二通. 愈疥惡瘡, 熱不能入.

② 목구멍에 병이 생길 듯하면 밝은 곳을 향하여 눕고, 손으로 배에서 발까지를 문지른 다음 손으로 발을 끌어당겨 팔과 12번 닿게 하고, 호흡을 12번 참는다. 다리와 발이 허하고 마비되어 다니지 못하는 증상과 허리와 등뼈가 아픈 증상을 낫게 한다.

咽可候病者, 以向陽明以達, 臥, 以手摩腹至足, 以手持引足, 低臂十二通, 不息十二通. 愈脚足虛痹不任行, 腰脊痛.

③ 두 손을 목에 대고 서로 교차하면 독을 치료한다. 낫지 않으면 뱃속의 큰 기를 바로 토해낸다.

以兩手著項相叉, 治毒. 不愈, 腹中大氣卽吐之.

④ 달이 막 뜰 때, 달이 중천에 떠 있을 때, 달이 질 때 달을 향해 똑바로 서서 호흡을 8번 참는다. 머리를 들고 달빛의 정기를 들이쉬고 8번 삼킨다. 그렇게 하면 음기를 기른다. 부인이 들이마시면 음정(陰精, 음의 정기)이 더욱 성해져 자식 생기는 길이 열린다.

月初出、月中、月入時, 向月正立, 不息八通, 仰頭吸月光精八咽之, 令陰氣長, 婦人吸之, 陰精益盛, 子道通.

물에 들어가 양팔을 들고 숨을 쉬지 않아도 빠지지 않는 법 : ① 북쪽을 향하여 다리를 펴고 앉아 손으로 발가락 5개를 감싼다. 그렇게 하면 복토(伏兎,

入水擧兩手臂不息不沒法 : 向北方箕踞, 以手掩足五指. 愈伏兎瘻, 尻筋急.

---

71 유음(留飮) : 비장과 위의 양기가 허하여 수음(水飮)이 일정 부위에 오래 머무는 증상. 갈증이 나고, 팔다리의 관절이 시큰거리며 아프다.
72 개창(疥瘡) : 피부가 헐고 진물이나 고름이 나는 증상.

허벅지의 혈)의 위증(痿症, 마비 증세)과 꽁무니 근육이
당기는 증상을 낫게 한다.

② 다리를 펴고 앉아 두 손으로 무릎 안쪽이 땅
에 닿은 부분을 따라가다가 무릎 안쪽으로 손을 넣
고 엉덩이를 들면 기를 운용할 수 있다. 그렇게 하면
임력(淋瀝)[73]과 유통(乳痛)[74]을 낫게 한다.

箕踞, 以兩手從曲脚入據
地, 曲脚加其手, 擧尻, 其
可用行氣, 愈淋瀝、乳痛.

③ 다리를 들어 목에서 교차하고 두 손으로 땅을
짚어 엉덩이를 들고 지탱한 채로 힘껏 도인하면서 다
리는 목 위에서 교차한 자세를 유지한다. 그렇게 하
면 뱃속이 울체로 그득한 증상을 낫게 하고, 삼충(三
蟲)[75]을 제거하고, 오장을 통하게 하며, 신기(神氣)를
시원하게 한다.

擧脚交叉項, 以兩手據地,
擧尻持任, 息極, 交脚項
上. 愈腹中愁滿, 去三蟲,
利五臟, 快神氣.

④ 자리에 걸터앉아 두 손으로 발을 잡아 옆으로
일직선으로 편다. 그렇게 하면 기가 충돌하여 붓고
아픈 증상, 한질(寒疾, 감기)이 위아래로 들어간 증상
을 치료하고, 신기(腎氣)를 잘 돌게 한다.

蹲踞, 以兩手擧足, 蹲極
橫. 治氣衝腫痛, 寒疾入上
下, 致腎氣.

⑤ 자리에 걸터앉아 두 손으로 발가락 5개를 들
고, 힘껏 머리를 숙이고 힘껏 도인하면 오장의 기가
모두 도달한다. 그렇게 하면 귀가 잘 들리지 않는 증
상, 눈이 잘 보이지 않는 증상을 치료한다. 오랫동안
하면 흰머리가 다시 검어진다.

蹲踞, 以兩手擧足五指, 低
頭, 自極則五臟氣總至. 治
耳不聞, 目不明. 久爲之則
令人髮白復黑.

⑥ 똑바로 누워 두 손을 말았다가 바로 쥐고 호흡
을 참은 다음 다리와 발꿈치를 따라서 침상에 기댄

正偃臥, 捲兩手卽握, 不
息, 順脚跟, 據牀. 治陰

---

73 임력(淋瀝) : 소변이 잘 나오지 않아 방울방울 나오고, 소변이 나올 때 통증이 있는 증상.
74 유통(乳痛) : 출산한 뒤 젖가슴이 늘어지고 아픈 증상.
75 삼충(三蟲) : 사람의 몸 속에서 수명·질병·욕망을 좌우하는 3마리의 벌레. 도교에서는 형체가 없는 귀신
으로 여겨 삼시(三尸)라고 하였다가 점차 벌레 같은 것으로 여기게 되었다.

다. 그렇게 하면 음기가 맺힌 증상과 근맥이 마비되고 위축되는 증상을 치료한다.

⑦ 두 손을 되돌린 다음 웅크리고 겨드랑이 아래에 붙인다. 그렇게 하면 가슴 속이 그득한 증상과 눈이 흐릿한 증상과 손이 마르는 증상을 치료한다.

⑧ 양손을 뒤집어 무릎 위에 댄 다음, 자라 모양으로 머리를 들어 숨을 들이쉬고 기를 운행하여 기가 대황(大黃)[76]의 원기에 이르렀다가 단전에 도달하게 한다. 그렇게 하면 허리뼈와 등뼈가 통증을 느끼지 않게 된다.

⑨ 엄지손가락으로 급히 콧구멍을 비틀어 막고 호흡을 참으면 곧 기가 상행하여 뇌 속에 이른다. 그렇게 하면 음과 양의 기가 그 정해진 수순을 따라가고 피로해지지 않게 한다.

⑩ 왼손으로 급히 머리카락을 잡고, 오른손으로 뒷목을 감싸주면 이것이 이른바 혈·맥·기가 각각 그 뿌리로 흘러가도록 하는 것이다. 이는 거양(巨陽, 태양)의 기를 닫아 음기가 넘치지 않게 하는 도인이니, 참으로 명확히 음과 양을 조절하는 방법이다.[77]

⑪ 똑바로 앉아 두 손을 등 뒤에 교차한다. 이를 '대박(帶縛)'이라 한다. 그렇게 하면 대변이 나오지 않는 증상을 낫게 하고, 배를 통리시키며, 허리(虛羸)[78]

結、筋脈麻痿羸.

以兩手還, 踞着腋下. 治胸中滿、眩[19]、手枯.

反兩手據膝上, 仰頭像鼈取氣, 致大黃元氣, 至丹田. 令腰脊不知痛.

手大拇指急捻鼻孔, 不息, 卽氣上行致泥丸腦中. 令陰陽從數, 至不倦.

以左手急捉髮, 右手還項出, 所謂血脈氣各流其根, 閉巨陽之氣, 使陰不溢, 信明皆利陰陽之道也.

正坐, 以兩手交背後, 名曰"帶縛". 愈不能大便, 利腹, 愈虛羸.

---

76 대황(大黃) : 중단전(中丹田)의 원기(元氣).

77 왼손으로⋯⋯방법이다 : 이 부분은 족태양방광경의 뿌리가 되는 머리카락과 그 길목인 뒷목을 붙잡고 감싸주는 도인법을 묘사하고 있다. 머리 부위에는 인체의 음과 양이 밀집된 중요한 곳이므로 그 혈과 맥과 기를 넘치지 않게 조절하면 전체 음양을 조절할 수 있다는 뜻으로 이해된다.

78 허리(虛羸) : 사기(邪氣)의 영향을 받은 기혈이 장부로 들어가 안색이 파리해지는 증상.

[19] 眩 : 저본에는 "胘". 《養生導引法·補益門》에 근거하여 수정.

를 낮게 한다.

⑫ 땅에 앉아 두 손을 배꼽 아래에 교차하게 놓는다. 그렇게 하면 배가 창만한 증상을 낮게 한다.

坐地[20], 以兩手交叉其下. 愈陰滿.

⑬ 두 손으로 녹로(轆轤)의 줄을 잡고 거꾸로 매달려 다리가 위를 향하도록 보이게 한다. 그렇게 하면 머리가 어지러운 증상과 정신이 혼미한 증상을 낮게 한다.

以兩手捉繩轆轤倒懸, 令脚反在其上見. 愈頭眩風顚.

⑭ 두 손을 끌고 반대로 교차하여 등에 붙인 다음 그 위에 줄을 매어 매달린다. 그렇게 하면 속이 좋지 않아[79] 흰밥을 먹어도 내려가지 않는 증상을 낮게 한다.

以兩手牽反著背上挽繩自懸. 愈中不專 精食不得下.

⑮ 한 손을 위로 끌어 줄을 매고, 다른 한 손을 아래로 내려 다리를 잡는다. 그렇게 하면 오랫동안 앓은 치질과 종기를 낮게 한다.

以一手上牽繩, 下手自持脚. 愈久久痔及有腫.

⑯ 땅에 앉아 두 다리를 곧게 펴고, 두 손을 교차하여 두 발을 힘껏 당긴다. 그렇게 하면 장이 밥을 받아들이지 않고 토하는 증상을 낮게 한다.

坐地, 直舒兩脚, 以兩手叉挽兩足自極. 愈腸不能受食, 吐逆.

이상은 영(甯) 선생의, 몸을 도인하고 기를 운행하는 법이다. 이 방법으로 온갖 병을 제거하고 늙지 않게 한다. 항상 마음 속에 오로지 환(還)과 단(丹)을 생각하여 기를 단전으로 되돌려야[還] 한다. 무릇 사람을 살리는 것은 단(丹)이고 사람을 구원하는 것은 환(還)이다. 이들이 온전하면 오래 살고, 떠나 버리면 쇠망한다.

右甯先生導引行氣之法, 以除百病, 令人不老, 常心念有一還丹, 以還丹田. 夫生人者丹, 救人者還, 全則延年, 去則衰朽.

---

79 속이……않아 : 원문의 "中不專"을 옮겼으나, 정확한 의미는 확신할 수 없다.
[20] 地 : 저본에는 "也".《養生導引法·補益門》에 근거하여 수정.

도인을 하는 까닭은 온몸의 관(關)과 절(節) 속의 온갖 사기(邪氣)를 모두 제거하고 정기를 보존하기 위해서이다. 정성을 다하여 부지런히 익히고 이행하여, 움직이거나 말을 할 때 밤낮으로 행하면 관과 절이 단단하고 강해져서 온갖 병을 낫게 한다.

갑자기 걸린 중풍이나, 오래 묵어 불수가 된 중풍 또는 등창이나에, 또는 귀가 잘 들리지 않거나, 머리가 어지럽고 아프거나, 기침으로 기가 치밀어 오르거나, 허리와 등뼈가 매우 아픈 증상과 같은 경우 모두 안마하는 법을 쓸 수 있다. 이는 병이 있는 곳을 따라 기를 운행하고 몸을 도인하여 의식으로 질병을 밀어내어 없애는 방법이다.

기를 운행하면 내부를 보할 수 있고, 몸을 도인하면 사지를 치료할 수 있으니, 이것이 자연의 도이다. 단지 사람이 이를 힘써 행하기만 하면 천지와 더불어 오래 보존될 것이다. 《양생도인법》[80]

9) 24절기 도인법

일반적으로 수양을 하려면 반드시 깨끗한 방을 고르고, 알맞은 온도를 따르며, 서로 다른 습도를 분명하게 맞춘다. 밤중이 된 뒤에 기가 생길 때나 5경(五更, 오전 3시~5시)에 깰 때마다 수양법에 따라 앉거나 선다.

먼저 눈을 감고 손을 꽉 쥐고, 호흡을 고르게 한 뒤, 순서대로 힘을 써서 행공(行功)하기를 부지런히

所以導引者, 令人肢體骨節中諸邪氣皆去, 正氣存處. 有能精誠勤習履行, 動作言語之間, 晝夜行之, 則骨節堅强以愈百病.

若卒得中風病, 宿固瘕疝不遂, 耳聾不聞, 頭顛疾, 欬逆上氣, 腰脊苦痛, 皆可按法, 隨疾所在, 行氣導引以意排除去之.

行氣者, 可補於裏;導引者, 可治於四肢, 自然之道. 但能勤行, 與天地相保.《養生導引法》

二十四節導引法

凡欲修養, 須擇淨室, 順溫涼之宜, 明燥濕之異, 每夜半後生氣時, 或五更睡覺, 依法坐立.

務先瞑目握固, 調息後, 乃以次着力行功, 勤而不怠,

80 《養生導引法》〈補益門〉(《壽養叢書》8, 20~28쪽).

하고 게으르지 않으면 신체가 저절로 가볍고 건강해지고, 질병을 없앨 수 있으며, 수명을 늘릴 수 있다. 그러나 아래에 서술된 방법은 일반적인 방법이다. 만약 봄인데 여름에 걸리는 병에 걸리거나, 가을인데 봄에 걸리는 병에 걸리면 절기에 관계없이 또한 병을 치료하는 방법을 살펴 행할 뿐이다. 어찌 반드시 그 때를 기다린 다음에 해야만 한다고 하겠는가.[81]

則自然身輕體健, 而疾疫可却, 性命可延矣. 然此其常法, 若春得夏疾, 秋得春疾, 亦但按法行之, 豈必待其時, 然後可哉.

① 입춘(立春)[82] 정월(正月) 절기(節氣)[83] 【운기는 궐음(厥陰) 초기(初氣)를 주관한다. 때는 수소양삼초(少陽三焦) 상화(相火)와 짝한다[84]】.

매일 자시(子時, 오후 11시~오전 1시)·축시(丑時, 오전 1~3시)에 손을 겹쳐 강(䐴) 부위를 안마한다 【안 강(䐴)

立春正月節【運主厥陰初氣, 時配手少陽三焦相火】.

宜每日子丑時, 疊手按【案 䐴, 音腔, 尻骨也】,

---

81 일반적으로……하겠는가 : 《保生心鑑》〈修眞要訣〉《壽養叢書》6, 7쪽). 영호총(令狐瓊, 1516~1582)의 《보생심감》은 〈활인심서〉에 담긴 〈도인8도〉와 《성현보수통감》에 실린 24절기에 따른 도인방법과 그림을 합본하고 새로 편집한 것으로, 그림이 총 32도가 된다. 《보생심감》의 서문 다음에 "수진요결"이란 제목으로 간결한 도인 방법에 대한 글이 곧 이 문단의 인용 원문이다.

82 입춘(立春) : 2월 4~5일경의 절기. 음력 1월에 해당되며, 봄이 시작된다는 의미이다.

83 절기(節氣) : 24절기는 다시 절(節)과 중(中)으로 분류되어 입춘(立春)을 비롯한 홀수 번째 시기는 절기(節氣)가 되고, 우수(雨水)를 비롯한 짝수 번째 시기는 중기(中氣)가 된다. 입춘은 정월 절기이고, 우수는 정월 중기이다. 나머지도 이와 같다. 또한 4계절은 입춘·입하(立夏)·입추(立秋)·입동(立冬)의 4개의 입(立)의 날로 시작되는데, 중이 되는 절기를 따라 각각 맹월(孟月)·중월(仲月)·계월(季月)이라 한다. 예를 들어 우수 1월 중기를 맹춘월(孟春月), 춘분 2월 중기를 중춘월(仲春月), 곡우 3월 중기를 계춘월(季春月)이라 한다. 나머지도 이와 같다. 24절기는 4계절을 세분한 것으로, 대략 15일 간격으로 나타나는데 그 기준은 태양의 하늘에서의 위치, 즉 황도 위의 위치를 나타내는 황경에 따라 약 12도씩 변동하는 것을 따르므로 해마다 24절기 양력의 일자는 거의 같다.

84 운기는……짝한다 : 이하 12월에 걸쳐 나오는 운기(運氣)와 때[時]에 대해 《보양지》와 《위선지》에 나온 내용을 근거로 간략히 설명한다. 먼저 운(運)은 5운을 말하며 '목화토금수(木火土金水)'의 운이다. 목화토금수 5행(行)은 그 상생관계(목생화, 화생토, 토생금, 금생수)에 따라 이와 같은 순서를 가진다. 기(氣)는 6기를 말하며, 실내용은 삼음삼양, 곧 삼음(태음·소음·궐음)과 삼양(태양·소양·양명)이다. 결국 '운기'라 함은 이 두 가지의 상호배합을 통해, 변화하는 만물에 규칙성을 부여하여 이해하고자 하는 전통적 방법론을 가리킨다. 실제로 5운과 6기의 상호배합은 목-궐음(군화)과 소양(상화), 토-태음, 금-양명, 수-태양으로 그 규칙이 정해진다. 이렇게 되는 이유는 다음 그림에서 보는 것처럼 팔괘(八卦)의 특성을 자연현상에 빗대서 이해했기 때문이다.

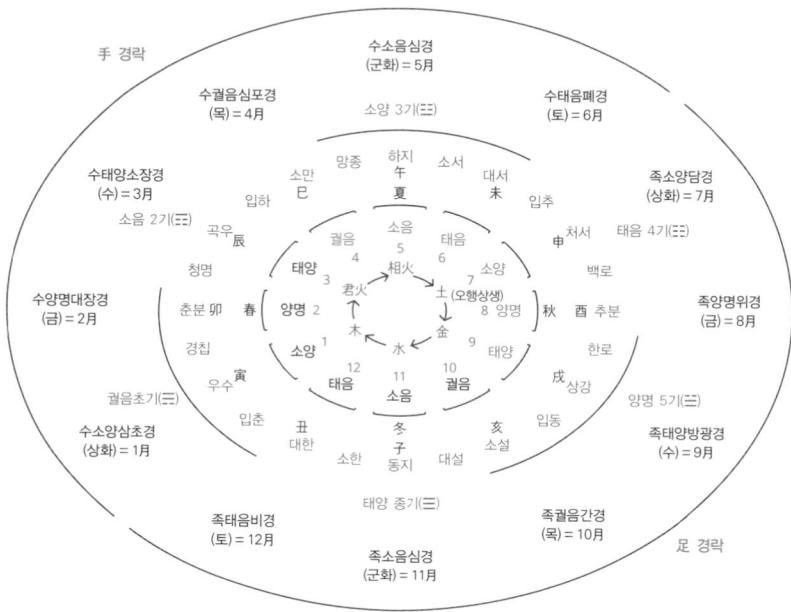

삼음삼양과 24절기의 배치(오행과 12경락 포함)

소양(☳ 진, 양이 처음 생겨남)–양명(☱ 태, 양이 상당히 자라남)–태양(☰ 건, 양이 극성함)–궐음(☴ 손, 음이 처음 생겨남)–소음(☶ 간, 음이 상당히 자라남)–태음(☷ 곤, 음이 극성함)의 순서와 목화토금수 오행의 생성순서를 결합하여 운기의 기본적 틀을 형성했다. 이 운기로서 1년의 때[時]를 구분하여 궐음은 초기, 소음은 2기, 소양은 3기, 태음은 4기, 양명은 5기, 태양은 종기라고 순서를 정한 것도 '목화토금수'의 순서에 따른 운행과 합치된다. 곧 궐음 초기(木)–소음 2기(君火)–소양 3기(相火)–태음 4기(土)–양명 5기(金)–태양 종기(水)의 차례로 이어지는 것이다.

다시 1년의 12개월, 24절기를 세분하여 이 관계를 살펴보면 다음과 같다. 궐음 초기는 절기로는 대한·입춘·우수·경칩을 포괄하며, 달로는 12월 후반~2월 전반에 해당한다. 소음 2기는 춘분·청명·곡우·입하를 포괄하며, 2월 후반~4월 전반에 해당한다. 소양 3기는 소만·망종·하지·소서를 포괄하며, 4월 후반~6월 전반에 해당한다. 태음 4기는 대서·입추·처서·백로를 포괄하며, 6월 후반~8월 전반에 해당한다. 양명 5기는 추분·한로·상강·입동을 포괄하며, 8월 후반~10월 전반에 해당한다. 태양 종기는 소설·대설·동지·소한을 포괄하며, 10월 후반~12월 전반에 해당한다.

화(火)가 군화(君火)와 상화(相火) 2개로 나뉘어 배치되기는 했지만 실제로 5운이 절기에서 다음의 운과 교차되는 지점은 좀 더 복잡하다. 기준점이 되는 대한은 바로 당일 수와 목이 교차되지만, 목과 화의 교차일은 춘분 후 13일, 화와 토의 교차일은 망종 후 10일, 토와 금의 교차일은 처서 후 7일, 금과 수의 교차일은 입동 후 4일이라 하였다(《임원경제지 위선지》 권3 〈일년의 예측 (하)〉 "운기로 점치다[占運氣]" '오운절령도(五運節令圖)' 참고).

한편 운기와 인체 12경락의 배합 역시 이런 논리의 확장으로 설명하고 있다. 크게 보아 1년의 상반기 6개월을 6개의 수(手) 경락과 짝짓고 하반기 6개월은 6개의 족(足) 경락과 짝을 짓고 있다. 흥미롭게도 상하반기의 6개월은 다시 각각 소양(☳, 1월·7월)–양명(☱, 2월·8월)–태양(☰, 3월·9월)–궐음(☴, 4월·10월)–소음(☶, 5월·11월)–태음(☷, 6월·12월)의 운행 순서를 따르고 있다(그림 내부의 작은 원). 이에 따르면

은 음이 강(腔)이다. 꼬리뼈이다】. 몸을 회전시키고 목을 돌리고 좌우로 뽑아 당기기를 각각 15번 한다. 고치(叩齒)[85], 토납(吐內)[86], 수연(漱咽)[87]을 해야 한다. 【풍기(風氣)가 적체된 증상, 목의 통증, 귀 뒤와 어깨 및 윗팔의 통증, 등의 통증, 팔꿈치의 여러 통증을 치료한다】

轉身拗頸, 左右聳引各三五度, 叩齒、吐納、漱咽.

【治風氣積滯、頸項痛、耳後·肩·臑痛、背痛、肘臂諸痛】

② 우수(雨水)[88] 정월 중기(中氣)【운기는 궐음 초기를 주관한다. 때는 수소양삼초 상화와 짝한다】.

매일 자시·축시에 손을 겹쳐 넓적다리를 안마하고, 목을 꺾고 몸을 회전시키면서 좌우로 당기기를 각각 15번 한다. 고치, 토납, 수연을 한다.

【삼초(三焦)[89] 경락에 사기와 독이 머물러 막힌 증

雨水正月中【運主厥陰初氣, 時配手少陽三焦相火】. 每日子丑時疊手按胜[21], 拗頸轉身, 左右偏引各三五度, 叩齒、吐納、漱咽.

【治三焦經絡留滯邪毒、嗌

1양이 자라나고 왕성하였다가 바야흐로 음이 생겨나서 양이 점차 사그라지는 방식으로 일정한 규칙성을 반복하고 있다.

세부적으로 상반기 6개월과 6개의 수(手) 경락은 다음과 같이 짝을 짓는다. 1월(입춘·우수)의 운기는 수소양삼초경의 상화와, 2월(경칩·춘분)의 운기는 수양명대장경의 금과, 3월(청명·곡우)의 운기는 수태양소장경의 수와, 4월(입하·소만)의 운기는 수궐음심포경의 목과, 5월(망종·하지)의 운기는 수소음심경의 군화와, 6월(소서·대서)의 운기는 수태음폐경의 토와 짝을 지었다.

또 하반기 6개월과 6개의 족(足) 경락도 다음과 같이 짝을 짓는다. 7월(입추·처서)의 운기는 족소양담경의 상화와, 8월(백로·추분)의 운기는 족양명위경의 금과, 9월(한로·상강)의 운기는 족태양방광경의 수와, 10월(입동·소설)의 운기는 족궐음간경의 목과, 11월(대설·동지)의 운기는 족소음신경의 군화와, 12월(소한·대한)의 운기는 족태음비경의 토와 같이 짝을 지었다. 이렇게 되는 이유는 오행과 오장육부는 각각 간(담)-목, 심(소장)-(군)화, 심포(삼초)-(상)화, 비(위)-토, 폐(대장)-금, 신(방광)-수처럼 배합되며, 이들이 다시 12지지(地支)와 삼음삼양과 결합되는 관계가 그림 같이 이루어지기 때문이다.

85 고치(叩齒) : 치아와 치근(齒根)을 튼튼하게 만드는 수양법. 윗니와 아랫니를 서로 마주쳐서 치아[齒]를 부딪치는[叩] 방식으로 치아를 단련시킨다.

86 토납(吐內) : 입으로 탁한[濁] 기(氣)를 내뱉고[吐] 코로 맑은[淸] 기를 들이마시는[內] 호흡법으로, 토탁납청(吐濁內淸)의 줄임말이다. 납청토탁(內淸吐濁) 또는 토납(吐納)으로 쓰기도 한다.

87 수연(漱咽) : 물로 입안을 깨끗이 헹군[漱] 다음 그 물을 뱉지 않고 마시는[咽] 수양법. 수연(漱嚥), 연액(咽液)으로 쓰기도 한다.

88 우수(雨水) : 2월 19~20일경의 절기. 음력 1월에 해당되며, 눈이 녹아서 비가 된다는 의미이다.

89 삼초(三焦) : 목구멍에서부터 전음(前陰)·후음(後陰)까지의 부위. 상초는 목구멍에서 횡경막까지이고, 중초는 횡경막에서 배꼽까지이며, 하초는 배꼽에서부터 전음과 후음까지이다.

[21] 胜 : 저본에는 "脛". 《遵生八牋·四時調攝牋·春卷》에 근거하여 수정.

입춘도인법(《보생심감(保生心鑑)》)

우수도인법(《보생심감(保生心鑑)》)

상, 목구멍이 마르고 부어 딸꾹질하는 증상, 후비 (喉痺, 목구멍이 좁아지거나 막힌 증상), 귀가 잘 들리지 않는 증상, 땀이 많이 나는 증상, 눈꼬리가 찢어지고 아픈 증상, 뺨의 통증 등의 여러 병증을 치료한다】[90]

③ 경칩(驚蟄)[91] 2월(二月) 절기【운기는 궐음 초기를 주관한다. 때는 수양명대장(手陽明大腸) 조금(燥金)과 짝한다】.

매일 축시(丑時, 오전 1~3시)·인시(寅時, 오전 3~5시)에 악고하며 목을 돌리고, 또 팔꿈치를 뒤로 핵 젖히기를 하루 30번 한다. 고치를 36번, 토납 및 수연을 9번씩 한다.

乾及腫噦、喉痺、耳聾、汗出、目銳眥痛、頰痛諸疾】

驚蟄二月節【運主厥陰初氣, 時配手陽明大腸燥金】.

每日丑寅時, 握固、轉頸及肘後向頓掣日五六度, 叩齒六六, 吐納、漱咽三三.

90 ①~② :《保生心鑑》〈太清二十四氣水火聚散圖)〉《壽養叢書》6, 22~25쪽);《遵生八牋》卷3〈四時調攝牋〉"春卷" '陳希夷孟春二氣導引坐功圖勢'《遵生八牋校注》, 73~74쪽).

91 경칩(驚蟄):3월 5~6일경의 절기. 음력 2월에 해당되며, 개구리가 잠에서 깨어나 활동한다는 의미이다.

【허리뼈·등뼈·비장·위장에 사기와 독이 뭉친 증상, 눈이 누렇게 되는 증상, 입마름, 코피, 후비(喉痺, 인후병), 얼굴이 붓는 증상, 갑자기 목이 쉬거나 말이 잘 나오지 않는 증상, 두풍(頭風), 잇몸에서 피나 고름이 나오는 증상, 눈이 어두운 증상, 눈이 부신 증상, 냄새를 맡지 못하는 증상, 이가 썩는 증상, 부스럼을 치료한다】

【治腰膂、脾胃蘊積邪毒、目黃、口乾、衄衊、喉痺、面腫、暴啞、頭風、牙宣、目暗、羞明、鼻不聞臭、齞牙、疙瘡】

④ 춘분(春分)[92] 2월 중기【운기는 소음(少陰) 2기(二氣)를 주관한다. 때는 수양명대장 조금과 짝한다】.

매일 축시·인시에 손을 뻗어 머리를 둘러 좌우로 각각 42번 끌어당긴다. 고치를 36번, 토납 및 수연

春分二月中【運主少陰二氣, 時配手陽明大腸燥金】.

每日丑寅時, 伸手廻頭, 左右挽引各六七度, 叩齒

경칩도인법《보생심감》

춘분도인법《보생심감》

---

92 춘분(春分) : 3월 21일경의 절기. 음력 2월에 해당되며, 태양이 남쪽에서 북쪽으로 향하여 적도를 통과하는 점에 이르러 양(陽)이 정동쪽에 있고, 음(陰)이 정서쪽에 있으므로 춘분이라 한다. 낮과 밤의 길이가 같다.

을 9번씩 한다.

【가슴·어깨·등의 경락이 허로하여 사기와 독기가 있는 증상, 치통, 목이 붓는 증상, 오한으로 떠는 증상, 열로 부어오른 증상, 귀가 잘 들리지 않는 증상, 이명(耳鳴, 귀가 울리는 증상), 귀 뒤쪽의 어깨와 팔 및 팔꿈치 바깥쪽과 등이 아픈 증상, 기만(氣滿, 기가 막혀 속이 그득한 증상), 피부가 각질화되어 단단하지만 아프지는 않는 증상, 또는 담기(痰氣, 담이 끼는 증상)로 인한 피부 가려움증을 치료한다】[93]

⑤ 청명(淸明)[94] 3월(三月) 절기【운기는 소음 2기를 주관한다. 때는 수태양소장(手太陽小腸) 한수(寒水)와 짝한다】.

매일 축시·인시에 정좌(正坐)하고 손을 좌우로 바꾸어 센 활을 당기듯이 각각 56번 한다. 고치, 납청토탁(內淸吐濁, 맑은 기운 마시고 탁한 기운 내뱉기), 연액(咽液)[95]을 각각 3번 한다.

【허리·신장·창자·위장이 허하여 사기가 적체된 증상, 귀 앞쪽이 열나고 몹시 추운 증상, 귀가 잘 들리지 않는 증상, 목구멍의 통증, 목의 통증으로 머리를 돌리지 못하는 증상, 어깨가 빠진 증상, 팔꿈치가 꺾인 증상, 허리에 힘이 없는 증상, 팔꿈치와 팔의 여러 통증을 치료한다】

六六, 吐納、漱咽三三.

【治胸臆·肩背經絡虛勞邪毒、齒痛、頸腫、寒慄、熱腫、耳聾、耳鳴、耳後肩臑·肘臂外背痛、氣滿、皮膚殼殼然堅而不痛、或痰氣、皮膚搔痒】

淸明三月節【運主少陰二氣, 時配手太陽小腸寒水】.

每日丑寅時, 正坐, 換手左右如引硬弓各七八度, 叩齒、納淸吐濁、咽液各三.

【治腰腎·腸胃虛邪積滯、耳前熱苦寒、耳聾、嗌痛、頸痛不可回頭、肩拔、臑折、腰軟、肘臂諸痛】

---

93 ③~④：《保生心鑑》〈太淸二十四氣水火聚散圖〉《壽養叢書》6, 26~29쪽)；《遵生八牋》卷3〈四時調攝牋〉 "春卷" '陳希夷仲春二氣導引坐功圖勢'《遵生八牋校注》, 78쪽).

94 청명(淸明)：4월 5~6일경의 절기. 음력 3월에 해당되며, 하늘이 차츰 맑아진다는 의미이다.

95 연액(咽液)：입속의 침[液]을 모아 삼키는[咽] 수양법. 연액(嚥液)으로 쓰기도 한다.

청명도인법(《보생심감》)

곡우도인법(《보생심감》)

⑥ 곡우(穀雨)[96] 3월(三月) 중기【운기는 소음 2기를 주관한다. 때는 수태양소장 한수와 짝한다】.

매일 축시·인시에 평좌(平坐)하고 손을 좌우로 바꾸어 들어올리면서 밀치고 팔을 좌우로 옮겨가면서 젖을 감싸기를 각각 35번 한다. 고치, 토납, 연수를 한다.

【비장과 위장의 결가(結瘕)[97], 어혈, 눈이 누렇게 되는 증상, 코피, 뺨이 붓는 증상, 턱의 부스럼, 팔꿈치와 팔의 바깥쪽 뒷부분이 붓고 아픈 증상, 팔 바깥쪽의 통증, 손바닥의 열을 치료한다】[98]

穀雨三月中【運主少陰二氣, 時配手太陽小腸寒水】.

每日丑寅時, 平坐, 換手左右擧托, 移臂左右掩乳各五七度, 叩齒、吐納、咽漱.

【治脾胃結瘕、瘀血、目黃、鼻衄衂、頰腫、頷腫、肘臂外後廉腫痛 、臂外痛、掌中熱】

---

96 곡우(穀雨) : 4월 20일경의 절기. 음력 3월에 해당되며, 봄비가 내려 곡식을 기름지게 한다는 의미이다.

97 결가(結瘕) : 기가 오랫동안 뭉쳐 흩어지지 않는 증상. 응어리가 만져지기도 한다.

98 ⑤~⑥ :《保生心鑑》〈太淸二十四氣水火聚散圖〉(《壽養叢書》6, 30~33쪽);《遵生八牋》卷3〈四時調攝牋〉"春卷"'陳希夷季春二氣導引坐功圖勢'(《遵生八牋校注》, 84쪽).

⑦ 입하(立夏)[99] 4월(四月) 절기【운기는 소음(少陰) 2기를 주관한다. 때는 수궐음심포락(手厥陰心包絡) 풍목(風木)과 짝한다】.

매일 인시(寅時, 오전 3~5시)·묘시(卯時, 오전 5~7시)에 폐식(閉息)[100]하면서 눈을 지그시 감은 채로 두 손을 맞바꾸어 양쪽 무릎을 누르고 당기기를 각각 35번 한다. 고치, 토납, 연액을 한다.

【풍습(風濕)이 머무르고 막힌 증상, 경락이 붓고 아픈 증상, 팔과 팔꿈치가 오그라들고 뻣뻣한 증상, 겨드랑이가 붓는 증상, 손바닥의 열, 웃음이 멈추지 않는 증상 등의 잡증을 치료한다】

⑧ 소만(小滿)[101] 4월(四月) 중기【운기는 소양(少陽)

立夏四月節【運主少陰二氣, 時配手厥陰心包絡風木】.

每日寅卯時, 閉息瞑目, 反換兩手, 抑挈兩膝各五七度, 叩齒、吐納、咽液.

【治風濕留滯、經絡腫痛、臂肘攣急、腋腫、手心熱、喜笑不休雜症】

小滿四月中【運主少陽

입하도인법(《보생심감》)

소만도인법(《보생심감》)

---

[99] 입하(立夏) : 5월 6일경의 절기. 음력 4월에 해당되며, 여름이 시작된다는 의미이다.
[100] 폐식(閉息) : 마치 숨쉬기를 멈춘 듯이 숨을 내뱉고 들이 마시는 과정을 매우 천천히 하는 호흡법.
[101] 소만(小滿) : 5월 21일경의 절기. 음력 4월에 해당되며, 햇볕이 풍부하고 만물이 생장하여 가득 찬다는 의미이다.

3기(三氣)를 주관한다. 때는 수궐음심포락 풍목과 짝
한다】.

　매일 인시·묘시에 정좌하고 한 손은 들어 올리면
서 밀치고 한 손은 무릎을 누르면서 문지르기를 좌
우로 각각 15번 한다. 고치, 토납, 연액을 한다.

　【폐에 사기와 독기가 뭉친 증상, 가슴과 옆구리
가 치받는 듯 그득한 증상, 심장이 고요하다가 심하
게 요동치는 증상, 얼굴이 붉어지는 증상, 코가 붉
어지는 증상, 눈이 누렇게 되는 증상, 가슴이 답답
한 증상, 가슴의 통증, 손바닥의 열 등의 여러 병
을 치료한다】[102]

　⑨ 망종(芒種)[103] 5월(五月) 절기 【운기는 소양 3기
를 주관한다. 때는 수소음심(手少陰心) 군화(君火)와
짝한다】.

　매일 인시·묘시에 똑바로 서고 몸을 위로 향하여
양손을 위로 밀치면서 좌우로 힘껏 들어올리기를 각
각 30번 한다. 숨을 고른 다음 고치, 토납, 연액을
한다.

　【허리와 신장에 허로(虛勞)가 쌓인 증상, 목구멍이
마르는 증상, 가슴의 통증, 갈증, 눈이 누렇게 되는
증상, 옆구리의 통증, 소갈(消渴)[104], 잘 웃거나 잘 놀

三[22]氣, 時配手厥陰心
包絡風木】.

每日寅卯時, 正坐, 一手
擧托, 一手拄按, 左右各
三五度, 叩齒、吐納、咽液.

【治肺腑蘊滯邪毒、胸脇支
滿、心中憺憺大動、面赤、
鼻赤、目黃、煩心、心痛、掌
中熱諸病】

芒種五月節【運主少陽三
氣, 時配手少陰心君火】.

每日寅卯時, 正立仰身, 兩手
上托, 左右力擧各五六度,
定息, 叩齒、吐納、咽液.

【治腰腎蘊積虛勞、嗌乾、
心痛、欲飮、目黃、脇痛、消
渴、善笑善驚善忘、上咳吐

---

102 ⑦~⑧ :《保生心鑑》〈太淸二十四氣水火聚散圖〉(《壽養叢書》6, 34~37쪽);《遵生八牋》卷4〈四時調攝
　　牋〉 "夏卷" '陳希夷孟夏二氣導引坐功圖勢'(《遵生八牋校注》, 113쪽).
103 망종(芒種) : 6월 6일경의 절기. 음력 5월에 해당되며, 벼 등 까끄라기가 있는 곡식을 파종하기 적당한 시기
　　를 의미한다.
104 소갈(消渴) : 물과 음식을 많이 먹으나 몸이 야위고 소변을 많이 보는 병. 지금의 당뇨병이 주로 이 증상에
　　해당한다.
[22] 三 : 저본에는 "二".《遵生八牋·四時調攝牋·夏卷》에 근거하여 수정.

망종도인법(《보생심감》)　　　　하지도인법(《보생심감》)

라거나 잘 잊어버리는 증상, 위로는 기침하고 토하 下氣泄、身熱而股痛、心悲、
며 아래로는 설사하는 증상, 몸에 열이 나며 넓적다 頭頂痛、面赤】
리가 아픈 증상, 마음의 슬픔, 정수리의 통증, 얼굴
이 붉어지는 증상을 치료한다】

⑩ 하지(夏至)[105] 5월(五月) 중기【운기는 소양 3기 夏至五月中【運主少陽三
를 주관한다. 때는 수소음심 군화와 짝한다】. 氣, 時配手少陰心君火】.

매일 인시·묘시에 웅크리고 앉고 손을 뻗어 손가 每日寅卯時, 跪坐, 伸手叉
락을 깍지 낀 채로 다리를 굽혀 교대로 밟기를 좌우 指, 屈脚換踏, 左右各五七
로 각각 35번 한다. 고치, 납청토탁, 연액을 한다. 度, 叩齒, 納淸吐濁、咽液.

【풍습(風濕)이 적체된 증상, 팔뚝과 무릎의 통 【治風濕積滯、腕膝痛、臑
증, 팔꿈치와 팔의 통증, 팔다리 뒤쪽의 극심한 통 臂痛、後廉痛厥、掌中熱
증, 손바닥이 뜨겁고 아픈 증상, 양쪽 신장 부위 통 痛、兩腎內痛、腰背痛、身
증, 허리와 등의 통증, 몸이 무거워진 증상을 치료 體重】

---

105 하지(夏至) : 6월 22일경의 절기. 음력 5월에 해당되며, 낮의 길이가 가장 길고 밤의 길이가 가장 짧다는 의
　미이다.

한다】¹⁰⁶

⑪ 소서(小暑)¹⁰⁷ 6월(六月) 절기【운기는 소양 삼기를 주관한다. 때는 수태음폐(手太陰肺) 습토(濕土)와 짝한다】.

매일 축시·인시에 양손을 땅에 대고 앉아 한 발은 굽혀서 누르고 한 발은 곧게 펴는 식으로 15번씩 힘을 주어 끌어당긴다. 고치, 토납, 연액을 한다.

【넓적다리·무릎·허리·비장의 풍습, 폐가 부어오르는 증상, 목구멍이 마르는 증상, 숨이 차며 기침하는 증상, 결분혈(缺盆穴)¹⁰⁸이 아픈 증상, 재채기를 잘 하는 증상, 배꼽 오른쪽의 아랫배가 부풀고 당기는 증상, 복통, 손이 오그라들고 뻣뻣한 증상, 몸이

小暑六月節【運主少陰三氣, 時配手太陰肺濕土】.

每日丑寅時, 兩手據地㉓, 屈壓一足, 直伸一足, 用力掣三五度, 叩齒、吐納、咽液.

【治腿膝·腰脾風濕、肺脹滿、嗌乾、喘咳、缺盆中痛、善嚔、臍右小腹脹引、腹痛、手攣急、身體重、半身不遂偏風、健忘、哮喘、脫肛、腕

소서도인법(《보생심감》)

---

106 ⑨~⑩ :《保生心鑑》〈太淸二十四氣水火聚散圖〉);《壽養叢書》6, 38~41쪽);《遵生八牋》卷4 〈四時調攝牋〉"夏卷"'陳希夷仲夏二氣導引坐功圖勢'《遵生八牋校注》, 115쪽).
107 소서(小暑) : 7월 5일경의 절기. 음력 6월에 해당되며, 본격적인 더위가 된다는 의미이다.
108 결분혈(缺盆穴) : 목의 양쪽 빗장뼈 위의 오목하게 들어간 부분으로, 급소이다.
㉓ 地 : 저본에는 없음.《遵生八牋·四時調攝牋·夏卷》에 근거하여 보충.

무거운 증상, 반신불수, 건망증, 가래 끓고 숨찬 증상, 탈항(脫肛, 항문 및 직장이 빠져나오는 증상), 팔뚝에 힘이 없는 증상, 기쁨과 분노가 일정치 않은 증상[109]을 치료한다】

⑫ 대서(大暑)[110] 6월(六月) 중기【운기는 태음(太陰) 4기(四氣)를 주관한다. 때는 수태음폐 습토와 짝한다】.

매일 축시·인시에 양주먹을 땅에 대어 앉고 머리는 어깨 쪽으로 돌려 당기면서 호랑이가 노려보는 자세를 좌우로 각각 15번 한다. 고치, 토납, 연액을 한다.

【머리·목·가슴·등의 풍독, 기침, 기가 치밀어오르는 증상, 숨이 차고 갈증이 나는 증상, 가슴이 답답한 증상, 가슴이 그득한 증상, 팔꿈치와 팔의 통증, 손바닥의 열, 배꼽 위나 어깨와 등의 통증, 풍한으로 땀이 나는 증상, 중풍, 소변이 자주 나오지 않는 증상, 설사, 피부 통증과 마비, 슬퍼서 울고 싶은 증상, 몸이 떨리면서 한열이 있는 증상을 치료한다】[111]

⑬ 입추(立秋)[112] 7월(七月) 절기【운기는 태음 4기를 주관한다. 때는 족소양담(足少陽膽) 상화(相火)와 짝한다】.

無力、喜怒不常】

大暑六月中【運主太陰四氣, 時配手太陰肺濕土】.
每日丑寅時, 雙拳踞地, 返首向[24]肩引作虎視, 左右各三五度, 叩齒、吐納、咽液.
【治頭項·胸背風毒、咳嗽、上氣、喘渴、煩心、胸滿、臑臂痛、掌中熱、臍上或肩背痛、風寒汗出、中風、小便數欠、溏泄、皮膚痛及麻、悲愁欲哭、洒淅寒熱】

立秋七月節【運主太陰四氣, 時配足少陽膽相火】.

109 기쁨과……증상 : 조증과 울증이 반복되는 조울증이 대표적으로 이에 포함될 수 있다.
110 대서(大暑) : 7월 23일경의 절기. 음력 6월에 해당되며, 매우 심한 더위라는 의미이다.
111 ⑪~⑫ : 《保生心鑑》〈太淸二十四氣水火聚散圖〉(《壽養叢書》6, 42~45쪽);《遵生八牋》卷4〈四時調攝牋〉 '夏卷' '陳希夷季夏二氣導引坐功圖勢'(《遵生八牋校注》, 130~131쪽).
112 입추(立秋) : 8월 8일경의 절기. 음력 7월에 해당되며, 가을이 시작되었다는 의미이다.
[24] 向 : 저본에는 없음. 《遵生八牋·四時調攝牋·夏卷》에 근거하여 보충.

대서도인법(《보생심감》) 입추도인법(《보생심감》)

매일 축시·인시에 정좌하여 양손을 땅에 대고 몸을 움츠려 호흡을 참은 다음 몸을 세우고 위로 뛰기를 모두 56번 한다. 고치, 토납, 연액을 한다.

【허한 것을 보해주고 기를 더해주어 허리와 신장에 기가 적체된 증상, 입이 쓴 증상, 한숨을 잘 쉬는 증상, 가슴과 옆구리의 통증, 옆으로 돌지 못하는 증상, 면진(面塵)113, 몸에 윤기가 없는 증상, 발의 겉부분에 열이 나는 증상, 두통, 턱의 통증, 눈구석[目銳]의 통증, 결분(缺盆)이 붓고 아픈 증상, 겨드랑이 아래가 붓는 증상, 땀이 나고 오한으로 떨리는 증상, 마도영류(馬刀癭瘤, 말조개 모양의 혹, 응어리)가 맺힌 증상을 제거한다】

每日丑寅時, 正坐, 兩手托地㉕, 縮體閉息, 聳身上踴, 凡七八度, 叩齒, 吐納, 咽液㉖.

【補虛益氣, 去腰腎積氣、口苦、善太息、心脇痛、不能反側、面塵、體無澤、足外熱、頭痛、頷痛、目銳皆痛、缺盆腫痛、腋下腫、汗出振寒、馬夾癭結核】

---

113 면진(面塵): 얼굴에 윤기가 없고 먼지가 낀 것처럼 발진이 생기는 병증.
㉕ 地 : 저본에는 없음.《遵生八牋·四時調攝牋·秋卷》에 근거하여 보충.
㉖ 液 : 저본에는 "漱".《遵生八牋·四時調攝牋·秋卷》에 근거하여 수정.

⑭ 처서(處暑)[114] 7월(七月) 중기【운기는 태음 4기를 주관한다. 때는 족소양담 상화와 짝한다】.

매일 축시·인시에 정좌하고 머리를 좌우로 돌리면서 양손을 들어당기고 뒤집어서 등 위 두드리기를 각각 35번 한다. 고치, 토납, 연액을 한다.

【풍습이 머물러 막힌 증상, 어깨와 등의 통증, 가슴 통증, 척추의 통증, 옆구리·늑골·넓적다리·무릎의 경락이 밖으로 향하여 정강이에서 끊어짐으로 인해 뼈 바깥쪽의 복숭아뼈 앞과 여러 관절이 모두 아픈 증상, 기가 부족한 증상, 기침, 숨이 차면서 갈증이 나는 증상, 기가 치밀어오르는 증상, 가슴·배·척추에 적체된 기를 치료한다】[115]

處暑七月中【運主太陰四氣, 時配足少陽膽相火】.

每日丑寅時, 正坐, 轉頭左右擧引, 就返兩手搥背之上, 各五七度, 叩齒、吐納、咽液.

【治風濕留滯、肩背痛、胸痛、脊膂痛、脇肋·髀膝經絡外至脛絕骨外踝前及諸節皆痛、少氣、咳嗽、喘渴、上氣、胸背脊膂積滯之氣】

처서도인법(《보생심감》)

백로도인법(《보생심감》)

---

114 처서(處暑) : 8월 23일경의 절기. 음력 7월에 해당되며, 더위가 그쳐간다는 의미이다.

115 ⑬~⑭ :《保生心鑑》〈太淸二十四氣水火聚散圖〉)(《壽養叢書》6, 46~49쪽);《遵生八牋》卷5〈四時調攝牋〉"秋卷"'陳希夷孟秋二氣導引坐功圖'(《遵生八牋校注》, 159쪽).

⑮ 백로(白露)[116] 8월(八月) 절기【운기는 태음 4기를 주관한다. 때는 족양명위(足陽明胃) 조금(燥金)과 짝한다】.

매일 축시·인시에 정좌하여 양손으로 무릎을 주무르고 머리를 좌우로 돌리면서 끌어당기기를 각각 15번 한다. 고치, 토납, 연액을 한다.

【풍기가 허리와 등의 경락에 머물러 막힌 증상, 추위로 떠는 증상, 기지개와 하품을 자주 하거나 사람과 불을 싫어하는 증상, 나무소리를 들으면 놀라는 증상, 광증과 학질, 땀이 나는 증상, 코피, 입이 비뚤어진 증상, 입술이 트는 증상, 목이 붓고 목구멍이 마비되어 말을 잘 못하는 증상, 얼굴이 검어지는 증상, 구토하거나 하품하는 증상, 광증으로 높은 곳에 올라가서 노래를 부르거나 옷을 벗어버리고 달리는 증상을 치료한다】

⑯ 추분(秋分)[117] 8월(八月) 중기【운기는 양명(陽明) 5기(五氣)를 주관한다. 때는 족양명위 조금과 짝한다】.

매일 축시·인시에 책상다리를 하고 앉아 양손으로 귀를 덮고 좌우로 번갈아 기울이기를 각각 15번 한다. 고치, 토납, 연액을 한다.

【풍습이 옆구리·갈빗대·허리·넓적다리에 적체된 증상, 배에 물이 많이 차서 부은 증상, 무릎뼈[膝臏]

白露八月節【運主太陰四氣, 時配足陽明胃燥金】.

每日丑寅時, 正坐, 兩手按膝, 轉頭左右推引各三五度, 叩齒、吐納、咽液.

【治風氣留滯腰背經絡、洒洒振寒、善伸數欠或惡人與火、聞木聲則驚、狂瘧、汗出、鼽衄、口喎、脣胗、頸腫喉痺不能言、顏黑、嘔呵欠、狂欲上登而歌·棄衣而走】

秋分八月中【運主陽明五氣, 時配足陽明胃燥金】.

每日丑寅時, 盤足而坐, 兩手掩耳, 左右返側各三五度, 叩齒、吐納、咽液.

【治風濕積滯脇肋·腰股、腹大水腫、膝臏腫痛、膺

---

116 백로(白露) : 9월 9일경의 절기. 음력 8월에 해당되며, 밤에 기온이 내려가 이슬이 내리기 시작한다는 의미이다.

117 추분(秋分) : 9월 23일경의 절기. 음력 8월에 해당되며, 춘분과는 정반대로 양이 정서쪽에 있고, 음이 정동쪽에 있다. 낮과 밤의 길이가 같아진다.

추분도인법((보생심감))

한로도인법((보생심감))

가 붓고 아픈 증상, 가슴과 기충(氣衝)[118] 부위·넓적다리의 복토(伏兎) 부위·정강이의 외렴(外廉)[119] 부위·발등 부위의 여러 통증, 소변이 새어 기가 빠져나간 증상, 급히 퍼지듯 하는 복창(腹脹) 증상, 넓적다리를 돌리지 못하는 증상, 무릎 안쪽이 맺힌 듯한 증상, 장딴지가 찢어질 듯한 증상, 소화가 잘 되어 배가 고픈 증상, 위의 한기로 숨이 차고 가슴이 벌떡거리는 증상, 피로로 몸이 상하여 손발이 싸늘한 증상, 반위(反胃)[120], 학질, 수고(水蠱)[121], 기비(氣痞)[122]를 치료한다】[123]

乳、氣衝、股伏兎、骱外廉、足跗諸痛、遺溺失氣、奔響腹脹、髀不可轉、膕似結、腨似裂、消穀善饑、胃寒喘滿、勞傷厥逆、反胃、瘧癘、水蠱、氣痞】

---

118 기충(氣衝) : 샅타구니 부위의 혈자리.

119 외렴(外廉) : 정강이 부위의 혈자리.

120 반위(反胃) : 구역질을 하며 구토하는 증상.

121 수고(水蠱) : 늘 물을 마시려 하고, 피부가 검고 거칠어지는 증상.

122 기비(氣痞) : 기가 몰려 속이 더부룩하여 부풀어오르며 식욕이 부진한 증상.

123 ⑮~⑯ : 《保生心鑑》〈太淸二十四氣火水聚散圖〉》《壽養叢書》6, 50~53쪽);《遵生八牋》卷5〈四時調攝牋〉"秋卷"'陳希夷仲秋二氣導引坐功圖'(《遵生八牋校注》, 163쪽).

⑰ 한로(寒露)[124] 9월(九月) 절기【운기는 양명 5기를 주관한다. 때는 족태양방광(足太陽膀胱) 한수(寒水)와 짝한다】.

매일 축시·인시에 정좌하고 양팔을 들어서 몸을 도약시키며 위로 밀치기를 좌우로 각각 15번 한다. 고치, 토납, 연액을 한다.

【여러 풍기·한기·습기·사기, 옆구리와 겨드랑이의 경락이 움직여 충돌하는 증상, 몹시 심한 두통, 눈이 빠질 듯한 증상, 목이 뽑힐 듯한 증상, 등골뼈의 통증, 허리가 꺾일 듯한 증상, 치질과 학질, 광증과 나병(癩病)[125]으로 인한 통증, 머리 양쪽 가장자리의 통증, 정수리의 통증, 눈에서 누런 눈물이 나는 증상, 코피, 곽란(霍亂)[126] 등 여러 질병을 치료한다】

寒露九月節【運主陽明五氣, 時配足太陽膀胱寒水】.

每日丑寅時, 正坐, 擧兩臂踴身上托, 左右各三[27]五度, 叩齒·吐納·咽液.

【治諸風寒濕邪、脇腋經絡動衝、頭苦痛、目似脫、項如拔、脊痛、腰折、痔瘧、狂癲痛、頭兩邊痛、頭囟頂痛、目黃淚出、鼽衂、霍亂諸疾】

⑱ 상강(霜降)[127] 9월(九月) 중기【운기는 양명 5기를 주관한다. 때는 족태양방광 한수와 짝한다】.

매일 축시·인시에 평좌하고 양손을 펴서 양발을 당기고 발 사이에 힘을 써서 풀었다가 다시 거두어 들이기를 35번 한다. 고치, 토납, 연액을 한다.

【풍기와 습기로 인한 마비가 허리와 다리에 들어가서 넓적다리를 구부리지 못하는 증상, 무릎 안쪽이 맺힌 듯한 통증, 장딴지가 찢어지는 듯한 통증,

霜降九月中【運主陽明五氣, 時配足太陽膀胱寒水】.

每日丑寅時, 平坐, 舒兩手, 攀兩足, 用膝間力縱而復收五七度, 叩齒·吐納·咽液.

【治風濕痺入腰却, 髀不可曲、膕結痛、腨裂痛、項背·腰尻·陰股·膝髀痛、臍

---

124 한로(寒露) : 10월 8~9일경의 절기. 음력 9월에 해당되며, 찬 이슬이 맺히기 시작한다는 의미이다.

125 나병(癩病) : 풍독이나 습독이 침입하여 헌데가 생기는 만성 피부병. 심하면 피부가 괴사하고, 콧대가 무너지거나 눈썹이 빠지고 팔다리가 오그라든다.

126 곽란(霍亂) : 갑자기 토하고 설사하는 증상. 급성 식중독이나 위장장애로 생긴다.

127 상강(霜降) : 10월 23일경의 절기. 음력 9월에 해당되며, 서리가 내리기 시작한다는 의미이다.

㉗ 三 : 저본에는 "二". 《遵生八牋·四時調攝牋·秋卷》에 근거하여 수정.

목·등·허리·엉덩이·넓적다리 안쪽·무릎·넓적다리의 통증, 배꼽이 튀어나온 증상, 피부가 마르는 증상, 하반신이 붓는 증상, 대변에 피고름이 나오는 증상, 아랫배가 부풀고 아픈 증상, 소변을 보려 해도 나오지 않는 증상, 오장의 독기, 근육의 한기, 각기(脚氣)128, 오래된 치질로 인한 탈항을 치료한다】129

反出、肌肉瘻、下腫、便膿血、小腹脹痛、欲小便不得、藏毒、筋寒、脚氣、久痔脫肛】

⑲ 입동(立冬)130 10월(十月) 절기【운기는 양명 오기를 주관한다. 때는 족궐음간(足厥陰肝) 풍목(風木)과 짝한다】.

매일 축시·인시에 정좌하고 목을131 꺾어 좌우를 돌아보면서 양손을 좌우로 밀어내기를 각각 15번 한다. 토납, 고치, 연액을 한다.

【가슴과 옆구리에 기가 적체된 증상, 허로로 인한 사기와 독기, 허리가 아파 허리를 구부리거나 젖히지 못하는 증상, 목구멍이 마르는 증상, 면진으로 탈색되는 증상, 가슴이 그득한 증상, 구역질, 손설(飧泄, 음식이 소화되지 않은 채로 설사하는 증상), 두통, 귀가 들리지 않는 증상, 뺨이 붓는 증상, 간의 기가 치밀어 올라 얼굴이 파래지는 증상, 눈이 붉어지고 붓고 아픈 증상, 두 옆구리 아래의 통증, 아랫배가 당기는 증상,

立冬㉘十月節【運主陽明五氣, 時配足厥陰肝風木】.

每日丑寅時, 正坐, 拗頸左右顧, 兩手左右托各三五度, 吐納·叩齒·咽液.

【治胸脇積滯、虛勞邪毒、腰痛不可俛仰、嗌乾、面塵脫色、胸滿、嘔逆、飧泄、頭痛、耳無聞、頰腫、肝逆面青、目赤腫痛、兩脇下痛、引小腹、四肢滿悶、眩冒、目腫痛】

---

128 각기(脚氣) : 다리가 나무처럼 뻣뻣해지는 증상.

129 ⑰~⑱ :《保生心鑑》〈太淸二十四氣水火聚散圖〉)(《壽養叢書》6, 54~57쪽);《遵生八牋》卷5〈四時調攝牋〉"秋卷"陳希夷季秋二氣導引坐功圖"(《遵生八牋校注》, 167쪽).

130 입동(立冬) : 11월 7~8일경의 절기. 음력 10월에 해당되며, 겨울이 시작된다는 의미이다.

131 정좌하고 :《준생팔전》에는 이 뒤에 "한 손으로 무릎을 주무르고 한 손으로 팔꿈치를 당긴다(一手按膝, 一手挽肘)."는 구절이 추가되어 있다.《遵生八牋》卷6〈四時調攝牋〉"冬卷"陳希夷孟冬二氣導引坐功圖勢'(《遵生八牋校注》, 189쪽).

㉘ 冬 : 저본에는 "秋". 오사카본·규장각본에 근거하여 수정.

상강도인법(《보생심감》)

입동도인법(《보생심감》)

팔다리가 그득하고 답답한 증상, 어지럼증, 눈이 붓
고 아픈 증상을 치료한다】

⑳ 소설(小雪)[132] 10월(十月) 중기【운기는 태양(太陽) 종기(終氣)를 주관한다. 때는 족궐음간 풍목과 짝한다】.

매일 축시·인시에 정좌한 다음 한 손으로 무릎을 주무르고 한 손으로 팔꿈치를 당기기를 좌우로 힘을 주어 각각 15번 한다. 토납, 고치, 연액을 한다.

【팔과 팔꿈치의 풍사·습사·열사·독기, 부인의 아랫배가 붓는 증상, 남자의 퇴산(㿉疝)[133]이나 호산(狐疝)[134], 유뇨(遺尿)[135] 증상, 폐륭(閉癃)[136], 고환

小雪十月中【運主太陽終氣, 時配足厥陰肝風木】.

每日丑寅時, 正坐, 一手按膝, 一手挽肘, 左右爭力各三五度, 吐納、叩齒、咽液.

【治腕肘風濕熱毒、婦人小腹腫、丈夫㿉疝·狐疝、遺溺、閉癃、血睪、腫睪疝、

---

132 소설(小雪) : 11월 22~23일경의 절기. 음력 10월에 해당되며, 눈이 내리기 시작한다는 의미이다.

133 퇴산(㿉疝) : 아랫배가 당기고 아프며, 고환이 당기는 증상.

134 호산(狐疝) : 탈장되어 창자가 음낭으로 들어가는 증상.

135 유뇨(遺尿) : 소변이 저절로 나오는 병증. 잠을 자거나 의식이 흐릴 때 지리는 증상이나, 깨어 있을 때 알지 못하고 나오는 증상, 평소 소변이 잦고 참기 어려운 증상 등을 포함한다.

136 폐륭(閉癃) : 소변이 잘 나오지 않고 방울방울 떨어지거나, 아랫배가 부풀어오르는 증상.

소설도인법(《 보생심감 》)

대설도인법(《 보생심감 》)

에 피가 고인 증상, 고환이 붓는 산증(疝症), 발이 시린 증상, 정강이뼈가 찬 증상, 어린아이가 경련을 잘 일으키는 증상, 절기에 근육이 붓고 뒤틀리는 증상, 음경이 위축되는 증상, 두 팔 근육의 경련, 통설(洞泄)[137], 혈이 옆구리 아래에 있는 증상, 숨이 차고 잘 두려워하는 증상, 가슴에 숨이 찬 증상, 오림(五淋)[138]을 치료한다】[139]

足逆、寒胻、善瘛、節時腫轉筋、陰縮、兩筋攣、洞泄、血在脇下、喘善恐、胸中喘、五淋】

㉑ 대설(大雪)[140] 11월(十一月) 절기【운기는 태양 종기를 주관한다. 때는 족소음신(足少陰腎) 군화(君火)와 짝한다】.

大雪十一月節【運主太陰終氣, 時配足少陰腎君火】.

---

137 통설(洞泄) : 소화가 되지 않고, 물이 쏟아지듯 나오는 설사.

138 오림(五淋) : 노림(勞淋)·혈림(血淋)·기림(氣淋)·석림(石淋)·열림(熱淋)의 5가지 임증(淋症, 소변이 방울방울 떨어지는 증상).

139 ⑲～⑳ : 《保生心鑑》〈太淸二十四氣水火聚散圖〉》(《壽養叢書》6, 58～61쪽) ;《遵生八牋》卷6〈四時調攝牋〉"冬卷"'陳希夷孟冬二氣導引坐功圖勢'(《遵生八牋校注》, 189～190쪽).

140 대설(大雪) : 12월 7～8일경의 절기. 음력 11월에 해당되며, 눈이 가장 많이 내린다는 의미이다.

매일 자시·축시에 몸을 일으켜 무릎을 세우고 양손을 좌우로 밀어내고 양발은 좌우로 밟아주기를 각각 35번 한다. 고치, 토납, 연액을 한다.

【다리와 무릎의 풍기·습기·독기, 입이 뜨겁고 혀가 건조한 증상, 목구멍이 붓는 증상, 기가 위로 치밀어오르는 증상, 목구멍이 마르고 붓는 증상, 가슴이 답답한 증상, 가슴 통증, 황달(黃疸)[141], 장벽(腸癖, 혈변), 음부가 습한 증상, 배고프지만 식욕이 없는 증상, 얼굴이 흑칠 같은 증상, 기침에 피가 나오는 증상, 갈증이 나고 숨이 가쁜 증상, 눈이 보이지 않는 증상, 가슴에 무엇이 맺혀 있어 배고픈 듯한 증상, 항상 다른 사람이 잡으러 오는 것처럼 두려워하는 증상 등의 병을 치료한다】

每日子丑時, 起身仰膝, 兩手左右托, 兩足左右踏各五七度, 叩齒、吐納、咽液.

【治脚膝風濕毒氣、口熱舌乾、咽腫、上氣、嗌乾及腫、煩心、心痛、黃疸、腸癖、陰下濕、饑不欲食、面如漆、咳嗽有血、渴喘、目無所見、心懸如饑、多恐常若人捕等病】

㉒ 동지(冬至)[142] 11월(十一月) 중기【운기는 태양 종기를 주관한다. 때는 족소음신 군화와 짝한다】.

매일 자시·축시에 평좌하고 양발을 펴고 양손은 주먹을 쥔 채로 양쪽 무릎을 주무르기를 좌우로 힘을 다해서 각각 15번 한다. 토납, 고치, 연액을 한다.

【손발 경락의 한기와 습기, 등뼈와 허벅지 안쪽 뒷부분 구석의 통증, 발이 여위고 싸늘해지는 증상, 눕기만 하려는 증상, 발이 뜨겁고 아픈 증상, 배꼽 왼쪽의 옆구리 아래·등·어깨·넓적다리의 통증,

冬至十一月中【運主太陽終氣, 時配足少陰腎君火】.

每日子丑時, 平坐, 伸兩足, 拳兩手按兩膝, 左右極力三五度, 吐納、叩齒、咽液.

【治手足經絡寒濕、脊股內後廉痛、足痿厥、嗜臥、足下熱痛、臍左脇下·背肩·髀間痛、胸中滿、大小腹痛、

---

141 황달(黃疸) : 전신과 눈이 누렇게 되고, 소변도 누렇게 나오는 증상.
142 동지(冬至) : 12월 22~23일경의 절기. 음력 11월에 해당되며, 밤이 가장 길고 낮이 가장 짧다른 의미이다.

가슴이 그득한 증상, 윗배와 아랫배의 복통, 변비, 배가 커진 증상, 목이 붓는 증상, 기침, 허리가 얼음처럼 차고 붓는 증상, 배꼽 아래의 기가 역행하는 증상, 아랫배가 조이듯이 아픈 증상, 설사, 발이 붓고 차가워 기가 역행하는 증상, 동상, 하리(下痢)[143], 생각이 많아지는 증상, 사지불수를 치료한다】[144]

大便難、腹大、頸腫、咳嗽、腰冷如氷及腫、臍下氣逆、小腹急痛、泄下、腫足寒而逆、凍瘡、下痢、善思、四肢不收】

㉓ 소한(小寒)[145] 12월(十二月) 절기【운기는 태양 종기를 주관한다. 때는 족태음비(足太陰脾) 습토(濕土)와 짝한다】.

小寒十二月節【運主太陽終氣, 時配足太陰脾濕土】.

매일 자시·축시에 정좌하고 한 손은 발을 주무르고 한 손은 위로 밀치는데, 서로 손을 바꾸어가며 당기기를 힘을 다해서 15번 한다. 토납, 고치, 수연을 한다.

每日子丑時, 正坐, 一手按足、 一手上托, 挽手互換, 極力三五度, 吐納、叩齒、漱咽.

【영위(榮衛)[146]에 기가 쌓인 증상, 먹으면 구토하는 증상, 명치 밑의 통증, 배가 부풀어오르는 증상, 학질 발작이 물만 마시면 터져 나오는 증상, 속이 그득하여 식욕이 감퇴하는 증상, 트림이 잘 나는 증상, 몸이 모두 무거운 증상, 음식이 잘 내려가지 않는 증상, 가슴이 답답한 증상, 명치가 조이듯이 아픈 증상, 당가설(溏瘕泄)[147], 오줌을 못 누는 증상, 황달,

【治榮衛積氣、蘊食則嘔、胃腕痛、腹脹、瘧瘕飲發、中滿食減、善噫、身體皆重、食不下、煩心、心下急痛、溏瘕泄、水閉、黃疸、五泄注下五色、大小便不通、面黃、口乾、怠惰嗜臥、搶

---

143 하리(下痢) : 이질과 설사를 통틀어 부르는 말.

144 ㉑~㉒ : 《保生心鑑》〈太淸二十四氣水火聚散圖〉《壽養叢書》6, 62~65쪽);《遵生八牋》卷6〈四時調攝牋〉 "冬卷"'陳希夷仲冬二氣導引坐功圖勢'《遵生八牋校注》, 194~195쪽).

145 소한(小寒) : 1월 5일경의 절기. 음력 12월에 해당되며, 작은 추위라는 의미이다. 24절기는 중국 화북지방을 기준으로 했기 때문에 한국에서는 소한 무렵이 일반적으로 가장 춥다.

146 영위(榮衛) : 혈맥 속으로 온몸을 순환하며 영양작용을 하는 영(榮)과, 혈맥 밖에서 분육(分肉) 사이를 순환하면서 외부의 사기(邪氣)를 막는 위(衛)를 함께 부르는 말. 영은 위의 보호를 받고, 위는 영의 영양을 받는다.

147 당가설(溏瘕泄) : 명치 아래가 극심하게 아프면서 설사하는 증상.

동지도인법(《보생심감》)

소한도인법(《보생심감》)

오설(五泄)[148]로 5가지 설사가 나오는 증상, 대소변이 잘 나오지 않는 증상, 얼굴이 누렇게 되는 증상, 입 마름, 나른해져서 눕기만 하려는 증상, 창심(搶心, 병의 기가 가슴속으로 치미는 증상), 명치가 답답하고 괴로운 증상, 배가 잘 고프고 맛도 잘 보나 식욕이 없는 증상을 치료한다】

心、心下痞苦、善饑善味不嗜食】

㉔ 대한(大寒)[149] 12월(十二月) 중기【운기는 궐음 초기를 주관한다. 때는 족태음비 습토와 짝한다】.

매일 자시·축시에 양손은 뒤를 향한 채로 평상 위에 웅크리고 앉은 다음 한쪽 다리는 구부린 채로 앉고 한쪽 다리는 곧게 펴기를 힘을 주어 좌우로 15

大寒㉙十二月中【運主厥陰初氣, 時配足太陰脾濕土】.

每日子丑時, 兩手向後㉚據床, 跪坐一足, 直伸一足, 用力左右三五度, 叩齒、漱

---

148 오설(五泄) : 5가지 설사를 통틀어 부르는 말. 위장·비장·대장·소장이 원인이 되어 나오는 설사와 뱃속이 당기면서 나오는 설사를 가리킨다.
149 대한(大寒) : 1월 20일경의 절기. 음력 12월에 해당되며, 가장 춥다는 의미이다.
㉙ 寒 : 저본에는 "雪". 문맥에 근거하여 수정.
㉚ 向後 : 저본에는 없음. 《遵生八牋·四時調攝牋·冬卷》에 근거하여 보충.

대한도인법(《보생심감》)

번 한다. 고치, 수연, 토납을 한다.

【경락에 축적된 습기로 인해 생긴 혀뿌리가 뻣뻣하고 아픈 증상, 몸을 움직일 수 없거나 누울 수 없는 증상, 뻣뻣이 서는 증상, 정강이와 무릎 안쪽이 붓는 증상, 엉덩이·팔꿈치·정강이·발등의 통증, 배가 부풀어오르는 증상, 장에서 소리가 나는 증상, 손설(飱泄)로 소화되지 않는 증상, 걸음이 자연스럽지 않은 증상, 9규(九竅)가 통하지 않는 증상, 발과 정강이가 물이 찬 듯 붓는 증상을 치료한다】《성현보수통감(聖賢保修通鑑)150》151

咽、吐納.

【治經絡濕積諸氣、舌本强痛、體不能動搖或不能臥、强立、股膝內腫、尻陰臑胻足背痛、腹脹、腸鳴、飱泄不化、足不收行、九竅不通、足胻腫若水】《聖賢保修通鑑》

---

150 성현보수통감(聖賢保修通鑑) : 작자 미상. 《보생심감》에서 이 책을 인용했다.

151 ㉓~㉔《保生心鑑》〈太淸二十四氣水火聚散圖〉(《壽養叢書》6, 66~69쪽) ; 《遵生八牋》 卷6 〈四時調攝牋〉 "冬卷"'陳希夷季冬二氣導引坐功圖勢'(《遵生八牋校注》, 199~200쪽).

10) 병을 제거하고 수명을 늘이는 6자법(六字法)[152]

【 양생도인법 [153] 그 법은 입으로 내쉬고 코로 들이쉬는 것이다】

총결 :

간은, '허(噓, 바깥으로 내보내는 것)'라는 소리를 내면 눈이 크게 뜨이고,

폐는, '희(呬, 들이 마시고 내쉬는 것)'라는 소리와 함께 숨을 쉬면서 손을 양쪽으로 들어야 하는 것을 알지.

심장은, '가(呵, 내뿜는 것)'라는 소리를 내면서 머리 뒤로 높여서 손을 깍지 끼고,

신장은, '취(吹, 불어내는 것)'라는 소리를 내면서 무릎을 바르게 감싸 안네.

비장은, '호(呼, 내쉬는 것)'라는 소리를 내면서 입을 꼭 오므리고,

삼초는, 객열(客熱)이 있을 때 누워서 '의(嘻)'하면 편안해지네.

【이 6자의 행공(行功, 수행 공부)은 비밀스런 요결이다. 이 6기를 행공하지 않으면 근본의 경맥[本經]에 도달할 수 없다. 이 방법으로 도인하는 것은 경맥을 이끄는 것[引經]과 같으므로 몰라서는 안 된다】

사계절에 병을 없애는 노래 :

去病延年六字法

【 養生導引法 其法以口吐鼻取】

總訣 :

肝若噓時目睜睛,

爭知肺呬[31]手雙擎.

心呵腦後高[32]叉手,

腎若吹時抱膝[33]平.

脾用[34]呼時須撮口,

三焦客熱臥嘻寧.

【 此行六字功夫, 秘要訣也. 非此六氣行, 不到於本經, 以此導之, 若引經耳, 不可不知】

四季却病歌:

---

152 6자법(六字法) : '허'·'희'·'가'·'취'·'호'·'의' 6자를 활용한 도가 양생법.

153 《養生導引法》〈老人門〉(《壽養叢書》8, 59쪽). 이 내용은 아래 기사의 출처인《類修要訣續附》〈胎息秘要歌訣〉"六氣歌訣"에도 실려 있다.

[31] 爭知肺呬:《類修要訣續附·胎息秘要歌訣·去病延年六字法》에는 "肺知呬氣".

[32] 腦後高:《類修要訣續附·胎息秘要歌訣·去病延年六字法》에는 "頂上連".

[33] 若吹時抱膝:《類修要訣續附·胎息秘要歌訣·去病延年六字法》에는 "吹抱取膝頭".

[34] 用:《類修要訣續附·胎息秘要歌訣·去病延年六字法》에는 "病".

봄에 '허' 하면 눈이 밝아지며 목기가 간을 돕고,　春噓明目木扶肝,

여름에 '가' 하면 심장의 화기가 절로 여유롭네.　夏至呵心火自閑.

가을에 '희' 하면 분명 폐의 금기에 윤기남을 알고,　秋呬定知[35]金肺潤,

신장은 '취' 하면 물[坎] 속이 편안하네.　腎吹唯要坎中安.

삼초는 '의' 하면 번열이 사라지고,　三焦嘻却除煩熱,

사계절에 길게 '호' 하면 비장이 음식을 소화하네.　四季長呼脾化飱.

이 육자(六字)의 소리가 귀에 들리지 않도록 한다면,　切忌出聲聞口耳,

그 효력이 보신단(保神丹)154보다 훨씬 낫다네.　其功尤勝保神丹.

【수진서(修眞書)】155 사계절에 항상 '허' 하고, 8절　【修眞書】四季常時噓, 八

(八節)156에는 '취' 하지 않는다. 대개 간은 상화(相火)　節不得吹. 蓋肝爲相火, 有

가 되므로 사(瀉)할 뿐 보(補)하지 않는 반면, 신장은　瀉無補；腎爲眞水, 有補無

진수(眞水, 신장의 참된 물 기운)가 되므로 보할 뿐 사하　瀉也】

지 않기 때문이다】

① 희(呬)　一曰呬.

'희'는은 가장 신령스러워, 꼭 비밀스레 해야지.　呬法最靈應須秘,

밖으로 코의 뿌리에 속하고, 안으로는 폐에 연관　外屬鼻根內關肺.

되네.

한열증, 피로하고 답답한 증상, 피부의 부스럼에,　寒熱勞悶及膚瘡,

이 방법으로 토납하면 구제하지 못하는 증상이　以斯吐納無不濟.

없어.157

---

154 보신단(保神丹) : 기와 혈을 기르고, 심장과 신장을 조화롭게 한다는 약.

155 《養生導引法》〈老人門〉(《壽養叢書》8, 59쪽).

156 8절(八節) : 입춘·입하·입추·입동·춘분·하지·추분·동지를 가리킨다.

[35] 知 : 《類修要訣續附·胎息秘要歌訣·去病延年六字法》에는 "收".

157 이상의 7언절구의 전반부는 《유수요결》 원문에서 뒤에 이어지는 7언절구의 후반부와는 독립적으로 떨어져
있었다. 아래의 5개 기사도 이와 마찬가지다.

【병이 나으면 곧 그쳐야지 과하면 안 된다. 과하면 기를 손상시킨다. 아래도 이와 같다】

'희(呬)'를 많이 하면 침이 생기고,

가슴 속이 답답하고 상초에는 담연(痰涎)[158] 가득.

만약 폐병이 있으면 서둘러 반드시 '희(呬)'를 해야 하니,

그리하면 곧 절로 편안하리.

② 가(呵)

'가'는 심왕[心王, 심주(心主, 마음의 주인)와 같음]에 속하고, 혀를 주관하니,

입 속이 마르고 껄끄러운 증상, 몸이 답답하고 열이 나는 증상에 좋네.

병의 깊이를 헤아려서 '가' 하면,

장부를 태우는 질병이 저절로 소멸된다네.

마음이 답답하고 조급하면 반드시 '가' 해야 하니,

이 방법은 신기(神氣)와 통하므로 지나치면 안 된다네.

목구멍 안과 입이 헌 증상과 열로 인한 통증에도,

이 방법대로 하면 바로 편안하고 화평해진다네.

③ 호(呼)

'호'는 비장의 신(神)에 속하여 토기(土氣)를 주관하니,

답답하고 열기가 팽창하여 배가 북처럼 된 증상에 좋네.

【病瘥即止, 不可過, 過則敗氣, 下同】

呬呬數多作生涎,

胸[36]膈煩滿上焦痰.

若有肺病急須呬,

用之目下自安然.

二曰呵.

呵屬心王主其舌,

口中乾澁身煩熱.

量疾深淺以呵之,

焦腑疾病自消滅.

心源煩燥急須呵,

此法通神更莫過.

喉內口瘡并熱痛,

依之目下便安和.

三曰呼.

呼屬脾神主其土,

煩熱氣脹腹如鼓.

---

158 담연(痰涎) : 가래[痰]나 침[涎]이 가슴에 몰린 증상. 가슴이 답답한 동시에 가래나 거품 섞인 침이 나온다.
[36] 胸 : 저본에는 "腦". 문맥에 근거하여 수정.

또 팔다리가 기에 막혀 답답한 증상, 기가 통하지   四肢壅悶氣難通,
않는 증상에,

'호' 하여 다스리면 그대로 원상회복.   呼而理之復如故.

비장은 토(土)에 속하여 '태창(太倉)'이라 하니,   脾宮屬土號太倉,

담(痰)으로 생긴 병에 '호' 하면 약처방보다 낫다네.   痰病行之勝藥方.

설사로 장이 울면서 물을 토할 때,   瀉痢腸鳴幷吐水,

서둘러 '호'자로 행공하면 재앙을 면하지.   急調呼字免成殃.

④ 허(噓)   四曰噓.

'허'는 간의 신(神)에 속하여 눈을 주관하니,   噓屬肝神主其目,

충혈과 예막(瞖膜)[159]으로 흐릿한 눈, 곡하듯 눈물
이 나는 증상들에 좋네.   赤瞖昏昏淚如哭.

이 모두 간의 열기가 위쪽으로 치받기 때문이라,   都緣肝熱氣上衝,

'허' 하여 병을 다스리면 곧 간의 신이 빨리 돌아
오네.   噓而理病更神速.

간은 용(龍)의 길을 주관하며 그 자리는 심(心)을
부르므로,   肝主龍塗位號心,

병이 오면 신맛과 매운맛을 좋아하도록 느낀다
네.[160]   病來還覺好酸辛.

눈이 충혈되면서 눈물이 많이 날 때,   眼中赤色兼多淚,

'허' 하면 신통하게 즉시 병이 제거된다네.   噓之立去病如神.

⑤ 취(吹)   五曰吹.

'취'는 신장에 속하여 귀를 주관하니,   吹屬腎藏主其耳,

---

159 예막(瞖膜) : 푸른색 또는 흰색의 막이 눈자위에 덮이는 눈병.
160 간은……느낀다네 : 오행(五行)의 이론에서, 간은 목(木)의 기운, 심장은 화(火)의 기운, 신맛은 목(木)의 기
운, 매운맛은 금(金)의 기운을 상징한다.

허리와 무릎에 냉기가 많아 양기의 길이 위축되는 증상에 좋네.

腰膝冷多陽道痿.

미미하게 기를 내보내어 '취' 하면
다른 쪽에서 약이(藥餌)[161]를 구하지 않아도 된다네.

微微縱氣以吹之,
不用外邊求藥餌.

신장은 수(水)의 병이라 생문(生門)[162]을 주관하니,
질병으로 허약해진 기색이 있고 어지러운 증상에 좋네.

腎爲水病主生門,
有疾尪羸氣色昏.

또 눈살을 찌푸리는 증상, 이명, 검어지고 야윈 증상에,
'취' 하면 사기와 망령된 기운이 즉시 도망간다네.

眉蹙耳鳴兼黑瘦,
吹之邪妄立逃奔.

⑥ 의(嘻)

六曰嘻.

'의(嘻)'는 삼초에 속하니, 삼초에 질병이 생기면,
이는 삼초 안의 조화롭지 않은 기가 있기 때문이지.
이 조화롭지 않은 기가 삼초를 손상시키면,
다만 '의의(嘻嘻)'라고 소리내어 스스로 병을 다스리네.

嘻屬三焦有疾起,
三焦所有不和氣.
不和之氣損三焦,
但使嘻嘻而自理.

삼초에 병이 나면 곧바로 '의(嘻)'를 해야 하니,
옛 성인 남긴 이 말이 최상의 명의로세.
만약 기를 통행시켜 막힌 것을 제거했다면,
이 법을 따르지 않고서야 어찌 그것을 알았겠는가?

三焦有病急須嘻,
古聖留言最上醫.
若或通行去壅塞,
不因此法又何知?

《유수요결(類修要訣)[163]》[164]

《類修要訣》

---

161 약이(藥餌) : 병을 치료하는 약 및 몸의 섭생을 도와주는 음식. '약이 되는 음식'이라는 의미로도 쓰인다.
162 생문(生門) : 생사를 결정하는 관문이라는 의미. 점술가가 점치는 8문(八門)의 하나라는 의미도 있다.
163 유수요결(類修要訣) : 중국 명나라의 의학가 호문환이 저술한 양생서. 내용을 주로 구결과 노래로 표현했다.
164 《類修要訣續附》〈胎息秘要歌訣〉 "六氣歌訣";《胎息秘要歌訣》〈六氣〉(《中華道藏》23~31, 187쪽).

① '희(呬)'는 폐를 주관하고 폐는 코와 이어진다. 오장이 풍기(風氣)를 받으면 코가 막힌다. 코에 이런 병이 생기면 '희(呬)' 하고 토납하여 치료한다.

② '가(呵)'는 심장을 주관하고 심장은 혀와 이어진다. 오장이 심장의 열기를 받으면 혀가 마른다. 혀에 이런 병이 생기면 '가' 하고 토납하여 치료한다.

③ '호(呼)'는 비장을 주관하고, 비장은 입술과 이어진다. "비장이 습하면 입술이 탄다."라 논했다. 입술에 이런 병이 생기면 '호' 하고 토납하여 치료한다.

④ '허'는 간을 주관하고 간은 눈과 이어진다. "간이 성하면 곧 눈병이 생긴다."라 논했다. 눈에 이런 병이 생기면 '허' 하고 토납하여 치료한다.

⑤ '취'는 신장을 주관하고 신장은 귀와 이어진다. "신장이 허하면 귀가 잘 들리지 않는 증상이 생긴다."라 논했다. 귀에 이런 병이 생기면 '취' 하고 토납하여 치료한다.

⑥ '의(嘻)'는 삼초를 주관한다. 삼초에 병이 생기면 '의(嘻)' 하고 토납하여 치료한다. 《복기토납결(服氣吐納訣)[165]》[166]

呬主肺, 肺連鼻, 五臟受風卽鼻塞. 有疾, 作呬吐納治之.

呵主心, 心連舌. 五臟心熱, 卽舌乾. 有疾, 作呵吐納治之.

呼主脾, 脾連脣. 論云"脾濕卽脣燋". 有疾, 作呼吐納治之.

噓主肝, 肝連目. 論云"肝盛卽目疾". 有病, 作噓吐納治之.

吹主腎, 腎連耳. 論云"腎虛卽耳聾". 有疾, 作吹吐納治之.

嘻主三焦. 有疾, 作嘻吐納治之.《服氣吐納訣》

① 간을 주관하는 '허(噓)'의 토납은 목구멍이 마르는 증상, 면진(面塵, 얼굴에 생기는 발진), 눈에 눈곱이 끼고 붉어지며 눈물이 많이 나며 쑤시고 아픈 증상,

肝噓, 主嗌乾、面塵、眼眵赤多淚疼痛、脇下痛、小便黃赤色或澁.

---

165 복기토납결(服氣吐納訣) : 도교의 양생술을 서술한 《태상노군양생결(太上老君養生訣)》중에 수록되어 있는, 호흡을 통한 수양 이론이다. 저자는 미상.

166 《太上老君養生訣》〈服氣吐納六氣〉《中華道藏》23-40, 243쪽).

옆구리 아래의 통증, 소변이 황적색이거나 껄끄러운 증상을 주치한다.

② 심장을 주관하는 '가(呵)'의 토납은 속이 답답하고 조급한 증상, 목구멍이 헌 증상, 열이 나고 몸이 부으며 땀이 많이 나는 증상, 손바닥에 열이 나는 증상, 목구멍이 마르고 갈증이 나는 증상을 주치한다.

心呵, 主煩燥、喉瘡、熱腫、多汗、掌中熱、咽乾渴.

③ 비장을 주관하는 '호(呼)'의 토납은 열로 인한 담연(痰涎), 눈이 누렇게 되는 증상, 후비(喉痺), 코피가 나는 증상, 입마름과 혀의 통증, 몸이 무겁고 배가 팽만한 증상을 주치한다.

脾呼, 主熱痰涎、目黃、喉痺、衄衊、口乾舌痛、身重腹脹.

④ 폐를 주관하는 '희(呬)'의 토납은 숨이 차고 기침하는 증상, 속이 답답하고 갈증이 나는 증상, 가슴 속이 답답하고 팽창하여 담이 생긴 증상, 손바닥에 열이 나는 증상, 풍사로 땀이 나는 증상을 주치한다.

肺呬, 主喘嗽、煩渴、胸膈煩膨有痰、掌中熱、風汗出.

⑤ 신장을 주관하는 '취(吹)'의 토납은 질병으로 허약해진 증상, 얼굴이 검어지는 증상, 입마름, 이명, 목구멍이 붓는 증상, 정강이 안쪽이 쑤시고 아픈 증상, 발바닥에 열이 나고 아픈 증상을 주치한다.

腎吹, 主有疾尫羸、面黑、口乾、耳鳴、咽嗌腫、股內疼痛、足下熱痛.

⑥ 삼초를 주관하는 '의(嘻)'의 토납은 뺨의 통증, 후비, 귀가 막혀 어지러운 증상을 주치한다. 《수진서(修眞書)》[167]

三焦嘻, 主煩痛、喉痺、耳閉渾渾然.《修眞書》

---

167 출전 확인 안 됨; 《養生導引法》〈老人門〉《壽養叢書》8, 60쪽).

11) 간단하고 빼어나게 효과적인 수진법(修眞法, 몸의 장생법)

簡妙修眞法

매일 밤 삼경(三更, 오후 11시~오전 1시)에서 오경(五更, 오전 3~5시)에 이르기까지 침상 위에 이부자리를 걷고 동면 혹 남면하여 책상다리하고 앉는다. 고치(叩齒)를 36번을 한다. 악고하고 눈을 지그시 감은 다음 양손을 허리와 배 사이에 대고 폐식(閉息, 숨을 멈춤)한다. 심(心)이 염화(炎火, 맹렬한 불)가 되어서 광명통철(光明洞澈, 매우 밝고 투명함)하게 아래로 단전에 들어가는 것을 상상한다. 배에 기(氣)가 가득찰 때까지 기다렸다가, 최고조에 도달하면 천천히 기를 내보낸다【내보내는 소리가 귀에 들리게 해서는 안 된다】.

每夜, 自三更至五更以來, 牀上擁被, 盤足, 面東或南, 叩齒三十六通. 握固冥目, 以兩手拄腰腹間, 閉息, 想心爲炎火, 光明洞澈, 下入丹田. 待腹滿氣, 極卽徐出氣【不得令耳聞】.

다시 혀로 치아를 문질러 화지(華池, 혀의 아랫부분)의 침(진액)을 입에 가득 머금은 다음 머리를 숙이고 삼켜서 단전으로 보낸다고 상상한다. 이때 의식은 정밀하고 과감하게 하며, 진액과 기운이 새가 우는 듯한 소리가 나게 삼키거나 흐르게 한다. 진액과 기운이 단전까지 이르는 것이 끝나면 다시 이전처럼 한다. 모두 9번 숨을 멎고 3번 진액을 삼키고 그친다.

復以舌抵[37]齒, 取華池水滿口, 低頭嚥下, 送入丹田. 用意精猛, 令津與氣谷谷然有聲. 徑至丹田畢, 再依前爲之. 凡九閉息, 三嚥津而止.

그 다음 양손을 마찰하여 열을 낸 다음 양쪽 각심(脚心)【용천혈(湧泉穴)[168]이다】과 허리와 등뼈 양쪽【신당혈(腎堂穴)[169]이다】을 문질러 모두 열이 잘 나게 한다. 다음 양손을 마찰하여 열을 낸 뒤, 눈·얼굴·

然後以兩手摩熱, 摩兩脚心【卽湧泉穴】及腰脊兩傍【卽腎堂】, 皆令熱徹. 次以兩手摩, 熨眼、面、耳、項、

---

168 용천혈(湧泉穴) : 족소음신경(足少陰腎經)에 속하는 혈의 이름. 발가락을 제외한 발바닥의 길이를 삼등분하였을 때 앞부분 경계선의 가운데 부위에 있다.

169 신당혈(腎堂穴) : 족태양방광경에 속하며, 등뼈 제5 척추 바로 아래 좌우 각각 3cm 정도에 위치한 혈.

[37] 抵 :《東坡全集·論十一首·上張安道養生訣論》에는 "接".

귀·목을 누르고 문질러 모두 매우 뜨겁게 한다. 이어서 콧등[鼻梁] 좌우를 7번 비빈 다음 머리를 100여 번 빗은 뒤, 누워서 날이 밝을 때까지 숙면한다. 소식(蘇軾)《양생결(養生訣)170》171

皆令極熱. 仍按提[38] 鼻梁左右七下, 梳頭百餘梳, 而臥熟睡至明. 蘇氏《養生訣》

수족은 굽히거나 펴는 운동을 시의적절하게 하려 하고, 팔뚝은 활 당기는 법처럼 좌우로 당기려 한다. 혹은 양손을 돌 두드리는 법처럼 하고, 혹 두 주먹을 허공에 쌓듯이 하고, 혹 팔을 전후좌우로 가볍게 휘두른다.

手足欲時其屈伸, 兩臂欲左挽右挽如挽弓法. 或兩手如拓石法, 或雙拳築空, 或手臂前後左右輕擺.

혹은 머리를 좌우로 돌려 보고, 혹은 허리 부위를 좌우로 돌리기도 하며, 때로 허리를 굽혔다 젖히기도 한다. 혹은 양손을 서로 마주 잡고 손을 씻는 법처럼 꼼꼼하게 비틀고 문지르며, 혹은 손바닥을 서로 마찰하여 열을 낸 다음 눈과 얼굴을 덮거나 문지른다. 한가할 때 마음대로 이 동작을 각각 십 여 회를 하고 그친다.

或頭頂左右顧, 或腰胯左右轉, 時俯時仰. 或兩手相捉[39], 細細振如洗手法, 或手掌相摩令熱, 掩目摩面. 事閑隨意爲之, 各十數過而已.

매일 자주 행하면 반드시 몸이 가볍고 눈이 밝아지며, 근육마디와 혈맥이 조화롭게 유통하고 음식이 잘 소화되며 막힌 곳이 없어진다. 몸이 조금만 좋지 않아도 그렇게 하면 곧 풀린다. 옛날 방법은 너무나 번거로워서 행하기 쉽지 않다. 지금 이 방법은

每日頻行, 必身輕目明, 筋節血脈調暢, 飲食易消, 無所壅滯. 體中少不佳快, 爲之卽解. 舊方太煩, 行之不易. 今此術不擇時節, 亦無

---

170 양생결(養生訣) : 중국 송나라의 저명한 문인 소식(蘇軾, 1037~1101)이 지은 양생이론. 《동파전집(東坡全集)》권44에 "상장안도양생결론(上張安道養生訣論)"이라는 제목으로 실려 있다.

171 《東坡全集》卷44〈論十一首〉"上張安道養生訣論"(《文淵閣四庫全書》1107, 616~617쪽).

[38] 提 :《東坡全集·論十一首·上張安道養生訣論》에는 "捉".

[39] 捉 : 저본에는 "促".《保生要錄·調肢體門》에 근거하여 수정.

시기를 가리지 않고 정해진 횟수도 없이 한가한 때 하면 되고, 효과도 신속하다. 《보생요록(保生要錄)》[172]

度數, 乘閑便作, 而見效且速. 《保生要錄》

진기(眞氣)를 보(補)하는 묘리(妙理)는 단지 마음에 일이 없이 내외를 모두 잊고, 일제히 모든 것을 내려놓은 다음 안정을 확보하는 일이다.

補眞妙理, 只要心頭無事, 內外俱忘, 一齊放下, 把捉得定.

양(陽)은 자시(子時, 오후 11시~오전 1시)에 생하고 음(陰)은 오시(午時, 오전 11시~오후 1시)에 생한다. 이때에 고요한 방에서 옷을 걸친 다음 악고하고 단정히 앉아 가부좌를 한다. 배를 웅크리고 앉아 잠시 몸을 위로 올리고 앞으로 가슴을 내밀며 머리를 약간 뒤로 눕힌다. 그리하여 뒤쪽의 협척(夾脊, 등뼈 양옆쪽)과 쌍관(雙關)[173]을 연다.

陽生子時, 陰生午時, 靜室披衣, 握固端坐, 盤膝, 蹲下腹肚, 須臾升身, 前出胸而微偃首于後, 後[40]開夾脊[41]、雙關.

팔꿈치를 뒤로 돌려 가볍게 부채질을 3번 한다. 미려혈(尾閭穴)[174]부터 허리를 펴는데, 불이 타오르는 것과 비슷하게 허리로부터 시작하여 협척에 응집한다. 쌍관이 열리지 않도록 조심하면 곧 열이 강하게 생길 것이다. 열기가 충분해지면 점차 협척을 열고 기를 풀어준다.

肘後微扇三, 伸腰自尾閭穴, 如火相似, 自腰而起, 擁在夾[42]脊. 愼勿開關, 卽時甚熱, 氣壯, 漸次開夾脊而放氣過.

이어서 얼굴과 뇌를 위로 쳐든 뒤로 긴장하여 얼굴을 든 채 쌍관 중 상관(上關)을 닫는다. 쌍관이 열

仍仰面腦後, 緊仰[43]以閉上關, 愼勿令開, 卽覺熱

---

172 《保生要錄》〈調肢體門〉(《中華道藏》23, 709~710쪽).
173 쌍관(雙關) : 척추 주변에 있는 옥침관(玉枕關)과 녹로관(轆轤關)을 말하는 것으로 추정된다.
174 미려혈(尾閭穴) : 등마루뼈(꼬리뼈) 끝에 위치한 혈.
[40] 後 : 저본에는 없음. 오사카본·규장각본·《通玄集·老人門·通玄集周天法》에 근거하여 보충.
[41] 脊 : 저본에는 "脊脊". 오사카본·규장각본·《通玄集·老人門·通玄集周天法》에 근거하여 수정.
[42] 夾 : 저본에는 "脊". 오사카본·규장각본·《通玄集·老人門·通玄集周天法》에 근거하여 수정.
[43] 仰 : 저본에는 "偃". 《通玄集·老人門·通玄集周天法》에 근거하여 수정.

리지 않도록 조심하면 열이 매우 올랐음을 느끼는데, 열기가 충분해져서 점차 정수리에 들어간 다음 이환수해(泥丸髓海, 뇌)를 보하면 몸이 추위와 더위를 견딜 수 있다. 이 도인법에 습관을 붙이면 장생의 기초가 된다.

전처럼 가슴은 내밀고 허리를 편 다음 협척을 닫아 보존하여 기를 올리면 허리부분의 화기(火氣)가 일어나지 않는다. 마땅히 정좌하여 내관(內觀)하기를 법칙대로 화기가 일어날 때까지 한 번 더 한다. 축시(丑時, 오전 1~3시)로부터 행하여 인시(寅時, 오전 3~5시)가 되어 마칠 수 있다. 이것을 '주후비금정(肘後飛金精)'175이라 하고, 또 '추연(抽鉛)176'이라고도 하는데, 신기(腎氣)로 간기(肝氣)를 생하도록 하는 것이다.

또 간단히 머리를 들고 목을 젖혀 놓은 다음 목 아래가 불이 붙은 듯하면 곧 머리를 끄떡이면서 앞으로 향하되, 머리를 숙여 목을 굽힌다. 이때 혀끝은 뒤로 물리고 위쪽 잇몸에 붙여 진액이 저절로 나오게 되면, 입을 헹구지 말고 삼켜서 황정(黃庭)177에 돌린다. 이 행공의 이름을 '금액환단(金液還丹)'이라 한다. 사시사철 때나 절차에 상관없이 이를 행하되, 간(艮)에서 손(巽)까지 하고 그치며, 늦게는 규칙적으

極, 氣壯, 漸次入頂, 以補泥丸髓海, 則身耐寒暑, 爲習長生之基.

如前出胸伸腰, 閉夾脊存而升之腰間火不起, 當靜坐內觀, 如法再作, 以至火起爲度. 自丑行至寅, 終可止. 是曰"肘後飛金精", 又曰"抽鉛", 使腎氣生肝氣也.

又略仰首仰[44]項放, 令頸下如火, 方點頭向前, 低頭曲項. 退舌尖近後以柱上[45]腭, 自有津出, 不漱而咽下, 還黃庭. 是名"金液還丹". 四時不拘時候節次行此, 自艮至巽而已, 晚間乃勒[46]陽關法, 自兌至乾

175 주후비금정(肘後飛金精) : 도교의 내단법(內丹法) 명칭 중의 하나.
176 추연(抽鉛) : 주후비금정의 이칭.
177 황정(黃庭) : 머리의 정 중앙 부위.
[44] 仰 : 저본에는 "偃". 《通玄集·老人門·通玄集周天法》에 근거하여 수정.
[45] 上 : 저본에는 "下". 오사카본·규장각본·《通玄集·老人門·通玄集周天法》에 근거하여 수정.
[46] 勒 : 저본에는 "勤". 오사카본·규장각본·《養生導引法·老人門》에 근거하여 수정.

로 양관법(陽關法)[178]을 태(兌)에서 건(乾)까지 하고 그 친다.[179] 《통현집(通玄集)[180]》[181]

而已.《通玄集》

일반적으로 도인법 행하기는 항상 밤중이나 새벽의 기상 시에 한다. 이때는 기가 맑고 배도 비어서 행하면 몸에 이롭다.

凡行導引法, 常以夜半及平朝將起之時爲之. 此時氣淸腹虛, 行之益人.

① 먼저 눈을 감고 악고한다. 이어서 마음을 가라앉히고 단정히 앉아 고치를 36회 한다. 그 다음 양손으로 목을 감싸고 좌우로 24회 완연하게 돌린다.

【이 동작은 양옆구리의 적취, 풍사를 없앨 수 있다】

先閉目握固, 冥心端坐, 叩齒三十六通, 卽以兩手抱項, 左右宛轉二十四.

【此可以去兩脇積聚、風邪】

② 다시 양손을 깍지 낀 다음 허공에서 하늘로 밀고, 얼굴을 위로 향한 채로 목을 24회 안마한다.

【이 동작은 가슴 속의 사기를 없앨 수 있다】

復以兩手相叉, 虛空托天, 仰首[47]按項二十四.

【此可以除胸膈間邪氣】

③ 다시 양손바닥으로 양귀를 덮고, 이어서 검지로 중지를 눌렀다가 튕기면서 뒤통수 타격을 24회 한다.

【이 동작은 풍지혈(風池穴)[182]의 사기를 없앨 수 있다】

復以兩手心掩兩耳, 却以第二指壓第三指, 彈擊腦後二十四.

【此可以除風池邪氣】

---

178 양관법(陽關法) : 양관은 관양(關陽) 또는 관릉(關陵)이라 부르는 혈자리이다. 양관법 즉, 양관을 활용한 방법이 구체적으로 무엇인지는 알 수 없다.

179 간(艮)에서……그친다 : 간(艮)은 북동쪽, 손(巽)은 남동쪽, 태(兌)는 서쪽, 건(乾)은 북서쪽에 해당한다. 또한 감(坎)은 북쪽, 진(震)은 동쪽, 이(離)는 남쪽, 곤(坤)은 남서쪽에 각각 해당한다.

180 통현집(通玄集):《양생도인법(養生導引法)》〈노인문(老人門)〉에 수록되어 있는 "통현집주천법(通玄集周天法)"으로 추정된다. 저자는 미상.

181 출전 확인 안 됨;《養生導引法》〈老人門〉《壽養叢書》8, 62~63쪽).

182 풍지혈(風池穴) : 족소양담경(足少陽膽經)에 속하는 혈(穴). 뒤통수뼈의 아래에서 등세모근의 바깥 기슭과 꼭지돌기의 뒤에 생기는 우묵한 곳이다.

[47] 首 : 오사카본에는 "手".

①-1 악고와 고치1

①-2 악고와 고치2

②-1 양손으로 목을 감싸고 좌우로 돌리기

②-2 양손으로 목을 감싸고 좌우로 돌리기

④ 다시 양팔을 맞잡고 왼무릎을 누르면서 좌로 몸을 비틀고, 이어서 오른무릎을 누르면서 우로 몸 비틀기를 24회 한다.

【이 동작은 간가(肝家)[183]의 풍사(風邪)를 없앨 수 있다】

復以兩手相捉[48]，按左膝左捩身，按右膝右捩身二十四.

【此可以除肝家風邪】

---

183 간가(肝家) : 간(肝)과 관련된 몸의 모든 부위.

[48] 捉 : 《攝生要義·十六段錦法》에는 "提".

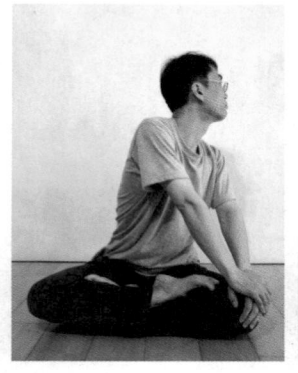

③ 양손바닥으로 뒤통수 타격하기

④ 양손 맞잡고 무릎 누르며 몸 비틀기(좌우)

⑤ 다시 양손 중에 하나는 앞을, 하나는 뒤를 향해 오석궁(五石弓)[184]을 당기듯 하는 자세를 24회 한다.

【이 동작은 팔과 겨드랑이의 적사(積邪)를 없앨 수 있다】

復以兩手一向前一向後, 如挽五石弓狀二十四.

【此可以去臂腋積邪】

⑥ 다시 책상다리[大坐] 하고 양손을 펴고서 목을 감싼 다음 좌우를 번갈아 돌아보는데, 이때 어깨가 목을 따라 함께 회전하게 하기를 24회 한다.

【이 동작은 비가(脾家, 비위 영역)의 적사를 없앨 수 있다】

復大坐, 展兩手紐項, 左右反顧, 肩膊隨轉二十四.

【此可以去脾家積邪】

⑦ 다시 양손을 꽉 쥐고 양갈빗대에 함께 댄 다음 양어깨 흔들기를 24회 한다.

【이 동작은 허리와 갈빗대 사이의 사기를 없앨 수

復兩手握固, 竝拄兩肋, 擺撼兩肩二十四.

【此可以去腰肋間邪氣[49]】

---

184 오석궁(五石弓) : 저울에 활시위를 걸고 무게를 쟀을 때 5석(石)에 해당하는 강한 활. 1근(斤)을 대략 600g 이라고 하면, 5석은 20균(鈞)으로, 600근, 즉 360kg에 해당한다.

[49] 邪氣 : 《攝生要義·十六段錦法》에는 "風邪".

⑤ 양팔로 오석궁 당기는 자세 취하기(좌우)

⑥ 양손으로 목 감싸고 좌우로 번갈아 돌아보기

있다】

⑧ 다시 양손으로 번갈아가며 팔을 두드리고 팔을 등 뒤로 돌려 등 위쪽을 두드린 다음 이어서 허리

復以兩手交搥臂, 及膊反搥背[50]上, 連腰股, 各

---

[50] 反搥背:《攝生要義·十六段錦法》에는 없음.

와 허벅지 두드리기를 각각 24회 한다.

二十四.

【이 동작은 팔다리와 가슴[胸臆]의 사기를 없앨 수 있다】

【此可以去四肢、胸臆之邪】

⑨ 다시 책상다리를 하고 몸을 한쪽으로 비스듬

復大坐, 斜身偏倚, 兩手

⑦ 양손을 양갈빗대에 대고 어깨 흔들기

⑧-1 양팔을 뒤로 돌려 허리 두드리기

⑧-2 양손을 꽉 쥐고 허벅지 두드리기

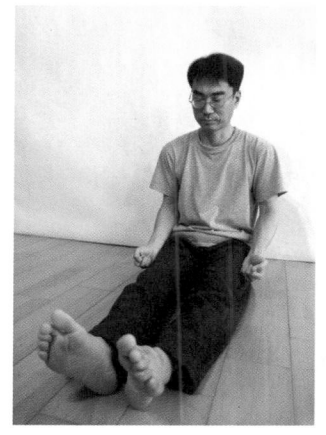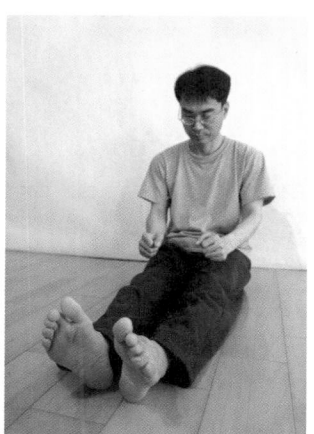

⑧-3 양손을 꽉 쥐고 허벅지 두드리기

히 기울인 다음 양손을 나란히 위로 향하고 하늘을 밀 듯하는 자세를 24번 한다.

【이 동작은 폐 주위에 적취된 사기를 없앨 수 있다】

⑩ 다시 책상다리를 했다가 다리를 편 다음 양손을 앞으로 향하여 뻗고 머리를 숙이면서 다리 당기

齊向上, 如排天狀二十四.

【此可以去肺間積聚之邪】

復大坐, 伸脚, 以兩手向前, 低頭攀脚十二次, 却鉤

⑨ 책상다리를 하고 양손으로 하늘을 미는 듯하기　　　⑩ 양손 뻗어 다리 당기기

기를 12번 한다. 이어 편 다리를 굽혀서 반대쪽 무릎 위에 올리고 안마하기를 24회 한다.

【이 동작은 심포락경(心包絡經)[185]의 사기를 없앨 수 있다】

所伸脚屈在膝上，按摩之
二十四.

【此可以去心包[51]絡邪氣】

⑪ 다시 양손을 땅에 대고 몸을 움츠리며 척추를 굽힌 뒤, 몸을 위로 13번 들어 올린다.

【이 동작은 심장과 간(肝)의 적사를 없앨 수 있다】

復以兩手據地，縮身曲脊，
向上十三擧.

【此可以去心、肝中積邪】

⑫ 다시 기립하여 상에 대고 몸을 등 뒤로 젖혀 좌우로 보기를 24회 한다.

【이 동작은 신장 주위의 풍사를 없앨 수 있다】

復起立據牀，拔身向背後，
視左右二十四.

【此可以去腎間風邪】

⑬ 다시 기립하여 서서히 걸으면서 양손을 꽉 쥐고 왼발이 앞으로 나갈 때는 왼손을 앞으로 흔들고

復起立徐[52]行，兩手握固，
左足前踏，左手擺向前，右

---

185 심포락경(心包絡經) : 수궐음심포경(手厥陰心包經)의 다른 이름. 흉중(胸中)에서 시작하여 심포(心包)에 귀속되고 횡경막을 통과하여 상초(上焦)·중초 및 하초의 삼초(三焦)로 이어진다.
[51] 包 :《攝生要義·十六段錦法》에는 "胞".
[52] 徐 :《攝生要義·十六段錦法》에는 "齊".

오른손은 뒤로 흔들며, 오른발이 앞으로 나갈 때는 오른손을 앞으로 흔들고 왼손은 뒤로 흔들기를 24회 한다.

【이 동작은 양쪽 견수(肩臑, 어깨의 경혈)의 사기를 없앨 수 있다】

⑭ 다시 손을 등 뒤로 돌려 위쪽을 향해 맞잡고 몸을 숙여 서서히 좌우로 돌리기를 24회 한다.

【이 동작은 양옆구리의 사기를 없앨 수 있다】

手擺向後, 右足前踏, 右手擺向前, 左手擺向後二十四.

【此可以去兩肩臑之邪】

復以手向背上相捉, 低身徐徐宛轉二十四.

【此可以去兩脇之邪】

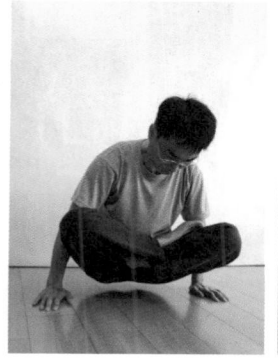

⑪ 양손을 땅에 대고 몸을 위로 들어 올리기

⑫ 뒤돌아서 기립하여 상에 몸을 대고 젖혀 좌우 보기

⑬ 양주먹 쥐고 오른발이 나갈 때 왼손 앞으로 흔들기 양부먹 쥐고 오른발이 앞으로 나갈때 왼 오른 손 앞으로 흔들기

⑭ 등 뒤에서 양손 맞잡고 몸을 숙여 돌리기

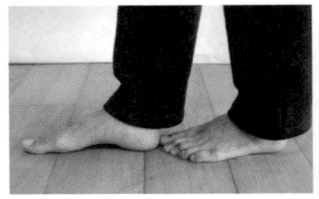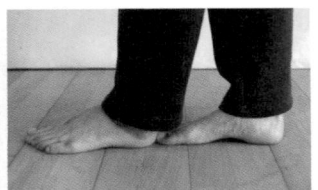

⑮ 양발을 앞뒤로 붙이면서 10여 보 전진하기

⑮ 다시 양발을 서로 앞뒤로 붙이면서 10여 보 전진한다.

復以足相紐而行前進十數步.

⑯ 다시 높은 의자에 앉은 다음 다리를 펴고 양발의 안쪽을 붙여 안으로 향하게 했다가, 또 밖으로 향하기를 각각 24회 한다.

復高坐伸腿, 將兩足紐向內, 復紐向外各二十四.

【이상 2조항은 양무릎과 양발 주위의 풍사를 없앨 수 있다】

【以上二條可以去兩膝及兩足間風邪】

이상의 16절의 행공이 끝나면 다시 단정히 앉아 눈을 감은 다음 손을 꽉 쥐고 마음을 가라앉힌다. 혀를 상악에 받치고 문질러 진액을 입 가득 고이게

行此十六節訖, 復端坐閉目, 握固冥心, 以舌拄上齶, 攪取津液滿口, 漱

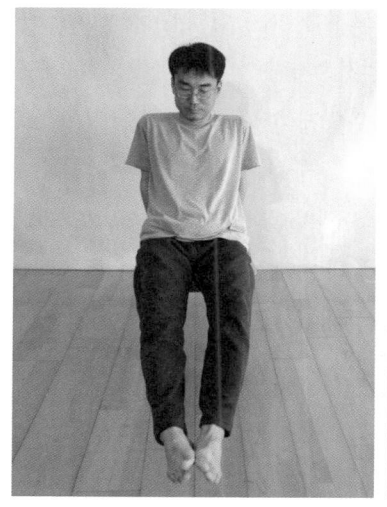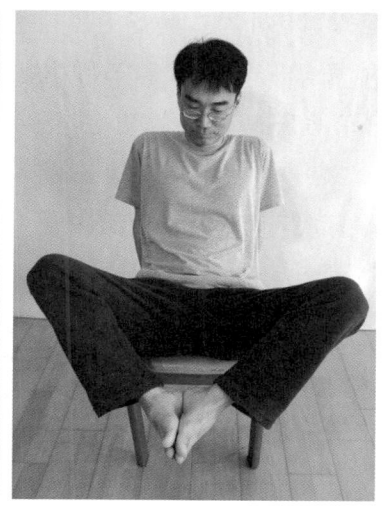

⑯ 양발의 안쪽을 붙여서 번갈아 안팎을 향하게 하기

한 뒤 36회 수구(漱口, 입 안 양치하기)하고 곡곡(谷谷, 새 우는 소리) 소리를 내며 삼킨다. 다시 호흡을 멈추고, '단전의 화기가 아래에서 위로 올라와 두루 몸의 안과 밖을 태운다.'고 상상하다가, 몸이 뜨거워져야 그친다. 《섭생요의》[186]

밤중이 지나서 기가 생길 때나 혹 5경(오전 4시~6시)에 잠에서 깰 때, 혹 별일 없이 한가하고 공복일 때, 옷을 헐렁하게 입고 허리띠를 푼다. 먼저 배 안의 탁한 기를 미미하게 가(呵)[187] 하면서 내보내는데, 9번 하고 그치거나 30번 하고 그친다.

三十六次, 作谷谷聲嚥之. 復閉氣想丹田火自下而上, 遍燒身體內外, 蒸熱乃止. 《攝生要義》

夜半後生氣時, 或五更睡覺, 或無事閑坐, 腹空時, 寬衣解帶. 先微微呵出腹中濁氣, 一九止, 或五六止.

---

186 《攝生要義》〈導引篇〉(《壽養叢書》5, 16~19쪽).
187 가(呵) : 입으로 토해내고 코로 들이마시는 호흡법 중 하나로, 심장의 기를 가(呵) 소리 내어 부는 방법. 심장의 근원이 괴롭고 메마르면 가 소리 내어 숨을 내쉬는 것이 가장 좋은 방법이다. 목구멍 속이나 입에 부스럼이 생기면서 열이 나고 통증이 있으면 이 방법을 사용한다.

마음을 차분히 하고 눈을 감은 다음 고치를 36번 하여 몸속의 신기(神氣)를 모은 뒤에 엄지손가락의 등으로 눈을 크고 작게 9번 문지른다. 이렇게 하면 예장(翳障)[188]을 없게 하고 눈을 밝게 하며, 풍을 없앤다. 또 신기(腎氣)를 보한다. 아울러 코 좌우를 7번 안마하여 코의 안팎에 모두 열이 나게 하는데, 이것이 이른바 '중악(中岳, 코를 비유함)에 물을 대어 폐(肺)를 윤택하게 한다.'는 것이다.

다음 양손을 마찰하여 매우 뜨겁게 하고 입과 코의 숨을 멈춘 뒤 얼굴을 문지른다. 횟수 상관없이 머리카락이 나는 경계 부위에까지 하면 얼굴에 빛이 난다. 또 귀뿌리·귓바퀴를 횟수 상관없이 문지른다. 이것이 이른바 '그 성곽을 손질하여 신기(腎氣)를 보하고 농궤(聾瞶, 귀머거리)를 방지한다.'는 것이다.

그 다음 혀를 상악에 대어 문지르고 입 속 안팎을 씻어낸 다음 온 입 안의 진액을 가득 머금고 3번으로 삼키는데, 이와 같이 3회 반복하여 9번을 삼킨다. 《황정경(黃庭經)》에 "영액을 머금어 삼키면 몸이 마르지 않는다."[189]고 한 말이 이것이다. 이렇게 하면 뛰어나게 몸이 풀리고 마음은 태허와 함께하는 듯하며, 몸이 마치 옷을 벗은 듯하고 온갖 걱정이 모두 사라진다. 아주 오래 행하면 혈기가 조화롭

定心閉目, 叩齒三十六通, 以集身中神氣, 然後以大拇指背拭目大小九過, 使無翳障, 明目去風, 亦補腎氣. 兼按鼻左右七過, 令表裏俱熱, 所謂"灌漑中岳以潤肺".

次以兩手摩令極熱, 閉口鼻氣, 然後摩面, 不以遍數, 連髮際, 面有光. 又摩耳根、耳輪, 不拘遍數, 所謂"修其城郭以補腎氣, 以防聾瞶".

次以舌拄上齶, 漱口中內外, 津液滿口, 作三嚥下之, 如此三度九嚥.《黃庭經》曰"漱咽靈液體不乾"是也. 便兀然放身, 心同太虛, 身若委衣, 萬慮俱遣. 久久行之, 血氣調暢, 自然延壽也.《三元延壽書》

---

188 예장(翳障) : 눈의 겉부분에 예막(翳膜)이 없이 눈동자가 속으려 가려지는 증상. 원예내장(圓翳內障), 활예내장(滑翳內障) 등 여러 형태의 병증이 있다.

189 영액을……않는다 : 이 구절은 현재 전해지는 《황정경(黃庭經)》 원문에서 확인되지 않는다.

게 통하고, 자연히 오래 산다. 《삼원연수참찬서》[190]

새벽에 일어나 앉아 뱃속의 탁한 기를 가(呵) 소리를 내면서 뱃속에서 내보내고 코로 들이쉰다. 입으로 가(呵) 소리를 내면서 내보내고 들이쉬면서 보하는 것이다. 이렇게 모두 3차례 한 다음 고치를 36번 한다. 다음 엄지의 등으로 눈을 14번 비빈다. 또 검지와 중지로 코를 5~6번 문지른다. 다음 귓바퀴 안팎을 손가락으로 문질러 깨끗하게 한다. 다시 양손을 서로 비벼 열을 내고 그대로 세면하듯이 얼굴을 문질러 데운다.

【이 법은 자고 처음 일어났을 때 해야 하나, 낮이라도 기운이 달릴 때 수시로 행하면 자연히 상쾌하고 시원하다】

晨[53]興起坐, 呵出腹中濁氣, 而以鼻引入. 以口呵出, 卽以吸補之, 凡三次, 叩齒三十六通. 次以大拇指背拭目二七遍. 次以食指、長指 捼鼻五六次. 次以指摩揘耳輪廓內外, 使之淨潔. 次以兩手相摩令熱, 仍用煥面如洗沃狀.
【此法當於睡初起時, 爲之, 雖日間, 氣憊時時行之, 自然淸快通暢】

조식법(調息法, 호흡 조절하는 법) : 새벽에 일어나서 기 수련을 한 뒤 바로 행한다. 그 방법은 다리를 펴고 편안하게 앉아 상념을 모두 쓸어버리고 콧숨이 어떤가를 서서히 살피면, 숨이 자연스럽게 느려지고 길어지면서 배꼽아래에 이르러 그친다. 또 돌아 나오는 숨을 살피다가 숨이 코끝에 이르면, 다시 숨을 서서히 들이쉬기를 전과 같이 한다. 대체로 심장과 숨이 서로 의지하게 하

調息法 : 當於晨[54]興鍊氣後卽爲之. 其法, 箕踞閑坐, 一掃諸念, 徐徐看鼻息如何[55], 則鼻息自然徐長, 至臍下而止[56]. 又看其還出, 至鼻端則徐徐還入如前. 大抵使心息相依, 則

190《三元延壽參贊書》卷4〈導引有法〉(《中華道藏》23, 763~764쪽).

[53] 晨 : 저본에는 "晟". 오사카본·《增補山林經濟·攝生·修鍊要約》에 근거하여 수정.
[54] 晨 : 저본에는 "晟". 오사카본·《增補山林經濟·攝生·修鍊要約》에 근거하여 수정.
[55] 何 :《增補山林經濟·攝生·修鍊要約》에는 "此".
[56] 止 : 저본에는 "至".《增補山林經濟·攝生·修鍊要約》에 근거하여 수정.

면[心息相依] 열(熱)은 내리고 물은 상승한다[熱降水陞].

탄진법(吞津法, 진액 삼키는 법) : 옛 방서(方書, 방술을 적은 책)에서는 모두 "혀를 상악에 붙여 진액을 저절로 생기게 했다가 양치하여 삼킨다."라 했다. 하지만 혀를 상악에 붙여야 생진(生津, 진액을 생성함)할 수 있는 건 아니고, 혀를 구부려 혀뿌리를 젓기만 해도 생진한다. 이 방법이 오랫동안 습관이 되면 저절로 멈출 수가 없게 되니, 배고프고 피곤할 적에도 쉽게 힘을 얻을 수 있다.

현가(玄家, 도가)의 도인법은 절목(節目, 절차와 항목)이 매우 번거로워 왕왕 쉽게 할 수 없는 동작이 있다. 도로 위에서 피곤해졌을 때나, 추위나 더위가 침범할 때 노법(弩法)191을 사용하여 이겨내면 효과가 빼어나다.

그 법은 강한 활을 당기듯 좌우로 당겼다 놓았다를 3~4번 하는 것이다. 또 양손으로 좌우의 발을

熱降水陞.

吞津法 : 古方皆謂"舌拄上腭, 自生津[57]液, 漱而吞之", 然拄腭不必生津[58], 惟屈舌而攪舌本, 乃生津. 若久久成習, 則自不能已, 飢困時, 亦易[59]得力.

玄家導引法, 節目甚繁, 往往有不易行者. 惟道路疲困, 寒暑侵犯之時, 用弩法以勝之爲妙.

其法如引强弓, 左右弛張三四度. 又以兩手 合拘左

---

191 노법(弩法) : 도인법(導引法)의 한 가지. 두 팔을 서너 번 펼쳤다 오므렸다 한 다음, 두 손을 모아 깍지를 껴서 양쪽 발바닥에 끌어다 걸기를 두어 번 한다.

[57] 津 :《增補山林經濟·攝生·修鍊要約》에는 "口".
[58] 津 :《增補山林經濟·攝生·修鍊要約》에는 "液".
[59] 易 :《增補山林經濟·攝生·修鍊要約》에는 "似".

원문의 행공은 위의, 서서 쇠뇌를 당기는 모습을 응용한 듯하다.

모아 감싸고서 항상 몇 번씩 잡아당겨도 시원함을 느낄 수 있다. 도로 위에서 큰 바람을 만날 적에 이 방법으로 힘껏 대처하여 한기에 침범당하지 말라.
이식(李植)[192]《수련요약(修鍊要約)[193]》[194]

右足, 常牽引數次, 亦得舒暢. 遇大風吹到路中, 以此法奮力相當, 勿爲寒氣所乘. 澤堂《修鍊要約》

12) 도인으로 병 치료하는 여러 방법[195]

현가(玄家)에서는 도인법을 귀히 여기고 약석(藥石, 약과 침)은 이를 보조하는 수단으로 본다. 하지만 민간의 선비들은 약석을 좋아하고 도인법을 모른다. 그래서 나는 홀로 다음을 걱정했었다. 무릇 숲 속 외딴 곳이나 궁벽한 곳에는 평소 의사의 처방약을 구할 수도 없고 침과 같은 도구도 없다. 이 때문에 어느 날 병이 나면 손쓸 줄을 모르고 결국 요절할 수밖에 없는 경우가 있으니, 그 수가 얼마나 많겠는가!

이제 수양가들이 말하는 '도인으로 병 치료하는 방법'을 취하되, 번삽한 내용을 제거하고 요점만을 뽑아 병문을 나누어 분류하였다. 이는 노(盧)땅[196]

導引療病諸方

玄家貴導引, 而左藥石 ; 俗士親藥石, 而昧導引. 余獨憂夫山林澤藪、邐陋僻壤之地, 素無攻醫之方, 又乏鍼砭之具, 一朝疾生, 莫知所措, 而終不免於夭折促短者, 何限哉!

今取修養家所言 "導引療疾之方", 芟繁撮要, 分門類彙. 俾不待求之盧 扁方

---

192 이식(李植) : 1584~1647. 조선 시대 문신. 자는 여고(汝固), 호는 택당(澤堂). 좌의정 이행(李荇)의 현손(玄孫). 대사헌·형조판서·예조판서 등을 역임했으며, 문장이 뛰어나 신흠(申欽)·이정구(李廷龜)·장유(張維)와 함께 조선 시대의 한문사대가로 꼽힌다. 저서로《초학자훈증집(初學字訓增輯)》·《두시비해(杜詩批解)》등이 있다.

193 수련요약(修鍊要約) : 조선의 문신 이식이 도인술 중에서 쉽게 할 수 있는 내용만 요약해 놓은 글.《증보산림경제(增補山林經濟)》권7〈섭생(攝生)〉에 보인다.

194 출전 확인 안 됨 ;《增補山林經濟》卷7〈攝生〉 "修鍊要約"(《農書》3, 486~489쪽).

195 이 기사는 출전이《금화경독기》인 점으로 보아, 서유구 자신이 직접 채록하거나《수진비요(修眞秘要)》·《양생도인법》등을 편집하여 문장을 다듬었던 것이 확실하다. 도인으로 구체적인 질병을 치료하는 방을 새로운 의학의 한 부분으로 인식하고 보급하려 한 의지를 표명한 기사로 생각된다. 주로 명나라의 문인 왕채(王蔡 ?~?)의 저서《수진비요(修眞秘要)》에서 기사를 인용하였는데, 총 48개 원문 기사 중 43개의 원문을 인용하였다.

196 노(盧)땅 : 중국 산동성(山東省) 제남시(濟南市) 장청구(長淸區) 일대.

에 살았던 편작(扁鵲)[197]의 방제(方劑, 처방약) 구하기를 기다리지 않고도 내 몸에 돌이켜보아 고황(膏肓)[198]을 뽑아버리고 폐질(廢疾, 불치병)에서 털고 일어날 수 있도록 하기 위함이다. 이를 평범한 사람들[田夫][199]과 모두 공유하게 된다면 이것이 자연성혜방(自然聖惠方)[200]이다.[201]

劑, 而反諸吾身, 可以發膏肓, 起廢疾, 將與田夫共, 此自然聖惠方也.

12-1) 풍비(風痹)[202]를 치료하는 방법

① 바르게 벽에 기댄 뒤 호흡을 멈추고 기를 운행하기를 머리에서 발에 이르러 그친다.

옹저(癰疽, 종기)·산증(疝症)·대풍(大風)·편고(偏枯, 중풍의 일종)·여러 풍비(風痹)를 낫게 한다.

治風痹方

一. 正倚壁, 不息行氣, 從頭至足止.

愈疽、疝、大風、偏枯、實諸風痹.

---

197 편작(扁鵲) : B.C.407~B.C.310. 중국 전국(戰國) 시대의 전설적인 의사. 본래 성은 진(秦), 이름은 완(緩), 자는 월인(越人), 호는 노의(盧醫)이다. 《난경(難經)》을 저술했다고 전해진다.

198 고황(膏肓) : 심장과 횡격막의 사이. 고는 심장의 아랫부분이고, 황은 횡격막의 윗부분으로, 이 사이에 병이 생기면 낫기 어렵다고 한다.

199 평범한 사람들[田夫] : 논밭에서 일하는 농부를 말한 것이다. 또 《금화경독기》에서는 야랑(野郞)이라 했다.

200 자연성혜방(自然聖惠方) : 신통한 효험이 있는 약방이라는 의미로 쓰였다. 성혜방이란, 원래는 중국 송(宋)나라 태종(太宗) 태평흥국(太平興國) 3년(978)에 국가에서 편찬한 의서 《태평성혜방(太平聖惠方)》의 약칭이다. 이 기사는 풍석 서유구의 자연경(自然經) 개념과 연결하여 생각해 볼 중요한 단초를 제공하고 있다. 자연경이란 우리가 사는 자연(自然)이야말로 경학(經學)의 대상이라는 의미를 지니고 있다. 풍석은 자신의 서재를 '자연경실(自然經室)'로 부르기도 했다. 여기서는 약과 침을 쓰지 않으면서 스스로 동작을 취하고 행공하는 방법으로 제반 질병을 치유하는 활동이야말로, 명의의 성혜방을 뛰어넘는 자연의 성혜방이라고 명명했다. 수련과 수양, 명상과 도인의 오랜 역사에서 도가와 유가, 불가가 각각의 독자적 흐름을 이어온 양생 전통이 풍석에 와서 자연경 및 자연성혜방이라는 획기적 개념을 등장시키면서 성인과 자연을 아우르는 큰 회통을 보이고 있는 것이다.

201 《수진비요》의 발문은 정덕(正德) 10년(1515) 운애도인(雲崖道人)의 글에 나오는 문장과 상당 부분 겹친다. 풍석의 수정과 창작이 들어가 있는 것을 살펴보기 위해 원래 《수진비요》 발문을 참고로 옮겨둔다. "且如都邑城市, 以疾與醫固云而矣. 則夫山林澤藪, 遐陬僻壤之地, 素無攻醫之方, 又乏針砭之具, 一旦疾生, 莫知所措, 其不至於凶夭短折者幾稀. 此《修眞秘要》之書, 所以爲可錄也. 是書一行, 則凡具眼目者, 採而行之, 不必求之盧扁方劑, 而吾身之沉屙可瘳矣. 嗚呼宜哉!"

202 풍비(風痹) : 풍사로 인한 팔다리 관절의 통증과 마비증. 《양생도인법》은 중풍과 풍비를 따로 나누었는데, 《보양지》는 풍비로 한꺼번에 묶었다.

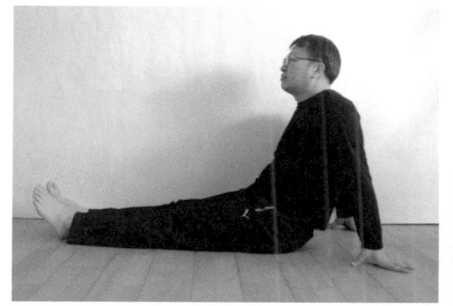 

② 양발가락을 위쪽으로 세워 호흡하기(임원경제연구소, 전종욱)　　양발가락을 몸쪽으로 당겨 호흡하기

② 양발가락을 위쪽으로 세워 5번 호흡하고 그친 다음 또 몸쪽으로 끌어당겨서 5번 호흡하고 그친다.

허리와 등의 비고(痺枯)[203]를 낫게 하며 귀가 잘 들리게 한다. 항상 행하면 눈·귀 등의 감각기관[諸根][204]에 막힘이 없다.

③ 벽에 등을 바르게 대고 양발과 발가락을 편다. 마음을 가라앉히고 머리 위에서부터 기를 끌어와 상상을 통해 발가락 10개와 발바닥에 이르게끔 한다. 이렇게 21번 끌어오는데, 발바닥이 기를 받은 듯하면 그친다.

대개 "위로 뇌에서 끌어와 아래로 용천혈에 도달한다."는 동작이 이것이다.

④ 바로 앉아 벽에 기댄 뒤 호흡을 멈추고 기를 운행하는데, 기가 입에서부터 가서 머리에 이르면

一. 仰兩足指, 五息止, 引五息止.
愈腰背痺枯, 令人耳聞聲.
常行, 眼耳諸根無有罣礙.

一. 以背正倚, 展兩足及指. 瞑心, 從頭上引氣, 想以達足之十趾及足掌心, 可三七引, 候掌心似受氣止.
蓋謂"上引泥丸, 下達湧泉"是也.

一. 正柱倚壁, 不息行氣, 從口趣令氣至頭始止.

---

203 비고(痺枯) : 마비(麻痺) 증상으로 마르고 야위는 증상.
204 감각기관[根] : 눈[眼]·귀[耳]·코[鼻]·혀[舌]·몸[身]·의식[意]의 6개 감각기관을 말한다.

비로소 그친다.

옹저(癰疽)·비증(痹症)·대풍(大風)·편고(偏枯)를 치료한다.

治疽、痹、大風、偏枯.

⑤ 한 발은 땅을 밟고 움직이지 않는다. 한 발은 옆을 향하게 하고 몸을 이 발의 방향으로 돌려 힘껏 기울인다. 이와 함께 팔을 완전히 급히 돌리기를 좌우로 번갈아 14회 한다.

一. 一足蹋地, 足不動, 一足向側相, 轉身歃勢, 竝手盡急廻, 左右迭二七.

척추가 풍사나 한랭에 상함으로 인해 편고(偏枯)가 되어 부드럽지 않은 증상을 없앤다.

去脊風冷, 偏枯不通潤.

⑥ 손을 앞뒤로 번갈아가며 무거운 물건을 들어 올리는 자세를 힘껏 21번 한다. 이어서 손바닥을 아래로 향하고 머리를 숙여 가슴을 향하게 한 다음 기가 아래로 향하여 용천혈·창문혈(倉門穴)205에 이르게 한다. 이어서 일시에 힘을 쓴 다음 기세를 잡아 기를 흩뜨리면서 몸을 거리낌 없이 내맡긴다면 기가 화평해진다. 그런 다음 머리를 움직여 어깨 전후로 기울여 부드럽게 돌리기를 14번 한다.

一. 手前後遞互拓, 極勢三七, 手掌向下, 頭低面心, 氣向下至湧泉、倉門. 却努60 一時, 取勢散氣放縱身, 氣平. 頭動, 髆前後歃側, 柔轉二七.

어깨 부위의 냉혈(冷血)206, 근육이 당기는 증상이 점점 풀어진다.

去髆竝冷血, 筋急漸漸如消.

⑦ 양손으로 왼무릎을 안고 허리를 세워 코로 숨

一. 兩手抱左膝, 生腰, 鼻

⑦ 양손으로 왼무릎 감싸안고 가슴에 대기　⑧ 양손으로 오른무릎 감싸안고 가슴에 대기　⑨ 양손으로 왼슬개골 감싸안고, 오른발 젖히고 호흡하기

을 들이쉬면서 7번 호흡한다. 이때 오른발은 편다.

　몸을 굽히고 펴면서 절하고 일어나기 어려운 증상, 정강이가 아프고 저린 증상을 없앤다.

　⑧ 양손으로 오른무릎을 감싸 안고 가슴에 댄다.

　하체가 무겁고, 몸을 굽히고 펴면서 절하고 일어나기 어려운 증상을 제거한다.

　⑨ 웅크리고 앉아 오른다리를 편 뒤 양손으로 왼슬개골을 감싸 안고 허리를 세운다. 코로 숨을 들이쉬면서 힘껏 7번 호흡한다. 이때 오른발은 펴서 바깥으로 젖힌다.

　몸을 굽히고 펴면서 절하고 일어나기 어려운 증상, 정강이가 쑤시고 저린 증상을 없앤다.

　⑩ 몸을 세우고 아래위를 똑바로 한다. 한 손은 위로 올리고 손바닥을 위로 하여 힘껏 물건을 들어

納氣七息, 展右足.
除難屈伸拜起, 脛中痛瘦.

一. 兩手抱右膝, 着膺.
除下重難屈伸.

一. 踞坐, 伸右脚, 兩手抱左膝頭, 生腰, 以鼻納氣, 自極七息. 展右[61]足著外.

除難屈伸拜起, 脛中疼痺.

一. 立身, 上下正直, 一手上拓, 仰手如似推物勢, 一

---

[61] 右 : 저본에는 "大".《養生導引法·中風門》에 근거하여 수정.

⑩ 한 손은 물건을 들어올리듯이 힘껏 위로 올리고, 다른 손은 물건을 누르듯이 힘껏 아래로 내리기

올리는 자세를 취하고, 또 한 손은 손바닥을 아래로 향해 물건을 누르듯이 하여, 아래위로 힘껏 올리고 내리기를 번갈아 28번 한다.

어깨 부위와 속의 냉혈(冷血), 내풍증(內風證)[207], 양겨드랑이 근맥의 연급(攣急)[208]을 없앤다.

⑪ 웅크리고 앉아 왼다리는 편 뒤 양손으로 오른 무릎을 감싸 안고 허리를 세운다. 코로 숨을 들이쉬면서 힘껏 7번 호흡한다. 이때 왼발은 펴서 바깥으로 젖힌다. 오른다리도 그렇게 한다.

몸을 굽히고 펴면서 절하고 일어나기 어려운 증상, 정강이가 쑤시는 증상을 없앤다.

⑫ 편히 누워서 양무릎을 모은다. 양발을 펴고

手向下如捺物, 極勢上下來去換易四七.

去髆幷內冷血、內風, 兩髆兩腋筋脈攣急.

一. 踞, 伸左脚, 兩手抱右膝, 生腰, 以鼻納氣, 自極七息. 展左足著外. 右脚亦然.

除難屈伸拜起, 脛中疼.

一. 偃臥, 合兩膝, 布兩

---

207 내풍증(內風證) : 풍증의 일종. 신경과민이나 과음 또는 과로에 의하여 발병되는 증상은 내풍증이라 하고, 외부의 자극과 영향으로 발병하는 증상은 외풍증(外風證)이라 한다.
208 연급(攣急) : 몸의 힘살(수축성 근섬유)이나 힘줄이 오그라들고 당기면서 뻣뻣해지는 증상.

⑪ 앉아서 왼다리 펴고 왼발은 바깥쪽으로 젖히고 양손으로 오른무릎 감싸고 호흡하기

허리를 세운 다음, 입으로 숨을 들이쉬고 배를 7번 두드린다.

足, 生腰, 口納氣, 振腹七息.

몹시 쑤시고 아픈 증상과 양정강이의 불수(不遂, 기능 장애)를 없앤다.

除壯勢疼痛, 兩脛不遂.

⑬ 사지동민(四肢疼悶)²⁰⁹과 사지불수(四肢不遂) 및 뱃속의 적기(積氣) 치료하는 법 :

一. 治四肢疼悶及不遂, 腹內積氣法 :

평상에서 반드시 평온한 상태로 몸을 바르게 하고 눕는다. 이때 옷은 헐렁하게 하고 띠는 풀고, 베개는 0.3척 높이로 하며, 악고(握固)한다. '악고(握固)'란 양손 각각의 손가락 4개로 엄지를 감싸 쥐는 것이다.

牀席必須平穩, 正身仰臥, 緩解衣帶, 枕高三寸, 握固 ⑫ . "握固"者, 以兩手各自以四指把手拇指.

팔을 느슨하게 몸에서 각 0.5척 거리로 벌린다. 양다리는 발가락을 세우고 서로 거리를 0.5척 띄운다. 마음을 편안하게 하고 뜻을 안정시키며, 호흡을 고르게 하여, 다른 일을 전혀 생각하지 말고 오직 기

舒臂, 令去身各五寸. 兩脚豎指, 相去五寸. 安心定意, 調和氣息, 莫思餘事, 專意念氣, 徐徐漱醴泉 ⑬ .

---

209 사지동민(四肢疼悶) : 팔과 다리가 쑤시고 저린 증상.

⑫ 握固 : 저본에는 없음.《養生導引法·風痹門》에 근거하여 보충.

⑬ 徐……泉 : 저본에는 없음.《養生導引法·風痹門》에 근거하여 보충.

운의 움직임만 생각한 다음 예천(醴泉)을 서서히 삼킨다. '예천(醴泉)을 서서히 삼킨다.'는 말은 혓바닥으로 입과 치아를 문지른 연후에 침을 삼킨다는 뜻이다.

천천히 입으로 기를 토한 다음 코로 기를 끌어당겨 목구멍으로 들어갈 때는 미미하고 완만히 해야지, 빠르고 억지로 하면 안 된다. 조화롭게 기를 잘 끌어당겨 귀에 기가 출입하는 소리가 들리지 않게 하라. 매번 기를 끌어당길 때 마음 속으로 상상하며 보내 발가락 끝에서 기를 내보낸다.

기 끌어당기기를 5식·6식 하고서, 기를 한 번 내보내면 1식이다. 이런 1식의 수가 10식에 이르고 점점 늘어나 100식·200식이 되면 병이 곧 없어져서 낫는다. 이때는 생채소나 물고기, 비육(肥肉, 기름진 고기)을 먹지 말라. 배불리 먹은 다음이나 희노우애(喜怒憂恚) 등의 감정에 휩싸인 중에는 모두 바로 기를 운행해서는 안 된다. 오직 맑고 고요한 새벽에 기를 운행해야 매우 좋고, 만병을 낫게 할 수 있다.

⑭ 두 발을 위로 편다.

불인(不仁, 마비증)과 경한(脛寒, 정강이가 차가운 증상)의 병을 없앤다.[210]

⑮ 오른발 발꿈치로 왼발 엄지발가락을 굽히면 풍비를 없애고, 왼발 발꿈치로 오른발 엄지발가락

"徐徐漱醴泉"者, 以舌舐略脣口牙齒, 然後咽唾.

徐徐以口吐氣, 鼻引氣入喉, 須微微緩作, 不可卒急强作. 待好調和引氣, 勿令耳聞出入之聲. 每引氣, 心心念送之, 從脚趾頭使氣出.

引氣五息、六息, 一出之爲一息. 一息數至十息, 漸漸增益, 得至百息、二百息, 病卽除愈. 不用食生菜及魚、肥肉. 大飽食後, 喜怒憂恚, 悉不得輒行氣. 惟須向曉淸靜時, 行氣大佳, 能愈萬病.

一. 展兩足上.
除不仁、脛寒之疾.

一. 以右踵拘左足拇指, 除風痺;以左踵拘右足拇指,

---

210 ①~⑭：《養生導引法》〈中風門〉(《壽養叢書》8, 2~6쪽). 《양생도인법》에는 여기까지가 "중풍문"이고 그 다음부터 "풍비문"이 시작된다.

을 굽히면 궐비(厥痺)[211]를 없앤다. 양손으로 다시 발 등을 당겨 무릎 위에 얹으면 체비(體痺)[212]를 없앤다.

除厥痺. 兩手更引足跌, 置膝上, 除體痺.[64]

⑯ 누워서 양슬개골을 모은다. 양발은 뒤집고 허리는 펴고 앉는다. 입으로 숨을 들이쉬면서 배를 팽창하여 힘껏 7번 호흡한다.

비통(痺痛, 몸이 저리면서 아픈 증상)·열통(熱痛)·양정강이의 불수(不隨)를 없앤다.

一. 偃臥, 合兩膝頭, 翻兩足, 生腰坐, 口納氣, 脹腹, 自極七息.
除痺痛、熱痛、兩脛不隨.

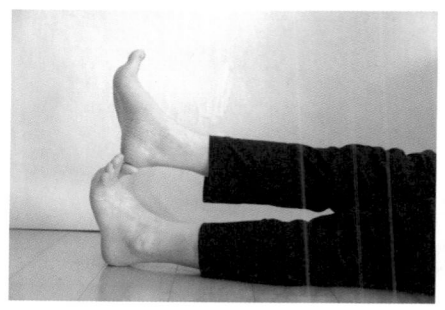
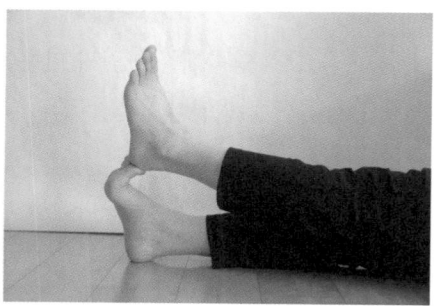

⑮-1 오른발 발꿈치로 왼발 엄지 굽히기

왼발 발꿈치로 오른발 엄지 굽히기

⑮-2 양손으로 발등을 당겨 무릎 위에 얹기

---

211 궐비(厥痺) : 사지와 몸통이 마비되면서 쑤시고 아픈 증상.
212 체비(體痺) : 몸이 마비되거나 저리는 증상.
[64] 양생도인법에는 이 3가지 동작을 구분하여 그 앞에 각각 一曰, 二曰, 三曰이 붙어 있다.

⑰ 양손으로 양발꿈치 당기고 코로 숨을 들이쉬면서 양슬개골 감싸안기

⑰ 웅크리고 앉아 허리를 편다. 양손으로 양발꿈치를 당기고 코로 숨을 들이쉬면서 힘껏 7번 호흡한다. 양손을 당겨 양슬개골을 감싸 안는다.

비구(痺嘔)213를 없앤다.

⑱ 누워서 단정히 양손과 팔다리를 편 다음 코로 숨을 들이쉬면서 힘껏 7번 호흡하고 발을 30회 흔들고 그친다.

흉한(胸寒)과 족한(足寒), 온몸의 비통(痺痛)214과 사지의 궐냉(厥冷)215을 없앤다.

⑲ 벽에 바르게 기댄 다음 호흡을 멈추고 기를 운행하기를 머리끝에서 발끝까지 하고 그친다.

대풍(大風)·편고(偏枯)와 여러 비증(痺證)을 치료한다.

一. 踞坐生腰, 以兩手引兩踵, 以鼻納氣, 自極七息, 引兩手[65]抱兩膝頭.
除痺嘔.

一. 偃臥, 端展兩手足臂, 以鼻納氣, 自極七息, 搖足三十而止.
除胸足寒、周身痺厥逆.

一. 正倚壁, 不息行氣, 從頭至足止.
愈大風、偏枯、諸痺.

---

213 비구(痺嘔) : 몸이 마비되거나 저리고 토하는 증상.
214 비통(痺痛) : 몸이 마비되거나 저리면서 아픈 증상.
215 궐냉(厥冷) : 팔다리가 매우 차가워지는 증상.
[65] 引兩手 : 저본에는 "除痺嘔" 뒤에 있음. 《養生導引法·風痺門》에 근거하여 수정.

㉑ 좌우의 손을 땅에 대고 위를 보며 허리 당기고
호흡하기

㉑ 좌우 손을 땅에 댔다가 위를 보며 허리를 당기
고 5번 호흡하고 그친다.

위비(痿痺)216를 없애고 구규(九竅)를 원활하게 한다.

一. 左右手夾據地, 以仰引
腰, 五息止.
去痿痺, 利九竅.

㉑ 좌우 양팔을 끼고 호흡을 멈춘 다음 9번[通]
한다.

비족통(臂足痛)217·노권(勞倦, 피로증)·풍비로 인한
불수(不隨)를 치료한다.

一. 左右拱兩臂, 不息九通.

治臂足痛、勞倦、風痺不
隨.

㉒ 일반적으로 사람은 항상 척추가 굳거나 강직
되어 답답함을 느낀다. 이럴 때는 얼굴을 들고 팔
은 위를 향하고 힘껏 위쪽으로 뻗어올려 머리의 좌
우 양쪽을 눌러주는데, 좌우로 21번 하고 1번 쉰다.
혈(血)과 기(氣)의 움직임이 진정된 다음 비로소 다시

一. 凡人常覺脊倔强而悶.
仰面, 努66膞幷向上, 頭
左右 兩向按之, 左右三七,
一住. 待血行氣動, 定然,
始更用, 初緩後急, 不得先

---

216 위비(痿痺) : 팔다리가 저린 증상. 현대의학에서는 강직성척추염 질환을 위비의 증상으로 보고 있다.
217 비족통(臂足痛) : 팔과 다리가 쑤시고 아픈 증상.
66 努: 저본에는 "弩".《養生導引法·中風門》에 근거하여 수정.

하는데, 처음에는 느리게 뒤에는 빠르게 한다. 먼저 빠르게 하고 뒤에 느리게 하면 안 된다.

急後緩.

병이 없는 사람이라면 항상 아침 기상 시·한낮 오시(午時)·저녁 일몰 시, 이 세 때에 각각 14회씩 한다.

若無病人, 常欲得朝起、午時、日沒三辰, 如用辰別二七.

한열병(寒熱病)·요척통(腰脊痛, 허리와 척추의 통증)·경항통(頸項痛, 목덜미의 통증) 및 두 무릎과 경두(頸頭, 목덜미와 머리)의 풍비(風痹)를 없앤다.

除寒熱病、脊腰、頸項痛、風痹兩膝頸頭.

코로 숨을 들이쉬면서 힘껏 7번 호흡한다.

以鼻納氣, 自極七息.

요비(腰痹, 허리의 비증)·배통(背痛, 등의 통증)·구내생창(口內生瘡, 입 안이 허는 증상)·아치풍(牙齒風, 치아와 잇몸의 풍증)·두현(頭眩, 어지럼증)을 모두 없앤다.[218]

除腰痹、背痛、口內生瘡、牙齒風、頭眩, 盡除.

㉓ 양손으로 무릎을 누른 뒤 왼쪽으로 목을 비틀고 등을 비틀며 운기(運氣)를 12구(口)[219] 한다. 오른쪽으로도 똑같이 한다.

一. 兩手按膝, 向左扭項扭背, 運氣一十二口. 右亦然.

두통과 여러 풍증, 그리고 혈맥불통(血脈不通)을 치료한다.[220]

治頭疼及諸風與血脈不通.

㉔ 바로 서서 손으로는 왼쪽을 가리키고 시선은 오른쪽을 보며 운기(運氣)를 24구(口) 한다. 이어서 손으로는 오른쪽을 가리키고 시선은 왼쪽을 보며 운기를 24구(口) 한다.

一. 正立, 以手左指右視, 運氣二十四口. 以手右指左視, 運氣二十四口.

---

218 ⑮~㉔ :《養生導引法》〈風痹門〉(《壽養叢書》8, 6~9쪽).

219 구(口) : 입으로 운기하는 한 차례의 과정을 세는 단위.

220 이하의 양생법은 《수진비요》에서 주로 확인된다. 《수진비요》에서는 행공의 동작이 그림과 함께 총 49개가 제시되어 있는데, 《보양지》에는 그 49개 중 44개를 인용했다. 《보양지》 원문에는 그림을 옮기지는 않았으므로 쉽고 정확한 이해를 위해 그림을 함께 실어 참고하도록 하였다. 본문의 해당 동작은 《수진비요(修眞秘要)》〈요천주법(搖天柱法)〉(《壽養叢書》4, 75~76쪽)에 나온다.

요천주법(搖天柱法, 하늘의 기둥을 움직이는 법)((수진비요))(수양총서)에도 같은 그림이 있으나 보다 선명한 《藏外道書》의 그림을 실었다.

선인지로(仙人指路, 신선이 길을 가리키다)《수진비요》)

신선진례(神仙進禮, 신선이 예를 올리다)《수진비요》)

이 행공의 이름을 '선인지로(仙人指路, 신선이 길을 가리키다)'라 한다. 좌탄(左癱)[221]·우탄(右瘓)[222]을 치료한다.[223]

名曰"仙人指路". 治左癱、右瘓.

㉕ 높은 곳에 앉는다. 왼다리를 둥글게 굽히고 오른다리는 비스듬히 뻗어 내린다. 양손을 왼쪽으로 들고 시선은 오른쪽을 보며 운기를 24구 한다. 오른쪽도 똑같이 한다.

탄탄(癱瘓)[224]을 치료한다.[225]

一. 以身高坐, 左脚彎圈, 右脚斜舒, 兩手左擧右視, 運氣二十四口. 右亦如之.

治癱瘓.

12-2) 심복통을 치료하는 방법

治心腹痛方

① 누워서 양정강이와 양손을 편다. 발가락을 위

一. 偃臥, 展兩脛兩手, 仰

---

221 좌탄(左癱) : 중풍 등의 질병으로 인해 반신불수증(半身不遂證)이 몸의 왼쪽에 주로 일어나는 증상.
222 우탄(右瘓) : 중풍 등의 질병으로 인해 반신불수증이 몸의 오른쪽에서 주로 일어나는 증상.
223 《修眞秘要》〈仙人指路〉《壽養叢書》 4, 17~18쪽).
224 탄탄(癱瘓) : 위의 좌탄과 우탄이 동시에 발생하는 증상.
225 《修眞秘要》〈神仙進禮〉《壽養叢書》 4, 47~48쪽).

② 누워서 입으로 숨을 들이쉬고 코로 내쉬기

③ 누워서 양발·양손을 위로 들고 코로 숨쉬며 7번 호흡하기

로 향하게 하고 코로 숨을 들이쉬면서 힘껏 7번 호흡한다.

뱃속이 팽팽하게 당기거나 몹시 아픈 증상을 없앤다.[226]

② 누워서 입으로 숨을 들이쉬고 코로 숨을 내쉰다.

이급(裏急)[227]을 없앤다.

기를 수십 번 배불리 삼켜 속을 따뜻하게 한다. 한기가 들면 건구토(乾嘔吐)[228]와 복통이 나는데, 이럴 경우 입으로 70번(또는 7~10번) 숨을 들이쉬어 크게 배를 진동하면서 기를 수십 번 삼키고, 양손을

足指, 以鼻納氣, 自極七息.

除腹中弦急切痛.

一. 偃臥, 口納氣, 鼻出之.

除裏急.

飽咽氣數十, 令溫中. 寒, 乾嘔吐·腹痛, 口納氣七十所, 大振腹, 咽氣數十, 兩手相摩, 令熱以摩腹.

---

226 ①의 기사는 《養生導引法》〈心腹痛門〉"一法"(《壽養叢書》8, 9쪽)에 나온다.

227 이급(裏急) : 이질의 증상 중 하나. 아랫배가 당기고 아프면서 곧 대변이 나올 것 같은 증상.

228 건구토(乾嘔吐) : 《養生導引法·心腹痛門·二法》에는 "乾吐嘔". 헛구역질을 하며 거품을 토하는 증상. 한의학에서는 실제로 건구토가 일반적으로 쓰이므로 풍석이 《보양지》를 편집할 때 고쳐 썼을 가능성이 있다. 《제병원후론》에는 "乾嘔"로 되어 있는데, 《양생도인법》에서 원래 글자가 많이 빠져 있기도 하고 "乾吐嘔"로 되어 혼란스러워, 풍석이 《제병원후론》의 온전한 문장을 가져오지는 못한 대신 이상한 단어 "乾吐嘔"를 상식에 맞게 수정한 것으로 보인다.

비비고 열을 내어 배를 문지른다.

이렇게 하면 기를 내린다.[229]

令氣下.

③ 누워서 양발과 양손을 위로 들고 코로 숨을 들이쉬며 7번 호흡한다.

뱃속이 팽팽하게 당기거나 몹시 아픈 증상을 없앤다.[230]

一. 偃臥, 仰兩足、兩手, 鼻納氣七息.
除腹中弦切痛.

④ 몸을 단정히 하고 앉아 양손으로 배꼽 아래를 감싸고 행공하여 운기를 49구 한다.

이 행공의 이름을 '교단전(絞丹田, 단전을 묶다)'이라 한다. 배가 쑤시는 통증을 치료하고 또한 정(精)을 기를 수 있다.[231]

一. 以身端坐, 兩手抱臍下, 行功運氣四十九口.
名曰"絞丹田". 治肚腹疼痛, 亦能養精.

교단전(絞丹田, 단전을 묶다)《수진비요》

선인존기개관(仙人存氣開關, 신선이 기를 보존하고 관문을 열다)《수진비요》

---

229 ②의 기사는 《養生導引法》〈心腹痛門〉 "二法"(《壽養叢書》8, 9쪽)에 나온다.
230 ③의 기사는 위와 같은 곳에 나온다.
231 《修眞秘要》〈絞丹田〉(《壽養叢書》4, 13~14쪽).

⑤ 양손으로 어깨를 감싸고서 눈은 왼쪽을 보고 운기를 12구 한다.

이 행공의 이름을 '선인존기개관[仙人存氣開關, 신선이 기를 보존하고 관문(關門)을 열다]'이라 한다. 뱃속이 헛배로 더부룩한 증상을 치료한다.[232]

一. 用兩手抱肩, 以目左視, 運氣一十二口.
名曰"仙人存氣開關". 治肚腹虛飽.

⑥ 몸을 단정히 하고 앉아 손으로 무릎·배꼽·가슴을 좌우로 당기고 이어서 9번 끌어 올린 뒤, 운기를 24구 한다.

이 행공의 이름을 '구구등천(九九登天, 각각 9번 하늘로 오르다)'[233]이라 한다. 감당할 수 없는 교복사통(絞腹沙痛)[234]을 치료한다.[235]

一. 以身端坐, 用手攀膝、臍、胸左右, 登扳九數, 運氣二十四口.
名曰"九九登天". 治絞腹沙痛不可堪.

⑦ 앉아서 양무릎을 누르고 의식을 심장에 둔다.

一. 坐按兩膝, 用意在心,

용구등천(龍九登天, 용이 9번 하늘로 오르다)(《수진비요》)

치후심허동(治後心虛疼, 후심허동을 치료하다)(《수진비요》)

---

232 《修眞秘要》〈仙人存氣開關〉(《壽養叢書》 4, 15~16쪽).
233 구구등천(九九登天) : 《수진비요》의 그림에는 '용구등천(龍九登天)'으로 나온다. 뜻은 같다.
234 교복사통(絞腹沙痛) : 배가 비틀린 듯 아픈 증상. 건곽란(乾癨亂) 또는 교장사통(攪腸沙痛)이라고도 한다.
235 《修眞秘要》〈龍九登天〉(《壽養叢書》 4, 19~20쪽).

패왕거정(霸王擧鼎. 패왕이 무거운 솥을 들어 올리다)《수진비요》

탁천탑(托天搭. 하늘을 밀다)《수진비요》

왼쪽에 시선을 두고 오른쪽으로 무릎을 당겨 운기를 12구 한다. 또 오른쪽에 시선을 두고 왼쪽으로 무릎을 당겨 운기를 또한 12구 한다.

후심허동(後心虛疼)[236]을 치료한다.[237]

⑧ 몸을 단정히 하고 앉아 왼손으로 무릎을 누르고 오른손을 들고서 운기를 12구 한다. 오른손도 똑같이 한다.

이 행공의 이름을 '패왕거정(霸王擧鼎)[238]'이라 한다. 뱃속의 일체 잡병을 치료한다.[239]

⑨ 몸을 단정히 하고 앉아 양손으로 하늘을 밀고

左視右提, 運氣一十二口.
右視左提, 亦運氣一十二口.
治後心虛疼.

一. 以身端坐, 用左手按膝, 右手擧起, 運氣一十二口. 右手亦然.
名曰"霸王擧鼎". 治肚內一切雜病.

一. 以身端坐, 兩手托天,

---

236 후심허동(後心虛疼) : 후심 부위의 허증으로 인한 통증. 전심은 앞가슴, 후심은 앞가슴의 대척점으로 등 부위의 영역을 가리키는 것으로 보인다.
237 《修眞秘要》〈治後心虛疼〉《壽養叢書》4, 35~36쪽).
238 패왕거정(霸王擧鼎) : 패왕(霸王, 천하를 제패한 왕)이 무거운 솥을 들어 올리다. 이때의 정(鼎)은 천하의 패권을 손에 쥔 자의 상징물이다.
239 《修眞秘要》〈霸王擧鼎〉《壽養叢書》4, 37~38쪽).

[托天] 운기하기를 위로 9구, 아래로 9구 한다.

이 행공의 이름을 '탁천탑(托天搭, 하늘을 밀다)'이라
한다. 두복허종(肚腹虛腫)[240]을 치료한다.[241]

⑩ 발은 정(丁)자 보법으로 선다. 오른손을 쳐들어
몸을 비틀고 왼쪽을 보며, 왼손은 뒤로 하여 운기를
9구 한다. 몸을 돌리고 손을 돌려 앞과 같이 한다.

이 행공의 이름을 '선인발검(仙人拔劍, 신선이 칼을 뽑
다)'이라 한다. 심장이 쑤시는 일체의 통증을 치료한
다.[242]

⑪ 발은 팔(八)자로 안정되게 선다. 머리를 가슴
앞으로 숙이고 양손은 아랫배에 모아서 행공하기를
17구 한다.

運氣上九口, 下九口.
名曰"托天搭". 治肚腹虛
腫.

一. 丁字步立, 右手揚起,
扭身左視, 左手於後, 運
氣九口. 轉身轉手, 同前.
名曰"仙人拔劍". 治一切心
疼.

一. 八字立定, 低頭於胸
前, 兩手抄腹下, 用功行氣
一十七口.

선인발검(仙人拔劍, 신선이 칼을 뽑다)
《수진비요》

동자배관음(童子拜觀音, 동자가 관음보살
에게 절을 하다)《수진비요》

---

240 두복허종(肚腹虛腫) : 헛배가 부르고 부어오르는 병증.
241 《修眞秘要》〈托天搭〉《壽養叢書》 4, 43~44쪽).
242 《修眞秘要》〈仙人拔劍〉《壽養叢書》 4, 59~60쪽).

금강도애(金剛搗磑, 금강절구로 절구질
하다)《수진비요》

아호박식(餓虎撲食, 굶주린 호랑이가 먹이를
잡다)《수진비요》

이 행공의 이름을 '동자배관음(童子拜觀音)'243이라
한다. 앞뒤의 심장이 쑤시는 증상을 치료한다.244

⑫ 몸을 세우고 양손은 하늘을 밀고 다리 중심
은 땅을 향하는데, 곡도(谷道, 항문)를 힘껏 조이면서
운기를 9구 한다.

이 행공의 이름을 '금강도애(金剛搗磑, 금강 절구로 절
구질하다)'라 한다. 배가 팽팽하게 부풀어오르는 증상
과 온몸이 쑤시고 아픈 증상을 치료한다.245

⑬ 배를 땅에 대고 양손을 뒤로 향해 위로 들고,
또 양다리도 위를 향해 들고 운기를 10구 한다.

名曰"童子拜觀音". 治前後
心疼.

一. 以身立住, 用兩手托
天, 脚根向地, 緊撮谷道,
運氣九口.
名曰"餓虎搗磑". 治肚腹
膨脹、遍身疼痛.

一. 以肚腹着地, 兩手向
後往上擧, 兩脚亦往上擧,
運氣十口.

---

243 동자배관음(童子拜觀音) : 동자가 관음보살에게 절을 하다.
244 《修眞秘要》〈童子拜觀音〉《壽養叢書》4, 61~62쪽).
245 《修眞秘要》〈金剛搗磑〉《壽養叢書》4, 81~82쪽).

이 행공의 이름을 '아호박식(餓虎撲食, 굶주린 호랑이가 먹이를 잡다)'이라 한다. 교장사(絞腸沙)246를 치료한다.247

名曰"餓虎撲食". 治絞腸沙.

12-3) 곽란(霍亂)248을 치료하는 방법

治霍亂方

① 근육이 뒤틀리는 증상이 멎지 않을 때 남자는 손으로 음경을 당기고, 여자는 손으로 젖꼭지 양가장자리를 당긴다.249

一. 轉筋不住, 男子以手挽其陰, 女子以手捧乳近兩邊.

② 누워서 양정강이와 양손을 쭉 펴되 바깥쪽 발꿈치를 젖혀 서로 마주보게 한다. 또한 코로 숨을 들이쉬면서 힘껏 7번 호흡한다.

양무릎이 시린 증상, 정강이가 아픈 증상, 근육이 뒤틀리는 증상을 없앤다.250

一. 偃臥, 展兩脛、兩手, 外踵者相向, 亦鼻納氣, 自極七息.

除兩膝寒、脛骨痛、轉筋.

③ 엎드려 옆을 보고 양발꿈치를 세운 뒤 허리를 펴고 코로 숨을 들이쉰다.

근육이 뒤틀리는 증상을 제거한다.251

一. 覆臥傍視, 立兩踵, 生67腰, 鼻納氣.

去轉筋.

---

246 교장사(絞腸沙) : 배가 쥐어짜듯이 뒤틀리고 아픈 증상. 차가운 땀이 나면서 배가 불러 오르고 답답하며 죽을 것 같이 괴로운 통증이 있다. 건곽란(乾霍亂)이라고도 한다.
247《修眞秘要》〈餓虎撲食〉(《壽養叢書》 4, 101~102쪽).
248 곽란(癨亂) : 상한 음식이나 몸에 맞지 않는 음식을 잘못 먹고 체한 증상. 설사를 동반하기도 하면 배가 심하게 아픈 급성위장병이다.
249 ①의 기사는《養生導引法》〈霍亂門〉"一法"(《壽養叢書》 8, 10쪽)에 나온다.
250 ②의 기사는 위와 같은 곳에 나온다.
251 ③의 기사는 위와 같은 곳에 나온다.
67 生 :《養生導引法·霍亂門》에는 "伸".

③ 엎드려 옆을 보고 양발꿈치를 세운 뒤 허리 펴고 코로 숨 들이쉬기(좌우)

12-4) 구토를 치료하는 방법

① 정좌하고 양손을 뒤로 하여 팔을 잡고 자리를 향해 힘껏 숙여 닿는 자세로 배를 팽팽히 하여 상하로 7번 반복한다. 좌우로 손을 바꿔서 또 그렇게 한다.

뱃속의 냉기, 위장에 숙식(宿食)이 쌓인 증상, 입이 차가운 증상, 입맛이 없는 증상, 토하고 구역질하는 증상을 없앤다.[252]

② 누워서 양정강이와 양손을 펴고 양발꿈치를 왼쪽으로 올린다. 코로 숨을 들이쉬면서 힘껏 7번 호흡한다.

허리의 병과 먹은 음식물이 쓰게 올라오는 증상을 없앤다.[253]

③ 앉아서 양다리를 곧게 펴고 양손으로 양다리를 당기는데, 12번 힘껏 행공한다.

治嘔吐方

一. 正坐, 兩手向後捉腕, 反拓席盡勢, 使腹弦弦上下七. 左右換手亦然.
除腹肚冷氣、宿食積胃、口冷、食飮進退、吐逆.

一. 偃臥, 展兩[68]脛兩手, 左蹻兩足踵, 以鼻納氣, 自極七息.
除腰中病、食苦嘔.

一. 坐, 直舒兩脚, 以兩手挽兩足, 自極十二通.

---

252 ①의 기사는 《養生導引法》, 위와 같은 곳에 나온다.
253 ②의 기사는 《養生導引法》〈嘔吐門〉(《壽養叢書》8, 11쪽)에 나온다.
[68] 兩 : 저본에는 없음. 《養生導引法·嘔吐門》에 근거하여 보충.

① 양손을 뒤로 하고 정좌하여 팔을 잡고 상체 숙이기

③ 양다리 펴고 양다리 당기기

장위가 음식을 받아들이지 못하는 증상과 토역 (吐逆, 구토하는 증상)을 낫게 한다.

양손을 곧게 뻗어 양발바닥에 대고 깍지 끼면 양다리의 통증이 풀린다. 무릎에 머리를 대고 12번 힘껏 행공한다.

장위가 음식을 받아들이지 못하는 증상과 토역을 낫게 한다.[254]

愈腸胃不能受食、吐逆.

以兩手直叉兩脚底，兩脚痛舒，以頭枕膝上，自極十二通.

愈腸胃不能受食、吐逆.

---

254 ③의 기사는 위와 같은 곳에 나온다.

12-5) 기병(氣病)[255]을 치료하는 방법

① 양손을 뒤로 돌려 손을 깍지 끼고 허리를 숙여 위로 팔을 힘껏 왕복하면서 흔들기를 7번 한다. 그런 뒤에 비로소 손을 원래대로 하여 힘껏 위와 아래를 향해 14번 왕복한다.

척심(脊心, 등과 흉부)에 폐기(肺氣)가 뭉쳐서 답답한 증상을 없앤다.[256]

② 양발과 양손을 마주 보게 한 다음 5번 호흡하고 그친다. 심폐의 기운을 끌어낸다.

궐역(厥逆)·상기(上氣)를 제거한다.

힘을 최대한 기울여 양발을 마주보게 하고 의식으로만 폐(肺) 안의 기를 끌어내도록 한다.

治氣病方

一. 兩手向後, 合手拓腰, 向上急勢, 振搖臂肘, 來去七. 始得手不移, 直[69]向上向下盡勢, 來去二七.
去脊心肺氣壅悶

一. 兩足兩指相向, 五息止, 引心肺.
去厥逆, 上氣.
極用力, 令兩足相向, 意止引肺中氣出.

① 양손을 뒤로 돌려 깍지 끼고 위로 힘껏 들어올려 흔들기

양손을 뒤로 깍지 끼고 힘껏 들어올렸다 내리기

---

255 기병(氣病): 몸의 기(氣)가 막히거나 부족하여 생기는 병증.
256 ①의 기사는 《養生導引法》, 위와 같은 곳에 나온다.
[69] 直: 저본에는 "宜". 오사카본·《養生導引法·氣門》에 근거하여 수정.

병자가 폐(肺)에 행기하면서 안팎으로 돌리고 굽혔다 폈다 하면 곧 위역(違逆, 기의 거스름)이 없어진다.[257]

③ 단정히 앉아 먼저 양손으로 눈을 비빈 다음 손을 양겨드랑이에 고정하여 기를 상승시키면서 운기를 12구 한다.

이 행공의 이름을 '주천화후(周天火候)[258]'라 한다. 기혈이 쇠잔해지는 증상을 치료한다.[259]

④ 바로 서서 물건을 가리키는 자세로 손을 든다. 몸의 왼편에 기맥이 통하지 않으면 왼손을 써서 행공하고 의식을 왼편에 두며 왼손을 들어 운기한다.

病人行肺, 內外展轉屈伸, 隨無有違逆.

一. 端坐, 先以兩手搓目, 用手主定兩腋, 其氣上昇運氣一十二口.

名曰"周天火候". 治氣血衰敗.

一. 正立, 擧手如指物狀如左邊氣脈不通, 左手行功, 意在左邊, 擧左手運氣.

③ 단정히 앉아 양손으로 눈 비비기

손을 양겨드랑이에 고정하여 기를 상승시키며 운기하기

---

257 ②의 기사는 《養生導引法》〈氣門〉(《壽養叢書》8, 12쪽)에 나온다.

258 주천화후(周天火候) : 생명의 기운을 상징하는 열기인 화후(火候)의 순환이 잘 조절되는 모습. 하늘의 별자리가 한 바퀴 돌아서 처음으로 돌아오는 것을 주천이라 하고, 사람의 기운이 온 몸을 도는 것을 그에 빗대어 소주천(小周天)이라 한다.

259 《修眞秘要》〈周天火候〉(《壽養叢書》4, 21~22쪽).

候 火 天 周　法 疾 捄 祖 呂

주천화후(周天火候, 생명의 열기를 잘 돌리다)
《수진비요》

여조구질법(呂祖捄疾法, 여암 조사가 질병을
구제하는 법)《수진비요》

오른편일 경우도 이와 같이 한다.　　　　　右邊亦然.

이 행공의 이름을 '여조구질법[呂祖捄疾法, 여암(呂　名曰"呂祖捄疾法". 專治氣
岩)260 조사(祖師)가 질병을 구제하는 법]'이라 한다. 오로지　脈不通.
기맥(氣脈)이 통하지 않는 증상을 치료한다.261

12-6) 담음(痰飮)262을 치료하는 방법　　治痰飮方

① 왼쪽이나 오른쪽으로 모로 누워 호흡을 10번　一. 左右側臥, 不息十通.
참는다.

담음이 삭지 않는 증상을 치료한다. 오른쪽에 담　治痰飮不消. 右有飮病, 右
음병이 있으면 오른쪽으로 눕고, 왼쪽에 담음병이　側臥 ; 左有飮病, 左側臥.

---

260 여암(呂岩) : 798~?. 중국 당나라 말기의 도사(道士). 자는 동빈(洞賓), 호는 순양자(純陽子). 중국 도교의
　대표적인 인물인 8선인(仙人)중의 한 사람으로 알려져 있다. 저서로《여조전서(呂祖全書)》등이 있다.
261 ④의 기사는《修眞秘要》〈呂祖捄疾法〉(《壽養叢書》4, 77~78쪽)에 나온다. 그런데《수진비요》의 그림에
　대한 설명이《보양지》에서 더 자세히 나온다. 예를 들어 '正立, 擧手如指物狀'이라는 문장이《수진비요》
　에는 보이지 않는다.
262 담음(痰飮) : 인체의 수분이 조화되지 않고 일정한 부분에 정체되어 생기는 질병. 수분이 탁하면 담(痰),
　맑으면 음(飮)이라 한다.

있으면 왼쪽으로 눕는다. 아직 풀리지 않은 기운이 있으면 밀어내고 좌우 각 12번 호흡하면서 행기하면 담음을 치료한다.[263]

又有不消氣, 排之, 左右各十有二息, 治痰飲也.

12-7) 노채(勞瘵)[264]를 치료하는 방법

① 양손을 머리 위에 얹고 서로 깍지 끼고서 길게 숨을 들이마신 뒤 바로 뱉어낸다. 바닥에 앉아 양다리를 천천히 펴고 양손으로 무릎 바깥쪽을 감싼 다음 신속히 머리를 숙여 양무릎 사이에 넣은 뒤, 양손을 머리 위에 교차하기를 13번 행공한다.

삼시(三尸)[265]를 낫게 한다.[266]

② 고치 14번과 인기(咽氣[267]) 14번을 한 단위로 하여 300번 행공한 다음 그친다.

治勞瘵方

一. 以兩手着頭上相叉, 長氣卽吐之. 坐地, 緩舒兩脚, 以兩手外抱膝中, 疾低頭入兩膝間, 兩手交叉頭上, 十三通.

愈三尸也.

一. 叩齒二七過, 取咽氣二七, 如三百通乃止.

① 양손을 머리 위에서 깍지끼고 숨을 길게 들이 마시고 뱉어내기

양다리를 펴고 양손은 무릎 바깥쪽을 감싼 다음 머리를 양무릎 사이에 넣기

---

263 ①의 기사는《養生導引法》〈痰飮門〉(《壽養叢書》8, 12쪽)에 나온다.

264 노채(勞瘵) : 노채충으로 생기는 전염성 만성소모성 질환. 결핵을 말한다.

265 삼시(三尸) : 몸 안의 사기(邪氣)와 기생충.

266 ①의 기사는《養生導引法》〈勞瘵門〉(《壽養叢書》8, 12~13쪽)에 나온다.

267 인기(咽氣) : '咽'을 '嚥'의 통용자로 보아 '기를 삼키다'는 뜻으로 번역했다. '토납호흡(吐納呼吸)'과 같다.

이렇게 행공하기를 20일 하면 사기가 다 없어지고, 60일 하면 작은 병이 낫고, 100일 하면 큰 병이 없어진다. 삼충(三蟲)과 복시(伏尸)가 모두 제거되고 얼굴과 몸에 광택이 난다.[268]

爲之二十日, 邪氣悉去；六十日, 小病愈；百日, 大病除. 除[70]蟲、伏尸皆去, 面體光澤也.

12-8) 요협통(腰脇痛, 허리와 옆구리 통증)을 치료하는 방법

① 갑자기 왼쪽 옆구리 통증이 있으면 다음과 같이 염원하라. '간(肝)은 청룡(靑龍, 동방의 신령한 동물)이니 왼쪽 눈 속 혼신(魂神)이 5영병(營兵)[269]의 전차 1,000대와 기병 1만 명을 거느리고 갑인(甲寅)[270] 장군을 따라 곧 부리(符吏)[271]로 들이닥치고 왼쪽 옆구리 아래로 들어와서 질병을 잡아간다.'[272]

治腰脇痛方

一. 卒左脇痛, 念："肝爲青龍, 左目中魂神, 將五營兵千乘萬騎, 從甲寅直符吏, 入左脇下取病去."

② 오른쪽 옆구리 통증이 있으면 다음과 같이 염원하라. '폐(肺)는 백제(白帝, 서방을 관장하는 신)이니 오른쪽 눈 속 혼신이 5영병의 전차 1,000대와 기병 1만 명을 거느리고 갑신(甲申) 장군을 따라 곧 부리로 들이닥치고 오른쪽 옆구리 아래로 들어와서 질병을 잡아간다.'[273]

一. 右脇痛, 念："肺爲白帝, 右目中魂神, 將五營兵千乘萬騎, 從甲申直符吏, 入右脇下取病去."

---

268 ②의 기사는 《養生導引法》〈癆瘵門〉(《壽養叢書》8, 13쪽)에 나온다.
269 영병(營兵)：중국의 군사 편제 단위로, 감영(監營) 소속의 군사를 뜻한다.
270 갑인(甲寅)：광풍과 우레를 부리고 귀신을 제압하는 육갑신(六甲神) 중의 하나. 육갑 장군이라고도 한다. 육갑신은 갑자(甲子)·갑술(甲戌)·갑오(甲午)·갑신(甲申)·갑진(甲辰)·갑인(甲寅)신이 있다. 육갑신은 음신(陰神)인 육정신(六丁神)에 대응하는 양신(陽神)이다.
271 부리(符吏)：부절을 담당한 관리. 그러나 여기서는 통증을 느끼는 신체 부위를 말하는 듯하다.
272 ①의 기사는 《養生導引法》, 위와 같은 곳에 나온다.
273 ②의 기사는 《養生導引法》, 위와 같은 곳에 나온다.
[70] 除：《養生導引法·癆瘵門》에는 "三".

③ 모로 누워 팔을 펴고 다리를 곧게 편다. 코로 숨을 들이쉰 다음 입으로 숨을 내쉰다.

협통(脇痛, 옆구리 통증)과 피부통을 없앤다. 7번 호흡하고 그친다.[274]

一. 側臥, 伸臂直脚, 以鼻納氣, 以口出之.
除脇皮膚痛. 七息止.

④ 단정히 앉아 허리를 펴고 고개를 오른쪽으로 돌려 달을 본 다음 입으로 숨을 들이쉬면서 30번 삼킨다.

왼쪽 옆구리 통증을 없애고 눈을 뜨게 한다.[275]

一. 端坐, 生腰, 右顧視月, 口納氣, 咽之三十.
除左脇痛, 開目.

⑤ 손을 들어 정수리 위에서 교차시킨 다음 힘껏 맞잡는다.

옆구리 아래 통증을 치료한다.

바닥에 앉아 양손을 교차하되 너무 꽉 쥐지 않은 상태로 힘껏 서로 당긴다.

이 행공을 오래 하면 몸이 실하기가 금강석 같으며, 호흡을 고르고 길게 할 수 있게 되어 바람이나 구름과 같이, 우레와 같이 자유롭고 장쾌해진다.[276]

一. 手[71]交頂上, 相握自極.
治脇下痛.
坐地, 交兩手著不周遍握, 急[72]挽.
久行, 實身如金剛, 令息調長, 如風雲, 如雷.

⑥ 한 손은 위로 최대한 올려 손바닥을 사방으로 회전하고, 한 손은 아래로 내려 손바닥을 땅에 대고 힘껏 민다. 그다음 양손을 머리 위에서 손바닥을 맞대고 손가락에 힘을 주어 미는데, 몸은 옆으로 기

一. 一手向上極勢, 手掌四方轉回, 一手向下努之.
合手掌努指, 側身欹形, 轉身向似看手掌向上, 心

---

274 ③의 기사는 ②의 기사와 덧붙어 있는데, 《보양지》는 그것을 떼어 따로 하나의 도인법으로 보았다. 맥락을 보면 《보양지》의 판단이 맞는 것으로 보인다.

275 ④의 기사는 《養生導引法》〈脅痛門〉(《壽養叢書》8, 14쪽)에 나온다.

276 ⑤의 기사는 위와 같은 곳에 나온다.

[71] 手 : 《養生導引法·脅痛門》에는 "擧手".

[72] 急 : 저본에는 "當". 《養生導引法·脅痛門》에 근거하여 수정.

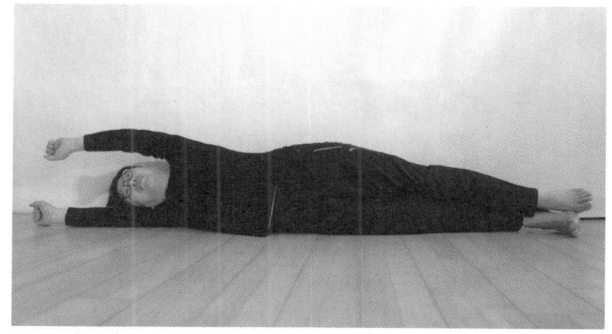

③ 모로 누워 코로 숨을 들이쉰 다음 입으로 내쉬기

④ 허리 펴고 단정히 앉아 오른쪽으로 돌려 입으로 숨을 들이쉬면서 30번 삼키기

⑤ 손을 정수리 위에서 교차하여 힘껏 맞잡기　　⑤ 바닥에 앉아 양손을 교차하여 적당한
　　　　　　　　　　　　　　　　　　　　　　　힘으로 잡고 당기기

⑥ 한 손 최대한 올려 손바닥 회전하고, 한 손 바닥에 내리고 힘껏 밀기(좌우)

⑥ 양손을 머리 위에서 맞대고 몸을 기울인 채 손가락에 힘을 주어 밀기(좌우)

울인 자세로 한다. 몸을 돌리되 시선은 위쪽의 손바닥을 보듯 하면서 심(心)의 기운을 아래로 흩어 보냈다가 내려보낸 기가 올라오는 것을 최대한 느끼도록 한다. 이 행공을 좌우상하로 28번 동일하게 한다.

어깨와 옆구리, 등허리의 뻐근한 통증을 제거한다.[277]

氣向下散適, 知氣下緣上始極勢. 左右上下四七亦然.

去髀幷肋腰脊痛悶.

277 ⑥의 기사는 《養生導引法》〈腰痛門〉(《壽養叢書》8, 14~15쪽)에 나온다.

⑦ 무릎 꿇고 앉아 양손을 앞으로 길게 뻗고 자리를 향해 몸을 숙인 다음 허리와 척추를 회전하면 온몸의 뼈가 풀리고 기가 흩어지는데, 이때 허리를 최대한 길게 편다. 그런 다음 원래 자세에서 다시 무릎을 꿇고 곧추 앉아 있으면 등뼈 속에서 냉기가 나오는 것 같으면서 팔과 어깨를 아프게 하는데, 그 통증은 뻐근한 통증 비슷하다. 이때 다시 앉아서 이전과 같은 동작으로 14번 행공한다.

오장의 부조화와 등의 뻐근한 통증을 없앤다.[278]

一. 平跪, 長伸兩手, 拓席向前, 待腰脊須轉, 遍身骨解氣散, 長引腰極勢. 然始却跪便急, 如似脊肉[73]冷氣出許, 令臂髆痛, 痛欲似悶痛. 還坐, 來去二七.

去五藏不和、背痛悶.

⑦ 무릎 꿇고 양손 앞으로 길게 뻗고 몸을 아래로 숙인 다음 허리와 척추 돌리기

278 ⑦의 기사는《養生導引法》〈腰痛門〉(《壽養叢書》8, 15쪽)에 나온다.
[73] 肉 :《養生導引法·腰痛門》에는 "內".

⑧ 앉아서 양다리를 펴고 양손은 앞을 향해 발과 나란히 편다. 19구 운기하며 행공한다.

이 행공의 이름을 '오룡탐조(烏龍探爪, 검은 용이 발톱으로 더듬거리다)'라 한다. 허리와 허벅지의 쑤시는 통증을 치료한다.[279]

一. 坐, 舒兩脚, 兩手向前與足齊, 來往行功運氣十九口[74].
名曰"烏龍探爪". 治腰腿疼痛.

⑨ 서서 국궁(鞠躬)[280]하고 머리를 숙인 다음 손과 발끝을 나란하게 하여 운기를 24구 한다.

이 행공의 이름을 '입참활인심[立站活人心, 우두커니 서서 사람의 심(心)을 살리다]'이라 하며, 일명 '오룡파미(烏龍擺尾, 검은 용이 꼬리를 흔들다)'이다. 허리 쑤심을 치료한다.[281]

一. 立住鞠躬, 低頭, 手與脚尖齊, 運氣二十四口.
名曰"立站活人心". 一名"烏龍擺尾". 治腰疼.

爪 探 龍 烏　　心 人 活 站 立

오룡탐조(烏龍探爪, 검은 용이 발톱으로 더듬거리다)《수진비요》

입참활인심[立站活人心, 우두커니 서서 사람의 심(心)을 살리다]《수진비요》

---

279 《修眞秘要》〈烏龍探爪〉《壽養叢書》 4, 45~46쪽).
280 국궁(鞠躬) : 공경하는 마음으로 허리와 몸을 약간 앞으로 굽힌 자세.
281 《修眞秘要》〈立站活人心〉《壽養叢書》 4, 69~70쪽).
[74] 十九口 : 저본에는 없음. 《修眞秘要·烏龍探爪》에 근거하여 보충.

神仙靠拐

仙人脫靴

신선고괴(神仙靠拐, 신선이 지팡이를
짚다)《수진비요》

선인탈화(仙人脫靴, 신선이 신발을 벗다)
《수진비요》

⑩ 단정히 서서 손으로 지팡이목을 지지하여 허리춤의 좌우를 짚고 운기를 18구 한다. 1번 운기 할 때 3회씩 기를 돌리고 땅을 쓸듯이 무릎을 흔든다.

이 행공의 이름을 '신선고괴(神仙靠拐, 신선이 지팡이를 짚다)'라 한다. 허리와 등의 쑤심을 치료한다.[282]

⑪ 곧게 선 다음 오른손으로 담을 짚고 왼손은 아래로 내려놓는다. 오른다리를 천천히 들면서 운기를 18구 한다. 또 좌우를 바꾸어 같이 한다.

이 행공의 이름을 '선인탈화(仙人脫靴, 신선이 신발을 벗다)'라 한다. 허리 쑤심을 치료한다.[283]

一. 端立[75], 以手主拐項腰左右, 運轉氣一十八口. 一氣運三遍, 用膝拂地擺. 名曰"神仙靠拐". 治腰背疼.

一. 立柱, 用右手扶墙, 左手下垂, 右脚登舒, 運氣一十八口. 左右亦同. 名曰"仙人脫靴". 治腰疼.

---

282 《修眞秘要》〈神仙靠拐〉《壽養叢書》4, 79~80쪽).
283 《修眞秘要》〈仙人脫靴〉《壽養叢書》4, 85~86쪽).
[75] 立 : 저본에는 "坐". 《修眞秘要·神仙靠拐》에 근거하여 수정.

치요퇴동(治腰腿疼, 허리와 허벅지의 쑤심
을 치료한다)(《수진비요》)

선인배초수(仙人背抄手, 신선이 양손을
등 뒤로 돌려 정문을 문지르며 운기하
다)(《수진비요》)

⑫ 곧게 선 다음 양손은 주먹을 쥐고 국궁(鞠躬)
자세처럼 땅에 닿도록 몸을 푹 숙인다. 일어나서 양
손을 들어 올렸다가 정수리를 지나 입을 막고 코로
미미하게 숨 내쉬기를 12구 한다.

허리와 허벅지의 쑤심을 치료한다.[284]

一. 立柱, 兩手握拳, 如鞠
躬勢, 到地沈沈, 起身雙手
擧起, 過頂閉口, 鼻內微
微放氣三四口.

治腰腿疼.

⑬ 단정히 앉아 양손을 마찰하고 열을 낸 뒤, 양손
을 등 뒤로 돌려 정문(精門)[285]을 문지르며 운기를 24구
한다.

허리와 허벅지의 통증을 치료한다.[286]

一. 端坐, 兩手擦熱, 向背
後摩精門, 運氣二十四口.

治腰腿痛.

---

284 《修眞秘要》〈治腰腿疼〉(《壽養叢書》 4, 93~94쪽). 이 내용은 《수양총서》에 수록된 정덕(正德)8년(1513)
    서문의 《수진비요》에만 있고 《장외도서》에 수록된 정덕10년 서문의 《수진비요》에는 없다.
285 정문(精門) : 허리 뒤쪽 족태양방광경의 신수혈(腎兪穴)을 가리킨다.
286 《修眞秘要》〈治腎堂虛冷〉(《壽養叢書》 4, 97~98쪽). 《장외도서(藏外道書)》에는 이 그림의 제목이 '仙人背
    抄手'로 되어 있다.

12-9) 각기(脚氣)[287]를 치료하는 방법

① 앉아서 양다리를 쭉 펴고 몸을 편안히 하고 숨을 들이마시며 기를 아래로 끌어내려 마음을 부드럽고 편안히 한다. 그런 다음 한 쪽 다리를 무릎 밑에 구부려 넣고, 다른 쪽 다리는 쭉 뻗고 발가락을 위로 힘껏 굽힌다.

이어서 위로 향해 누운 자세에서 머리가 채 바닥에 이르기 전에 두 손을 힘껏 앞으로 뻗고, 머리를 위쪽으로 당긴다. 이 동작들은 동시에 진행되어야 하며, 위아래로 14번 왕복하고, 발을 바꾸어서 똑같이 14번 한다.

허리 쑤심·요박랭(腰髆冷, 허리와 팔의 냉기)·혈랭(血冷)·풍비(風痺), 나날이 몸이 수척해지는 증상을 제거한다.

治脚氣方

一. 坐, 兩足長舒, 自縱身納氣向下, 使心內柔和適散. 然後屈一足安膝下努長, 舒一足仰足[76]指向上, 使[77]急.

仰眠, 頭不至席, 兩手急努向前, 頭向上努挽, 一時各各取勢, 來去二七. 遞互亦然.

去腰疼、腰髆冷、血冷、風痺、日日漸損.

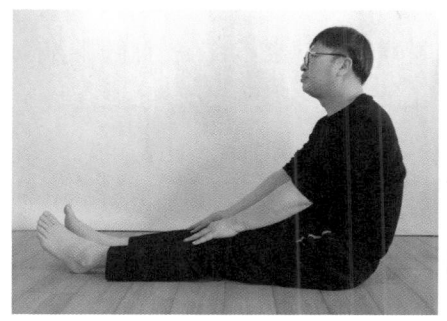

① 다리 쭉 펴고 편안히 앉아 마음 이완시키기

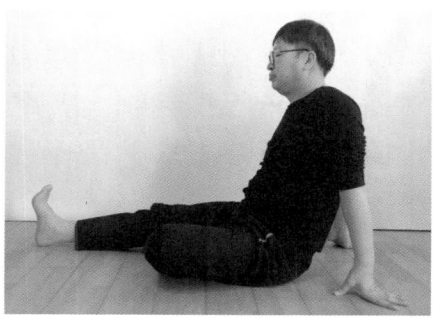

① 앉아서 한 쪽 다리를 다른 쪽 무릎 밑에 넣고 발가락 굽히기

---

287 각기(脚氣) : 비타민 비 원(B1)이 부족하여 일어나는 영양실조 증상. 말초 신경에 장애가 생겨 다리가 붓고 마비되며 전신 권태의 증상이 나타나기도 한다.

[76] 足 : 저본에는 "取". 《養生導引法·脚氣門》에 근거하여 수정.

[77] 使 : 저본에는 "便". 《養生導引法·脚氣門》에 근거하여 수정.

① 누워서 두 손을 앞쪽으로 뻗으며 머리 들어올리기

② 엎드려서 옆을 본다. 발꿈치는 안쪽으로 하고 허리를 편 뒤, 코로 숨을 들이쉬면서 힘껏 7번 호흡한다.

다리 힘줄 통증, 근육이 뒤틀리는 증상, 각산동 (脚酸疼, 다리가 시큰거리는 통증), 각비약(脚痹弱, 다리 저림)을 제거한다.

一. 覆臥, 傍視, 內踵[78], 生腰, 以鼻納氣, 自極七息.

除脚中弦痛、轉筋、脚酸疼、脚痹弱.

③ 양발을 펴고 앉는다. 용천혈을 향해 기 흐트리기를 3번 정도 한다. 기가 완전히 이르면 비로소 오른발을 거두어 굽히고 양손으로 급히 다리의 용천혈을 잡고 당기는데, 발이 손을 밟는 모양으로 당기되, 일시에 자세를 취하여 손발에 모두 힘을 주고 기를 아래쪽으로 21번 내려보낸다. 의식이 기를 놓치지 않도록 자주 살핀다.

신장 안의 냉기, 시린 무릎, 다리 통증을 제거한다.

一. 舒兩足坐, 散氣向湧泉, 可三通, 氣徹到, 始收右足屈捲, 將兩手急捉脚湧泉挽, 足踏手挽, 一時取勢, 手足用力送[79]氣向下三七. 不失氣, 數尋.[80]

去腎內冷氣、膝冷、脚疼也.

---

[78] 踵 : 저본에는 "腫". 문맥에 근거하여 수정.
[79] 送 : 저본에는 "逆".《養生導引法·脚氣門》·《諸病源候論·疫癘病諸候》에 근거하여 수정.
[80]《養生導引法·脚氣門》에는 "送氣向下急三七, 不失氣. 數行."이고,《諸病源候論·疫癘病諸候》에는 "送氣向下, 三七, 不失氣. 數尋."이라 하여 저본은《諸病源候論》에 가깝다.

④ 한 발은 굽혀서 발가락을 힘껏 세우고, 한 발은 무릎 위쪽 가운데에 얹는다. 마음을 편안히 하고 양발꿈치에서 기를 아래쪽으로 내보낸다. 한 손은 무릎 위에 대고 힘껏 아래로 찍어 누르고, 또 한 손은 뒤로 자리에 대고 일시에 있는 힘껏 자세를 취한다. 좌우 모두 똑같이 14번 한다.

무릎이 저리거나 쑤시고 당기는 증상을 제거한다.

一. 一足屈之, 足指仰使急, 一足安膝頭心[81]. 散心, 兩足跟, 出氣向下. 一手拓膝頭向下急捺, 一手向後拓席, 一時極勢. 左右亦然, 二[82]七.

去膝痺疼急.

④ 한 발 굽혀 발가락 세우고 다른 발 무릎에 얹기

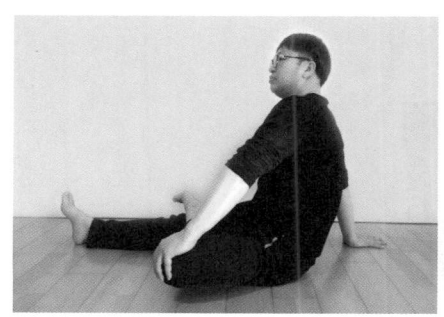
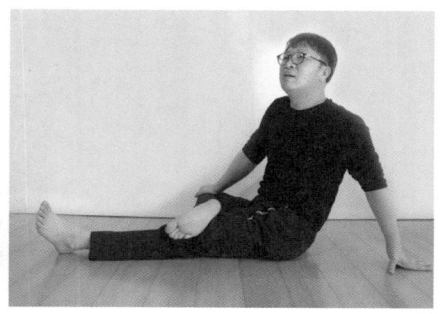

④ 한손을 무릎에 대고 다른 손은 뒤로 바닥에 대고 힘껏 벌려주기(좌우)

---

[81] 心 :《諸病源候論》에는 없음.
[82] 二 : 저본에는 "三". 오사카본·규장각본·《養生導引法·香港脚門·四法》에 근거하여 수정.

⑤ 한 발은 땅을 딛고, 한 발은 뒤로 돌려 디딘 발의 해계혈(解鷄穴, 발목가운데 혈)이 있는 발꿈치에 놓고, 두 손을 번갈아 뒤로 힘껏 젖힌다. 몸을 옆으로 돌리면서 힘껏 14번 한다. 같은 동작을 좌우로 똑같이 한다.

다리 쑤시는 통증, 저리고 당기는 증상, 허리 통증을 제거한다.[288]

一. 一足踏地, 一足向後, 將足解鷄安踹[83], 急努兩手偏相向後, 側身如轉, 極勢二七. 左右亦然.

去足疼痛、痺急、腰痛也.

12-10) 적취를 치료하는 방법

治積聚方

① 왼발로 오른발 위를 밟는다.

一. 以左足踐右足上.

명치 부위[心下]에 뭉친 적취를 없앤다.

除心下積聚.

① 왼발로 오른발 위 밟기

---

288 ①∼⑤의 기사는 《養生導引法》〈脚氣門〉(《壽養叢書》8, 16∼17쪽).에 나온다.
[83] 踹 : 《養生導引法》·《諸病源候論》에는 없음.

② 단정히 앉아 허리를 편다. 해를 향해 머리를 들고 천천히 입으로 숨을 들이쉬고 연이어 삼키기를 30번 하고 멈춘 뒤에 눈을 뜬다.

명치 부위에 뭉친 적취를 없앤다.

一. 端坐生腰, 向日[84]仰頭, 徐以口納氣, 因以咽之, 三十過而止, 開目.

除心下積聚.

③ 왼쪽 옆구리를 바닥에 대고 모로 눕는다. 팔을 펴고 다리를 곧게 한 다음 입으로 숨을 들이쉬고 코로 내쉰다. 한 바퀴 돌면 다시 시작한다.

적취(積聚)·명치 부위가 답답한 증상을 없앤다.

一. 左脇側臥, 伸臂直脚, 以口納氣, 鼻吐之, 週而復始.

除積聚、心下不快.

④ 왼손으로 오른옆구리를 누른다. 오른손은 최대한 들어준다.

적취와 묵은 피를 없앤다.

一. 以左手按右脇, 擧右手極形.

除積聚及老血.

④ 왼손으로 오른쪽 옆구리 누르고 오른손 들기　④ 오른손으로 왼쪽 옆구리 누르고 왼손 들기

---

[84] 向日 : 저본에는 "回目". 《養生導引法》·《諸病源候論》에 근거하여 수정.

⑤ 입을 다물고 가는 숨을 쉬다가 왕성한 기운이 있는 방향으로 앉아 코를 벌려 기를 취한 다음 이를 끌어서 배꼽 아래에 둔 뒤, 입을 작게 벌려 가늘게 내쉬기를 12번 한다.

결취를 없앤다.

머리를 숙이고 숨을 안 쉰 채로 12번 한다.

음식을 잘 소화하고, 몸을 가볍고 강건하게 한다. 이 행공을 하면 겨울에도 춥지 않다.

⑥ 단정히 앉아 허리를 편다. 두 팔을 곧게 위로 펴고, 양손바닥을 위로 벌린 다음 코로 숨을 들이쉬고 닫으면서 힘껏 7번 호흡한다.

이 행공의 이름을 '촉(蜀)나라의 왕교(王喬)[289]'라 한다. 옆구리 아래의 적취를 없앤다.

⑦ 새벽에 베개를 치우고 똑바로 누워 팔다리를 편다. 눈을 감고 입을 다물고 숨을 멈춘 뒤, 배와 양다리를 쭉 편 다음 다시 숨을 쉰다. 조금 뒤에 뱃숨을 들이쉬면서 양발을 위로 들었다가 반대로 굽힌다. 저절로 차츰 숨이 진정되면 다시 하기를 봄에는 1일에 3번, 여름에는 5번, 가을에는 7번, 겨울에는 9번 한다.

오장을 말끔히 씻고 육부를 윤택하게 하여 병든 데가 다 낫는다. 또 적취 같은 병이 있으면 힘껏 숨을 들이쉬어 뱃속이 뜨거워지고서야 그친다. 그러

一. 閉口微息, 坐向王氣, 張鼻取氣, 逼置臍下, 小口微出十二通氣.

以除結聚.

低頭不息十二通.

以消飮食, 令身輕强, 行之, 冬月不寒.

一. 端坐, 生腰, 直上展兩臂, 仰兩手掌, 以鼻納氣閉之, 自極七息.

名曰"蜀 王喬". 除脇下積聚.

一. 向晨去枕, 正偃臥, 伸臂脛, 瞑目閉口不息, 極張腹兩足, 再息. 頃間吸腹, 仰兩足, 倍拳, 欲自微息定, 復爲. 春三, 夏五, 秋七, 冬九.

蕩滌五臟, 津潤六腑, 所病皆愈. 復有疾積聚者, 張吸其腹熱乃止, 癥瘕散破,

---

289 왕교(王喬) : ?~?. 중국 후한(後漢)의 관리. 촉(蜀)지방 사람. 백인현령(柏人縣令)을 역임했다. 후에 산림에 은거하고 도술을 수련하여 장생하다가 학(鶴)을 타고 승천했다고 전해진다.

면 징가(癥瘕, 종기 덩어리)가 흩어져 깨지면서 곧 낫는 다.[290] | 卽愈矣.

12-11) 비위불화(脾胃不和)[291]를 치료하는 방법

治脾胃不和方

① 비위의 기가 조화롭지 못하여 음식을 먹을 수 없는 경우, 몸을 한 쪽으로 기울이면서 양손을 한 방향으로 힘껏 숙인 뒤, 몸을 펴고 머리와 두 손을 서로 잡고, 천천히 잡아당겨 일시에 힘을 다한다. 이때 기와 힘을 자연스럽게 하며 좌우 똑같이 21번 한다.

一. 脾胃氣不和, 不能飲食, 欹身, 兩手一向偏側急努, 身舒, 頭共手競扒相牽, 漸漸一時盡勢, 氣共力皆和來去. 左右亦然, 各三七.

다시 목의 앞뒤 양쪽에서 천천히 손을 내미는데 이처럼 바깥으로 헤집듯이 하고, 몸과 마음을 편안히 하여 14번 흔들어 준다. 이 역시 교대로 똑같이 한다.

項前後兩角緩舒手, 如是似向外扒, 放縱身心, 搖二七. 遞互亦然.

태창(太倉, 위장)이 편치 않은 증상, 비요허민(臂腰虛悶, 팔과 허리가 허하고 답답함)을 제거한다.[292]

去太倉不和、臂腰[85]虛悶也.

12-12) 소갈을 치료하는 방법

治消渴方

① 옷을 벗고 편히 누워 허리를 편다. 소복(小腹, 아랫배)을 가득 채운[瞑] 뒤 5번 호흡하고 그친다. 신장을 도인[引腎]하면 소갈을 제거하고 음양을 통리한다.

一. 解衣惔臥, 伸腰, 瞑小腹, 五息止. 引腎, 去消渴, 利陰陽.

옷을 벗는 것은 구애가 없게 하기 위함이요, 편히 눕는 것은 바깥 생각을 없애서 기가 쉽게 들도록

解衣者, 使無罣礙;惔臥者, 無外想, 使氣易行;伸

---

290 ①~⑦의 기사는 《養生導引法》〈積聚門〉(《壽養叢書》8, 17~19쪽)에 나온다.

291 비위불화(脾胃不和) : 비장[脾]와 위장[胃]의 기능이 조화되지 못한 증상. 위완부가 창만하면서 아프고 식욕이 부진하며 소화가 잘 안 되고 때로 트림하거나 토하며 대변은 무르다.

292 ①의 기사는 《養生導引法》〈脾胃門〉(《壽養叢書》8, 19~20쪽)에 나온다.

[85] 腰 : 저본에는 "要". 《養生導引法·脾胃門》·《諸病源候論·脾胃病諸候·脾胃氣不和不能飲食候》에 근거하여 수정.

하기 위함이요. 허리를 펴는 것은 신장에 거슬릴 것이 없게 하기 위함이다. '손(瞋)'이란 힘을 다해 기가 가득 차도록 하기 위함이요, '소복'이란 섭복(膒腹, 아랫배)이다. 기를 끌어와 5번 호흡하는 것은 곧 그것을 한다는 말이다.

신장을 도인한다는 것은 신장의 수기를 끌어와 인후로 올리는 것으로, 상부를 윤택하게 하여 소갈과 고고병(枯槁病, 야위고 마르는 병)을 제거한다. 음양을 통리한다는 것은 기력을 충분해지게 하는 것이다.

이 중 몇몇 경우는 때에 맞게 피해야 하는데, 갓 식사한 뒤나 매우 굶주릴 때, 이 두 때에 도인을 해서는 안 되는데, 사람의 몸을 상하게 하기 때문이다. 또 악일(惡日, 운수가 좋지 않은 날)을 피하고, 절기가 조화롭지 못한 때도 피한다.

도인이 끝나면 먼저 120보, 많게는 1,000보를 걷고 난 다음 음식을 먹는다. 도인법에서는 음식을 너무 차거나 뜨겁게 먹지 말고, 오미를 고루 먹도록 한다. 맛이 변한 묵은 음식이나 벌레 먹던 찌꺼기를 먹어서는 안 된다. 조금씩 입에 넣고 여러 번 씹어서 천천히 삼켜야 한다. 먹은 뒤에 바로 잠을 자지 말라. 이러한 섭식법을 이름하여 '곡약(穀藥)'이라 하니, 음식이 기(氣)와 조화가 되면 정말 좋은 약이 되는 것이다.[293]

腰者, 使腎無逼蹙 ; 瞋者, 大努使氣滿 ; 小腹者, 卽膒腹. 牽氣使五息卽爲之.

引腎者, 引水來咽喉[86], 潤上部, 去消渴、枯槁病. 利陰陽者, 饒氣力.

此中數虛要與時節而爲避, 初食後、大饑時, 此二時不得導引, 傷人. 亦避惡日, 時節不和時亦避.

導已, 先行一百二十步, 多者千步, 然後食之. 法不使大冷大熱, 五味調和, 陳穢宿食、蟲蝎餘殘, 不得食. 少吵著口中, 數嚼少湍咽[87]. 食已, 亦勿眠. 此名"穀藥"[88], 并與氣和, 卽眞良藥也.

---

293 ①의 기사는 《養生導引法》〈消渴門〉(《壽養叢書》8, 43~45쪽)에 나온다.
[86] 喉 : 저본에는 "唯". 《養生導引法·消渴門·二法》·《諸病源候論·消渴病諸候·消渴候》에 근거하여 수정.
[87] 咽저본에는 "咽". 《養生導引法·消渴門·二法》·《諸病源候論·消渴病諸候·消渴候》에 근거하여 수정.
[88] 藥 : 저본에는 없음. 《諸病源候論·消渴病諸候·消渴候》에 근거하여 보충.

12-13) 창만(脹滿)[294]을 치료하는 방법

① 웅크리고 앉아, 마음을 가라앉히고, 두 손을 말아 쥐고 가슴 부위에서부터 아래로 내린 다음, 양 팔을 좌우로 흔들며 몸을 교대로 비스듬하게 기울이는데 팔에 최대한 힘을 준다. 배를 향하여 고개를 숙이고 양손은 충맥(衝脈)[295]을 따라 배꼽 아래까지 닿는데, 상하로 21번 반복한다.

배가 팽팽하게 당기고 답답한 증상, 음식이 소화가 되지 않는 증상을 점차 없애준다.

② 뱃속이 팽팽하여 한기가 있으면 입으로 기를 30번 불어 내보내고 그친다.

③ 뱃속이 팽만하면서 음식으로 그득 찬 듯하면 단정히 앉아 허리를 펴고, 입으로 수십 번 숨을 들이쉬어 가득해지면 숨을 토해낸다. 편안해지면 그만하고 아직 불편하면 다시 한다. 한기가 있어 뱃속이 편치 않은 경우도 이 도인을 행한다.

④ 단정히 앉아 허리를 펴고 입으로 숨을 들이쉬기를 수십 번 한다.

복부팽만, 과식, 한열(寒熱), 뱃속이 아픈 병을 없앤다.

治脹滿方

一. 蹲坐住心, 捲兩手, 發心向下, 左右手搖臂, 遞互欹身, 盡髓勢. 捲頭築肚, 兩手衝脈至臍下, 來去三七.

漸去腹脹肚急悶、食不消化.

一. 腹中若脹有寒[89], 以口呼出氣, 三十過止.

一. 若腹中滿, 食飲若飽, 端坐生腰, 以口納氣數十, 滿吐之. 以便爲故, 不便復爲之. 有寒氣, 腹中不安, 亦行之.

一. 端坐生腰, 口納氣數十.
除腹滿、食飲過飽、寒熱、腹中痛病.

---

294 창만(脹滿) : 배가 몹시 불러서 속이 그득한 감을 주증상으로 하는 병증.
295 충맥(衝脈) : 기경팔맥(奇經八脈)의 하나로 태충맥(太衝脈)이라고도 한다. 포궁(胞宮, 자궁)에서 시작하여 척추를 따라 올라간다. 온몸의 기혈을 조절한다.
[89] 寒 : 저본에는 "塞".《養生導引法》·《諸病源候論》에 근거하여 수정.

⑤ 양손을 몸 옆 한 편으로 향하고 끝까지 기울여 정수리에서부터 발쪽으로 기운을 흩어 내리기를 부서진 물건이 흩어지듯 한다. 손바닥과 손가락을 곧게 펴고, 좌우 서로 모두 그렇게 하기를 21번 반복한다. 그런 다음 비로소 몸을 바로 하고 손을 앞뒤로 움직이면서 팔과 허리를 7번 돌린다.

복부팽만, 방광과 허리 및 신장의 냉증, 혈맥이 뻣뻣해진 증상, 두근거림증을 제거한다.

一. 兩手向身側一向, 偏相極勢, 發頂足氣散下, 欲似爛物解散. 手掌指直舒, 左右相皆然, 去來三七. 始正身, 前後轉動膊腰七.

去腹肚脹、膀胱·腰脊腎冷、血脈急强、悸也.

⑥ 뱃속이 팽만하면서 음식을 조금 먹어도 곧 잘 포만하면 단정히 앉아 허리를 펴고 입으로 10번 숨을 들이쉰다. 편안해지면 그만하고 아직 불편하면 다시 한다.[296]

一. 若腹內滿, 飲食善飽, 端坐生腰, 以口納氣十. 以便爲故, 不便復爲.

治胸膈膨悶

치흉격팽민(治胸膈膨悶, 가슴이 팽만하고 답답한 증상을 치료한다)(《수진비요》)

---

296 ①~⑥의 기사는 《養生導引法》 16 〈脹滿門〉(《壽養叢書》 8, 45~46쪽)에 나온다.

⑦ 단정히 앉아 왼손이 왼쪽을 향하고, 오른손도 그 쪽을 따르며 머리는 오른쪽으로 돌린다. 반대로 오른손은 오른쪽을 향하고 왼손도 그 쪽을 따르며 머리는 왼쪽으로 돌린다. 운기는 왼쪽 9구, 오른쪽 9구를 한다.

가슴이 팽만하고 답답한 증상을 치료한다.[297]

一. 端坐, 以左手向左, 右亦隨之, 頭向右扭. 以右手向右, 左亦隨之, 頭向左扭. 運氣左九口, 右九口.

治胸膈膨悶.

12-14) 눈과 귀를 총명하게 하는 방법

明目聰耳方

① 웅크리고 앉아 오른다리를 편다. 이어서 양손으로 왼무릎을 감싸 안고 허리를 편 뒤, 코로 숨을 들이쉬면서 힘껏 7번 호흡한다. 이때 오른발은 돌려 밖으로 놓는다.

풍목(風目)[298], 귀가 잘 들리지 않는 증상을 없앤다.

一. 踞, 伸右脚, 兩手抱左膝頭, 生腰, 以鼻納氣, 自極七息. 展右足着外[90].

除風目、耳聾.

② 웅크리고 앉아 왼다리를 편다. 이어서 양손으로 오른무릎을 감싸 안고 허리를 편 뒤, 코로 숨을 들이쉬면서 힘껏 7번 호흡한다. 이때 왼발은 돌려 밖으로 놓는다.

풍목(風目)으로 눈이 어두운 증상, 귀가 잘 들리지 않는 증상을 없앤다.

一. 踞, 伸左脚, 兩手抱右膝, 生腰, 以鼻納氣, 自極七息. 展左足着外.

除風目暗、耳聾.

---

297 ⑦의 기사는 《修眞秘要》 "治胸膈膨悶"(《壽養叢書》 4, 51~52쪽)에 나온다.
298 풍목(風目) : 풍 기운이 눈에 침습한 병증으로, 눈물이 나고 붓고 벌겋게 되는 증상을 보인다.
90 展……外 : 저본에는 없음. 《諸病源候論·目病諸候·目風淚出候》에 근거하여 보충. 아래 항목과 짝이 되는 동작이어서 원래 "展右足著外"와 함께 그 효과에 대해서도 "除難屈伸拜起, 去脛中痛痺"가 《제병원후론》에는 더 기술되어 있다[自極七息, 展右足著外. 除難屈伸拜起, 去脛中痛痺、風目耳聾]. 《양생도인법》에는 "展右足著外"는 없고, "除難屈伸拜起, 去脛中痛痺"만 남아 있는데, 《보양지》는 이목총명방의 항목에 맞게 "除風目、耳聾"만 남기고 "除難屈伸拜起, 去脛中痛痺"는 지워버렸다. 《보양지》 편집 과정의 주요한 의도를 읽어 볼 수 있는 대목이다.

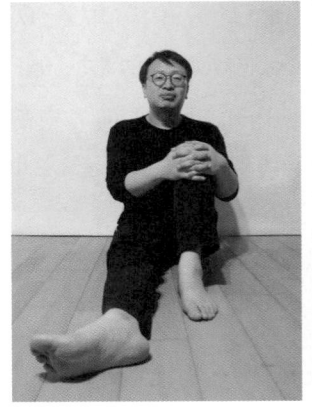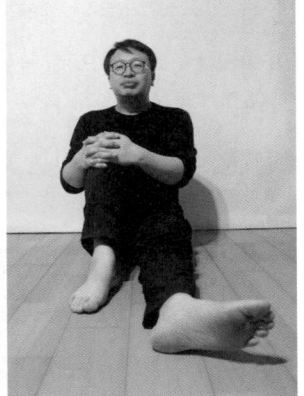

② 양손으로 한 쪽 무릎 감싸고 허리 편채로 7번 호흡하기(좌우)

③ 코로 숨을 들이쉬고 왼손으로 코를 쥐기　④ 코로 숨을 들이쉬고 오른손으로 코를 쥐기

③ 코로 숨을 들이쉬고 왼손으로 코를 쥔다.
눈이 어둡고 눈물이 나는 증세를 없앤다.

一. 以鼻納氣, 左手持鼻.
除目暗淚出.

④ 단정히 앉아 허리를 펴고 천천히 코로 숨을
들이쉬며 오른손으로 코를 쥔다.
　눈이 어두운 증상을 없앤다. 눈물이 나오면 눈을
감고 기를 토한다.

一. 端坐生腰, 徐以鼻納
氣, 以右手持鼻.
除目暗. 淚若出, 閉目吐
氣.

⑤ 웅크리고 앉아서 양손으로 발가락 5개를 들고 머리를 숙이는 동작을 힘껏 하면 오장의 기(氣)가 두루 펴진다.

귀가 들리지 않고 눈이 밝지 않은 증상을 치료한다. 오래하면 흰머리가 다시 검어진다.

一. 蹲踞, 以兩手擧足五趾, 低[91]頭自極, 則五藏氣遍至[92].
治耳不聞、目不明. 久爲之則令髮白復黑.

⑥ 양쪽 발가락을 위로 향하여 5번 호흡하고 그친다.

귀를 밝게 한다. 오래하면 눈·귀 등의 감각기관이 모두 막힘이 없다.

一. 仰兩足指, 五息止.
令人耳聰. 久行, 眼耳諸根俱無罣礙.

⑦ 왼쪽 정강이를 펴고 오른무릎을 굽혀 안쪽을 누르면서 5번 호흡하고 그친다.

폐의 기운을 도인하여 풍허병(風虛病)을 제거하고 눈을 밝게 하여 밤에도 색을 구별하여 보게 되는데, 그 시력이 낮과 다름이 없다.

一. 伸左脛, 屈右膝內[93]壓之, 五息止.
引肺中氣. 去風虛病, 令人目明, 夜中見色, 與晝無異.

⑧ 닭이 울 때 두 손을 마찰하여 열을 낸 다음 눈에 대기를 3번 하고 손가락으로 눈을 좌우로 눌러 신광(神光, 사물을 볼 수 있는 기능)이 있게 한다.

눈을 밝게 해서 눈병이 없게 한다.

一. 鷄鳴, 以兩手相摩令熱, 以熨目三行, 以指抑目左右, 有神光.
令目明不病.

⑨ 동쪽을 향해 앉아 숨을 2번 멎는다. 이어서 양손 중지에 침을 묻혀 14번 눈을 마찰한다.

一. 東向坐, 不息再通, 以兩手·中指口唾之, 二七相摩

---

[91] 低 : 저본에는 없음.《諸病源候論·濕病諸候·白髮候》에 근거하여 보충.
[92] 遍至 : 저본에는 "偏主".《養生導引法·眼目門·五法》에 근거하여 수정.
[93] 內 : 저본에는 "納".《諸病源候論·濕病諸候·目暗不明候》에 근거하여 수정.

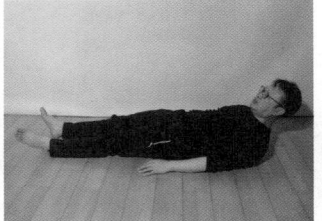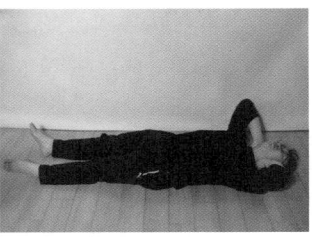

⑩ 똑바로 누워 머리를 바닥댔다가 3번 들어올리고 양손의 손가락으로 목 주변 근맥을 긁기

눈을 밝게 한다.

감천(甘泉, 침)으로 입을 헹군 다음 눈을 씻어준다.

눈에 낀 예구(翳垢, 눈곱이나 이물질)를 제거하고 눈을 청명케 한다.

| 拭目. |
| 令人目明. |
| 以甘泉漱之, 洗目. |
| 去其翳垢, 令目清明. |

⑩ 누워서 3번 도인하고 손으로 목 주변의 근맥을 5번 움켜쥔다.

눈을 밝게 한다.

똑바로 누워 머리를 아래 바닥에 댔다가 도로 들어올리기를 3번 하고, 양손가락으로 목 주변 큰 근맥을 5번 긁는다.

눈이 어두운 증상을 없앤다. 오래하면 밤에도 사물을 볼 수 있게 한다. 오래하여 그치지 않으면 시방(十方)²⁹⁹을 두루 보고 막힘이 없다.

一. 臥, 引爲三, 以手爪項邊脈五通.

令人目明.

臥正偃, 頭下却亢引三通, 以兩手指爪項邊大脈爲五通.

除目暗. 久行, 令人夜能見色. 爲久不已, 通見十方, 無有際⁹⁴限⁹⁵.

⑪ 닭이 울어 잠자리에서 일어날 때, 먼저 왼손으로 소금을 집어 먹고 손가락끼리 서로 비비면서

一. 鷄鳴欲起, 先屈左手噉鹽, 指以指相摩. 呪

---

299 시방(十方) : 사방(四方)·사우(四隅)·상하(上下)의 모든 공간을 통틀어 이르는 말.

94 際 : 저본에는 "除". 《養生導引法·眼目門·十法》에 근거하여 수정.

95 限 : 저본에는 "根". 오사카본·규장각본에 근거하여 수정.

다음과 같이 주문을 왼다. "서왕모녀(西王母女) 이름
은 '익유(益愈)'이니, 내 눈을 내려주셨고, 나는 그것
을 입으로 받았네." 곧 이어서 몸을 정밀하게 문지
른다. 항상 닭이 울 때 14번 침을 눈에 바른다.

눈이 침침한 증상을 없애 그 정밀한 시력을 얻으
니, 만 리를 내다보고 사방을 두루 본다.

14번을 삼키고 침을 바른 뒤, 손가락을 뜨겁게
하여, 눈 문지르기를 14번 한다.

눈이 흐려지지 않는다.300

⑫ 몸을 단정히 하고 앉은 다음 먼저 손으로 열
을 내어 발바닥가운데를 문지른 뒤, 손을 양무릎위
에 놓는다. 단정히 앉아 입을 열고 기(氣)를 내쉬며

日 : "西王母女, 名日'益愈',
賜我目, 受之於口." 卽精
摩形. 常鷄鳴二七著唾.

除目茫茫, 致[96]其精光, 徹
視萬里, 遍見四方.
咽二七唾之, 以熱指摩目
二七.
令人目不瞑.

一. 以身端坐, 先用手擦
熱, 抹脚心, 手按兩膝. 端
坐開口, 呵氣九口.

추첨화후(抽添火候, 생명의 온기를 잘 보존
하는 수련법)(《수진비요》)

300 ①~⑪의 기사는 《養生導引法》〈眼目門〉(《壽養叢書》8, 47~51쪽)에 나온다.
[96] 致 : 저본에는 없음. 《養生導引法·眼目門》에 근거하여 보충.

'가' 소리내하기를 9구 한다.

이 행공의 이름을 '추첨화후(抽添301火候, 생명의 온기를 잘 보존하는 수련법)'라 한다. 혈맥을 조화롭게 하고, 삼초(三焦)가 조화롭지 못한 증상과 눈이 흐릿한 증상을 치료한다.302

名曰"抽添火候". 調理血脈, 上治三焦不和, 眼目昏花.

⑬ 땅에 앉아 양다리를 교차하고 양손을 굽힌 다리 속에 넣은 뒤 고개를 숙여 손을 목 위에서 교차시킨다.

몸이 오래 차면서 저절로 따뜻해지지 않거나 귀가 소리를 못 듣는 증상을 치료한다.303

一. 坐地, 交叉兩脚, 以兩手從曲脚中入, 低頭叉手[97]項上.
治久寒[98]不能自溫, 耳不聞聲.

⑭ 다리를 목 위에 붙이고 호흡을 12번 참는다.

큰 추위를 겪은 뒤에 따뜻함을 느끼지 못하면서 고질이 된 한랭 질환, 귀가 잘 들리지 않는 증상, 눈이 흐릿한 증상을 고친다. 오래 수련하면 몸에 익어 법칙이 되는데, 30번씩 수련하는 것을 법칙으로 삼으면 나중에는 쉽게 바뀌지 않는다.304

一. 脚着項上, 不息十二通.
愈大寒不覺煖熱, 久頑冷患、耳聾、目眩. 久行卽成法, 法身五六, 不能變.

---

301 추첨(抽添) : 외단법에서 납을 추출하고 수은을 첨가하는 법을 추연첨홍(抽鉛添汞)이라 하였는데, 내단 수련의 방식을 그 이름에서 따온 것이다.
302 ⑫의 기사는 《修眞秘要》 "抽添火候"(《壽養叢書》 4, 55~56쪽)에 나온다.
303 ⑬의 기사는 《養生導引法》〈耳門〉(《壽養叢書》 8, 54쪽)에 나온다.
304 ⑭의 기사는 위와 같은 곳에 나온다.
[97] 手 : 저본에는 없음. 《諸病源候論·虛勞病諸候·虛勞寒冷候》에 근거하여 보충.
[98] 寒 : 저본에는 "塞". 《諸病源候論·虛勞病諸候·虛勞寒冷候》에 근거하여 수정.

12-15) 인후와 설병을 치료하는 방법

① 한 손을 길게 내밀어 손바닥을 위로 펴고, 한 손은 턱을 잡고 바깥쪽으로 당긴다. 일시에 힘껏 14번 한다. 좌우를 교대로 행한다. 손은 움직이지 않고 좌우로 몸을 힘껏 돌리고 당기기를 14번 한다.

갑자기 목뼈가 뻣뻣해진 증상, 두풍뇌선(頭風腦旋, 머리가 몹시 아프고 어지러움), 후두염증, 어깨 시림, 편풍(偏風, 반신불수)을 제거한다.305

② 양손으로 양볼을 누르고 손은 움직이지 않은 채로 양팔꿈치를 힘껏 끌어 모은다. 허리도 역시 그렇게 하여 움직이지 않게 고정시킨다. 그 다음 양쪽

治喉舌病方

一. 一手長舒, 令[99]掌仰, 一手捉頷[100], 挽之向外, 一時極勢二七. 左右亦然. 手不動, 兩向側極[101]勢, 急挽之二七.

去頸骨急强、頭風腦旋、喉痺、髀內冷注、偏風.

一. 兩手拓兩頰, 手不動, 摟肘使急, 腰內亦然, 住定. 放兩肘[102]頭向外, 肘膊

① 한 손 내밀어 손바닥 위로 펴고, 한 손으로 턱 잡고 바깥쪽으로 당기기

---

305 ①의 기사는 《養生導引法》〈喉舌門〉(《壽養叢書》8, 51쪽)에 나온다.

[99] 令 : 저본에는 "合". 《諸病源候論·風病諸候·偏風候》에 근거하여 수정.

[100] 頷 : 저본에는 "頰". 《諸病源候論·風病諸候·偏風候》에 근거하여 수정.

[101] 極 : 저본에는 없음. 《養生導引法·喉舌門·二法》에 근거하여 보충.

[102] 肘 : 저본·《養生導引法·喉舌門·二法》에는 "肋". 《諸病源候論·虛勞病諸候·虛勞候》에 근거하여 수정.

팔꿈치를 풀어서 바깥으로 벌어지게 하면 팔꿈치, 팔, 허리의 기가 완전히 흩어지게 된다. 매우 답답한 느낌이 처음 올 때 이렇게 7번 반복한다.

후비(喉痺, 후두염증)를 제거한다.[306]

腰氣散[103], 盡勢, 大悶始起, 來去七通.

去[104]喉痺.

12-16) 치아를 견고하게 하는 방법

① 항상 본명일(本命日)[307]에는 머리를 빗기 전에 고치를 9번 한다. 그리고 속으로 다음 주문을 외운다.

"대제(大帝, 천제)는 영(靈)을 흩어버리고

오로(五老)[308]는 본원으로 돌아가며[返眞],

뇌와 머리카락[泥丸玄華]은

정기를 오래도록 보존한다.

왼쪽으로 돌아 달을 붙잡고,

오른쪽으로 해[日根]를 당기어,

육합(六合, 우주)을 맑게 정련하니,

모든 질병의 원인을 치유한다."[309]

그 뒤 침을 3번 삼키는데, 늘 여러 번 이렇게 행한다.

치아가 아프지 않고, 머리카락이 건강하여 세지 않으며, 머리가 아프지 않도록 한다.

② 동향하고 앉아 호흡을 4번 멈추고 상하로 36

固齒方

一. 常向本命日, 櫛髮之始, 叩齒九通. 陰呪曰：

"大帝散靈,

五老返眞；

泥丸玄華,

保精長存；

左廻拘月,

右引日根；

六合淸練,

百病愈因."

咽唾三過, 常數行之.

使齒不痛, 髮牢不白, 頭腦不痛.

一. 東向坐, 不息四通, 上

---

306 ②의 기사는《養生導引法》위와 같은 곳；《諸病源候論》卷3〈虛勞病諸候〉上 "虛勞候"에 나온다.

307 본명일(本命日) : 태어난 날의 간지에 해당하는 날.

308 오로(五老) : 전설적으로 전해지는 오성(五星), 곧 목성·토성·화성·금성·수성의 정령.

309 대제(大帝)는……치유한다 :《雲笈七籤》卷46〈秘要訣法部〉2 "理發祝"14, 271쪽.

[103] 氣散 : 저본에는 "散氣",《養生導引法·喉舌門·二法》에 근거하여 수정.

[104] 去 : 저본에는 없음.《養生導引法·喉舌門·二法》에 근거하여 보충.

번 고치를 한다.

치통을 치료한다.[310]

下琢齒三十六.

治齒痛.

12-17) 콧병을 치료하는 방법

治鼻病方

① 동향하고 앉아 호흡을 3번 멈춘다. 이때 손으로 두 콧구멍을 비틀어 쥔다.

一. 東向坐, 不息三通. 手捻鼻兩孔.

콧속의 질환을 치료한다.

治鼻中患.

다리를 교차하거나 쭉 뻗고 앉는다.

交脚、踑[105]坐.

콧속의 질환을 치료하고, 콧속의 분비물을 제거하며, 콧속의 길을 통하게 하여 냄새를 맡게 한다. 오래 행하여 그치지 않으면 시방(十方)의 모든 향기를 맡을 수 있다.

治鼻中患, 去其涕唾, 令鼻道通, 得聞香臭. 久行不已, 徹聞十方.

① 동향하고 앉아 호흡 멈추고 손으로 콧구멍 비틀어쥐기

310 ①~②의 기사는 《養生導引法》〈口齒門〉(《壽養叢書》8, 51~52쪽)에 나온다.

[105] 踑 : 《養生導引法·鼻門·一法》에는 없음.

② 웅크리고 앉아 양무릎을 맞대고 양발을 편 상태로 호흡을 5번 멈춘다.

비창(鼻瘡, 콧속 부스럼)을 치료한다.

一. 踞坐, 合兩膝, 張兩足, 不息五通.

治鼻瘡.

③ 단정히 앉아 허리를 펴고 서서히 코로 숨을 들이쉰다. 오른손으로 코를 비틀어서 서서히 눈을 감으며 숨 내쉬기를 땀날 때까지 한다.[311]

콧속의 식육(息肉)[312]을 없앤다.

一. 端坐生腰, 徐徐以鼻納氣, 以右手捻鼻, 徐徐閉目吐氣, 以汗出爲度.

除鼻中息肉.

④ 동향하고 앉아 호흡을 3번 멈춘다. 이때 손으로 두 콧구멍을 비틀어쥔다.

콧속의 식육을 치료한다.[313]

一. 東向坐, 不息三通. 以手捻鼻兩孔.

治鼻中息肉.

12-18) 유설(遺洩)[314]을 치료하는 방법

① 유정(遺精)과 백탁(白濁)[315]을 치료하고, 여러 냉증이 생기지 않게 한다.

술시(戌時, 오후 7~9시)와 해시(亥時, 오후 9~11시) 사이, 음이 왕성하고 양이 쇠약할 때 한 손으로는 외신(外腎, 고환)을 덮고 한 손으로는 배꼽 아래 비비기를 81번 한다. 그런 연후에 손을 바꾸어서 한다.

손마다 9번씩 외신을 덮고 배꼽 아래 비비기를 9일 하면 효험을 보고, 81일이면 공효를 이룬다.

治遺洩方

一. 治遺精、白濁, 諸冷不生.

戌、亥間, 陰旺陽衰之際, 一手兜外腎, 一手搓臍下八十一次, 然後換手.

每手各九次, 兜搓九日見驗, 八十一日成功.

---

311 《養生導引法》·《諸病源候論》의 원문은 "去鼻中息肉, 耳聾, 亦能除傷寒頭痛洗洗. 皆當以汗出爲度."로 이롱과 상한두통에도 이 도인법이 유용하다는 내용이 포함되어 있는데, 《보양지》는 콧병과 무관한 내용(耳聾, 亦能除傷寒頭痛洗洗)은 배제하고, 수련의 효과를 보기 위해 명심해야할 구절인 "以汗出爲度"만 수록했다.

312 식육(息肉) : 뾰루지·사마귀 등 피부에 생기는 군살.

313 ①~④의 기사는 《養生導引法》〈鼻門〉《壽養叢書》8, 53~54쪽)에 나온다.

314 유설(遺洩) : 정액이 저절로 새어 나오는 병증. 유정(遺精)이라고도 한다.

315 백탁(白濁) : 소변이 뿌옇고 걸쭉한 병증.

② 한 손으로 외신을 덮고 한 손으로 배꼽 아래 비비기

여조산운식정(呂祖散運息精, 여동빈 조사가 기운 돌리고 정 막다)(《수진비요》)

② 유정을 치료한다.

침상을 짧게 깔고 좁은 바닥에 구부린 활처럼 눕거나, 두 무릎을 배꼽에 대고 구부리면서 번갈아 좌우로 눕는다. 이때 한 손으로 음낭을 잡고 한 손은 단전을 누른다. 반드시 마음을 가라앉히고 조용히 누워 성욕이나 욕심이 날 일을 경계하여 없애며, 정이 새지 않게 단단히 막으면 몸의 안녕을 보장할 수 있다.316

③ 앉아서 양다리를 펴고 양손으로 발바닥가운데(용천혈)를 당기고 행공하며 운기하기를 9구 한다.

이 행공의 이름을 '여조산운식정[呂祖散運息精, 여동빈(呂洞賓)317 조사(祖師)의 기운 돌리고 정 막는 법]'이라 한다. 오로지 야몽유정(夜夢遺精)318을 주치한다.

一. 治遺精.

以床鋪安短窄, 臥如弓彎, 二膝併臍縮, 或左或右側臥. 用手托陰囊, 一手伏丹田. 切須寧心淨臥, 戒除房室思慾之事, 若固不泄, 可保身安.

一. 坐舒兩脚, 用兩手扒脚心, 行功運氣九口. 名曰"呂祖散運息精[106]". 專主止夜夢遺精.

---

316 ①～②의 기사는 《養生導引法》〈遺洩門〉(《壽養叢書》8, 54～55쪽)에 나온다.

317 여동빈(呂洞賓) : 종남산(終南山)에서 수도한 팔선(八仙) 중 한 사람.

318 야몽유정(夜夢遺精) : 밤에 꿈꾸며 정액을 유설함. 몽정이 여기서 유래한 말이다.

[106] 精 : 저본에는 "氣". 《修眞秘要·呂祖散運息精》에 근거하여 수정.

④ 정액을 회수하는 법 : 정액이 배출되려 할 때 왼손가락으로 오른쪽 콧구멍을 막고, 오른손으로 미려혈(尾閭穴, 등마루뼈 끝 침자리)에 대고 정액이 흐르는 길을 막고서 운기를 6구 하면 정액이 저절로 돌아간다.

이 행공의 이름을 "항우착월(降牛捉月, 쇠코뚜레를 잡아끌고 둥근달을 잡다)"이라 한다.

⑤ 여동빈 조사의 양정법(養精法, 정기를 기르는 법) : 단정히 앉아 손으로 왼쪽 발바닥을 마찰하고 운기를 24구 한다. 오른쪽 발바닥에도 똑같이 한다.

⑥ 몽정을 치료하는 법 : 누워서 오른팔로 머리를 베고 왼팔로 행공한다. 왼쪽 넓적다리는 곧게 펴고

一. 收精法 : 當精欲走之時, 以左手指掩右鼻孔, 右手於尾閭穴, 截住精道[107], 運氣六口, 而精自回.

名曰"降牛捉月".

一. 呂祖養精法 : 以身端坐, 用手擦左脚心, 運氣二十四口. 右脚亦然.

一. 治夢泄精法 : 仰臥, 右手枕頭, 左手用功, 左腿

月捉牛降　　法精養祖　　功睡摶陳

항우착월(降牛捉月, 쇠코뚜레를 잡아 끌고 둥근달을 잡다)《수진비요》

여조양정법(呂祖養精法, 여동빈 조사가 정기를 기르는 법)《수진비요》

진단수공(陳摶睡功, 진단의 잠 수련법) 《수진비요》

---

[107] 道 : 저본에는 "門". 《修眞秘要·降牛捉月》에 근거하여 수정.

오른쪽 넓적다리는 굽힌 상태로 존상하면서 운기를 24구 한다.

이 행공의 이름을 "진단수공[陳摶睡功, 진단(陳摶)319의 잠 수련법]"이라 한다.320

直舒, 右腿拳, 存想,運氣二十四口.
名曰"陳摶睡功".

12-19) 임병을 치료하는 방법

① 바로 누워서 양손으로 무릎을 감싸고 발뒤꿈치를 꽁무니에 바짝 붙인 다음 입으로 숨을 들이쉬어 배를 진동시킨 뒤 코로 숨을 내쉰다.

임병과 소변이 잦은 증상을 제거한다.

治淋方

一. 偃臥, 令兩手[108]抱膝頭, 斜[109]踵置尻[110], 口納氣, 振腹, 鼻出氣.
去淋、數小便.

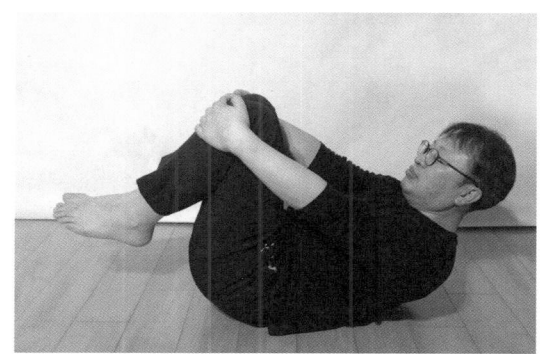

① 바로 누워 양손으로 무릎 감싸고 발뒤꿈치 꽁무니에 바짝 붙인 다음 입으로 숨 들이쉬고 코로 내쉬기

---

319 진단(陳摶) : 871~989. 중국 당나라 말기부터 송나라 초기까지 활동한 도사(道士). 자는 도남(圖南), 호는 부요자(扶搖子)·백운선생(白雲先生)·희이선생(希夷先生). 저서로《지현편(指玄篇)》·《태극음양설(太極陰陽說)》 등이 있다. 118세를 살았고, 누워있는 자세로 수련하는 모습이 많이 남아 있다. 남자는 왼쪽으로 눕고 왼팔을 굽히며, 여자는 반대로 한다고 한다.《보양지》에 '진단수공'의 여러 가지 행공이 소개되어 있다.

320 ③~⑥의 기사는《修眞秘要》〈呂祖散運息氣·降牛捉月·呂祖養精法·陳摶睡功》(《壽養叢書》4, 26·72·74·90쪽)에 나온다.

[108] 手 : 저본에는 "足".《諸病源候論·淋病諸候·諸淋候》·《養生導引法·淋門·一法》에 근거하여 수정.《養生導引法》에는 "足"에 대한 주석으로 "應爲手('足'은 '手'가 되어야 한다.)"라고 했다. 두 책 모두 손으로 무릎을 감싼다는 의미로 보았다.

[109] 斜 : 저본에는 "邪".《諸病源候論·淋病諸候·諸淋候》·《養生導引法·淋門·一法》에 근거하여 수정.

[110] 尻 : 저본에는 "鴻".《諸病源候論·淋病諸候·諸淋候》·《養生導引法·淋門·一法》에 근거하여 수정.

② 1척 정도 높이에 걸터앉아 양손을 접힌 무릎의 바깥쪽에서 안쪽으로 넣어 발등 위까지 이르게 한 뒤 손으로 다섯발가락을 꽉 쥐고 힘껏 발바닥을 안으로 숙여 1번 굽힌다.

허리를 부드럽게 하고 임병을 치료한다.[321]

一. 蹲踞高一尺許, 以兩手從外屈膝內入, 至足趺上, 急手握足五指, 極力一通, 令曲內入.

利腰髖, 治淋.

③ 바로 누워서 손으로 양무릎을 감싸고 발뒤꿈치를 꽁무니에 바짝 붙인 다음 입으로 숨을 들이쉬어 배를 진동시킨 뒤 코로 숨을 내쉰다.[322]

석림증(石淋症)[323]과 음경 통증을 제거한다.[324]

一. 偃臥, 令兩手[111]膝頭, 斜[112]踵置尻[113], 口納氣, 振腹, 鼻出氣.

去石淋、莖中痛.

④ 바로 누워서 양손을 무릎에 얹고 발꿈치를 꽁

一. 偃臥, 令兩手[114]布膝

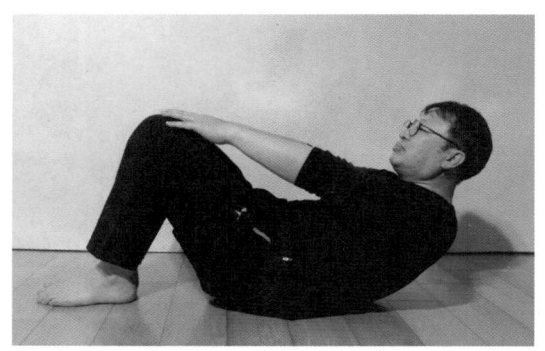

④ 양손을 무릎에 얹고 배가 팽팽해지도록 입으로 들이쉬고 코로 내쉬기

321 ①~②의 기사는《諸病源候論》卷14〈淋病諸候〉1 "諸淋候";《養生導引法》〈淋門〉(《壽養叢書》8, 55~56쪽)에 나온다.

322 위의 ①번 기사와 내용이 같다.

323 석림증(石淋症) : 소변을 볼 때 모래나 돌 같은 것이 섞여 나오면서 음경 속이 아픈 병증.

324 ③의 기사는《諸病源候論》卷14〈淋病諸候〉2 "石淋候";《養生導引法》〈淋門〉(《壽養叢書》8, 56쪽)에 나온다.

[111] 手 : 저본에는 "足".《諸病源候論·淋病諸候·石淋候》·《養生導引法·淋門·三法》에 근거하여 수정.

[112] 斜 : 저본에는 "邪".《諸病源候論·淋病諸候·石淋候》·《養生導引法·淋門·三法》에 근거하여 수정.

[113] 尻 : 저본에는 "鴻".《諸病源候論·淋病諸候·石淋候》·《養生導引法·淋門·三法》에 근거하여 수정.

[114] 手 : 저본에는 "足".《諸病源候論·淋病諸候·氣淋候》·《養生導引法·淋門·五法》에 근거하여 수정.

무늬에 바짝 붙인 다음, 입으로 숨을 들이쉬면서 배가 팽팽해지면 코로 숨 내쉬기를 7번 한다.

기륭(氣癃, 기가 원인인 임병), 잦은 소변, 음경 통증, 음부하습[陰以下濕]325, 아랫배 통증, 무릎이 뻣뻣한 증상을 없앤다.326

頭, 取踵置尻下, 以口納氣, 腹脹自極, 以鼻出氣七息. 除氣癃、數小便、莖中痛、陰以下濕、小腹痛、膝不隨.

12-20) 대소변 불통을 치료하는 방법

① 똑바로 앉아 양손을 등 뒤에서 교차한다.

이 동작의 이름은 "대변(帶便)"이다. 대변을 못 보는 증상을 낫게 하고, 뱃속을 시원하게 소통시키며, 허약한 증상을 낫게 한다.

다시 양손을 깍지 끼어 등에 대고 위쪽으로 심장 위치쯤 밀어올리고 기좌(跂坐, 다리를 뻗고 앉음)하여 몸을 뒤로 젖히기를 9번 한다.

治二便不通方
一. 正坐, 以兩手交背後. 名曰"帶便". 愈不能大便, 利腹, 愈虛羸.

反又[115]兩手着背上, 推上使當心許, 跂坐, 反倒[116]九通.

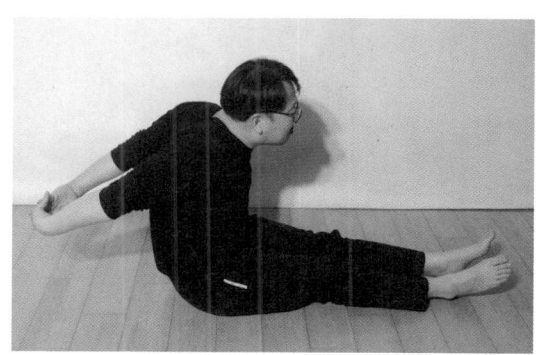

① 똑바로 앉아 양손을 등 뒤에서 교차하기

---

325 음부하습[陰以下濕] : 음낭이나 성기 아래 부위가 늘 축축한 증상.
326 ④의 기사는 《諸病源候論》卷14〈淋病諸候〉3 "氣淋候";《養生導引法》, 위와 같은 곳에 나온다.
[115] 又 : 저본에는 "久".《諸病源候論·大便病諸候·大小便難候》·《養生導引法·二便不通門·一法》에 근거하여 수정.
[116] 倒 : 저본에는 "到".《養生導引法·二便不通門·一法》에 근거하여 수정.

대소변을 못 보는 증상을 낫게 하고, 뱃속을 시원하게 소통시키며, 허약한 증상을 낫게 한다.

愈不能大小便, 利腹, 愈虛羸.

② 거북의 행기법[龜行氣法]으로서, 옷을 입은 채 이불 속에서 입과 코, 그리고 머리와 얼굴을 모두 덮고 바로 누워 호흡을 9번 멈춘 다음 코로 숨을 조금씩 내쉰다.

一. 龜行氣, 伏衣被中, 覆口鼻頭面, 正臥, 不息九通, 微鼻出氣.

대변이 막혀서 통하지 않는 증상을 치료한다.

治大便閉塞不通.

③ 누워서 양손을 곧게 뻗고 좌우 옆구리를 비튼다.

一. 偃臥, 直兩手, 捻左右脇.

대변보기 어려운 증상, 복통, 배가 차가운 증상을 없앤다.

除大便難、腹痛、腹中寒.

입으로 숨을 들이쉬고 코로 숨을 내쉬며 온기를 삼키기를 수십 번 하면, 병이 낫는다.[327]

口納氣, 鼻出氣, 溫氣咽之數十, 病愈.

12-21) 산증(疝症)[328]을 치료하는 방법

治疝方

① 양발가락을 끌어당기면서 5번 호흡하고 그친다. 뱃속의 기를 도인한다.

一. 挽兩足指五息止. 引腹中氣.

산가(疝瘕)를 제거하고 공규(孔竅, 구멍)[329]를 통리한다.

去疝瘕, 利孔竅.

② 앉아서 양다리를 펴고 양손으로 엄지발가락

一. 坐, 舒兩脚, 以兩手捉

---

327 ①~③의 기사는 《養生導引法》〈二便不通門〉(《壽養叢書》8, 56~57쪽) ; 《諸病源候論》卷14〈大便病諸候〉 5 "大小便難候"에 나온다.

328 산증(疝症) : 고환이나 음낭이 커지면서 아프거나 아랫배가 켕기며 아픈 병증.

329 공규(孔竅, 구멍) : 우리 몸의 감각기관으로, 7규는 얼굴의 감각기관, 9규는 거기에 항문과 요도의 끝 2규를 포함하여 지칭한 용어이다.

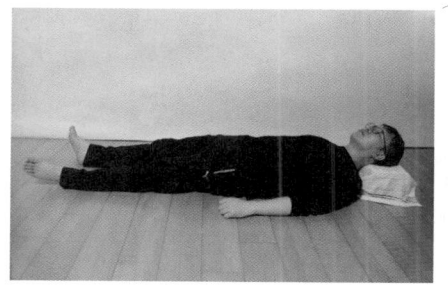
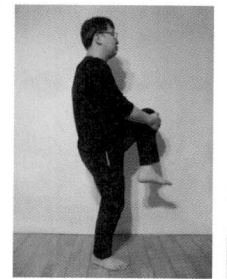

① 베개를 높이 베고 누워 마음을 평화롭게 하고 기를 안정시키기　② 한 발은 땅을 밟고 한 발은 무릎 굽힌 채 양손으로 독비혈 아래 잡고 끌어당기기

을 잡은 다음 발가락 끝을 아래로 세게 당겨 누른 상태로 5번 호흡한 뒤 그친다. 뱃속 기운을 도인하여 신체에 두루 돌게 한다.

산가를 제거하고, 모든 공규를 통리하여 기가 잘 돌게 한다. 오래 행하면 정신이 맑아지고, 총명해지며, 용모가 훤칠해진다[修長].330

大拇指, 使足上頭下, 極挽, 五息止. 引腹中氣, 遍行身體.

去疝瘕病, 利諸孔竅, 往來易行. 久行精爽, 聰明修長.

12-22) 치질을 치료하는 방법

① 오직 베개를 높이 베고 바로 누워 마음을 평안히 하고 기운을 안정시킨다.

치질 종기가 저절로 잦아든다.

② 한 발은 땅을 밟고 한 발은 무릎을 굽혀 양손으로 독비혈(犢鼻穴)331 아랫부분을 감싸고 몸 쪽으로 힘껏 당긴다. 좌우 발을 바꾸어 28번 한다.

治痔方

一. 惟高枕, 偃仰, 心平氣定.
其腫自收.

一. 一足踏地, 一足屈膝, 兩手抱犢鼻下, 急挽向身極勢. 左右換易四七.

---

330 ①~②의 기사는《諸病源候論》卷20〈疝病諸候〉11 “疝瘕候”;《養生導引法》〈疝氣門〉(《壽養叢書》8, 57쪽)에 나온다.
331 독비혈(犢鼻穴) : 슬개골 아래 무릎인대 양쪽으로 움푹 파인 곳에서 바깥쪽에 있는 혈.

치질, 오로(五勞)332, 삼리(三里)333로 기가 잘 내려 가지 않는 증상을 제거한다.

去痔、五勞、三里氣[117]不下.

③ 걸터앉아 양무릎은 붙이고 양발은 벌리고 호흡을 2번 멈춘다.

오치(五痔)334를 치료한다.

一. 踞坐, 合兩膝, 張兩足, 不息兩通.
治五痔.

④ 양손으로 발을 감싸 안고 머리를 움직이지 않고, 발은 입과 얼굴을 향한 상태로 기를 받아들이기를 모든 관절의 기가 풀리도록 21번 한다. 발을 몸의 좌우측에 닿게 하려고 각각 힘껏 잡아당기되 허리는 움직이지 않도록 한다.

팔다리와 허리 위아래 척추의 냉증, 냉혈(冷血), 근육이 당기는 증상, 치질을 제거한다.

一. 兩手抱足, 頭不動, 足向口受氣, 衆節氣散, 來去三七. 欲得捉左右側身, 各急挽, 腰不動.

去四肢腰上下髓內冷、血冷、筋急悶、痔.

⑤ 양발바닥을 마주 합하여 음단(陰端, 생식기)을 향해 힘껏 밀어붙인다. 양손으로 무릎을 마주 합했다가 힘껏 누르기를 14번 하고 그친다. 몸을 양옆으로 14번 돌려준다. 몸을 앞뒤로 7번 허리에 힘주어 왕복한다.

一. 兩足相踏, 向陰端急蹙. 將兩手捧膝頭, 兩向極勢, 捺[118]之二七竟. 身側兩向, 取勢二七, 前後努腰七.

---

332 오로(五勞) : 과로하여 병을 일으키는 요소 5가지. 구시(久視)·구와(久臥)·구좌(久坐)·구립(久立)·구행(久行)을 말하기도 하고, 지로(志勞)·사로(思勞)·심로(心勞)·우로(憂勞)·피로(疲勞)를 말하기도 한다.

333 삼리(三里) : 족양명위경(足陽明胃經)의 혈자리. 족삼리(足三里)·하릉(下陵)·귀사(鬼邪)라고도 한다. 경골 조면의 1촌 아래에서 경골(脛骨)의 앞기슭으로부터 1치 바깥쪽에 있다. 급·만성 위염, 위십이지장 궤양, 트림, 구토, 메스꺼움, 위경련, 딸꾹질, 곽란, 소갈, 적취, 유뇨, 복수 등에 쓴다.

334 오치(五痔) : 5가지 치질. 모치(牡痔)·빈치(牝痔)·맥치(脈痔)·장치(腸痔)·기치(氣痔)의 5가지, 또는 기치 대신 혈치(血痔)를 넣기도 한다.

[117] 氣 : 저본에는 없음. 《諸病源候論·痔病諸候·諸痔候》·《養生導引法·諸痔門》에 근거하여 보충.

[118] 捺 : 저본에는 "捧". 《諸病源候論·痔病諸候·諸痔候》에 근거하여 수정.

심로(心勞, 과로로 심이 손상된 병증)와 치질을 제거한다.[335]

去心勞、痔病.

12-23) 황종(黃腫, 몸이 누렇게 뜨는 증상)을 치료하는 방법

① 양손으로 무릎을 누르고 행공하다가, 존상하며 숨을 멈추고 운기를 49구 한다.

이 행공의 이름을 '선인무금[仙人撫琴, 선인이 금(琴)을 다스름]'이라 한다. 오랜 병으로 생긴 황종을 치료한다.[336]

治黃腫方

一. 以兩手按膝施功, 存想閉息, 周流運氣, 四十九口.
名曰"仙人撫琴". 治久病黃腫.

12-24) 두훈(頭暈, 현기증)을 치료하는 방법

① 양손으로 머리를 감싸고 단정히 앉아 행공하면서 운기를 17구 한다.[337]

治頭暈方

一. 兩手抱頭, 端坐, 行功運氣, 一十七口.

선인무금(仙人撫琴, 선인이 금을 다스름)
《수진비요》

치두훈(治頭暈, 현기증을 치료하다)
《수진비요》

---

335 ①~⑤의 기사는 《諸病源候論》 卷34 〈痔病諸候〉 1 "諸痔候";《養生導引法》〈諸痔門〉(《壽養叢書》8, 58~59쪽)에 나온다.
336 ①의 기사는 《修眞秘要》 "仙人撫琴"(《壽養叢書》4, 11~12쪽)에 나온다.
337 ①의 기사는 《修眞秘要》 "治頭暈"(《壽養叢書》4, 31~32쪽)에 나온다.

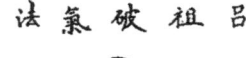

명천고(鳴天鼓, 뒤통수를 튕겨 울리고 고치하다)(《수진비요》)

전치구절(專治久癤, 오래된 절을 치료하다)(《수진비요》)

여조파기법(呂祖破氣法, 여동빈 조사의 파기법)(《수진비요》)

② 호흡을 멈추고 양손을 귀 뒤에 대고 천고(天鼓, 뒤통수)를 탄지법으로 36번 튕겨 울린 뒤 고치를 36번 한다.

머리가 어지러운 증상과 이를 가는 증상을 치료한다.[338]

12-25) 절(癤, 종기나 부스럼)을 치료하는 방법

① 단정히 앉아 양손으로 양옆구리를 문지르고 아울러 환부를 문지르고, 행공하면서 운기를 32구 한다.

오로지 오래된 절(癤)을 치료한다.[339]

② 단정히 앉아 왼주먹은 왼옆구리에 대고 오른손은 오른무릎을 문질러 마음을 집중하고 존상하

一. 閉氣, 用兩手按耳後, 彈天鼓三十六指, 叩齒三十六通.

治頭暈、咬牙.

治癤方

一. 以身端坐, 用兩手摩兩脇并患處, 行功運氣三十二口.

專治久癤.

一. 以身端坐, 左拳主左脇, 右手按右膝, 專心存

---

338 ②의 기사는 《修眞秘要》 "鳴天鼓"(《壽養叢書》 4, 33~34쪽)에 나온다.
339 ①의 기사는 《修眞秘要》 "專治久癤"(《壽養叢書》 4, 41~42쪽)에 나온다.

면서 환부에 기를 운행시킨다. 왼쪽으로 6구, 오른
쪽으로 6구 운기한다.

이 행공의 이름을 '여조파기법(呂祖破氣法, 여동빈 조
사의 파기법)'이라 한다. 오로지 오래된 절(癤)을 치료한
다.[340]

想, 運氣於病處, 左六口,
右六口.
名曰"呂祖破氣法". 專治久
癤.

12-26) 온몸의 동통(疼痛, 쑤시고 아픔)을 치료하는 방법

① 앉아서 양다리를 바로 펴고 양손은 주먹을 쥐
고 '앞으로 나란히' 자세를 하면서 운기를 12구 한다.

이 행공의 이름을 '용반조(龍扳爪, 용이 발톱을 잡아당
김)'라 한다.[341]

② 서서 왼다리를 앞으로 내밀고 양주먹을 쥐고서

治遍身疼痛方

一. 以身坐, 直舒兩脚, 兩
手握拳, 連身向前, 運氣
一十二口.
名曰"龍扳爪".

一. 立住, 左脚向前, 握兩

용반조(龍扳爪, 용이 발톱을 잡아당김)
《수진비요》

맹장시위(猛將施威, 맹장이 위력을 과시
하여 통증과 상한을 치료하다)《수진비요》

---

340 ②의 기사는 《修眞秘要》 "呂祖破氣法"(《壽養叢書》 4, 57~58쪽)에 나온다.
341 ①의 기사는 《修眞秘要》 "龍扳爪"(《壽養叢書》 4, 27~28쪽)에 나온다.

운기를 12구 한다. 오른다리도 역시 그렇게 한다.

이 행공의 이름을 '패왕산법(覇王散法)'342이라 한다. 온몸이 편치 않은 증상[拘疎], 쑤시고 아픈 증상, 계절성 상한(傷寒)을 치료한다.343

③ 높은 곳에 앉아 다리를 펴고 탑궁세(搭弓勢)344를 취한 다음 운기를 12구 한다.

이 행공의 이름을 '백기충정(百氣沖頂, 모든 기가 정수리를 텅 비우다)'이라 한다. 온몸의 쑤시고 아픈 증상을 치료한다.345

拳, 運氣一十二口. 右脚亦然.
名曰"覇王散法". 治遍身拘疎、疼痛、時氣傷寒.

一. 高坐腿舒, 立行搭弓勢, 運氣一十二口.
名曰"百氣沖頂". 治遍身疼痛.

백기충정(百氣沖頂, 모든 기가 정수리를
텅 비우다)(《수진비요》)

---

342 패왕산법(覇王散法) : 패왕(覇王, 제후의 우두머리, 항우를 가리키기도 한다)의 산법. 산법은 비비고 밀고 문지르는 수기법(手技法)의 하나로, 환부의 중심에서부터 사방으로 퍼져 나가게 하는 동작을 말한다. 《장외도서(藏外道書)》 25책에 수록된 《수진비요(修眞秘要)》에는 이 동작의 이름이 '맹장시위(猛將施威)'로 나온다.

343 ②의 기사는 《修眞秘要》 "覇王散法"(《壽養叢書》 4, 99~100쪽)에 나온다.

344 탑궁세(搭弓勢) : 활을 본뜬 자세. 그림에 몸을 활처럼 둥글게 구부린 모습이 보인다.

345 ③의 기사는 《修眞秘要》 "百氣沖頂"(《壽養叢書》 4, 103~104쪽)에 나온다.

호시위(虎施威, 범이 위력을 과시하다)
《수진비요》

선인교녹로(仙人攪轆轤, 선인이 녹로를
돌리다)《수진비요》

12-27) 이질(痢疾, 세균성 설사)을 치료하는 방법

① 서서 양팔을 벌리고 탁포세(托布勢)[346]로 행공하되 왼쪽을 향하여 운기를 9구 한다.

이 행공의 이름을 '호시위(虎施威, 범이 위력을 과시하는 모양)'라 한다. 적백리(赤白痢, 붉은곱과 흰곱이 섞인 이질)를 치료한다.[347]

治痢方

一. 立而張兩手臂, 用托布勢行功, 向左運氣九口.

名曰"虎施威". 治赤白痢.

12-28) 어깻죽지의 통증을 치료하는 방법

① 몸을 높은 곳에 앉히고 왼쪽 다리는 굽히고 오른쪽 다리는 편다. 왼손은 들고 오른손으로 배를 문지르고 행공하면서 운기를 12구 한다.

이 행공의 이름을 '선인교녹로(仙人攪轆轤, 선인이 녹

治背膊痛方

一. 以身高坐, 左腿彎, 右腿舒, 左手擧, 右手摩腹, 行功運氣一十二口.

名曰"仙人攪轆轤". 治背膊

---

346 탁포세(托布勢) : 손으로 천을 들어 뻗친 자세.
347 ①의 기사는 《修眞秘要》 "虎施威"(《壽養叢書》 4, 39~40쪽)에 나온다.

여조행기결(呂祖行氣訣, 여동빈 조사의 행기 비결)《수진비요》

진단수공(陳摶睡功, 진단의 수면행공)《수진비요》

로를 돌리다)'라 한다. 어깻죽지의 쑤시고 아픈 증상을 치료한다.[348]

疼痛.

② 서서 왼손은 펴고 오른손으로 어깨죽지와 배를 눌러, 운기를 22구 한다. 좌우를 똑같이 한다.

一. 立住, 左手舒, 右手捏膊肚, 運氣二十二口. 左右亦然.

이 행공의 이름을 '여조행기결(呂祖行氣訣, 여동빈 조사의 행기 비결)'이라 한다. 어깻죽지의 쑤시고 아픈 증상을 치료한다.[349]

名曰"呂祖行氣訣". 治背膊疼痛.

12-29) 색로(色勞, 여색으로 인한 피로)를 치료하는 방법

治色勞方

① 모로 누워 머리는 오른손에 베고, 왼손은 주먹을 쥐어서 배에 두고 아래위로 왕래하며 마찰한다. 오른다리는 아래에서 약간 굽히고, 왼다리는 아

一. 側臥, 頭枕右手, 左拳在腹, 上下往來擦摩. 右腿在下微卷, 左腿壓右腿在

---

348 ①의 기사는 《修眞秘要》"仙人攬轆轤"《壽養叢書》4, 49~50쪽)에 나온다.
349 ②의 기사는 《修眞秘要》"呂祖行氣訣"《壽養叢書》4, 67~68쪽)에 나온다.

래에 있는 오른다리를 누르는 자세로, 존상하며 호흡을 고르고 잠을 익히는데[蟄睡, 아래의 수면행공과 통함], 기를 배로 수렴하기를 32구 한다. 이와 같이 운기를 12구 한다.

오래 행하면 색로를 치료할 수 있다. 이 행공의 이름을 '진단수공(陳搏睡功, 진단의 수면행공)'이라 한다.[350]

下, 存想, 調息, 蟄睡, 收氣三十二口在腹. 如此運氣一十二口.

久而行之, 可治色勞. 名曰"陳搏睡功".

12-30) 피곤증을 치료하는 방법

① 양주먹을 양옆구리에 심장과 나란히 댄 다음 주먹에 힘을 주고 존상하며, 행공하면서 운기를 왼쪽으로 24구 한다. 오른쪽도 똑같이 한다.

이 행공의 이름을 '여조파기법(呂祖破氣法, 여동빈 조사의 파기법)'이라 한다.[351]

治疲症方

一. 用兩拳主兩脇, 與心齊用力, 存想, 行功運氣左二十四口. 右亦如之.
名曰"呂祖破氣法".

여조파기법(呂祖破氣法, 여동빈 조사의 파기법)
《수진비요》

---

350 ①의 기사는 《修眞秘要》 "陳搏睡功"(《壽養叢書》 4, 83~84쪽)에 나온다.
351 ①의 기사는 《修眞秘要》 "呂祖破氣法"(《壽養叢書》 4, 53~54쪽)에 나온다. 자세는 다르지만 이름이 같은 행공이 '12-24) 절(癤, 종기나 부스럼)을 치료하는 방법'에도 나왔다.

12-31) 상한을 치료하는 방법

① 모로 누워 무릎을 굽힌 뒤 손을 마찰하고 열을 내어서 음경과 음낭을 감싸고, 운기를 24구 한다.

이 행공의 이름을 '진단수공(陳摶睡功, 진단의 수면행공)'이라 한다. 4계절의 상한을 치료한다.[352]

12-32) 식체(食滯, 음식 체증)를 치료하는 방법

① 얼굴은 하늘을 향하도록 똑바로 누워 양손을 왼쪽 가슴과 배 위에 두고, 위아래로 왔다갔다 하되 강을 뒤집고 바다를 휘젓는 모양으로 문지르며 운기를 6구 한다.

이 동작의 이름을 '진단수공(陳摶睡功, 진단의 수면행공)'이라 한다. 오곡이 소화되지 않는 증상을 치료한다.[353]

治傷寒方

一. 側臥屈膝, 以手擦熱, 抱陰及囊, 運氣二十四口. 名曰"陳摶睡功". 治四時傷寒.

治食滯方

一. 仰面直臥, 兩手在左胸幷肚腹上, 往來行功, 翻江攪海, 運氣六口.

名曰"陳摶睡功". 治五穀不消.

진단수공(陳摶睡功, 진단의 수면행공)《수진비요》

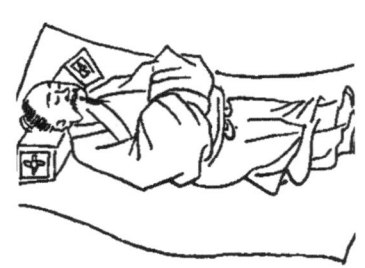

진단수공(陳摶睡功, 진단의 수면행공)《수진비요》

---

352 ①의 기사는 《修眞秘要》 "陳摶睡功"(《壽養叢書》 4, 65~66쪽)에 나온다.
353 ①의 기사는 《修眞秘要》 "陳摶睡功"(《壽養叢書》 4, 91~92쪽)에 나온다.

임맥(任脈, 임맥 소통하기)(《수진비요》)

신선두병개벽(神仙斗柄開闢, 신선이 병을 크게
물리치다)(《수진비요》)

12-33) 임맥(任脈)[354]을 소통하는 방법

① 몸을 단정히 하고 앉아 양손으로 가슴 옆쪽의 2혈을 당긴다. 이렇게 9번 반복하고 운기를 9구한다.

이렇게 하면 임맥이 통하고 모든 병이 없어진다.[355]

通任脈方

一. 以身端坐, 兩手拿胸傍二穴. 如此九次, 運氣九口.

此脈通, 百病消除.

12-34) 일체의 잡병을 치료하는 방법

① 몸을 단정히 하고 앉아 양손으로 무릎을 누르고 좌우로 몸을 비틀면서 운기를 14구 한다.

일체의 잡병을 치료한다.[356] 《금화경독기》[357]

治一切雜病方

一. 以身端坐, 兩手按膝, 左右扭身, 運氣十四口.

治一切雜病. 《金華耕讀記》

---

354 임맥(任脈) : 몸의 앞 정중선(正中線)에 분포된 경맥. 회음(會陰)에서 시작하여 음부와 뱃속, 가슴과 목구멍을 거쳐, 얼굴에는 입술·뺨·눈 속으로 들어간다.

355 ①의 기사는 《修眞秘要》 "任脈"(《壽養叢書》 4, 105~106쪽)에 나온다.

356 ①의 기사는 《修眞秘要》 "神仙斗柄開闢"(《壽養叢書》 4, 29~30쪽)에 나온다.

357 《金華耕讀記》 卷7 〈導引療病〉, 19~25쪽.

2. 안마(按摩)

按摩

1) 총론

존상(存想)이란 의(意, 생각)로 기(氣)가 다니는 길을 제어하는 것이니, 안에서 밖으로 도달하는 활동이다. 반면 안마(按摩)란 관절을 열어 기가 다니는 길을 매끄럽게 하는 것이니, 밖에서 안으로 도달하는 활동이다. 그러므로 의가(醫家, 의술가)는 안마를 행해서 기를 잘풀어 통하도록 돕고, 섭생가는 안마를 귀하게 여겨 막혀 있는 기를 풀어준다. 《섭생요의》[1]

總論

存想者, 以意御氣之道, 自內而達外者也；按摩者, 開關利氣之道, 自外而達內者也. 故醫家行之以佐宣通, 而攝生者貴之以泄壅滯. 《攝生要義》

2) 귀·눈·코 안마법

일반적으로 안마를 행할 때에는 자시(子時, 오후 11시~오전 1시) 이후, 오시(午時, 오전 11시~오후 1시) 이전에 동쪽을 향하여 편하게 앉고 양손 엄지로 두 눈을 어루만지며 이문(耳門, 귓구멍 바깥쪽으로 열려 있는 곳)을 지나 양손바닥이 목 뒤에서 서로 만나도록 한다. 이렇게 27번을 한다.

다음으로 존상하기를, 눈 속에 자색(紫色)·청색(靑色)·강색(絳色, 진홍색) 3가지 색깔의 기운이 마치 안개처럼 자욱하게 얼굴로 피어오르면, 다시 앞과

按摩耳、目、鼻法

凡行按摩, 當在子後午前之時, 平坐東向, 以兩手大指按拭兩目, 過耳門, 使兩掌交會於項後, 如此三九遍.

次存想目中各有紫、靑、絳三色氣, 如雲霞鬱鬱浮出面前, 再依前按拭三九遍.

---

1 《攝生要義》〈按摩篇〉(《壽養叢書》5, 14쪽).

같이 27번을 문지른다. 또 존상하기를, 얼굴에 피어오른 안개가 맹렬히[渾渾霍霍] 움직여 눈동자 속으로 들어간다. 그 다음 화지액(華池液, 혀 밑에 고인 침)을 20번 삼키고 나서야 입 벌리기를 기본 동작으로 삼는다.

이 안마법은 앉아서나 서서나 때에 관계없이 모두 행할 수 있다. 1년 정도 지나면 귀와 눈이 총명해진다. 오래 행하면 몇 리(里)를 꿰뚫어 보고 미세한 소리[絶響]도 듣는다. 《섭생요의》[2]

귀는 자주 만지고 좌우로 누르면 청력이 좋아지게 한다. 코도 양쪽을 수없이 어루만져서 사람의 기(氣)가 화평해지게 한다.

또 항상 양손으로 코와 두 눈의 가장자리를 어루만진다. 이때 위아래로 수없이 어루만지기를 호흡을 멈춘 상태에서 하다가 기운이 트이면 그친다. 이어서 숨을 토해내고 다시 시작하여 27번을 한다. 이 안마를 항상 할 수 있다면 코는 100걸음 밖의 냄새를 맡을 수 있고, 눈은 마침내 사물을 꿰뚫어 볼 수 있게 된다.

《황정경(黃庭經)》[3]에 "하늘 가운데 큰 산을 정성껏

復存想面前雲氣渾渾霍霍, 灌入童子, 因嚥華池之液二十口, 乃開口以爲常.

坐起皆可行之, 不必拘時. 一年許, 耳目便聰明. 久爲之, 徹視數里, 聽於絶響也.《攝生要義》

耳欲得數按抑其左右, 令人聰徹[1]. 鼻亦欲按其左右無數, 令人氣平.
又常以兩手按鼻及兩目之眥, 上下按之無數, 閉氣爲之, 氣通卽止. 吐而復始, 三九遍. 能恒爲之, 鼻聞百步, 眼乃洞觀.

《黃庭經》曰："天中之嶽精

---

2 《攝生要義》〈按摩篇〉《壽養叢書》5, 14~15쪽).
3 황정경(黃庭經) : 도가(道家)의 경서(經書)로 양생(養生)과 수련의 원리를 담고 있어, 선도 수련의 주요 경전으로 여겨진다. 중국 위(魏)·진(晉) 시대에 구성된 초기 도교의 경전(經典)으로 칠언운문(七言韻文)으로 쓰였다. 《황정내경옥경(黃庭內景玉經)》·《황정외경옥경(黃庭外景玉經)》·《황정중경옥경(黃庭中景玉經)》 등으로 나뉘지만, 비교적 후대에 출현한 《황정중경옥경(黃庭中景玉經)》은 포함되지 않고, 서진(西晉) 시대에 출현한 《외경(外經)》과 동진(東晉) 시대 출현한 《내경(內經)》을 아울러 《황정경》이라 했다고 전해진다.
① 徹 : 저본에는 없음. 《攝生要義·按摩篇》에 근거하여 보충.

닦을지니. 영택(靈宅)이 이미 맑아지면 옥제(玉帝)께서 노니시는 듯하네. 탁 트인 도로(道路)를 쉼 없이 왕래하리.4"5라 했다. 이 말이 바로 이를 두고 한 말이다. 《섭생요의》6

3) 얼굴·머리카락 안마법

얼굴은 늘 양손으로 비벼서 열기를 내면 기(氣)가 늘 잘 돌게 된다. 시작할 때는 먼저 양쪽 손바닥을 비벼서 열을 낸 뒤, 손바닥으로 얼굴과 눈을 문지른다. 이때 얼굴의 높고 낮은 생김새에 따라 모든 부분을 매우 세밀하게 한다. 이렇게 15번 한다.

이어서 목 뒤와 양쪽 귀밑머리로 손을 옮겨, 머리에 빗질하듯 다시 머리카락 문지르기를 또한 수십 번 하면 얼굴에 광택이 나고, 주름이나 반점이 생기지 않으며, 흰머리가 나지 않고, 맥박이 바깥으로 뜨지 않는다.

이 안마를 오래 행하여 5년간 계속하면 안색이 소녀와 같아지니, 이른바 "산천에 기가 흐르니 항상 가득하고 마르지 않아서, 나무와 돌도 촉촉하다."는 말이 이것이다. 《섭생요의》7

謹修, 靈宅旣淸玉帝遊, 通利②道路無終休." 此之謂也. 同上

按摩面、髮法

面上常欲得兩手摩拭之使熱, 則氣常流行. 作時先將兩掌摩熱, 然後以掌摩拭面目, 高下隨形, 皆使極帀. 如此三五過.

却度手於項後及兩鬢, 更互摩髮, 如櫛頭之狀, 亦數十過, 令人面有光澤, 皺斑不生, 髮不白, 脈不浮外.

久行五年不輟, 色如少女, 所謂"山川行氣, 常盈不涸而木石榮潤"是也. 《攝生要義》

4　하늘……왕래하리 : 하늘 가운데 큰 산[天中之嶽]은 코를 가리키고, 영택(靈宅)은 얼굴을 가리키며, 옥제(玉帝)는 신선을 가리킨다.

5　하늘……왕래하리 : 《雲笈七籤》 卷11 〈三洞經敎部〉 "上淸黃庭內景經" '天中章第六'(《中華道藏》 29-11, 101쪽).

6　《攝生要義》〈按摩篇〉(《壽養叢書》 5, 15~16쪽).

7　《攝生要義》〈按摩篇〉(《壽養叢書》 5, 15쪽).

②　利 : 저본에는 없음. 《攝生要義·按摩篇》에 근거하여 보충.

4) 관절 안마법

按摩關節法

일반적으로 사람이 조금이라도 편치 않은 데가 있으면 우선 안마·안날(按捺, 누름)하여 모든 뼈마디를 소통시켜 사기(邪氣)를 흩어버려야 한다.

凡人少有不快, 卽須按摩按捺, 令百節通利, 泄其邪氣.

일반적으로 사람은 일의 유무에 관계없이 매일 1번씩 다른 사람을 시켜 머리부터 발끝까지 안마를 받아야 한다. 다만 관절과 관계된 곳은 손으로 수 십 번 안날해야 하니, 이를 '대도관(大度關)'이라 한다.

凡人無問有事無事, 須日要一度令人自首至足, 但係關節處, 用手按捺各數十次, 謂之"大度關".

먼저 백회혈(百會穴)[8]을 시작으로, 다음으로 머리의 사방 둘레, 양눈썹 끝, 눈가, 콧잔등, 양귓구멍과 귀 뒤를 순서대로 모두 어루만진다. 다음으로 풍지(風池)[9], 목 좌우를 모두 주무른다.

先百會穴, 次頭四周, 次兩眉外, 次目眦, 次鼻準, 次兩耳孔及耳後, 皆按之. 次風池, 次項左右, 皆揉之.

다음으로 양견갑(兩肩甲)[10], 비골봉(臂骨縫, 어깨), 주골봉(肘骨縫, 팔꿈치), 손목, 열손가락을 모두 비튼다. 다음으로 등의 척추를 안마하거나 두드린다. 다음으로 허리와 신당(腎堂)[11]을 모두 문지른다.

次兩肩甲, 次臂骨縫, 次肘骨縫, 次腕, 次手十指, 皆捻之. 次脊背, 或按之, 或搥震之. 次腰及腎堂, 皆搓之.

다음으로 가슴과 유방, 배를 모두 수없이 주무른다. 다음으로 비골(髀骨, 넓적다리뼈)을 두드리고 양무릎, 종아리, 복숭아뼈, 열발가락, 발바닥을 모두 양손으로 비튼다.

次胸乳, 次腹, 皆揉之無數. 次髀骨搥之, 次兩膝, 次小腿, 次足踝, 次十指, 次足心, 皆兩手捻之.

만약 항상 이를 행하면 풍기(風氣)가 그때마다 제거되어 주리(腠理)[12]에 남아 있지 않는다. 이를 '설기

若常能行此, 則風氣時去, 不住腠理, 是謂"泄氣".

---

8 백회혈(百會穴) : 정수리의 숨구멍 자리. 백회(百會)라고도 한다.

9 풍지(風池) : 인체의 경혈(經穴) 이름. 후두골(後頭骨)의 아래, 유양돌기(乳樣突起)의 뒤, 승모근(僧帽筋) 바깥쪽 사이에 생긴 우묵한 곳이다. 족소양·수소양(手少陽)·양유맥(陽維脈)의 교회혈(交會穴)이다.

10 양견갑(兩肩甲) : 인체의 목 아래에서 어깨 위 부분을 가리킨다. 견방(肩髈)이라고도 한다.

11 신당(腎堂) : 허리 뒤 척추의 배꼽과 대척점 좌우에 움푹 들어간 곳을 가리킨다.

12 주리(腠理) : 피부·근육·장부의 무늬와 피부나 근육 조직 간극의 결합 조직.

(泄氣)'라 한다.

또 항상 신당과 양발바닥을 잠잘 때 어린아이를 시켜 손으로 문지르게 하는데, 각각 열이 표리에 완전히 퍼질 때까지 하도록 한다. 신당을 문질러 열이 나면 열이 신기(腎氣)에까지 퍼져 정(精)을 생성하기가 쉬워지고, 발바닥을 문질러 열이 나면 용천혈(湧泉穴)13에까지 퍼져 혈이 아래로 막히지 않는다.《섭생요의》14

又常向腎堂及兩足心, 臨臥時令童子用手搓摩, 各以熱透表裏爲度. 摩腎堂熱, 則腎氣透而易於生精；摩足心熱, 則湧泉穴透而血不下滯.《攝生要義》

양발바닥의 두 용천혈을 한 손으로는 발을 들고 한 손으로는 발을 문지르기를 120번씩 하면 풍사와 습사(濕邪)를 제거하고 다리의 힘을 건장하게 한다【구양수(歐陽修)15가 이 방법으로 큰 효험을 보았다】.《삼원연수참찬서》16

兩足心湧泉二穴, 能以一手擧足, 一手摩擦之百二十數, 疏風去濕, 健脚力【歐陽 文忠公用此, 大有驗】.《三元延壽書》

일상생활 중에 앉거나 눕는 곳에서
손으로 옆구리와 배를 문지르네.
가슴과 배가 통쾌한 때에
양손을 장 아래 편히 두지.
편히 두어 방광과 허리를 관통해
주먹으로 신장 부위를 문지르네.

行住坐臥處,
手摩脇與肚.
心腹通快時,
兩手腸下踞.
踞之徹膀腰,
背拳磨腎部.

---

13 용천혈(湧泉穴) : 생명과 기운이 샘처럼 솟아난다는 의미의 혈자리. 발바닥에 위치하며, 발가락을 굽혔을 때 발바닥의 가장 오목한 곳에 해당한다.

14 《攝生要義》〈按摩篇〉(《壽養叢書》5, 16~17쪽).

15 구양수(歐陽修) : 1007~1072. 중국 송나라의 문인·정치가. 자는 영숙(永叔), 호는 취옹(醉翁), 시호는 문충(文忠). 시와 글씨가 유명하다. 저서로 《구양문충공집(歐陽文忠公集)》등이 있으며 《신당서(新唐書)》·《오대사기(五代史記)》를 편찬했다.

16 《三元延壽參贊書》卷4〈導引有法〉(《中華道藏》23-71, 764쪽).

다만 힘이 들어 피곤함이 느껴지면	才覺力倦來,
곧 집안사람에게 돕도록 해야지.	卽使家人助.
행공을 하면서도 자주하기를 싫증내지 않고	行之不厭頻,
밤낮으로 수없이 자주 하네.	晝夜無窮數.
세월이 오래되어 쌓인 효과가 이루어지면	歲久積功成,
점점 신선의 길에 들어가리.	漸入神仙路.
양응식(楊凝式)[17] 《신선기거법(神仙起居法)[18]》[19]	<u>楊少師</u>《神仙起居法》

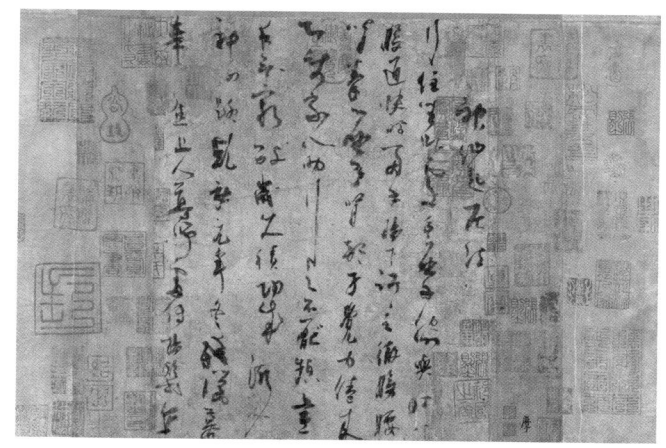

《신선기거법첩(神仙起居法帖)》(북경고궁박물원 소장)

---

17 양응식(楊凝式) : 873~945. 중국 오대(五代)의 관리·서법가. 자는 경도(景度), 호는 계사인(癸巳人)·희유거사(希維居士). 양섭(楊涉)의 아들. 당나라 천우(天祐) 때 진사가 되고, 비서랑(秘書郎)으로 있으면서 사관(史館)에서 근무했다. 나중에 후량(後梁)·후당(後唐)·후진(後晉)·후한(後漢)·후주(後周)에서 벼슬을 하면서 태자태보(太子太保)까지 올라 사람들이 양소사(楊少師)라 불렀다. 저서로 《보허사(步虛詞)》 등이 있다.

18 신선기거법(神仙起居法) : 중국 오대(五代)의 서법가 양응식(楊凝式)이 76세 때 신체를 건강하게 하는 안마 방법에 관한 내용을 초서(草書)로 저술한 작품. 소식(蘇軾)은 "안진경(顔眞卿)과 유공권(柳公權)이 죽은 뒤로는 필법(筆法)이 모조리 끊어졌고, 게다가 당말(唐末)이 혼란스러운 탓에 걸출한 인물도 없어 문채와 풍류가 모두 사라졌다. 그러나 유독 양응식의 필치가 웅건하여 이왕(二王, 왕희지와 왕헌지), 안진경, 유공권의 남은 풍도를 담고 있으니, 이는 진실로 호방하고 뛰어난 서체 때문에 세상에 없어지지 않았다고 말할 만한 것이다.(自顔·柳沒, 筆法衰絕. 加以唐末喪亂, 人物凋落, 文采風流掃地盡矣. 獨<u>楊</u>公 凝<u>式</u>筆跡雄傑, 有二王·顔·柳之餘, 此眞可謂書之豪傑, 不爲時世所汩沒者.)"라고 칭찬했다.

19 《式古堂書畫彙考》 卷8 〈後周〉 "楊凝式" '楊景度神仙起居法帖'.

용천혈(湧泉穴)은 발바닥 가운데에 있기 때문에 습한 기운이 모두 여기를 통해 들어온다. 아침저녁으로 항상 양발의 적육(赤肉)[20]에서, 다시 한 손으로 발가락을 쥐고 한 손으로 여러 번 마찰하면 발바닥의 열을 느낀다. 그러면 발가락을 살짝살짝 돌렸다가 피곤하면 잠시 쉰다. 간혹 다른 사람에게 문지르게 해도 되지만 스스로 문지르는 것이 결국 더 좋다.《경재고금주(敬齋古今黈)[21]》[22]

湧泉穴在足心之上, 濕氣皆從此入. 日夕之間, 常以兩足赤肉, 更次用一手握指, 一手摩擦, 數目多時, 覺足心熱. 卽將脚指略略動轉, 倦則少歇. 或令人擦之亦得, 終不若自擦爲佳.《敬齋古今黈》

---

20 적육(赤肉) : 손발의 바닥쪽과 팔다리의 바깥쪽에 있는, 약간 벌건빛을 띠는 피부. 이와는 반대로 흰빛을 띠는 피부는 백육(白肉)이라고 한다.

21 경재고금주(敬齋古今黈) : 중국 원(元)나라 초기의 수학자 이치(李治, 1192~1279)의 저서. 총 8권. 사고전서(四庫全書)에 수록되어 있다.

22 《敬齋古今黈》卷6〈子類二十一條〉(《文淵閣四庫全書》866, 385쪽).

3. 부록 가결(歌訣)[1]

【안】 현가(玄家)에서 말하는 위생(衛生)[2]의 법은 대체로 운문(韻文)으로 된 것이 많은데, 이는 암송을 편하게 하기 위함이다. 그 중에서 특정한 한가지에 대해 논한 내용들은 이미 앞의 각 항목에서 여기저기 보이지만, 여러 법을 함께 묶어 말하고 있어 나눌 수 없는 내용들은 여기에 따로 가결 항목을 두어 싣는다】

附 歌訣

【案】玄家所言衛生之法, 蓋多韻語, 爲便記誦也. 其單論一事者, 已散見於各類, 而其統言諸法不可割裂者, 別立歌訣一目而載之云】

1) 장생(長生) 16자 묘결(妙訣)[2]

한 번 숨을 들이마셨다가[吸] 들어 올리면[提](일흡편제)

모든 기(氣)가 배꼽으로 돌아가고(기기귀제),

한 번 숨을 들어 올렸다가[提] 삼키면[咽](일제편연)

수(水)와 화(火)가 서로 만난다(수화상견).

【주】 이상의 16글자는 선가(仙家, 도가)에서 말하는 '16정금(錠金, 금덩이)'으로, 바로 지극히 간결하고 지극히 쉬운 오묘한 비결이다.

관직에 있을 때에도 정사(政事)에 방해되지 않고, 집에 있을 때에도 가사에 방해되지 않으며, 공부를 하거나 장사를 할 때에도 본업에 방해되지 않는다. 다만 하루 중에[3] 약간 빈틈이 나거나 일상생활 중에 생각이 나는 곳에서 곧바로 시행할 수 있다.

長生一十六字妙訣

一吸便提,

氣氣歸臍;

一提便咽,

水火相見.

【注】右十六字, 仙家名曰 "十六錠金", 乃至簡至易之妙訣也.

無分於在官不妨政事, 在俗不妨家務, 在士商不妨本業, 只於二六時中, 略得空閑及行住坐臥, 意一到處, 便可行之.

---

1 가결(歌訣) : 불가(佛家)나 도가(道家)에서 구두로 전수하는 도법(道法) 또는 비술의 요어(要語).

2 위생(衛生) : 건강의 보전(保全)·증진(增進)을 도모하고 질병의 예방과 치유에 힘쓰는 일.

3 하루 중에 : 원문의 "이륙시(二六時)"를 풀이한 것으로, 이는 12지(支)로 24시간을 의미한다.

입 안을 먼저 15번 헹군다(漱口法, 수구법). 이때는 혀를 윗잇몸과 아랫잇몸에 휘젓고 이어서 혀를 윗잇몸에 대고 입 안에 침이 가득 생기면 연달아 삼키어 꼴딱 소리가 나게 한다. 이어서 바로 콧속에서 맑은 기운을 한 모금 들이마셔 의지(意志)로 심목(心目, 마음속)의 고요한 곳에 모이게 한 뒤, 곧바로 배꼽 아래 1.3촌 떨어진 단전(丹田) 즉 기해(氣海) 속으로 보내는데, 대략 1존(存)을 보존하는 것이다.[4] 이 과정을 '1흡(一吸)'이라 한다.

하부를 가볍게 마치 똥을 참는 모양처럼 하고[5] 의력(意力, 의식의 집중력)으로 기(氣)를 들어올려[提] 배꼽으로 되돌아가게[歸臍] 했다가 연달아 협척(夾脊, 등골뼈)·쌍관(雙關, 양어깨)·신문(腎門, 콩팥의 안쪽 가장자리 중앙의 오목한 곳) 등을 잇는 한 길로 쭉 들어올려 곧바로 뒷머리의 옥침관(玉枕關, 도드라진 뼈 부위)에 이르러 니환(泥丸, 뇌)의 정수리 속으로 뚫고 들어가게 한다. 이때 기가 위로 올라오지만 또한 기가 위로 나오는 것을 느끼지는 못한다. 이 과정을 '1호(一呼)'라 한다. 한 번 내쉬고(1호) 한 번 들이마시는 것(1흡)을 합하여 '1식(一息)'이라 한다.

기가 다 상승하고 나면 바로 또 이전처럼 꼴딱 소리를 내며 삼킨다. 코가 맑은 기운을 들이마시고 단전에 보내서 이르면 겨우 1존을 보존한다.

또 하부에서 이전처럼 가볍게 기를 위로 들어올

口中先須嗽及三五次, 舌攪上下腭, 仍以舌抵上腭, 滿口津生, 連津嚥下, 汨然有聲. 隨於鼻中吸淸氣一口, 以意會及心目寂地, 直送至腹臍下一寸三分丹田氣海之中, 略存一存, 謂之"一吸".

隨用下部輕輕如忍便狀, 以意力提氣, 使歸臍, 連及夾脊、雙關、腎門一路提上, 直至後頂玉枕關, 透入泥丸頂內. 其升而上之, 亦不覺氣之上出, 謂之"一呼". 一呼一吸, 謂之"一息".

氣旣上升, 隨又似前, 汨然有聲嚥下. 鼻吸淸氣, 送至丹田, 稍存一存.

又自下部, 如前輕輕提上,

---

4 대략……것이다 : 원문의 "略存一存"을 푼 것으로, 존(存)의 의미가 확실치 않다. 아랫단의 "稍存一存"도 비슷한 뜻으로 보인다.

5 똥을……하고 : 원문의 "如忍便狀"을 그대로 풀었는데, 괄약근을 수축하는 모양을 말한다.

리는데, 배꼽과 서로 접하여 올라간다. 이것이 이른 바 '모든 기(氣)가 배꼽으로 돌아간다[氣氣歸臍].'라는 것인데, 이렇게 하면 수명이 하늘과 나란해질 것이다. 일반적으로 삼킬 때는 입속에 침이 있으면 더욱 좋고 없어도 좋은데, 꼴딱 소리가 나게 삼킨다.

이처럼 한 번 끌어당겼다가 한 번 끌어올리기를 3~5번이나 7~9번이나 12번이나 더러는 24번을 한다. 이 도인을 행해야 하면 바로 행하고, 그쳐야 하면 바로 그치되, 다만 바른 일을 하고 있다는 사실을 잊지 말고 끊임없이 해야만 정진이 된다. 만약 풍질(瘋疾)이 있으면 효과를 더욱 빨리 본다.

오래 행하면 병을 물리치고 수명을 연장하며, 형체가 좋아지고 온갖 질병이 생기지 않으며, 저절로 굶주림과 목마름이 없어지고, 안정감과 튼튼함이 평소보다 좋아진다.

1년 동안 행하면 감기·비적(痞積)6·역체불화(逆滯不和, 체하고 막혀 편치 않은 증상)·옹저창독(癰疽瘡毒, 피부가 헐고 부스럼이 난 증상) 등의 질병을 영원히 앓지 않고, 눈과 귀가 밝아지고 심력(心力, 마음)이 굳세지고 기억력이 좋아지며, 해묵은 질병이 모두 치료되어 장생(長生, 오랫동안 살며 죽지 않음)을 바랄 수 있게 된다.

만약 성행위를 하면서 막 사정하기 직전에 또한 이같이 기를 들어올리거나 삼키는 호흡법[提呼咽吸]을 써 기해(氣海)로 돌아가게 하면 봄 연못을 굳게 지

與臍相接而上. 所謂"氣氣歸臍", 壽與天齊矣. 凡咽下, 口中有液愈妙, 無液亦要, 汩然有聲咽之.

如是一引一提, 或三五口或七九、或十二、或二十四口. 要行卽行, 要止卽止, 只要不忘作爲正事, 不使間斷, 方爲精進. 如有瘋疾, 見效尤速.

久久行之, 却病延年, 形體變, 百疾不作, 自然不饑不渴, 安健勝常.

行之一年, 永絶感冒、痞積、逆滯不和、癰疽瘡毒等疾, 耳聰目明, 心力强記, 宿疾俱瘳, 長生可望.

如親房事, 欲泄未泄之時, 亦能以此提呼咽吸, 運而使之歸於氣①海. 把牢春

6　비적(痞積): 날것과 찬 것 및 기름진 음식을 즐겨 먹어서 뱃속에 뭉친 것이 잘 낫지 않는 병증.
①　氣:《遵生八牋·延年却病牋·李眞人長生一十六字妙訣》에는 "元".

켜 용이 날아가지 않게 하는 것[7]처럼 매우 유익한 부분이 있을 것이다. 이른바 "조화가 내 손 안이요, 우주가 내 마음속이로다."라는 말처럼, 그 빼어난 효과를 모두 서술할 수가 없다】이진인(李眞人)[8] 지음[9]

汎, 不放龍飛, 甚有益處. 所謂"造化吾手, 宇宙吾心", 其妙莫能述也】<u>李眞人</u>撰

2) 도인결(導引訣)

수조(水潮)[10]는 후환(後患)을 없애고,

【아침이 밝아 잠에서 깨어날 때 곧바로 일어나 단정히 앉아 신(神)을 응집하고 걱정을 버린다. 혀는 윗잇몸에 붙이고 입을 다물고 호흡을 고르게 하면 침이 저절로 생긴다. 침이 점점 입에 가득하면 3번으로 나누어 뜻대로 넘긴다. 오래 행하면 오장(五臟)의 삿된 화기가 타오르지 않고, 팔다리의 기혈(氣血)이 잘 돌아 여러 질병이 생기지 않고, 후환을 영원히 제거하여 늙어도 쇠하지 않는다】

진화(眞火)가 일어나면 장구한 평안을 얻네.

【자시(子時, 오후 11시~오전 1시)와 오시(午時, 오전 11시~오후 1시)에 다음과 같이 존상한다. 진화(眞火)[11]가 용천혈에서 일어나 먼저 왼발에서 옥침(玉枕, 뒷머리)으로 올라가고 니환(泥丸)을 지나서 단전(丹田)으로 내려와

導引訣

導引訣

水潮除後患,

【平明睡醒時, 卽起端坐, 凝神息慮. 舌抵上腭, 閉口調息, 津液自生, 漸至滿口, 分作三次, 以意送下. 久行之則五臟之邪火不炎, 四肢之氣血流通, 諸疾不生, 永除後患, 老而不衰】

火起得長安.

【子、午二時, 存想眞火自湧泉穴起, 先從左足行, 上玉枕, 過泥丸, 降入丹田, 三遍. 次從右足, 亦行三遍.

---

7 봄……것 : 원문의 "把牢春汎, 不放龍飛"를 푼 것으로, 연못에 용이 있는 것은 감괘의 중앙에 양효가 있는 것을 표현한다. 여기서는 이 양기가 빠져나가지 않게 잘 간직하는 수양을 행하는 것을 상징한다.

8 이진인(李眞人) : 미상.

9 《類修要訣續附》〈李眞人長生一十六字妙訣〉(《壽養叢書》3, 96~97쪽) ;《遵生八牋》卷9〈延年却病牋〉上"李眞人長生一十六字妙訣"(《遵生八牋校注》, 296~297쪽).

10 수조(水潮) : 주기적으로 높아졌다 낮아졌다 하는 바닷물의 밀물과 썰물을 가리키는데, 여기서는 입안에 있는 침이 고였다가 삼켜 사라지는 모양을 비유한다.

11 진화(眞火) : 생명 활동의 원동력으로 오장육부(五臟六腑)와 경락의 생리기능을 추동하는 에너지의 원천. 신양(腎陽)이라고도 한다.

들어가기를 3번 한다. 다음으로 오른발에서 또 3번 하고, 다시 미려(尾閭)[12]에서부터 일어나 다시 3번 행한다. 오래 행하여 익숙해지면 모든 맥이 잘 돌고 오장에 막힘이 없어서 팔다리가 건강하고 온갖 뼈마디가 부드러워진다】

復從尾閭起[2], 又行三遍. 久久純熟, 則百脈流通, 五臟無滯, 四肢健而百骸理也】

몽정(夢精)하면 금궤(金櫃)[13]를 봉하고,

夢失封金櫃,

【정욕이 동하면 화(火)가 치성하고, 화가 치성하면 신(神)이 피로하고, 신이 피로하면 정(精)이 미끄러워져서 몽정한다. 잘 때 호흡을 고르게 하고 신을 생각하며 왼손으로 배꼽을 14번 문지른 뒤, 오른손으로도 그렇게 한다. 다시 양손으로 배와 옆구리를 문지르고 흔들기를 7번 한다. 그런 다음 기를 삼켜 단전에 들인 상태에서 손은 꽉 쥔 채로 한참 있고서야 그친다. 잘 때 다리를 굽히고 옆으로 누우면 영원히 새나감이 없을 것이다】

【慾動則火熾, 火熾則神疲, 神疲則精滑而夢失也. 寢寐時, 調息思神, 以左手搓臍二七, 右手亦然. 復以兩手搓脇腹, 擺搖七次. 嚥氣納於丹田, 握固良久乃止. 屈足側臥, 永無走失】

형체가 쇠하면 옥관(玉關)[14]을 지키지.

形衰守玉關.

【온갖 걱정이 마음에 가득하고 모든 일이 몸을 고생시킨다. 이 때문에 형체가 쇠하는 것이다. 늙음을 돌이켜 아이로 돌아가는 일은 금단(金丹)[15]이 아니면 불가능하다. 그러나 금단이 어디 쉽게 얻을 수 있는

【百慮感中, 萬事勞形, 所以衰也. 返老還童, 非金丹不可. 然金丹豈易得哉? 善攝生者, 行住坐臥, 一

---

12 미려(尾閭): 삼관(三關)의 하나인 미려혈(尾閭穴)·미려관(尾閭關)을 가리키는 것으로, 등뼈의 가장 아랫부분에 있는 뾰족한 꼬리뼈를 가리킨다.

13 금궤(金櫃): 소중한 물건을 보관하는 황금 상자. 여기서는 정을 보관하는 신장을 비유한다.

14 옥관(玉關): 본문의 일관(一關)과 같은 뜻으로, 옥침관(玉枕關)을 말한다. 보통 인체의 삼관(三關)을 뒷머리의 옥침관, 등의 협척관(夾脊關), 꼬리뼈의 미려관(尾閭關)이라 한다. 기운을 상하, 표리로 운행하면서 투철시키는 승관(升觀)과 같은 방법으로 형체를 지키는 것을 의미한다.

15 금단(金丹): 도교 연단술(鍊丹術) 용어로, 내단(內丹)과 외단(外丹)에서 다른 의미로 사용된다. 내단에서는 수련을 통해 몸안에 형성된 단(丹)을 말하며, 외단에서는 단사(丹砂)·납·유황 등으로 만든 단약을 의미한다. 여기서는 외단의 단약을 의미하며, 선단(仙丹)이라고도 한다.

[2] 起: 저본에는 "足". 《遵生八牋·延年却病牋·導引却病歌訣》에 근거하여 수정.

것인가? 섭생을 잘하는 사람은 일상생활 중에 한뜻[一意]이 흩어지지 않게 단전을 굳게 지키며 신기(神氣)를 고요히 운행하여 일관(一關)을 담담하게 꿰뚫으니, 저절로 정(精)과 기(氣)를 생성하여 형체를 건장하게 하고 수명을 연장할 수 있는 것이다】

두드림과 가(呵) 소리는 적취(積聚)16를 소멸시키고,

【음식으로 인해 적(積)이 생기기도 하고, 기(氣)로 인해 적이 생기기도 한다. 적취가 오래되면 비위(脾胃)가 손상되어 의약으로 치료하기 어렵다. 음식을 절제하고 진노를 삼가하여 적취가 생기지 않게 하는 것이 가장 좋다. 환자는 몸을 세워 숨을 멈추고 가슴과 배를 두드려[鼓動] 기가 가득해지면 천천히 가(呵) 하면서 기를 내보낸다. 이렇게 5~7번 행해서 적취가 상쾌하게 뚫리면 바로 그친다】

도례(兜禮)17가 상한(傷寒)18을 고치네.

【원기가 허약하고 주리가 촘촘하지 않으면 풍한(風寒)으로 상한다. 환자는 단정히 앉아 책상다리를 하고 양손으로 외신(外腎, 남자의 외생식기)을 단단히 덮고 입을 다물고 숨을 죽인다. 존상하기를, 진기(眞氣)가 미려에서 올라왔다가 척추를 따라 니환으로 들어가서 사기를 쫓아버린다. 머리 숙이기를 예를 갖추어 절하는 모습과 같이 하는데, 횟수에 관계없이 땀이

意不散, 固守丹田, 默運神氣, 沖透一關, 自然生精生氣, 則形可以壯, 壽可以延矣】

鼓呵③消積聚,

【有因食而積者, 有因氣而積者, 久則脾胃受傷, 醫藥難治. 孰若節飮食, 戒嗔怒, 不使有積聚爲妙. 患者當升身閉④息, 鼓動胸腹, 俟其氣滿, 緩緩呵出. 如此行五七次, 便得通快卽止】

兜禮治傷寒.

【元氣虛弱, 腠理不密, 則風寒傷感. 患者端坐盤足, 以兩手緊兜外腎, 閉口緘息. 存想眞氣自尾閭升, 過夾脊, 透泥丸, 逐其邪氣. 低頭屈抑如禮拜狀, 不拘數, 以汗爲度, 其疾自愈】

16 적취(積聚) : 체증(滯症)이 오래되어 뱃속에 덩어리가 생겨 아픈 병증.
17 도례(兜禮) : 몸에 들어온 사기(邪氣)나 귀신을 내쫓는 예식.
18 상한(傷寒) : 추위로 인해 생기는 병의 총칭. 중풍·상한(傷寒)·온병(溫病)·열병·습온(濕溫) 등이 속한다.
③ 呵 : 저본에는 "和". 《遵生八牋·延年却病牋·導引却病歌訣》에 근거하여 수정.
④ 閉 : 저본에는 "開". 오사카본·규장각본·《遵生八牋·延年却病牋·導引却病歌訣》에 근거하여 수정.

날 때까지 하면 질병이 저절로 낫는다】

고치(叩齒)하면 치아에 병 생기지 않고,

叩齒牙無疾,

【치아에 병이 생기는 이유는 바로 비위의 화기가 훈증하여 침범하기 때문이다. 새벽에 잠에서 깰 때 고치를 36번 하고 혀를 잇몸 위로 횟수에 관계없이 휘젓는다. 침이 입에 가득해져야 삼킬 수 있다. 매번 3번 하고서야 그친다. 일반적으로 입이 조금 풀렸을 때 입을 꽉 다물고 고치하는데, 풀리는 게 끝나야 입을 벌린다. 그러면 영원히 치아에 병이 생기지 않는다】

【齒之有疾, 乃脾胃之火薰蒸侵. 晨睡醒時, 叩齒三十六通. 以舌攪牙根之上, 不論遍數. 津液滿口, 方可嚥下. 每作三次乃止. 及凡小解之時, 閉口緊叩其齒, 解畢方開, 永無齒疾】

승관(升觀)[19]하면 귀밑털에 새치 없지.

升觀鬢不斑.

【생각과 걱정이 너무 많으면 신(神)이 소모되고 기혈(氣血)이 허하고 손상되어 귀밑털에 새치가 생긴다. 자시(子時)와 오시(午時)에 손을 꽉 쥔 채로 단정히 앉고 신을 응집하고 생각을 끊으며 양눈에 빛을 머금고 위로 니환(泥丸)을 본다. 그러면서 존상하기를, 두 기(氣)를 쫓아 미려(尾閭)에서 상승했다가 하강하여 원해(元海)로 다시 돌아가는 과정을 9번씩 한다. 오래하면 신(神)이 온전하고 기혈이 충족되어 머리카락이 다시 검어질 수 있다】

【思慮太過則神耗, 氣血虛敗而鬢斑. 以子午時, 握固端坐, 凝神絶念, 兩眼含光, 上視泥丸, 存想追躡二氣, 自尾閭上升, 下降返還元海, 每行九遍. 久則神全, 氣血充足, 髮可返黑也】

눈동자 돌려 안예(眼翳)[20] 없애고,

運睛除眼翳,

【기와 혈을 상하여 간과 신장이 허하면 눈이 침침하고 안예가 생긴다. 눈을 오래 치료하지 않으면 맹해

【傷血[5]傷氣, 肝虛腎虛, 則眼昏生翳. 目久不治, 盲

(盲瞽, 눈이 머는 증상)가 반드시 올 것이다. 매일 일어날 때마다 가부좌를 하고 숨을 멈추어 색태(塞兌)21하고 수렴(垂簾)22한 다음 양눈을 14번 빙글빙글 돌리고 꼭 감았다가 조금 뒤에 대번에 부릅뜬다. 오래 행하여 변치 않으면 내장(內障)과 외예(外翳)23가 저절로 흩어진다. 색욕을 절대 금하고, 아울러 작은 글씨를 보는 행위도 금한다】

귀 덮어 어지럼증 제거하네.

【사풍(邪風)이 뇌에 들면 허화(虛火)가 위로 치받으므로, 머리와 눈이 어질하고 빙빙 돌며 편두통과 정두통이 생긴다. 오래되면 중풍으로 말을 못 하게 되고 반신불수도 이 증상을 통해 생긴다. 이것을 치료하려면 정좌(靜坐)하여 반듯이 몸을 세우고 숨을 멈춘 다음 양손으로 귀를 덮어 머리를 5~7번 굽힌다. 존상하기를, 원신(元神)이 거꾸로 니환으로 올라가 사기를 좇아내면 저절로 풍사가 흩어져 제거된다】

손 위로 밀고 발 땅을 밟으면 뼈 가벼워지고,

【팔다리 또한 약간 피로한 정도의 노동을 하려 하니, 이를 비유하자면 문의 지도리가 끝내 썩지 않는 이치와 같다. 웅경조신(熊經鳥伸)24, 토납도인(吐納導

瞽必矣. 每日睡起時, 趺坐凝息, 塞兌垂簾, 將雙目輪轉十四次, 緊閉少時, 忽然大睜開. 行久不替, 內障、外翳自散. 切忌色慾, 幷書細字】

掩耳去頭旋.

【邪風入腦, 虛火上攻, 則頭目昏旋, 偏、正作痛. 久則中風不語, 半身不遂亦由此致. 治之, 須靜坐, 升身閉息, 以兩手掩耳, 折頭五七次. 存想元神逆上泥丸以逐其邪, 自然風邪散去】

托踏應輕骨,

【四肢亦欲得少勞, 譬如戶樞終不朽. 熊經鳥伸、吐納導引, 皆養生之用也. 平時

---

21 색태(塞兌) : 욕심이 나오는 이목구비(耳目口鼻)의 감각적 욕망을 막는 것. 《노자(老子)》 52장에 "욕망을 막고 쾌락의 문을 닫으면 종신토록 수고롭지 않다.(塞其兌, 閉其門, 終身不勤.)"라는 내용이 보인다.

22 수렴(垂簾) : 발을 내린다는 뜻인데, 앞의 색태와 같이 외물이 눈에 들어오는 것을 차단하는 모양을 은유하는 표현이다.

23 내장(內障)과 외예(外翳) : 내장은 주로 눈 안쪽에 생기는 질병을, 외예는 주로 눈 바깥쪽(각막, 홍채 등)에 생기는 질병을 통틀어 가리킨다.

24 웅경조신(熊經鳥伸) : 곰처럼 나무에 매달리고 새처럼 목을 길게 빼거나 다리를 뒤로 뻗치는 행위. 도교(道敎)에서 신선이 장생불사(長生不死)하기 위하여 몸을 단련시키는 양생법 중 하나이다.

引)25은 모두 양생의 방법이다. 평소에 양손은 마치 큰 돌을 들듯이 위로 밀고, 양발은 마치 평지를 밟는 듯이 앞으로 밟아 신기를 존상한다. 사시사철에 따라 허(噓)와 가(呵)26 하기를 14번 하면 신체가 건강하고 가벼워지며 발이 추위나 더위를 견딜 수 있게 될 것이다】

손 문지르고 침 바르면 절로 얼굴 예뻐지지.

【안색이 초췌한 증상은 실제로 생각이 지나치거나 영록(榮碌)27을 삼가지 않는 데서 연유한다. 새벽마다 정좌하고 눈을 감은 다음 신(神)을 응집하고 존양(存養)28하면 신기(神氣)가 텅 비어 맑은 기운이 안에서 밖으로 퍼져간다. 양손을 문지르고 열을 내어 얼굴에 7번 문지른 뒤, 다시 침을 얼굴에 바르고 문지르기를 수차례 한다. 보름이 지나면 피부에 윤기가 나고 얼굴이 환해지는 것이 보통 때보다 훨씬 나을 것이다】

숨 멎고 문질러, 막힌 기 소통하고,

【기가 막히면 아프고 혈이 막히면 종기가 생기니, 기나 혈이 막혀서 생긴 병증은 삼가지 않으면 안 된다. 이를 치료할 때는 마음을 맑게 하고 숨을 멈추어, 막힌 것을 왼손으로 문지르기를 49번 하고 오른손

雙手上托如舉大石, 兩脚前踏如履平地, 存想神氣. 依按四時, 噓, 呵二七次, 則身健體輕, 足耐寒暑矣】

搓塗自美顔.

【顔色憔悴, 良由心思過度, 榮碌不謹. 每晨靜坐閉目, 凝神存養, 神氣沖憺, 自內達外. 兩手搓熱, 拂面七次, 仍以漱津塗面, 搓拂數次. 行之半月, 則皮膚光潤, 容顔悅澤, 大過尋常矣】

閉摩通滯氣,

【氣滯則痛, 血滯則腫, 滯之爲患不可不愼. 治之, 須澄心閉息, 以左手摩滯七七遍, 右手亦然, 復以津

---

25 토납도인(吐納導引) : 호흡을 통해 기(氣)의 흐름을 조정하여 내기(內氣)를 복돋우거나 약해진 양기(陽氣)를 강화하는 양생법.

26 허(噓)와 가(呵) : 입으로 토해내고 코로 들이마시는 호흡법 중 하나로, 허(噓)는 간의 기를 허(噓) 소리 내어 부는 것. 병에 걸리면 시거나 매운맛을 많이 먹게 된다. 허 소리 내어 병 기운을 불어 버리면 병이 확실히 제거된다. 가(呵)는 앞의 "도인(導引)" '병을 제거하고 수명을 늘이는 6자법(六字法)'에서 가(呵)에 대한 주석 참조.

27 영록(榮碌) : 영광과 평범함, 곧 세상살이에 오는 애환의 굽이를 말한다.

28 존양(存養) : 진기를 잘 보존하며 수양하는 일.

으로도 그렇게 한다. 그런 다음 막힌 곳에 다시 침을 발라준다.[29] 7일을 부지런히 하면 기와 혈이 잘 통하여 걸리거나 막혀 생기는 병이 영원히 없다. 수양가(修養家)의 이른바 '건목(乾沐)'[30]이 바로 이 뜻이다】

응포(凝抱, 신기를 거둠)하여 단전 군세게 하네.

【원신(元神)이 일단 나가면 곧 거두어 오고, 신이 몸 안으로 돌아오면 기가 저절로 돌아온다. 이렇게 아침저녁마다 하면 저절로 적자(赤子, 갓난아이)가 진태(眞胎, 참된 모태)에서 난다.[31] 이는 응포(凝抱)의 효과이다. 평소에 정좌(靜坐)하여 존상하기를, 원신이 단전으로 들어간다 여기며 의식을 따라 호흡한다. 10일 만에 단전이 완전히 군세지고, 100일이면 영명(靈明) 함이 점점 신과 통하니, 했다가 중도에 말았다가 하면 안 된다】

담박한 음식은 몸을 많이 보할 수 있고,

【5가지 맛[五味]은 오장에 대해 각각 알맞은 것이 있는데, 만약 음식을 먹을 때 절제하지 않으면 반드시 손상에 이른다. 담박하게 먹고 삼가하여 절제하는 일보다 좋은 것은 없다. 그러나 이 담박함이라는 말도 5가지 맛[五味]은 끊어 버린다는 뜻이 아니라, 다

塗之. 勤行七日, 則氣通血暢, 永無礙滯之患. 修養家所謂"乾沐"者, 卽此義也】

凝抱固丹田.

【元神一出便收來, 神返身[6]中氣自回. 如此朝朝并暮暮, 自然赤子産眞胎. 此凝抱之功也. 平時靜坐, 存想元神入于丹田, 隨意呼吸. 旬日丹田完固, 百日靈明漸通, 不可或作或輟也】

淡食能多補,

【五味之於五臟, 各有所宜, 若食之不節, 必致虧損. 孰若食淡謹節之爲愈也. 然此淡亦非棄絶五味, 特言欲五味之沖淡耳. 仙

---

29 침을 발라준다 : 기가 잘 돌지 않고 막힌 부위나 체기가 있는 곳을 여러 번 문질러준 다음에 의례적으로 하는 행위로 보인다. 동물들도 본능적으로 상처를 핥게 되는데 그와 같은 태초의 의료행위를 반영하고 있는지도 모른다.

30 건목(乾沐) : 살갗을 건강하게 하고 피가 잘 돌도록 맨손으로 온몸을 문지르는 일. 건욕(乾浴)이라고도 한다.

31 저절로……난다 : 모태에서 이미 태어나 세속에 살고 있는 사람이 다시 참된 모태에서 태어나 갓난아이처럼 새로워진다는 의미이다.

[6] 身 : 저본에는 "神". 오사카본 《遵生八牋·延年却病牋·導引却病歌訣》에 근거하여 수정.

만 5가지 맛[五味]은 담백하게 먹음을 말할 뿐이다. 선옹(仙翁)이 "소금 끊기는 도가 아니니, 음식에 맛이 없기 때문이지."라 하였으니, 5가지 맛[五味]을 끊는 것이 아님을 알 수 있다】

무심(無心)이 대환(大還, 도에 귀환함)을 얻지.

【대환의 도(道)는 성인의 도이다. 무심이란 항상 맑고 고요한 상태이다. 사람이 항상 맑고 고요할 수 있다면 천지가 모두 사람에게 귀의할 것이니, 어찌 성인의 도가 전해지지 않을 것이며, 대환을 얻지 못하겠는가?《청정경(淸靜經)》[32]에 이미 모두 말했으니, 수진(修眞, 수양)하는 선비가 이를 체화하여 수행한다면, 청진(淸眞, 마음이 깨끗하고 거짓이 없음)하고 영묘(靈妙, 신령스럽고 기묘함)한 경지에 도달하고자 하는 일 정도는 마치 손바닥 뒤집듯 쉬울 뿐이다】소요자(逍遙子)[33] 지음[34]

【안 이는 비록《도인결(導引訣)》로 편명(篇名)을 붙였지만, 그 실제는 수양(修養)하는 법을 통틀어 논했다. 오로지 도인(導引) 한가지만을 말하고 있지는 않은 것이다】

3) 소요가(逍遙歌)

자시(子時) 이전과 오시(午時) 이후에 수양하기 좋으니

翁有云"斷鹽不是道, 飮食無滋味", 可見其不絶五味也】

無心得大還.

【大還之道, 聖道也. 無心, 常淸常靜也. 人能常淸靜, 天地悉皆歸, 豈聖道之不可傳, 大還之不可得哉?《淸靜經》已盡言之矣, 修眞之士, 體而行之, 欲造夫淸眞, 靈妙之境, 若反掌耳】逍遙子撰

【案 此雖以《導引訣》名篇, 其實統論修養之法, 不獨專言導引一事也】

逍遙歌

子前午後正好修,

32 청정경(淸靜經) : 작자 연대 미상인 도교서로, 연양술(鍊養術)의 중요한 자료이다. 정식 명칭은《태상노군설상청정경(太上老君說常淸靜經)》이다.
33 소요자(逍遙子) :《소요자도인결(逍遙子導引訣)》의 저자로 알려져 있으며, 그 외 알려진 정보가 없다.
34 《類修要訣》上〈逍遙子導引訣〉(《壽養叢書》3, 26~29쪽);《遵生八牋》卷10〈延年却病牋〉下"導引却病歌訣"(《遵生八牋校注》, 376~381쪽).

심군(心君, 마음)은 늘 고요하게 하고 신(腎)35은 늘 　心君常靜腎常兜.

덮어두라.

치아는 늘 부딪치고 귀는 늘 어루만지며 　牙齒常叩耳常按,

손은 늘 회전하고 다리는 늘 구부려라. 　手常轆轤脚常句.

얼굴은 손에 입김을 불어 부지런히 문지르고, 　面皮呵手勤勤摸,

배꼽 주위는 손을 바꿔가면서 부지런히 문질러라. 　臍腹換手勤勤擦.

눈알은 늘 돌리고 입은 늘 다물며 　眼珠常轉口常閉,

침은 늘 삼키면 약 먹기보다 낫다네. 　唾津常嚥勝服藥.

발바닥 용천(湧泉)은 수시로 문지르고 　脚底湧泉時常摩,

요안(腰眼)36과 신수(腎腧)37는 항상 지압하라. 　腰眼腎臈時常搓.

머리와 목은 늘 돌리고 어깨는 늘 으쓱이며 　頭頸常轉肩常聳,

코로 들이는 숨은 늘 고르게 마시되 되도록 많이 　鼻吸常調不嫌多.

마시라.

한밤 중에는 니환궁(泥丸宮)을 지키고 　夜間守定泥丸宮,

낮에는 배꼽 주위 가운데를 지켜라. 　日間守定臍腹中.

일상생활 중에 이를 끊임없이 한다면 　行住坐臥無間斷,

단전 안까지 따뜻해져 풍풍거리네. 　丹田裏面暖溶溶.

심원(心猿)을 가두어 망가지지 않게 하고 　鎖住心猿不敢劣,

의마(意馬)를 묶어 내달리지 않게 하라.38 　拴住意馬不敢蹶.

경신(庚申)39을 지켜 범하지 않게 하고 　守住庚申不敢犯,

---

35 신(腎) : 남성의 생식기를 이르는 말. 고환(睾丸)·외신(外腎)이라고도 한다.

36 요안(腰眼) : 허리의 양옆 우묵하게 들어간 부분.

37 신수(腎腧) : 족태양방광경에 속하는 혈(穴). 제2·제3 허리뼈 극상 돌기 사이에서 좌우로 각각 2촌 되는 곳
　이다.

38 심원(心猿)을……하라 : 심원(心猿)과 의마(意馬)는 마음은 원숭이같고 뜻은 말이 뛰는 것과 같다는 뜻으
　로, 사람의 마음이 잠시도 고요하지 못하고 언제나 어지러움을 이르는 말이다.

39 경신(庚申) : 천간(天干)에서 경신은 금(金)에 해당하며, 폐금의 신인 혼(魂)의 활동을 조심하라는 뜻으
　로 보인다. 앞의 심원(心猿), 의마(意馬)와 연장선에서 심장, 비장과 함께 폐장의 활동에 대한 경계를 은유
　했다.

원양(元陽)을 견고히 하여 새지 않게 하라.　　固住元陽不敢泄.

진현미(陳顯微)[40] 지음[41]　　抱一子撰

4) 위생가(衛生歌)　　　　衛生歌

만물 중에서 오직 사람 가장 귀하지만　　萬物惟人爲最貴,

백년의 세월이 나그네살이 같도다.　　百歲光[7]陰如旅寄.

스스로 유의하여 수양하지 않으면　　自非留意修養中,

병고로 걱정을 면할 길 없도다.　　未免病苦爲心累.

하필 안개 먹고 대약(大藥) 먹어[42]　　何必餐霞餌大[8]藥,

헛되이 거북과 학처럼 목숨만 부지하려 하는가.　　妄意延齡等龜鶴?

다만 음식과 욕심 가운데　　但於飮食嗜慾間,

심한 것 제거하면 안락 얻으리.　　去其甚者將安樂.

식후에 서서히 100보 걷고　　食後徐徐行百步,

양손으로 옆구리와 배를 문지르라.　　兩手摩脇幷腹肚.

잠깐 사이에 손 돌려 신당[腎堂, 신수(腎俞)]을 안마
하는 도인을　　須臾轉手摩腎堂,

수(水)와 토(土)의 운동이라 이른다.[43]　　謂之運動水與土.

얼굴 들고 가(呵) 소리 내기 3~4번 하면　　仰面出[9]呵三四[10]呵,

---

40 진현미(陳顯微) : ?~?. 중국 송나라의 도사(13세기 활동). 자는 종도(宗道), 호는 포일자(抱一子). 저서로 《현
성편(玄聖篇)》·《현미치언(顯微卮言)》·《포일자서(抱一子書)》가 있고, 《주역참동계(周易參同契)》에 대한 주석
도 유명하다.

41 《類修要訣》上 〈抱一子逍遙歌〉(《壽養叢書》3, 21~22쪽).

42 하필……먹어 : 금석이나 단사(丹沙)를 정련하여 먹는 양생술의 한 방법. 대약(大藥)은 도가의 금단(金丹)
을 가리킨다.

43 수(水)와……이른다 : 배와 옆구리를 문지르는 것은 비장의 토(土)기운을 북돋는 안마법이고, 신장을 문지
르는 것은 신장의 수혈(俞穴)로 신장의 수(水)기운을 촉발시키는 안마법이다.

⑦ 光 : 저본에는 "先". 오사카본·《遵生八牋·淸修妙論牋》에 근거하여 수정.

⑧ 大 : 저본에는 "火". 《遵生八牋·淸修妙論牋》에 근거하여 수정.

⑨ 出 : 《遵生八牋·淸修妙論牋》에는 "仍".

⑩ 四 : 저본에는 "□". 《遵生八牋·淸修妙論牋》에 근거하여 보충.

저절로 식독(食毒)은 그 기운 사라지네.　　自然食毒氣消磨.

취해서 자고 포식한 뒤 눕기는 모두 좋지 않으며　　醉眠飽臥俱無益,

갈증 심해 물 마시거나, 배 매우 고파 밥 먹는 것도 오히려 경계해야지.　　渴飮饑餐猶戒多.

밥은 허겁지겁 빨리 먹으려 하지 않으니,　　食不欲粗幷欲速,

다만 소식(小食)하면서 규칙적으로 먹어야 하네.　　只[11]可少餐相接續.

한번에 포식하여 갑자기 뱃속을 채우면　　若敎一飽頓充腸,

기운과 비장(脾臟)을 손상하므로 너의 복 아니리.　　損氣傷脾非汝福.

날것이나 풋것, 진득하고 기름진 것, 질긴 것[筋韌]이나　　生飧粘膩筋韌物,

저절로 죽은 희생물은 모두 먹지 말라.　　自死牲牢[12]皆勿食.

기운 막는 만두는 조금만 먹어야 하며,　　饅頭閉氣宜少飧[13],

날음식인 회(膾)44는 비위(脾胃)의 병만 초래한다.　　生膾[14]偏招脾胃疾.

자장(鮓醬, 젓갈), 태란(胎卵, 알), 기름기 많은 것[油膩],　　鮓醬胎卵兼油膩,

묵은내 나는 것, 절이거나 담근 음식은 모두 음류(陰類)45이네.　　陳臭醃菹[15]盡陰類.

노쇠한 사람은 이를 즐기지도 권하지도 말아야 하니,　　老衰莫欲更[16]飧之,

이는 적병(敵兵)을 안으로 불러들이는 것과 다름 없도다.　　是借寇兵無以異.

---

44 날음식인 회(膾) : 생선회·육회와 같이 날로 만든 것을 생회(生膾)라 하고, 어패류·어채·두릅회 등과 같이 익혀서 먹는 것을 숙회(熟膾)라 한다.

45 음류(陰類) : 겉으로 드러나지 않게 해가 되는 좋지 않은 음식.

[11] 只:《遵生八牋·淸修妙論牋》에는 "寧".

[12] 牲牢:《遵生八牋·淸修妙論牋》에는 "禽獸".

[13] 宜少飧:《遵生八牋·淸修妙論牋》에는 "不相和".

[14] 膾:《遵生八牋·淸修妙論牋》에는 "冷".

[15] 醃菹:《遵生八牋·淸修妙論牋》에는 "腌藏".

[16] 衰莫欲更:《遵生八牋·淸修妙論牋》에는 "年切莫喜".

굽거나 튀긴 음식은 식혀서 먹어야 하는데, 炙煿之物須冷吃,

그렇지 않으면 치아 손상시키고 혈맥 상하게 하리. 不然損齒傷血脈.

저녁밥은 늘 신시(申時, 오후 3~5시), 유시(酉時, 오후 5~7시) 전에 먹어야 하니, 晚食常宜申酉前,

밤에 먹으면 음식이 공연히 흉격에 걸릴 뿐이리. 向夜徒勞[17]滯胸膈.

술 마실 땐 절대 거나하게 취하게 하지 말아야 하니, 飲酒莫敎令[18]大醉,

거나하게 취하면 신(神) 상하게 하고 심지(心志) 손상시키네. 大醉傷神損心志.

갈증 날 때 물 마신 뒤 또 차 마시면 渴來飲水兼啜茶,

허리와 다리 이로부터 무겁게 처지네. 腰脚自玆成重墜.

예전에 듣기에 바람 피하기를 마치 화살 피하듯 하고, 嘗聞避風如避箭,

앉고 누울 때 마땅히 병을 예방하라 했지. 坐臥須當[19]豫防患.

하물며 식후에 모공(毛孔) 열린 사이에 況因食後毛孔開,

바람 일단 들어오면 곧 탄탄(癱瘓)[46] 되네. 風纏一入成癱瘓.

보고 듣고 걷고 앉기를 굳이 오래하지 말 것이니 視聽行坐不必久,

오로칠상(五勞七傷)[47]이 이로부터 생겨서이지. 五勞七傷從此有.

인체 역시 약간 피로한 정도의 노동을 얻으려 하니 人體亦欲得小勞,

비유하자면 문의 지도리가 끝내 썩지 않는 이치와 같다네. 譬如戶樞終不朽.

---

46 탄탄(癱瘓): 중풍(中風)으로 팔다리를 쓰지 못하는 병증. 풍(風) 또는 탄탄풍(癱瘓風)이라고도 한다.

47 오로칠상(五勞七傷): 오로는 오장이 허약해서 생기는 허로(虛勞)를 5가지로 나눈 증상으로, 심로(心勞)·폐로(肺勞)·간로(肝勞)·비로(脾勞)·신로(腎勞) 등이고, 칠상은 남자의 신기(腎氣)가 허약하여 생기는 음한(陰寒)·음위(陰痿)·이급(裏急)·정루(精漏)·정소(精少)·정청(精淸)·소변삭(小便數) 등 7가지 증상을 일컫는다.

[17] 徒勞:《遵生八牋·淸修妙論牋》에는 "須防".

[18] 令:《遵生八牋·淸修妙論牋》에는 "飲".

[19] 當:《遵生八牋·淸修妙論牋》에는 "敎".

잘 땐 웅크리는 게 좋고 깨었을 땐 쭉 펴는 게 좋으며,

배부르면 목욕하고 배고프면 머리 빗어라.

빗질 많이 하고 목욕 적게 하면 심장과 눈에 이롭고,

조용하고 어두운 곳에서 숙면하면 신(神) 편안하리.

사계절 중 여름철이 섭생하기 어려운데,

숨은 음기가 몸 안에 있어 배가 차갑고 설사하기 쉽기 때문이지.

이때 신장을 보하는 탕약 없어선 안 되지만,

음식이 조금이라도 차가우면 먹지 말라.

심장 왕성하고 신장 쇠하니 무엇을 조심해야 하리오?

특히 기운을 흩뜨리고 정이 새어나가는 것을 조심해야지.

침소는 더욱 꼼꼼히 주의를 기울여

여유롭게 쉬거나 조용히 생각하여 심기(心氣)를 화창케 하라.

목욕, 세수, 양치는 모두 따뜻한 물로 해야 하며

차게 자거나 서늘한 베개를 베는 일도 모두 달가워 말라.

오이·가지나 생채도 먹기에 알맞지 않으니

어찌 유독 가을에 학질이나 이질이 많겠는가.

숨은 양기가 몸안에 있는 겨울 3개월 동안은

臥不厭蹜[20]覺貴舒,

飽則入浴饑則梳.

梳多浴少益心目,

默寢暗眠神晏如.

四時惟夏難將攝,

伏陰在內腹冷滑.

補腎湯藥不可無,

食物[21]稍冷休哺啜.

心旺腎衰何所忌?

特忌疏通泄精氣.

寢處尤宜綿密間,

宴居靜慮和心氣[22].

沐浴盥漱皆煖水,

臥冷枕涼俱勿喜.

瓜茄[23]生菜不宜食,

豈獨秋來多瘧痢.

伏陽在內三冬月,

[20] 蹜 :《遵生八牋·淸修妙論牋》에는 “縮”.

[21] 物 :《遵生八牋·淸修妙論牋》에는 “肉”.

[22] 氣 :《遵生八牋·淸修妙論牋》에는 “意”.

[23] 茄 : 저본에는 “茹”.《遵生八牋·淸修妙論牋》에 근거하여 수정.

땀 많이 내어 양기 새는 것을 일절 금해야 하리.　　　切忌汗多泄陽氣.

흐리고 안개 낀 날 먼길 가지 말고　　　陰霧之中無遠行,

폭우 오고 천둥 칠 땐 빨리 피해야 하지.　　　暴雨震雷宜速避.

사시사철 관계없이 모두 뜨거운 술 준비해야 하니　　　不問四時俱熱酒,

몹시 뜨겁더라도 입에 넣기 어려워하지 않네.　　　大熱不須難入口.

5가지 양념 중 한쪽만 많으면 몸에 이롭지 않으니　　　五味偏多不益人,

장부(臟腑)에 따라 재앙과 허물 될까 걱정이지.　　　恐隨臟腑成災咎.

도가에는 또 이생법(頤生法, 양생법)이 있으니　　　道家更有頤[24]生法,

제일은 성내고 미워하기를 적게 하는 일.　　　第一令人少嗔惡.

겨울과 가을엔 해 떠야 옷 입고　　　秋冬日出始求衣,

봄과 여름엔 닭 울 때 일찍 일어나야 하네.　　　春夏鷄鳴宜早起.

자시(子時)와 인시(寅時) 사이에 잠에서 깨면　　　子[25]後寅[26]前寢覺來,

눈 지그시 감고 고치 14번.　　　瞑目叩齒二七回.

새 숨 마시고 묵은 숨 내는 법 사람들이 잘 모르
는데,　　　吸新吐故無人悟[27],

입속 침을 삼키면서 도리어 참 나를 기르지. 손
바닥 열이 나도록 문질러 두 눈 찜질하고　　　嚥漱玉泉還養胎. 熱手摩心熨兩眼,

이어서 다시 이마와 얼굴 문지르네.　　　仍更揩擦額與面.

양손가락 수시로 콧마루를 문지르고　　　兩指時將摩鼻莖[28],

양쪽 귀와 눈 몇 차례 문지르지.　　　左右耳眼摩[29]數遍.

또 온몸에 건욕(乾浴)하고　　　更能乾浴遍身間,

---

[24] 頤 : 저본에는 “頤”. 오사카본·《遵生八牋·淸修妙論牋》에 근거하여 수정.

[25] 子 : 《遵生八牋·淸修妙論牋》에는 “夜”.

[26] 寅 : 《遵生八牋·淸修妙論牋》에는 “晝”.

[27] 人悟 : 《遵生八牋·淸修妙論牋》에는 “令緩”.

[28] 莖 : 《遵生八牋·淸修妙論牋》에는 “頻”.

[29] 眼摩 : 저본에는 “根莖”. 《遵生八牋·淸修妙論牋》에 근거하여 수정.

허벅지와 양어깨를 수시로 누르네.	按髀時㉚須紐兩肩.
비록 풍로(風勞)[48]나 여러 냉증 있더라도	縱有風勞諸冷症㉛,
어찌 허리와 등 다시 당길 우려 있겠는가.	何憂腰背復拘攣.
허(噓), 가(呵), 호(呼), 희(嘻), 취(吹), 사(呬)는	噓呵呼嘻吹及呬,
행기(行氣, 기를 운행함)하는 사람이 6글자로 나누었지.	行氣之人分六字.
과연 여기에 따라 구결(口訣)하는 사이	果能依用口訣中㉜,
갓 생긴 병이나 오래된 병이나 모두 치료할 수 있으리.	新舊有痾㉝皆可治.
외모 비록 소년에 속한다 말할 만해도	聲色㉞雖云屬少年,
차츰 꼼꼼하게 절제할 줄 알아야 허물 없으리라.	稍知樽節㉟乃無愆.
폐정(閉精)하고 기를 멈추는 걸 일찍이 알아들어	閉精息氣宜聞早㊱,
깃털과 덤불이 불 속에 타도록 하지 말아야지.	莫使羽苞火中燃.
지조와 행실이 오랫동안 방정하고	有能操履長方正,
명성을 탐하지 않아 이득을 다투지 않는다네.	於名無貪利無競.
비록 노랫말 속의 구절을 다 행하지 못한다 해도	縱向歌中未能㊲行,
모든 행동이 몸에 맞아 또한 무병하리라.	百行周身亦無病.
도진인(陶眞人)[49] 지음[50]	陶眞人撰

48 풍로(風勞) : 허로(虛勞)한 상태에서 풍사(風邪)가 침입한 병증.

49 도진인(陶眞人) : 중국 위진남북조시대 양(梁)나라 학자 도홍경(陶弘景, 456~536)으로 추정된다. 《준생팔전》에는 《진서산선생위생가(眞西山先生衛生歌)》라 하여, 중국 송나라의 학자인 진덕수(陳德秀, 1178~1235)의 작품으로 기술하고 있다.

50 《類修要訣》上 〈陶眞人衛生歌〉(《壽養叢書》3, 15~18쪽); 《遵生八牋》卷1 〈清修妙論牋〉上(《遵生八牋校注》, 27~28쪽); 《修眞十書》〈雜著指玄篇〉卷8 "衛生歌"(《中華道藏》19, 787~789쪽).

㉚ 時 : 《遵生八牋·清修妙論牋》에는 "暗".

㉛ 症 : 《遵生八牋·清修妙論牋》에는 "氣".

㉜ 口訣中 : 《遵生八牋·清修妙論牋》에는 "力其間".

㉝ 新舊有痾 : 《遵生八牋·清修妙論牋》에는 "斷然百病".

㉞ 聲色 : 《遵生八牋·清修妙論牋》에는 "情欲".

㉟ 樽節 : 《遵生八牋·清修妙論牋》에는 "節養".

㊱ 息氣宜聞早 : 《遵生八牋·清修妙論牋》에는 "莫妄傷神氣".

㊲ 歌中未能 : 《遵生八牋·清修妙論牋》에는 "邪魔路上".

하늘과 땅 사이에 사람이 귀하니	天地之間人爲貴,
머리는 하늘을, 발은 땅을 본받았네.	頭象天兮足象地.
부모가 주신 몸 보배롭게 여길지니	父母遺體宜寶之,
기주(箕疇)[51] 5가지 복(福)에 장수가 제일이라.	箕疇五福壽爲最.
위생(衛生)의 가장 요점은 삼계(三戒)를 앎이니	衛生切要知三戒,
대노(大怒), 대욕(大慾) 아울러 대취(大醉)니라.	大怒大慾并大醉.
3가지 중 만약 1가지라도 있다면	三者若還有一焉,
진원의 기 잃지 않기 위해 예방해야 하리.	須防損失眞元氣.
불로장생 원하면 우선 성질을 경계해야 하니	欲求長生先戒性,
화(火)가 나지 않으면 신(神)이 절로 안정되지.	火不出兮神[38]自定.
목(木)이 화를 떠나면 잿더미 되지 않으니,	木還去火不成灰,
사람이 성질 경계할 수 있으면 수명 연장할 수 있네.	人能戒性還延命.
탐욕이 끝없으면 정(精)을 잊어버리고	貪慾無窮忘却精,
마음 쓰는일 그치지 않으면 원신(元神) 잃게 되지.	用心不已失元神.
형체 수고롭게 하면 중화(中和)의 기운 모두 흩어 버리니	勞形散盡中和氣,
다시 무엇에 의지해 이 몸 보호하리오?	更仗何能保此身?
마음 지나치게 소비하면 고갈되고,	心若太費費則竭[39],
형체 지나치게 수고롭게 하면 두려워지네.	形若太勞勞則怯.
신(神) 지나치게 상하게 하면 허해지고,	神若太傷傷則虛,

---

51 기주(箕疇): 기자(箕子)가 중국 주(周)나라 무왕(武王)에게 교시한 홍범구주(洪範九疇)를 가리킨다. 홍범 구주는 원래 중국 하(夏)나라 우왕(禹王)이 남겼다는 정치이념으로 홍범은 대법(大法)을 말하고, 구주는 9 개 조(條)를 말하는 것이다. 즉 오행(五行)·오사(五事)·팔정(八政)·오기(五紀)·황극(皇極)·삼덕(三德)·계 의(稽疑)·서징(庶徵) 및 오복(五福)과 육극(六極)이다. 그 중에서 오복은 첫째 오래 사는 것(壽), 둘째 부자 되는 것(富), 셋째 건강하고 편안함(康寧), 넷째 좋은 덕을 닦는 것(修好德), 다섯째 명대로 살다가 잘 죽는 것(考終命)이다.

38 神:《遵生八牋·淸修妙論牋》에는 "心".

39 竭:《遵生八牋·淸修妙論牋》에는 "勞".

기(氣)를 지나치게 손상시키면 끊어지네. 　　氣若太損損則絶.

세상 사람들아! 위생(衛生)의 도 알고자 하면 　　世人欲識衛生道,

기쁨과 즐거움 일정하게 하고 노여움 줄이라. 　　喜樂有常嗔怒少.

마음 성실하고, 뜻 방정하게 하면 근심 절로 덜어　　心誠意正慮自除,
지니

이치 따라 수신하면 번뇌 제거하리. 　　順理修身去煩惱.

봄에 허(噓) 하여 눈 밝게 하고 여름에 가(呵) 하여　　春噓明目夏呵心,
심(心) 도우며

가을에 사(呬) 하고 겨울에 취(吹) 하여 신장과 폐　　秋呬冬吹腎肺寧.
(肺) 안녕케 하지.

사계(四季)52에 늘 호(呼) 하면 비장이 음식 소화하　　四季常⑩呼脾化食,
고,

삼초(三焦)53가 희(嘻) 하고 배출하면 열이 머물기　　三焦嘻出⑪熱難停.
어려우리.

머리카락은 빗질 많이 하고, 기는 쌓이도록 수련　　髮宜多梳氣宜煉,
해야 하며

치아는 고치를 자주 하고, 침은 삼켜야 하네. 　　齒宜數叩津宜嚥.

그대가 불로장생 원한다면 곤륜(崑崙)54 닦아야 하　　子欲不死修崑崙,
고

양손을 문질러 늘 얼굴에 대야 하리. 　　雙手揩摩常在面.

봄에는 신맛 줄이고 단맛 먹어야 하며 　　春月少酸宜食甘,

52　사계(四季) : 음력으로 사시(四時)의 마지막 달인 3월·6월·9월·12월. 계월(季月)이라고도 한다.

53　삼초(三焦) : 육부(六腑)의 하나. 목구멍에서부터 전음[前陰, 음부(陰部)], 후음(後陰, 항문)까지의 부위를
　　말한다.

54　곤륜(崑崙) : 여기서 곤륜은 인체의 머리 부위를 말한다. 곤륜은 또한 발의 바깥 복사뼈 아래 우묵한 곳에
　　있는 족태양방광경의 혈자리 명칭으로 쓰이기도 한다.

⑩　常 : 저본에는 “長”.《遵生八牋·淸修妙論牋》에 근거하여 수정.

⑪　出 : 저본에는 “却”.《遵生八牋·淸修妙論牋》에 근거하여 수정.

겨울에는 쓴맛 먹고 짠맛 먹지 않아야 하지.　　冬月宜苦不宜鹹.

여름에는 매운맛 늘리고 쓴맛 줄이며　　夏要增辛宜減苦,

가을에는 매운맛 줄이고 신맛 약간 더하지.　　秋來辛減少加[42]酸.

계월(季月)에는 짠맛 약간 줄이고 단맛도 약간 경계
한다면　　季月少[43]鹹甘略戒,

저절로 오장육부가 평안토록 보호해주네.　　自然五臟保平安.

만약 모든 맛 줄일 수 있다면 몸 강건해지지만,　　若能全減身康健,

음식 맛 한쪽에 너무 치우치면 무병하기 어려우리.　　滋味偏多無[44]病難.

봄에 추우면 솜옷 얇게 입지 말며　　春寒莫放綿衣薄,

여름에 땀 많이 흘리면 옷 갈아입어야 하지.　　夏月汗多宜換着.

가을과 겨울에 추워지면 옷 점차 껴입으며[55]　　秋冬衣冷漸加添,

병 생긴 뒤 그제야 약 먹으려 하지 말라.　　莫待病生纔服藥.

여름에는 유독 조리하기 어려우니　　惟有夏月難調理,

복음(伏陰)[56]이 속에 있어 수화(水火)를 금하네.　　伏陰在內忌水火[45].

오이, 복숭아, 날음식, 찬음식을 적게 먹어야만　　瓜桃生冷宜少飡,

가을에 학질이나 이질 피할 수 있으리.　　免致秋來[46]成瘧痢.

심장이 왕성하고 신장이 쇠약하여 일절 금해야
하니　　心[47]旺腎衰宜切忌,

군자는 이를 절제할 수 있네.　　君子之人能[48]節制.

55　가을과……껴입으며 : 의복은 온도 변화에 따라 조금씩 더 입고 조금씩 벗어야 한다는 의미이다. 가을에
　　추위가 올 때 조금씩 더 입고 봄에 온도가 올라갈 때도 조금씩 덜 입어야 한다.

56　복음(伏陰) : 여름이 되어도 음기가 숨어 있어 서리나 우박이 내리는 현상.

[42]　來……加 : 저본에는 "辛可省但敎". 《遵生八牋·淸修妙論牋》에 근거하여 수정.

[43]　少 : 《遵生八牋·淸修妙論牋》에는 "大".

[44]　偏多無 : 《遵生八牋·淸修妙論牋》에는 "能調少".

[45]　水火 : 《遵生八牋·淸修妙論牋》에는 "冷水".

[46]　來 : 《遵生八牋·淸修妙論牋》에는 "冬".

[47]　心 : 《遵生八牋·淸修妙論牋》에는 "身".

[48]　君子之人能 : 《遵生八牋·淸修妙論牋》에는 "養腎固精當".

뱃속은 늘 채워두어 텅 비우지 말고, 常令充實勿空虛,

매일 먹는 음식에 기름기 많은 것 멀리해야 하리. 日食須當去油膩.

너무 배부르면 신(神)을 상하고 굶주리면 위(胃)를 상하며 太飽傷神飢傷胃,

너무 목마르면 혈을 상하고 기를 많이 상하지. 太渴傷血多傷氣.

굶주려서 먹고 목말라서 마실 때는 지나치지 말아야만 飢飡渴飮莫太過,

배가 불룩해져서 오는 심폐(心肺)의 손상 면할 수 있지. 免致膨脝損心肺.

취한 뒤 억지로 술 마시고 포식한 뒤 억지로 먹으면 醉後强飮飽强食,

이 몸에 병이 안 생길 수가 없네. 未有此身不生疾.

사람은 음식으로 삶을 기르는데, 人資飮食以養生,

과식하는 습관을 없애면 편안하고 쾌적하지. 去其甚者將安適.

식후에 100보 이상을 천천히 걷고 食後徐行百步多,

손으로 배꼽 주위 문질러 음식의 소화를 돕네. 手搓臍腹食消磨.

한밤중에는 영근(靈根, 혀)으로 청수(淸水, 침) 모아 삼키고 夜半靈根灌淸水,

단전의 탁한 기운을 가(呵) 해서 토해야 하지. 丹田濁氣切須呵.

음주는 성정을 도야할 수 있지만 飮酒可以陶性情,

너무 지나치게 많이 마셔서 병이 생기지 않도록 막아야 하네. 太飮過多防有病.

폐는 화개(華蓋)57로서 손상을 받으면 肺爲華蓋儻受傷,

기침이 나서 신(神)을 피로하게 하고 수명을 줄일 수 있지. 咳嗽勞神能損命.

삼가 소금으로 차 끓이지 말아야 하니 愼勿將鹽去點茶,

---

57 화개(華蓋) : 덮개. 오장 중에서 폐(肺)는 덮개와 같은 역할을 한다고 하여 화개라 불린다.

적군을 끌고 신장에 들어갈 일이 분명하기 때문 分明引賊入腎[49]家.
이라.

하초(下焦)[58]가 허하고 냉해져 사람이 마르게 되면 下焦虛冷令人瘦,

신장과 비장 상하니 병 더해지는 걸 막아야 하지. 傷腎傷脾防病加.

앉거나 누울 때 풍이 뇌(腦) 뒤로 들어가는 걸 막 坐臥防風來腦後,
아야 하니

뇌 속에 풍 들어가면 사람 오래 못 살지. 腦內入風人不壽.

또 취하고 배부른 채로 바람 속에 누우면 更兼醉飽臥風中,

풍이 몸에 붙자마자 재앙과 허물 되리라. 風纏着體成災咎.

기러기도 차례를 알고 개도 의(義)가 있으며 雁有序兮犬有義,

가물치도 북쪽으로 조아려 신하의 예(禮)를 아네. 黑鯉朝北知臣禮.

사람이 예와 의가 없이 도리어 그런 생물 먹으면 人無禮義反食之,

천지신명(天地神明)께서 끝내 기뻐하지 않으리라. 天地神明終[50]不喜.

몸 기르는 데는 오신채(五辛菜)를 절제해야 하는데 養體須當節五辛,

오신채를 절제하지 못하면 도리어 신(神)을 상하지. 五辛不節反傷神[51].

함부로 요동하여 허양(虛陽)[59]이 발동하지 않게 해 莫教引動虛陽發,
야 하니

정(精) 마르고 용모 야위면 병이 점차 침범하리. 精渴容枯病漸侵.

집에 있을 때나 밖에 있을 때나 不問在家并在外,

심한 비바람이나 천둥 번개나 비바람 만날 때 있지. 若遇迅雷風雨大.

이때는 얼른 단정하고 정숙하게 하늘의 위엄을 急須端肅畏天威,
두려워하면서

---

58 하초(下焦) : 위(胃)의 아랫부분에서 골반까지의 부분을 가리킴.

59 허양(虛陽) : 정혈이 부족하여 양기(陽氣)가 위로 떠오르는 병. 몹시 허약해진 남자에게 나타나는 성적 충
동이다..

[49] 腎 :《遵生八牋·淸修妙論牋》에는 "人".

[50] 神明終 :《遵生八牋·淸修妙論牋》에는 "鬼神俱".

[51] 神 :《遵生八牋·淸修妙論牋》에는 "身".

정실(靜室)에서 마음을 거두고 삼가 조심하여야 하네.　　靜室收心宜謹戒.

끌어 묶인 은애(恩愛, 사랑)로부터 자유롭지 못하니　　恩愛牽纏不自由,

얽매인 명리는 언제쯤 풀어놓겠는가?　　利名縈絆幾時休?

이를 풀어 놓으면 저절로 가정의 복이 있으리니　　放寬些子自家福,

중년의 이른 백발도 면하리라.　　免致中年早白頭.

정수리로 하늘 받치고 발로 땅 딛는 인간의 노릇이 쉬운 일이 아니니　　頂天立地非容易,

포식난의(飽食煖衣)[60]만 한다면 어찌 부끄럽지 않으리?　　飽食煖衣寧不愧[52]?

아무리 생각해도 이 큰 은혜에 보답할 길 없어　　思量無以報洪恩,

아침저녁으로 향불을 피우고 부지런히 참회만 할 뿐.　　晨夕焚香頻懺悔[53].

몸이 편안하고 오래도록 살면 그 복이 어떨까?　　身安壽永福如何?

마음속이 평온하여 선을 많이 행할 것이로다.　　胸次平夷積善多.

수명과 몸과 아울러 기운도 아껴야 할 것이니　　惜命惜身兼惜氣,

그대는 이 위생가(衛生歌)를 깊이 음미하시게.　　請君熟玩衛生歌.

손사막(孫思邈) 지음[61]　　孫眞人撰

60　포식난의(飽食煖衣) : 배부르게 음식을 먹고, 따뜻하게 옷을 입음. 《맹자(孟子)》〈등문공(滕文公) 상(上)〉에 "인간에게는 도리가 있다. 그런데 배불리 먹고 따뜻하게 입으면서 편안히 지내기만 하고 교육이 없으면 금수에 가까워지고 말 것이다.(人之有道也. 飽食煖衣, 逸居而無敎, 則近於禽獸.)"라는 구절이 있다.

61　《類修要訣》上〈孫眞人衛生歌〉(《壽養叢書》3, 11~14쪽);《遵生八牋》卷1〈淸修妙論牋〉上(《遵生八牋校注》, 23~24쪽).

[52]　愧 : 저본에는 "死". 오사카본·《遵生八牋·淸修妙論牋》에 근거하여 수정.

[53]　頻懺悔 :《遵生八牋·淸修妙論牋》에는 "拜天地".

5) 침상기(枕上記, 베갯머리 양생기) | 枕上記

새벽에는 죽 한 그릇,	侵晨一椀粥,
저녁밥은 부족한 듯 먹는다.	晩飯莫教足.
경양종(景陽鍾)[62] 울리면	撞動景陽鍾,
고치 36번.	叩齒三十六.
큰 추위와 큰 더위 피하고	大寒與大熱,
또한 색욕 탐하지 말라.	且莫貪色慾.
취하고 배부른 채로 성행위하지 말지니	醉飽莫行房,
그러면 오장 다 뒤집힌다네.	五臟皆翻覆.
쑥 태워 온몸 마구 쏘이기는	火艾謾燒身,
홀로 자는 것과 비교되네.[63]	爭如獨自宿.
앉거나 누울 때에 바람 맞지 말고	坐臥莫當風,
따뜻한 곳에서 자주 목욕하라.	頻於煖處浴.
배불리 먹은 뒤에는 100보 걷고	食飽行百步,
늘 손으로 배 문질러라.	常以手摩腹.
비늘 없는 물고기와	莫食無鱗魚,
여러 들짐승과 날짐승 고기 먹지 말라.	諸般禽獸肉.
저절로 죽은 들짐승과 날짐승의 고기	自死禽與獸,
먹으면 대부분 수명 재촉하지.	食之多命促.
흙과 나무로 형상 만들고	土木爲形像,
거기에 복을 구하면 은복(恩福)을 받을 것이리라.	求之有恩福.
아버지의 정(精)을 받고 어머니가 낳아주신 이 몸을	父精母生肉,

---

62 경양종(景陽鍾) : 종(鍾)의 이름. 중국 제(齊)나라 무제(武帝)가 이 종을 만들어 경양루(景陽樓)에 걸어놓고 시간에 맞추어 이 종을 치면 궁녀(宮女)들이 일찍 잠에서 깨어 단장을 했다고 전한다.

63 쑥……비교되네 : 혼자 자는 것이 쑥뜸으로 요란하게 몸을 보하는 것보다 낫다는 뜻이다. 《보양지》 권3 〈기거와 음식〉 "율시(律詩)" '여름'에는 "반드시 홀로 자면서 음기를 길러야 한다. 그렇게 하면 약을 복용하는 것보다 훨씬 낫다.(必須獨宿, 養陰, 尤勝服藥.)"라 했다.

어찌 차마 남북(南北)⁶⁴으로 가르리오.   那忍分南北.

목숨 아끼고 몸 아끼는 사람은   惜命惜身人,

육백(六白)⁶⁵이 옥처럼 빛나리라.   六白光如玉.

손사막 지음⁶⁶   孫眞人撰

6) 양생명(養生銘, 양생을 마음에 새기는 글)   養生銘

노여움 넘치면 기운을 치우치게 상하고,   怒盛偏傷氣,

생각 많으면 정신을 크게 상한다.   思多太損神.

신(神) 피곤하면 마음 쉬이 힘들어지고,   神疲心易役,

기(氣) 약하면 병 곧 따라온다.   氣弱病相親.

지나치게 슬퍼하거나 기뻐하지 말고,   勿使悲歡極,

음식 골고루 먹어야 한다.   當令飲食均.

밤늦도록 술 취하는 일 거듭 방지하고   再三防夜醉,

아침에 노여워하는 짓 가장 경계하라.   第一戒晨嗔.

조용한 밤에 천고(天鼓)⁶⁷ 울리고,   夜靜[54]鳴天[55]鼓,

새벽에 일어나 옥진(玉津, 침) 삼켜라.   晨興漱玉津.

그러면 요망하고 사악한 기운 나를 침범하기 어렵고,   妖邪難犯己,

정기(精氣)가 온몸에 절로 가득하리라.   精氣自全身.

만약 모든 병 없게 하려면   若要無諸病,

---

64 남북(南北) : 기가 둘로 나뉘어지는 상태, 곧 죽음을 말한다. 남(南)은 화(火), 북(北)은 수(水)로, 수화(水火)가 분리되면 사람의 몸은 생명을 다한다.

65 육백(六白) : 음양가(陰陽家)의 용어로, 구성(九星)의 하나. 구성에는 오황(五黃)·육백(六白)·구적(九赤)의 종류가 있다. 여기서는 인간의 수명을 점치는 별자리를 은유적으로 표현한 듯하다.

66 《東醫寶鑑》〈內景篇〉卷1 "身形" '先賢格言'(《原本 東醫寶鑑》, 77쪽) ; 《類修要訣》上 〈孫眞人枕上記〉(《壽養叢書》3, 18~19쪽).

67 천고(天鼓) : 도가(道家)의 양생법 중 하나. 위아래 치아를 맞부딪쳐 소리를 내는 고치(叩齒)와 같다.

[54] 夜靜 : 《東醫寶鑑·內景篇·身形》에는 "亥寢".

[55] 天 : 저본에는 "雲". 《東醫寶鑑·內景篇·身形》에 근거하여 수정.

늘 오신채를 절제하라. 常須節五辛.

신(神) 편안하게 하면 즐거움 맛보고, 安神當悅樂,

기(氣) 아끼면 화순(和純, 조화와 순수) 보호하리라. 惜氣保和純.

장수와 요절 운명에 맡기지 말라 壽夭休論命,

수행은 본디 사람에게 달려 있는 법. 修行本在人.

만약 이 이치 실천할 수 있다면 若能遵此理,

뜻밖에 진인 만날 수 있으리라.[68] 平地可朝眞.

손사막 지음[69] 孫眞人撰

7) 인도결(引導訣, 도인결) 引導訣

하늘을 한 번 우러러 손으로 밀어서 삼초 다스리면[70] 仰托一度理三焦,

좌간우폐(左肝右肺)[71]가 큰 독수리를 활로 쏘는 듯. 左肝右肺如射鵰.

동쪽 간을 홀로 밀어 서쪽 신장과 소통하게 하면 東肝單托西通腎,

오로(五勞) 회복되고 칠상(七傷) 조리되리. 五勞回顧七傷調.

놀던 물고기 꼬리치듯 심장과 소통하게 하고 游魚擺尾通心臟,

손으로 양발 당겨 허리 다스리지. 手攀雙足理於腰.

그런 다음 천고(天鼓) 36번 울리고 次鳴天鼓三十六,

양손으로 귀 막고 뒤통수 두드리네. 兩手掩耳後頭敲.

---

68 진인……있으리라 : 원문의 '가조진(可朝眞)'을 푼 것으로, 도교에서 진인(眞人)을 알현하는 것을 의미한다.

69 《東醫寶鑑》〈內景篇〉卷1 "身形" '先賢格言'(《原本 東醫寶鑑》, 77쪽) ; 《類修要訣》上〈許眞君引導訣〉(《壽養叢書》3, 30쪽).

70 하늘을……다스리면 : 《보양지》권4〈수진(몸의 수련)〉 "도인(導引)" '도인으로 병을 치료하는 여러 가지 방법-심복통을 치료하는 방법'의 하나인 탁천탑(托天搭)의 동작과 유사하다.

71 좌간우폐(左肝右肺) : 간(肝)과 폐(肺)의 기능적 특성을 이른 말. 간기(肝氣)는 주로 몸의 왼쪽 부위로 돌아서 위로 올라가고 폐기(肺氣)는 몸의 오른쪽 부위에서 아래로 내려간다는 것이다. 좌간폐우(左肝肺右)라고도 한다.

허손(許遜)[72] 지음[73]　　　　　　　　　<u>許眞君撰</u>

8) 장생인도가(長生引導歌)　　　　　**長生引導歌**

자시(子時)와 오시(午時)에 옷 풀고 따뜻한 방에서　　子午披衣煖室中,

신(神) 응집하고 단정히 앉아 동쪽 바라보네.　　凝神端坐面朝東.

마음 맑게 하고 눈 감고서 천고(天鼓) 울리되　　澄心閉目鳴天鼓,

36번의 소리 또한 똑같이 하지.　　三十六局聲亦同.

양손으로 뺨 문질러 붉은 윤기 고루 내며　　兩手向顋均赤澤,

손바닥 7번 비벼 두 눈 찜질하네.　　七回摩掌熨雙瞳.

반드시 알라. 기운 내뿜고 들이마시기 24번 하고　　須知吐納二十四,

혀로 화지(華池, 침)를 저어 3번 삼키고 마치는 과　　舌攪華池三嚥終.

정을.

손사막 지음[74]　　　　　　　　　<u>孫眞人撰</u>

9) 양생결(養生訣)　　　　　**養生訣**

밥 부드럽게 찌고　　軟蒸飯,

고기 푹 익혀라.　　爛煮肉.

국 따뜻하게 먹고　　溫羹湯,

요나 방석 두껍게 깔아라.　　厚氈褥.

술 적게 마시고　　少飮酒,

경계하며 자라.　　惺惺宿.

천천히 걷고　　緩緩行,

---

72 허손(許遜) : 239~374. 중국 동진(東晉)의 도사. 자는 경지(敬之), 존호는 허진군(許眞君)·허천사(許天師).
　점복술을 다룬《옥갑기(玉匣記)》와 기공도인술을 다룬《영검자(靈劍子)》등의 저술이 전한다. 사후 1,000
　년 정도 지난 원나라 때 도사 유옥(劉玉)이 그의 가르침을 체계화해서 도교 종파 정명도(淨明道)를 창시하
　고 조사(祖師)로 모셨다.

73 《類修要訣》上〈許眞君引導訣〉《壽養叢書》3, 30쪽).

74 《類修要訣》上〈長生引導訣〉《壽養叢書》3, 30~31쪽).

양주먹 쥐어라.	雙拳曲.
마음 비우고	虛其心,
배 채우라.[75]	實其腹.
귀로 들은 것 막고	喪其耳,
눈으로 본 것 잊어라.	忘其目.
이를 오래 행하면	久久行,
금단(金丹)[76]에 열이 나리라.	金丹熱.
소식(蘇軾) 지음[77]	**蘇東坡撰**

보양지 권제4 끝　　　　　　　　　葆養志卷第四

---

75 마음……채우라 : 《노자(老子)》 3장.

76 금단(金丹) : 도교 연단술(鍊丹術) 용어로, 내단(內丹)에서 수련을 통해 몸 안에 형성된 단(丹)을 말한다.

77 출전 확인 안 됨 ; 《珊瑚網》卷4〈法書題跋〉 "蘇玉局養老篇墨蹟"《文淵閣四庫全書》818, 555쪽).

5

보양지 권제5

葆養志 卷第五

임원십육지 56

林園十六志 五十六

I. 복식(약 음식 복용)

오곡은 몸뚱이를 채우지만 수명을 늘리지는 못하고, 백약은 병을 고치고 수명을 늘리지만 입맛을 맞추지 못한다. 몸뚱이를 채우면서 입맛에 맞는 음식은 속인(俗人)들이 진귀하게 여기는 것이고, 입에는 쓰지만 수명을 늘리는 약은 도인(道人)들이 보물로 여기는 바이다. 섭양에 잘못이 없으면서 겸하여 좋은 약을 복용하면 백년의 수명은 정해진 분수(分數)이다.

Ⅰ

복식(약 음식 복용)

服食

1. 약이(藥餌, 약과 약 음식)

藥餌

1) 총론

곡식을 먹는 자는 지혜롭고 총명하다. 광물을 먹는 자는 살지고 광택이 나며 늙지 않는데, 이를 5가지 광물[五石]¹로 단련한다고 이른다. 영지[芝]를 먹는 자는 수명을 늘리고 죽지 않으며, 원기(元氣)를 먹는 자는 땅이 그를 묻을 수 없고 하늘이 그를 죽일 수 없다. 그러므로 약을 먹는 자는 천지와 서로 짝이 되고 일월과 함께 나란하다. 《신농경(神農經)²》³

오곡은 몸뚱이를 채우지만 수명을 늘리지는 못하고, 백약은 병을 고치고 수명을 늘리지만 입맛을 맞추지 못한다. 몸뚱이를 채우면서 입맛에 맞는 음식은 속인(俗人)들이 진귀하게 여기는 것이고, 입에

總論

食穀者, 智慧聰明;食石者, 肥澤不老, 謂鍊五石①也. 食芝者, 延年不死;食元氣者, 地不能埋, 天不能殺. 是故食藥者, 與天地相配②, 日月竝列③.《神農經》

五穀充肌體, 而不能益壽;百藥療疾延年, 而不能甘口. 充肌甘口者, 俗人之所珍;苦口延年者, 道士之所

1　5가지 광물[五石] : 도교에서 연단에 사용하는 광물로, 단사(丹砂)·웅황(雄黃)·백반(白礬)·증청(曾青)·자석(慈石)을 말한다.

2　신농경(神農經) : 중국 최초의 약물학에 관한 전문서적으로 《신농본초(神農本草經)》·《본경(本經)》이라고도 불린다. 저자는 미상이다. 진한(秦漢) 시기에 발간된 것으로 보이며 일반 백성들이 오랫동안 의료 실천을 통하여 얻은 약물학적 성과를 총결한 것이다. 원서는 소실되었는데 그에 대한 기록은 《증류본초(證類本草)》 등의 책 속에서 찾아 볼 수 있다. 약물학 이론과 약물의 이명·성질과 맛·성장 환경 및 주치와 효능 등이 상세히 기록되어 있다.

3　출전 확인 안 됨 ; 《雲笈七籤》 卷32 〈雜修攝〉 "養性延命錄"(《中華道藏》 29-32, 267쪽).

①　石 : 저본에는 "色食". 《雲笈七籤·雜修攝·養性延命錄》에 근거하여 수정.

②　配 : 《雲笈七籤·雜修攝·養性延命錄》에는 "弊".

③　列 : 저본에는 "明". 《雲笈七籤·雜修攝·養性延命錄》에 근거하여 수정.

는 쓰지만 수명을 늘리는 약은 도인(道人)들이 보물로 여기는 바이다. 《양생연명록(養生延命錄)4》5

섭양에 잘못이 없으면서 겸하여 좋은 약을 복용하면 백년의 수명은 정해진 분수(分數)이다. 《양생연명록서》6

손사막(孫思邈)이 말했다. "사람 나이 마흔이 넘으면 좋은 약이 몸에서 떨어지지 않아야 한다." 신선이 말했다. "세상일은 끊어버릴 수 없고, 묘약(妙藥)을 자주 복용할 여력이 되지 않는다. 이 때문에 병이 나고, 이 상태가 오래되면 살이 빠지고 뼈가 약해진다." 《삼원연수참찬서(三元延壽蔘贊書)》7

2) 금석약(광물약)이 초목약보다 못하다

혹자가 물었다.

"금석으로 된 약은 땅에 묻어도 썩지 않고 삶아도 흐물흐물해지지 않으므로 복용하면 기를 군세게 하고 수명을 늘릴 수 있다. 초목으로 된 약은 썩기도 하고 흐물흐물해지기도 하니 튼튼히 지속시키는 공력[固駐之功]이 어디에 있겠는가?"

그에 답하였다.

寶. 《養生延命錄》

攝養無虧, 兼餌良藥, 則百年耆壽是⁴常分也. 《養生延命錄序》

孫眞人曰 : "人年四十以後, 美藥當不離於身." 神仙曰 : "世事不能斷絶, 妙藥不能頻服. 因茲致患, 歲月之久, 肉消骨弱." 《三元延壽書》

論金石不如草木

或問 : "金石之藥, 埋之不腐, 煮之不爛, 用能固氣, 可以延年. 草木之藥未免腐爛, 焉有固駐之功?"

曰 : "金石, 其性慓悍而無

4 양생연명록(養生延命錄) : 유·불·도 삼교에 능통했던 중국 남조의 양나라 학자 도홍경(陶弘景, 456~536)이 양생술을 요약해 놓은 《양성연명록(養性延命錄)》의 이명. 모두 6편으로 구성되어 있다.
5 《雲笈七籤》卷32 〈雜修攝〉 "養性延命錄"(《中華道藏》29-32, 269쪽).
6 《雲笈七籤》卷32 〈雜修攝〉 "養性延命錄"(《中華道藏》29-32, 267쪽).
7 《三元延壽蔘贊書》卷4 〈滋補有藥〉(《中華道藏》23-71, 763쪽).
④ 是 : 저본에는 "足". 《雲笈七籤·雜修攝·養性延命錄》에 근거하여 수정.

"금석은 성질이 사납고 모질면서도 진액의 윤기가 없어 젊을 때는 그 해를 모르다가 쇠약한 뒤에야 독이 발(發)한다. 젊을 때는 기가 성하여 금석을 제압할 수 있고 또 기가 매끈하여 금석을 밀어낼 수 있으므로 금석의 독이 발하지 않는다. 하지만 쇠약한 뒤에는 영위(榮衛)의 기가 깔깔해지고[澁], 깔깔해지면 금석을 밀어낼 수 없다. 기가 약하면 금석을 제압할 수 없어서, 금석이 통제가 없는 상태에서 돌아다니면 머물러 적(積)[8]이 되므로 이 때문에 큰 병이 생긴다.

초목의 약을 부지런히 복용하면 약력이 서로 끌어들여 세월이 오랜 뒤에는 반드시 큰 이로움을 얻는다. 무릇 치료약은 병 고치는 일을 효능으로 삼고, 튼튼히 지속시키는 약[固駐之方]은 몸이 편안해지는 일을 효험으로 삼는다. 몸과 마음이 안녕하면 수명은 날로 길어질 것이다."《보생요록(保生要錄)》[9]

3) 기 복용하는 방법

3-1) 월정(月精, 달의 정기)을 흡입한다(嚥月精)

운급칠첨(雲笈七籤) [10] 달이 처음 뜰 때, 중천일 때, 질 때, 달을 향해 바로 서서 호흡을 8번 멈추고, 고개를 들고 월정을 8번 흡입하여 음기를 기른다. 부인이 월정을 흡입하면 음정(陰精, 음의 정기)이 성하여

津液之潤, 盛壯時, 未見其害, 及其衰弱, 毒則發焉. 夫壯年則氣盛而能制石, 滑則能行石, 故不發也. 及其衰弱, 則榮衛氣澁, 澁④則不能行石, 弱則不能制石, 石⑤無所制而行者留積, 故有大患焉.

草木之藥, 服之不倦, 勢力相摟⑥, 積年之後, 必獲大益. 夫攻療之藥, 以疾差而見功;固駐之方, 覺體安而爲效. 形神既寧, 則壽命日永矣."《保生要錄》

服氣方

嚥月精

雲笈七籤 月初出時、月中時、月入時、向月正立, 不息八通, 仰頭嚥月精八咽之, 令陰氣長. 婦人嚥之,

---

8 적(積) : 몸에 생기는 이물질과 덩어리를 이르는데 현대적 의미에서 양성 혹은 악성 종양을 모두 말함.

9 《保生要錄》〈論藥食門〉 "辨服金石"《中華道藏》23-67, 711~712쪽).

10 《雲笈七籤》卷34〈雜修攝〉"嚥月精法"《中華道藏》29-34, 285쪽).

④ 澁 : 저본에는 없음.《保生要錄·論藥食門·辨服金石》에 근거하여 보충.

⑤ 石 : 저본에는 없음.《保生要錄·論藥食門·辨服金石》에 근거하여 보충.

⑥ 摟 : 저본에는 "接".《保生要錄·論藥食門·辨服金石》에 근거하여 수정.

애기 길[子道]이 열린다.

陰精盛, 子道通.

【안 수양가의 복식법(服食法)에 다음과 같은 법이 있다. 즉 눈을 감고 존상(存想)[11]하면서 왼쪽 눈으로 해의 기운을 내고, 오른쪽 눈으로 달의 기운을 내어 황영의 술[黃英之醴][12]을 화생(化生)시키고 입 안으로 흘러내리면서 이것을 9번 삼키는 법이다. 또 안개를 복용하고 삼기(三氣)[13]를 복용하며 5성(五星)[14]을 복용하는 법이 있다. 이들은 모두 존상의 방법으로 기를 단련하는 술법이지, 진짜 일월과 5성의 기를 흡입하여 복용하는 것이 아니다. 그러므로 여기서는 모두 기록하지 않는다】[15]

【案 修養家服食法, 有閉目存左目中出日, 右目中出月, 化生黃英之醴, 下流口中, 九咽之之法. 又有服霧、服三氣、服五星之法, 皆存想鍊氣之術, 非眞嚥服日月五星之氣也. 今竝不錄】

3-2) 6천기(六天氣, 6가지 천기)

능양자명경(陵陽子明經)[16][17] 봄에는 아침노을[朝霞]을

六天氣

陵陽子明經 春食朝霞⑦,

---

11 존상(存想) : 체내의 신(神)과 교감을 얻어 불사를 실현하려는 방법. 도교의 점진적인 수양법인 재계(齋戒)·안처(安處)·존상(存想)·좌망(坐忘)·신해(神解)의 하나이다. 내관(內觀)·존시(存視)라고도 한다.

12 황영의 술[黃英之醴] : 황국화로 담근 술인데, 여기서는 그와 같은 좋은 향과 맛을 가지면서 입안에 생성된 침을 상징한다.

13 삼기(三氣) : 도교용어로, 태초(太初)·태시(太始)·태소(太素)의 기운 또는 태음(太陰)·태양(太陽)·중화(中和)의 기운을 말한다. 청기(靑氣), 백기(白氣), 적기(赤氣)라고도 한다.

14 5성(五星) : 금(金)·목(木)·수(水)·화(火)·토(土)의 기운을 주관하는 다섯 별들.

15 수양가의……않는다 : 기를 복용하는 것은 다만 존상의 술법일 뿐이므로 오성과 삼기의 실체가 있는 것처럼 말하는 것은 오해의 소지가 다분하므로《보양지》에서는 채록하지 않았다는 입언이다. 양생 중에서 복식의 기준을 엄격히 정하고 있다. 그런데 다른 곳에서 산견되는 바를 종합해보면 풍석은 몸에 좋은 여러 가지 방법을 권면하는 일을 인정하면서도 그것이 과장되었을 때 일어나는 혼란의 상황을 엄하게 경계하는 모습을 함께 보여주었고, 결국에는 양생의 근본과 그 기록의 본뜻을 잘 추려서 이해하게끔 정확한 안목을 키우도록 친절하고 상세하게 안내하고 있다.

16 능양자명경(陵陽子明經) : 중국 서한(西漢)시대에 능양현(陵陽縣)에 살았다고 전해지는 신선 능양자명(陵陽子明)의 말을 기록한 책으로 보인다.《중화도장(中華道藏)》45, 337쪽 "삼동군선록(三洞群仙錄)"에 "능양은 밤의 기운을 먹고 만경은 아침 해의 기를 마신다.(陵陽沆瀣, 曼卿流霞.)"라는 기록이 보인다. 만경(曼卿)도 신선 이름이다.

17 출전 확인 안 됨 ;《證類本草》卷5〈玉石部下品總九十三種〉"三十五種陳藏器餘"(《文淵閣四庫全書》740, 209쪽);《東醫寶鑑》〈湯液篇〉卷1 "水部" '六天氣'(《原本 東醫寶鑑》, 680쪽).

⑦ 霞 :《證類本草·玉石部下品總九十三種·三十五種陳藏器餘》에는 "露".

먹는데, 이는 해가 뜨려 할 때에 동쪽을 향해 있는 기운이다. 가을에는 비천(飛泉, 폭포수)을 먹는데, 이는 해가 지려 할 때 서쪽을 향해 있는 기운이다. 겨울에는 항해(沆瀣)[18]를 먹는데, 이는 북방의 한밤중 기운이다. 여름에는 정양(正陽, 정오의 기)을 먹는데, 이는 남방의 한낮 기운이다. 그리고 하늘의 검은 기운과 땅의 누런 기운을 합하여 이것이 6기가 된다.

日欲出時, 向東氣也; 秋食飛泉, 日欲沒時, 向西氣也; 冬食沆瀣, 北方夜半氣也; 夏食正陽, 南方日中氣也. 竝天地玄[8]黃之氣, 是爲六氣.

천금방(千金方) [19] 사람이 갑자기 위급하고 절박한 상황에 처했을 때 거북이나 뱀처럼 복기(服氣)[20]하면 죽지 않는다. 어떤 옛사람이 굴 속에 떨어졌는데, 그 속에 있던 뱀이 매일 복기하는 것을 보고 그 사람 또한 뱀을 따라 매일 복기했다. 그러자 몸이 점점 가벼워져 경칩이 되는 날 사람과 뱀이 동시에 뛰쳐나왔다.

千金方 人有急難阻絶之處, 用之如龜蛇服氣, 不死. 昔人墮穴中, 其中有蛇, 每日服氣, 其人依蛇, 日日服之, 漸覺體輕, 啓蟄之後, 人與蛇, 一時躍出焉.

포박자(抱朴子) [21] 봄에는 동방의 청기(靑氣)를 먹고, 여름에는 남방의 적기(赤氣)를 먹고, 가을에는 서방의 백기(白氣)를 먹고, 겨울에는 북방의 흑기(黑氣)를 먹으며, 계월(季月)[22]에는 중앙의 황기(黃氣)를 먹는다면 큰 효과를 본다.[23] 복기를 잘하면 기갈(飢渴, 굶주

抱朴子 春食東方靑氣, 夏食南方赤氣, 秋食西方白氣, 冬食北方黑氣, 四季食中央黃氣, 大有效. 善服氣者, 可以避飢渴, 可以延年

---

18 항해(沆瀣) : 북방의 깊은 밤중의 수기(水氣) 또는 이슬기운. 신선이 먹는다고 한다.

19 출전 확인 안 됨;《證類本草》, 위와 같은 곳;《東醫寶鑑》, 위와 같은 곳.

20 복기(服氣) : 기를 복용함. 호흡법을 말한다.

21 《抱朴子》〈內篇〉卷15 "雜應"(《中華道藏》25-1, 63쪽);《本草綱目》卷52〈人部〉"人氣", 2959쪽.

22 계월(季月) : 사계절의 마지막 달. 즉, 음력 3·6·9·12월.

23 봄에는……본다 : 봄은 방위로는 동(東)쪽이고, 색으로는 청(靑)색에 해당하고, 여름은 방위로는 남(南)쪽이고 색으로는 적(赤)색에 해당하며, 가을은 방위로는 서(西)쪽이고, 색으로는 백(百)색에 해당하며, 겨울은 방위로는 북(北)쪽이고, 색으로는 흑(黑)색에 해당하며, 계월(季月)은 방위로는 중앙이고 색으로는 황(黃)색에 해당한다.

[8] 地玄 :《證類本草·玉石部下品總九十三種·三十五種陳藏器餘》에는 "玄地".

림과 갈증)을 피할 수 있고, 수명을 늘릴 수 있고, 온갖 병을 고칠 수 있고, 온역(瘟疫, 전염병)이 도는 곳에 들어가도 무사하다.

命, 可以治百病, 可以入瘟疫.

3-3) 인기(사람 기운)

人氣

본초강목(本草綱目) [24] 하원(下元, 하초의 원기)이 허랭할 때는 날마다 남자아이나 여자아이를 시켜 때맞춰 옷을 사이에 두고 품어 배꼽으로 기를 진입시키면[25] 매우 좋다.

本草綱目 下元虛冷, 日令童男女, 以時隔衣進氣臍中, 甚良.

의가(醫家)가 말하는 '원기상화(元氣相火)[26]'와 선가(仙家)가 말하는 '원양진화(元陽眞火)'는 같은 것이다. 하늘에 이 화(火)가 없으면 사물을 낳을 수 없고, 사람에 이 화가 없으면 생명이 있을 수 없다.

醫家所謂"元氣相火"、仙家所謂"元陽眞火", 一也. 天非此火不能生物, 人非此火不能有生.

그러므로 노인이나 허약한 사람이 14살 전의 소음(少陰)[27]과 동침하여 그 훈증을 받으면 가장 이로운 것이다. 두보(杜甫)의 시에, "노인을 따뜻이 하는 것은 연옥(燕玉)[28]이 필수라네."[29]라 했으니, 바로 이 뜻이다. 다만 여아와 음행(淫行)을 말아야 하니, 음행을 하면 보배를 잃고 명(命)을 재촉할 뿐이다.

故老人、虛人, 與二七以前少陰同寢, 藉其薰蒸, 最爲有益. 杜甫詩云"煖老須燕玉", 政此意也. 但不可行淫, 以喪寶促生耳.

요즘 술사(術士)들이 어린 여자아이로 하여금 비규(鼻竅, 콧구멍)·제중(臍中, 배꼽)·정문(精門, 음문)에

近時術家, 令童女以氣進入鼻竅、臍中、精門, 以通

---

24 《本草綱目》卷52〈人部〉"人氣", 2958~2959쪽.

25 남자아이나……진입시키면 : 남자아이나 여자아이의 기운을 나의 배꼽으로 인입시키는 것이다. 예를 들어 꼭 껴안는 방법으로 한다.

26 원기상화(元氣相火) : 우리 몸의 가장 근원이 되는 생명의 기운.

27 소음(少陰) : 어린 여자아이를 말하며, 주역 8괘의 손(巽)괘에 해당한다.

28 연옥(燕玉) : 나이 어린 미인의 별칭.

29 노인을……필수라네 :《補注杜詩》〈獨坐二首〉(《文淵閣四庫全書》1069, 596쪽).

기를 진입시켜 삼전(三田, 상중하 단전)을 통하게 하는 데, 이를 '접보(接補, 접촉하여 기를 보충함)'라 한다. 이 또한 작은 방법이나 옳은 길을 얻지 못하면 도리어 병이 생긴다.

4) 물 복용하는 방법

4-1) 추로수(秋露水)

본초습유(本草拾遺) [30] 가을이슬[秋露]이 많을 때 쟁반으로 이를 채취하여 엿처럼 고아 먹으면 수명을 늘리고 주림을 없앤다.

온갖 풀잎 끝부분의 가을이슬이 마르지 않았을 때 채취한다. 온갖 병을 낫게 하고, 소갈(消渴)을 멈추며, 몸을 가볍게 하고, 주리지 않게 하며, 피부를 밝고 윤기있게 한다.

4-2) 옥정수(玉井水)

본초습유 [31] 옥이 나는 여러 산의 계곡에서 솟아나는 물이 모두 이것이다. 산에 옥이 있기에 초목이 윤기있고, 몸에 옥이 있기에 모발이 검다. 옥이 귀중한 보물인데다 물 또한 매우 영험한 것이므로 수명을 늘릴 가망이 있는 것이다. 요즘 산에 가까이 사는 사람들 중에 장수하는 자가 많은 이유도 아마 옥과 물의 효과가 아니겠는가? 이 옥정수를 오래 복용하면 신선처럼 되어 몸에 윤이 나고 모발이 세지 않는다.

三田, 謂之"接補". 此亦小法, 不得其道者, 反以致疾.

服水方

秋露水

本草拾遺 秋露繁時, 以槃收取, 煎如飴, 令人延年不饑.

百草頭上秋露, 未晞時收取, 愈百疾, 止消渴, 令人身輕, 不饑悅澤.

玉井水

又 諸有玉處山谷水泉, 皆是也. 山有玉而草木潤, 身有玉而毛髮黑. 玉旣重寶, 水又靈長, 故有延生之望. 今人近山多壽者, 豈玉石津液之功乎? 久服神仙, 令人體潤, 毛髮不白.

---

30 출전 확인 안 됨;《本草綱目》卷5〈水部〉"露水", 390쪽.
31 출전 확인 안 됨;《本草綱目》卷5〈水部〉"玉井水", 402쪽.

4-3) 유혈수(乳穴水)

乳穴水

본초습유 [32] 유혈수는 종유석동굴이 있는 곳 가까이서 흘러나오는 샘물이다. 많은 사람들이 이 물을 마시거나 술을 담는데, 큰 이로움이 있다. 농도가 진한 것은 무게를 달아보면 다른 물보다 무겁다. 끓여보아서 위에 소금꽃이 피는 것이 진짜 유액(乳液, 탄산칼슘이 녹아든 물)이다. 오래 복용하면 살이 찌고 강건해지며 밥을 잘 먹게 하고 몸에 윤기가 흐르며 늙지 않으니, 종유(鍾乳)[33]와 그 효험이 같다.

又 近乳穴處流出之泉也. 人多取水作飲釀酒, 大有益. 其水濃者, 秤之, 重於他水. 煎之, 上有鹽花, 此眞乳液也. 久服, 肥健人, 能食, 體潤不老, 與鍾乳同功.

식물본초(食物本草) [34] 이것으로 밥을 짓거나 술을 빚으면 매우 이롭다.

食物本草 取以作飯及釀酒, 大有益.

4-4) 정화수(井華水)

井華水

청서필담(清暑筆談) [35] [36] 새벽에 일어나 갓 길은 우물물을 깨끗한 그릇에 담고 몇 번 끓어오르도록 데운 뒤, 천천히 마시면서 입안을 헹구어 의식적으로 내려보내는데, 이를 '진일음자(眞一飲子)'라 한다. 대개 천일(天一)이 물을 낳고,[37] 사람의 야기(夜氣)[38]는 자시

清暑筆談 晨起, 取井水新汲者, 傅淨器中, 熟數沸, 徐啜徐嗽, 以意下之, 謂之 "眞一飲子". 蓋天一生水, 人夜氣生于子. 平朝, 穀氣

---

32 출전 확인 안 됨 ;《本草綱目》卷5〈水部〉"乳穴水", 402쪽.

33 종유(鍾乳) : 석회동굴의 천장이나 벽에 매달려 있는 탄산칼슘으로 이루어진 동굴 침전물. 관(管) 혹은 원추형의 모양을 하는 것이 일반적이다. 폐(肺)를 따뜻하게 하고 양기(陽氣)를 기르고 천식(喘息)을 그치게 하며, 눈을 밝게 하는 등 정(精)을 더하고 기(氣)를 보익(補益)하는 효능이 있다.

34 《本草綱目》卷5〈水類〉"乳穴水", 403쪽.

35 청서필담(清暑筆談) : 중국 명나라 육수성(陸樹聲, 1509~1605)이 지은 필기류(筆記類)의 책이다.

36 출전 확인 안 됨 ;《格致鏡原》卷9〈坤輿類〉5 "井"(《文淵閣四庫全書》1031, 107쪽).

37 천일(天一)이……낳고 : 천일은 복희(伏羲)의 하도(河圖)에서 그려진 수로 북쪽의 1을 천일이라고 하여 수(水)를 관장하며 반대방향의 남쪽 2를 지이(地二)라고 하며 화(火)를 관장한다. 하늘에서 내리는 물이 생명의 근원임을 상징한다. 중국의 음양서인《육임대전(六壬大全)》에서 생하는 숫자로, 천일생수(天一生水)·지이생화(地二生火)·천삼생목(天三生木)·지사생금(地四生金)·천오생토(天五生土)가 오행상생(五行相生)의 수라고 했다.

38 야기(夜氣) : 사람의 깨끗하고 맑은 기운.

(子時, 오후 11시~오전 1시)에 생긴다. 아침에 곡기가 들어가기 전 뱃속이 비어 있을 때 복용하면 오래 쌓인 담음(痰飲)을 제거하고 몸에 스며서 운화(運化)의 근원을 돕는다.

未受, 胃藏沖虛, 服之, 能蠲宿滯痰⑨, 滲以佐化源.

4-5) 단사수(丹砂水)

丹砂水

포박자 39 임원현(臨沅縣)40의 요씨(廖氏) 가문이 대대로 장수하다가, 나중에 이사한 뒤로는 자손들이 많이 요절하였다. 다른 이가 그 고택에 살았더니, 그들은 또 대부분 장수하였다. 우물물의 색이 붉은 것을 이상히 여겨 파보니, 옛사람들이 묻어 놓은 단사(丹砂) 수십 곡(斛, 10두)을 발견했다. 그들은 이 물을 먹어서 장수한 것이었다.

抱朴子 臨沅⑩縣 廖⑪氏家, 世世壽考, 後徙去, 子孫多夭折. 他人居其故宅, 復多壽考. 疑其井水赤, 乃掘之, 得古人埋丹砂數十斛. 飲此水, 得壽也.

4-6) 국화수(菊花水)

菊花水

형주기(荊州記) 41 42 남양현(南陽縣)43 북쪽으로 8리 쯤 되는 곳에 국수(菊水)가 있는데, 그 수원지 근처에 향기로운 국화가 가득 피어 있어 물이 매우 달고 향기롭다. 또 거기에 30집이 있지만 따로 우물은 파지 않고 이 물을 먹는다. 오래 사는 자는 120~130세를

荊州記 縣北八里, 有菊水, 其源旁悉芳菊, 水極甘馨. 又中有三十家, 不復穿井, 卽飲此水. 上壽百二十三十, 中壽百餘,

---

39 《抱朴子》〈內篇〉 卷11 "仙藥"(《中華道藏》 25-1, 48쪽).

40 임원현(臨沅縣) : 중국 호남성(湖南省) 북부에 해당되는 지역으로, 진(秦)나라 때 설치되었고, 동한(東漢) 때는 무릉군(武陵郡), 남송(南宋) 이후 상덕(常德)이라고 불렀다.

41 형주기(荊州記) : 중국 남조 유송(劉宋)의 성홍지(盛弘之, ?~?)가 집필한 책으로, 형주 지방의 지리와 빼어난 경치를 문학적으로 기술한 책.

42 《說郛》 卷61上 〈荊州記〉(《文淵閣四庫全書》 879, 294쪽).

43 남양현(南陽縣) : 중국 하남성(河南省) 남양시(南陽市) 일대.

⑨ 痰 : 저본에는 "淡". 《格致鏡原·坤輿類·井》에 근거하여 수정.

⑩ 沅 : 저본에는 "阮". 《抱朴子·內篇·仙藥》에 근거하여 수정.

⑪ 廖 : 저본에는 "廫". 오사카본·《抱朴子·內篇·仙藥》에 근거하여 수정.

살고, 보통은 100여 세를 살며, 70세는 요절한 것으로 여긴다.

七十者猶以爲夭!

의학정전(醫學正傳) [44] 촉(蜀)[45] 땅에 장수원(長壽源)[46]이 있는데, 그 수원지에는 국화가 많아 흐르는 물의 주변 모두 국화꽃 향기가 가득하다. 그 물을 마시는 거주인들이 모두 200~300세를 산다. 그러므로 도잠(陶潛)[47]을 따르는 사람[48]은 국화 심기를 좋아하며, 그 물에 몸을 담그고 차를 끓여 먹어서 수명을 늘리고자 하였다.

醫學正傳 蜀中有長壽源, 其源多菊花而流水四畔, 皆菊花香. 居人飮其水者, 壽皆二三百歲. 故陶靖節之流好植菊花, 浸水烹茶, 期延壽也.

4-7) 구기수(枸杞水)

도경본초(圖經本草) [49] 봉래현(蓬萊縣)[50]의 남구촌(南丘村)에 구기자가 많다. 그 마을 사람 중에는 장수하는 자가 많은데, 이 또한 그 수토(水土)의 기운을 먹고 마시기 때문에 그런 것이리라. 또 윤주(潤州)[51] 개원사(開元寺)[52]의 큰 우물 옆에는 구기자가 자라는데, 세월이 오래 되었다. 그곳의 토박이들이 이 우물을

枸杞水

圖經本草 蓬萊縣 南丘村多枸杞. 其鄕人多壽, 亦飮食其水土之氣使然. 又潤州 開元寺大井旁生枸杞, 歲久. 土人目爲"枸杞井", 云飮其水甚益人也.

---

44 《醫學正傳》卷1〈醫學或問〉, 10쪽.

45 촉(蜀) : 중국 사천성(四川省) 일대의 옛 이름.

46 장수원(長壽源) : 중국 사천성(泗川省) 성도시(成都市) 무후구(武侯區)에 있던 수원지.

47 도잠(陶潛) : 365~427. 중국 동진(東晉)의 관료·시인. 자는 연명(淵明), 호는 오류선생(五柳先生), 시호는 정절(靖節). 자연스러운 시풍으로 당대(唐代)의 맹호연(孟浩然)·왕유(王維) 등 많은 시인들에게 영향을 주었다. 저서로 《오류선생전(五柳先生傳)》·《도화원기(桃花源記)》·《귀거래사(歸去來辭)》 등이 있다.

48 도잠(陶潛)을……사람 : 벼슬을 버리고 고향으로 돌아간 전원시인(田園詩人)이자 향촌의 이상향을 꿈꾼 도잠을 따르는 사람들.

49 출전 확인 안 됨 ; 《本草綱目》卷36〈木部〉"枸杞", 2114쪽.

50 봉래현(蓬萊縣) : 중국 산동성(山東省) 봉래시(蓬萊市) 일대.

51 윤주(潤州) : 중국 수(隋)나라 때 지금의 강소성(江蘇省) 전강현(鎭江縣)에 두었던 주 이름.

52 개원사(開元寺) : 중국 강소성(江蘇省) 윤주(潤州)에 있던 절 이름. 구기자나무가 많기로 유명하다.

'구기정(枸杞井)'이라 부르는데, 그 물을 마시면 사람에게 매우 이롭다고 한다.

5) 금석(金石, 광물) 복용하는 방법　　　服金石方

5-1) 금설(金屑, 금가루)　　　金屑

명의별록(名醫別錄) 53 정(精)과 신(神)을 진정시키고, 골수를 굳세게 하며, 오장의 나쁜 기운을 뚫어준다. 복용하면 신선이 된다.

名醫別錄 鎭精神, 堅骨髓, 通五藏邪氣. 服之, 神仙.

본초연의(本草衍義) 54 생금(生金)은 사람을 죽인다. 정련하여 가루를 만드는 과정을 거치지 않으면 쓸 수 없다.

本草衍義 生金殺人. 若不經鍛屑, 卽不可用.

5-2) 금장(金漿, 금액)　　　金漿

본초습유 55 장생하여 신선이 된다. 오래 복용하면

本草拾遺 長生神仙. 久

금가루

---

53 《名醫別錄》中品卷2〈金屑〉, 99쪽 ;《本草綱目》卷8〈金石部〉"金", 460쪽.
54 《本草衍義》卷5〈金屑〉, 27쪽 ;《本草綱目》, 위와 같은 곳.
55 출전 확인 안 됨 ;《本草綱目》, 위와 같은 곳.

장 속이 온통 금색이 된다.

服, 腸中盡爲金色.

본초강목 [56] 금은 옛 처방에서 잘 안 쓰였는데 오직 복식가(服食家)들이 언급했다. 회남공(淮南公)[57]의 《36수법(三十六水法)》[58]에도 액체로 변화시켜 복용한다고 한다.[59] 갈홍(葛弘)의 《포박자(抱朴子)》에, "황금을 먹는 것은 금액(金液)을 먹는 것에 비길 바가 못 된다."[60]라 했다. 그 방법들은 이렇다. 돼지 등짝의 가죽·지방과 식초로 금을 100번 제련하면 금이 부드럽게 된다. 또는 저근백피(樗根白皮)[61]로 금을 수치하거나, 또는 모형주(牡荊酒)[62]와 자석(磁石)으로 금을 녹여서 물을 만들거나, 웅황(雄黃)[63]·자황(雌黃)[64]을 합해 약이(藥餌)를 만드는데, 이것을 복용하면 모두 지선(地仙)[65]이 될 수 있다.

本草綱目 金古方罕用, 惟服食家言之. 淮南《三十六水法》, 亦化爲漿服餌. 葛洪《抱朴子》言 : "餌黃金, 不亞于金液". 其法, 用豕負革、肪, 苦酒鍊之百遍卽柔, 或以樗皮治之, 或以牡荊酒、慈石消之爲水, 或以雄黃、雌黃合餌, 皆能地仙.

56 《本草綱目》卷8〈金石部〉"金", 461쪽.

57 회남공(淮南公) : 중국 진(秦)나라 진시황 때의 선인인 선문자(羨門子)로 추정된다.

58 36수법(三十六水法) : 광물을 즙으로 녹여 복용하는 법을 기록한 방술서. 저자는 미상이다. 대략 중국 위진남북조(魏晉南北朝)시대 때 쓰여진 것으로 알려져 있다. 각종 황금을 비롯한 여러 광물들을 초석(硝石)·토끼피·백반·단사·자석(磁石) 등의 물질과 섞어 대나무통에 보관하거나 땅속에 묻어두어 광물을 즙으로 변화시켜 복용하는 방법을 기록한 책이다.

59 액체로……한다 : 《36수법(三十六水法)》(《중화도장(中華道藏)》18, 247~250쪽)에 구체적으로 나온다. 《중화도장》에는 저자 미상으로 기록되어 있는데, 본문에 회남(淮南)이 붙어 있는 것을 보면 회남공이 지은 것으로 알려졌던 듯하다.

60 황금을……된다 : 《抱朴子》〈內篇〉卷4 "金丹"(《中華道藏》25, 19쪽).

61 저근백피(樗根白皮) : 소태나무과 식물인 가죽나무의 뿌리껍질을 말린 것. 봄에 뿌리껍질을 벗겨 햇볕에 말린다. 맛은 쓰고 성질은 서늘하다. 위경(胃經)·대장경(大腸經)·간경(肝經)에 작용한다. 열을 내리고 습사(濕邪)를 없애며 지사(止瀉)와 지혈(止血)작용을 한다. 저피(樗皮)·취춘피(臭椿皮)라고도 한다.

62 모형주(牡荊酒) : 마편초과 식물인 모형(牡荊)의 열매로 만든 술. 모형은 풍사(風邪)를 몰아내고 담(痰)을 삭이며 치밀어 오르는 기(氣)를 내리며 통증을 완화시켜주는 약재로 쓰인다.

63 웅황(雄黃) : 황화물 한약으로서 삼류화비소를 주성분으로 하는 광석. 맛은 달고 쓰며 성질은 평(平)하고 독이 있다. 간경(肝經)에 작용한다. 습사(濕邪)를 없애고 가래를 삭이며 기생충을 죽이고 독을 제거한다.

64 자황(雌黃) : 비소와 유황의 화합물로 선명한 황색을 띠는데, 주료 안료(顔料)나 약재로 사용된다. 습한 것을 조(燥)하게 하고 살충(殺蟲), 해독(解毒)하는 효능이 있다.

65 지선(地仙) : 지상의 선계(仙界)에 살면서 불로장생하는 신선.

또 말하길 "단사(丹砂)가 성금(聖金)[66]으로 변화된 것을 복용하면 신선이 되어 하늘로 올라간다."라 하였다. 이 말은 대개 진시황(秦始皇)·한무제(漢武帝) 때부터 방사(方士)들이 전해 오던 것이다. 혈육의 몸은 수곡(水穀)에 의지하여 이루어진 것인데, 어찌 금석 같은 무거운 물건을 오랫동안 장위(腸胃)에 쌓아두고 견딜 수 있겠는가? 이는 삶을 구하려다 삶을 망치는 짓이라, 어리석다 할 만하다!

又言 : "丹砂化爲聖金, 服之昇仙." 其說蓋自秦皇、漢武時, 方士傳流而來, 豈知血肉之軀, 水穀爲賴, 可能堪此金石重墜之物, 久在腸胃乎? 求生而喪生, 可謂愚矣!

5-3) 은설(銀屑, 은가루)

銀屑

명의별록 [67] 오장을 편안하게 하고, 심신(心神)을 진정시키고, 경계(驚悸)[68]를 멈추며, 나쁜 기운을 없앤다. 오래 복용하면 몸을 가볍게 하고 수명을 늘린다.

名醫別錄 安五藏, 定心神, 止驚悸, 除邪氣. 久服, 輕身長年.

본초강목 [69] 《태청복련서(太淸服煉書)》[70]에 말했다. "은은 서방 신음(辛陰)[71]의 신기(神氣)를 품고 있으며 그 정(精)이 맺혀 형질이 된 것이다. 그 성질은 강려(剛戾, 강렬)하므로 복용하면 간을 상할 수 있다."[72] 일

本草綱目 《太淸服煉[12]書》言 : "銀稟西方辛陰之神, 結精爲質, 性剛戾, 服之能傷肝." 凡言銀化水, 服,

---

66 성금(聖金) : 단사가 변화하여 생긴 금이 신묘한 기운이 있음을 표현한 말이다. 정련(精錬)하지 않은, 캐낸 그대로의 금을 생금이라고 한 것과 비교된다. 원문의 "丹砂化爲聖金, 服之昇仙."은 "朱砂爲金, 服之昇仙."이라고 표현되기도 한다.

67 《名醫別錄》中品卷2〈銀屑〉, 99쪽 ; 《本草綱目》卷8〈金石部〉"銀", 462쪽.

68 경계(驚悸) : 놀라서 심장이 두근거리는 증상.

69 《本草綱目》卷8〈金石部〉"銀", 463쪽.

70 태청복련서(太淸服煉書) : 태청복련령사법(太淸服煉靈砂法). 좋은 단약을 제조하는 데 필요한 재료와 그 방법을 기록한 책. 《증류본초(證類本草)》권4〈옥석부(玉石部)〉"생은(生銀)" '태청복련령사법(太淸服煉靈砂法)'에 인용되어 있다.

71 신음(辛陰) : 천간을 오행에 배치하면 갑을목(甲乙木), 병정화(丙丁火), 무기토(戊己土), 경신금(庚申金), 임계수(壬癸水)가 되며 각각 앞의 천간은 양에, 뒤의 천간은 음에 해당한다. 동서남북의 방위는 동목, 서금, 남화, 북수, 중토로 정해진다. 따라서 은은 서방의 금(金), 신음(辛陰)과 연결된다고 하였다.

72 은의……있다 : 《證類本草》卷4〈玉石部〉"太淸服鍊靈砂法"(《文淵閣四庫全書》740, 147쪽).

12 煉 : 저본에는 "鍊". 《本草綱目·金石部·銀》에 근거하여 수정.

은가루

반적으로 은이 물로 변화하며, 그것을 복용하면 지선(地仙)이 될 수 있다는 말은 모두 방사들의 잘못된 말이다.

可成地仙者, 皆方士謬言也.

5-4) 오은(烏銀, 유황으로 검게 그을린 은)

본초습유 [73] 요즘 사람들이 유황으로 은을 훈증할 때에 이틀 밤을 재우고 쏟아내면 은의 색깔이 검게 된다. 공인(工人)들은 이를 그릇 만드는 데 쓴다. 양생가는 이 그릇에 약을 끓인 뒤 다시 그것을 10~20척 높은 곳에 두어 밤이슬[露醴]을 받았다가 먹는데, 이렇게 하면 수명을 늘리고 악기(惡氣)를 좇는다.

烏銀

本草拾遺 今人用硫黃熏銀, 再宿瀉之則色黑. 工人用爲器. 養生者以器煮藥, 兼於一二丈處, 夜承露醴飮之, 長年辟惡.

5-5) 주사은(硃砂銀, 주사와 은을 섞어서 만든 약재)

본초강목 [74] 이것은 방사들이 여러 약을 주사(硃砂)에 합하여 제련하여 만든 것이다.

硃砂銀

本草綱目 此乃方士用諸藥合硃砂, 鍊制而成者.

---

73 출전 확인 안 됨 ; 《本草綱目》 卷8 〈金石部〉 "銀", 464쪽.
74 《本草綱目》 卷8 〈金石部〉 "銀", 465쪽.

대명본초(大明本草)75 수명을 늘리고, 안색을 좋게 하며, 심신(心神)을 진정시키고, 경계(驚悸)를 멎게 하며, 사기를 물리친다.

大明本草 延年益色, 鎭心安神, 止驚悸, 辟邪.

5-6) 철분(鐵粉)

鐵粉

당본초(唐本草)76 강철을 수비(水飛)77하여 만든 것이다.

唐本草 乃鋼鐵飛鍊而成者.

개보본초(開寶本草)78 심신(心身)을 편안하게 하고, 골수를 굳게 하여, 온갖 병을 없애고, 머리털을 흑색으로 변화시키며, 살결을 윤기있게 한다. 사람이 늙지 않게 하고, 신체를 강건하게 하며, 밥을 잘 먹게 하지만, 오래 복용하면 몸이 무겁고 살찌며 검어진다.

開寶本草 安心神, 堅骨髓, 除百病, 變黑, 潤肌膚. 令人不老, 體健能食, 久服, 令人身重肥黑.

5-7) 철화분(鐵華粉)

鐵華粉

개보본초79 철화분을 만드는 법 : 강철을 단련하려 홀(笏)처럼 납작한 모양이나 혹은 덩이를 만든다. 평면에 식초를 뿌리며 갈아서 광택이 나게 깨끗이 하고 소금물로 헹군다. 이를 식초를 담은 옹기 속에 넣고 음지에 묻어 100일 동안 둔다. 철에 가루옷이 덮이면 철가루가 생긴 것이다. 이것을 털어 곱게 찧고 체로 쳐서 유발(乳鉢)80에 넣고 밀가루처럼 갈아 가루

又 作鐵華粉法 : 取鋼鍛作葉如笏或團. 平面磨醋, 令光淨, 以鹽水灑之, 于醋甕中, 陰處埋之一百日. 鐵上衣生, 卽成粉矣. 刮取, 細擣, 篩入乳鉢, 硏如麪, 此鐵之精華, 功用强於

---

75 출전 확인 안 됨 ;《本草綱目》, 위와 같은 곳.
76 출전 확인 안 됨 ;《本草綱目》卷8〈金石部〉"鋼鐵", 489쪽.
77 수비(水飛) : 광물성 약재를 고운 가루로 만들기 위하여 제련하는 과정. 사발에 물을 조금 넣고 광물을 충분히 갈고 저어서 현탁액을 만든 다음 이 현탁액을 가라앉혀서 앙금을 취하여 말리는데, 이 같은 과정을 되풀이하여 매우 고운 가루를 만든다.
78 출전 확인 안 됨 ;《本草綱目》, 위와 같은 곳.
79 출전 확인 안 됨 ;《本草綱目》卷8〈金石部〉"鐵華粉", 492쪽.
80 유발(乳鉢) : 고체로 된 약재를 가루로 빻는 데 쓰는 사발.

철화분

낸다. 이것이 바로 철의 정화(精華)로서, 철분보다 효과가 더 강하다.

철분야(鐵粉也).

심신(心神)을 편안하게 하고, 골수를 굳세게 하며, 의지를 굳건히 하며, 풍사를 없애고, 혈기를 기르며, 수명을 늘리고, 머리를 검게 하며, 온갖 병을 제거한다.

安心神, 堅骨髓, 强志力, 除風邪, 養血氣, 延年變黑, 去百病.

5-8) 철액(鐵液)

범약허소(范若虛疏) [81] [82] 신(臣)이 숙질(宿疾, 평소 앓고 있는 오래된 질병)로 입산한 지 30여 년이 되었을 때 꿈에 신인(神人)이 나타나 말하길 "너의 병은 철액을 먹으면 낫는다."고 하였습니다. 이 말의 뜻을 천하의 명의들에게 물어도 알지 못했습니다.

鐵液

范若虛疏 臣以宿疾入山, 三十餘年, 夢有神人來言曰"汝病服鐵液則愈", 問于天下名醫, 不知.

---

81 범약허소(范若虛疏): 중국 남북조시대 범약허라는 인물이 황제에게 소를 올려 아뢴 처방법으로 판단된다. 《한국문집총간(韓國文集總簡)》〈월주집(月洲集)〉 권1에 범약허가 아뢴 철액방(鐵液方)대로 복용하여 효험을 보았다는 기록이 있다.
82 출전 확인 안 됨;《山林經濟》卷1〈攝生〉"服食"(《農書》2, 85~86쪽).

그런데 신승(神僧) 달마(達摩)[83]에게 물었더니, 다음과 같이 말했습니다. "그렇다. 이 약은 범인(凡人)들은 천히 여기고 성인(聖人)만이 귀히 여기는 것이다. 5철(五鐵) 중에 수철(水鐵, 무쇠)만 무독하고, 5방의 금[五方之金] 중에 동방의 금이 가장 좋다." 그리고 복용법을 가르쳐 주었습니다.

약을 복용한 지 21일에 조금 낫고, 100일에 크게 호전되었습니다. 신은 70세 이전에 자식이 없었고 72세에 상처(喪妻)하였는데, 그 후 다시 1처 2첩을 취하여 4남 2녀를 낳았습니다. 이제 나이 120인데도 밤에 잔글씨를 읽고 있습니다.

철액을 만드는 법은 다음과 같습니다. 화벽(鏵鐴)[84] 생철 5근을 숯불 위에 태워 벌겋게 되면 망치로 내려쳐 부수고 단련하는데 밤알 크기나 바둑알 크기로 4근 정도를 만듭니다. 이를 정화수에 100번 세정하여 백자(白磁) 항아리에 넣은 뒤, 정화수(井華水) 10승에 담급니다. 밀봉하여 기가 새지 않게 하고, 더운 곳에 두지 말며, 부인들이 가까이 가게 하지 말아야 합니다.

봄·여름에는 3~4일 만에, 가을·겨울에는 6~7일 만에 개봉한 다음, 큰 잔으로 1잔 마시거나 1~3일간 임의로 마십니다. 퍼내는 대로 정화수를 다시 첨가합니다.

오래 복용하면 비위(脾胃)를 보하고, 골수를 메우

問于神僧達摩, 曰 : "然. 此藥凡人所賤, 聖人所貴. 五鐵之中, 水鐵無毒 ; 五方之金, 東方之金最良." 遂教服法.

三七日少愈, 百日大差. 臣七十前無子, 七十二喪妻, 娶一妻二妾, 生四男二女. 今年百有二十, 夜讀細字.

其法 : 鏵鐴生鐵五斤, 炭火上燒令赤, 鎚碎鍛鍊, 或如栗子大, 或如棋子大, 四斤許. 井華水百度洗淨, 納于白磁缸, 以井華水一斗浸之, 堅封勿洩氣, 勿置溫處, 勿令婦人近之.

春夏三四日, 秋冬六七日, 開封後, 飮一大醆, 或一三日服任意, 而井華水隨出隨添.

久服, 補脾胃, 塡骨髓, 健

---

83 달마(達摩) : 중국 선종(禪宗)의 창시자 보리달마(菩提達摩, ?~536)의 약칭. 시호는 원각(圓覺)대사. 중국 남북조시대의 선승으로 석가모니불로부터 28대 조사이며, 중국 선종의 초조(初祖)이다

84 화벽(鏵鐴) : 가래나 보습. 여기서는 그런 농기구를 제작하기 위한 생철.

며, 다리 힘을 굳건히 하고, 눈을 밝히며, 기운을 보태고, 주독을 풀며, 구취를 줄이고, 백발이 다시 검어지며, 빠진 이가 다시 나고, 목소리가 금석(金石)의 소리 같아 귀신이 모두 놀라 겁낼 정도입니다.

처첩(妻妾)이 없는 자는 복용하면 안 되는데, 양기가 치성하여 통제가 되지 않기 때문입니다. 음식은 금할 것이 전혀 없으나 단지 돼지고기를 금합니다. 3년에 1번 철을 바꿔줍니다.

脚力, 明目益氣, 去酒毒, 減口臭, 白髮還黑, 落齒更生, 聲若金石, 鬼神皆驚怕.

無妻妾者, 不可服, 陽盛難制也. 飮食百無所忌, 只忌猪肉, 三年一改鐵.

증보산림경제(增補山林經濟) [85] 이것을 복용한 어떤 이는 이듬해 정(精)과 신(神)이 모두 갑자기 소모되어 죽었다. 복식가는 이를 경계할 줄 모르면 안 된다.

增補山林經濟 有人服此, 踰年, 精神頓耗乃死. 服食家不可不知戒也.

5-9) 옥설(玉屑, 옥가루)

포박자 [86] 옥설을 복용하되 수이(水餌)[87]와 함께하면 사람을 죽지 않게 한다. 다만 금만 못한 이유는 발열이 잦아 한식산(寒食散)[88]을 복용한 뒤의 증상과 비슷하기 때문이다. 만약 옥설을 복용할 때 10일에 한 번 웅황·단사 각 한 숟가락[刀圭]씩을 먹고 머리를 풀어헤쳐서 깨끗이 감고 난 다음, 바람을 맞으며 걸으면 발열이 없을 것이다.

玉屑

抱朴子 玉屑服之, 與水餌, 俱令人不死. 所以不及金者, 令人數數發熱, 以寒食散狀也. 若服玉屑者, 宜十日輒一服雄黃, 丹砂各一刀⑬圭, 散髮洗沐, 迎風而行, 則不發熱也.

85 《增補山林經濟》卷7〈攝生〉"鐵液法"《農書》3, 222쪽).

86 《抱朴子》〈內篇〉 卷11 "仙藥"《中華道藏》25-1, 47쪽);《本草綱目》卷8〈金石部〉"玉", 501쪽.

87 수이(水餌) : 곁들여 먹는 음식, 또는 물고기나 짐승을 잡을 때 쓰는 미끼.

88 한식산(寒食散) : 중국 한(漢), 위(魏)·진(晉)·남북조시대에 유행했던, 광물로 만든 약. 자석영(紫石英)·백석영(白石英)·적석지(赤石脂)·종유석(鍾乳石)·유황(硫磺)의 5가지 광물을 섞어서 만들었으며, 복용 후에 찬 음식을 먹었으므로 한식산이라는 이름이 붙었다. 이 약을 복용한 사람이 종종 죽기도 했다.

⑬ 刀 : 저본에는 "兩".《抱朴子·內篇·仙藥》에 근거하여 수정.

명의별록 89 일반적으로 옥을 복용할 때에는 이미 기물로 다듬어진 것이나 무덤 속의 옥박(玉璞, 가공 전의 옥돌)을 사용할 수는 없다.

위 속의 열·천식·번만(煩滿)90을 없애고 갈증을 멈춘다. 옥설을 마인(麻仁, 삼씨) 크기로 하여 복용한다. 오래 복용하면 몸이 가벼워지고 장수한다.

名醫別錄 凡服玉, 不得用已成器物及塚中玉璞.

除胃中熱、喘息、煩滿, 止渴. 屑如麻豆服之. 久服, 輕身長年.

5-10) 옥장(玉漿)

청하자(靑霞子) 91 92 옥장 만드는 법 : 옥설 1승, 지유초(오이풀) 1승, 쌀 1승에 흰이슬 2승을 취한다. 이상의 약미들을 구리그릇 속에 넣고 끓여 쌀이 익으면 즙을 짠다. 옥설이 변화하여 물이 되었고 여기에 약을 넣었으니, 이것이 이른바 '신선옥장(神仙玉漿)'이다.

玉漿

靑霞子 作玉漿法 : 玉屑一升、地榆草一升、稻米一升, 取白露二升. 銅器中煮, 米熟絞汁. 玉屑化爲水, 以藥納入, 所謂"神仙玉漿"也.

포박자 93 옥은 오미주(烏米酒, 흑미술)나 지유주(地榆酒, 오이풀술)로 물을 만들 수도 있고, 총장(蔥漿, 파즙)으로 녹여 내리면 엿으로 만들 수도 있고, 밥이나 떡으로 환을 만들 수도 있고, 태워서 가루 내어 먹을 수도 있다. 이를 1년 이상 복용하면 물에 들어가도 젖지 않고, 불에 들어가도 타지 않고, 칼에 베여

抱朴子 玉可以烏米酒及地榆酒, 化之爲水, 亦可以蔥漿, 消之爲飴, 亦可餌以爲丸, 亦可以燒爲粉. 服之一年以上, 入水不沾, 入火不灼, 刃之不傷, 百毒不死.

---

89 《名醫別錄》上品卷1〈玉屑〉, 1쪽 ; 《本草綱目》卷8〈金石部〉"玉", 499쪽.

90 번만(煩滿) : 근심으로 가슴이 답답한 증상.

91 청하자(靑霞子) : 중국 수(隋)·당(唐)시대의 도사(道士)인 소원랑(蘇元朗)이며 동시에 그의 저술을 의미한다. 호는 청하자(靑霞子). 서진(西晋) 태강(太康) 연간(280~289)에 출생했고 몰년은 미상. 곡산(曲山)에 은거하며 도학을 배웠고, 수(隋)나라 개황(開皇) 연간(581~600)에 나부산(羅浮山) 청하곡(靑霞谷)에서 수도하며 단약을 만들고, 금·은을 합금하여 약을 제조했다. 저서로 《옥장론(玉藏論)》·《수모군가(授茅君歌)》·《태청석벽기(太淸石壁記)》가 있다.

92 《本草綱目》卷8〈金石部〉"玉", 500쪽.

93 《抱朴子》〈內篇〉卷11 "仙藥"(《中華道藏》25-1, 47쪽) ; 《本草綱目》卷8〈金石部〉"玉", 501쪽.

도 상하지 않고, 온갖 독에 죽지 않는다. 이미 기물로 다듬어진 옥은 사람을 상하게 하거나 무익할 뿐이니, 박옥(璞玉)을 얻었을 때라야 사용할 수 있다.

不可用已成之器, 傷人無益, 得璞玉, 乃可用也.

신농본초(神農本草) [94] 오장의 모든 병을 치료하고, 근육은 부드럽게 하고 뼈는 강하게 하며, 혼백을 편안하게 하고, 기육을 기르고, 기운을 보하며, 혈맥을 통리(通利)한다. 오래 복용하면, 추위와 더위를 잘 견디고 기갈(飢渴)을 없애며, 늙지 않는 신선이 된다. 사람이 죽을 때에 5근을 복용하면 3년간 시신의 색깔이 변하지 않는다.

神農本草 治五臟百病, 柔筋強骨, 安魂魄, 長肌肉, 益氣, 利血脈. 久服, 耐寒暑, 不飢渴, 不老神仙. 人臨死服五斤, 三年色不變.

본초강목 [95] 옥은 산 자를 죽지 않게 하는 것이 아니라, 오직 죽은 자를 썩지 않게 할 뿐이다.

本草綱目 玉未能使生者不死, 惟使死者不朽耳.

5-11) 운모(雲母)[96]

비급천금요방(備急千金要方) [97] 상품(上品)의 백운모(白雲母) 20근을 얇게 쪼개고, 이슬 80승을 끓여 반으로 나눈 다음 거기에다 운모를 2번 씻어낸다. 다시 이슬 20승을 끓이고 망초(芒硝)[98] 10근을 넣는다. 운모를 나무그릇 속에 담가둔다. 그리고 20일 뒤 꺼낸

雲母

千金要方 上白雲母二十斤薄擘, 以露水八斗作湯, 分半, 淘洗二次. 又取二斗作湯, 納芒硝十斤. 以雲母木器中漬之, 二十日取出. 絹

---

94 《神農本草經》卷中〈玉石部上品〉"玉泉";《本草綱目》卷8〈金石部〉"玉", 500쪽.

95 《本草綱目》卷8〈金石部〉"玉", 501쪽.

96 운모(雲母) : 규산염광물 백운모군 백운모(白雲母)이다. 성질은 평하고 맛은 달다. 특히 양명경으로 들어가고 간의 양기(陽氣)를 보충시켜주며, 익창을 다스리는데 효과가 있는 약재이기도 하다.

97 《備急千金要方》卷27〈養性方〉"服食"(《孫思邈醫學全書》, 497~498쪽);《本草綱目》卷8〈金石部〉"雲母", 509~510쪽.

98 망초(芒硝) : 朴消(박소)에서 산출된 광물의 한 종류인, 무색 또는 백색 결정성 가루. 공기 중에서 쉽게 풍화되는 특징이 있다. 열을 제거하고, 대소변을 통하게 하는 효능이 있다.

다. 이를 비단주머니에 담아 지붕 가에 매달되 바람과 햇빛은 쐬지 않게 하여 말린 다음, 물에 적신 사슴가죽을 주머니 삼아 여기에 넣고 주물러 부드럽게 하기를 아침부터 정오까지 한다. 그런 다음 고운 비단으로 찌꺼기를 거르고 다시 주물러 부드럽게 한 뒤 고운 분말 50승을 얻으면 나머지는 버린다.

운모 분말 10승을 애밀(崖蜜)99 2근에 넣어 죽처럼 섞고, 그것을 또 생죽통(生竹筩)에 넣고 그 통의 겉을 얇게 깎아서100 입구를 봉하고 옻칠로 단단히 막는다. 이를 북쪽 담의 남안(南岸, 남향하는 쪽)에 묻는데, 땅속 6척 깊이에 넣고 흙을 덮는다. 봄·여름에 40일, 가을·겨울에 30일을 지나 꺼내면 물이 되어야 한다. 만약 완전히 녹지 않았으면 다시 30일을 묻어둔다.

이 물은 온갖 병과 노기(勞氣, 피로한 기운), 풍동(風疼, 풍으로 인한 통증)을 고칠 수 있다. 매번 따뜻한 물 0.1승에 타서 복용하는데, 하루 3번 먹는다. 10일이면 소변이 황색으로 변하고, 20일이면 뱃속의 한벽(寒癖)101이 사그라들고, 30일이면 충치가 없어지고 새 이빨이 다시 난다. 40일이면 풍한이 두렵지 않고, 50일이면 온갖 병이 다 낫는다. 안색이 날로 젊어지고 장생하여 신선이 된다.

袋盛, 懸屋上, 勿使見風日, 令燥, 以水漬鹿皮爲囊, 揉挺之, 從朝至午, 乃以細絹下篩滓, 復揉挺, 得好粉五斗, 餘者棄之.

取粉一斗, 納崖蜜二斤, 攪令如粥, 納生竹筩中薄削之, 封口漆固, 埋北垣南岸下, 入地六尺覆土. 春夏四十日, 秋冬三十日出之, 當成水. 若洞洞不消, 更埋三十日.

此水能治萬病及勞氣、風疼. 每以溫水一合和服之, 日三服. 十日小便當變黃, 二十日腹中寒癖[14]消, 三十日齲齒更生, 四十日不畏風寒, 五十日諸病皆愈. 顏色日少, 長生神仙.

---

99 애밀(崖蜜) : 산 낭떠러지에 매달린 벌집에서 채취한 꿀.
100 통의……깎아서 : 땅의 기운을 잘 스미게 하기 위해 깎는 것이다.
101 한벽(寒癖) : 한사(寒邪)가 수음(水飮)을 끼고 옆구리 아래에 쌓임으로써 발생하는데 찬 기운을 쐬면 아픈 벽병(癖病)이다.
[14] 癖 : 저본에는 "澼".《備急千金要方·養性方·服食》에 근거하여 수정.

일반적으로 운모가루를 복용할 때 모두 쌀죽에 타서 복용한다. 성행위·오신채·기름진 것·혈식(血食)[102]·과로를 삼간다.

일반적으로 운모를 복용하다가 대변이 비삽(秘澁, 굳어져 통하지 않음)하여 막힌 경우는 무김치국물로 하기(下氣)시키면 바로 통한다.

凡服雲母粉, 皆用粳米粥和服之. 愼房室、五辛、油膩、血食、勞作.

凡服雲母, 秘澁不通者, 以蕪菁葅汁下之卽通.

본초강목 [103] 도가서(道家書)에 "소금물에 운모를 끓이면 가루 낼 수 있다."[104]라 했다. 또 "운모 1근, 흰소금 1승을 함께 갈아 겹으로 된 포대에 넣고 주무르면서 물을 부어 소금기가 없어지도록 한다. 이것을 높은 곳에 매달아 바람을 쐬면 자연히 가루가 된다."라 했다.

本草綱目 道書言 : "鹽湯煮雲母, 可爲粉." 又云 : "雲母一斤、白鹽一升, 同擣細, 入重布袋捼之, 沃令鹽味盡. 懸高處風吹, 自然成粉."

도경본초 [105] 옛 처방에 '5가지 운모[五雲]'를 복용한 경우가 매우 많다. 그러나 이런 수련의 절도(節度)는 문자만으로 상세히 알 수 없을 듯하니, 경솔히 먹지 말아야 한다.

圖經本草 古方[15], 服五雲甚多. 然修鍊節度, 恐非文字可詳, 不可輕餌也.

5-12) 백석영(白石英, 수정)[106]

명의별록 [107] 백석영은 크기가 손가락만 하고, 길이

白石英

名醫別錄 白石英, 大如指,

---

102 혈식(血食) : 피가 함유된 육류를 섭취하는 것을 가리킨다.
103 《本草綱目》卷8 〈金石部〉 "雲母", 508~509쪽.
104 소금물에……있다 : 《太淸金液神氣經》 〈治雲母粉法〉 (《中華道藏》 18, 25쪽).
105 출전 확인 안 됨 : 《本草綱目》 卷8 〈金石部〉 "雲母", 508쪽.
106 백석영(白石英, 수정) : 이산화규소로 이루어진 규산염 광물로, 빛깔이 없는 투명한 수정.
107 《名醫別錄》 上品卷1 〈白石英〉, 10쪽 ; 《本草綱目》 卷8 〈金石部〉 "白石英", 510쪽.
[15] 方 : 저본에는 "文". 오사카본·규장각본·《本草綱目·金石部·雲母》에 근거하여 수정.

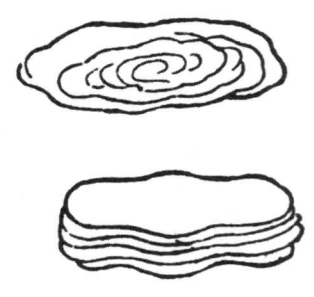

운모(《본초강목》)

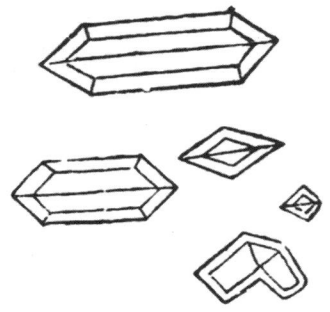

백석영(《본초강목》)

가 0.2~0.3척 정도로, 6면이 깎은 듯하며 투명하고 광택이 있다. 길이 0.5~0.6척 되는 백석영이 더욱 좋다. 면이 황색이고 모서리가 백색이면 이름이 '황석영'이요, 면이 적색이고 모서리가 백색이면 이름이 '적석영'이요, 면이 청색이고 모서리가 적색이면 이름이 '청석영'이요, 검고 매끄러우며 빛나면 이름이 '흑석영'이다.

長二三寸, 六面如削, 白澈有光. 長五六寸者彌佳. 其黃端白稜, 名"黃石英"; 赤端白稜, 名"赤石英"; 靑端赤稜, 名"靑石英"; 黑澤有光, 名"黑石英".

천금익방(千金翼方) [108] 백석영 1근을 콩만 한 크기로 다듬어 사기 동이에다 거친 모래와 섞는다. 여기에 물을 붓고 2,000~3,000번 비벼 세정한 뒤 다시 비볐다가 버들키에 놓아둔다. 여기에 쑥잎을 조금 넣고 물과 함께 열이 나도록 쑥잎으로 석영을 비벼 깨끗이 광택나게 한 뒤, 비단주머니에 넣고 문 위에 걸어둔다.

千金翼方 白石英一斤, 打成豆大, 于砂盆中和粗砂, 着水挼二三千下, 洗淨又挼, 仍安柳箕中. 入蒿葉少許, 同水熱挼至光淨, 卽以絹袋盛, 懸門上.

---

[108] 《千金翼方》卷22〈飛煉〉"飛煉硏煮五石及和草藥服療"(《孫思邈醫學全書》, 842~844쪽);《本草綱目》卷 8〈金石部〉"白石英", 511~512쪽.

매일 머리 빗기 전에 물이나 술과 함께 백석영 7알을 삼키고 밥 2술을 먹어 소복(小腹)을 누른다.[109] 일체 예악(穢惡, 더러운 것)·백주(白酒)[110]·소고기는 석가(石家)[111]가 금하는 것인데, 여기서는 모두 금하지 않는다. 오래되면 새 백석영이 묵은 백석영을 밀어낸다. 백석영은 항상 소복에 있어, 속이 따뜻하면 기식(氣息)이 조화되고 경맥이 소통되어 요신(腰腎, 허리와 신장)이 강건하기 때문에 백병이 저절로 없어진다.

백석영 복용으로 효력을 얻으면 1근으로 그치지만, 효력을 얻지 못하면 10근까지도 먹어야 한다. 백석영은 광택이 있고 미끄럽기 때문에 그 부스러기가 사람의 창자나 위장에 들러붙어 창(瘡)을 만드는 일도 없고, 석기(石氣, 광물성 약의 기운)가 발하여 생기는 갖가지 병도 없다.

또 다른 법 : 택주(澤州)[112]의 백석영은 광택이 나고 조금도 흐린 데가 없다. 이를 팥만 하게 다듬어, 잔 것을 제거한 뒤 물에 깨끗하게 씻고 주머니에 담는다. 이것을 솥에 걸어놓고 맑은 물 5대승(大升, 큰 되)을 부어 즙 1승이 되도록 끓였다가, 맑게 가라앉혀 아침에 복용한다. 즙으로 죽을 끓여 먹으면 더욱

每日未梳前, 以水或酒吞七粒, 用飯二匙壓下小腹. 一切穢惡、白酒、牛肉, 石家所忌者, 皆不忌. 久則新石推出陳石, 石常在小腹, 內溫煖則氣息調和, 經脈通達, 腰腎堅強, 百病自除.

石若得力, 一斤卽止；若不得力, 十斤亦須服. 此物光滑, 旣無浮碎着人腸胃作瘡, 又無石氣發作諸病.

又法：澤州白石英, 光淨無點昏者, 打小豆大, 去細者, 水淘淨, 袋盛, 懸鐺內, 淸水五大升, 煮汁一升, 澄淸, 平朝服. 以汁煮粥, 更佳. 服後飮酒三二

---

109 소복(小腹)을 누른다 : 약을 복용한 뒤에 밥을 먹어 아랫배를 눌러줌으로써 약기운이 몸으로 잘 퍼지도록 하는 방법을 말한다. 특히 하초나 사지 부위로 멀리 전달되게 하기 위해서는 약을 먼저 먹고 밥을 먹는데, 이때 배를 눌러준다는 표현이 쓰인다. 반대로 상초 부위로 약기운을 전달하기 위해서는 밥을 먼저 먹고 약을 나중에 먹는 방법이 쓰인다.
110 백주(白酒) : 수수·옥수수·고구마나 과일류를 발효시켜 증류해서 만든 투명한 술.
111 석가(石家) : 금석(金石)을 즐겨 복용하는 사람.
112 택주(澤州) : 중국 산서성(山西省) 태항산(太行山) 남쪽 지방.

좋다. 먹은 후 술을 2~3잔 마시고 100보 정도 걷는 것이 좋다. 주머니 하나에 20번 끓일 수 있다. 약효가 없어지면 천으로 싸서 남쪽 담 밑에 3척 깊이로 땅을 파고 묻어두면 100일이 지나 다시 쓸 수 있다.

석영을 돼지고기와 끓이는 법 : 백석영 1냥을 주머니에 넣어 물 30승을 4승이 되도록 끓이고, 돼지고기 1근에 파·후추·소금·두시(豆豉, 약누룩)[113]를 함께 넣어 끓인 뒤 그 즙으로 국을 끓여 먹는다.

석영을 양고기와 찌는 법 : 백석영 3냥을 작은 덩어리로 만들고, 이를 좋은 양살코기 1근으로 싸고 다시 연잎으로 싸서 1석의 쌀 속에 쪄서 익힌다. 이어서 이를 꺼내어 석영을 제거하고 고기를 썰어 파·후추와 함께 작은 혼돈(餛飩, 만두)[114]을 만든 다음 삶아 익힌다. 매일 아침 빈속에 차가운 좁쌀죽웃물로 100개를 삼킨 뒤 찬밥을 먹어 이를 눌러준다. 금하는 것이 전혀 없으며, 온갖 병이 영원히 발동치 않는다.

석영을 우유에 끓이는 법 : 백석영 5냥을 짓찧어 고운 명주주머니에 담아두고 우유 3승, 술 3승과 함께 달여 4승이 되게 한다. 석영을 제거하고 병에 거두어 두었다가 매 끼니 전에 따뜻하게 0.3승을 복용

杯, 可行百步. 一袋可煮二十度. 如無力, 以布裹埋南墻下三尺土内, 百日又堪用也.

石煮猪肉法 : 白石英一兩袋盛, 水三斗[16]煮四升, 猪肉一斤, 同蔥、椒、鹽、豉煮, 以汁作羹食.

石蒸羊肉法 : 白石英三兩, 打作小塊, 精羊肉一斤包之, 荷葉裏之, 于一石米飯中蒸熟, 取出去石, 切肉和蔥、椒, 作小餛飩, 煮熟. 每朝空腹, 冷漿水吞一百箇, 後以冷飯壓之. 百無所忌, 永不發動.

石煮牛乳[17]法 : 白石英五兩擣碎, 密絹盛, 以牛乳[18]三升、酒三升, 同煎至四升, 去石, 以瓶收之, 每食前,

---

113 두시(豆豉, 약누룩) : 대두나 흑두를 삶은 뒤에 발효시켜 만든 조미료. 우리나라에서는 주로 약재로 쓰고, 중국에서는 음식에 넣어 먹는다.

114 혼돈(餛飩, 만두) : 《정조지》 권2 〈익히거나 찌는 음식〉 "떡"에 만드는 법이 보인다. 풍석 서유구 지음, 추담 서우보 교정, 임원경제연구소 옮김, 《정조지》1, 풍석문화재단, 2020, 432~437쪽 참조.

16 三斗 : 저본에는 "五升". 《本草綱目·金石部·白石英》에 근거하여 수정.

17 乳 : 저본에는 "油". 오사카본·《本草綱目·金石部·白石英》에 근거하여 수정.

18 乳 : 저본에는 "油". 오사카본·《本草綱目·金石部·白石英》에 근거하여 수정.

한다. 허로손수(虛勞損瘦)[115]·피부건조·음위(陰痿, 발기불능)·각약(脚弱, 다리에 힘이 없는 증상)·번동(煩疼, 답답하며 아픈 증세)을 치료한다.

석영을 암소[牸牛]에게 먹이는 법 : 백석영 3근을 찧고 체로 거른다. 10살 이상 먹고 송아지를 낳은 암소 1마리에게 매일 콩에다 섞어 먹이면 7일이 지나 젖을 얻을 수 있다. 그 우유를 아침마다 1승 정도 뜨겁게 먹고 나머지는 죽을 만들어 먹는다. 금할 것이 전혀 없다. 장부를 윤기있게 길러 기육을 윤택하게 하고 사람을 강건하게 한다.

일반적으로 석영을 복용할 때는 겨자·무·무이(蕪荑, 느릅나무열매 말린 것)·규채(葵菜, 아욱)·제니(薺苨, 모싯대)를 금하고, 동과(冬瓜)·용규(龍葵, 까마중)를 먹어 석기(石氣)를 눌러야 한다.

신농본초 [116] 오래 복용하면 몸이 가볍고 장수한다.

5-13) 단사(丹砂, 주사)

장과(張果)[117] 옥동대신단사진요결(玉洞大神丹砂眞要訣)[118]
[119] 단사 상품(上品)은 진주(辰州)[120]와 금주(錦州)[121] 2

煖服三合. 治虛勞損瘦、皮燥、陰痿、脚弱、煩疼.

石飼牸牛法 : 白石英三斤[19]擣篩. 取十歲以上生牸牛一隻、每日和豆與食、經七日、卽可收乳. 每朝熱服一升、餘者作粥食之. 百無所忌. 潤養臟腑、悅澤肌肉、令人體健.

凡服石、竝忌芥菜、蔓菁、蕪荑、葵菜、薺苨、宜食冬瓜、龍葵、壓石氣.

神農本草 久服、輕身長年.

丹砂

張果 丹砂要訣 丹砂上品、生辰、錦二州石穴;中品、

---

115 허로손수(虛勞損瘦) : 몸의 정기(正氣)와 기혈(氣血)이 허약해진 병증. 노손(勞損)·노겁(勞怯)·허손(虛損)·허손노상(虛損勞傷)이라고도 한다.
116 《神農本草經》卷中 〈玉石部上品〉 "白石英";《本草綱目》卷8 〈金石部〉 "白石英", 511쪽.
117 장과(張果) : ?~735. 중국 당나라의 도사로 중조산(中條山)에 은거했다.
118 옥동대신단사진요결(玉洞大神丹砂眞要訣) : 중국 당나라 도사인 장과(張果, ?~735)가 쓴 책으로, 정련하는 법, 복용법, 효험 등에 대해 자세히 기록되어 있다.
119 《玉洞大神丹砂眞要訣》第一品 〈辨丹砂訣〉(《中華道藏》18-43, 326쪽).
120 진주(辰州) : 지금의 중국 호남성(湖南省) 회화시(懷化市) 북부 지역. 중국 수(隋)나라 때 처음 치소를 둔 지역으로, 단사가 많이 나기로 유명하여 진사(辰砂)라는 이름이 생겼다.
121 금주(錦州) : 중국 요녕성(遼寧省) 서남부 지역.
[19] 斤 : 저본에는 "升". 오사카본·《本草綱目·金石部·白石英》에 근거하여 수정.

곳의 석혈(石穴)에서 나고, 중품(中品)은 교주(交州)[122] 와 계주(桂州)[123]에서 나고, 하품(下品)은 형주(衡州)와 소주(邵州)[124]에서 난다.

진주·금주의 상품 단사는 백교석상(白交石牀)[125] 위에서 나고, 12매(枚)가 1좌(座)가 되며, 색은 피기 전 연꽃과 같다. 밝게 빛나서 눈이 부시다. 또한 9매가 1좌인 것이 있다. 12매·9매가 1좌인 단사가 그 효과가 가장 영험하다.[126] 7매·5매가 1좌인 단사의 효과가 그 다음이다. 매 좌 가운데 큰 것이 군주가 되고 사방을 둘러싼 작은 것이 신하가 되어 군주에게 조회하듯이 주위를 에워싸고 있으며 잡모래 10~20승이 그것을 싸면서 가운데 부용(芙蓉, 연)의 머리처럼 낟알을 이룬 것 또한 상품에 든다. 또 말이빨처럼 생기고 빛나는 것도 상품이다.

흰 광택이 운모 같은 것은 중품이다. 또 자령사(紫靈砂)란 것이 있는데 둥글고 긴 것이 죽순 같고 홍자색인데 상품으로 친다. 석편이 마름모로 각지고 푸른 빛을 내는 것은 하품이다.

교주·계주에서 난 것이라도 좌상(座上, 단사) 및 돌을 깨어 얻은 모양이 부용(芙蓉) 같으면서 두면(頭

辰、錦上品砂，生白交石牀之上，十二枚爲一座，色如未開蓮花，光明耀目[20]，亦有九枚爲一座，七枚、五枚者次之。每座中，有大者爲主，四圍小者爲臣，朝護四面，雜砂一二斗抱之，中有芙蓉頭成顆[21]者，亦入上品。又有如馬牙光明者，爲上品。

白光若雲母，爲中品。又有紫靈砂，圓長似筍而紅紫，爲上品。石片稜角，生青光，爲下品。

交、桂所出，但是座上及打石得形似芙蓉，頭面光明

---

122 교주(交州) : 중국 당(唐)나라 때에 안남(安南) 도호부(都護府)가 있었던 곳으로, 현재의 베트남 하노이 지방에 해당된다.

123 계주(桂州) : 중국 당(唐)나라 때 임계(臨桂)라고 불리던 지역으로 지금의 계림(桂林)이다. 남송(南宋) 때에 정강부(靜江府)로 승격되었다.

124 소주(邵州) : 지금의 중국 호남성(湖南省) 소양시(邵陽市) 일대.

125 백교석상(白交石牀) : 미상.

126 12매·9매⋯⋯영험하다 : 《보양지》 원문에는 없으나 원 출전에 "十二枚·九枚最靈"이라는 내용이 있어서 이를 반영해 옮겼다.

[20] 目 : 《玉洞大神丹砂眞要訣·辨丹砂訣》에는 "日".

[21] 顆 : 저본에는 "顜". 《玉洞大神丹砂眞要訣·辨丹砂訣》에 근거하여 수정.

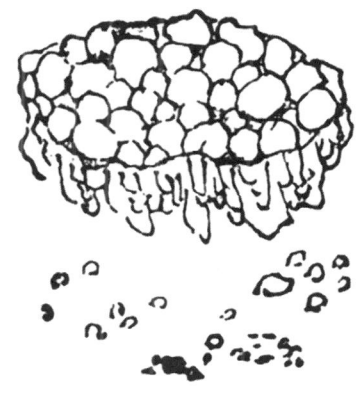

단사(《본초강목》)

面, 단사의 둥근 표면)이 빛나는 것도 상품에 든다. 낱알 모양에 통명(通明)한 것은 중품이다. 편단(片段, 일부분)이 투명치 못한 것은 하품이다.

형주·소주에서 난 것은 자색 단사라 해도 모래나 자갈 속에서 얻은 것이라 역시 하품이다. 계사(溪砂)는 개울물의 모래나 자갈 속에서 나온 것이고, 토사(土砂)는 토혈(土穴) 속에서 나온 것이라, 흙과 돌이 서로 섞여 있으므로 상품에 들지도 못하고 복용할 수도 없다.

뇌공포자론(雷公炮炙論)127 128 일반적으로 주사(朱砂)를 수치(修治)할 때는 조용한 방에 향을 피우고 목욕

者, 亦入上品. 顆粒而通明者, 爲中品;片段不明徹者, 爲下品.

衡、邵所出, 雖[22]是紫砂, 得之砂石中者, 亦下品也. 有溪砂生溪水[23]砂石之中, 土砂生土穴之中, 土石相雜, 故不入上品, 不可服餌.

雷公炮炙論 凡修事朱砂, 靜室焚香齋沐後, 取砂以

---

127 뇌공포자론(雷公炮炙論) : 중국 남북조시대 송(宋)나라 뇌효의 저서. 3권. 약물재료 300종의 특성, 진위·우열의 구별 요령을 기록했다. 원서는 산실되었으나 많은 내용이 《증류본초(證類本草)》에 수록되어 전해졌다. 현재 전하는 《뇌공포자론》은 청말(淸末)의 장기(張驥)가 편집한 것이다.

128 《雷公炮炙論》 卷上 〈朱砂〉;《證類本草》 卷3 〈玉石部上品總七十三種〉 "丹砂" 《文淵閣四庫全書》 740, 84~85쪽);《本草綱目》 卷9 〈石部〉 "丹砂", 519쪽.

22 雖 : 《玉洞大神丹砂眞要訣·辨丹砂訣》에는 "總".

23 水 : 저본에는 "州". 《玉洞大神丹砂眞要訣·辨丹砂訣》에 근거하여 수정.

재계(沐浴齋戒)를 한 뒤에 단사를 향수에 씻고 문질러 말린다. 이를 부수고 다시 그릇에 넣어 6시간 동안 간다. 자기가마에 주사 1냥마다 감초 2냥, 자배천규(紫背天葵)[129] 1일(鎰)[130], 오방초(五方草) 1일(鎰)을 주사의 위아래에 함께 넣고 동류수(東流水, 동쪽으로 흐르는 냇물)로 6시간 동안 끓인다. 이때 물이 마르거나 불이 꺼지지 않게 한다. 약을 뺀 뒤 동류수로 일어 씻고 볕에 쬐어 말린 다음 또 가루처럼 간다.

작은 자기병에 청지초(靑芝草)[131]·산수초(山鬚草)[132] 0.5냥을 넣고 덮은 다음 단사 10근을 넣고 불에 단련하되, 사시(巳時, 오전 9시~11시)에서 자시(子時, 오후 11시~오전 1시)까지 하여 약이 졸여지면, 식은 뒤 꺼내서 곱게 갈아 쓴다. 약으로 복용하려면, 졸인 꿀로 작은 삼씨크기의 환을 만들어 빈속에 1환씩 복용한다.

香水浴過, 拭乾, 碎擣之, 鉢中更研三伏時. 取一瓷鍋子, 每朱砂一[24]兩, 用[25]甘草二兩、紫背天葵一鎰、五方草一鎰, 著砂上下[26], 以東流水煮三伏時, 勿令水火[27]闕. 去藥, 以東流水淘淨乾曬[28], 又研如粉. 用小瓷瓶入靑芝草、山鬚草半兩蓋之, 下十斤火煅, 從巳至子[29]方歇, 候冷取出, 細研用. 如要服則以熬蜜丸細麻子大, 空腹服一丸.

[본초강목][133] 요즘의 법 : 좋은 단사를 갈아 가루 낸 뒤, 흐르는 물에 3번 수비(水飛)하여 쓴다. 그 단사가루에 잡석가루·철가루가 많으면 약에 넣을 수 없다.

[本草綱目] 今法 : 惟取好砂研末, 以流水飛三次用. 其末砂多雜石末、鐵屑, 不堪入藥.

129 자배천규(紫背天葵) : 잎의 뒷면이 자주색인 아욱.

130 일(鎰) : 무게단위로, 24냥에 해당한다.

131 청지초(靑芝草) : 지령초(芝靈草). 보리밭이나 벼논에 거름으로 주는 풀이다. 성질은 토지를 풀어지게 하여 생기가 소통되게 한다.

132 산수초(山鬚草) : 묘수초(猫須草)일 것으로 추정됨. 묘수초는 열을 내려주고 습기를 제거해주어 신장염과 방광염 치료에 효능이 있는 풀이다.

133 《本草綱目》, 위와 같은 곳.

[24] 一 :《本草綱目·石部·丹砂》에는 "五".

[25] 用 : 저본에는 "同".《本草綱目·石部·丹砂》에 근거하여 수정.

[26] 下 : 저본에는 없음.《本草綱目·石部·丹砂》에 근거하여 보충.

[27] 火 : 저본에는 없음.《本草綱目·石部·丹砂》에 근거하여 보충.

[28] 曬 : 저본에는 "熬".《本草綱目·石部·丹砂》에 근거하여 수정.

[29] 子 : 저본에는 "午".《本草綱目·石部·丹砂》에 근거하여 수정.

또 다른 법 : 비단주머니에 단사를 싸고 메밀의 잿물로 6시간 동안 끓여서 꺼낸 다음 흐르는 물에 담궈 씻는다. 이를 가루로 갈아 수비하고 말려서 쓴다. 또 단사를 석담(石膽)[134]·초석(硝石)[135]과 섞어 땅 속에 묻어두면 물로 변화시킬 수 있다.

又法 : 以絹袋盛砂, 用蕎麥灰淋汁, 煮三伏時取出, 流水浸洗過, 硏粉飛曬用. 又丹砂以石膽·消石和埋土中, 可化爲水.

태상현변경(太上玄變經)[136][137] 삼황진인(三皇眞人)[138]의 연단방(鍊丹方, 불로장생약 만드는 법) : 단사 1근을 갈아 가루 낸 뒤, 2번을 체로 치고 순주(醇酒, 물을 타지 않고 바로 거른 술)로 적셔 진흙모양이 되게 한다. 이를 구리쟁반에 담아 높은 누각에 올려 놓고 부인들이 못 보게 한다. 마르면 다시 술로 진흙처럼 만들고 올려 놓는데 비가 내리거나 바람이 세게 불면 내려다 감춰둔다. 이렇게 술 30승을 다 쓰고서야 이를 햇볕에 쬔다. 300일이면 자색이 되는데, 목욕재계를 하고 7일간 조용한 방에서 지낸 다음, 밥과 반죽하여 삼씨크기의 환을 만든다.

太上玄變經 三皇眞人鍊丹方 : 丹砂一斤硏末, 重篩, 以醇酒沃之, 如泥狀, 盛以銅盤, 置高閣上, 勿令婦人見. 燥則復以酒沃, 令如泥, 陰雨疾風則藏之. 盡酒三斗, 乃暴之. 三百日, 當紫色, 齋戒沐浴, 七日靜室, 飯丸麻子大.

늘 아침에 해를 향해 3환을 먹으면 1개월 후 3가지 벌레[三蟲][139]가 나오고, 6개월 뒤에는 모든 병이

常以平朝, 向日呑三丸, 一月三蟲出, 半年諸病瘥, 一

---

134 석담(石膽) : 황산구리. 담반(膽礬)과 같다.

135 초석(硝石) : 광물의 성분은 질산칼륨이며, 깃털 모양, 바늘 모양을 띠는 질산염 광물이다. 비료의 원료, 도자기의 원료로 이용된다. 박초라고도 한다.

136 태상현변경(太上玄變經) : 작자 미상. 동진(東晉)시대에 나온 것으로 추정. 초기 도교의 중요 경전이다. 원 제목은 《동진태상자도염광신현변경(洞眞太上紫度炎光神玄變經)》이다.

137 출전 확인 안 됨 ; 《證類本草》卷3〈玉石部上品總七十三種〉"丹砂"(《文淵閣四庫全書》740, 85쪽) ; 《本草綱目》卷9〈石部〉"丹砂", 521쪽.

138 삼황진인(三皇眞人) : 천황·지황·인황의 세 진인. 유가에서는 천황·지황·인황을 각각 복희(伏羲)·신농(神農)·수인(燧人)으로 일컫는다.

139 3가지 벌레[三蟲] : 사람의 몸에 깃들어 있으면서 질병이나 욕망을 일으킨다고 하는 3가지 귀신. 삼시(三屍)라고도 한다. 도교에서는 이 상시(上尸)·중시(中尸)·하시(下尸)가 사람이 먹는 오곡의 자양분에 의지

上尸彭琚

下尸彭矯

中尸彭瓆

삼시도(三尸圖)(《태상제삼시구충보생경》)

나으며, 1년 뒤에는 수염과 머리카락이 검게 되고, 3년이면 신인(神人)이 된다.

年鬚髮黑, 三年神人至.

포박자 140 진단사(眞丹砂, 좋은 단사)가루 3근, 꿀 1근에 반죽하고 볕에 말려 환이 될 만하게 되면 삼씨 크기의 환을 만든 뒤, 매일 아침 10환을 복용한다. 1년이면 백발이 도리어 검어지고 빠진 이가 다시 나며 신체가 윤택하고 노인이 젊어진다.

抱朴子 眞丹末三斤、白蜜一30斤, 攪合日曝, 至可丸, 丸麻子大, 每朝, 服十丸. 一年, 白髮反黑, 齒落更生, 身體潤澤, 老翁成少.

장로방(張潞方) 141 142 작은 암탉 2마리에게 단지 검

張潞方 小雌鷄二隻, 只與

하여 기생하면서 심신에 개입한다고 여겼다. 상시인 팽거(彭琚)는 사람의 머리에 있으면서 차마(車馬)와 성색(聲色)을 좋아하게 만들고, 중시인 팽질(彭瓆)은 뱃속에 있으면서 오미(五味, 음식의 맛)를 좋아하게 만들고, 하시인 팽교(彭矯)는 다리에 있으면서 색(色)을 탐하게 만든다고 한다. '삼시'에 대한 내용은 《태상제삼시구충보생경(太上除三尸九蟲保生經)》《中華道藏》23-50, 612~614쪽)에 그림과 함께 상세하게 나온다.

140 《抱朴子內篇》卷11〈仙藥〉(《中華道藏》25-1, 50쪽);《本草綱目》卷9〈石部〉"丹砂", 521쪽.

141 장로방(張潞方) : 중국 송나라의 관료·문인인 장로(張潞, ?~1234)가 지은 의서. 장로의 자는 동지(東之). 계림군승(桂林郡丞)·소주지주(昭州知州)를 역임했다.

142 출전 확인 안 됨;《本草綱目》卷9〈石部〉"丹砂", 522쪽.

30 一 : 저본에는 "六".《抱朴子·仙藥》에 근거하여 수정.

은깨 1가지만을 물에 타서 먹인다. 알을 낳을 때 먼 저 낳은 알에 구멍을 내고 주사가루를 채워 넣고 풀 로 막는다. 이를 닭이 다른 알과 함께 품도록 했다가 닭이 나가면 약을 꺼내는데, 그 약은 자연히 열매처 럼 응결된다. 이것을 갈아 가루 낸 뒤 떡을 쪄서 가 루와 반죽하여 녹두크기의 환을 만든다. 복용할 때 마다 술로 35환씩 넘긴다. 그러면 백발이 검어질 뿐 아니라 병도 낫는다.

烏麻一件同水飼之. 放卵 時, 收取先放者打竅, 以朱 砂末塡入糊定, 同衆卵抱, 出鷄取出, 其藥自然結實, 硏粉, 蒸餠和丸綠豆大. 每酒下五七丸. 不惟變白, 亦且愈疾.

신농본초 [143] 신체 오장의 모든 병을 치료하고, 정 신을 기르며, 혼백을 편안하게 하고, 기운을 북돋고 눈을 밝게 한다. 도깨비와 악귀를 쫓는다. 오래 복 용하면 신명을 통하게 하여 늙지 않고 홍(汞)[144]으로 변화될 수 있다.

神農本草 治身體五藏百 病, 養精神, 安魂魄, 益氣 明目, 殺精魅邪惡鬼. 久 服通神明不老, 能化爲汞.

도경본초 [145] 정현(鄭玄)[146]이 《주례》에 주를 달기를, "단사·석담·웅담·여석(礜石)·자석을 5독(五毒)이라 한다."[147]라 했다. 옛사람들은 오직 창양(瘡瘍)을 치 료하는 데에만 썼다. 하지만 《신농본초》에서는 단 사를 무독하다 하여, 참으로 많은 사람들이 제련하 여 복용하였으니, 약 때문에 병이 생기는 경우가 많

圖經本草 鄭康成註《周 禮》：“以丹砂、石膽、雄黃、 礜[31]石、慈石爲五毒.” 古人 惟以攻瘡瘍, 而《本經》以 丹砂爲無毒, 故多鍊治服 食, 鮮有不爲藥患者, 豈五

143 《神農本草經》卷中〈玉石部上品〉 "丹砂"；《本草綱目》卷9〈石部〉 "丹砂", 520쪽.

144 홍(汞) : 수은. 연단술에서는 영생불사의 신선을 은유한다.

145 출전 확인 안 됨；《本草綱目》卷9〈石部〉 "丹砂", 521쪽.

146 정현(鄭玄) : 127~200. 중국 후한(後漢) 말기의 대표적 유학자. 경학의 금문(今文)과 고문(古文) 외에 천 문·역수에 이르기까지 폭넓은 지식의 소유자였다.《모시전(毛詩箋)》·《주례(周禮)》·《의례(儀禮)》·《예기 (禮記)》등을 주석했다.

147 단사……한다 :《周禮》卷5〈天官冢宰〉下 "瘍醫"《十三經注疏整理本》7, 137쪽).

31 礜 : 저본에는 "礜".《本草綱目·石部·丹砂》에 근거하여 수정.

앗다. 5독의 설(說)이 더 낫지 않은가? 그러니 조심
해야 마땅하다.

毒之說勝乎? 當以爲戒.

5-14) 석종유(石鍾乳)

石鍾乳

[뇌공포자론(雷公炮炙論)] [148] 일반적으로 머리가 거칠며
두껍고 꼬리가 큰 것을 쓰지 말도록 해야 하니, 이는
공공석(孔公石)[149]이므로 쓰지 않는다. 색이 검고 큰
불을 거쳐 성질이 변한 것, 오랫동안 지상에 있던
것, 또 한 번 약물용으로 사용했던 것 등은 모두 사
용할 수 없다. 선명하고 얇으며 윤기가 있어 마치 거
위깃모피원단[鵝翎筒子]과 흡사한 것이 제일 좋다. 길
이 0.5~0.6척 되는 것이 있다.

[雷公炮炙論] 凡使[32]勿用頭
粗厚并尾大者, 爲孔公石,
不用. 色黑及經大火驚過,
并久在地上收者, 曾經藥
物制者, 竝不得用. 須要鮮
明, 薄而有光潤者, 似鵝翎
筒子爲上, 有長五六寸者.

일반적인 수치법 : 종유 8냥을 준비한다. 먼저 침
향(沈香)[150] · 영릉향(零陵香)[151] · 곽향(藿香)[152] · 감송(甘
松)[153] · 백모(白茅)[154] 각 1냥을 물에 한 번 삶아내고,
다시 삶아 즙을 내고서야 종유를 삶는데, 2시간 동
안 삶고 종유를 걸러낸다. 또 감초 · 자배천규 각 2냥
을 넣고 함께 삶은 다음 종유를 걸러내고 닦아서 말

凡修事法 : 鍾乳八兩, 用
沈香、零陵香、藿香、甘松、
白茅各一兩, 水煮過, 再
煮汁, 方用煮乳, 一伏時漉
出. 以甘草、紫背天葵各二
兩同煮, 漉出, 拭乾, 緩火

---

148 《雷公炮炙論》卷上〈鍾乳〉;《本草綱目》卷9〈石部〉"石鍾乳", 563쪽.

149 공공석(孔公石) : 석회암 동굴에서 채취되는 탄산염류 계통의 광물로 종유상의 집합체이다.

150 침향(沈香) : 침향나무에서 채취한 향. 침향나무는 수지(樹脂)가 많이 들어있으며 은은한 향기가 나는데,
동물이나 바람 등으로 생긴 상처 부위에는 특히 많은 수지가 생성된다. 그 수지가 굳으면 독특한 향을 지니
며, 견고하고 밀도가 높기 때문에 물에 가라앉으므로[沈] 침향이라 한다. 침수향(沈水香)이라고도 한다.

151 영릉향(零陵香) : 앵초과에 속하는 여러해살이풀인 영릉향의 잎 · 줄기 · 뿌리로 만든 향.

152 곽향(藿香) : 꿀풀과에 속한 여러해살이풀인 배초향(排草香)의 잎 · 줄기 · 뿌리로 만든 향. 천곽향(川藿
香) · 광곽향(廣藿香) 등의 이칭이 있다. 열을 내려주고 구토를 멈추게 하는 효능이 있어 약재로도 쓰인다.

153 감송(甘松) : 마타리과의 여러해살이풀인 감송의 뿌리나 뿌리줄기에서 채취한 향료. 감송은 중국의 귀주(貴州) ·
사천(四川) 등에서 자라고, 약재나 화장품 용도로 사용한다. 고미치(苦彌哆) 또는 향송(香松)이라고도 한다.

154 백모(白茅) : 벼과에 속하는 여러해살이풀. 일반적으로 모향(茅香)이라 하며 사모(絲茅) · 만근초(萬根草)
등의 이칭이 있다.

[32] 使 : 저본에는 "使用".《本草綱目 · 石部 · 石鍾乳》에 근거하여 삭제.

린다. 이를 약한 불로 구워서 절구에 넣고 찧어 가루 낸 뒤, 체로 걸러 그릇에 넣는다.

젊고 건장한 사람 2~3명이 쉬지 않고 종유를 가는데 3일 밤낮을 그치지 않는다. 그런 다음 수비(水飛)하여 맑게 하고 비단바구니에 넣어 햇볕에 말린다. 이를 그릇에 넣고 다시 2만 번을 간 다음에야 자기 합(盒)에 담는다.

焙之, 入臼杵粉, 篩過, 入鉢中.

令有力少壯者二三人, 不住研, 三日三夜勿歇. 然後以水飛澄, 過絹籠, 于日中曬乾. 入鉢再研二萬遍, 乃以瓷盒收之.

증류본초 155 《태청경(太淸經)》156의 종유제련법 : 곱게 잘 갈린 석종유가루를 금그릇이나 은그릇 안에 넣고 질그릇으로 꼭 닫아 기가 새지 않도록 한 뒤 찌면 자연히 변화하여 물이 된다.

證類本草 《太淸經》鍊鍾乳法 : 取好細末, 置金、銀器中, 瓦一片密蓋, 勿令洩氣, 蒸之, 自然化作水也.

천금요방(千金要方) 157 158 이보궐(李輔闕)159의 종유 복용법 : 소주(韶州)160의 종유를 취하는데, 종유의 후박(厚薄)에 관계없이 색깔이 명정(明淨)하고 광택있는 것만이 제련할 만하고, 황색과 적색의 2가지 색만은 쓰지 않는다. 종유를 금그릇이나 은그릇 속에 넣고, 다시 큰 솥에 물을 부어 그릇을 담고 끓이되, 물고

千金要方 李輔闕服乳法 : 取韶州鍾乳, 無問厚薄, 但顏色明淨光澤者, 卽堪入鍊. 惟黃、赤二色, 不任用. 置于金、銀器中, 大鐺着水, 沈器煮之, 令如魚眼

---

155 《本草綱目》, 위와 같은 곳.

156 태청경(太淸經) : 중국 남북조 말기에 지어진 작자 미상의 《태상36부존경(太上三十六部尊經)》 중에 들어 있는 《태청경경(太淸境經)》의 일부로 보인다. 도교의 이론 및 수도방법등을 다룬 도교경전이다.

157 천금요방(千金要方) : 중국 당대(唐代)의 의약서. 손사막(孫思邈)이 저술한 이 책의 권27에는 천축(天竺, 인도)의 안마법(按摩法)을 한 장에 걸쳐 소개하면서 총 18세(勢, 자세)의 인도 안마법을 상세히 설명하고 있다. 《천금요방》을 지은 뒤 보충하여 다시 《천금익방(千金翼方)》을 지었기에 통칭하여 《천금방》이라고 하는 경우도 많다.

158 《千金翼方》 卷22 〈飛煉〉(《孫思邈醫學全書》, 841쪽) ; 《本草綱目》 卷9 〈石部〉 "石鍾乳", 565쪽.

159 이보궐(李輔闕) : 중국 당나라 관료인 무경(毋炅, ?~?)으로 추정된다. 보궐(輔闕)은 언관의 역할을 하던 관직명이다.

160 소주(韶州) : 중국 광동성 북쪽, 구강현(九江縣)의 서쪽 지역.

기 눈알만 한 거품이 나게 하고 물이 줄어들면 물을 더 넣는다.

종유가 적으면 3일 밤낮으로 끓이고, 많으면 7일 밤낮으로 끓인다. 종유가 말라서 황백색으로 변하면 다 익은 것이다. 덜 익은 듯한 것은 다시 끓여 10일을 채우면 가장 좋다. 꺼내어 물기를 제거하고 다시 맑은 물로 한나절 끓인다. 그 물의 색이 맑은 채로 변하지 않으면 그치는데, 이는 종유에 독이 없어진 것이다.

종유를 자기그릇에 넣고 옥절굿공이[玉槌]에 물을 묻혀 간다. 갈리는 상태가 마르고 뻑뻑함을 느끼면 다시 물을 더하여 늘 묽은 쌀뜨물처럼 되게 한다. 4~5일을 갈다가 닦아서 광택이 나고 미끄럽기가 책 속의 백어[書中白魚]161처럼 되면 물로 씻는다. 물에 씻겨도 떨어지지 않으면 익은 것이다. 떨어진 것은 다시 갈아 맑게 가라앉은 것을 취하여 햇볕에 말린다.

매번 0.15냥을 빈속에 따뜻한 술과 함께 타서 넘기거나 혹은 환(丸)이나 산(散)을 섞어 복용한다. 오래 복용하면 수명을 늘리고 늙지 않으며 자식을 보게 된다. 종유를 끓여낸 누런 탁수(濁水)는 절대 복용하면 안 된다. 먹으면 목구멍과 폐를 상하게 하고 두통이 나며 혹은 설사가 그치지 않는다. 잘못 복용했을 때는 오직 돼지고기를 먹고 독을 풀어야 한다.

沸, 水減卽添.

乳少三日三夜, 乳多七日七夜, 候乾, 色變黃白卽熟. 如疑生, 更煮滿十日最佳. 取出去水, 更以淸水煮半日, 其水色淸不變卽止, 乳無毒矣.

入瓷鉢中, 玉槌着水硏之. 覺乾澁卽添水, 常令如稀米泔狀. 硏至四五日, 揩之光膩, 如書中白魚, 便以水洗之. 不隨水落者卽熟, 落者更硏, 乃澄取暴乾.

每用一錢半, 溫酒空服調下, 兼和丸、散用. 久服, 延年益壽不老, 令人有子. 其煮乳黃濁水, 切勿服. 服之損人咽喉, 傷肺, 令人頭痛, 或下痢不止. 其有犯者, 但食猪肉解之.

---

161 책 속의 백어[書中白魚] : 책에 스는 좀. 흰색이며 기름기가 번들거린다. 옷에 스는 좀은 의어(衣魚)라고 한다.

천금익방[162] 종유분 제련한 것 3냥을 명주주머니에 담고 우유 1큰되[大升][163]를 넣고 달인다. 1/3로 줄면 주머니를 제거하고 그 우유를 마시되, 2번 나누어 복용한다. 하루에 한 번 만들어 먹는다. 복용하면 토하지도 설사하지도 않으며, 속이 허랭한 사람이라도 약간 설사기가 생길 수는 있지만 심하지 않다. 한 주머니로 30번을 달이면 약효가 다하므로 별도로 주머니를 만든다. 달이는 일이 끝날 때마다 깨끗이 씻어 통기시킨다. 그 찌꺼기를 밀가루에 버무려 닭에게 먹이고, 그 닭이 알을 낳으면, 그 알을 먹는다.

千金翼方 鍾乳粉鍊成者三兩, 以夾練袋盛之, 牛乳一大升, 煎減三之一, 去袋飮乳, 分二服, 日一作. 不吐不痢, 虛冷人微溏無苦. 一袋可煮三十度卽力盡, 別作袋. 每煎訖, 須濯淨, 令通氣. 其滓和麪餵鷄, 生子食之.

신편근시십편양방(新編近時十便良方)[164][165] 일반적으로 종유를 복용하는 사람은 3일 복용하면 3일 보(補)하고, 10일 복용하면 10일 보한다. 포식(飽食)하려 하면 소·양·노루·사슴 등의 뼈를 고아 즙을 낸 다음 임의로 국을 만들어 먹는다. 창고의 묵은 쌀과 상한 고기를 먹지 말고 성관계를 피하라.

그러면 1개월 후엔 정기가 충만하고, 모든 맥이 잘 통하고, 신체에 열감이 있으며, 배꼽 주위에 살이 솟는 느낌이 있다. 이것은 약의 힘을 받았기 때문이니, 이때부터는 조금씩 성관계를 할 수 있으나

十便良方 凡服乳人, 服乳三日, 卽三日補之；服乳十日, 卽十日補之. 欲飽食, 以牛羊、麞鹿等骨煎汁, 任意作羹食之. 勿食倉米、臭肉, 及犯房事.

一月後精氣滿盛, 百脈流灌[33], 身體覺熱, 遶[34]臍肉起. 此爲得力, 可稍近房事, 不可頻數, 令藥氣頓

162《千金翼方》卷22〈飛煉〉(《孫思邈醫學全書》, 841쪽);《本草綱目》, 위와 같은 곳.

163 큰되[大升]:《신농본초》에서는 1큰되는 3작은되[小升]에 해당한다고 했다.

164 신편근시십편양방(新編近時十便良方): 중국 남송(南宋)의 의학자 곽탄(郭坦, ?~?)이 1195년에 편찬한 의서(醫書).

165 출전 확인 안 됨;《本草綱目》, 위와 같은 곳.

㉝ 灌:《本草綱目·石部·石鍾乳》에는 "通".

㉞ 遶:《本草綱目·石部·石鍾乳》에는 "繞".

자주하면 안 된다. 성관계를 자주 하면 약기운이 갑자기 다하여 오히려 손상을 줄 수 있으니 경계하고 또 삼가야 한다.

竭, 彌更害人, 戒之愼之!

본초연의보유(本草衍義補遺)[166] 일반적으로 약기운이 편중된 약은 잠시 쓸 수는 있지만 오래 쓸 수는 없다. 무릇 석약(石藥)이란 그 중에서도 심하게 편중된 약이다. 당(唐)나라 이후 태평시대가 오래 지속되는 동안 고량지가(膏粱之家)[167]는 방사들의 복식장생(服食長生)의 설에 미혹되어 석약으로 몸과 기를 비후하게만 하였고 이것이 반복되어 결국 고질적 문화가 되었다. 송(宋)나라에 이르러 지금까지도 아직 그치지 않고 있다. 이 백성들이 무슨 죄가 있어, 이런 독한 기운의 화를 입고 있는데도 아무도 구원하지를 못하는지! 슬프도다.

本草衍義補遺 凡藥氣之偏者, 可用于暫而不可久. 夫石藥又偏之甚者也. 自唐太平日久, 膏粱之家惑于方士服食長生之說, 以石藥體厚氣厚, 習以成俗, 迨宋至今, 猶未已也. 斯民何辜, 受此氣悍之禍, 而莫之能救, 哀哉!

본초강목[168] 석종유는 그 기운이 민첩하므로[慓疾] 양기를 갑자기 충만하게 하여 음식도 배로 먹게 되면서 몸이 건장해진다. 모르는 자가 이를 보고 좋아하여 더욱 함부로 방탕하게 행동하면 정기(精氣)가 은연중 깎이고, 석기(石氣)만 남게 되어 고양(孤陽, 짝이 되는 음이 없어 외로운 양)은 더욱 치성한다. 이런 상태가 오래되면 영위가 잘 운행되지 않아 임병·소갈이 발병하고 변하여 옹저(癰疽)가 되니, 이것은 과연 종유석의 잘못인가, 아니면 사람이 스스로 초래한 결과인가?

本草綱目 石鍾乳其氣慓疾, 令陽氣暴充, 飮食倍進而形體壯盛. 昧者得此自慶, 益肆淫洸, 精氣暗損, 石氣獨存, 孤陽愈熾. 久之榮衛不從, 發爲淋渴, 變爲癰疽, 是果乳石之過耶? 抑人之自取耶?

---

166 출전 확인 안 됨 ; 《本草綱目》 卷9 〈石部〉 "石鍾乳", 564쪽.
167 고량지가(膏粱之家) : 기름지고 찰진 음식을 즐겨 먹는 부유한 사람들.
168 《本草綱目》 卷9 〈石部〉 "石鍾乳", 564~565쪽.

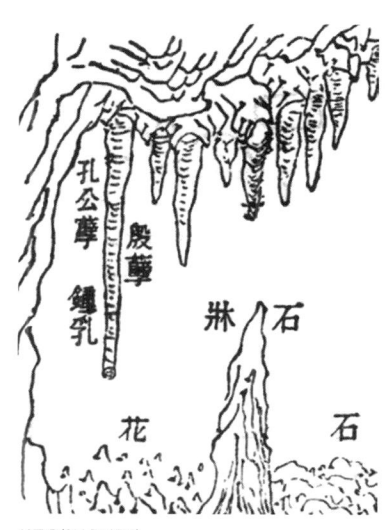

석종유《본초강목》

일반적으로 사람의 양명(陽明, 왕성한 양기) 기운이 쇠했을 때는 이 종유석을 다른 약에 합하여 그 쇠함을 구했다가 일단 병이 가시면 약을 그만 쓰면 되니, 어찌 안 되기야 하겠는가? 오곡이나 오육(五肉)도 오래 편식하기를 그치지 않으면 오히려 편절(偏絕)[169]의 폐단이 있는데, 석약(石藥)은 오죽하겠는가!

凡人陽明氣衰, 用此合諸藥以救其衰, 疾平則止, 夫何不可? 五穀、五肉久嗜不已, 猶有偏絶之弊, 況石藥耶!

5-15) 석유황(石硫黃)[170]

본초강목 [171] 일반적으로 유황을 환이나 산(散)의 용도로 쓸 때에는 무의 속을 파내고 유황을 그 속에

石硫黃

又 凡用硫黃入丸、散用, 須以蘿蔔剜空, 入硫在內,

---

169 편절(偏絶) : 편(偏)과 절(絶)을 한데 아울러서 일컫는 말. 편은 한쪽 팔에서 맥이 나타나지 않는 것, 절은 양쪽팔에서 다 맥이 나타나지 않는 것을 말한다.

170 석유황(石硫黃) : 유황. 맛은 시고 매우며 성질은 따뜻하다. 심경(心經)·신경(腎經)에 작용한다. 양기를 돕고 몸을 따뜻하게 하며 대변을 통하게 하고 벌레를 죽인다. 주로 옴, 악성 종기에 외용약으로 쓴다. 노인 변비, 허리와 무릎이 시리고 힘이 없는 증상, 다리가 쑤시는 증상, 풍한습비증(風寒濕痺證), 빈뇨(頻尿), 중금속 중독 등의 치료제로 쓴다.

171 《本草綱目》 卷11 〈石部〉 "石硫黃", 662~663쪽.

집어 넣고 닫은 뒤, 겻불에 넣고 구워 익혀서 그 냄새를 없앤다. 이 유황에 자배부평(紫背浮萍, 잎의 뒷면이 자주색인 개구리밥)을 함께 넣고 끓여 화독(火毒)을 없애고, 조협 달인 물로 일어내어 흑장(黑漿, 검은 물)을 없앤다.

다른 법 : 유황을 분쇄하여 비단주머니에 넣고 무회주(無灰酒, 좋은 술)로 6시간 동안 끓여서 쓴다. 또 초석이 유황을 물로 바꿀 수 있어서, 대나무통에 초석과 유황을 담아 말똥 속에 묻고 1개월 두어도 물이 되니, 이것을 '유황액(硫黃液)'이라 한다.

유황은 순양의 정기[純陽之精]를 갖고 대열의 본성[大熱之性]을 지니므로 명문(命門)의 진화(眞火)를 보할 수 있다. 다만 유황을 제련하였다 해도 오래 복용하면 양기만 왕성해지는 해가 있는데, 하물며 복식하는 자들이 여기에 기대어 욕심을 함부로 냈다가 스스로 화를 빠르게 부르니, 약에 무슨 잘못이 있단 말인가?

손승(孫升)[172]의 《담포(談圃)》[173]에 말했다. "유황은 신선의 약이다. 매해 삼복날에 100알을 먹으면 장부의 적체를 제거하는 데 효험이 있다. 다만 유황은 암석 밑에 감춰진 채로 만들어지는 것으로, 양기가 녹아 응결되어 있기 때문에 그 성질이 대열(大熱)한데

合定, 稻糠火煨熟, 去其臭氣;以紫背浮萍同煮過, 消其火毒;以皂莢湯淘之, 去其黑漿.

一法:打碎, 以絹袋盛, 用無灰酒, 煮三伏時用. 又消石能化硫爲水, 以竹筒盛硫, 埋馬糞中一月亦成水, 名"硫黃液".

硫黃秉純陽之精, 賦大熱之性, 能補命門眞火. 但鍊制, 久服則有偏勝之害, 況服食者, 又皆假此縱欲, 自速其咎, 于藥何責焉?

孫升《談圃》云:"硫黃, 神仙藥也. 每歲三伏日, 餌百粒, 去臟腑積滯有驗. 但硫黃伏生于石下, 陽氣溶液凝結而就, 其性大熱,

---

172 손승(孫升) : ?~1099. 중국 송(宋)나라 고우(高郵) 사람. 자는 군부(君孚). 원우(元祐, 1086~1094) 연간에 중서사인을 지냈다. 송나라 철종의 소성(紹聖, 1094~1098) 연간 초반에 정주(汀州)로 귀양갔는데 이때 유연세(劉延世)의 아버지가 정주(汀州)의 장(長)으로 있으면서 손승과 교유하였고 이것이 유연세가 《손공담포(孫公談圃)》를 집필하게 된 계기가 된다. 소식(蘇軾)과도 교유하여 소식이 손승에게 써준 〈과고우기손군부(過高郵寄孫君孚)〉라는 글이 유명하다.

173 담포(談圃) : 중국 송(宋)나라 손승이 구술한 것을 유연세(劉延世)가 기록한 책. 《손공담포(孫公談圃)》라고도 한다.

다 불로 제련하여 복용하면 배저(背疽, 등에 생긴 옹저)가 많이 발병한다."

방작(方勺)[174]의 《박택편(泊宅篇)》[175]에 말했다. "금액단(金液丹)이란 유황을 제련해서 얻고, 순양지물(純陽之物, 양의 기운만 있는 사물)이라서 고질적 냉병이 있는 자에게 알맞다. 요즘 하지(夏至)에 복용하는 사람이 많은데, 이는 도리어 큰 병이 된다."[176]라 했다. 한유(韓愈)[177]는 글을 지어 유황 복용을 경계하고서도 만년에는 유황을 먹고 죽었으니 경계하지 않을 수 있겠는가?

《유편(類編)》[178]에 말했다. "인화현(仁和縣)[179]의 관리 하나가 일찍 노쇠하여 이가 자꾸만 빠졌다. 한 도인이 생유황을 돼지내장에 넣고 삶아 익혀서 찧고 환을 만들거나, 찐 떡에 넣어 벽오동씨크기의 환을 만들어 임의로 복용하라고 했다. 그래서 그대로 했더니 음식을 평소보다 2배나 더 먹게 되고 걸음이 가볍고 빨라서 90살이 넘도록 여전히 강건했다. 그 뒤 술에 취해서 소의 피[牛血]를 먹었더니 결국 금물

火煉服之, 多發背疽."

方勺《泊宅篇》云:"金液丹, 乃硫黃錬成, 純陽之物, 有痼冷者所宜. 今夏至人多服之, 反爲大患." 韓退之作文戒服食, 而晚年服硫黃而死, 可不戒乎?

《類編》云:"仁和縣一吏早衰, 齒落不已. 一道人令以生硫黃入猪臟中, 煮熟擣丸, 或入蒸餅丸梧子大, 隨意服之. 飮啖倍常, 步履輕捷, 年踰九十, 猶康健. 後醉[35]食牛血, 遂洞泄如金水, 尪悴而死." 猪肪能

---

174 방작(方勺) : 1066~1141. 중국 송(宋)나라 사람. 호는 인성(仁聲). 저서로 《박택편(泊宅篇)》·《청계구궤(靑溪寇軌)》가 있다.

175 박택편(泊宅篇) : 중국 송나라 방작이 지은 책으로 소설류에 속한다. 북송 말 남송 초기의 조정과 재야의 인물, 역사 등에 대해 기록했다.

176 금액단(金液丹)이란……된다 : 《醫說》卷9〈養生修養調攝〉"金液丹無妄服"(《文淵閣四庫全書》742, 199쪽).

177 한유(韓愈) : 768~824. 중국 당(唐)나라 때의 정치가·사상가·시인·문장가. 자는 퇴지(退之). 선대가 창려(昌黎, 요녕성 금주)에 살았으므로 세상 사람들은 흔히 그를 한창려(韓昌黎)라고 불렀다. 불교를 배척했고, 대구와 음조를 중시하는 화려한 변려체(騈儷體)를 배격하고 고문, 즉 한나라 이전의 자유스러운 산문체를 회복하자고 주장했다. 당송팔대가 중의 한 사람이다.

178 유편(類編) : 중국 남송(南宋) 의학가인 주좌(朱佐, ?~?)가 지은 《유편주씨집험의방(類編朱氏集驗醫方)》을 말한다.

179 인화현(仁和縣) : 중국 절강성(浙江省) 항주(杭州) 우위(右衛)에 속한 현 이름.

[35] 醉 : 저본에는 없음. 《本草綱目·石部·石硫黃》에 근거하여 보충.

석유황(《본초강목》)

[金水] 같은 설사를 심하게 하다가 파리해져서 죽었다.”180 돼지지방은 유황을 제어하는데, 여기서 돼지 내장을 썼으니 효과가 더욱 빼어나다.

制硫黄, 此用猪臟, 尤妙.

6) 초목(草木) 복용하는 방법

6-1) 황정(黃精, 죽대뿌리)

도경본초 181 양공(羊公)182의 황정 복용법 : 황정은 2~3월에 뿌리를 채취하는데 땅 밑 8~9촌 깊이의 것이 상품이다. 황정 1석을 잘게 자른 다음 물 2.5석에 끓여 쓴맛을 없애고 걸러낸다. 이를 주머니 속에 넣고 압착하여 즙을 취한 다음 가라앉혔다가 맑은 것만 다시 달여 고처럼 되어야 멈춘다. 누런 콩을

服草木方

黃精

圖經本草 羊公服黃精法 : 二月、三月采根, 入地八九寸爲上. 細切一石, 以水二石五斗, 煮去苦味, 漉出, 囊中壓取汁, 澄淸再煎, 如膏乃止. 以炒黑黃豆末, 相

---

180 인화현(仁和縣)의……죽었다 : 출전 확인 안 됨.
181 《圖經本草》 上品 〈草部〉 卷4 "黃精";《本草綱目》 卷12 〈草部〉 "黃精", 720쪽.
182 양공(羊公) : ?~?. 중국 수나라 사람. 황정 복용법을 개발하여 알린 사람으로 보이나, 자세한 사항은 미상.

검게 볶아 가루 낸 다음 달인 황정과 잘 섞고 반죽하여 동전만 한 떡을 만든다. 처음에 2개를 먹고 매일 늘여서 먹는다. 황정을 불에 말려서 가루 내고 체로 쳐 얻은 가루를 물에 타 먹어도 된다.

和得所, 捏作餅子如錢大. 初服二枚, 日益之. 亦可焙乾篩末, 水服.

식료본초 [183] 황정 먹는 법 : 항아리의 밑면을 제거하고 이 항아리를 솥에 잘 안친 뒤 황정을 항아리에 가득 넣고 밀봉한 다음 쪄서 삶는데 김이 나고 물방울이 지면 햇볕에 말린다. 이와 같은 방식으로 9증9포(九蒸九暴)[184]한다. 생것은 목구멍을 찌른다. 생것을 복용하는 사람은 처음에 단지 0.15척 길이의 황정을 먹고, 점점 늘여 먹다가 10일째는 먹지 않고 다시 3.5척 길이까지 먹는다. 그렇게 하면 300일 뒤에는 귀신을 온전히 보며, 오래되면 반드시 승천(昇天)한다. 죽대의 뿌리·잎·꽃·열매를 모두 먹을 수 있다. 다만 잎이 서로 마주보고 나는 경우가 좋은 것[正]이다. 엇갈려 나는 죽대를 '편정(偏精)'이라 한다.

食療本草 餌黃精法 : 取甕子去底, 釜內安置得所, 入黃精令滿, 密蓋, 蒸至氣溜卽暴之. 如此九蒸九暴. 若生則刺人咽喉. 若服生者, 初時只可一寸半, 漸漸增之, 十日不食, 服至三尺五寸. 三百日後, 盡見鬼神, 久必昇天. 根、葉、花、實, 皆可食之. 但以相對者是正, 不對者, 名"偏精"也.

태평성혜방 [185] 황정을 쓸 때 뿌리줄기는 많고 적음에 제한 없이 잘게 썰어 그늘에 말린 다음 찧어서 가루 낸다. 매일 물에 황정가루를 적당량으로 타서 먹으면 1년 안에 노인이 젊어지고, 더 오래 먹으면 지선(地仙, 지상세계의 신선)이 된다.

太平聖惠方 用黃精, 根莖不限多少細剉, 陰乾, 擣末. 每日水調末服, 任多少, 一年內, 變老爲少, 久久成地仙.

---

183 《食療本草》卷上〈黃精〉, 2쪽 ; 《本草綱目》, 위와 같은 곳.
184 9증9포(九蒸九暴) : 9번 찌고 9번 햇볕에 말리는 것.
185 《太平聖惠方》卷94〈神仙服黃精法〉"漉餅又方"(《太平聖惠方校注》10, 128쪽) ; 《本草綱目》卷12〈草部〉"黃精", 721쪽.

구선신은서 [186] 잘게 자른 황정 1석을 물 2.5석에 넣고 아침부터 저녁까지 삶는다. 달인 황정이 식으면 황정을 손으로 으깬 다음 포대에 넣고 짜서 즙을 낸 뒤 달인다. 찌꺼기는 불에 건조하여 가루 내고 솥에 함께 넣어 환으로 만들 수 있을 정도로 달인 다음 가시연꽃열매크기의 환을 만든다. 1환씩 하루 3번 복용한다. 양식을 끊고, 몸이 가벼워지며, 온갖 병을 없앤다. 갈증이 나면 물을 마신다.

臞仙神隱書 以黃精細切一石, 用水二石五斗煮之, 自朝至夕, 候冷, 以手挼碎, 布袋榨取汁, 煎之. 渣焙[36]乾爲末, 同入釜中, 煎至可丸, 丸如鷄頭[37]子大. 每服一丸, 日三服. 絶糧輕身, 除百病. 渴則飮水.

가우본초 [187] 《포박자》에서 다음과 같이 말했다. "황정은 꽃 복용이 열매 복용보다 낫고, 열매 복용이 뿌리 복용보다 낫다. 다만 꽃은 얻기가 어려워서 생화 10곡(斛)을 구하여 말려도 겨우 50~60승을 얻을 수 있으니, 큰 재력가가 아니면 감당할 수 없다. 하루에 0.3승을 10년 복용해야 그 이득을 보게 된다."[188]

嘉祐本草 《抱朴子》云: "黃精服其花勝其實, 服其實勝其根. 但花難得, 得其生花十斛, 乾之, 纔可得五六斗, 非大有力者, 不能辦也. 日服三合, 服之十年, 乃得其益."

본초강목 [189] 황정은 무기(戊己)의 순기(淳氣)를 받았으므로 황궁(黃宮)을 보하는 훌륭한 약이다. 토(土)는 만물의 어미라, 어미가 올바른 기름을 얻으면 수화(水火)가 기제(旣濟)하고 목금(木金)이 교합(交合)하여 모든 사기가 저절로 물러나고 모든 병이 생기지 않는다.

本草綱目 黃精受戊己之淳氣, 故爲補黃宮之勝品. 土者萬物之母, 母得其養, 則水火旣濟, 木金交合而諸邪自去, 百病不生矣.

---

186 출전 확인 안 됨 ; 《本草綱目》, 위와 같은 곳.
187 출전 확인 안 됨 ; 《本草綱目》 卷12 〈草部〉 "黃精", 720쪽.
188 황정은……된다 : 《抱朴子內篇》 卷11 〈仙藥〉 (《中華道藏》 25-1, 43~44쪽).
189 《本草綱目》, 위와 같은 곳.
[36] 焙 : 저본에는 "乾". 《本草綱目·草部·黃精》에 근거하여 수정.
[37] 頭 : 저본에는 없음. 《本草綱目·草部·黃精》에 근거하여 보충.

황정(《본초강목》)

《신선지초경》에 "황정은 속을 풀고 기운을 북돋우며 오장을 조양(調養)하며 기육을 충실케 하고 골수를 튼튼하게 하며 그 힘을 배가한다. 오래도록 늙지 않게 하고 안색을 선명하게 하며 백발을 다시 검게 하며 빠진 이를 다시 새로 나게 한다. 황정의 뿌리를 정기(精氣)로 여기고, 꽃과 열매를 비영(飛英, 정화)으로 여기니, 모두 복용할 수 있다."라 했다.

또 《뇌공포자론》〈서문〉에 의하면 "안색을 젊게 유지하고 수명을 늘리며 신금(神錦)을 잘 달인다."라 했고, 주(註)에는 "황정의 자연즙을 곱게 간 신금과 반죽하여 버드나무시루 속에 7일을 찐 다음, 목밀(木蜜)로 환(丸)을 만들어 복용한다."라 했다. 목밀

《神仙芝草經》云 : "黃精寬中益氣, 使五臟調良, 肌肉充盛, 骨髓堅强, 其力增倍, 多年不老, 顔色鮮明, 髮白更黑, 齒落更生. 根爲精氣, 花實爲飛英, 皆可服食."

又按《雷氏炮炙論》序云[38] : "駐色延年, 精蒸[39]神錦." 註云 : "以黃精自然汁, 拌硏細神錦, 于柳木甑中, 蒸七日, 以木蜜丸服之." 木

[38] 序云 : 저본에는 "云序". 《本草綱目 · 草部 · 黃精》에 근거하여 수정.
[39] 蒸 : 저본에는 "煎". 《本草綱目 · 草部 · 黃精》에 근거하여 수정.

둥굴레[萎蕤, 《본초강목》]

은 지구(枳椇, 헛개나무열매)이다. 신금은 무슨 물건인지 모른다. 혹자는 주사(朱砂)라고 한다.

蜜, 枳椇也. 神錦, 不知何物. 或云朱砂也.

6-2) 둥굴레(위유)

구선신은서 [190] 2월·9월에 둥굴레뿌리를 채취해서 1석을 잘게 썬다. 이를 물 2석으로 아침부터 저녁까지 끓인다. 끓인 둥굴레를 손으로 주물러 으깨고 다시 자루에 넣고 짜서 즙을 낸 다음 뻑뻑하게 졸인다. 즙을 짜고 남은 찌꺼기는 햇볕에 말려 가루 낸 뒤, 앞의 즙에 함께 넣고 환을 만들 수 있을 만큼 곤다음, 가시연꽃씨크기의 환을 만든다.

매번 1환씩 끓인 물로 넘기는데, 하루 3번 복용

萎蕤

臞仙神隱書 二月、九月[40], 采萎蕤根, 切碎一石, 以水二石煮之, 從朝至夕. 以手按爛, 布囊榨取汁, 熬稠. 其渣曬爲末, 同熬至可丸, 丸如鷄頭子大.

每服一丸, 白湯下, 日三

---

190 출전 확인 안 됨 ; 《本草綱目》 卷12 〈草部〉 "萎蕤", 724쪽.
[40] 月 : 저본에는 "日".《本草綱目·草部·萎蕤》에 근거하여 수정.

한다. 기맥(氣脈)을 인도하고, 근골을 튼튼하게 하며, 바람이나 습기의 독(毒)에 상한 증상을 치료하고, 얼굴주름을 제거하고, 안색을 좋게 한다. 오래 복용하면 수명을 늘린다.

服. 導氣脈, 强筋骨, 治中風濕毒, 去面皺, 悅 ④① 顏色, 久服延年.

6-3) 백출(白朮, 삽주)

천금양방 191 백출을 먹으면 몸을 자보(滋補)한다. 아주 좋은 백출 10근을 편으로 썰어 옹기솥에 넣고 물로 0.2척 넘게 잠기게 하여 중간불[文武火]로 달인다. 양이 반이 되면 즙을 그릇에 붓고, 찌꺼기는 다시 끓인다. 이렇게 하기를 3번 하고서야 앞·뒤에 만든 즙을 함께 달여 고를 만든다. 이를 그릇에 담고 하룻밤 지나 위쪽의 맑은 물은 부어버린 다음 거두어 둔다. 매번 2~3술씩 꿀물에 타서 넘긴다.

白朮

千金良方 服食, 滋補. 上好白朮十斤切片, 入瓦鍋內, 水淹過二寸, 文武火煎, 至一半, 傾汁入器內, 以渣再煎, 如此三次, 乃取前後汁, 同熬成膏, 入器中一夜, 傾去上面淸水, 收之. 每服二三匙, 蜜湯調下.

고렴(高濂) 준생팔전(遵生八牋)·음찬복식전(飮饌服食牋) 192 오잠(於潛)193에서 난 백출 1석을 깨끗이 씻고 찧는다. 이를 물 2석에 담가 하룻밤 재운 뒤 절반이 되도록 끓인다. 여기에 청주 5승을 넣고 다시 끓인다. 백출 1석을 짜서 찌꺼기는 제거하고 다시 약한 불로 곤다. 여기에 콩가루 2승, 천문동가루 2승을 넣고 섞어 탄환크기의 환을 만든다.

高氏 服食方 於潛朮一石淨洗, 擣 ④② 之. 水二石漬一宿, 煮減半. 加淸酒五升, 重煮. 取一石, 絞去滓, 更微火煎熬. 納大豆末二升, 天門冬末二 ④③ 升, 攪和丸如彈子.

191 출전 확인 안 됨 ;《本草綱目》卷12〈草部〉"朮", 735쪽.
192《遵生八牋》卷13〈飮饌服食牋〉下 "甜食類"'服食朮法'(《遵生八牋校注》, 492쪽).
193 오잠(於潛) : 중국 절강성(浙江省) 항주시(杭州市) 임안구(臨安區) 일대.
④① 悅 :《本草綱目·草部·菱蕪》에는 없음.
④② 擣 : 저본에는 "淘".《遵生八牋·飮饌服食牋·甜食類》에 근거하여 수정.
④③ 二 :《遵生八牋·飮饌服食牋·甜食類》에는 "一".

아침에 3환을 복용한다. 산에 살거나 먼길 갈 때 식사 대용으로 할 수 있다. 또한 풍한을 견디며 무병장수하게 한다. 이것은 최야자(崔野子)[194]의 복용법이다. 천문동은 심과 껍질을 제거한다.

朝服三丸. 或山居遠行代食. 耐風寒, 延壽無病. 此崔野子所服法. 天門冬去心、皮也.

6-4) 창출(蒼朮)[195]

포박자 [196] 출(朮, 삽주)은 일명 '산정(山精)'이다. 《신농약경(神農藥經)》[197]에서 "장생하려거든 반드시 산정을 늘 복용하라."고 한 말이 이것이다.

蒼朮

抱朴子 朮, 一名"山精". 《神農藥經》所謂"必欲長生, 常服山精"是也.

본초강목 [198] 《토납경(吐納經)》[199]에 "〈자미부인출서(紫微夫人朮序)〉에서 '내가 몸에 좋은 초목을 살펴보니, 내몸에 효과가 빠르고 유익한 것으로, 출(朮)만큼 효험이 많은 걸 보지 못했다.'라 했다. 장생하고 멀리 보게 되며, 오래된 것일수록 더 영험이 있다. 산림의 은일자(隱逸者) 중 출(朮)을 먹는 이의 수명이 오악(五嶽)의 장수에 비견된다."[200]라 했다. 이것은 창출(蒼朮)을 가리킨 듯하니 백출만 특칭하는 것은 아니다. 요즘 복식가는 창출을 '선출(仙朮)'이라 부른다.

本草綱目 《吐納經》云 : "《紫微夫人朮序》云 : '吾察草木之勝[44], 速益于己者, 竝不及朮之多驗也.' 可以長生久視, 遠而更靈. 山林隱逸得服朮者, 五嶽比肩." 此似[45]指蒼朮, 不獨白朮. 今服食家呼蒼朮爲"仙朮"也.

---

194 최야자(崔野子) : ?~?. 백출을 먹고 신선이 되었다고 전해지는 사람이다. 《중화도장(中華道藏)》47, 〈역대진선체도통감(歷代眞仙體道通鑑)〉권7에 기록되어 있다.

195 창출(蒼朮) : 삽주의 뿌리를 한방에서 이르는 말. 소화불량·설사·수종(水腫) 따위에 쓴다.

196 《抱朴子內篇》卷11〈仙藥〉《中華道藏》25-1, 49쪽) ; 《本草綱目》卷12〈草部〉"朮", 739쪽.

197 신농약경(神農藥經) : 미상.

198 《本草綱目》卷12〈草部〉"朮", 739쪽.

199 토납경(吐納經) : 미상.

200 내가……비견된다 : 《廣群芳譜》卷93〈藥譜〉"朮", 2262쪽.

[44] 勝 : 《廣群芳譜·藥譜·朮》에는 "精".

[45] 似 : 저본에는 "以". 오사카본·《本草綱目·草部·朮》에 근거하여 수정.

경험방 [201] 창출은 머리를 검게 하고, 안색을 젊게 유지하며, 근육과 뼈를 건장하게 하고, 귀와 눈을 밝게 한다. 또 풍기(風氣)를 없애고, 살과 피부를 윤택하게 한다. 오래 먹으면 몸이 가볍고 튼튼해진다.

창출은 양에 관계없이 쌀뜨물에 3일간 담그는데, 매일 물을 바꿔준다. 꺼내어 흑피를 깎아 제거한 뒤 편으로 잘라서 햇볕에 말린다. 이를 약한 불로 누렇게 볶고 곱게 찧어 가루 낸다. 1근씩 찐 백복령가루 0.5근과 함께 졸인 꿀로 반죽하여 벽오동씨크기의 환을 만든다. 잠자리에 들 때 빈속에 숭늉과 함께 15환을 넘긴다.

별도로 창출가루 6냥(3/8근), 감초가루 1냥(1/16근)을 고루 섞고 탕을 끓여 그 물을 마시면서 아울러 환을 먹는다면 효과가 더욱 빼어나다. 복숭아·자두·새조개 및 3백(三白)[202]·혈물(血物, 피가 함유된 육류)를 금한다.

經驗方 烏髭髮, 駐顏色, 壯筋骨, 明耳目, 除風氣, 潤肌膚, 久服, 令人輕健.

蒼朮不計多少, 米泔水浸三日, 逐日換水, 取出, 刮去黑皮, 切片暴乾, 燗火炒黃, 細擣爲末. 每一斤, 用蒸[46]過白茯苓末半斤, 煉蜜和丸梧子大. 空心臥時, 熟水下十五丸.

別用朮末六兩、甘草末一兩, 拌和作湯點之, 吞丸尤妙. 忌桃、李、雀蛤及三白、諸血.

필봉잡흥방(筆峯雜興方) [203] [204] 창출고(蒼朮膏)는 풍습을 없애고, 비장과 위장을 강건하게 하며, 백발을 바꾸고, 안색을 젊게 유지하며, 허손을 보하는 데 큰 효과가 있다.

筆峯雜興方 蒼朮膏, 除風濕, 健脾胃, 變白駐顏, 補虛損, 大有功效.

---

201 출전 확인 안 됨 ; 《本草綱目》卷12〈草部〉 "朮", 739~740쪽.

202 3백(三白) : 소금·쌀·무 혹은 젖·죽·밥.

203 필봉잡흥방(筆鋒雜興方) : 중국 명나라의 의학자 등재(鄧才, ?~?)가 지은 의서. 필봉(筆鋒)은 등재의 호. 《잡흥방(雜興方)》 또는 《위생잡흥(衛生雜興)》으로 부르기도 한다. 원서는 일실되었으나, 그 내용 중 일부가 《본초강목》에 전한다.

204 출전 확인 안 됨 ; 《本草綱目》卷12〈草部〉 "朮", 740쪽.

[46] 蒸 : 저본에는 없음. 《本草綱目·草部·朮》에 근거하여 보충.

창출 햇것은 껍질을 제거하고 얇게 썰어 쌀뜨물에 2일 담그되 하루 1번 물을 갈아준다. 창출을 꺼내서 정화수에 0.2척 깊이로 담그는데, 봄·가을에는 5일, 여름에는 3일, 겨울에는 7일을 담그고 걸러낸다. 이를 생명주자루에 담아 원래 담갔던 물의 절반에 놓아둔 다음 문지르고 씻어 진액이 나오면 짜서 말린다. 찌꺼기를 다시 주무르고 으깬 뒤 자루에 담아 원래 담갔던 물의 나머지 절반에 넣고 즙이 다 나올 때까지 주무른다.

즙을 큰 사기솥에 넣고 약한 불[慢火]로 고아서 고(膏)를 만든다. 고(膏) 1근마다 흰꿀 4냥(0.25근)을 넣고, 향을 2심지 피우는 시간 동안 곤다. 고 1근마다 물에 넣어 맑게 만든 백복령가루 0.5근을 잘 섞어 병에 넣어둔다. 이 약은 복용할 때마다 3술을 먹는데, 아침에 일어날 때와 잠자리에 들 때 각각 1번 복용한다. 복용할 때는 따뜻한 술로 약을 넘긴다. 식초와 신 것·복숭아·자두·새조개·배추·숭어[首魚]205 등을 금기한다.

서죽당방(瑞竹堂方) 206 207 창출환(蒼朮丸) : 상초를 맑게 하고, 하초를 튼실하게 하며, 아울러 내장(內

蒼朮新者, 刮去皮, 薄切, 米泔水浸二日, 一日一換. 取出, 以井華水浸過二寸, 春秋五日, 夏三日, 冬七日, 漉出, 以生絹袋盛之, 放在一半原水中, 揉洗津液出, 紐乾. 將渣又擣爛, 袋盛于一半原水中, 揉至汁盡爲度.

將汁入大砂鍋中, 慢火熬成膏. 每一斤, 入白蜜四兩, 熬二炷香. 每膏一斤, 入水澄白[47]茯苓末半斤, 攪均瓶收. 每服三匙, 侵早、臨臥各一服, 以溫酒送下. 忌醋及酸物、桃、李、雀蛤、菘茱、首魚等物.

瑞竹堂方 蒼朮丸 : 淸上實下, 兼治內外障眼[48]. 茅

---

205 숭어[首魚] : 숭어[鯔]의 이칭. 생김새가 길고 빼어나서 수어(秀魚)라고도 하고, '으뜸'이라는 뜻의 '수(首)'자를 붙여 수어(首魚)라고도 불렀다.

206 서죽당방(瑞竹堂方) :《서죽당경험방(瑞竹堂經驗方)》. 중국 원나라의 의학자 사도목소(沙圖穆蘇, ?~?)가 편찬하여 1326년경에 간행한 경험방서. 제풍(諸風)·심기통(心氣痛)·산기(疝氣)·적체(積滯)·담음(痰飮)·천수(喘嗽)·선보(羨補)·두면(頭面)·구안이비(口眼耳鼻)·발치(髮齒)·인후(咽喉)·잡치(雜治)·창종(瘡腫)·부녀(婦女)·소아(小兒)의 15문(門)으로 분류되어 있으며, 310여 가지 처방이 수록되어 있다.

207 출전 확인 안 됨 ;《本草綱目》, 위와 같은 곳.

[47] 白 : 저본에는 "白白".《本草綱目·草部·朮》에 근거하여 수정.

[48] 眼 :《本草綱目·草部·朮》에는 "服".

障)208과 외장(外障)209의 눈병을 치료한다. 모산(茅山)210에서 나는 창출(蒼朮) 1근을 깨끗이 다듬고 씻은 다음 4등분하여 술·식초·찹쌀뜨물·동변(童便, 어린이소변)에 각각 3일간 담가두고 하루 1번 물을 갈아준다. 이를 꺼내어 곱게 찧고 햇볕과 불기운에 말린 다음 검은깨와 함께 향이 나도록 볶아 함께 가루 낸다. 술을 넣고 쑨 밀가루풀과 이를 반죽하여 벽오동씨크기의 환을 만든다. 빈속일 때마다 끓인 물로 50환씩 넘긴다.

山蒼朮洗刮淨一斤, 分作四分, 用酒、醋、糯泔、童尿, 各浸三日, 一日一換. 取出, 細搗曬焙, 以黑脂麻同炒香, 共爲末, 酒煮麵糊丸梧子大. 每空心白湯下五十丸.

적선당방(積善堂方)211 212 육제창출산(六制蒼朮散) : 하초의 원기 허손(虛損)·반신불수[偏墜]213·음경통[莖痛]을 치료한다. 모산에서 나는 창출 6근을 씻고 다듬은 다음 6등분한다. 이중 1근은 묵은 쌀뜨물에 2일간 담근 뒤에 볶아두고, 1근은 2일간 술에 담근 뒤에 볶아두고, 1근은 청염(靑鹽) 0.5근과 함께 누렇게 볶은 다음 염분을 제거하고, 1근은 소회향 4냥(0.25근)과 함께 누렇게 볶은 다음 회향을 제거하고, 1근은 대회향 4냥과 함께 누렇게 볶은 다음 회향을 제거하고, 1근은 오디즙에 2일간 담갔다가 볶는다.

積善堂方 六制蒼朮散 : 治下元虛損, 偏墜, 莖痛. 茅山蒼朮淨刮六斤分作六分. 一斤, 倉米泔浸二日, 炒; 一斤, 酒浸二日, 炒;一斤, 靑鹽半斤炒黃, 去鹽;一斤, 小茴香四兩炒黃, 去茴;一斤, 大茴香四兩炒黃, 去茴;一斤, 用桑椹汁浸二日, 炒. 取出爲末, 每服三錢,

---

208 내장(內障) : 동공이나 눈 속에 생긴 눈병들을 통틀어서 일컬음. 주로 칠정(七情)으로 간(肝)의 기능이 장애되어 생기거나 간신음(肝腎陰)과 기혈이 부족해서 생긴다. 목내장(目內障)이라고도 한다.

209 외장(外障) : 눈의 동공 이외의 부위에 생기는 병. 목외장(目外障)이라고도 한다.

210 모산(茅山) : 중국 강소성(江蘇省) 구용시(句容市)에 있는 산. 해발 372.5m. 중국 도교의 명산으로, 상청파(上淸派)의 발상지.

211 적선당방(積善堂方) :《만씨적선당집험방(萬氏積善堂集驗方)》. 중국 명(明)나라의 의학자 녹원거사(鹿元居士, ?~?)가 편찬했다. 남녀복약론(男女服藥論)·조원(調元)·조경(調經)·안태(安胎)·각종 약제 제조법 등이 수록되어 있다. 명대의 가정본(嘉靖本)이 남아 있다고 한다.

212 출전 확인 안 됨 :《本草綱目》, 위와 같은 곳.

213 반신불수[偏墜] : 몸의 한 쪽이 마비되어 늘어지며 아픈 병증.

이것들을 꺼내어 모두 함께 가루 낸 뒤, 복용할 때마다 0.3냥씩 빈속에 따뜻한 술로 넘긴다.

空心溫酒下.

보수당방 214 소양단방(少陽丹方) : 창출을 쌀뜨물에 한나절 담갔다가 껍질을 벗기고 햇볕에 말려 가루 낸 것 1근, 지골피(地骨皮)215를 온수에 세정하고 심을 제거하여 햇볕에 말리고 간 것 1근을 준비한다. 익은 오디 20근을 자기그릇에 담아 흐물흐물하게 문지르고 비단주머니에 넣고 짜서 즙을 낸 다음 앞의 가루들과 섞어 풀처럼 만든 뒤 쟁반 속에 붓는다.

이를 낮에는 햇볕을 쬐고 밤에는 이슬을 맞혀 해와 달의 정화(精華)를 취한다. 다 마르면 갈아 가루 낸 뒤, 졸인 꿀로 반죽하여 팥알크기의 환을 만든다. 복용할 때마다 20환씩 무회주(無灰酒)로 넘기되, 하루 3번 복용한다. 1년이면 머리카락이 도리어 검어지고, 3년이면 얼굴이 아이 같아진다.

保壽堂方 少陽丹方：蒼朮米泔浸半日, 刮皮, 曬乾, 爲末一斤, 地骨皮溫水洗淨, 去心, 曬硏一斤. 熟桑椹二十斤, 入瓷盆揉爛, 絹袋壓汁, 和末如糊, 傾入盤內.

日曬夜露, 采日精月華, 待乾, 硏末, 煉蜜和丸赤小豆大. 每服二十丸, 無灰酒下, 日三服. 一年變髮反黑, 三年面如童子.

의루원융(醫壘元戎) 216 217 불로단(不老丹) : 비장과 신장을 보익하며, 이것을 복용하면 70살이 되어도 백발이 없다. 모산(茅山) 창출을 깨끗이 긁어 씻고 쌀뜨물에 담갔다가 연해지면 4근을 편으로 자른다. 이중 1근은 술에 담갔다가 구워 말리고, 1근은 식초에 담갔다가 구워 말린다. 1근은 소금 4냥(0.25근)

醫壘元戎 不老丹：補脾益腎, 服之, 七十亦無白髮. 茅山蒼朮刮淨, 米泔浸軟, 切片四斤. 一斤酒浸焙, 一斤醋浸焙, 一斤鹽四兩炒, 一斤椒四兩炒.

214 출전 확인 안 됨 ; 《本草綱目》 卷12 〈草部〉 "朮", 741쪽.
215 지골피(地骨皮) : 구기자나무의 뿌리껍질을 말린 약재. 한방에서 주로 해열제로 쓴다.
216 의루원융(醫壘元戎) : 중국 원(元)나라의 의학자 왕호고(王好古, 1200~?)가 편찬한 의서.
217 출전 확인 안 됨 ; 《本草綱目》, 위와 같은 곳.

창출《본초강목》

에 볶고, 1근은 후추 4냥에 볶는다. 적하수오(赤何首烏)·백하수오(白何首烏) 각각 2근을 쌀뜨물에 담갔다가 대나무칼로 긁어 다듬고 자른다.

검은콩·붉은대추 각각 5승을 함께 찌다가 콩이 흐물흐물해지면 볕에 말린다. 지골피(地骨皮)는 심을 제거한 것 1근을 준비한다. 이상의 약미들을 깨끗하게 가루 낸 뒤, 오디즙과 섞어 배합한 다음 동이에 깔되 오디즙이 손가락 3개 높이가 되게 한다.[218]

이를 낮에는 햇볕을, 밤에는 이슬을 맞혀 해와 달의 정화(精華)를 취한다. 다 마르면 돌절구에 빻아 가루 낸 뒤, 졸인 꿀로 반죽하여 벽오동씨크기의 환을 만든다. 빈속일 때마다 100환씩 술로 복용한다.

赤、白何首烏各二斤, 泔浸, 竹刀刮切.

以黑豆、紅棗各五升, 同蒸至豆爛, 曝乾. 地骨皮去骨一斤. 各取淨末, 以桑椹汁和成劑, 鋪盆[51]內, 汁高三指.

日曬夜露, 取日月精華, 待乾, 以石臼擣末, 煉蜜和丸梧子大. 每空心, 酒服一百丸.

---

218 오디즙이……한다 : 쌀로 밥을 지을 때 물 높이를 정하는 것과 같이, 오디즙과 다른 약재 가루와의 배합 비율을 표현한 것이다. 손가락 3개 높이는 손가락 3개를 붙인 너비만큼의 높이를 말한다.

51 盆 : 저본에는 "盒". 오사카본·《本草綱目·草部·朮》에 근거하여 수정.

奇效良方 靈芝丸 : 治脾

기효양방(奇效良方) [219] [220] 영지환(靈芝丸) : 비장과 신장의 기가 허한 증상을 치료하고, 정수(精髓)를 보하며, 귀와 눈을 좋게 한다. 창출 1근을 쌀뜨물에 담그는데, 봄과 여름에는 5일, 가을과 겨울에는 7일 동안 담그며, 매일 물을 갈아준다. 대나무칼로 껍질을 긁어 제거하고 잘라서 볕에 말린다. 이를 돌절구에 찧어 가루 낸 뒤, 찐 대추살로 반죽하여 벽오동씨크기의 환을 만든다. 복용할 때마다 30~50환씩, 대추 끓인 물로 빈속에 복용한다.

奇效良方 靈芝丸 : 治脾
腎[52] 氣虛, 添補精髓, 通
利耳目. 蒼朮一斤米泔浸,
春夏五日, 秋冬七日, 逐日
換水. 竹刀刮皮切曬, 石臼
爲末, 棗肉蒸和丸梧子大.
每服三五十丸, 棗湯空心
服.

손씨집효방(孫氏集效方) [221] [222] 껍질을 제거한 창출 5근을 가루 낸 뒤, 쌀뜨물에 띄워놓고 맑아지면 바닥에 가라앉은 앙금을 사용한다. 참깨 2.5승은 껍질을 벗기고 흐물흐물하게 간 다음 비단주머니에 걸러 찌꺼기를 제거하고 맑은 장액을 창출과 함께 섞은 뒤, 햇볕에 말린다. 복용할 때마다 0.3냥씩 숭늉이나 술에 타서 빈속에 복용한다. 정(精)을 생성하고 뼈를 튼튼하게 하니, 진정한 선가(仙家)의 처방[仙方]이다.

孫氏集效方 蒼朮去皮五斤
爲末, 米泔水漂, 澄取底
用. 脂麻二升半去殼研爛,
絹袋濾去渣, 澄漿拌朮[53].
暴乾. 每服三錢, 米湯或
酒空心調服. 生精, 强骨,
眞仙方也.

---

219 기효양방(奇效良方) : 중국 명(明)나라의 의학자 방현(方賢, ?~?)이 임상에서 자주 쓰이는 특효 처방을 모아 저술한 의서이다.
220 출전 확인 안 됨 ; 《本草綱目》 卷12 〈草部〉 "朮", 742쪽.
221 손씨집효방(孫氏集效方) : 중국 송나라의 의학자 손탐현(孫探玄, ?~?)이 지은 의서. 원서는 일실되었으나 그 내용 중 일부가 《본초강목》에 전한다.
222 출전 확인 안 됨 ; 《本草綱目》, 위와 같은 곳.
[52] 腎 : 저본에는 "胃". 오사카본·《本草綱目·草部·朮》에 근거하여 수정.
[53] 朮 : 저본에는 "出". 《本草綱目·草部·朮》에 근거하여 수정.

6-5) 선모(仙茅)

仙茅

도경본초 [223] 오대(五代) 시대에 왕안(王顔)[224]이 지은 《속전신방(續傳信方)[225]》에서 "선모는 오로칠상(五勞七傷)[226]을 치료하고, 눈을 밝게 하며, 근력을 보익하며, 그 효력이 온몸에 퍼져 몸을 회복시키고 기를 보충한다. '10근 종유석이 1근 선모만 못하다.'라 했으니, 이는 선모의 효력을 드러낸 것이다.

圖經本草 五代時, 王顔著《續傳信方》云 : "仙茅, 治五勞七傷, 明目, 益筋力, 宣而復補. 云'十斤乳石, 不及一斤仙茅', 表其功力也.

원래 선모는 서역(西域, 인도)의 도인(道人)이 전한 것이다. 개원(開元) 연간(713~741) 초에 바라문승(婆羅門僧, 서역에서 온 승려)이 선모의 복용방법을 진상하였고 당(唐)나라 현종[玄宗, 명황제(明皇帝)]이 복용했더니, 효험이 있었다."라 했다.

本西域道人所傳. 開元初 [54], 婆羅門僧進服仙茅方. 明皇服之有效."

복용하는 방법 : 8~9월에 선모를 채취하여 대나무칼로 검은 껍질을 긁어 없애고 콩알크기로 잘라 쌀뜨물에 2일간 담근다. 이를 그늘에 말리고 찧어서 체로 친 다음 졸인 꿀과 섞어서 벽오동씨크기의 환을 만든다. 매일 아침 빈속에 술이나 음료와 함께 편한 대로 20환씩 넘긴다. 철기(鐵器)를 꺼리고, 우유와 검은소의 고기를 먹지 말아야 하는데, 그것은 약효를 크게 줄이기 때문이다.

其法 : 八九月采得, 竹刀刮去黑皮, 切如豆粒, 米泔浸兩宿, 陰乾擣篩, 熟蜜丸梧子大. 每朝空心酒飮, 任便下二十丸. 忌鐵器, 禁食牛乳 [55] 及黑牛肉, 大減藥力.

---

223 출전 확인 안 됨;《本草綱目》卷12〈草部〉"仙茅", 753~754쪽.

224 왕안(王顔) : ?~?. 중국 오대(五代) 후당(後唐)의 관리. 왕소안(王紹顔)이라 부르기도 한다. 균주자사(筠州刺史)를 지냈으며, 저서로《속전신방(續傳信方)》이 있다.

225 속전신방(續傳信方) : 10세기경 중국 오대(五代) 때의 의학자 왕안(王顔)이 저술한 의서. 당나라 때 유우석(劉禹錫)이 편찬한《전신방(傳信方)》에 이어서 저술한 책이다.

226 오로칠상(五勞七傷) : '오로(五勞)'는 간로(肝勞)·심로(心勞)·비로(脾勞)·폐로(肺勞)·신로(腎勞)를 가리키고, '칠상(七傷)'은 음한(陰寒)·음위(陰痿)·리급(裏急)·정루(精漏)·정소(精少)·정청(精淸)·소변삭(小便數)을 가리키는데, 모두 다 허로(虛勞)에 속하는 병증이다.

[54] 初 :《本草綱目·草部·仙茅》에는 "元年".

[55] 乳 : 저본에는 "肉". 오사카본·《本草綱目·草部·仙茅》에 근거하여 수정.

성제총록227 선모환(仙茅丸) : 근골을 튼튼히 하고, 정신을 보익하며, 눈을 밝게 하고, 수염을 검게 한다. 선모 2근을 찹쌀뜨물에 5일을 담가두고 붉은 물을 제거한다. 여름엔 3일을 담근다. 구리칼로 긁어 다듬고 썰어 그늘에 말린 다음 1근을 취한다. 창출 2근을 쌀뜨물에 5일 동안 담가 껍질을 긁어내고 불에 말려 1근을 취한다. 구기자 1근, 차전자(車前子, 질경이씨) 12냥(0.75근), 백복령(껍질을 제거한 것)·회향(볶은 것)·백자인(柏子仁, 측백나무씨)(껍데기를 제거한 것) 각 8냥(0.5근), 생지황(불에 구워 말린 것), 숙지황(불에 구워 말린 것) 각 4냥(0.25근). 이상의 약미들을 가루 낸 뒤, 술을 넣고 쑨 풀로 벽오동씨크기의 환을 만든다. 복용할 때마다 50환씩 식전에 따뜻한 술로 넘기며, 하루에 2번 복용한다.

6-6) 지황(地黃)228

본초강목229 지황뿌리를 깨끗이 씻은 다음 찧고 즙을 짠 뒤 뻑뻑하게 달인다. 여기에 흰꿀을 넣고 다시 달여서 환이 될 만하게 한 다음 벽오동씨크기의 환을 만든다.

새벽마다 따뜻한 술로 30환씩 넘기고, 하루 3번

聖濟總錄 仙茅丸 : 壯筋骨, 益精神, 明目, 黑髭鬚. 仙茅二斤糯米泔浸五日, 去赤水, 夏月浸三日, 銅刀刮剉陰乾, 取一斤. 蒼朮二斤米泔浸五日, 刮皮焙乾, 取一斤. 枸杞子一斤、車前子十二兩、白茯苓(去皮)·茴香(炒)·柏子仁(去殼)各八兩、生地黃(焙)·熟地黃(焙)各四兩. 爲末, 酒煮糊丸如梧子大. 每服五十丸, 食前溫酒下, 日二服.

地黃

本草綱目 地黃根淨洗, 擣絞56汁, 煎令稠, 入白蜜更煎, 令可丸, 丸如梧子大.

每晨溫酒送下三十丸, 日三

---

227 출전 확인 안 됨 ; 《本草綱目》卷12 〈草部〉 "仙茅", 754쪽.
228 지황(地黃) : 쌍떡잎식물 통화식물목 현삼과의 여러해살이풀. 한방에서는 뿌리의 생것을 생지황, 건조시킨 것을 건지황, 쪄서 말린 것을 숙지황이라고 한다. 숙지황은 보혈제로 쓰이고 생리불순·허약 체질·어린이의 발육 부진·치매·조루증·발기부전에 사용하며, 생지황은 허약 체질·토혈·코피·자궁 출혈·생리불순·변비에 사용하고, 건지황은 열병 후에 생기는 갈증과 장기 내부의 열로 인한 소갈증에 효과가 있으며 토혈과 코피를 그치게 한다.
229 《本草綱目》卷16 〈草部〉 "地黃", 1022쪽.
56 絞 : 저본에는 "綾". 오사카본·《本草綱目·草部·地黃》에 근거하여 수정.

선모(《본초강목》)

지황

복용한다. 또한 청주(靑州)[230]의 대추로 반죽해도 환을 만들 수 있다. 또 건지황가루를 따로 고(膏)에 넣은 다음 환을 만들어 복용하기도 한다. 100일을 먹으면 얼굴이 복사꽃 같아지고, 3년이 되면 몸이 가벼워지고 늙지 않는다. 《포박자》에 "초문자(楚文子)[231]가 지황을 8년간 먹었는데, 밤에 사물을 볼 때도 빛이 있는 듯 잘 보았다."[232]라 했다.

服. 亦可以靑州棗和丸. 或別以乾地黃末入膏, 丸服. 百日面如桃花, 三年身輕不老. 《抱朴子》云: "楚文子服地黃八年, 夜視有光."

6-7) 감국(甘菊)

甘菊

옥함방(玉函方)[233][234] 왕희진(王姬晉)[235]의 변백증년방

玉函方 王子喬變白增年

---

230 청주(靑州): 현재의 중국 산동성(山東省) 일대에 존재했던 역사상의 옛 행정 구역. 구주(九州) 중 한 곳.

231 초문자(楚文子): ?~?. 중국 전설 속의 신선 이름.

232 초문자(楚文子)가……보았다:《抱朴子內篇》卷11〈仙藥〉(《中華道藏》25-1, 49쪽)

233 옥함방(玉函方): 중국 진(晉)의 갈홍(葛洪, 281~341)이 지은 방서(方書). 민간에서 쉽게 구할 수 있는 약재를 중심으로 저술했다.

234 출전 확인 안 됨;《本草綱目》卷15〈草部〉"菊", 931쪽.

235 왕희진(王姬晉): B.C. 565~B.C. 549 추정. 자는 자교(子喬). 세간에서 왕자진(王子晉) 혹은 왕자교(王子喬)로 일컬어진다. 왕씨(王氏)의 시조로 동주(東周) 영왕(靈王) 희설심(姬泄心)의 태자이다. 신선(神仙)이라고도 하며, 황제(黃帝)의 후예라고 알려져 있다.

감국(국립수목원)

(變白增年方, 백발을 바꾸고 수명을 늘리는 처방) : 감국은 3월 상인일(上寅日)[236]에 순을 딴 것을 '옥영(玉英)'이라 하고, 6월 상인일에 잎을 딴 것을 '용성(容成)'이라 하고, 9월 상인일에 꽃을 딴 것을 '금정(金精)'이라 하고, 12월 상인일에 근경(根莖, 뿌리줄기)을 캔 것을 '장생(長生)'이라 한다.

위의 4가지 약미를 모두 100일간 그늘에 말린다. 같은 양을 취하여 성일(成日)[237]에 합친 다음 1,000번 절굿공이로 찧어 가루를 낸 뒤, 0.1냥시[錢匕][238]씩 술로 복용한다. 혹은 꿀과 섞어 벽오동씨크기의 환을 만든 다음 술로 7환씩 복용하되, 하루 3번 복용한다. 100일이면 몸이 가볍고 윤기가 나며, 1년이면 흰머리가 검어지며, 2년이면 빠진 이가 다시 나며,

方 : 用甘菊, 三月上寅日采苗, 名曰"玉英";六月上寅日采葉, 名曰"容成";九月上寅日采花, 名曰"金精";十二月上寅日采根莖, 名曰"長生".

四味[57]竝陰乾百日, 取等分, 以成日合, 擣千杵爲末, 每酒服一錢匕. 或以蜜丸梧子大, 酒服七丸, 一日三服. 百日, 身[58]輕潤澤[59];一年, 髮白變黑;二年, 齒落再生;五年, 八十歲老人

---

236 상인일(上寅日) : 매월 상순의 간지(干支) 중 인(寅)이 들어가는 날.
237 성일(成日) : 북두칠성이 술(戌)방위를 가리키는 날로, 길일이다.
238 돈시[錢匕] : 1돈씩 뜰 수 있는 숟가락.
[57] 味 : 저본에는 "朱". 《本草綱目 · 草部 · 菊》에 근거하여 수정.
[58] 身 : 저본에는 없음. 《本草綱目 · 草部 · 菊》에 근거하여 보충.
[59] 澤 : 저본에는 없음. 《本草綱目 · 草部 · 菊》에 근거하여 보충.

5년이면 팔십 노인의 피부가 아이처럼 된다.

變爲兒童也.

식료본초 [239] 1월에 잎을 채취하고, 5월 5일에 줄기를 채취하며, 9월 9일에 꽃을 채취한다.

食療本草 正月采葉, 五月五日采莖, 九月九日采花.

6-8) 백국(白菊)[240]

태청영보방(太淸靈寶方) [241] [242] 9월 9일에 채취한 백국화 2근·복령 1근을 함께 찧고 체로 쳐서 가루 낸다. 그 가루를 0.2냥씩 따뜻한 술에 타서 넘기되, 하루 3번 복용한다. 혹 법제한 송지(松脂)와 반죽하여 계란노른자크기의 환을 만들어 1환씩 복용한다. 오래 복용하면 안색을 좋게 하고, 늙지 않게 한다.

白菊

太淸靈寶方 九月九日白菊花二斤、茯苓一斤, 竝擣羅爲末. 每服二錢, 溫酒調下, 日三服. 或以煉過松脂和丸鷄子大, 每服一丸. 久服, 令人好顏色不老.

6-9) 작약(芍藥)[243]

도경본초 [244] 안기생(安期生)[245]의 복련작약법(服煉芍藥法, 작약을 법제하여 복용하는 법)에 다음과 같은 내용이 있다. "작약은 2종류가 있다. 병을 구완하는 데는 금작약(金芍藥)을 쓰니, 이는 색이 희고 육질이 많다. 목작약(木芍藥)은 자주색이고 말랐으며 잎맥이 많다.

芍藥

圖經本草 安期生服煉芍藥法云: "芍藥有二種. 救病用金芍藥, 色白多脂肉; 其木芍藥, 色紫瘦多脈. 若取審看, 勿令差錯.

239《食療本草》卷上〈甘菊〉, 3쪽；《本草綱目》, 위와 같은 곳.
240 백국(白菊) : 흰 국화. 풍으로 인한 어지럼증을 치료하고, 머리카락이 새지 않게 한다. 그 뿌리는 수기(水氣)를 잘 통하게 한다.
241 태청영보방(太淸靈寶方) : 도가 계열의 양생서. 현재는 전해지지 않으며《본초강목》에 일부 내용이 수록되어 있다.
242 출전 확인 안 됨；《本草綱目》卷15〈草部〉"菊", 931~932쪽.
243 작약(芍藥) : 모란속 식물로, 적작약과 백작약으로 나뉜다. 백작약은 작약을 끓는 물에 넣어 끓인 후 겉껍질을 제거하거나 또는 겉껍질을 제거한 후 다시 끓여서 볕에 말린 것이고, 적작약은 작약을 그대로 말린 것이므로 그 성상도 다르다. 백작약은 경련억제, 진통, 면역조절, 간장보호 등의 작용을 한다.
244《圖經本草》中品〈草部〉卷6 "芍藥", 155쪽
245 안기생(安期生) : ?~?. 중국 진(秦)나라의 방술도사. 진시황이 낭야(琅琊)로 동유(東遊)할 때, 함께 이야기하고 금벽(金璧, 황금과 벽옥)을 하사받았으나, 후에 진시황이 불로장생약을 찾기 위해 봉래산으로 자신을 보낼 것을 예견하고 몸을 미리 피하였다.

잘 살펴서 착오가 없도록 해야 한다.

일반적으로 작약을 채취하면 깨끗하게 씻고 껍질을 제거한 다음 동류수(東流水)에 달이다가 100번 끓으면 그늘에 말린다. 이를 3일간 둔 뒤, 또 나무시루에 넣고 찐다. 이때 그 위에 깨끗한 황토를 덮고서 하룻밤 동안 익히고 꺼내어 그늘에 말린 뒤, 찧어서 가루 낸다. 보리차나 술로 0.3냥씩 복용하되, 하루 3번 복용한다. 만 300일 복용하면 산꼭대기에 오를 수 있고, 곡기를 끊어도 배가 고프지 않다."

凡采得, 淨洗去皮, 以東流水煮百沸, 陰乾. 停三日, 又于木甑內蒸之, 上覆以淨黃土, 一日夜熟出, 陰乾, 擣末. 以麥飮或酒服三錢匕, 日三. 服滿三百日, 可以登嶺, 絶穀不饑."

작약뿌리

6-10) 질려자(蒺藜子, 남가새열매)[246]

藜蔾子

신선비요[247] 질려자 1석을 7~8월 익었을 때 거두어서 햇볕에 말린 다음 절구에 찧고 가시를 없앤 뒤, 찧어서 가루 낸다. 복용할 때마다 0.2냥씩 새로

神仙秘要 蒺藜子一碩, 七八月熟時收取, 日乾, 春去刺, 杵爲末. 每服二錢,

---

246 질려자(蒺藜子) : 남가새의 말린 열매. 남가새는 길가나 담장에 많이 퍼져 자라고 씨앗에 가시가 있으며 모양이 마름 같다. 이 약은 냄새가 없고 맛은 맵고 쓰며 성질은 평하다. 간기(肝氣)가 몰려서 옆구리가 아픈 데나 두통·눈병·피부 가려움증에 쓴다. 가시로 사람을 찌르면 아프기 때문에 굴인(屈人)이라고도 하며, 지행(止行)이라고도 한다.
247 출전 확인 안 됨 ;《本草綱目》卷16〈草部〉"蒺藜", 1103쪽.

남가새(질려자, 국립수목원)

길어온 물에 타서 하루 3번 복용한다.

　중단하지 않고 계속 복용하면 곡기를 끊고도 장생한다. 복용한 지 1년 뒤에는 겨울에 춥지 않고 여름에 덥지 않다. 2년 뒤에는 노인이 다시 젊어지고 백발이 도로 검어지며 빠진 이가 다시 새로 난다. 3년을 복용하면 몸이 가볍고 장생한다.

新汲水調下, 日三服.

勿令中絶, 斷穀長生. 服之一年以後, 冬不寒, 夏不熱. 二年, 老者復少, 髮白復黑, 齒落更生. 服之三年, 身輕長生.

6-11) 토사자(菟絲子)[248]

菟絲子

도경본초 [249] 《포박자(抱朴子)》의 선방(仙方) 단복법(單服法, 1가지 약재로만 복용하는 법) : 토사자열매 10승을 술 10승에 담갔다가 햇볕에 말리고, 다시 담갔다가 또 말리기를 술이 다할 때까지 한 다음에야 그친다. 이를 찧고 체로 거른다. 0.2냥씩 술로 하루 2번 복용한다.

圖經本草 《抱朴子》仙方單服法 : 取實一斗酒一斗浸, 暴乾, 再浸又暴, 令酒盡乃止, 擣篩. 每酒服二錢, 日二服.

---

248 토사자(菟絲子) : 메꽃과에 속하는 한해살이 덩굴성 식물인 새삼의 씨앗. 새삼은 칡이나 쑥 등에 기생하여 양분을 흡수하므로 땅속의 뿌리가 없어지고 전체에 엽록소가 없다. 누런 색이나 누런 밤색의 덩굴이 다른 식물을 감고 올라가며 자란다.
249 출전 확인 안 됨 ; 《本草綱目》 卷18 〈草部〉 "菟絲子", 1236쪽.

토사자(국립수목원)

이 약은 허리와 무릎을 치료하고, 풍을 없애며, 또 눈을 밝게 할 수 있다. 오래 복용하면 몸에서 광택이 나며 노인이 젊어진다. 10일 복용하면 끓는 물에 눈 녹듯 음식물이 잘 소화된다.

此藥治腰膝去風, 兼能明目. 久服, 令人光澤, 老變爲少. 十日, 飮啖如湯沃雪也.

본초강목 [250] 일반적으로 토사자를 사용할 때에는 온수로 일어서 모래나 진흙을 제거한 다음 술에 담가 하룻밤 재우고 햇볕에 말려 찧는다. 충분히 찧어지지 않은 토사자는 다시 술에 담갔다가 햇볕에 말린 다음 찧으면 곧바로 곱게 된다.

本草綱目 凡用以溫水淘去沙泥, 酒浸一宿, 暴乾擣之. 不盡者再浸, 曝擣, 須臾悉細.

또 다른 방법 : 토사자를 술에 4~5일 담갔다가 쪄서 햇볕에 말리기를 4~5번 한다. 이를 갈아서 떡을 만들고 불기운에 말린 다음 다시 갈아 가루 낸다.

혹자는 햇볕에 말릴 때 지조(紙條)[251] 몇 장 사이에 넣어 말렸다가 함께 찧으면 곧장 가루가 되는 데다가 힘이 적게 든다고 한다.

又法 : 酒浸四五日, 蒸曝四五次, 硏作餠, 焙乾, 再硏末.

或云暴乾時, 入紙條數枚同擣, 卽刻成粉, 且省力也.

---

250 《本草綱目》, 위와 같은 곳.
251 지조(紙條) : 작은 종이 가닥.

의학입문 252 토사자는 술에 담그는데, 봄에는 5일, 여름에는 3일, 가을에는 7일, 겨울에는 10일을 한다. 이를 꺼내어 푹 찐 다음 흐물흐물하게 찧어 편을 만든 뒤, 햇볕에 말린다. 이를 다시 찧어 가루 낸 다음 약에 넣는다. 급하게 사용하려면 술에 흐물흐물하게 삶아서 햇볕에 말린 다음 찧고 가루 내어 써도 된다.	**醫學入門** 酒浸, 春五、夏三、秋七、冬十日. 取出蒸熟, 擣爛作片, 曬乾, 再擣爲末, 入藥. 若急用則酒煮爛, 曬乾, 擣末用亦可.

증보산림경제 253 요즘의 방법 : 토사자를 술에 담그고 9번 찌고 9번 말린 다음 사용한다. 어떤 사람이 토사자를 복용한 뒤 음식을 평소의 배를 먹고 혈기가 왕성했는데, 갑자기 등에 옹저가 생겼다. 그래서 금은화(金銀花)254즙을 2일간 몇 근이나 먹었더니 종기가 비로소 없어졌다. 대개 토사자는 순수한 양의 기운을 타고나 오로지 양을 보하는 효력을 가졌으니, 양이 성한 사람이 너무 많이 복용하면 안 된다.

增補山林經濟 今法 : 酒浸, 九蒸九曝, 然後入用. 60 一人服此, 飲食倍常, 氣血充盛, 忽得背疽, 飲金銀花汁, 兩日至數斤, 而腫始消 61. 蓋兔絲稟正陽之氣, 有偏補之功, 陽盛人亦不可過服. 62

6-12) 천문동(天門冬)255

天門冬

포박자 256 천문동은 가루 내어 술에 타서 먹거나,

抱朴子 天門冬, 或作散

---

252 출전 확인 안 됨;《東醫寶鑑》〈湯液篇〉卷2 '草部'上 '兔絲子'(《原本 東醫寶鑑》, 721쪽).

253《增補山林經濟》卷7〈攝生〉"藥名"(《農書》3, 506쪽).

254 금은화(金銀花) : 인동과의 인동덩굴. 줄기와 잎이 추운 겨울[冬]에도 시들지 않고 견디기[忍] 때문에 인동초(忍冬草)라고도 하며 꽃잎이 흰색을 띠다가 차차 노란색으로 변해가기 때문에 금은화라고도 한다. 해열·해독·전신통제거·발한작용이 있고 사지관절염·피부가려움증·종기·전염성간염·근골통·풍습성관절염 등에 쓰인다.

255 천문동(天門冬) : 백합과에 속하는 여러해살이 덩굴 풀. 겨울철에 뿌리를 캐내어 깨끗이 씻은 후에 수염뿌리를 제거하고 여러 개로 나눈 뒤에 외피가 쉽게 벗겨질 때까지 삶거나 찐 다음 찬물에 넣어서 외피를 제거하고 깨끗이 씻어서 약한 불로 말려 사용한다. 천문동이라는 이름은 하늘[天]의 문(門)을 열어주는 겨울 약초란 뜻이다. 몸이 가벼워지고 정신이 맑아져서, 곧 신선처럼 되어 하늘에 오를 수 있게 한다고 전해진다.

256《抱朴子內篇》卷11〈仙藥〉(《中華道藏》25-1, 43·49쪽).

60 今法……入用:《增補山林經濟·攝生·藥名》에는 없음.

61 始消:《增補山林經濟·攝生·藥名》에는 "卽消盡".

62 陽盛……過服:《增補山林經濟·攝生·藥名》에는 없음.

찧고 즙을 내어 고를 만들어 먹는다. 100일간 복용하면 강건해지는 효과가 출(朮)이나 황정의 몇 배가 된다. 200일이면 근육과 골수가 튼튼해지고 안색이 좋아진다. 천문동가루와 정련한 송진에 꿀을 넣고 반죽하여 환을 만들어 복용하면 더욱 좋다. 두목(杜牧)[257]이 이것을 복용하고 80명의 첩을 거느렸고 140세를 살았으며, 하루 300리를 걸었다.

酒服, 或擣汁, 作液膏. 服至百日, 丁壯兼倍駛于朮及黃精也. 二百日, 强筋髓, 駐顏色. 與煉成松脂同蜜, 丸服尤善. 杜紫微服之, 御八十妾, 一百四十歲, 日行三百里.

손사막(孫思邈) 침중기(枕中記) [258][259] 8~9월에 천문동 뿌리를 캐어 햇볕에 말리고 가루를 낸다. 이를 1방촌시(方寸匕)[260]씩 하루에 3번 복용한다. 산중에 있든 속세에 있든, 오래 복용하면 속을 보하고 기운을 북돋우며, 허로(虛勞), 골절상, 나이 많아 쇠약해진 증상, 반신불수, 풍과 습의 기운으로 생긴 마비증, 시리고 저린 증상, 잘 낫지 않는 헌데를 치료한다. 또 몸을 가볍게 하고 기운을 북돋우며 배고프지 않게 한다. 100일을 복용하면 나이를 되돌리고 노화를 이긴다. 복용할 때는 잉어를 금한다.

孫眞人 枕中記 八九月采天門冬根, 曝乾爲末. 每服方寸匕, 日[63]三服. 無問山中、人間, 久服, 補中益氣, 治虛勞絶傷, 年老衰損, 偏枯不遂, 風濕不仁, 冷痺惡瘡, 輕身益氣, 令人不飢. 百日, 還年耐老. 忌鯉魚.

구선신은서 [261] 말린 천문동 10근, 행인(살구속씨)

臞仙神隱書 乾天門冬十

257 두목(杜牧) : 803~852. 중국 당(唐)나라의 시인. 진사로 급제하여 중서성(中書省)에서 중서사인(中書舍人)을 역임했는데, 중서성의 별명이 자미성(紫微省)이었기에 그를 두자미(杜紫微)라 칭하기도 했다. 본문과 달리 실제로는 50세에 죽었다.

258 침중기(枕中記) : 중국 당나라의 의학자 손사막(孫思邈, ?~682)이 지은 도가서. 도인법(導引法)·행기법(行氣法)·복약법 등을 다루었다. 《중화도장(中華道藏)》23에 실려 있으며, 《운급칠첨(雲笈七籤)》내의 〈섭양침중방(攝養枕中方)〉에도 그 내용의 일부가 보인다.

259 《枕中記》〈斷穀常餌法〉;《中華道藏》23-61, 663쪽);《本草綱目》卷18〈草部〉"天門冬", 1284쪽.

260 방촌시(方寸匕) : 사방 1촌이 되는 약숟가락.

261 출전 확인 안 됨;《本草綱目》, 위와 같은 곳.

63 日 : 저본에는 "七日".《枕中記·斷穀常餌法》에 근거하여 수정.

천문동(국립수목원)

1근을 찧어서 가루 낸 다음 꿀에 잰다. 이를 1방촌시씩 복용한다. '신선의 양식[仙人粮]'이라 한다.

斤, 杏仁一斤, 擣末, 蜜漬. 每服方寸匕. 名"仙人粮".

의방적요(醫方摘要) 262 263 천문동고(天門冬膏) : 적취(積聚)와 풍담(風痰)을 제거하고, 폐를 보하며, 해수(咳嗽)와 실혈(失血, 출혈)을 치료한다. 오장을 적셔주고 3충(三蟲)과 복시(伏尸, 복시충)를 죽이며, 온역(瘟疫)을 없애고, 몸을 가볍게 하며, 기운을 북돋우며, 배고프지 않게 한다.

醫方摘要 天門冬膏 : 去積聚、風痰, 補肺, 療咳嗽、失血, 潤五臟, 殺三蟲、伏尸, 除瘟疫, 輕身益氣, 令人不飢.

천문동을 흐르는 물에 담가 불렸다가 껍질과 심을 제거한 다음 흐물흐물하게 찧어서 즙을 낸 뒤, 사기그릇에 넣고 뭉근한 숯불로 달이되, 너무 끓어 넘치게 해서는 안 된다. 10근을 기준으로 달여서 3근이 되면 여기에 꿀 4냥(0.25근)을 다시 넣어 달이는데, 물에 떨어뜨려 보아 흩어지지 않을 때까지 한다.

以天門冬流水泡過, 去皮心, 擣爛取汁, 砂鍋文武炭火煮, 勿令大沸. 以十斤爲率, 熬至三斤, 却入蜜四兩, 熬至滴水不散. 瓶盛埋土中一七, 去火毒. 每日

262 의방적요(醫方摘要) : 중국 명(明)나라 의학자 양공(楊拱, ?~?)이 지은 의서.
263 출전 확인 안 됨;《本草綱目》卷18〈草部〉"天門冬", 1285쪽.

이것을 병에 담아 흙속에 묻고 7일을 두어 화독을 제거한다. 매일 아침·저녁으로 끓인 물에 1술씩 타서 복용한다. 만약 대변이 요동하면 술로 복용한다.

早晚, 白湯調服一匙. 若動大便, 以酒服之.

본초강목 264 천문동 2근, 숙지황 1근을 가루 낸 뒤, 졸인 꿀로 반죽하여 탄환크기의 환을 만든다. 3환씩 하루 3번 따뜻한 술로 넘긴다. 산중에 살거나 먼 길을 갈 적에 곡기를 끊고도 견딜 수 있는 좋은 약이다.

천문동을 복용한 지 10일이 되면 몸이 가볍고 눈이 밝아지며, 20일이 되면 온갖 병이 낫고 안색이 꽃과 같아진다. 30일이 되면 백발이 다시 검어지고 빠진 이가 다시 난다. 50일이 되면 걸음이 달리는 말처럼 빠르고, 100일이 되면 수명이 늘어난다.

또 다른 방법 : 천문동을 찧어 즙을 낸 다음 약한 불에 달여 50승을 취한다. 여기에 흰꿀 10승·참깨(볶아서 가루 낸 것) 2승을 넣고 함께 달이는데, 환을 만들 만하면 그친다. 여기에 메주콩고물을 넣고 떡을 만드는데, 직경 0.3척, 두께 0.05척으로 하여 1번에 1개씩 하루 3번 복용한다. 100일 이상 먹으면 이로움이 있다.

또 다른 방법 : 천문동가루 1승, 송짓가루 1승, 벌꿀 1승을 함께 달여 벽오동씨크기의 환을 만든

本草綱目 天門冬二斤、熟地黃一斤, 爲末, 煉蜜丸彈子大. 每溫酒下三丸, 日三服. 居山遠行, 辟穀良藥64. 服至十日, 身輕目明;二十日, 百病愈, 顏色如花;三十日, 髮白更黑, 齒落重生;五十日, 行及奔馬;百日, 延年.

又法:天門冬擣汁, 微火煎取五斗. 入白蜜一斗、胡麻(炒末)二升, 合煎, 至可丸卽止火. 下大豆黃末, 和作餠, 徑三寸, 厚半寸, 一服一餠, 一日三服, 百日已上有益.

又法:天門冬末一升、松脂末一升、蠟蜜一升, 和煎,

264《本草綱目》卷18〈草部〉"天門冬", 1284쪽.
64 藥:《本草綱目·草部·天門冬》에는 없음.

다. 매일 아침·점심·저녁에 각각 30환씩 복용한다.

丸如梧子大. 每日早、午、晚, 各服三十丸.

천문동은 폐의 금(金) 기운을 맑게 하고 화의 기운을 내려[淸金降火] 수(水) 기운의 상원(上源)을 도와주므로 신장의 기운을 아래쪽으로 잘 돌게 하는 능력이 있다. 천문동을 자보(滋補)하는 처방에 집어넣어 여러 약과 함께 쓰면 효력이 좋다. 만약 비장과 위장이 허한(虛寒)한 이가 단방(單方)으로 오래 썼다면 반드시 장활(腸滑, 장이 미끄러워 설사가 잘 나는 증상)의 병이 생겨 도리어 고질이 될 수도 있다. 천문동은 성질이 차고 미끄러워 대장에서 설사를 할 수 있기 때문이다.

天門冬淸金降火, 益水之上源, 故能下通腎氣. 入滋補方, 合群藥用之, 有效. 若脾胃虛寒人, 單餌旣久, 必病腸滑, 反成痼疾. 此物性寒而潤, 能利大腸故也.

6-13) 파고지(破故紙)[265]

破故紙

도경본초 [266] 파고지는 요즘 사람들이 호두와 합해서 많이들 복용하는데, 이 방법은 당(唐)나라 정인(鄭絪)[267]에게서 나온 것이라 한다.

그의 자서(自敍, 자기와 관련된 일을 직접 서술한 글)에 다음과 같은 내용이 있다.

"내가 남해(南海) 절도사가 되었을 때 나이 75세였다. 그곳 월(越)나라 땅은 지대가 낮고 습하여 내 몸

圖經本草 破故紙, 今人多以胡桃合服, 此法出于唐鄭相國.

自敍云："予爲南海節度, 年七十有五. 越地卑濕, 傷于內外, 衆疾俱作, 陽氣衰絶, 服乳石、補藥, 百端

---

265 파고지(破故紙) : 개암풀열매. 보골지의 성숙한 과실로, 양(陽)을 길러주며 음한(陰寒)의 증상을 개선하고 신장을 보해주므로 하원(下元)을 견고하게 하며 명문(命門)의 화(火)를 보하고 비장[脾]을 따뜻하게 하여 설사를 그치게 하는 약재이다.
266 《本草綱目》卷14 〈草部〉 "補骨脂", 878쪽.
267 정인(鄭絪) : 762~829. 중국 당나라 헌종(憲宗) 때의 재상. 이명은 정상국(鄭相國). 812년 영남절도사로 부임했다. 비습한 남쪽의 풍토병으로 고생하다가 현지의 치료법과 약물로 효험을 보기도 했는데, 파고지와 호도살로 만든 청아환(靑蛾丸, 본문에 나오는 약 처방의 이름)도 그와 관련된 처방이다.

이 안팎으로 상하고 온갖 병이 함께 생기며 양기가 쇠약해져서 유석(乳石, 종유석)과 보약을 복용해도 조금도 효험이 없었다.

원화(元和)[268] 7년(812)에 가릉국(訶陵國)[269]의 선박주(船舶主)인 이마하(李摩訶)라는 사람이 내 병의 상태를 알고 결국 이 처방과 약을 전해주었다. 나는 처음에 의심이 들어 먹지 않다가 이마하가 머리를 조아리며 한사코 청하길래 마지못해 먹었는데, 7~8일이 지나 효험이 있음을 느꼈다. 그때부터 상복하였더니 그 효과가 신통하게 좋았다. 원화 10년(815) 2월에 직분을 끝내고 귀경하여 처방을 다음과 같이 기록하여 전한다.

파고지 10냥을 깨끗하게 다듬어 껍질을 제거하고 씻어서 볕에 말린 다음 찧어서 체로 곱게 거른다. 호두속 1.25근을 끓인 물에 불려 속껍질을 제거하고 진흙처럼 곱게 간다. 이를 바로 이전의 파고지가루에 넣은 다음 다시 좋은 꿀을 섞어 엿처럼 만든 뒤, 자기에 담아둔다.

아침마다 따뜻한 술 0.2승에 약을 1술 타서 복용한 뒤, 바로 밥을 먹어 약기운을 눌러준다. 술을 안먹는 사람은 따끈한 물에 타서 먹는다. 오랫동안 복용할수록 수명을 늘리고, 기운을 북돋우며, 마음

不應.

元和七年, 有訶陵國舶主李摩訶, 知子病狀, 遂傳此方竝藥. 子初疑而未服, 摩訶稽首固請, 遂服之, 經七八日而覺應驗. 自爾常服, 其功神效. 十年二月, 罷郡歸京, 錄方傳之.

用破故紙十兩, 淨擇去皮, 洗過曝, 擣篩令細. 胡桃瓤二十兩, 湯浸去皮, 細硏如泥. 卽入前末[65], 更以好蜜和, 令如飴餹, 瓷器盛之.

朝日以煖酒二合, 調藥一匙服之, 便以飯壓. 如不飮酒人, 以煖熟[66]水調之. 彌久則延年益氣, 悅心明目,

---

268 원화(元和) : 당(唐) 헌종(憲宗)의 연호로, 806년에서 820년까지의 15년.

269 가릉국(訶陵國) : 8세기경 자바섬의 내륙 농업 생산력을 기반으로 하여 번성한 사이렌드라(Sailendra) 왕조. 보로부두르(Borobudur) 불탑을 건축한 것으로 유명하다.

65 卽入前末 : 저본에는 없음.《圖經本草·草部中品之下·補骨脂》에 근거하여 보충.

66 熟 : 저본에는 "熱".《圖經本草·草部中品之下·補骨脂》에 근거하여 수정.

파고지

을 기쁘게 하고, 눈을 밝게 하며, 근골을 보익한다. 운대(芸薹)와 양의 피만 금하고, 나머지는 꺼릴 것이 없다."

補添筋骨. 但禁芸薹、羊血, 餘無所忌."

본초강목 270 위의 처방은 또한 환을 만들어 따뜻한 술로 복용할 수 있다. 백비하(白飛霞)271의 《방외기방(方外奇方)272》에 따르면 "파고지는 화(火)에 속하여 신명(神明)을 수렴하는데, 심포(心包)의 화와 명문(命門)의 화를 상통시킨다. 그러므로 원양(元陽)이 견고해지고 골수가 충실해지며 껄끄러운[澁] 성질로 허탈을 치료한다. 호두는 목(木)에 속하여 마른[燥] 것을 적셔주고 혈을 기르는데, 혈은 음에 속하고 마른 것을 싫어하므로 호두기름으로 적셔주는 것이다. 호

本草綱目 此方亦可作丸, 溫酒服之. 按白飛霞《方外奇方》云: "破故紙屬火, 收斂神明, 能使心包之火與命門之火相通. 故元陽堅固, 骨髓充實, 濇以治脫也. 胡桃屬木, 潤燥養血, 血屬陰, 惡燥, 故油以潤之. 佐破故紙, 有木火相生

---

270 《本草綱目》卷14 〈草部〉 "補骨脂", 878쪽.

271 백비하(白飛霞) : 1441~1522 추정. 중국 명(明)나라의 의학자. 본명은 한무(韓懋), 다른 이름은 자처(自虛), 자는 천작(天爵), 호는 비하자(飛霞子). 어릴 때부터 병약하였고 부모도 병이 많아 의학을 공부하여 의술로 이름을 떨쳤으며, 온 천하를 돌아다니며 사람들을 치료했다. 저서로 《한씨의통(韓氏醫通)》·《양매론치방(楊梅論治方)》·《해외기방(海外奇方)》 등이 있었으나 지금 남아 있는 책은 《한씨의통(韓氏醫通)》뿐이다.

272 방외기방(方外奇方) : 한무가 지은 의술서로, 전해지지 않는다. 《본초강목》 등에 일부가 기록되어 있다.

두가 파고지를 돕는 데에는 목과 화가 상생(相生)하는 빼어난 효과가 있다."그래서 속담에 "파고지에 호두가 없으면 해파리[水母]에 새우[鰕]가 없는 것과 같다."고 한다.

之妙."故語云:"破故紙無胡桃, 猶水母之無鰕也."

6-14) 하수오(何首烏)[273]

何首烏

도경본초 [274] 하수오는 껍질을 제거하고 가루 낸 뒤 술로 넘기는 방법이 가장 좋다. 우연히 병이 나면 바로 복령 끓인 물로 넘긴다. 일반적으로 하수오는 우수(偶數, 짝수)의 날짜인 2·4·6·8일에 복용한다. 다 먹은 다음 옷을 덮어 땀을 내고 도인(導引)을 하면 더욱 좋다. 돼지고기나 피·양의 피·비늘 없는 물고기를 금한다. 이런 것들이 약에 닿으면 약효가 없어지기 때문이다.

圖經本草 何首烏去皮爲末, 酒下最良. 遇有疾, 卽用茯苓湯下. 凡服用偶日二、四、六[67]、八日, 服訖, 以衣覆汗出, 導引尤良. 忌猪肉血、羊血、無鱗魚, 觸藥無力.

태평혜민화제국방 [275] 하수오환(何首烏丸): 오로지 근골을 튼튼하게 하고, 정수를 기르며, 혈기를 보한다. 오래 복용하면 머리카락을 검게 하고, 양도(陽道, 남자의 생식기능)를 굳건히 하여 자식을 많이 보게 한다. 몸이 가볍고 수명을 늘리는 데에 이르기까지는 복용기간이 월(月) 단위로는 부족하고 연(年) 단위로는 넉넉하다.

和劑局方 何首烏丸:專壯筋骨, 長精髓, 補血氣. 久服[68]黑鬚髮, 堅陽道, 令人多子, 輕身延年. 月計不足, 歲計有餘.

---

273 하수오(何首烏): 쌍떡잎식물 마디풀목 마디풀과의 여러해살이 덩굴식물. 냄새가 없고 맛은 약간 쓰고 떫다. 뿌리는 강장·강정·완하제로 쓰고 잎은 나물로 먹는다.
274 《圖經本草》卷9〈草部下品之下〉"何首烏";《本草綱目》卷18〈草部〉"何首烏", 1289쪽.
275 출전 확인 안 됨;《本草綱目》卷18〈草部〉"何首烏", 1290쪽.
67 四六:저본에는 "六四".《圖經本草·草部下品之下·何首烏》에 근거하여 수정.
68 服:저본에는 "髮".《本草綱目·草部·何首烏》에 근거하여 수정.

하수오 3근을 구리칼로 편으로 썬 다음 말린 것을 쌀뜨물에 담가 연해지면 또 썰어둔다. 우슬(牛膝)[276](싹을 제거한 것) 1근을 썰어두고, 검은콩 10승을 깨끗하게 씻어둔다. 나무시루에 검은콩을 한 켜 깔고 그 위에 약을 한 켜 까는 식으로 켜켜이 다 깔아둔다. 이 시루를 와기솥에 올려 콩이 익도록 찐다. 이를 꺼내어 콩은 버리고 햇볕에 말린 뒤, 콩을 바꿔 넣고 다시 찌기를 3번 한다. 이를 가루 낸 다음 찐 대추육으로 반죽하여 벽오동씨크기의 환을 만든다. 30~50환씩 따뜻한 술로 빈속에 넘긴다.

필봉잡흥방[277] 암·수 하수오 각각 0.5근을 4등분한다. 이중 1등분은 당귀즙에 담그고, 1등분은 생지황즙에 담그고, 또 1등분은 한련(旱蓮)[278]즙에 담그고, 또 1등분은 사람젖에 담근다. 3일 뒤 이들을 꺼내어 각각 따로 햇볕에 말리고 와기에 담아 불에 말린 다음, 돌절구에 찧어 가루 낸다. 이것을 찐 대추육으로 반죽하여 벽오동씨크기의 환을 만든다. 이를 40환씩 팔팔 끓인 물과 함께 빈속에 복용한다.

적선당방[279] 적·백하수오 각각 절반씩(아주 큰 것을

用何首烏三斤, 銅刀切片, 乾者以米泔浸軟, 切之. 牛膝(去苗)一斤切, 以黑豆一斗淘淨. 用木甑鋪豆一層, 鋪藥一層, 重重鋪盡, 瓦鍋蒸至豆熟. 取出去豆曝乾, 換豆又蒸, 如此三次, 爲末, 蒸棗肉和丸梧子大. 每服三五十丸, 空心溫酒下.

筆峰雜興方 何首烏雌雄各半斤, 分作四分. 一分, 用當歸汁浸; 一分, 生地黃汁浸; 一分, 旱蓮汁浸; 一分, 人乳沈. 三日取出, 各曝乾, 瓦焙, 石臼爲末, 蒸棗肉和丸梧子大. 每服四十丸, 空心百沸湯下.

積善堂方 赤白何首烏各

---

276 우슬(牛膝) : 비름과에 속하는 여러해살이 초본식물. 그 뿌리의 형상이 소[牛]의 무릎[膝]과 비슷하다고 하여 우슬이라고 부르며, 약재로 쓴다.
277 출전 확인 안 됨 ; 《本草綱目》 卷18 〈草部〉 "何首烏", 1291쪽.
278 한련(旱蓮) : 쌍떡잎식물 쥐손이풀목 한련과의 덩굴성 한해살이풀. 《본초강목》에서는 입안의 상처로 음식을 삼키지 못하고 식욕이 없을 때 좋고 전한다. 열을 내려주고, 해독(解毒)작용을 하며, 눈을 밝게 하고, 인후통증과 중이염·임파염·상처의 부기를 가라앉히는 효과가 있다. 개화 직전에 따서 약한 불에 건조해 쓴다.
279 출전 확인 안 됨 ; 《本草綱目》 卷18 〈草部〉 "何首烏", 1290~1291쪽.

8월에 채취한다) 대나무칼로 긁어 껍질을 제거하고 편으로 썰어 쌀뜨물에 하룻밤 담근 뒤 햇볕에 말린다. 사내아이를 키우는 건장한 아낙의 젖으로 반죽했다가 말리기를 3번 하여 다 마르면 나무절구에 찧어 가루를 낸다. 이것을 밀운(蜜雲)[280]에서 나는 대추와 함께 절구에 찧어 벽오동씨크기의 환을 만든다. 복용할 때마다 20환씩 먹는데, 10일마다 10환을 더 먹되, 복용량이 100환이 되면 그친다. 빈속에 따뜻한 술이나 소금 끓인 물로 넘긴다. 다른 방법에서는 사람젖을 사용하지 않는다.

半(極大者八月采), 以竹刀削去皮, 切片, 用米泔浸一宿, 曬乾. 以壯婦男兒乳汁拌, 曬三度, 候乾, 木臼舂爲末, 以蜜雲棗和杵爲丸如梧子大. 每服二十丸, 每十日加十丸, 至百丸止. 空心溫酒鹽湯任下. 一方, 不用人乳.

본초강목 [281] 백하수오는 기분(氣分, 기의 영역)으로 들어가고 적하수오는 혈분(血分, 혈의 영역)으로 들어간다. 신장은 닫고 저장하는 일을 주관하고, 간은 소통시키고 흩어주는 일을 주관한다. 이 약물은 기운이 따뜻하고, 맛은 쓰고 떫다. 쓴맛은 신장을 보하고, 따뜻한 기운은 간을 보하며, 떫은맛은 정과 기를 수렴할 수 있다. 그래서 혈을 기르고 간을 도우며, 정을 굳세게 하고, 신장을 보익하는 한편 근골을 강건케 하고, 수염과 머리털을 검게 하므로 자윤하고 보익하는 좋은 약이 된다. 차갑지도 않고 조열(燥熱)하지도 않아 그 약효가 지황·천문동 같은 약들보다 윗길에 있다.

本草綱目 何首烏白者入氣分, 赤者入血分. 腎主閉藏, 肝主疏泄. 此物氣溫, 味苦澁[69] 苦補腎, 溫補肝, 澁[70]能收斂精氣, 所以能養血益肝, 固精益腎, 健筋骨, 烏髭髮, 爲滋補良藥. 不寒不燥, 功在地黃、天門冬諸藥之上.

---

280 밀운(蜜雲) : 중국 북경(北京)의 동북부 지역으로, 연산(燕山)의 산지, 화북(華北)의 평원과 연접해 있는 지역이다.
281 《本草綱目》卷18〈草部〉 "何首烏", 1289~1290쪽.
[69] 澁 : 《本草綱目·草部·何首烏》에는 "澀".
[70] 澁 : 저본에는 없음. 《本草綱目·草部·何首烏》에 근거하여 보충.

하수오(국립수목원)

하수오뿌리

만드는 방법 : 적·백하수오 각각 1근을 대나무칼로 긁어 거친 껍질을 제거하고 쌀뜨물에 하룻밤 담갔다가 편으로 썬다. 검은콩 30승을 9등분하여 매번 3.33승씩 물에 불린다. 이를 사기솥에 콩 한 켜 하수오 한 켜씩 켜켜이 다 깐 다음 찐다. 콩이 익으면 꺼내어 콩은 제거하고 하수오는 햇볕에 말린다. 여기에 다시 다른 콩을 넣고 찐다. 이렇게 9증9포한 뒤에야 사용한다.

製法 : 用赤、白各一斤, 竹刀刮去粗皮, 米泔浸一宿, 切片. 用黑豆三斗, 每次用三升三合三勺, 以水泡過. 砂鍋內鋪豆一層, 首烏一層, 重重鋪盡, 蒸之. 豆熟, 取出去[71]豆, 將首烏曬乾, 再以豆蒸. 如此九蒸九曬乃用.

이고(李翱)[282] 하수오전(何首烏傳)[283][284] 하수오는 남하현(南河縣)[285] 사람이다. 그의 할아버지 능사(能嗣)[286]

李翱 何首烏傳 何首烏, 南河縣人. 祖能嗣生而闄[72]

---

282 이고(李翱) : 772~841. 당나라 말엽·송나라 초기 고문운동가이자 유학자. 자는 습지(習之)이고, 시호는 문공(文公). 국자박사(國子博士)·사관수찬(史館修撰)·중서사인(中書舍人)을 지냈다. 한유(韓愈)의 친한 벗이자 질서(姪壻)로 그의 학문을 계승 발전시켜 '한리(韓李)'라 불렸다. 저서로《이문공집(李文公集)》속에 있는《복성설(復性說)》·《역전(易詮)》과《맹자주(孟子注)》·《논어필해(論語筆解)》등이 있다.

283 하수오전(何首烏傳) : 당나라 문인 이고가 지은 하수오의 효능에 대한 예찬의 글.

284 출전 확인 안 됨 :《本草綱目》卷18〈草部〉"何首烏", 1288쪽.

285 남하현(南河縣) : 중국 당나라 순주(順州)에 있던 현의 이름. 현재 광서성(廣西省) 육천현(陸川縣) 일대.

286 능사(能嗣) : ?~?. 원래 이름은 전아(田兒)였는데, 하수오를 먹고 후사를 본 뒤 능사(能嗣)로 개명했다. 능사는 후사를 볼 수 있다는 의미이다.

[71] 去 : 저본에는 없음.《本草綱目·草部·何首烏》에 근거하여 보충.

[72] 闄 : 저본에는 "闌".《本草綱目·草部·何首烏》에 근거하여 수정.

는 태어나면서부터 허약하여[闒弱, 엄약][287] 나이 58세에도 처자식이 없었다. 늘 술에 취하여 산야에 누워 있었는데, 어느 날 어떤 덩굴 2그루가 서로 3척이나 떨어져 있다가 그 덩굴들이 서로 엉킨 다음 오랜 뒤에 풀어지고, 또 떨어졌다가는 다시 엉키는 것을 보았다.

이를 이상히 여기고서는 그 뿌리를 캐다가 가루를 만들어 빈속에 0.1냥씩 술로 복용했다. 7일이 되자 여자가 그리워지고 몇 달이 지나니 몸이 강건해졌다. 이를 계기로 상복하기 시작하였는데, 추가로 0.2냥씩 더 먹었다. 해가 지나자 숙환이 모두 낫고, 머리가 검어지고 얼굴이 젊어졌고, 10년 안에 아들 몇 명을 낳았다. 또 그 아들 연수(延壽)에게 이 방법을 알려주고 함께 복용하니, 나이가 모두 160세에 이르렀다. 연수는 수오(首烏)를 낳았다. 수오 또한 그것을 복용하여 130세를 살았는데, 그때까지도 머리가 검었다.

弱, 年五十八無妻子. 常醉臥山野, 見有藤二株, 相去三尺, 苗蔓相交, 久而方解, 解了又交.

訝其異, 掘根, 杵爲末, 空心酒服一錢. 七日而思人道, 數月强健. 因此常服, 又加二錢. 經年舊疾皆瘳, 髮烏容少, 十年之內, 卽生數男. 又與其子延壽服之, 壽皆百六十歲. 延壽生首烏. 首烏服之, 壽百三十[73]歲, 髮猶黑.

6-15) 오미자(五味子)[288]

五味子

천금월령(千金月令) [289] [290] 5~6월에는 오미자탕을 상복하여 폐의 금 기운을 보익해야 한다. 위로는 근원을 적셔주고 아래로는 신장을 보한다.

千金月令 五六月宜常服五味子湯, 以益肺金之氣, 在上則滋源, 在下則補腎.

---

287 허약하여[闒弱, 엄약]: 후사를 볼 능력이 없다는 의미.
288 오미자(五味子): 오미자나무의 열매로, 짙은 붉은 빛깔이고, 단맛·신맛·쓴맛·짠맛·매운맛을 느낄 수 있어 오미자라고 불린다. 혈압을 내려주고 면역력을 높여 주며, 폐 기능을 강하게 하고 진해·거담·작용이 있어서 기침이나 갈증 등을 치료하는 데 효과가 있다.
289 천금월령(千金月令): 중국 당(唐)나라 의학자 손사막(孫思邈, 581~682)이 지은 의학서. 각 월별, 절기별 복용하기에 좋은 약과 음식, 풍습에 대해 기록했다.
290 출전 확인 안 됨;《本草綱目》卷18〈草部〉"五味子", 1240쪽.
[73] 十: 저본에는 없음.《本草綱目·草部·何首烏》에 근거하여 보충.

오미자(국립수목원)

복용하는 법 : 오미자 1큰홉[一大合]을 나무절구에 곱게 찧은 다음 자기병 속에 팔팔 끓인 물과 함께 넣는다. 여기에 꿀을 조금 넣어 밀봉한 뒤 불 곁에 오랫동안 두면 오미자탕이 되는데, 그것을 수시로 마신다.

其法：以五味子一大合，木臼擣細，瓷瓶中，以百沸湯投之，入少蜜，封置火邊良久，湯成，任飮.

포박자 [291] 오미(五味)라는 것은 오행의 정수(精髓)요, 그 씨는 5가지 맛이 있다. 회남공(淮南公) 이문자(移門子)[292]가 16년간 오미자를 복용하니 얼굴색이 옥녀(玉女, 선녀)와 같았으며, 물에 들어가도 젖지 않고 불에 들어가도 타지 않았다.

抱朴子 五味者，五行之精，其子有五味. 淮南公移[74]門子服之十六年，面色如玉女，入水不霑，入火不灼.

6-16) 창포(菖蒲)[293]

뇌공포자론 [294] 일반적으로 이창(泥菖, 진흙에서 자란 석

菖蒲

雷公炮炙論 凡使勿用泥

---

291 《抱朴子內篇》卷11 〈仙藥〉(《中華道藏》 25-1, 49쪽) ; 《本草綱目》, 위와 같은 곳.

292 회남공(淮南公) 이문자(移門子) : ?~?. 중국 진(秦)나라 진시황 때의 선인.

293 창포(菖蒲) : 창포과에 속하는 여러해살이 초본식물인 창포의 뿌리줄기. 습(濕)을 조절하고 위(胃)를 통하게 하며 인체의 구멍을 열고 담(痰)을 삭이며 정신을 맑게 하는 효능을 가진 약재이기도 하다.

294 《雷公炮炙論》卷上 〈菖蒲〉; 《本草綱目》卷19 〈草部〉 "菖蒲", 1357쪽.

74 移 : 저본에는 "羨". 《抱朴子內篇·仙藥》에 근거하여 수정.

창포)·하창(夏菖, 여름에 캔 석창포)[295], 이 2가지는 사용
치 말라. 그것들은 대나무뿌리 모양이고 검으며 악
취가 나고 맛이 비리다. 오직 돌 위에서 난 창포로,
뿌리와 가지가 어리고 누런색이며 단단하고 마디가
조밀하며, 0.1척당 9마디가 있는 것이 진짜다. 이 뿌
리를 채취하여 구리칼로 황흑색이면서 단단한 마디
의 껍질을 1겹 벗긴 다음 어린 뽕나무가지와 함께
섞고 푹 쪄서 햇볕에 말린 뒤 썰어서 쓴다.

菖、夏菖二件, 如竹根鞭,
形黑, 氣穢味腥. 惟石上
生者, 根條嫩黃, 緊硬節
稠, 一寸九節者, 是眞也.
采得以銅刀刮去黃黑硬節
皮一重, 以嫩桑枝條, 相拌
蒸熟, 暴乾, 剉用.

[도장경][296] 물고기비늘 같은, 단단하고 작은 창포뿌
리 1근을 채취하여 물과 쌀뜨물에 각각 하룻밤씩 담
갔다가 껍질을 깎아 제거하고 썬 다음 햇볕에 말리
고 찧어서 체에 친다. 이를 찹쌀죽과 고루 섞은 뒤
다시 졸인 꿀을 넣고 반죽하여 벽오동씨크기의 환
을 만든다. 이를 갈포로 만든 성긴 주머니에 담아
바람이 잘 부는 데서 말린다.

[道藏經] 采緊小似魚鱗者
一斤, 以水及米泔浸各一
宿, 刮去皮切, 暴乾擣篩.
以糯米粥和均, 更入熟蜜
搜和, 丸如梧子大. 稀葛
袋盛, 置當風處令乾.

아침마다 술이나 음료로 30환씩 넘기고, 잠자기
전 또 30환을 복용한다. 복용한 지 1개월이면 식적
(食積)이 풀리고, 2개월이면 담음(痰飮)이 제거되며,
5년이면 골수가 꽉 차고 안색이 윤택하며 백발이 검
어지고 빠진 이가 새로 난다.

每旦酒、飮任下三十丸, 臨
臥更服三十丸. 服至一月,
消[75]食;二月, 痰除;五年,
骨髓充, 顏色澤, 白髮黑,
落齒更生.

이 약은 오덕(五德)을 지녀서 오행(五行)과 짝을 이
룬다. 즉 잎은 청색, 꽃은 적색, 마디는 백색, 심은

其藥以五德配五行, 葉靑,
花赤, 節白, 心黃, 根黑.

---

295 이창(泥菖)·하창(夏菖) : 연못에서 나는 수창(水菖)과 함께 석창포의 종류들로, 줄기에 등마루[葉脊]가
없는 것이다. 약으로 쓰지 않는다.
296 《神仙服食靈草菖蒲丸方傳》《中華道藏》18-21, 206쪽);《本草綱目》卷19〈草部〉"菖蒲", 1358쪽.
[75] 消 : 저본에는 "淸". 오사카본·규장각본·《本草綱目·草部·菖蒲》에 근거하여 수정.

창포(국립수목원)

황색, 뿌리는 흑색이다.[297] 그래서 모든 풍질(風疾)과 5로7상을 치료하며, 혈과 뇌수를 채워주며 골수를 굳세게 하고, 정과 신을 기르며, 5장을 자윤하고, 6부를 보익하며, 혈맥을 잘 돌게 하고, 구치(口齒)를 도와주고, 귀와 눈을 밝게 하고, 피부를 윤택하게 하며, 한열을 없애고, 삼시(三尸)[298]와 구충(九蟲)[299]을 제거한다.

能治一切諸風、五勞七傷, 塡血補腦, 堅骨髓, 長精神, 潤五藏, 裨六府, 和血脈, 益口齒, 明耳目, 澤皮膚, 去寒熱, 除三尸九蟲.

비급천금요방 [300] 갑자(甲子)일에 뿌리 1촌에 9마디가 있는 창포를 채취하여 100일간 그늘에 말린 다음

千金要方 甲子日, 取菖蒲 一寸九節者, 陰乾百日, 爲

---

297 즉……흑색이다 : 창포의 각 부분이 오방색과 연관되어 있음을 설명한 내용이다.

298 삼시(三尸) : 사람의 몸에 깃들어 있으면서 질병이나 욕망을 일으킨다고 하는 3가지 귀신. 삼시(三屍) 또는 삼충(三蟲)이라고도 한다. 도교에서는 이 상시(上尸)·중시(中尸)·하시(下尸)가 사람이 먹는 오곡의 자양분에 의지하여 기생하면서 심신에 개입한다고 여겼다. 상시 팽거(彭琚)는 사람의 머리에 있으면서 차마(車馬)와 성색(聲色, 소리와 색깔)을 좋아하게 만들고, 중시 팽질(彭瓆)은 뱃속에 있으면서 오미(五味, 음식의 맛)를 좋아하게 만들고, 하시 팽교(彭矯)는 다리에 있으면서 색(色)을 탐하게 만든다고 한다. '삼시'에 대한 내용은 《태상제삼시구충보생경(太上除三尸九蟲保生經)》《중화도장(中華道藏)》 32-50, 612~614쪽)에 그림과 함께 상세하게 나온다.

299 구충(九蟲) : 9가지 기생충으로, 복충(伏蟲)·회충(蚘蟲)·백충(白蟲)·육충(肉蟲)·폐충(肺蟲)·위충(胃蟲)·약충(弱蟲)·적충(赤蟲)·요충(蟯蟲) 등이다.

300 《備急千金要方》 卷14 〈小腸腑〉 "好忘" 第7 '治健忘方'(《孫思邈醫學全書》, 273쪽);《本草綱目》 卷19 〈草部〉 "菖蒲", 1359쪽.

가루 낸다. 1방촌시씩 술로 복용하되, 하루 3번 복용한다. 오래 복용하면 귀와 눈이 밝아지고 지혜를 더하여 잊어먹지 않게 된다.

7월 7일에 창포를 취하여 가루를 내고 1방촌시를 술로 복용하면 술을 마셔도 취하지 않게 되는데, 호사가들이 복용해서 효험을 본 것이다. 오래 복용하면 총명해진다.

고렴 준생팔전·음찬복식전 301 창포 복용법 : 3월 3일, 4월 4일, 5월 5일, 6월 6일, 7월 7일, 8월 8일, 9월 9일, 10월 10일에 채취한다. 반드시 깨끗한 바위 위에 있으면서 물속에 난 것이어야 한다. 그러면서도 남쪽으로 흐르는 물가에 있는 것이라야 좋다.

6-17) 고삼(苦蔘)[302]의 열매

당본초 303 오래 복용하면 몸이 가벼워지고 늙지 않으며, 눈을 밝게 한다. 회화나무씨 먹는 방법[304]과 같이 복용하면 효험이 있다.

【안 심괄(沈括)[305]의 《몽계필담(夢溪筆談)》에 "오랫

末. 每酒服方寸匕, 日三服. 久服, 耳目聰明, 益智不忘.

七月七日, 取菖蒲爲末, 酒服方寸匕, 飮酒不醉, 好事服而驗之. 久服, 聰明.

高濂 服食方 服菖蒲法 : 用三月三日、四月四日、五月五日、六月六日、七月七日、八月八日、九月九日、十月十日采之, 須在淸淨石上水中生者, 仍須南流水邊者佳.

苦蔘實

唐本草 久服, 輕身不老, 明目. 餌如槐子法, 有驗.

【案 沈存中《筆談》有"久

301《遵生八牋》卷13〈飮饌服食牋〉下"甜食類"'太淸經說神仙靈草菖蒲服食法'(《遵生八牋校注》, 488쪽).
302 고삼(苦蔘) : 쌍떡잎식물 장미목 콩과의 여러해살이식물. 햇볕이 잘 드는 길가나 산기슭에서 자라고, 6~8월경에 꽃을 피우며, 9~10월에 열매를 맺는다. 예로부터 항염·항균 효과가 있어 각종 피부질환과 장염 등의 치료에 사용되었다.
303 출전 확인 안 됨;《本草綱目》卷13〈草部〉"苦蔘", 802쪽.
304 회화나무씨……방법 : 회화나무씨를 찧어서 가루 낸 뒤, 벽오동씨크기의 환을 만들어 19환을 미음으로 넘긴다(《화제국방》), 또는 29환을 술로 넘긴다(《성제총록》).《本草綱目》卷35〈木部〉"槐", 2006쪽에 보인다.
305 심괄(沈括) : 1031~1095. 중국 북송(北宋)의 학자. 호는 몽계(夢溪), 자는 존중(存中). 사천감(司天監, 천

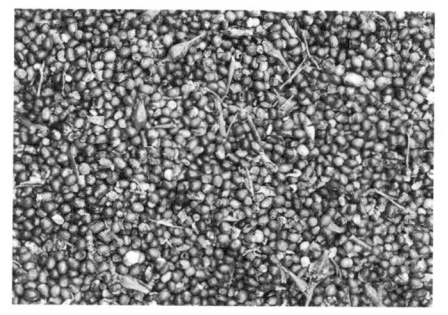
고삼씨

고삼뿌리

동안 고삼으로 이를 닦으면 신장을 상하여 허리가 무거워진다."[306]는 설이 있다. 주진형(朱震亨)[307]은 "고삼은 음기를 강력하게 보하므로 혹 너무 많이 복용하면 허리가 무거워지는 증상을 일으킨다. 이것은 기가 내려가기만 하고 상승하지 못한 때문이지 신장을 손상시켰기 때문은 아니다."[308]라 했다. 이러한 몇 가지 설은 비록 모두 고삼의 뿌리를 지적한 것이지만 요컨대 뿌리와 열매는 그 기운과 맛이 서로 멀지 않으므로 오래 복용하지 말아야 한다는 사실은 명백하다.

우안 이시진의《본초강목》에 말했다.

"《황제내경소문(黃帝內經素問)》에 '5미가 위(胃)에

用苦蔘揩齒, 傷腎腰重"之說. 朱震亨則云: "苦蔘峻補陰氣, 或過服而致腰重者, 因其氣降而不升也, 非傷腎也." 是數說雖皆指苦蔘之根, 然要之, 根與實氣味不相遠, 其不可久服明矣.

又案 李時珍《本草綱目》云: "《素問》云: '五味入

문대 수장)이 되어 천체관측법·역법(曆法) 등을 창안하였다. 천문·수학·지리·본초(本草) 등의 학문에 많은 업적을 남겼다. 저서로《임원경제지》의 여러 곳에 인용된《몽계필담(夢溪筆談)》·《망회록(忘懷錄)》 등이 있다.

306 오랫동안……무거워진다 :《夢溪筆談》卷18〈技藝〉《夢溪筆談校證》, 616쪽);《本草綱目》卷13〈草部〉 "苦蔘", 799쪽에 보인다.

307 주진형(朱震亨) : 1281~1358. 중국 금(金)·원(元)나라 때 의학자. 자는 언수(彦修), 호는 단계(丹溪). 이고(李杲)의 내상설(內傷說)을 발전시켜 내부 환경을 중요시하는 의설을 제창하였다. 약물요법(화학요법)의 한계를 넘어 쇠약한 환자에게 감자즙이나 우유를 먹이고, 아라비아에서 전해진 시럽제 혹은 도창법(倒倉法) 등의 신기한 방법을 적극적으로 채용했다. 저서로《격치여론(格致餘論)》과 당시의 관학계(官學系)의 의서를 비판한《국방발휘(局方發揮)》등이 있다.

308 고삼은……아니다 :《本草綱目》卷13〈草部〉"苦蔘", 799쪽.

들어간 뒤 각각 자신이 좋아하는 데로 돌아가는데, 이것이 오랫동안 지속되면 기운이 쌓이는 것은 자연의 법칙[物化之常]이다. 기운이 쌓여서 오래가면 요절하는 원인이 된다.'라 한다.

이에 대해 왕빙(王氷)[309]의 주에서 다음과 같이 풀이했다.

'간에 들면 온(溫)기가 되고, 심장에 들면 열(熱)기가 되며, 폐에 들면 청(淸, 시원함)기가 되고, 신장에 들면 한(寒)기가 된다. 비장에 들면 지음(至陰, 강한 음기)이 되어 앞의 4가지 기를 겸한다. 이런 것들이 모두 그 맛과 기운을 축적시키는데, 이때는 각각 본래 장기의 기운을 따른다. 그래서 황련(黃連)·고삼을 오래 복용하여 도리어 열이 나는 이유는, 이것이 바로 그런 종류이기 때문이다.[310]

기운이 계속 쌓이는데도 복용을 멈추지 않으면 장기(臟氣)에 한 가지만 지나치게 넘치고, 한 가지만 지나치게 넘치면 결국 그 장기는 특정 기운이 끊어진다. 그래서 갑자기 요절한다. 그러므로 약이 5미(五味)를 두루 갖추지 않거나 온·열·청·한 4기(四氣)를 모두 갖추지 않은 채로 약을 오래 복용하면 잠깐은 낫는 듯하다가 오래되면 반드시 갑자기 죽는 것이다.'"[311]

胃, 各歸其所喜攻[76], 久而增氣, 物化之常也. 氣增而久, 夭之由也.'

王氷註云 : '入肝爲溫, 入心爲熱, 入肺爲淸, 入腎爲寒, 入脾爲至陰而兼四氣, 皆爲增其味而益其氣, 各從本臟之氣. 故久服黃連、苦蔘而反熱者, 此其類也.

氣增不已, 則臟氣有偏勝, 偏勝則藏有偏絶, 故有暴夭. 是以藥不具五味, 不備四氣, 而久服之, 雖且獲勝, 久必暴夭.'"

---

309 왕빙(王氷) : ?~?. 중국 당대(唐代)의 의학자. 자호는 계현자(啓玄子). 일찍이 태복령(太僕令)의 관직을 역임하였고, 기존의 의학서적 81편을 합하여 《주황제소문(注黃帝素問)》을 저술하였다.

310 황련(黃連)·고삼을~때문이다 : 황련·고삼은 돌아가는 장기가 심(心)이다. 그래서 오래 쌓이면 열이 난다고 했다.

311 황제내경소문(黃帝內經素問)에……것이다 : 《黃帝內經素問》 卷22 〈至眞要大論篇〉《黃帝內經素問語譯》, 524쪽) ; 《本草綱目》 卷13 〈草部〉 "苦蔘", 799~800쪽.

[76] 攻 : 《黃帝內經素問·至眞要大論篇》에는 "故".

이것은 참으로 복식가의 중요한 경계이다. 이 글을 보는 사람은 마땅히 이와 비슷한 성질을 더듬어 확장해나가야 할 것이다 [312]】

此誠服食家炯戒也. 覽者, 宜觸類而長之】

6-18) 서여(薯蕷, 마)[313]

태평성혜방 [314] 서여를 옹기 속에서 곱게 간 다음 다시 냄비 안에 넣은 뒤 수유(졸인 젖) 1큰숟가락을 넣고 졸여서 향이 나게 한다. 여기에 술 1잔을 더하고 골고루 저어 빈속에 마신다. 아침마다 1번씩 복용하면 안색을 좋게 하고, 하초가 허랭하여 소변이 잦거나 마르고 기력이 없는 증상을 보한다.

薯蕷

太平聖惠方 薯蕷 於砂盆內研細, 入銚中, 以酥[77]一大匙, 熬令香, 添酒一盞, 攪令均, 空心飲之. 每朝一服, 益顔色, 補下焦虛冷, 小便頻數, 瘦損無力.

신농본초 [315] 오래 복용하면 귀와 눈이 밝아지고, 몸이 가볍고, 주리지 않으며 수명을 늘린다.

神農本草 久服, 耳目聰明, 輕身不饑延年.

마(국립수목원)

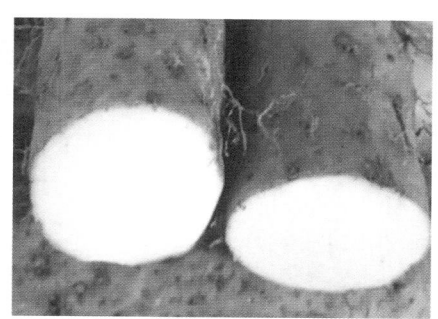

마 뿌리

---

312 이것은……것이다 : 서유구의 복식, 복약에 대한 의견을 정확히 드러내주는 문구이다.

313 서여(薯蕷) : 마. 덩이뿌리를 한방에서는 산약(山藥)이라고 하며, 식용이나 강장·강정·지사제 등의 약용으로 쓴다.

314 《太平聖惠方》卷95 〈薯蕷酒方〉(《太平聖惠方校注》10, 180쪽);《本草綱目》卷27 〈菜部〉 "薯蕷", 1678쪽.

315 《神農本草經》中卷 〈草部上品〉 上 "薯蕷"(《繆希雍醫學全書》, 118쪽);《本草綱目》卷27 〈菜部〉 "薯蕷", 1678쪽.

[77] 酥 : 저본에는 "酒".《太平聖惠方·薯蕷酒方》에 근거하여 수정.

고렴 준생팔전·음찬복식전 316 지선전(地仙煎) : 허리와 무릎이 쑤시고 아픈 증상과 뱃속의 일체 냉병을 치료한다. 또 얼굴색을 윤기 나게 하고, 골수를 굳세게 하며, 말처럼 빨리 달리게 한다.

산약(마) 1근, 행인(끓인 물에 불려서 껍질과 끝부분을 제거한 것) 1근, 생우유 2근을 준비한다. 이상의 약미 중 행인을 곱게 갈아 생우유에 넣고, 이것을 산약과 함께 섞어서 즙을 짜낸다. 이 즙을 새 자기병에 담아 밀봉하고 중탕으로 하루 동안 달인다. 매일 빈속에 술에 타서 1술씩 먹는다.

高濂 服食方 地仙煎 : 治腰膝疼痛, 一切腹內冷病, 令人顏色悅澤, 骨髓堅固, 行及奔馬.

山藥一斤、杏仁一斤 78 (湯泡, 去皮尖)、生牛乳二斤. 右將杏仁研細, 入牛乳 和山藥拌, 絞取汁. 用新磁瓶密封, 湯煮一日. 每日空心, 酒調, 服一匙頭.

6-19) 고구마[甘藷, 감저]

남방초목상(南方草木狀) 317 318 주애군(珠崖郡)319처럼 바다 가운데에 사는 사람들은 농사는 짓지 않고 오직 땅을 파 고구마를 심었다가 가을에 익으면 거둔다. 이를 찌고 햇볕에 말려 쌀알같이 썰어서 양식에 충당한다. 이를 '저량(藷糧)'이라 한다. 대체로 남방 사람들 중에는 이모자(二毛者)320가 100명에 한둘도 없는데 오직 바다 가운데 사는 사람들이 백여 세까지 장수하는 이가 있는 이유는, 오곡이 아니라 고구마를 먹기 때문이리라.

甘藷

南方草木狀 珠崖 海 中 之人, 不業耕稼, 惟掘地種甘藷, 秋熟收之, 蒸曬, 切如米粒以充糧糒, 是名"藷糧". 大抵南人二毛者, 百無一二, 惟海中之人, 壽百餘歲者, 由不食五穀, 食甘藷故耳.

---

316 《遵生八牋》卷13 〈飮饌服食牋〉 下 "甜食類" '地仙煎'(《遵生八牋校注》, 490쪽).
317 남방초목상(南方草木狀) : 중국 영남(嶺南)의 식물에 관해 기술한 책. 서진(西晉)의 문인 혜함(嵇含, ?~?)이 지었다고 전해진다.
318 《南方草木狀》卷上(《文淵閣四庫全書》 589, 3쪽) ; 《本草綱目》 卷27 〈菜部〉 "甘薯", 1679~1680쪽.
319 주애군(珠崖郡) : 중국 해남성(海南省, 해남도) 해구시(海口市) 일대.
320 이모자(二毛者) : 중노인. 흑발과 백발 2가지가 섞여있다는 말. 반백자(斑白者).
78 斤 : 저본에는 "升". 《遵生八牋·飮饌服食·甜食類》에 근거하여 수정.

순무깍지

순무씨

6-20) 순무씨

蔓菁子

본초습유 321 《선경(仙經)》에 말하였다. "순무씨를 9증9포한 다음 찧어서 가루 낸 뒤 장복하면 곡기를 끊고도 장생할 수 있다."

本草拾遺 《仙經》言:"蔓菁子九蒸九曝, 擣末, 長服, 可斷穀, 長生."

도경본초 322 순무씨가 익었을 때 채취한 다음 물에 3번 끓여 쓴맛을 없앤다. 이것을 햇볕에 말리고 찧어서 가루 낸다. 복용할 때마다 0.2냥씩 따뜻한 물로 넘기며, 하루 3번 복용한다. 오래 복용하면 곡식을 멀리할 수 있다.

圖經本草 蕪菁子熟時采之, 水煮三遍⑦⑨, 令苦味盡, 曝擣爲末. 每服二錢, 溫水下, 日三次. 久可辟穀.

증보산림경제 323 순무씨 5승을 물 7승에 담가 센불로 끓이면서 물이 맑아지고 순무씨에서 단맛이 날 때까지 위에 뜬 누런 물을 여러 번 제거한다. 이어 이를 찧어서 가루 낸다. 이 가루를 대추살과 고

增補山林經濟 蔓菁子五升, 以七升水淹, 急火煮, 數去浮上黃水, 以水美子甜爲度, 擣爲末. 以棗肉和

---

321 출전 확인 안 됨 ; 《本草綱目》 卷26 〈菜部〉 "蕪菁", 1614쪽.
322 출전 확인 안 됨 ; 《本草綱目》, 위와 같은 곳.
323 《增補山林經濟》 卷7 〈攝生〉 "藥名" '蔓菁子'(《農書》 3, 511쪽).
⑦⑨ 遍 : 《本草綱目·菜部·蕪菁》에는 "過".

루 섞어 푹 찧고 계란노른자크기로 환을 만든 다음 햇볕에 말린다. 3환씩 흐물흐물하게 씹어서 삼키되, 하루 3번 복용한다.

꺼릴 것은 아무것도 없다. 굶주림을 낫게 하고 풍을 치료하며 눈을 밝히고 백발을 검게 하며, 야위어가는 병을 치료하고 심력(心力)을 더한다. 오래 복용하면 살이 붙고 건강해지며, 하루 만 언(言)을 독송하고 천 리를 걷는다. 100일간 복용하면 천지와 같이 수를 누린다.

均, 熟擣, 丸如鷄子黃大, 曝乾. 每三丸爛嚼嚥之, 日三服.

百無所忌, 療飢治風, 明目變白, 治瘦病, 益心力. 久服, 令人肥健, 日誦萬言, 日行千里. 服之百日, 與天地齊壽.

6-21) 동아씨(동과인)

冬瓜仁

군방보(群芳譜) [324] 동아씨 7승을 명주주머니에 담아 삼비탕(三沸湯, 3번 끓인 물) 속에 넣었다가 곧바로 다시 꺼내어 햇볕에 말린다. 이와 같이 3차례 한다. 이를 맑은 식초에 하룻밤 담갔다가 햇볕에 말리고 가루

群芳譜 冬瓜仁七升絹袋盛, 投三沸湯中, 須臾取出, 曝乾, 如此三度, 淸苦酒漬一宿, 曝乾爲末. 日服

동아씨

324《廣群芳譜》卷17〈蔬譜〉"冬瓜", 402쪽;《食療本草》卷下〈冬瓜〉, 132~133쪽;《外台秘要方》卷21〈眼疾二十四門〉"眼闇令目方一十四首", 397쪽;《本草綱目》卷28〈菜部〉"冬瓜", 1699쪽.

낸다. 매일 1방촌시씩 복용한다. 살이 붙고, 눈을 밝히며, 수명을 늘리고 늙지 않는다.

또 다른 방법 : 동아씨 3~5승을 껍질을 제거하여 환을 만들고 빈속에 30환씩 복용하면 몸이 옥처럼 희고 깨끗해진다. 또 간을 보하여 눈을 밝히고 남자의 5로7상을 치료할 수 있다.

6-22) 백초화(百草花, 온갖 풀꽃)

증보산림경제 [325] 3월 3일, 5월 5일, 7월 7일, 9월 9일에 온갖 풀꽃[百草花]을 채취하여 그늘에 말리고 곱게 가루 낸다. 이를 0.2냥씩 물에 타서 넘기되, 하루 2번 복용한다. 100일이 되면 몸이 가벼워지고, 얼굴과 눈에 광택이 있으며, 3년이면 통신(通神, 신명과 통함)하여 어느덧 진인(眞人)과 같은 경지가 된다.

6-23) 백초지(百草枝, 온갖 풀의 가지)

증보산림경제 [326] 봄에 온갖 풀의 가지[百草枝]를 채취하여 그늘에 말리고 곱게 가루 낸다. 위 백초화의 방법처럼 복용하면 역시 몸을 가볍게 하고 수명을 늘릴 수 있다.

6-24) 송지(松脂, 송진)

비급천금요방 [327] 송지 채취하는 법 : 날이 저물 때

方寸匕. 能令人肥悅, 明目, 延年不老.

又法 : 取子三五升, 去皮爲丸, 空心服三十丸, 令人白淨如玉. 又能補肝明目, 治男子五勞七傷.

百草花

增補山林經濟 三三、五五、七七、九九日, 摘取陰乾, 細末. 每二錢水調下, 日二服. 百日, 身輕, 面目光澤;三年, 通神, 忽與眞人同位.

百草枝

又 春采百草枝, 陰乾, 細末. 服如上法, 亦得輕身長年.

松脂

千金要方 採松脂法 : 以日

---

325 《增補山林經濟》卷7〈攝生〉"藥名"'百花草'(《農書》2, 513쪽).
326 위와 같은 곳.
327 《備急千金要方》卷27〈養性〉"服食法" 6 '采松脂法'(《孫思邈醫學全書》, 496~497쪽);《千金翼方》卷13 〈辟穀〉"服松柏脂" 2(《孫思邈醫學全書》, 734쪽).

소나무의 음(陰, 햇볕이 들지 않는 부분)을 파내어 송고(松膏)를 얻고, 양(陽, 햇볕이 드는 부분)을 파내어 송지를 얻는다.[328] 송지와 송고를 같은 양으로 나눈 뒤 먹으면 신령(神靈)을 통하게 할 수 있다.

채취할 때는 소나무의 음과 양을 파서 사방 0.5척, 깊이 0.5척의 구멍을 낸 뒤 다시 껍질로 그 구멍을 덮어 바람이 못 들어가게 한다. 바람이 들면 먹을 수 없기 때문이다. 봄과 여름에 채취하되, 채취가 끝나면 입구를 잘 막아서 새지 않도록 하고 진흙을 발라준다.

일반적으로 송지를 채취할 때는 노송의 껍질에 저절로 송지가 모여 있는 부분이 제일 좋다. 그 뿌리 밑에 상처가 있어 해와 달에 드러나지 않는 송지는 '음지(陰脂)'라 하는데, 이것은 더욱 좋다.

백련송지(百鍊松脂)[329]를 체로 거르고 꿀과 섞어 대나무통속에 넣어둔 다음 바람이 들지 않게 한다. 장기알모양(장기알은 길이 0.2척, 사방 0.1척) 하나를 1일에 3번 복용한다. 점차로 1근을 복용할 정도가 되면 배를 주리지 않고 수명을 늘린다. 또는 순주(醇酒, 진한 술)와 꿀을 섞어 엿처럼 만들고 매일 1~2냥씩 복용하여 0.5근까지 되도록 할 수도 있다.

송지 복용하는 법 : 곡기(穀氣)를 끊으려면 3냥을 복용하고 배고프면 다시 복용하되 배가 부르면 그

入時, 破其陰以取其膏, 破其陽以取其脂, 脂膏等分, 食之可以通神靈.

鑿其陰陽爲孔, 令方五寸, 深五寸, 還以皮掩其孔, 無令風入, 風入則不可服. 以春夏時取之, 取訖封塞勿洩, 以泥塗之.

凡取松脂, 老松皮自有聚脂者 第一. 其根下有傷折處, 不見日月, 名曰"陰脂", 彌良.

百鍊松脂下篩, 以蜜和納筩中, 勿見風. 日服如博棋一枚(博棋長二寸, 方一寸), 日三服, 漸漸至服一斤, 不饑延年. 亦可醇酒和白蜜如餳, 日服一二兩, 至半斤.

服松脂法 : 欲絶穀, 服三兩, 饑復更服, 取飽而止,

---

328 소나무의……얻는다 : 햇볕을 받는 쪽에서 추출한 송진은 송지라 하고, 반대편인 햇볕을 등진 쪽에서 추출한 송진을 송고라 한다.
329 백련송지(百鍊松脂) : 여러 번의 제련과정을 거쳐 품질이 우수한 송지.

치는데, 1근까지 먹을 수 있다. 곡기를 끊지 않으려면 1냥을 복용한다. 송지를 늘 먼저 먹고 나서 약력(藥力, 약효)이 다한 뒤에 나머지 밥을 먹어야 한다. 순서를 바꿔 먹으면 먹은 음식이 안정되지 않아 토할 수 있기 때문이다. 오래도록 복용하면 수명을 늘리고 온갖 병을 없앤다.

또 다른 방법 : 송지 1근, 송실(松實, 솔씨) 2근, 백실(柏實, 측백씨) 3근, 국화 5근. 이상의 4가지 약미를 체에 거르고 꿀로 반죽하여 벽오동씨크기의 환을 만든다. 30환을 3번에 나누어 복용한다. 100일 이상 되면 다시 배고프지 않고, 1년간 복용하면 100살이 되어도 30~40살처럼 보이며, 더욱 오래 복용하면 하늘과 땅처럼 오래 산다.

또 다른 방법 : 하짓날에 송지를 취하여 매일 1승씩 먹고 다른 음식은 먹지 않으며, 물은 원하는 만큼 먹으면 배가 주리지 않게 된다. 오래 복용하면 평생을 그렇게 살 수 있다. 산음처(山陰處)[330]의 송지를 잘라 그릇 속에 넣고 쪄서 고(膏)가 저절로 흘러내리면 쓴맛은 정련하여 제거한 다음 꿀과 함께 섞어 하루에 1승을 먹는다. 2일 후에는 탄환크기로 복용하되, 목이 마르면 물을 마신다. 이는 사람을 늙지 않

可至一斤. 不絶穀者, 服食一兩. 常先食, 須藥力盡乃餘. 食錯者卽食不安而吐也. 久服延年, 除百病.

又方 : 松脂一[80]斤、松實二[81]斤、柏實三斤、菊花五斤. 右四味下篩, 蜜和丸如梧子大, 三十丸分爲三服. 一百日以上不復饑, 服之一年, 百歲如三十、四十者, 久服, 壽同天地.

又方 : 以夏至日取松脂, 日食一升, 無食他物, 飮水自恣, 令人不饑. 長服, 可以終身. 山陰處松脂斷之, 置器中蒸之, 膏自流出, 鍊去苦味, 白密相和, 日食一升. 二[82]日後服如彈丸, 渴飮水, 令人不老, 取無時.

---

330 산음처(山陰處) : 산의 북쪽 경사면에 햇볕이 잘 들지 않는 곳.
[80] 一 :《千金翼方·辟穀·服松脂》에는 “十”.
[81] 二 :《千金翼方·辟穀·服松柏脂》에는 “三”.
[82] 二 :《千金翼方·辟穀·服松柏脂》에는 “三”.

게 하니, 수시로 섭취한다.

또 다른 방법 : 송지 5근, 양지(羊脂, 양의 기름) 3근. 이상의 2가지 약미 중 먼저 송지만 정련하여 녹인 다음 여기에 양지를 넣어서 매일 장기알모양 1개를 복용하면 배가 주리지 않는다. 오래 복용하면 신선 이 된다.

또 다른 방법 : 흰송지 7근(3번 정련한 것), 백랍(白蠟)331 5근, 꿀 3근, 복령가루 3근. 이상의 3가지 약 미(흰송지·백랍·복령가루)를 합하여 1석의 쌀이 익는 시 간 동안 찌고 난 뒤 이를 꿀로 반죽하고 벽오동씨크 기의 환을 만들어 10알씩 복용하되, 배가 고프면 또 복용한다. 다른 음식은 일절 먹지 말고, 술도 0.1승 이상은 마시지 않는다.

또 다른 방법 : 송지를 뽕나무재에 100번 정련하 면 색깔이 순백이 된다. 이것을 다시 엿과 꿀 속에 담아 몇 번씩 뒤집었다가 꺼낸 다음 벽오동씨크기의 환으로 만들어 1알씩 복용한다. 100일이면 몸이 가 벼워지고, 1년이면 옥녀(玉女, 선녀)가 와서 시봉한다.

又方 : 松脂五斤、羊脂三斤. 右二味, 先鍊松脂令消, 內羊脂, 日服博棋一枚, 不饑, 久服神仙.

又方 : 白松脂七斤(三徧鍊)、白蠟五斤、白蜜三斤83、茯苓粉三斤. 右三味, 合蒸一石米84頃, 服如梧子大十丸, 飢復取服. 不得食一切物, 飮酒不過一合.

又方 : 松脂桑灰鍊百遍, 色正白, 復內之飴、蜜中, 數反出之, 服一85丸如梧子. 百日身輕, 一年玉女來侍.

---

331 백랍(白蠟) : 표백한 밀랍. 벌집에서 벌꿀을 채취한 뒤에 이를 뜨거운 물로 녹여 고화한 납인 황랍(황갈색 밀랍)을 녹이고 냉수에 서서히 넣어서 작은 알갱이로 만든 다음 가끔 물을 더 부어 주면서 햇빛에 두면 백 랍이 된다.

83 斤 :《千金翼方·辟穀·服松柏脂》에는 "升".
84 米 : 저본에는 "斗".《千金翼方·辟穀·服松柏脂》에 근거하여 수정.
85 一 :《千金翼方·辟穀·服松柏脂》에는 "二".

[천금익방] [332] 송지 채취하는 법 : 습기 없이 마르고 살찐 노송을 베어다가 1척 남짓의 길이로 잘게 잘라, 시루 안에 넣고 찐다. 노송을 시루에 가득 채우면 기름이 아래로 흘러 솥 가운데로 모인다. 계속해서 기름을 받은 다음 찬물 속에서 응고시킨다. 기름이 다 나오고 나면 처음부터 다시 되풀이한다. 이렇게 하면 하루 수십 근의 송지를 얻을 수 있다. 마른 소나무 마디가 더 좋다.

또 다른 방법 : 만약 5월에 송지를 채취하려면 소나무의 음면에다 2~3개의 칼집을 내는데, 칼집 1개당 송지 몇 근을 얻을 수 있다. 가을과 겨울에는 자법(煮法)[333]으로 송지를 취하지만, 봄과 여름에는 자법을 쓰지 말라. 생소나무에는 송지가 적기 때문이다.

송지를 정련하는 법은 다음과 같다.[334] 송지 20근을 한 제(劑, 약의 단위)로 하는데, 먼저 큰 솥에 물을 끓이고 시루를 그 위에 얹어둔다. 시루의 가장자리 틈새가 새지 않게 시룻번을 바른 다음 띠풀을 시루 위에 깔아 자리로 삼고, 다시 생흙을 띠풀 위에 0.1척 두께로 깐 뒤라야, 그 위에 송지를 놓고 뽕나무땔감으로 불을 지핀다. 탕이 줄어들면 물을 첨가한다. 기름을 받으면 바로 냉수에 모아 응고시킨 다

[千金翼方] 取松脂法 : 斫取老枯肥松, 細劈長尺餘, 置甑中蒸之. 滿甑, 脂下流入釜中, 數數接取脂, 置水中凝之, 盡更爲, 一日可得數十斤. 枯節益佳.

又法 : 若以五月就木取脂者, 對刻木之陰面爲二三刻, 刻可得數斤[86]. 秋冬則依煮法取, 春夏[87]勿煮, 生松者, 少脂.
松脂二十斤爲一劑, 以大釜煮水, 加甑其上. 塗際勿洩, 加茅甑上爲藉, 復加生土茅上, 厚一寸, 乃加松脂於上, 炊以桑薪. 湯減添水, 接取停於冷水中凝, 更蒸之如前法. 三蒸畢, 止. 脂色如白玉狀, 乃用和藥,

---

332《千金翼方》卷13〈辟穀〉"服松柏脂" 2(《孫思邈醫學全書》, 732~734쪽).
333 자법(煮法) : 위에서 소개한 사례와 같이 소나무를 쪄서 송지를 얻는 법.
334 송지를……같다 :《천금익방》원문의 "煉松脂法"이라는 표현을 반영하여 옮겼다.
[86] 斤 :《千金翼方·辟穀·服松柏脂》에는 "升".
[87] 春夏 :《千金翼方·辟穀·服松柏脂》에는 없음.

음 다시 앞의 방법처럼 찐다. 이렇게 3번을 하고 마친다. 송지의 색이 백옥 같아져야 약을 반죽하고 국화·복령을 함께 넣고 환을 만들어 복용할 수 있다.

可以丸菊花、茯苓服之.

다시 찔 때마다 흙을 이전 방법처럼 바꿔준다. 시루 아래로 흘러내리는 기름을 동라(銅鑼, 넓은 구리그릇)로 받으면 기름이 동라 가운데로 아교처럼 흘러들게 된다. 그 아래로 냉수 속에 모이도록 해서 굳어지게 하였다가 다시 찌는 것이다. 동라를 솥에서 빼려 하면 미리 기름 속에다 작은 끈을 놓아두고서야 아래로 물속에 늘어뜨려 응고가 되게 한다. 응고가 된 다음엔 다시 숯불에 동라를 옮겨놓고 잠깐 뒤에 네 가장자리가 모두 녹아 떨어지면 비로소 들어서 빼낼 수 있다. 물이 다 없어지면 물을 다시 첨가하면서 짐작으로 불의 세기를 헤아린다. 이때 불은 너무 강하게 하지 말고, 꺼져서 죽지 않을 정도로 일정하게 조절한다.

每更蒸易土如前法. 以銅鑼承甑下脂, 當入鑼中如膠狀. 下置冷水中, 凝更蒸. 欲出銅器於釜中時, 預置小繩於脂中, 乃下停於水中凝之. 復停於炭, 須臾乃四過皆解, 乃可擧也. 水盡更添水, 以意斟酌其火, 勿大猛, 常令不絶而死[88].

또 다른 방법 : 송지를 정련할 때에는 12번 탕을 바꾼다. 그렇게 할 수 없으면 5~6번만 해도 복용할 수 있다.

又法 : 鍊松脂, 十二過易湯, 不能者, 五六過亦可服之.

또 다른 방법 : 묽은 뽕나무잿물로 송지를 끓여 1~2번 끓어 오르면 바로 냉수 속에 부어넣고, 응고되도록 한다. 응고되면 다시 끓인다. 일반적으로 이렇게 10번 반복하면 송지가 완성된다. 만약 뻣뻣한

又法 : 薄淋桑灰汁, 以煮脂一二沸, 接取投冷水中引之凝. 復更煮, 凡十過, 脂則成. 若强者, 復以酒煮三四

---

[88] 死 : 《千金翼方·辟穀·服松柏脂》에는 "已".

송지라면 다시 술로 3~4번 끓이면 부드러워질 것이다. 밥 먹기 전에 1냥씩 매일 3번 복용한다. 10일이면 다시 배고프지 않으니, 배가 고프면 다시 복용한다. 오래 복용하면 온갖 병을 제거한다. 일체의 고기·절인 채소·절인 생선 등은 금한다.

또 다른 방법 : 송지 10근을 준비한다. 뽕나무잿물 2석을 솥 안에 넣고 시루를 그 위에 놓아둔다. 시루 속에 먼저 띠풀을 깐 다음 황사토(黃沙土)를 0.3척 두께로 깐 뒤에 송지를 넣고 찐다. 이때 기름이 곧 솥으로 유입하면 식혀서 응고시키고, 끓이지 않게 하여 다시 이전처럼 3번 찐다. 잿물 대신 맑은 물을 쓰는데, 이전처럼 3번을 찌고 물은 버린다.

또 음심수(陰深水)[335] 1.5석으로 감초 2냥을 달여서 물 1석을 얻는다. 여기에서 찌꺼기는 버리고 졸인 우유 2근을 섞어 시루를 솥에 얹고 이전처럼 불을 지핀다. 그러면 송지가 감초 달인 물로 들어가 응고되는데, 이 과정을 끊이지 않게 하여 다시 찐다. 이와 같이 내리기를 3번 하면 쓴맛은 모두 사라지고 감미로운 맛이 엿과 같다. 이렇게 된 고를 탄환크기로 만들어 매일 3번 복용한다. 오래 복용하면 신선처럼 죽지 않는다.

過則柔矣. 先食服一兩, 日三. 十日不復饑, 饑更服之. 久服, 去百病. 禁一切肉、醶菜、魚醬鹽等.

又方 : 松脂十斤, 用桑薪灰汁二石內釜中, 加甑於上. 甑中先鋪茅, 次[89]鋪黃沙土, 可三寸, 蒸之, 脂少間流入釜中, 寒之凝, 接取復蒸如前, 三上. 更以淸水代灰汁, 復如前, 三上, 去水. 更以陰深水一石五斗煮甘草二兩[90], 得一石汁. 去滓, 內牛酥二斤, 加甑釜上, 復炊如前. 令脂入甘草汁中凝, 接取復蒸. 又[91]下如此, 三上卽苦味皆去, 甘美如飴. 膏服如彈丸, 日三服. 久服, 神仙不死.

335 음심수(陰深水) : 깊은 우물에서 퍼온 물.
[89] 次 : 저본에는 "茨".《千金翼方·辟穀·服松柏脂》에 근거하여 수정.
[90] 二兩 :《千金翼方·辟穀·服松柏脂》에는 "三斤".
[91] 又 :《千金翼方·辟穀·服松柏脂》에는 "夕".

또 다른 방법 : 좋은 송지 1석, 석회즙 3석. 깨끗한 곳에 아궁이를 만들어 이상의 2가지 약미를 큰 솥에 넣은 다음, 흰 띠풀을 잘라 자리삼아 깔고 송지를 시루 속에 넣어 불을 지핀다. 송지가 저절로 흘러내려 솥으로 모두 들어가도록 한 다음 시루를 완전히 걷어내고 바로 받은 기름을 냉수에다 옮겨서 부채질하여 식힌다.

두 사람이 30번을 거두어 다시 이전처럼 찌기를 3번 하되, 석회즙을 3번 바꾸어 준다. 또 백초장(白醋醬)336 3석으로 3번 정련하는데, 백초장도 3번 바꾸어 준다. 다시 술로 1번 정련하기를 이전처럼 하는 과정이 끝난 다음 약한 불로 고아 엿처럼 만들어 복용하면 젊은이나 노인 모두에게 좋다.

송지를 정련하는 일은 봄과 여름에는 해도 괜찮지만 가을과 겨울에 해서는 안 된다. 복용하면서 곡기를 끊으면 나병(癩病, 문둥병)을 치료하는 데 제일이다. 음식을 먹었으면 이것을 복용하지 말라. 삼시(三尸)를 제거하는 효과도 있다.

송지를 가루 내는 법 : 송지 10근을 단서(丹黍, 붉은 기장)즙에 끓여 곧바로 냉수 중에 20번 담그면 곧 가루가 된다. 이를 운모(雲母)가루와 섞고 꿀로 환을

又方 : 好松脂一石、石灰汁三石. 右二味, 於淨處爲灶, 加大釜, 斬白茅爲藉, 令可單止⑨², 以脂內甑中炊之. 令脂自下入釜, 盡去甑, 接取⑨³內冷水中, 以扇扇之.

兩人引之三十⑨⁴過, 復蒸如前, 滿三遍, 三易灰汁. 復以白醋醬⑨⁵三石鍊之三過, 三易酢醬也. 復以酒鍊之一過, 亦如上法訖, 以微火煎之, 令如飴狀, 服之無少長.

鍊松脂, 春夏可爲, 秋冬不可爲. 絶穀, 治癩第一, 食則勿服. 亦去三尸.

粉松脂法 : 松脂十斤, 丹黍汁煮沸, 接置冷水中二十過, 卽末矣. 亦可雜雲母粉

336 백초장(白醋醬) : 흰 식초나 맑은 장으로 추측되나 확실하지 않다.
⑨² 止 : 저본에는 "上".《千金翼方·辟穀·服松柏脂》에 근거하여 수정.
⑨³ 取 : 저본에는 없음.《千金翼方·辟穀·服松柏脂》에 근거하여 보충.
⑨⁴ 十 : 저본에는 "千理".《千金翼方·辟穀·服松柏脂》에 근거하여 수정.
⑨⁵ 醋 : 저본에는 "鮓".《千金翼方·辟穀·服松柏脂》에 근거하여 수정.

만들어 복용해도 효과가 좋다.

丸以蜜服之良.

야인한화(野人閑話) [337] [338] 복호존사(伏虎尊師)[339]의 송지 복용법 : 송지 10근을 5번 정련하여 쓴맛을 모두 없앤다. 송지 1근마다 복령 4냥을 넣어 새벽마다 물과 함께 1도규(刀圭)[340]씩 복용하면 곡식을 먹지 않고도 수명이 늘어나고 몸이 가벼워지고 상쾌해진다.

野人閑話 伏虎尊師服法 : 用松脂十斤鍊之五度, 令苦味盡. 每一斤入茯苓四兩, 每晨水服一刀圭, 能令不食而復延齡, 身輕淸爽.

의학입문 [341] 송지는 단복(單服)[342]하면 안 된다. 장과 위를 막아버리기 때문이다.

醫學入門 松脂不可單服, 塞實腸胃.

6-25) 송엽(松葉, 솔잎)

松葉

명의별록 [343] 송엽을 잘게 썰어 즙으로 마시거나 국수로 먹거나, 또는 찧고 가루 내어 환으로 복용하면 곡기를 끊을 수 있고 나쁜 질병을 치료할 수 있다.

名醫別錄 松葉細切, 以水及麵飮服之, 或擣屑丸服, 可斷穀及治惡疾.

천금익방 [344] 송엽을 좁쌀처럼 매우 곱게 썬 다음 매일 0.3승씩 복용하는데, 4계절 모두 복용한다. 생잎은 온갖 병을 치료하며, 몸을 가볍게 하고 기운을

千金翼方 松葉細切之如粟, 使極細, 日服三合, 四時皆服. 生葉治百病, 輕身

337 야인한화(野人閑話) : 중국 송나라의 문인 경환(景煥, ?~?)이 10세기에 편찬한 잡사소설집(雜事小說集). 원서는 사라지고 없으나, 그 내용 중 일부가 《설부(說郛)》에 전한다.

338 출전 확인 안 됨 ; 《肘後備急方》卷4〈治卒絶糧失食饑憊欲死方〉35.

339 복호존사(伏虎尊師) : ?~?. 중국에 전설상으로 전해지는 도인(道人). 호랑이[虎]를 굴복시켜[伏] 데리고 다녔으며 100살이 넘게 살았다고 한다.

340 도규(刀圭) : 약을 담는 수저로, 약의 양을 재는 단위를 의미한다. 일반적으로 방촌시(사방 1촌의 숟가락)를 단위로 한다.

341 《醫學入門》卷2〈本草分類〉"治瘡門" '松脂', 397쪽.

342 단복(單服) : 다른 음식물과 함께 먹지 않고 특정한 한 종류 음식만 계속 먹는 방법.

343 《本草綱目》卷34〈木部〉"松", 1918쪽.

344 《千金翼方》卷13〈辟穀〉"服松柏實" 3 松子丸(《孫思邈醫學全書》, 735쪽).

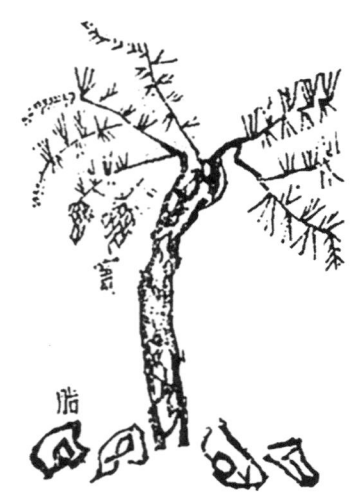

소나무와 송지《《본초강목》》

보태며, 백발을 검은머리로 바꾸고, 수명을 늘린다. 4계절 모두 채취할 수 있는데 봄에는 동쪽, 여름에는 남쪽, 가을에는 서쪽, 겨울에는 북쪽의 것이 좋다.

益氣, 還白延年. 四時採, 春東、夏南、秋西、冬北.

태평성혜방 [345] 송엽을 복용하면 늙지 않고, 몸에 녹모(綠毛)[346]가 나게 하며, 몸을 가볍게 하고 기운을 북돋운다. 그치지 않고 오래 복용하면 곡기를 끊어도 배고픔이나 갈증이 없다. 송엽을 분량에 상관없이 잘게 썰고 다시 갈아서 매일 식전에 술에 타서 0.2냥씩 먹는다. 죽과 함께 먹어도 된다. 처음엔 먹기가 좀 힘들지만 오래 지나면 저절로 편해질 것이다.

太平聖惠方 服松葉, 令人不老, 身生綠毛, 輕身益氣. 久服不已, 絶穀不饑渴. 松葉, 不拘多少, 細切更研, 每日食前, 以酒調下二錢, 亦可虀汁服之. 初服稍難, 久自便矣.

---

345 출전 확인 안 됨 ;《本草綱目》卷34〈木部〉"松", 1921쪽.
346 녹모(綠毛) : 칠흙 같이 검고 윤기가 나는 머리카락.

동의보감 347 송엽 복용하는 법 : 검은콩을 볶아서 함께 찧어 가루 낸 뒤 따뜻한 물에 타서 먹는다.	東醫寶鑑 服松葉法 : 以炒黑大豆, 同擣作末, 溫水調服.

6-26) 복령(茯苓)348

茯苓

명의별록 349 복령 중에 백복령(白茯苓, 흰복령)은 몸을 보해주고, 적복령(赤茯苓, 붉은복령)은 잘 통하게 한다. 선방(仙方)의 복식에서는 복령을 지극히 중요하게 여긴다. "신(神)에 통하여 영(靈)에 이르며, 혼(魂, 넋)을 조화하여 백(魄, 몸)을 단련한다. 몸의 구멍을 잘 통하게 하고 피부를 보익하며, 장(腸)을 두텁게 하고 심(心)을 열며, 영(榮)을 고르게 하며 위(衛)를 다스리니, 상품(上品)의 선약이다."라 했다. 복령을 먹으면 곡식을 끊고도 굶주리지 않을 수 있다.

名醫別錄 茯苓白色者補, 赤色者利. 仙方服食以爲至要. 云: "通神而致靈, 和魂而鍊魄, 利竅而益肌, 厚腸而開心, 調榮而理衛, 上品仙藥也." 善能斷穀不飢.

복령 중에 큰 복령은 3~4승짜리 그릇크기와 같다. 껍질이 검으면서 잔주름이 져 있고 속은 단단하고 희면서 그 모양이 조수(鳥獸)나 귀별(龜鼈, 거북과 자라) 같은 모양의 복령이 좋다. 속이 비어 있으면서 색이 붉은 복령은 좋지 않다.

其大者如三四升器. 皮黑而細皺, 內堅白, 形如鳥獸、龜鼈者良. 虛赤者不佳.

집선방(集仙方) 350 351 복령 먹는 법 : 백복령 5근을 검은 껍질은 제거하고 찧어서 체에 거른 다음 명주주머니[熟絹囊]352에 담는다. 이를 20승의 쌀 속에 넣고

集仙方 餌茯苓法 : 取白茯苓五斤, 去黑皮, 擣篩, 以熟絹囊盛, 于二斗米下

---

347 《東醫寶鑑》〈內景篇〉卷1 "身形" '單方'(《原本 東醫寶鑑》, 80쪽).

348 복령(茯苓) : 소나무의 뿌리에서 기생하여 성장하는 담자균류 버섯. 내부의 색이 흰 것은 백복령(白茯苓), 붉은 것은 적복령(赤茯苓)이라 한다. 이뇨(利尿) 등의 약효가 있어 약재로 쓰인다.

349 《本草綱目》卷37〈木部〉"茯苓", 2145쪽.

350 집선방(集仙方) : 저자 미상. 원서는 남아 있지 않고, 그 내용 중 일부가 《본초강목(本草綱目)》에 전한다.

351 《本草綱目》卷37〈木部〉"茯苓", 2149쪽.

352 명주주머니[熟絹囊] : 삶아 가공한 명주실로 짠 비단주머니.

복령((본초강목))

찌는데, 쌀이 익으면 그친 다음 꺼내어 햇볕에 말리고 다시 찐다. 이와 같이 3번 한다. 그런 뒤라야 구리그릇 속에 우유 20승과 함께 넣고 약한 불로 고(膏)처럼 달인다. 끼니마다 대나무칼로 잘라내어 성미에 맞게 배불리 먹으면 곡기를 멀리해도 배고프지 않다. 만약 곡기를 먹고 싶으면 먼저 아욱즙을 끓여 마신다.

복령소법(茯苓酥法)[353] : 백복령 30근(산의 남쪽에 있는 것은 맛이 달고, 산의 북쪽에 있는 것은 맛이 쓰다)은 껍질을 제거하고 얇게 썬 뒤 햇볕에 말리고 찐다. 끓인 물로 씻어내어 쓴맛을 없애는데, 이것을

蒸之, 米熟卽止, 曝乾又蒸, 如此三遍. 乃取牛乳二斗和合, 着銅器中, 微火煮如膏, 收之. 每食以竹刀割, 隨性飽食, 辟穀不飢也. 如欲食穀, 先煮葵汁飲之.

茯苓酥法 : 白茯苓三十斤(山之陽者甘美, 山之陰者味苦), 去皮薄切, 暴乾蒸之. 以湯淋去苦味, 淋之

---

353 복령소법(茯苓酥法) : 복령으로 발효 유제품을 만드는 법. 소(酥)는 우유나 양의 젖으로 만든 요거트·버터 등의 발효유제품을 뜻한다.

계속하면 그 즙은 단맛이 난다. 이어서 햇볕에 말리고 가루를 체로 쳐서, 술 3석과 꿀 3승을 모두 함께 섞는다. 이를 큰 장독 속에 넣고 100번을 저은 다음 밀봉하여 기가 새나가지 않게 한다. 겨울에는 50일, 여름에는 25일이 되면 소(酥)가 저절로 술 위에 떠오른다. 이를 건져내면 그 맛이 매우 감미롭다. 손바닥크기로 덩어리를 만들어 빈방에서 햇볕을 피해 말리면 색이 대추처럼 붉어진다. 배고플 때마다 1개를 술과 같이 넘기면 종일 음식을 먹지 않아도 된다. 이 방법을 '신선의 세상 사는 법[神仙度世之法]'이라 한다.

복령 먹는 또 다른 법 : 복령을 흰국화(또는 계심과 합하거나, 백출과 합한다)와 합하여 산(散)이나 환(丸)을 만들어 임의로 모두 늘 복용할 수 있다. 몸을 보익하는 데 매우 효과가 좋다.

진변(陳抃) 경험후방(經驗後方) [354] [355] 화산(華山)[356]의 정자(挺子) 복령[357]을 대추크기의 네모난 덩이로 깎는다. 이를 새 독에 넣어 좋은 술로 담근 뒤, 종이를 3겹으로 해서 밀봉하여 두고 100일 만에 열면 그 색이 마치 엿 같을 것이다. 하루 1개씩 먹어 100일이

不止, 其汁當甜. 乃暴乾篩末, 用酒三石、蜜三升相和, 置大甕中, 攪之百匝, 密封勿洩氣. 冬五十日, 夏二十五日, 酥自浮出酒上. 掠取, 其味極甘美. 作掌大塊, 空室中陰乾, 色赤如棗. 飢時食一枚, 酒送之, 終日不食, 名"神仙度世之法".

又服食法 : 以茯苓合白菊花(或合桂心, 或合朮), 爲散、丸自任, 皆可常服, 補益殊勝.

陳抃 [經驗後方] 華山挺子茯苓, 削如棗大方塊, 安新甕內, 好酒浸之, 紙封三[96]重, 百日乃開, 其色當如糖餳. 可日食一塊, 至百日,

354 경험후방(經驗後方) : 중국 송나라의 의학자 진변(陳抃, ?~?)이 11세기 편찬한 의서. 원래 서명은《수집비급경효방(手集備急經效方)》으로, 원서는 남아 있지 않으나, 그 내용 중 일부가《본초강목》에 전한다.
355《本草綱目》卷37〈木部〉"茯苓", 2149쪽.
356 화산(華山) : 중국 섬서성(陝西省) 남쪽 화양시(華陽市)에 있는 산. 중국의 대표적인 명산 오악(五岳) 중 서악(西岳)이다. 해발 2,437m.
357 정자(挺子) 복령 : 길쭉한 막대기[挺子] 모양처럼 생긴 복령으로 추정된다.
[96] 三 : 저본에는 "一".《本草綱目·木部·茯苓》에 근거하여 수정.

되면 피부가 윤택해지고, 1년이 되면 밤에도 사물을 볼 수 있다. 더욱 오래 먹으면 장이 근육으로 변화하고, 수명이 늘고 늙어도 몸이 튼튼하며, 얼굴이 동안(童顔) 같다.

肌體潤澤, 一年可夜視物. 久久腸化爲筋, 延年耐久[97], 面若童顔.

본초강목 358 백복령은 껍질을 제거하고 술에 15일간 담근 다음 걸러내어 산(散)을 만든다. 0.3냥씩 물에 타서 1일 3번 복용한다. 쌀식초와 신 음식은 금한다.

本草綱目 白茯苓去皮, 酒浸十五日, 漉出爲散. 每服三錢, 水調下, 日三服. 忌米醋及酸物.

6-27) 측백씨(백실)

柏實

뇌공포자론 359 일반적으로 먼저 술에 하룻밤 담근 다음 날이 밝으면 걸러내어 햇볕에 말린다. 이를 황정자연즙으로 낮에 달이는데, 약한 불로 끓여 전(煎)이 되는 것을 기준으로 삼는다. 전(煎)으로 만든 측백씨 3냥 당 술 5냥씩 담가둔다.

雷公炮炙論 凡使先以酒浸一宿, 至明漉出, 曬乾, 用黃精自然汁於日煎之, 緩火煮成[98]煎爲度. 每煎柏子仁三兩, 用酒五兩浸.

본초강목 360 측백씨는 성질이 화평하여 차갑지도 조열하지도 않다. 씨의 단맛으로는 보하고, 매운맛으로는 자윤할 수 있다. 그 기운이 맑고 향기로워 심장과 신장을 투과하고 비위(脾胃, 비장과 위장)를 보익할 수 있으므로 선가의 상품약이다. 《열선전(列仙傳)361》에

本草綱目 柏子仁性平而不寒不燥, 味甘而補, 辛而能潤. 其氣淸香, 能透心腎, 益脾胃, 仙家上品藥也. 《列仙傳》云: "赤松子

---

358 《本草綱目》卷37 〈木部〉 "茯苓", 2149쪽.
359 《本草綱目》卷34 〈木部〉 "柏", 1913~1914쪽.
360 《本草綱目》卷34 〈木部〉 "柏", 1914쪽.
361 열선전(列仙傳) : 중국 한나라의 문인 유향(劉向, B.C.77~B.C.6)이 편찬한 서적. 현존하는 중국 최초의 신선 설화집이다.
[97] 久 : 《本草綱目·木部·茯苓》에는 "老".
[98] 成 : 저본에는 "或". 《本草綱目·木部·柏》에 근거하여 수정.

측백나무(우)와 원백나무(좌)《본초강목》

"적송자(赤松子)[362]가 측백씨를 먹었더니, 빠진 이가 새로 나고 걸음이 달리는 말처럼 빨랐다."라 했다. 이 말은 정말 허언이 아니다.

측백씨 복용하는 법 : 8월에 씨방에서 열매를 한꺼번에 취하여 껍데기는 버리고 갈아 가루 낸다. 0.2냥씩 따뜻한 술과 함께 넘기되 1일에 3번 복용한다. 목이 마르면 물을 마신다. 얼굴색을 좋게 한다.

또 다른 방법 : 솔씨를 같은 양 더하고 송지로 반죽하여 환을 만든다.

또 다른 방법 : 국화를 같은 양 더하고 꿀에 반죽하여 만든 환으로 복용한다.

食柏實, 齒落更生, 行及奔馬." 諒非虛語也.

服柏實法 : 八月連房取實暴收, 去殼研末. 每服二錢, 溫酒下, 一日三服. 渴卽飮水, 令人悅澤.

一方 : 加松子仁等分, 以松脂和丸.

一方 : 加菊花等分, 蜜丸服.

---

362 적송자(赤松子) : ?~?. 중국 진나라 말기에 살았다고 전해지는 신선. 한(漢)나라의 건국 공신인 장량(張良, ?~B.C.186)이 진(秦)나라를 멸망시킨 이후에, 고국의 원수를 갚으려던 자신의 소원을 이루었다고 생각하여 신선인 적송자(赤松子)를 따라 속세를 떠나 은둔했다는 고사가 있다.

방현 기효양방 363 측백씨 2근(가루 낸 뒤 술에 담가 고를 만든 것), 대추살 3근, 꿀·백출가루·지황가루 각 1근을 골고루 찧어 탄환크기의 환을 만든다. 하루 3번 1환씩 깨물어 복용한다. 100일이면 온갖 병이 낫고, 오래 복용하면 수명을 늘리고 정신을 굳건히 한다.

천금익방 364 일반적으로 측백씨는 8월에 채취하여야 하니, 이를 넘으면 떨어져 버리고 또 벌레가 잘 꼬인다. 물에 넣어 가라앉는 것을 골라 씨방과 함께 햇볕에 말리고 가루 낸 뒤 1방촌시씩 복용한다. 조금씩 늘려 0.5승까지 먹기도 하고, 혹은 하루 1.5승을 먹는다. 곡기를 끊으려면 맘껏 배불리 먹고, 갈증이 나면 물을 마신다. 어떤 처방에는 0.5승을 넘게 복용하지 않는다고 한다.

【안 백(柏)은 측백이다. 《만학지(晚學志)》에 자세히 보인다 365】

6-28) 측백잎(백엽)

열선전 366 적송자(赤松子)는 측백씨를 먹고 빠진 이가 새로 났다. 측백잎이 처음 날 때 어린 이파리와 함께 물에 담가두고 계속 물을 갈아주어 쓴맛을 없

方氏 奇效良方 柏子仁二斤(爲末, 酒浸爲膏)、棗肉三斤、白蜜·白尤末·地黃末各一斤, 擣均丸彈子大. 每嚼一丸, 一日三服. 百日, 百病愈;久服, 延年壯神.

千金翼方 凡採柏子以八月, 過此零落又喜引蟲也. 當水中取沈者, 并房曝乾末, 服方寸匕. 稍增至五合, 或日一升半. 欲絶穀, 恣口取飽, 渴飲水. 一方, 服不過五合.

【案 柏卽側柏, 詳見《晚學志》】

柏葉

列仙傳 赤松子食柏子, 齒落更生. 採柏葉新生并嫩者, 換水浸去苦味. 初食

363 《本草綱目》卷34〈木部〉"柏", 1914쪽.
364 《千金翼方》卷13〈辟穀〉"服松柏實"3(《孫思邈醫學全書》, 734~735쪽).
365 만학지(晚學志)에……보인다 : 《임원경제지 만학지》권4〈나무류〉"측백나무"에 보인다.
366 《本草綱目》卷34〈木部〉"柏", 1914쪽.

앤다. 처음 먹을 때 쓰고 떫으면 꿀이나 대추살을 넣어 함께 먹는다. 나중에는 먹기가 조금 쉬워지고, 마침내는 배가 다시 고프지 않게 되며, 겨울에 춥지 않고 여름에 덥지 않게 된다.

뇌공포자론[367] 일반적으로 측백잎의 양쪽 귀퉁이와 가운데 심지는 제거하고 쓴다. 찹쌀 뜨물에 7일을 담그고 술에 섞어 24시간을 찐다. 1근씩 황정자연즙 12냥에 담갔다가 불기운에 말리고 또 담갔다 말려, 즙이 다 마르면 사용한다.

손사막(孫思邈) 침중기(枕中記) [368] 3~4월에 햇송엽 길이 0.3~0.4척 정도 되는 것과 꽃술을 따서 그늘에 말린다. 또 깊은 산 속 바위골짜기에서 햇측백잎 길이 0.2~0.3척 되는 것을 채취하고 그늘에 말린다. 이 2가지를 가루 낸 뒤 꿀로 반죽하여 팥알크기의 환을 만든다.

늘 해뜨기 전에 동쪽 방향으로 향을 피우고 손에 81알을 쥐어 술과 함께 넘긴다. 1년 복용하면 10년의 수명을 늘리고, 2년이면 20년의 수명을 늘린다. 살을 붙게 하려면 대마·참깨를 추가하고, 심력(心力)을 튼튼히 하려면 복령·인삼을 추가한다.

이 약은 온갖 병을 없애고, 원기를 북돋우며, 오

苦澁, 入蜜或棗肉和食. 後稍易喫, 遂不復飢, 冬不寒, 夏不熱.

雷公炮炙論 凡用掇去兩畔幷心枝了[99]. 用糯泔浸七日, 以酒拌蒸一伏時. 每一斤, 用黃精自然汁十二兩浸焙, 又浸又焙, 待汁乾用之.

孫眞人 枕中記 嘗以三月、四月采新生松葉, 長三四寸許, 幷花蕋陰乾. 又於深山岩谷中, 采當年新生柏葉, 長二三寸者, 陰乾, 爲末, 白蜜丸如小豆大. 常以日未出時, 燒香東向, 手持八十一丸, 以酒下. 服一年, 延十年命;服二年, 延二十年命. 欲得長肌肉, 加大麻、巨勝, 欲心力壯健, 加茯苓、人蔘. 此藥除百病, 益元氣, 滋五

367《本草綱目》卷34〈木部〉"柏", 1914~1915쪽.
368《本草綱目》卷34〈木部〉"柏", 1915쪽.
[99] 了 : 저본에는 "子".《本草綱目·木部·柏》에 근거하여 수정.

장육부를 자양하고, 귀와 눈을 청명하게 하니, 건강하여 쇠약해지지 않고 수명을 늘리는 데 신묘한 효험이 있다. 7월 7일의 이슬로 환을 만들면 더욱 좋다.

먹을 때 16자 주문을 외우는데, "신선진약(神仙眞藥), 체합자연(體合自然), 복약입복(服藥入腹), 천지동년(天地同年)!"[369]이라 한다. 주문을 마치면 약을 복용한다. 모든 육류와 오신채(五辛菜)[370]를 끊는다.

천금익방[371] 고자량(高子良)[372]의 측백잎 복용법 : 아무 때나 측백잎을 채취하고 썬 뒤 시루 속에 가득 채워 넣고 뒤집은 다음, 시루를 가마솥에 올려놓는다. 이것을 3석 쌀로 밥하는 시간 동안 찌는데, 오래 찔수록 좋다. 찌기를 마치면 물에 백여 번 씻어낸 다음 그늘에 말린다. 물에 씻어내지 않을 경우에는 찌고 난 다음 바로 그늘에 말린다.

0.1승을 복용하고 그 뒤에 밥을 먹는데, 하루 3번 복용한다. 약의 세력을 조금씩 증가시켜 0.1승에서 시작한 것을 늘려 1승이 되도록 한다. 이 약은 오래 살게 하고 기운을 북돋우며, 곡기를 끊어도 주리지 않게 할 수 있다.

藏六府, 清明耳目, 强壯不衰, 延年益壽, 神驗. 用七月七日露水丸之, 更佳.

服時仍祝曰 : "神仙眞藥, 體合自然, 服藥入腹, 天地同年!" 祝畢服藥. 斷諸雜肉、五辛.

千金翼方 高子良服柏葉法 : 採無時, 以葉切, 置甑中令滿, 覆盆甑着釜上, 蒸之三石米頃[100], 久久亦善. 蒸訖, 水淋百餘過訖, 陰乾. 若不淋者, 蒸訖便陰乾.

服一合後食, 日三服. 勢力稍少增, 從一合始至一升. 令人長生益氣, 可辟穀不飢.

369 신선진약……천지동년 : 이 구호의 의미는 다음과 같다. "신선의 진약은 몸에서 자연스럽게 합치하는 것이라, 이 약이 뱃속에 들어가면 천지와 수명을 함께 하리라!"
370 오신채(五辛菜) : 5가지 매운 맛의 채소. 오신채는 파·마늘·부추·겨자·달래라는 설과 파·마늘·부추·달래·아위라는 설을 비롯해서 여러 이설(異說)이 있다.
371《千金翼方》卷13〈辟穀〉"服松柏實" 3 '高子良服柏葉法'(《孫思邈醫學全書》, 735~736쪽).
372 고자량(高子良) : ?~?. 중국에 전설로 내려오는 신선.
[100] 頃 : 저본에는 "頓".《千金翼方·辟穀·服松柏實》에 근거하여 수정.

또 다른 방법 : 큰 동이를 가져다 동이 속에 측백잎을 넣고 물에 담가두는데, 하루 1번 물을 갈아 준다. 물을 갈 때는 동이를 잡고 물을 떠내야 한다. 이와 같이 7일 이상을 한다. 14일을 하면 더욱 좋다. 마치면 동이를 엎고 김이 세차게 오를 때까지 찌고 멈춘다. 이것을 햇볕에 말린 다음 체로 거른 가루 1석에 대추고[棗膏] 10승을 섞어 고두밥을 만드는 방법처럼 반죽한다.

2방촌시씩 하루 3번을 복용한다. 물로 넘기면 배가 주리지 않으니, 주리면 이것을 복용한다. 목이 마르면 물을 마신다. 이렇게 하면 산에서 살면서 독송할 때 기력이 줄어들지 않으며 또 흉년을 구제할 수 있다.

또 다른 방법 : 측백잎은 나무의 위로부터 가까운 쪽의 것을 취하는데, 다만 잎에 잡가지가 섞이지 않게 한다. 30근을 1제로 하여 좋은 부진기(不津器, 새지 않는 그릇) 안에 측백잎을 넣고 동류수(東流水, 동쪽으로 흐르는 물)로 담그되, 위로 0.3척 거리가 남게 한다. 새 동이를 그 위에 덮고 진흙으로 막은 뒤, 21일이 지나면 꺼내어 그늘에 말리되 먼지가 속으로 들어가지 않게 한다. 다 마르면 곧 수치하여 체로 거른다.

따로 3승의 밀을 깨끗이 가려 앞에서 만든 측백잎즙에 집어 넣고 5~6일을 밀봉해둔 뒤에야 비로소

又方 : 取大盆內柏葉于盆中, 水漬之, 一日一易水. 易水者, 扶[101]甕出水也. 如是七日以上, 若二七日尤佳. 訖, 覆盆蒸之, 令氣徹便止. 曝乾, 下篩末一石, 以一斗棗膏搜, 如作乾飯法.
服方寸二匕, 日三服. 以水送下[102]不飢, 飢卽服之. 渴飲水, 以山居讀誦, 氣力不衰, 亦可濟凶年.

又方 : 柏葉取近上者, 但取葉, 勿雜枝. 三十斤爲一劑, 用好不津器內柏葉於中, 以東流水漬之, 使上有三寸. 以新盆覆上泥封之, 三七日出, 陰乾, 勿令塵入中. 乾便治之下篩.

別以三升小麥淨擇, 內著柏葉汁, 須封五六日, 乃出

[101] 扶 : 저본에는 "伏".《千金翼方·辟穀·服松柏實》에 근거하여 수정.
[102] 下 :《千金翼方·辟穀·服松柏實》에는 없음.

꺼내어 그늘에 말려야 한다. 마르면 다시 집어 넣고 5~6일을 밀봉해둔 뒤에 꺼내어 그늘에서 바짝 말린 다음 갈아서 체에 거른다.

또 콩 3승을 볶아서 익힌 뒤 누런 것만 갈아서 체로 거른다. 이 3가지(측백잎, 밀, 콩)를 합하여 잘 섞은 다음 가죽주머니 속에 넣어둔다. 한 번에 0.5승씩 술이나 물로 하루 3번 복용한다. 음식은 가리지 않는다. 온갖 병을 치료하며, 겨울에 춥지 않고, 안색에 윤기가 있고, 빠진 이가 다시 나며, 귀와 눈이 밝아진다.

또 다른 방법 : 측백잎 3석을 푹 찌고 햇볕에 말려 체로 거른다. 보리 1승을 색이 변하도록 볶아 곱게 갈고, 측백잎과 함께 섞어서 적당량을 자유롭게 복용한다. 또는 죽을 쑤어 먹어도 좋고, 술을 조금 먹어도 된다.

또 다른 방법 : 그늘에 있는 측백잎 중 해를 향하지 않는 쪽의 껍질만을 썰어서 찌되, 찔 때 솥에 넣고 끓인 물을 붓는다. 이처럼 3번 반복한다. 그 뒤 100일간 그늘에 말리고 체로 친다. 보릿가루·콩가루와 함께 3가지를 각 1근씩 수치하여 1회 1방촌시씩 하루 3방촌시를 복용한다. 곡기를 끊고 먹지 않아도 온갖 병을 제거하고 수명을 늘린다.

陰乾. 燥復內之, 封五六日出, 陰乾令燥, 磨之下篩.

又取大豆三升炒令熟, 取黃磨之, 下篩. 合三物, 攪調相得, 內韋囊中. 一服五合, 用酒水無在[103], 日三. 食飲無妨. 治百病, 冬不寒, 顔色悅澤, 齒脫更生, 耳目聰明.

又方 : 柏葉三石熟蒸, 曝乾下篩, 大麥一升熬令變色, 細磨之, 都合和, 服多少自在. 亦可作羹服之, 可稍飲酒.

又方 : 取陰地柏葉, 只取陰面皮, 咬咀蒸之, 以釜下湯灌之. 如是至三. 陰乾百日, 下篩, 大麥末、大豆末三味各一斤, 治服方寸匕, 日三匕. 絶穀不食, 除百病, 延年.

[103] 無在 : 오사카본에는 "無在下疑有脫誤(無在아래 빠진 글자나 잘못이 있는 듯함)"라는 찌가 붙어 있다.

또 다른 방법 : 측백잎 3석을 푹 삶아서 꺼내어 광주리 속에 넣고 씻되 물이 맑아져야 그친다. 햇볕에 말린 뒤에 백주(白酒, 막걸리) 3승으로 측백잎을 적시고 약한 불로 푹 찐다. 1석의 쌀이 익을 시간이 될 쯤 불을 끄고 다시 햇볕에 말린다. 보리 3승을 색이 변하도록 볶는다. 곱게 갈아 말려둔 측백잎을 찧어 체로 거른 다음 보릿가루와 합하여 하루 3승씩 물과 미음이나 술로 넘긴다. 곡기를 끊고 병을 고치며 온려(瘟癘, 온열성 전염병)와 악귀를 물리치니, 오래 복용하면 신선이 될 수 있다.

또 다른 방법 : 측백잎 10근을 물 40승으로 하룻밤 재운다. 이를 삶아서 4~5번 끓어오르면 걸러내어 즙을 제거하고 별도의 용기에 넣어서 말린다. 밀 1승을 측백잎즙에 적시어 하룻밤 재운 뒤 꺼낸다. 이를 햇볕에 말리고 다시 적시기를 즙이 다할 때까지 한다.

소금 1승, 측백잎 1승, 밀 1승을 향이 나도록 볶은 뒤 이 3가지를 가루 낸다. 이것을 지방(脂肪, 비계) 1근에 합한 뒤, 1방촌시를 하루 1번 술로 복용하면 병이 저절로 사라진다. 10일 이상 복용하면 곡기를 끊을 수 있다. 말을 타는 경우 이것 1.5승을 물로 마시면 길을 아무리 달려도 피곤하지 않다.

신선복식경 373 5월 5일에 5방향[五方]374의 측백잎

又方 : 柏葉三石, 熟煮之, 出置牛筥中以汰之, 令水清乃止. 曝乾, 以白酒三升洩葉, 微火蒸之熟. 一石米頃息火, 復曝乾. 治大麥三升, 熬令變色. 細治曝擣葉, 下篩, 合麥屑中, 日服三升, 以水漿若酒送之. 止穀療病, 辟瘟癘、惡鬼, 久久可度世.

又方 : 柏葉十斤, 以水四斗漬之一宿, 煮四五沸, 漉出去汁, 別以器闔之乾. 以小麥一升, 漬柏葉汁中, 一宿出. 曝燥, 復內之, 令汁盡. 取鹽一升, 柏葉一升, 麥一升, 熬令香, 合三味末之. 以脂肪一斤合溲, 酒服方寸匕, 日三服, 病自消減. 十日以上, 便絕穀. 若乘騎, 取一升半水飲之, 可以涉道路不疲.

神仙服食經 五月五日, 采

---

373 《本草綱目》卷34 〈木部〉 "柏", 1915쪽.
374 5방향[五方] : 동쪽, 서쪽, 남쪽, 북쪽, 중앙.

3근, 원지(遠志)[375](심을 제거한 것) 2근, 백복령(껍질을 제거한 것) 1근을 함께 가루 낸 뒤 졸인 꿀로 반죽한 다음 벽오동씨크기의 환을 만든다. 선령비주(仙靈脾酒)[376]로 하루 2번 30환씩 넘겨 복용한다. 금기할 것은 없으나, 비인(非人)[377]에게 보이지 말라.

五方側柏葉三斤、遠志(去心)二斤、白茯苓(去皮)一斤, 爲末, 煉蜜和丸梧子大. 每以仙靈脾酒下三十丸, 日再服. 竝無所忌, 勿示非人.

6-29) 측백진(백지)

천금익방 [378] 5월 6일 측백나무 20그루를 햇볕이 드는 쪽에 칼집을 내어 그루마다 측백진 0.5승을 얻을 수 있으니, 이를 정련하여 복용한다. 곡기를 끊으려 하면 분량을 늘려 6냥까지 먹고, 곡기를 끊지 않으려면 1.5냥씩 먹는다. 오신채·어육(魚肉, 생선과 고기)·소금에 절인 채소는 금한다. 온갖 병을 치료하고, 오래 복용하면 몸을 단련시키고 수명을 늘린다. 측백진의 정련은 송지와 같은 방법으로 한다.

柏脂

千金翼方 五月六日刻其陽二十株, 株可得半升, 煉服之. 欲絶穀者, 增之至六兩, 不絶穀者一兩半. 禁五辛、魚肉、荣鹽醬. 治百病, 久服, 煉形延年. 煉脂與松脂同法.

6-30) 저실(楮實, 닥나무열매)

명의별록 [379] 선방(仙方, 신선이 되는 처방)에서는 저실을 채취하여 찧고 즙을 낸 뒤, 단(丹)과 함께 섞어 쓰거나 또는 말려서 복용하는데, 신통해져서 귀신을 볼 수 있게 한다.

楮實

名醫別錄 仙方采擣取汁, 和丹用, 亦乾服, 使人通神見鬼.

---

375 원지(遠志) : 원지과의 여러해살이풀. 애기풀이라고도 한다. 거담(去痰)의 약효가 있어 약재로 쓰인다.
376 선령비주(仙靈脾酒) : 음양곽(淫羊藿, 삼지구엽초)과 복령 및 백출 등을 넣어 담근 술.
377 비인(非人) : 도를 전수할 만한 그릇이 아닌 사람 또는 수행자가 아닌 사람. 여기에서는 부정(不淨)한 사람.
378《千金翼方》卷13〈辟穀〉"服松柏脂" 2 '取柏脂法'(《孫思邈醫學全書》, 734쪽).
379《本草綱目》卷36〈木部〉"楮", 2075쪽.

닥나무(《본초강목》)

뇌공포자론[380] 저실을 채취한 뒤 물에 3일 담그는데, 빙빙 저어가면서 물을 붓고, 뜬 것은 제거한다. 이것을 햇볕에 말리고 술에 24시간 담근 뒤, 사시(巳時, 오전 9~11시)부터 해시(亥時, 오후9~11시)까지 찌고 불기운에 말려 쓴다.	雷公炮炙論 采得後, 水浸三日, 攪旋投水, 浮者去之. 曬乾, 以酒浸一伏時, 將子蒸之, 從巳至亥, 焙乾用.
도경본초[381] 선방에서 그 열매를 단복(單服)할 때는, 그 열매가 아주 붉을 때 열매를 거두어 그늘에 말리고 그 가루를 체로 걸러둔다. 0.2냥씩 물로 복용한다. 오래되면 오래될수록 좋다.	圖經本草 仙方單服, 其實正赤時, 收子陰乾, 篩末, 水服二錢匕, 益久乃佳.
경험방[382] 달이는 법 : 6월 6일에 열매 5승을 물 10	經驗方 煎法 : 六月六日,

380《本草綱目》卷36〈木部〉"楮", 2074쪽.
381《本草綱目》卷36〈木部〉"楮", 2075쪽.
382《本草綱目》卷36〈木部〉"楮", 2074쪽.

승으로 끓여서 5승이 되면 찌꺼기를 제거하고 약한 불에 엿처럼 달여 복용한다.

取子五升, 以水一斗煮取五升, 去滓, 微火煎如餳用.

포박자[383] 붉은 저실을 1년간 복용하면 노인이 다시 젊어지고, 모든 것을 투시하여 귀신을 볼 수 있다. 도사 양수(梁須)[384]가 70살에 저실을 복용하여 다시 젊어졌고, 140세가 되어서도 밤에 글을 볼 수 있었으며 달리는 말처럼 보행했다.

抱朴子 楮實赤者, 服之一年, 老者還[104]少, 令人徹視見鬼神. 道士梁須年七十, 服之更少壯, 至百四十歲, 能夜書, 行及奔馬.

본초강목[385] 《수진비지서(修眞秘旨書)[386]》에는 "저실을 오래 복용하면 뼈가 연해지는 위병(痿病)이 든다."라 했다. 《제생비람(濟生秘覽)[387]》에는 "골경(骨硬)[388]을 치료할 때 저실 달인 물을 복용한다."라 했다. 이것은 뼈를 무르게 하는 징표가 아닌가? 이것으로 볼 때 역시 오래 복용해서는 안 된다.

本草綱目 《修眞秘旨書》言, "楮實久服, 成骨軟之痿."《濟生秘覽》"治骨硬, 用楮實煎湯服之." 豈非軟骨之徵乎? 以此觀之, 亦不可久服也.

6-31) 단환(檀桓)[389]

본초습유[390] 단환은 바로 백세벽(百歲蘗, 백년 묵은 황벽나무)의 뿌리이며 천문동과 비슷하다. 길이는 3~4척이고 따로 한 쪽 옆에는 작은 뿌리가 붙어 있다.

檀桓

本草拾遺 檀桓乃百歲蘗之根, 如天門冬, 長三四尺, 別在一旁, 以小根綴之. 一

---

383 《本草綱目》卷36 〈木部〉 "楮", 2075쪽.
384 양수(梁須) : ?~?. 도교의 수행자로 알려져 있으나 자세한 신상 정보는 남아있지 않다.
385 《本草綱目》, 위와 같은 곳.
386 수진비지서(修眞秘旨書) : 《본초강목》에 인용된 도가 계열 수행서. 저자는 미상. 원서는 일실되었다.
387 제생비람(濟生秘覽) : 《본초강목》에 인용된 의서. 저자는 미상. 원서는 일실되었다.
388 골경(骨硬) : 생선가시 등이 목에 걸려 아픈 증상.
389 단환(檀桓) : 오래 묵은 황벽나무 뿌리. 황벽근(黃蘗根)이라고도 한다. 벌레나 세균의 번식을 막는 효과가 있다.
390 《本草綱目》卷35 〈木部〉 "檀桓", 1981~1982쪽.
104 還 : 《本草綱目·木部·楮》에는 "成".

두충《본초강목》

일명 '단환지(檀桓芝)'이다. 산(散)을 만들어 1방촌시를 음복하는데, 1개를 다 먹으면 신선처럼 오래 살고 만병(萬病)을 제거한다.

名"檀桓芝". 爲散, 飮服方寸匕, 盡一枚, 長生神仙, 去萬病.

6-32) 두충(杜沖)391

두충

뇌공포자론 392 일반적으로 거친 껍질을 깎아 없애고, 1근마다 연유 1냥, 꿀 3냥을 섞어 바른 다음 완전히 마르도록 불에 굽는다. 구운 뒤 잘게 썰어서 복용한다.

雷公炮炙論 凡使削去粗皮, 每一斤, 用酥一兩、蜜三兩, 和塗火炙, 以盡爲度, 細剉用.

본초강목 393 옛날 두충(杜沖)394이 이것을 먹고 득도

本草綱目 昔有杜沖服此

391 두충(杜沖) : 두충과의 낙엽교목인 두충나무의 껍질. 신장질환과 요통 등을 치료하는 약재로 사용한다. '두중(杜仲)'으로 표기하기도 한다.
392《本草綱目》卷35〈木部〉"杜仲", 1986쪽.
393《本草綱目》, 위와 같은 곳.
394 두충(杜沖) : ?~?. 중국 주(周) 나라의 도인. 오랜 세월 동안 산 속에 은거하며 수행했다고 전한다.

했기 때문에 그와 같은 이름을 붙였다. 또 '사선(思仙)'이라고도 한다.

得道, 因以名之. 又名"思仙".

6-33) 괴실(槐實)[395]

槐實

뇌공포자론[396] 일반적으로 괴실을 채취할 때 열매가 1개 또는 5개 달린 것은 제거하고, 다만 2개인 것과 3개인 것만 쓴다. 구리망치로 으깨어 검은소의 젖에 하룻밤 담근 뒤 쪄서 복용한다.

雷公炮炙論 凡采得, 去單子竝五子者, 只取兩子、三子者, 以銅鎚鎚破, 用烏牛乳浸一宿, 蒸過用.

포박자[397] 괴실을 새 질그릇에 진흙과 섞어 넣고 봉해두면 20여 일 뒤에 그 껍질이 다 문드러진다. 그제서야 콩의 껍질을 벗기듯 씻어내고 매일 복용한

抱朴子 槐子以新瓦合泥封之, 二十餘日, 其表皮皆爛, 乃洗之如大豆, 日服

회화나무(《본초강목》)

괴실(국립수목원)

---

395 괴실(槐實) : 회화나무열매. 늦가을에 익은 열매를 따서 말린 다음 치질 등의 병을 치료하는 약재로 사용한다.
396 《本草綱目》 卷35 〈木部〉 "槐", 2005쪽.
397 《抱朴子內篇》 卷11 〈仙藥〉 《中華道藏》 25-01, 47쪽).

다. 이 열매는 주로 뇌(腦)를 보하는데, 오래 복용하면 머리가 희어지지 않고 오래 살게 한다.

之. 此物主補腦, 久服, 令人髮不白長生.

태청초목방(太淸草木方)[398][399] 괴(槐)라는 것은 허성(虛星)[400]의 정기이므로, 10월 상순의 사일(巳日)[401]에 열매를 채취하여 복용한다. 온갖 병을 제거하고, 오래 살게 하며, 신명을 통한다.

太淸草木方 槐者, 虛星之精, 以十月上巳日采子服之, 去百病, 長生通神.

명의별록[402] 10월 사일(巳日)에 열매가 많이 이어달린 괴실을 따서 새 질그릇에 넣고 진흙을 섞어 100일 두면 껍질이 문드러져 물이 되고 핵은 콩처럼 된다. 이것을 복용하면 뇌수가 충만해지고 머리가 희어지지 않으며 오래 살게 된다.

名醫別錄 槐子以十月巳日采相連多者, 新盆盛, 合泥百日, 皮爛爲水, 核如大豆. 服之, 令腦滿, 髮不白而長生.

도경본초[403] 눈을 밝히고 머리가 빠지지 않도록 하는, 편작의 방법 : 10월 상순의 사일에 괴실을 채취하여 껍질을 제거한 다음 새 병 속에 넣고 입구를 봉하여 14일을 둔다. 첫날 1개, 다음날 2개를 복용하는 식으로 하루마다 1개씩 더한다. 10일이 되면 다시 1개부터 시작하므로, 끝에서부터 다시 시작하는 것이다. 밤에도 책을 읽을 수 있게 하고, 수명을

圖經本草 扁鵲明目使髮不落法 : 十月上巳日, 取槐子去皮, 納新瓶中, 封口二七日. 初服一枚, 再服二枚, 日加一枚. 至十日, 又從一枚起, 終而復始. 令人可夜讀書, 延年益氣力, 大良.

---

398 태청초목방(太淸草木方) : 중국 남북조시대 양(梁)나라의 도사(道士)·의학자(醫學者)인 도홍경(陶弘景, 452~536)이 편찬한 본초서. 책의 정식 명칭은 《태청초목집요(太淸草木集要)》이다.
399 출전 확인 안 됨 ; 《本草綱目》 卷35 〈木部〉 "槐", 2006쪽.
400 허성(虛星) : 이십팔수(二十八宿)의 하나로, 11월에 남중(南中)하는 별자리 이름.
401 사일(巳日) : 천간지지(天干地支)의 지지 중 '사(巳)'자가 들어 있는 날.
402 《本草綱目》, 위와 같은 곳.
403 《本草綱目》, 위와 같은 곳.

늘리고 기력을 보태니, 효과가 매우 좋다.

본초강목 404 《양서(梁書)405》에 "유견오(庾肩吾)406가 괴실을 늘 복용하였는데, 나이 70여 세가 되어서도 귀밑털과 머리털이 모두 검었고 눈으로는 작은 글씨를 볼 수 있었다."라 했다. 옛 처방에 괴실을 겨울철 소쓸개 속에 넣어 적셨다가 100일간 그늘에 말린 다음 식후 1개씩 삼킨다고 했다. 오래 복용하면 눈을 밝게 하고 신명을 통하며, 흰수염이 다시 검어진다.

本草綱目 《梁書》言："庾肩吾常服槐實, 年七十餘, 鬚髮皆黑, 目看細字." 古方以子入冬月牛膽中漬之, 陰乾百日, 每食後吞一枚云. 久服, 明目通神, 白鬚還黑.

의학입문 407 괴담환(槐膽丸)은 눈을 밝히고, 수염을 검게 하며, 치아를 튼튼하게 하고, 수명을 늘린다. 10월 상순의 사일에 괴실을 채취하여 항아리 속에 넣고 소금 섞은 진흙으로 입구를 굳게 막은 다음 북쪽 담장 아래 3척 깊이로 흙을 파고 그 속에 묻어둔다. 12월 초파일이 되면 꺼내어 껍질을 제거하고 검은 괴실만 골라 소쓸개 속에 쟁여넣는다. 이를 그늘에 높이 매달아 말려서 다음 해 청명(淸明)일이 되면 꺼낸다. 매일 빈속에 끓인 물과 함께 1알을 삼키고, 둘째 날엔 2알을 삼키는 식으로, 점차적으로 늘려가다가 15알까지 먹는다. 그 이후에는 매일 1알씩

醫學入門 槐膽丸, 明目黑鬚, 固齒延年. 十月上巳日, 采槐實, 納陶缸中, 封口鹽泥固濟, 埋背陰墻下, 掘三尺土中. 至臘月初八日取出, 去皮, 取黑子裝在牛膽[105]內, 高懸陰乾, 至次年淸明日取出. 每日空心白湯吞下一粒, 二日二粒, 漸加至十五粒, 以後每日減一粒, 周而復始.

---

404 《本草綱目》, 위와 같은 곳.
405 양서(梁書) : 중국 남조 양나라(梁, 502~557)의 역사서. 진나라(陳) 사람인 요찰(姚察)이 편찬을 시작하였고, 요찰이 죽은 뒤에는 아들인 요사렴(姚思廉)이 이어받아 총 56권으로 편찬을 완성했다.
406 유견오(庾肩吾) : 487~551. 중국 남조 양나라의 학자. 최초의 서예 품평 전문서인 《서품(書品)》을 저술했다.
407 《東醫寶鑑》〈內景篇〉 卷1 "身形" "單方"(《原本 東醫寶鑑》, 80쪽);《醫學入門》 卷7 〈婦人小兒外科用藥賦〉 "槐膽丹", 1154쪽.
[105] 膽 : 저본에는 "膝".《東醫寶鑑·內景篇·身形》·《醫學入門·婦人小兒外科用藥賦·槐膽丹》에 근거하여 수정.

줄여나가는 식으로 한 바퀴 돌아서 처음으로 되돌아간다.

증보산림경제 [408] 10월 상순의 사일에 채취하되 모두 씻지 않은 채로 둥글고 속이 찬 열매를 가려 매일 5알씩 정화수로 넘긴다.

增補山林經濟 十月上巳日採取, 竝不淘洗, 擇圓實者, 每日服五粒以井華水下.

6-34) 상심(桑椹, 오디)

본초습유 [409] 상심은 오장과 관절을 부드럽게 하고 혈기를 잘 통하게 한다. 오래 복용하면 굶주리지 않는다. 많이 거두어 햇볕에 말리고 찧어서 가루 낸 뒤 꿀로 반죽하여 환을 만든다. 매일 60환씩 복용하면 백발이 검은머리로 변하고 늙지 않는다.

桑椹

本草拾遺 桑椹, 利五藏、關節, 通血氣. 久服, 不飢. 多收曝乾, 擣末, 蜜和爲丸. 每日服六十丸, 變白不老.

뽕나무《본초강목》

408《增補山林經濟》卷7〈攝生〉"服食" '槐實'(《農書》3, 505쪽).
409《本草綱目》卷36〈木部〉"桑", 2066쪽.

본초연의 410 《신농본초》에는 상심에 대해서 자세히 말했지만, 오심(烏椹, 검은 오디)만은 빠져 있다. 그러나 뽕나무의 정영(精英)이 모두 여기 들어 있다. 오심을 채취하고 곱게 갈아 삼베에 걸러 즙을 낸 다음 돌그릇에 졸여서 고를 만든다. 분량에 알맞게 꿀을 넣어 진득하게 졸인 다음 옹기 속에 저장한다. 0.1~0.2냥씩 떠서 식후나 잠잘 무렵에 끓인 물에 타서 먹는다. 금석(金石)을 복용한 뒤 발생한 열이나 구갈(口渴, 입의 갈증) 증상을 치료하고, 정(神)과 신(神)을 생성하며 소장(小腸)의 열을 치료한다. 그 성질이 약간 서늘하기 때문이다.

本草衍義 《本經》言桑椹詳, 然獨遺烏椹, 桑之精英盡在於此. 采摘微研, 以布濾汁, 石器熬成稀膏, 量多少入蜜熬稠, 貯瓷器中. 每抄一二錢, 食後、夜臥, 以沸湯點服. 治服金石發熱口渴, 生精神及小腸熱, 其性微涼故也.

본초강목 411 《사시월령(四時月令)412》에 "4월엔 상심주(桑椹酒, 오디술)를 먹어야 하니, 상심주는 온갖 종류의 풍열을 다스린다."413라 했다. 그 방법은 다음과 같다. 상심즙 30승을 중탕으로 졸였다가 15승이 되면 꿀 0.2승, 연유 1냥, 생강 0.1승을 넣고 끓인다. 알맞게 되면 오지병에 넣어둔다. 0.1승씩을 술과 함께 마신다. 또는 상심즙으로 소주를 내릴 수 있으니, 이를 저장하여 해가 지나면 맛과 효과가 더욱 좋다.

本草綱目 《四時月令》云: "四月宜飲桑椹酒, 能理百種風熱." 其法, 用椹汁三斗, 重湯煎至一斗半, 入白蜜二合、酥油一兩、生薑一合, 煮令得所, 瓶收. 每服一合, 和酒飲之. 亦可以汁熬燒酒, 藏之經年, 味力愈佳.

---

410 《本草綱目》, 위와 같은 곳.
411 《本草綱目》, 위와 같은 곳.
412 사시월령(四時月令) : 중국 후한 후기의 문인 최식(崔寔, ?~?)이 지은 농서(農書). 정식 명칭은 《사민월령(四民月令)》이다. 1년 동안 농가에서 해야 할 일들을 절기별로 기술했다.
413 4월엔……다스린다 : 출전 확인 안 됨.

6-35) 상엽(桑葉, 뽕잎)

桑葉

[도경본초] [414] 상엽은 늘 복용할 수 있다. 《신선복식방(神仙服食方)》[415]에 의하면, 4월에 뽕이 무성할 때 잎을 딴다. 또 10월 서리가 내린 후 2/3가 이미 떨어졌을 때 1/3이 남은 것, 이것을 '신선엽(神仙葉)'이라 하는데, 곧 채취해서 4월의 잎과 함께 그늘에 말린다. 이를 찧고 가루 낸 뒤 환이나 산으로 만들어 임의로 복용한다. 혹은 물에 끓여 차 대신 마신다.

[圖經本草] 桑葉可常服. 《神仙服食方》, 以四月桑茂盛時采葉. 又十月霜後三分, 二分己落時, 一分在者, 名"神仙葉", 即采取, 與前葉同陰乾擣末, 丸、散任服, 或煎水代茶飮之.

[대명본초] [416] 집에서 기르는 상엽은 성질이 따뜻하고 독이 없어 복용할 수 있다.

[大明本草] 家桑葉, 煖無毒, 可服.

6-36) 오가(五加, 오가피)[417]

五加

[증류본초] [418] 동화진인(東華眞人)[419]의 《자석경(煮石經)[420]》에 다음과 같이 말했다. "옛날 서역(西域)의 진인(眞人) 왕옥산인(王屋山人)[421]과 왕상(王常)[422]이 말했다. '어떻게 장수할 수 있는가? 어째서 바윗돌에 쌓

[證類本草] 東華眞人《煮石經》云 : "昔有西域眞人王屋山人、王常云 : '何[106]以得長久? 何不食石蓄金鹽, 毋

---

414 《本草綱目》卷36〈木部〉"桑", 2067쪽.

415 신선복식방(神仙服食方) : 《본초강목》에 인용된 양생서. 저자 미상. 원서는 남아 있지 않다.

416 《本草綱目》, 위와 같은 곳.

417 오가(五加) : 두릅나무과에 속한 낙엽활엽 관목. 뿌리껍질을 말려 약재로 쓴다. 혈액 순환 및 해독 등의 효과가 있다.

418 《本草綱目》卷36〈木部〉"五加", 2109~2110쪽.

419 동화진인(東華眞人) : ?~?. 중국 고대의 전설적인 신선 동왕공(東王公)의 이칭. 동왕부(東王父) 또는 동화제군(東華帝君) 등 여러 명칭으로 불린다.

420 자석경(煮石經) : 동화진인(동왕공)이 지었다고 하는 서적. 현재는 남아 있지 않고, 《본초강목》 등에 일부가 전해진다.

421 왕옥산인(王屋山人) : 중국 당나라의 시인 위만(魏萬, ?~?)의 이명. 8세기 무렵 살았던 위만은 왕옥산(王屋山)에 집을 짓고 거주했기 때문에 왕옥산인(王屋山人)이라 불렸다. 당나라의 유명한 시인 이백(李白)의 글을 모아 《이한림집(李翰林集)》을 편찬했다.

422 왕상(王常) : 미상.

[106] 何 : 저본에는 "可". 《本草綱目·木部·五加》에 근거하여 수정.

인 금염(金鹽, 쇠소금)을 아니 먹는가? 이를 아니 먹고
는 장수할 수 없다. 어째서 바윗돌 사이의 옥시(玉豉,
옥으로 된 메주)를 아니 먹는가?' 옥시는 지유(地楡, 오이
풀)요, 금염은 오가(五加)다. 2가지 모두 암석을 끓여
서 먹는 것으로, 장생을 얻을 수 있는 약이다."

옛날 맹작자(孟綽子)[423]와 동사고(董士固)[424]는 서로
다음과 같이 말했다. "차라리 1줌 오가를 얻을지, 금
옥이 가득한 수레는 소용이 없다. 차라리 1근 지유
가 낫지, 명월주(明月珠)[425] 같은 보배는 소용이 없다."

또 노정공(魯定公)[426]의 어머니는 오가주(五加酒)를
늘 먹어서 장생불사했다. 장자성(張子聲)·양건시(揚
建始)·왕숙재(王叔才)·우세언(于世彦)[427] 등도 모두 이
술을 먹고 방실(房室, 성행위)을 끊지 않으면서 300년
을 살았다. 산(散)으로 만들어 끓인 차 대신 먹기도
한다.

왕군(王君)[428]이 말했다. "오가란 것은 오거성(五車
星)[429]의 정령(精靈)이다. 물은 오호(五湖)[430]에 응하고,
사람은 오덕(五德)[431]에 응하고, 위치는 오방(五方)[432]

可以得長壽, 何不食石用玉
豉?'玉豉, 地楡也;金鹽,
五加也. 皆是煮石而餌得
長生之藥也."

昔孟綽子、董士固相與言
云:"寧得一把五加, 不用
金玉滿車. 寧得一斤地楡,
不用明月寶珠."

又魯定公母服五加酒, 以致
不死尸解. 張子聲、揚建始、
王叔才[107]、于世彦等, 皆服
此酒而房室不絶, 得壽三百
年. 亦可爲散以代湯茶.

王君云:"五加者, 五車星
之精也. 水應五湖, 人應
五德, 位應五方, 物應五

---

423 맹작자(孟綽子) : ?~?. 춘추 시대 노(魯)나라의 대부(大夫). 본명은 맹공작(孟公綽).

424 동사고(董士固) : ?~?. 춘추 시대 장수했다고 전해지는 인물. 자세한 정보는 미상.

425 명월주 (明月珠) : 밤에도 빛이 나는 보석. 야광벽(夜光璧)이라고도 한다.

426 노정공(魯定公) : B.C. 556~B.C. 495. 춘추 시대 노(魯)나라의 군주. 공자가 살아 있을 당시에 서로 대화를
주고받은 기록이 《논어(論語)》에 여러 차례 보인다.

427 장자성……우세언 : 도가에서 전설로 전해지는 도인(道人)들로, 이들의 자세한 사적은 확인되지 않는다.

428 왕군(王君) : 미상.

429 오거성(五車星) : 이십팔수 가운데 하나로, 필수(畢宿)의 북쪽 별자리이며 5개의 별로 구성되어 있다. '마
차부자리'라고도 한다.

430 오호(五湖) : 고대 중국의 다섯 호수. 팽려(彭蠡)·동정호(洞庭湖)·소호(巢湖)·태호(太湖)·감호(鑒湖).

431 오덕(五德) : 5가지 덕목. 인(仁)·의(義)·예(禮)·지(智)·신(信).

432 오방(五方) : 5개의 방위. 동방·서방·남방·북방·중앙.

[107] 才 : 저본에는 "牙".《本草綱目·木部·五加》에 근거하여 수정.

오가《본초강목》

에 응하고, 사물은 오거(五車)433에 응한다. 그래서 청정(青精, 청색 정기)이 줄기에 들어가면 동방의 수액이 되고, 백기(白氣, 백색 기운)가 마디에 들어가면 서방의 진액이 되고, 적기(赤氣, 적색 기운)가 꽃에 들어가면 남방의 광채가 되고, 현정(玄精, 흑색 정기)이 뿌리에 들어가면 북방의 이(飴, 엿)가 되고, 황연(黃烟, 황색 연기)이 껍질에 들어가면 무기(戊己, 중앙)의 영(靈)이 된다. 오신(五神)434이 이 생물을 덮어 두루 길러주므로 이것을 먹으면 참신선이 되고, 이것을 복용하면 어린아이로 되돌아가게 된다[反嬰]!"

車. 故青精入莖, 則有東方之液；白氣入節, 則有西方之津；赤氣入華, 則有南方之光；玄精入根, 則有北方之飴；黃烟入皮, 則有戊己之靈. 五神鎮生, 相轉育成. 餌之者眞仙, 服之者反嬰!"

---

433 오거(五車) : 5개의 별자리. 서북쪽 별인 천고(天庫, 태백성)와 동북쪽 별인 옥(獄, 진성), 동쪽 별인 천창(天倉, 세성), 동남쪽 별인 사공(司空, 신성), 그리고 서남쪽 별인 경성(卿星, 형혹)을 일컫는데, 오늘날의 오행성에 해당한다.

434 오신(五神) : 5종의 신령한 기운 또는 생물. 일반적으로 청룡(青龍)·백호(白虎)·주작(朱雀)·현무(玄武)·황룡(黃龍)을 지칭한다.

담야옹(談野翁) [시험방] 435 신선이 술을 달이는 방법 : 오가피·지유(거친 껍질을 깎아 제거한 것) 각 1근씩을 주머니에 넣은 뒤 좋은 무회주 20승이 든 큰 단지 속에 담고고 꼭 봉한 다음, 큰 솥에 얹고 뭉근한 불로 끓인다. 큰 단지 위에 쌀 0.1승을 앉혀 쌀이 익는 것을 기준으로 한다. 그런 다음 꺼내어 물 속에 3일간 두고 화독(火毒)을 뽑아낸 뒤 건더기를 햇볕에 말려서 환을 만든다.

아침마다 50환을 약주로 넘기고, 잠들 무렵 다시 1번 복용한다. 풍습(風濕)을 제거하고, 근골을 튼튼히 하며, 기(氣)를 순하게 하고 담을 삭이며, 정(精)을 보태고 뇌수를 보한다. 오래 복용하면 수명을 늘리고 노익장을 과시하니, 그 효과를 다 서술하기 어렵다.

[본초강목] 436 오가는 풍습으로 인한 저림증과 마비증을 치료하고 근골을 튼튼히 하는 데 그 효과가 매우 깊다. 선가(仙家)에서 서술한 말이 비록 실제보다 과장되었으나, 대개 장려하는 말은 종종 넘치는 것 또한 상리(常理)일 따름이다. 437

談野翁 [試驗方] 神仙煮酒法 : 用五加皮、地榆(刮去粗皮)各一斤, 袋盛, 入無灰好酒二斗中大罎[108], 封固, 安大鍋內, 文武火煮之, 罎[109]上安米一合, 米熟爲度. 取出水中三日, 取出火毒, 以渣曬乾爲丸.

每朝服五十丸, 藥酒送下, 臨臥再服. 能去風濕, 壯筋骨, 順氣化痰, 添精補髓. 久服, 延年益老, 功難盡述.

本草綱目 五加治風濕痿痺, 壯筋骨, 其功良深. 仙家所述, 雖若過情, 蓋獎辭多溢, 亦常理耳.

435《本草綱目》卷36〈木部〉"五加", 2110쪽.
436《本草綱目》, 위와 같은 곳.
437 선가(仙家)에서······따름이다 : 이 한마디 문장이《보양지》의 양생법 전체의 논지를 압축한 듯하다. 유가 입장에서 선가의 언어를 합리적으로 이해하는 너그러운 방식인 셈이다. 몸에 좋은 여러 가지 일을 권면하는 말에 과장이 없을 수 없다. 하지만 그 말의 본뜻을 잘 추려서 이해한다면 무슨 해로움이 있겠는가? 물론 해당 문장은《본초강목》에 나오는 문장이기는 하지만, 풍석이 이 말을 특별히 채록한 의미는 적지 않을 것이다.
[108] 罎 :《本草綱目·木部·五加》에는 "壇".
[109] 罎 :《本草綱目·木部·五加》에는 "壇".

6-37) 구기(枸杞)[438]

枸杞

[도경본초][439] 구기의 줄기와 잎 및 열매는 복용하면 몸이 가벼워지고 기를 북돋운다. 《회남침중기(淮南枕中記)[440]》에 서하(西河)[441] 지방 여자의 구기 복용법이 다음과 같이 기재되어 있다. 정월 상순 인일(寅日)에 뿌리를 캐어 2월 상순 묘일(卯日)에 복용하고, 3월 상순 진일(辰日)에 줄기를 채취하여 4월 상순 사일(巳日)에 복용한다. 5월 상순 오일(午日)에 잎을 채취하여 6월 상순 미일(未日)에 복용하며, 7월 상순 신일(申日)에 꽃을 채취하여 8월 상순 유일(酉日)에 복용한다. 9월 상순 술일(戌日)에 열매를 채취하여 10월 상순 해일(亥日)에 복용하고, 11월 상순 자일(子日)에 뿌리를 캐어 12월 상순 축일(丑日)에 복용한다.[442] 또는 꽃·열매·뿌리·줄기·잎을 모두 달이거나, 혹은 열매만 압착하여 낸 즙을 달이고 고(膏)를 만들어 복용하기도 하는데, 그 효과는 모두 같다.

[뇌공포자론][443] 그 뿌리가 사물의 모양을 닮은 구기가 가장 좋다. 일반적으로 뿌리째 캐어 동류수에 담근 뒤 흙을 씻어내고 찧어서 심을 제거한 다음 감초를 푹 달인 물에 하룻밤 담그고 불기운에 말린다.

圖經本草 莖、葉及子, 服之 輕身益氣. 《淮南枕中記》載西河女子服枸杞法. 正月上寅采根, 二月上卯治服之;三月上辰采莖, 四月上巳治服之;五月上午采其葉, 六月上未治服之;七月上申采花, 八月上酉治服之;九月上戌采子, 十月上亥治服之;十一月上子采根, 十二月上丑治服之. 又有花、實、根、莖、葉作煎, 或單榨子汁煎膏服之者, 其功並同.

雷公炮炙論 其根似物形者 爲上. 凡使根掘得以東流水浸, 刷去土, 搥去心, 以熟甘草湯 浸一宿, 焙乾.

---

438 구기(枸杞) : 가지과에 속하는 낙엽관목. 열매 구기자(枸杞子)는 해열제나 강장제로 사용한다.

439 《本草綱目》卷36〈木部〉"枸杞、地骨皮", 2113~2114쪽.

440 회남침중기(淮南枕中記) : 송대 이전의 저서로 추정되나 저자 및 편찬 시기는 알려져 있지 않다. 원서는 남아있지 않고, 그 내용 중 일부가 《본초강목》에 전한다.

441 서하(西河) : 중국 산서성(山西省) 빈양(汾陽) 지역의 옛 명칭.

442 정월……복용한다 : 정월부터 12월까지 각 달의 간지에 상응하는 간지의 날에 맞추어 복용하는 방식이다. 예를 들면, 1월은 인월(寅月)에 해당하므로 같은 간지를 갖고 있는 인일(寅日)에 복용한다.

443 《本草綱目》卷36〈木部〉"枸杞、地骨皮", 2113쪽.

| 본초강목 | 444《속선전(續仙傳)445》에 "주유자(朱孺子)446 가 시냇가에서 2마리 얼룩무늬 개가 구기나무덤불 아래로 들어가는 것을 보았다. 그곳을 파내어 구기나무뿌리를 얻었는데 그 형태가 2마리 개의 모양과 같았다. 그것을 삶아 먹었더니 홀연 몸이 가벼워졌다."447라 했다.

本草綱目《續仙傳》云："朱孺子見溪側二花犬, 逐入于枸杞叢下. 掘之得根, 形如二犬. 烹而食之, 忽覺身輕."

보수당방 448 지선단(地仙丹) : 옛날 이인(異人, 도교의 진인)이었던 적각장(赤脚張)449이 이 처방을 의씨현(猗氏縣)450의 한 노인에게 전하였다. 노인이 지선단을 복용하고는 100살을 넘게 살고, 걸음이 날 듯하고, 백발이 도리어 검어지고, 빠진 이가 새로 나며 양기가 강건했다. 이 약은 성질이 화평하여 늘 복용하면 나쁜 열을 제거하고, 눈이 밝아지며 몸이 가벼워질 수 있다.

봄에는 구기잎을 채취하는데 이를 '천정초(天精草)'라 하고, 여름에는 꽃을 채취하는데 이를 '장생초(長生草)'라 한다. 가을에는 열매를 채취하는데 이를 '구기자(枸杞子)'라 하고, 겨울에는 뿌리를 채취하는데 이를 '지골피(地骨皮)'라 한다. 이들을 모두 그늘에 말리고 무회주에 하룻밤 담가둔 뒤, 49일간 밤낮으로

保壽堂方 地仙丹：昔有異人赤脚張, 傳其方于猗氏縣一老人, 服之壽百餘, 行走如飛, 髮白反黑, 齒落更生, 陽事强健. 此藥性平, 常服能除邪熱, 明目輕身.

春采枸杞葉, 名"天精草"；夏采花, 名"長生草"；秋采子, 名"枸杞子"；冬采根, 名"地骨皮". 並陰乾, 用無灰酒浸一夜, 曬露四十九晝夜, 取日精月華, 待乾爲

444《本草綱目》卷36〈木部〉"枸杞、地骨皮", 2114쪽.

445 속선전(續仙傳) : 중국 오대십국 시대 남당(南唐, 937~975)의 문인 심분(沈汾, ?~?)이 편찬한 서적. 전설로 내려오는 신선의 고사와 양생술을 수록한 책.

446 주유자(朱孺子) : ?~?. 중국 서진(西晉)의 도인. 가을에 떨어진 국화꽃을 먹고 신선이 되었다고 한다.

447 주유자(朱孺子)가……가벼워졌다 :《續仙傳》卷上〈飛昇一十六人內女眞三人〉"朱孺子".

448《本草綱目》, 위와 같은 곳.

449 적각장(赤脚張) : ?~?. 중국 명나라의 도인. 성은 장(張)씨이고, 이름은 미상. 붉은색 맨발로 다녔기에 이렇게 '적각장'이라 불렸다고 한다.

450 의씨현(猗氏縣) : 중국 산서성(山西省) 하동군(河東郡)에 있던 현.

구기자(국립수목원)

햇볕과 이슬을 받아 일정(日精, 해의 정기)과 월화(月華, 달의 정화)를 취하도록 한다. 다 마르고 나면 가루 낸 뒤, 졸인 꿀로 반죽하여 탄환크기의 환을 만든다.

아침저녁으로 1알씩 잘 씹어 하룻밤 묵은, 끓인 물로 넘긴다. 이 약은 가시가 없고 맛이 단 것을 채취해서 만들어야 한다. 가시가 있는 것이라면 약을 만들어 복용해도 몸에 이롭지 않다.

末, 煉蜜丸如彈子大.

每早晚各用一丸細嚼, 以隔夜百沸湯下. 此藥須采無刺味甜者, 其有刺者, 服之無益.

비급천금요방 451 구기전(枸杞煎)은 허로(虛勞)를 치료하고, 허열을 물리치며, 몸을 가볍게 하며, 기를 북돋는다. 구기 30근(봄과 여름엔 줄기와 잎을, 가을과 겨울엔 뿌리와 열매를 쓴다)을 물 1석에 끓여 50승을 취하고, 찌꺼기를 다시 달여 또 50승을 취한다. 이를 맑게 가라앉혔다가 찌꺼기는 제거하고 다시 달여 20승을 취한 다음, 솥에 넣고 졸여 엿처럼 되면 거둔다. 아침마다 0.1승씩 술로 복용한다.

千金要方 枸杞煎治虛勞, 退虛熱, 輕身益氣. 枸杞三十斤(春夏用莖、葉, 秋冬用根、實), 以水一石煮取五斗, 以滓再煎取五斗, 澄淸去滓, 再煎取二斗, 入鍋煎如餳收之. 每朝酒服一合.

451 《備急千金要方》卷22〈癰腫毒方〉"癰疽"2 '枸杞煎'(《孫思邈醫學全書》, 403~404쪽);《本草綱目》卷36〈木部〉"枸杞、地骨皮", 2114쪽.

경험방 452 금수전(金髓煎) 처방 : 구기자를 날마다 붉게 익은 것을 따고 양에 관계없이 무회주에 담근 뒤 기름종이[蠟紙]로 틀어막아 기가 새나가지 않도록 한다. 2개월이 지나면 이를 사기그릇에 넣고 흐물흐물하도록 주물러 즙을 걸러내고, 함께 담근 술과 같이 은으로 만든 솥에 넣어 약한 불로 졸이면서 손으로 쉬지 않고 저어주어야 하니, 이는 점성이 고르지 않을까 걱정되기 때문이다. 엿처럼 고(膏)가 되면 깨끗한 병에 꼭 넣어둔다. 아침마다 따뜻한 술로 2큰술을 복용하고, 밤에 잘 때 다시 복용한다. 100일만에 몸이 가벼워지고 기운이 건장하며, 여러 해가 지나도록 그치지 않으면 우화등선(羽化登仙)453 할 수 있다.

經驗方 金髓煎方 : 枸杞子逐日摘紅熟者, 不拘多少, 以無灰酒浸之, 蠟紙封固, 勿令洩氣. 兩月足, 取入砂盆中擂爛, 濾取汁, 同浸酒入銀鍋內, 慢火熬之, 不住手攪, 恐粘住不均. 侯成膏如錫, 淨瓶密收. 每早溫酒服二大匙, 夜臥再服. 百日身輕氣壯, 積年不輟, 可以羽化.

거가필용 454 구기자·지황의 즙 각각 1승, 꿀 0.5승을 함께 사기솥에 달여 묽은 엿처럼 만든다. 1큰술씩 술이나 끓인 물에 타서 복용한다.

居家必用 枸杞子·地黃各取汁一升, 蜜半升, 砂鍋內同煮如稀錫. 每一大匙, 酒或白湯調服.

6-38) 천초(川椒)455

川椒

뇌공포자론 456 일반적으로 남초(南椒, 천초의 이명)의 눈이 떨어지고 입이 붙은 것을 가려낸 뒤 술로 촉촉이 적셔 사시(巳時, 오전 9~11시)에서 오시(午時, 오전 11시

雷公炮炙論 凡使南椒須去目及閉口者, 以酒拌濕蒸, 從巳至午, 放冷密蓋無氣,

452《本草綱目》卷36〈木部〉"枸杞, 地骨皮", 2115쪽.

453 우화등선(羽化登仙) : 사람의 몸에 날개가 돋아 하늘로 올라가 신선이 된다는 의미.

454《居家必用事類全集》壬集〈衛生〉"養老奉親書"'枸杞煎方', 345쪽.

455 천초(川椒) : 사천(四川) 지역에서 나는 초(椒), 곧 초피나무 열매를 일컫는다. 천(川)은 대개 사천 지역에 산출되는 본초의 이름에 붙여진다.

456《本草綱目》卷32〈果部〉"蜀椒", 1851쪽.

~오후 1시)까지 찐다. 그 뒤 식혀서 공기가 통하지 않게 밀봉한다. 나중에 꺼내어 옹기 속에 넣어두고 바람에 상하지 않도록 한다.

오맹(吳猛)[457] 복초결(服椒訣) [458] [459] 천초는 오행의 기운을 타고난 것으로 잎은 푸르고, 껍질은 붉고, 꽃은 노랗고, 막은 희고, 씨는 검다. 냄새는 향기롭고 성질은 아래로 운행하여, 화열을 아래로 끌어내리면서 위로 훈증치 않게 하니, 방초(芳草) 가운데 이보다 효과가 큰 것이 없다.

초홍환(椒紅丸) : 원장(元臟, 신장)이 피곤하여 눈이 어둡고 귀가 먹는 증상을 치료한다. 100일을 복용하면 몸이 가벼워지고, 잠이 적어지고, 발에는 힘이 생기는 것을 느끼게 되니, 이것이 그 효능이다. 3년을 복용하면 마음이 상쾌하고, 눈이 배나 밝아지며, 얼굴색이 붉고 환해지며, 머리칼에 검게 윤이 난다.

촉초(蜀椒, 천초의 이명)를 사용할 때는 눈이 떨어지고, 입이 붙은 것을 가려낸 다음 촉초에서 진액이 배어나도록 볶는다. 이것을 햇볕에 말린 뒤 찧어서 붉은 것 1근을 취한다. 한편, 생지황 찧은 즙을 구리그릇 속에 넣고 달여 1승이 될 즈음 묽기가 적당

後取出入甕器中, 勿令傷風.

吳猛 服椒訣 椒稟五行之氣而生、 葉靑、 皮紅、 花黃、 膜白 、子黑. 其氣馨香, 其性下行, 能使火熱下達, 不致上薰, 芳草之中, 功莫京焉.

椒紅丸 : 治元臟傷憊, 目暗耳聾. 服之百日, 覺身輕少睡, 足有力, 是其效也. 服三年, 心智爽悟, 目明倍常, 面色紅悅, 髭髮光黑.

用蜀椒去目及合口者, 炒出汗, 曝乾, 擣取紅一斤. 以生地黃擣自然汁, 入銅器中煎至一升, 候稀稠得所, 和椒末丸梧子大. 每空心煖

---

457 오맹(吳猛) : ?~?. 중국 진(晉)나라의 도사(道士). 자는 세운(世雲). 도교의 교리를 체계화한 인물 중 한 사람으로 평가된다.
458 복초결(吳猛服椒訣) : 오맹(吳猛, ?~?)이 지은 천초 복용에 관한 가결. 오맹에 대한 상세한 자료는 남아 있지 않으나, 그가 지은 책 내용중 일부가 《본초강목》 전해진다.
459 《本草綱目》 卷32 〈果部〉 "蜀椒", 1852~1853쪽.

후추(좌)·만초(중)·초(椒)(우)《본초강목》

해지면 촉초가루를 넣고 반죽하여 벽오동씨크기의
환을 만든다. 이것을 30환씩 빈속에 따뜻한 술로
넘긴다. 약을 만들 때는 부인과 닭·개가 보지 않도
록 한다.

소진인(邵眞人)[460] 경험방 [461] 초령환(椒苓丸) : 심장과
신장을 보익하고, 눈을 밝게 하며, 얼굴색을 좋게
유지하고, 기를 순화시키며, 풍(風)을 없애고, 수명
을 늘린다. 좋은 천초 1근(천초의 진액이 없어지도록
볶은 것), 백복령 10냥(껍질을 제거한 것)을 가루 낸
뒤, 졸인 꿀로 벽오동씨크기의 환을 만든다. 초령환
을 50환씩 빈속에 소금을 넣고 끓인 물로 넘긴다.
철로 된 그릇은 금한다.

酒下三十丸. 合藥時, 勿令
婦人、鷄、犬見.

邵眞人 經驗方 椒苓丸 :
補益心腎, 明目駐顏, 順氣
祛風, 延年. 眞川椒一斤
(炒去汗)、白茯苓十兩(去
皮), 爲末, 煉密丸梧子大.
每椒五十丸, 空心鹽湯下.
忌鐵器.

---

460 소진인(邵眞人) : 중국 명나라의 도사(道士) 소이정(邵以正, 1368~1463)의 이칭. 호는 승강자(承康子), 별
　　호는 지지도인(止止道人).
461 《本草綱目》卷32〈果部〉"蜀椒", 1851쪽.

두문방 [462] 생천초는, 입이 터지지 않은 것은 가려내어 버리고, 40알을 장수(漿水, 좁쌀죽웃물)에 하룻밤 담가두어 모두 입이 다물어지게 한다. 새로 길어온 물로 빈속에 넘긴다. 오래된 냉기를 제거하고 장부를 따뜻하게 한다. 오래 복용하면 얼굴색을 좋게 유지하고, 머리털을 검게 하며, 눈을 밝게 하고, 음식 생각이 나게끔 한다.

斗門方 椒擇去不坼者, 用四十粒以漿水浸經一宿, 盡令口合, 空心新汲水吞下. 去積年冷, 煖藏府. 久服則能駐顏黑髮, 明目, 令人思飲食.

고렴(高濂)[463] 복식방(服食方) [464] [465] 《복초결(服椒訣)》에 다음과 같이 말했다.

"청성산(青城山)[466] 노인이

천초 복용하고 오묘한 비결 얻었네.

나이 90여 세에

전혀 노인 같아 뵈지 않네.

재배(再拜)하며 비결 청하니

기쁘게 나에게 말씀하였네.

촉초(蜀椒) 2근 맑게 씻고

해염(解鹽)[467] 6냥 청결히 하라.

해염 넣고 약한 불로 끓이되

국화가루 넘치도록 넣어라.

처음에는 15환 먹는데

高濂 服食方 《服椒訣》云:

"青城山老人,

服椒得妙訣,

年過九十餘,

貌不類期耄.

再拜而請之,

欣然爲我說.

蜀椒二斤淨,

解鹽六兩潔.

入鹽慢火煎,

煮透滾菊末.

初服十五圓,

462《本草綱目》, 위와 같은 곳.

463 고렴(高濂) : ?~?. 중국 명나라의 문인. 만력(萬曆, 1573~1620) 무렵에 주로 활동했다. 저서로《준생팔전(遵生八牋)》이 있다.

464 복식방(服食方) :《준생팔전》에 들어있는 복식 관련 처방.

465《遵生八牋》卷13〈飮饌服食牋〉下 "服椒法"(《遵生八牋校注》, 485쪽).

466 청성산(青城山) : 중국 사천성(四川省) 성도시(成都市) 서남부에 위치한 산.

467 해염(解鹽) : 중국 산서성(山西省) 해지(解池)에서 나온 소금.

아침저녁 그치지 말라.	早晚不可輟.
매월 점점 늘려서	每月漸漸增,
200환까지 늘려 먹으라.	累之至二百.
소금을 술에 타든 소금물에 담그든	鹽酒或鹽浸,
그대의 뜻에 따라 마시라.	任君意所歡.
복용한 지 반년 사이	服及半年間,
가슴에 답답함 약간 느껴지리라.	胸膈微覺塞.
그러면 매일 10환씩 줄여	每日退十圓,
15환에 이르게 되도록 한다.	還至十五粒.
장애감이 없는 때를 기다려	俟其無礙時,
횟수는 전일과 같이 하라.	數復如前日.
늘 기운이 훈증되게 하여야 하니,	常令氣薰蒸,
그렇지 않으면 앞서 들인 공이 사라지리라.	否則前功失.
음식·채소·과일은	飲食、蔬果等,
모두 꺼릴 것 없다.	竝無所忌節.
1년의 효과는 바로 나타나는데,	一年效卽見,
안색 금새 윤기가 나리라.	容顔頓悅澤.
이목 총명해지며	目明而耳聰,
수염 검고 머리카락 윤이 나리라.	鬚烏而髮黑.
신장 보하여 허리 가볍게 하고	補腎輕腰身,
기운 굳세게 하며 정혈 보익한다.	固氣益精血.
천초도 따뜻하고 소금도 따뜻하며,	椒溫鹽亦溫,
국화의 성질이 번열을 제거한다.	菊性去煩熱.
40일간 복용하면 좋으니,	四旬方可服,
복용에 소홀치 말라.	服之幸毋忽.
수십 년에 이르면	逮至數十年,
효과가 조화(造化)와 함께 한다.	功與造化埒.

노화 막고 다시 수명 늘리며

세월이 얼마나 간 줄 모른다.

욕심 잊어버릴 수 있을 듯하니

그 효능 더욱 탁월하네.

나는 세상 사람의 편안함 위하여

이 가결을 짓고 절실히 이르노라."

耐老更延年,

不知幾歲月.

嗜慾若能忘,

其效尤卓絶.

我欲世人安,

作歌故怛切."

본초강목 468 초홍환(椒紅丸)은 비록 신장을 보한다 하지만 수(水)와 화(火)를 구분하지 않으면 사람을 그르치는 일을 면하지 못한다.

주진형(朱震亨)469은 "천초는 화에 속하지만 또 몸 아래로 도달하는 능력이 있기 때문에, 오래 복용하면 화(火)가 수(水) 속에서도 절로 생기게 된다. 그래서 세상 사람들이 천초를 복용하면 그 독을 입지 않는 이가 없다."라 했다.

本草綱目 椒紅丸, 雖云補腎, 不分水火, 未免誤人.

朱丹溪云："椒屬火, 有下達之能, 服之旣久, 則火自水中生, 故世人服椒者, 無不被其毒也."

6-39) 칠(漆, 옻)

포박자 470 마르지 않은 순칠(淳漆)471은 복용하면 신명을 통하고 장생한다.

먹는 법：큰 게 10마리를 그 속에 넣거나, 혹은 운모수(雲母水)나 옥수(玉水, 맑은 샘물)를 합하여 먹는다. 모든 벌레가 대변으로 나가고 악혈(惡血)이 코에

漆

抱朴子 淳漆不枯者, 服之令人通神長生.

餌之法：或以大蟹十枚投其中, 或以雲母水, 或以玉水合服之. 凡110蟲悉下, 惡

468《本草綱目》卷32〈果部〉"蜀椒", 1852~1853쪽.

469 주진형(朱震亨)：1281~1358. 중국 원나라의 유명한 의사. 자는 언수(彦修), 호는 단계(丹溪). 저서로《단계심법(丹溪心法)》등이 있다.

470《抱朴子內篇》卷11〈仙藥〉(《中華道藏》25-01, 47쪽).

471 순칠(淳漆)：액체 상태 그대로의 생칠.

110 凡：《抱朴子內篇·仙藥》에는 "九".

서 나온다. 복용한 지 1년 되면 육갑(六甲)과 행주(行廚)의 경지에도 이르게 된다.[472]

血從鼻出, 一年, 六甲行廚至也.

명의별록 [473] 생칠은 독성이 강렬하므로 사람들은 계란에 섞어 복용하는데, 이것은 벌레를 제거하려다가 도리어 자기 창자나 위장을 깨무는 격이 될 수도 있다. 옻에 예민한 사람은 복용했다가 간혹 죽기도 한다. 겉에 닿는 기운도 살에 창종(瘡腫, 부스럼)이 나게 하는데, 하물며 복용함에 있어서랴!

名醫別錄 生漆毒烈, 人以鷄子和服之, 去蟲, 猶自齧腸胃也. 畏漆人或致死. 外氣亦能使身肉瘡腫, 況服之乎!

6-40) 칠엽(漆葉, 옻나무잎)

도경본초 [474] 《화타전(華陀傳)[475]》에 팽성(彭城)[476]의 번아(樊阿)[477]가 어릴 때 화타를 스승으로 섬긴 일이 실려 있다. 화타가 칠엽청점산(漆葉青黏散)이라는 처방을 주면서 말하길, "이것을 복용하면 삼충(三蟲)을 없애고, 오장을 이롭게 하며, 몸을 가볍게 하고, 기운을 돋우며, 머리가 새지 않게 한다."고 했다. 번아가 그 말을 따라 하여 500세 남짓 장수했다.

청점(青黏)은 일명 '지절(地節)'이고, '황지(黃芝)'이다. 주로 오장을 다스리고, 정기를 보익한다. 원래 이 처방은 길 잃은 사람이 산에 들어갔다가 선인을 만나

漆葉

圖經本草 《華陀傳》載彭城 樊阿, 少師事佗. 佗授以漆葉青黏散方, 云: "服之, 去三蟲, 利五藏, 輕身益氣, 使人頭不白." 阿從其言, 年五百歲餘.

青黏, 一名"地節", 一名"黃芝". 主理五藏, 益精氣. 本出于迷人入山, 見仙人

---

472 육갑(六甲)과……된다 : 육갑(六甲)과 행주(行廚)는 도교에서 높은 경지를 비유하는 용어이다. '육갑'은 수행의 단계를 모두 마친 상태를 의미하며, 행주는 본래 '임시로 사용하는 부엌'이라는 의미였지만 후대에는 '벼슬을 얻어 관리가 된다'는 의미도 있다.

473 《本草綱目》 卷35 〈木部〉 "漆", 1992쪽.

474 《本草綱目》 卷35 〈木部〉 "漆", 1993~1994쪽.

475 화타전(華陀傳) : 중국 동한(東漢) 말기의 저명한 의사 화타(華佗, 145~208)의 전기. 원서는 남아 있지 않다.

476 팽성(彭城) : 중국 강소성(江蘇省) 지급시(地級市) 일대.

477 번아(樊阿) : ?~?. 중국 동한 말기의 의사. 화타(華佗)의 제자이며 침구술에 뛰어난 명의로 알려져 있다.

옻나무《본초강목》

보고 그것을 복용한 뒤 화타에게 고한 데서 나왔다. 화타가 좋은 처방이라고 생각하여 번아에게 그 처방을 말해주었고, 번아는 그것을 비밀로 했다.

　근래에 어떤 사람이 번아가 장수하고 기력이 강성한 것을 보고 그 비법을 물었다. 번아는 취한 상태라 자기도 모르게 발설했고, 그것을 들은 사람들이 그대로 복용하고 효험을 많이 보았다. 그러나 그 뒤에는 다시 청점을 아는 이가 없다. 혹자는 청점은 황정의 정엽(正葉, 바르게 난 잎)이라고도 한다.

服之以告佗. 佗以爲佳, 語阿, 阿秘之.

近者人見阿之壽而氣力强盛, 問之. 因醉誤說, 人服多驗. 後無復人識靑黏. 或云卽黃精之正葉者也.

본초강목 478《포박자》에서는 "칠엽과 청점(靑黏)은 모두 숲속의 풀이다. 번아(樊阿)가 복용하여 200세를 살고도 귀와 눈이 밝아 여전히 침을 들고 병을

本草綱目《抱朴子》云: "漆葉、靑黏, 凡藪之草也. 樊阿服之, 壽二百歲, 而耳

478《本草綱目》卷35〈木部〉"漆", 1994쪽.

치료할 수 있었다."[479]라 했다.

　이것은 근래에 실제 일어난 일로서, 정식 사관(史官)이 기록한 것이다. 갈홍(葛洪)이 《포박자》에서 말한 것이 여전히 이치에 가까우니, 앞의 《도경본초》에서 번아가 500세 남짓 장수했다고 한 말은 오류이다. 혹자는 청점은 '위유(蕤葰)'[480]라고 한다.

7) 과실 복용하는 방법

7-1) 연실(蓮實, 연밥)

본초습유 [481] 가을을 지낸, 아주 검은 석련자(石蓮子, 연실의 이칭)는 반드시 물에 가라앉기 때문에 소금물에 끓여야만 뜰 수가 있다. 이것은 산과 바다 사이에 있는데, 100년을 지나도 썩지 않는다. 사람이 그것을 먹으면 머리가 검어지고 늙지 않는다.

식료본초 [482] 석련자는 여러 새나 원숭이가 채집했다가 먹지 않고 석실(石室) 안에 감춰둔 연실이다. 사람이 300년 묵은 석련자를 구해서 먹으면 오래도록 늙지 않는다. 또 기러기가 먹은 뒤 들이나 바위 틈에 똥을 누었는데, 음우(陰雨, 흐리고 비오는 날)를 만나지 않아 오래 시간이 흘러도 썩지 않은 연실이 있다. 이것을 사람이 구해서 아침마다 빈속에 10개씩 먹으면 몸이 가벼워져서 먼곳까지 갈 수 있다. 석련자의 과

目聰明, 猶能持鍼治病."
此近代之實事, 良史所記注者也. 洪說猶近於理, 前言五百歲者, 誤也. 或云靑黏卽蕤葰.

服果方

蓮實

本草拾遺 經秋正黑石蓮子, 入水必沈, 惟煎鹽鹵能浮之. 此物居山海間, 經百年不壞, 人得食之, 令髮黑不老.

食療本草 石蓮子諸鳥、猿猴, 取得不食, 藏之石室內, 人得三百年者, 食之永不老也. 又雁食之, 糞于田野、山岩之中, 不逢陰雨, 經久不壞, 人得之, 每朝空腹食十枚, 身輕能登涉遠. 石蓮肉蒸熟去心, 爲末, 煉

---

479 칠엽과……있었다 : 《抱朴子內篇》卷5 〈至理〉(《中華道藏》25-1, 22쪽).
480 위유(蕤葰) : 황정과 근연식물인 둥굴레.
481 《本草綱目》卷33 〈果部〉 "蓮藕", 1894쪽.
482 《本草綱目》, 위와 같은 곳.

육을 쪄서 익혀 심을 제거하고 가루 낸 뒤 졸인 꿀로 벽오동씨크기의 환을 만들어 매일 30환씩 먹는다. 이것이 선가에서 석련자를 복용하는 방법이다.

密丸梧子大, 日服三十丸. 此仙家方也.

의학발명(醫學發明) [483] 수지단(水芝丹) : 연실 0.5승을 술에 2일간 담근 다음 돼지밥통 1개를 잘 씻어 그 속에 연실을 넣고 꿰매어 솥에 안치고 푹 익힌다. 이를 꺼내어 햇볕에 말리고 가루 낸 뒤, 술을 넣고 끓인 쌀풀에 개어 벽오동씨크기의 환을 만든다. 50환씩 식전에 따뜻한 술과 함께 먹으면 허손을 보익한다.

醫學發明 水芝丹 : 用蓮實半升, 酒浸二宿, 以牙猪肚一箇洗淨, 入蓮在內, 縫定煮熟, 取出曬乾, 爲末, 酒煮米糊丸梧子大. 每服五十丸食前, 溫酒送下, 補虛益損.

동의보감 [484] 연실은 껍질과 심을 제거하고 찧어서 가루 낸 뒤 죽을 쑤거나, 갈아서 가루를 만들거나, 밥을 지어 오래 복용하면 모두 좋다. 또 찧어서 가루 낸 뒤 술로 0.2냥을 임의대로 넘기기도 하는데, 오래 복용하면 장생한다.

東醫寶鑑 蓮實去皮、心, 擣爲末, 作糜, 或磨作屑, 作飯, 長服皆佳. 又擣爲末, 酒飮任下二錢, 久服, 令人長生.

본초강목 [485] 연실은 맛이 달고 기운이 따뜻하며 성질은 색(嗇)[486]하다. 맑은 향기를 지니고 가색지미(稼穡之味, 감미로운 맛)를 얻었으니, 비장(脾臟)에 속하는 과실이다. 비(脾)는 황궁(黃宮)[487]으로 수(水)와 화(火)를 교구(交媾, 서로 화친함)하고 목(木)과 금(金)을 회합

本草綱目 蓮味甘氣溫而性嗇, 稟淸芳之氣, 得稼穡之味, 乃脾之果也. 脾者, 黃宮, 所以交媾水火, 會合木金者也. 土爲元氣之母, 母

연실과 연근(《본초강목》)

(會合)시키는 곳이다. 토(土)는 원기의 모체이다. 모체의 기가 화창하면 진액이 따라 이루어지고 신(神)은 절로 생겨난다. 오래 시력을 유지하고 노화를 막으려면, 여기가 바로 그 권여(權輿, 시초)이다.

氣旣和, 津液相成, 神乃自生. 久視耐老, 此其權輿也.

7-2) 연근

구선신은서 [488] 연근을 찧어 맑은 물에 가라앉혀서 얻은 가루를 먹으면 몸이 가벼워지고 수명이 늘어난다.

蓮藕

臞仙神隱書 蓮藕, 擣浸澄粉服食, 輕身延年.

7-3) 연꽃

태청초목방 [489] 7월 7일에 딴 연꽃 0.07냥, 8월 8일에 캔 뿌리 0.08냥, 9월 9일에 딴 열매 0.09냥을 그

蓮花

太清草木方 七月七日采蓮花七分、八月八日采根八分、

488 출전 확인 안 됨 ;《本草綱目》卷33〈果部〉"蓮藕", 1895쪽.
489 출전 확인 안 됨 ;《本草綱目》卷33〈果部〉"蓮藕", 1898쪽.

늘에 말려 찧고 체로 걸러, 1방촌시씩 따뜻한 술에 타서 복용하면 안색을 늘 젊게 유지할 수 있다.

九月九日采實九分, 陰乾擣篩, 每服方寸匕, 溫酒調服, 令人駐顔.

7-4) 능실(菱實, 마름씨)

菱實

구선신은서 490 능실을 짓찧어 맑은 물에 가라앉혀서 얻은 가루를 먹으면 속을 보하고 수명을 늘린다.

臞仙神隱書 擣爛澄粉食, 補中延年.

명의별록 491 능실은 속을 편안하게 하고, 오장을 보하며, 배가 고프지 않게 하고, 몸을 가볍게 한다. 능실을 찌고 볕에 말린 다음 꿀을 타서 먹으면 곡기를 끊고도 오래 살 수 있다.

名醫別錄 菱實安中補五藏, 不饑輕身. 蒸曝, 和蜜餌之, 斷穀長生.

7-5) 검실(芡實, 가시연밥)

芡實

명의별록 492 선방(仙方)에서는 검실을 연실과 합하여 먹는데, 몸에 매우 이롭다.

又 仙方取芡實, 合蓮實餌之, 甚益人.

담포(談圃) 493 494 검실은 본디 사람에게 이로움이 없는데, 민간에서 '수류황(水流黃)'이라 하는 이유는 왜인가? 대개 사람이 검실을 먹을 적에는 반드시 씹어야 하는데, 종일 씹는다. 그런데 검실의 맛은 달고, 성질은 평(平)하며, 기름지되 끈적이지 않는다. 그래

談圃 芡本不益人, 而俗謂之"水流黃"者何也? 蓋人之食芡, 必咀嚼之, 終日嗢嗢. 而芡味甘平, 腴而不膩⑪. 食之者能使華液流

---

490 출전 확인 안 됨 ; 《本草綱目》卷33〈果部〉"芰實", 1902쪽.

491 《本草綱目》, 위와 같은 곳.

492 《本草綱目》卷33〈果部〉"芡實", 1904쪽.

493 담포(談圃) : 중국 송나라의 문인 손승(孫升, ?~?)이 지은 설화집. 3권으로 구성되어 있으며, 《손공담포(孫公談圃)》라고도 한다.

494 《本草綱目》, 위와 같은 곳.

⑪ 膩 : 저본에는 "昵". 《本草綱目·果部·芡實》에 근거하여 수정.

마름《본초강목》

가시연《본초강목》

복분자《본초강목》

서 그것을 먹는 사람은 그 진액이 두루 흘러 몸의 곳곳으로 흘러 들어가게 되는데, 그 효과가 종유석보다 낫기 때문이다.

通, 轉相灌漑, 其功勝于乳石也.

7-6) 복분자

覆盆子

뇌공포자론 495 일반적으로 동류수로 복분자를 일어서 누런 잎과 꼭지는 떨어버리고, 열매만 술에 뒤섞어 하룻밤 찐 다음, 다시 동류수로 2번 씻고 햇볕에 말리고 나서야 쓴다.

雷公炮炙論 凡使用東流水淘去黃葉幷皮蒂, 取子以酒拌蒸一宿, 以東流水淘兩遍, 又曬乾方用.

본초강목 496 복분자를 따고 찧어 얇은 떡을 만든 다음 햇볕에 말려서 밀봉해 저장한다. 쓸 때 술에 뒤섞어 찌면 효과가 더욱 빼어나다.

本草綱目 采得擣, 作薄餅, 曬乾密貯. 臨時以酒拌蒸, 尤妙.

495《本草綱目》卷18〈草部〉"覆盆子", 1244쪽.
496《本草綱目》, 위와 같은 곳.

개보본초 [497] 복분자를 찧고 체로 쳐서 아침마다 0.3냥씩 물로 복용한다. 허한 몸을 보하고, 끊어진 기운을 이어주며, 음기와 양기를 강건케 하고, 피부를 윤택하게 하며, 오장을 평안케 하고, 속을 따뜻하게 하여 힘을 북돋운다.

開寶本草 搗篩, 每朝水服三錢. 補虛續絶, 強陰健陽, 悅澤肌膚, 安和五藏, 溫中益力.

신농본초 [498] 오래 복용하면 몸이 가벼워지고 늙지 않는다.

神農本草 久服, 輕身不老.

7-7) 잣(해송자)

海松子

태평성혜방 [499] 7월에 잣을 딴다. 시기가 지나면 떨어져 버리므로 거두기 어렵다. 딱딱한 껍데기를 제거한 뒤 찧어서 고처럼 만든다. 계란크기로 매일 3번 먹는다. 먹은 지 100일이 되면 몸이 가볍고, 300일이 되면 하루 500리를 걷고 곡기를 끊게 되며, 오래 복용하면 신선이 된다. 갈증이 나면 물을 마신다. 또한 정련한 송지를 함께 복용해도 된다.

太平聖惠方 七月取松實, 過時卽落難收, 去木皮, 搗如膏. 每服如鷄子大, 日三服. 服及百日, 身輕; 三百日, 日行五百里, 絶穀, 久服昇仙. 渴則飮水. 亦可以鍊了松脂同服之.

비급천금요방 [500] 7월 7일에 잣을 따서 손질하고, 1방촌시씩 하루 3~4번 복용한다. 어떤 이는 0.3승을 복용한다고 한다. 만약 벽오동씨크기의 환으로 만들면 10환을 복용한다.

千金要方 七月七日采松子, 治服方寸匕日三四. 一云服三合. 若丸如梧子大, 服十丸.

---

497 《本草綱目》, 위와 같은 곳.
498 출전 확인 안 됨.
499 《本草綱目》 卷31 〈果部〉 "海松子", 1829쪽.
500 《備急千金要方》 卷27 〈養性〉 "服食法" 6 '飮松子方'(《孫思邈醫學全書》, 496쪽).

잣(《본초강목》)

| 본초강목 [501] 복식가가 쓰는 솔씨[松子]는 모두 조선의 해송자이다. 중국 솔씨는 작고 약하여 단지 약에 첨가할 뿐이다. 《열선전》에 "옥전(偓佺)[502]이 솔씨를 잘 먹었는데 체모(體毛)가 수 촌 길이가 되었고, 걸음걸이가 말이 달리는 듯이 빨랐다. 독자(犢子)[503]는 어려서 흑산(黑山)[504]에 있으면서 솔씨·복령을 먹고 수백 세를 살았다. 적송자(赤松子)[505]는 솔씨·천문동·석지(石脂)[506]를 잘 먹었는데, 빠진 이가 다시 생기고 | 本草綱目 服食家用松子, 皆海松子. 若中國松子, 肌細力薄, 只可入藥耳. 《列仙傳》"偓佺好食松實, 體毛數寸, 走及奔馬. 犢子少在黑山, 食松子、茯苓, 壽數百歲. 赤松子好食松實、天門冬、石脂, 齒落更生, |

501 《本草綱目》卷31〈果部〉"海松子", 1829쪽.

502 옥전(偓佺) : 중국 전설상의 신선. 중국의 괴산(槐山)에서 약을 캐는 약초꾼인데, 솔씨를 먹기 좋아하고 몸의 털이 수 촌이나 되며, 두 눈이 사각형이며, 달리는 말을 날아서 추월할 수 있었다고 한다. 솔씨 먹는 법을 요(堯) 임금에게 알려주었으나 요 임금이 그를 실행할 여가가 없었다고 한다.

503 독자(犢子) : 중국 전설상의 인물. 어릴 적에 흑산에 살면서 솔씨와 복령을 먹고 100세를 살았다고 한다.

504 흑산(黑山) : 중국 요녕성(遼寧省) 금주시(錦州市)에 있는 산.

505 적송자(赤松子) : 신농씨시대의 우사(雨師, 농업을 주관하는 지위)였다. 수옥(水玉, 수정)을 복용하고 불에 뛰어드는 법을 신농에게 가르쳤다. 종종 곤륜산 꼭대기에 올라가 서왕모(西王母, 곤류산에 사는 여신)의 석실 안에 머물렀다.

506 석지(石脂) : 규산염류 광물의 일종으로, 약재로 사용한다. 붉은 색의 석지는 적석지(赤石脂)라 한다. 지혈(止血) 작용 등의 약효가 있다.

빠진 머리도 다시 났다."라 했는데, 이 솔씨들은 모두 잣(해송자)을 가리킨다.

【안 잣은《만학지》에 자세히 보인다】[507]

髮落更出", 皆指此松子也.

【案 海松子詳見《晚學志》】

7-8) 호두(호도)

어약원방(御藥院方)[508][509] 호도환(胡桃丸) : 혈과 골수를 보익하고, 근골을 강건케 하며, 수명을 늘리고, 눈을 밝게 하며, 마음을 즐겁게 하고, 피부를 윤기 있게 하며, 온갖 병을 물리칠 수 있다. 호도씨 4냥을 찧어서 고를 만든 다음 파고지(破故紙)·두충(杜沖)·비해(草薢)[510]의 가루 각 4냥을 넣고 절구에 고루 찧어서 벽오동씨크기의 환을 만든다. 빈속에 따뜻한 술이나 소금 끓인 물로, 임의대로 50환을 복용한다.

식료본초[511] 일반적으로 호두를 먹을 때는 한꺼번에 먹지 말고 조금씩 먹어야 한다. 첫날엔 1개를 먹고 5일마다 1개씩 더하되, 20개가 되면 그쳤다가 거꾸로 처음 1개로 돌아간다. 늘 복용하면 밥을 잘 먹고, 뼈와 살이 매끈해지고 윤이 나며, 수염과 머리카락이 검고 광택이 나며, 모든 혈맥을 두루 적셔주므로, 여러 가지 오래된 치질을 구완한다.

胡桃

御藥院方 胡桃丸 : 益血補髓, 强筋壯骨, 延年明目, 悅心潤肌, 能除百病. 胡桃仁四兩擣膏, 入破故紙、杜沖、草薢末各四兩, 杵均丸梧子大. 每空心溫酒、鹽湯任下五十丸.

食療本草 凡服胡桃不得倂食, 須漸漸食之. 初日服一顆, 每五日加一顆, 至二十顆止, 周而復始. 常服, 令人能食, 骨肉細膩光潤, 鬚髮黑澤, 血脈通潤, 養一切老痔.

---

507 잣은……보인다 :《임원경제지 만학지》권2 〈과일류〉 "잣"에 있다.
508 어약원방(御藥院方) : 중국 원나라의 의학자 허국정(許國禎, ?~?)이 13세기 후반에 편찬한 본초서. 주로 궁중의 처방에 대한 자료가 수록되어 있다.《본초강목》및 세종 15년(1433)에 편찬된《향약집성방(鄕藥集成方)》에 그 내용 중 일부가 수록되어 있다.
509 《本草綱目》卷30 〈果部〉"胡桃", 1805쪽.
510 비해(草薢) : 마과의 여러해살이풀. 도코로마·백지(百枝)·백발계(白菝葜) 등의 이칭이 있다. 치질이나 부스럼을 치료하는 약효가 있다.
511 《本草綱目》卷30 〈果部〉"胡桃", 1805쪽.

호두(《본초강목》)

살구(《본초강목》)

7-9) 행인(杏仁, 살구속씨)

杏仁

도경본초 512 행인은 5월에 따서 씨껍질을 깨고 쌍인(雙仁)513은 제거한다. 이를 아침부터 쪘다가 정오경에 그친다. 바로 약한 불에 조금씩 말린 뒤 7일이 되어서야 거두어 저장한다. 아침마다 빈속에 삼킨다. 오래 복용하면 얼굴색을 젊게 하고 수명을 늘린다. 이것을 '하희법(夏姬法)'514이라 한다. 그러나 행인은 혈액을 넘치게 하므로 조금만 잘못하여도 결국 출혈이 멎지 않아 죽음에 이르기도 한다. 그러므로 요즘에는 복용하는 자가 적다.

圖經本草 杏仁五月采, 破核去雙仁者, 自朝蒸之至午而止. 便以慢火微[112]烘, 至七日乃收貯之. 每朝空腹噉之. 積久不止, 駐顏延年, 云是"夏姬法". 然杏仁使人血溢, 少誤必出血不已, 或至委頓. 故近人少有服者.

512《本草綱目》卷29〈果部〉"杏", 1731쪽.

513 쌍인(雙仁) : 씨가 2개 들어있는 열매. 양인(兩仁)이라고도 한다. 또는 "皮[껍질]"과 "尖[끝부분]"을 의미하는 것으로 추정된다.

514 하희법(夏姬法) : 하희(夏姬)는 중국 춘추시대 정(鄭)나라 목공(穆公, 재위 B.C. 628~B.C. 607)의 딸이며, 진(陳)나라 영공(靈公)과 음행(淫行)을 한 미녀이다. "하희는 득도하여 닭껍질 같던 피부가 3번이나 젊어졌다(夏姬得道, 雞皮三少)."는 진나라 속담이 전해졌던 것으로 보아, 하희법은 '피부가 젊어지는 비법'을 비유한 것으로 추정된다.

[112] 微 : 저본에는 "微蒸".《本草綱目·果部·杏》에 근거하여 삭제.

천금익방 [515] 행인수(杏仁酥)[516] : 온갖 병을 치료하며 여러 가지 풍증이나 허로, 냉증을 없애는 처방이다. 집에 심은 살구나무의 가행인(家杏仁)을 취하는데, 그 맛이 달다. 산에서 채취한 산행인(山杏仁) 쓰기를 특히 꺼린다. 산행인은 독성이 매우 강하여 사람에게 해롭다.

집에서 심은 살구나무의 가행인 1석(뾰족한 부분과 껍질을 없애고 온전한 것을 가려낸다. 만약 약간이라도 결함이 있으면 그 행인 전체를 못 쓴다)을 약한 불에 볶아 곱게 가루 낸다. 백주(白酒, 막걸리) 2석으로 행인을 갈아 즙을 1.5석 낸다. 이상의 약미를 꿀 10승으로 섞고, 고아서 매우 진하게 하여 우유처럼 되면 2석들이 단지 속에 넣고 저은 뒤 진흙으로 밀봉하여 기가 새지 않게 둔다.

30일이 지나 살펴보아서 술 위로 수(酥, 위로 뜬 기름)가 나왔으면 수를 취하여 자기 속에 넣고 봉한다. 술찌꺼기로는 배크기의 덩이를 만들어 빈방 안에 틀을 지워두면 엿에 절인 과자모양이 된다. 이것을 복용하면 곡기를 끊을 수 있다.

본초습유 [517] 행락(杏酪, 행인수)을 복용하면 오장을 적셔주고, 담수를 제거한다. 생것이나 익은 것 모두

千金翼方 杏仁酥：主萬病，除諸風、虛勞、冷方. 取家杏仁，其味甜. 特忌用山杏，山杏仁大毒害人也.

家杏仁一石（去尖皮兩仁者，揀完全者，若微有缺壞，一顆不得用），微火炒，作細末，取白酒二石，研杏仁，取汁一石五斗. 右一味以蜜一斗拌，煎極令濃，與乳 [113] 相似，內兩石甕中攪之，密封泥，勿令洩氣. 三十日看之，酒上酥出，接取酥，內瓷器中封之. 取其酒滓 團如梨大，置空屋中，作格安之，皆如飴餔 [114] 狀. 服之，令人斷穀.

本草拾遺 杏酪服之，潤五藏，去痰嗽. 生、熟喫俱可，

515 《千金翼方》卷12 〈養性〉 "養性服餌" 2 '杏仁酥'(《孫思邈醫學全書》, 723쪽).
516 행인수(杏仁酥) : 살구씨로 만든 술 위에 뜬 기름.
517 《本草綱目》卷29 〈果部〉 "杏", 1731~1732쪽.
[113] 乳 : 저본에는 "醴". 《千金翼方·養性·養性服餌》에 근거하여 수정.
[114] 餔 : 저본에는 "脯". 《千金翼方·養性·養性服餌》에 근거하여 수정.

먹을 수 있지만, 설익은 행인은 사람을 죽인다.　若半生半熟殺人.

본초강목 [518] 《야인한화(野人閒話)[519]》에 다음과 같이 말했다. "신사손(辛士遜)[520]의 꿈에 황고(皇姑)[521]가 나타나 이르길 '행인을 먹으면, 너는 총명해지고 늙어도 건장하며, 심력이 피곤해지지 않을 것이다.'라 했다. 그 처방을 구해보니, 행인 한 가지는, 세면하고 양치질이 끝날 때마다 7개를 입속에 넣어놓았다가, 한참 뒤 껍질을 제거하고 잘게 씹으면서 침을 고루 섞어 꿀꺽 삼킨다. 매일 먹어 1년이 되면 반드시 혈액을 새로 바꾸어 몸이 가볍고 건강해진다."[522]

양사영(楊士瀛)[523]의 《인재직지방론(仁齋直指方論)》에 다음과 같이 말했다. "물에 담근 행인 5개를 새벽에 단좌하여 1알씩 다 씹히도록 잘게 씹었다가 침을 잘 섞어 삼킨다. 오래도록 행하면 오장을 적셔주고, 몸 속의 노폐물을 없애고, 풍을 몰아내며, 눈을 밝게 한다. 또 간과 신이 풍에 상하고 허해져서 눈동자가 푸른색을 띠는 증상과 눈에 예장이 끼고 풍으로 인해서 가려운 병증을 치료한다."[524]

이시진의 안(按) : "행인은 성질이 뜨겁고 기운을

本草綱目 《野人閒話》云 : "辛士遜夢皇姑謂曰 : '可服杏仁, 令汝聰明, 老而健壯, 心力不倦.' 求其方, 則用杏仁一味, 每盥漱畢, 以七枚納口中, 良久脫去皮, 細嚼和津液頓嚥. 日日食之, 一年必換血, 令人輕健."

楊士瀛 《直指方》云 : "以水浸杏仁五枚, 五更端坐, 逐粒細嚼至盡, 和津吞下. 久則能潤五藏, 去塵滓, 驅風明目, 治肝腎風虛, 瞳人帶靑, 眼瞖膜風痒之病."

按 : "杏仁, 性熱降氣, 亦

---

518 《本草綱目》 卷29 〈果部〉 "杏", 1731쪽.

519 야인한화(野人閒話) : 중국 남북조시대 송(宋)나라의 문인 경환(景煥, ?~?)이 편찬한 소설집. 그 내용 중 일부가 《본초강목》에 전한다.

520 신사손(辛士遜) : ?~?. 중국 남북조시대의 문인으로 한림학사(翰林學士)를 지냈다.

521 황고(皇姑) : 중국 전설상의 선녀로, 의술에 밝았다고 한다.

522 신사손(辛士遜)의……건강해진다 : 출전 확인 안 됨.

523 양사영(楊士瀛) : ?~?. 13세기 중국 송나라의 의학자. 자는 등보(登父), 호는 인재(仁齋). 대표 저서로 《인재직지방론(仁齋直指方論)》이 있다.

524 물에……치료한다 : 출전 확인 안 됨.

내리므로 역시 오래 복용할 약은 아니다. 이것은 다만 씹고서 진액만을 삼켜 이전에 쌓인 노폐물을 해소하는 것만으로 충분하다."

非久服之藥. 此特其咀嚼吞納津液, 以消積穢則可耳."

7-10) 도교(桃膠, 복숭아나무수액)

桃膠

본초강목 [525] 복숭아나무가 무성할 때 칼로 나무껍질을 가르고 한참 지나면 아교[膠] 같은 수액이 흘러내린다. 이것을 거두어 뽕나무 태운 재를 끓인 물에 담가둔 뒤 햇볕에 말려 쓴다.

又 桃茂盛時, 以刀割樹皮, 久則膠溢出, 采收, 以桑灰湯浸過, 曝乾用.

포박자 [526] 도교는 상회즙(桑灰汁, 뽕나무잿물)에 담갔다가 먹는다. 온갖 병을 없애고 수 개월간 곡기를 끊을

抱朴子 桃膠以桑灰汁漬過服之. 除百病, 數月斷

복숭아《본초강목》

525《本草綱目》卷29〈果部〉"桃", 1750쪽.
526《本草綱目》卷29〈果部〉"桃", 1751쪽.

수 있다. 오래되면 그믐밤에도 몸이 달처럼 빛난다.

穀, 久則晦夜有光如月.

도경본초 [527] 선방에서 도교를 복용하는 법 : 도교 20근을 비단자루에 담아 상수리나무잿물 1석에 넣고 3~5번 끓인 뒤 꺼내어 높은 곳에 매단다. 이것이 마르면 다시 끓인다. 이렇게 3번을 한 다음 햇볕에 말리고 갈아 가루를 체로 걸러내고 꿀로 반죽하여 벽오동씨크기의 환을 만든다. 빈속에 20환씩 술과 함께 복용한다. 오래 복용하면 몸이 가볍고 늙지 않는다.

圖經本草 仙方服膠法 : 取膠二十斤絹袋盛, 於櫟木灰汁一石中, 煮三五沸, 取挂高處, 候乾再煮. 如此三度, 曝乾研篩, 蜜和丸梧子大. 每空腹酒服二十丸. 久服, 身輕不老.

8) 곡식 복용하는 방법

8-1) 멥쌀죽

의학입문 [528] 새벽에 일어나 죽을 먹으면 가슴을 트이게 하고, 위장의 기운을 기르며, 진액을 생성하여 하루를 상쾌하게 하니, 도움이 적지 않다. 만생종 멥쌀을 진하게 쑤되 흐물흐물해지도록 만들어 먹는다.

服穀方

粳米鬻

醫學入門 晨起食鬻, 利膈養胃, 生津液, 令一日淸爽, 所補不少. 晚粳米濃煮, 令爛食之.

진전 [529] 《황제내경》에 "정(精)이 부족한 자는 미(味)로 보한다."[530]라 했다. 그러나 '진하고 끈끈한 맛[醲鬱之味]'은 정을 생성할 수 없고 오직 '싱겁고 옅은 맛[恬憺之味]'이라야 정을 보할 수 있다.

眞詮 《內經》曰 : "精不足者, 補之以味." 然醲鬱之味不能生精, 惟恬憺之味乃能補精.

---

527 《本草綱目》, 위와 같은 곳.
528 《東醫寶鑑》〈內景篇〉卷1 "身形" '單方'(《原本 東醫寶鑑》, 80쪽).
529 《東醫寶鑑》〈內景篇〉卷1 "精" '補精以味'(《原本 東醫寶鑑》, 82~83쪽).
530 정(精)이……보한다 : 《黃帝內經素問》卷2〈陰陽應象大論〉第5(《黃帝內經素問集注》, 26쪽).

《홍범(洪範)531》에 맛을 논하길 "곡식이 단맛을 만든다[稼穡作甘]."532라 했다. 세상 만물 중에 유독 오곡만이 정미(正味)를 얻었으므로 곡미(穀味, 곡식)를 담백하게 먹으면 정을 가장 잘 기를 수 있다. 일반적으로 죽을 쑬 적에 그 가운데 두텁게 뭉치어 한 덩이를 이룬 부분이 있는데, 이것이 곧 쌀의 정화(精華)가 모인 것이다. 그것을 먹으면 정을 가장 잘 생성한다. 시험해 보니 효과가 있었다.

《洪範》論味曰："稼穡作甘." 世間之物, 惟五穀得味之正, 但能淡食穀味, 最能養精. 凡煮饙飯而中有厚汁滾作一團者, 此米之精液所聚也. 食之最能生精, 試之有效.

본초연의 533 멥쌀은 백미 늦벼[白晚米]가 제일이다. 오장을 화평하게 하고 혈기를 보익하니, 그 효과는 대체할 곡식이 없다. 하지만 설익은 쌀은 비장에 도움이 안 되니, 충분히 익혀야만 좋다.

本草衍義 粳以白晚米爲第一, 平和五藏, 補益血氣, 其功莫逮. 然稍生則復不益脾, 過熟乃佳.

8-2) 참깨

胡麻

포박자 534 상당(上黨)535에서 나는 참깨 30승을 깨끗이 일고 시루에 쪄서 김이 골고루 퍼지게 한다. 이를 햇볕에 말리고 물에 일어 거품을 걷어내고 다시 찐다. 이처럼 9번을 한 다음 끓는 물로 껍질을 제거하고 키질로 깨끗이 고른 뒤 향이 나도록 볶아서 가루 낸다. 이것을 꿀이나 대추고[棗膏]로 반죽하여 탄환크기의 환을 만든다. 하루 3번 따뜻한 술과 함께

抱朴子 用上黨胡麻三斗淘淨甑蒸, 令氣遍, 日乾以水淘去沫再蒸. 如此九度, 以湯脫去皮, 箕淨, 炒香爲末, 白蜜或棗膏丸彈子大. 每溫酒化下一丸, 日三服. 忌毒魚、狗肉、生菜.

531 홍범(洪範)：기자(箕子)가 주(周)나라 무왕(武王)에게 알려준, 세상을 다스리는 원리. 《서경(書經)》〈주서(周書)〉 "홍범(洪範)"에 수록되어 있다.
532 곡식이……만든다：《尙書正義》卷12〈洪範〉第6(《十三經注疏整理本》3, 357쪽).
533 《本草綱目》卷22〈穀部〉"粳", 1467쪽.
534 《本草綱目》卷22〈穀部〉"胡麻", 1438쪽.
535 상당(上黨)：중국 산서성(山西省) 동남부의 상당군(上黨郡) 일대.

1환을 복용한다. 독이 있는 물고기, 개고기, 생채소를 꺼린다.

　복용한 지 100일이 되면 모든 고질병을 없앨 수 있다. 1년이면 몸이며 얼굴에 광택이 있고 배고프지 않으며, 2년이면 도리어 백발이 검어지고, 3년이면 빠진 이가 새로 생기고, 4년이면 불이나 물조차도 그 사람을 해할 수 없으며, 5년이면 말처럼 빨리 걷는다. 더욱 오래 복용하면 장생한다. 만약 설사를 시키려면 아욱즙을 마신다.

비급천금요방 536 참깨 3승(황갈색 참깨를 제거한 것)을 30번 찐 다음 조금 볶아서 향이 나면 가루를 낸다. 여기에 꿀 3승을 넣고 절구에 100번 찧어 벽오동씨크기의 환을 만든다. 아침마다 50환씩 먹는다. 40살이 넘은 사람이 오래 복용하면 눈이 밝아 사물을 꿰뚫어 보고 내장이 근육처럼 부드러워진다.

명의별록 537 참깨를 찔 때 덜 익혀서 먹으면 머리카락이 빠진다. 그 성질이 복령과 서로 어울린다.

뇌공포자론 538 일반적으로 참깨를 손질할 적에 물에 일어 뜬 것은 가려낸다. 햇볕에 말려 술로 뒤섞어 찌는데, 사시(巳時, 오전 9~11시)에서 해시(亥時, 오후 9~11시)까지 찐다. 꺼낸 뒤에는 펼쳐서 햇볕에 말린다. 이

千金要方 胡麻三升(去黃褐者)蒸三十遍, 微炒香爲末. 入白蜜三升, 杵擣百下, 丸梧桐子大. 每朝服五十丸. 人過四十以上, 久服明目洞視, 腸柔如筋也.

名醫別錄 胡麻蒸不熟, 令人髮落. 其性, 與茯苓相宜.

雷公炮炙論 凡修事以水淘去浮者, 曬乾, 以酒拌蒸, 從巳至亥, 出攤曬乾. 臼中春去粗皮, 留薄皮. 以小豆

536《本草綱目》, 위와 같은 곳.
537《本草綱目》卷22〈穀部〉"胡麻", 1436쪽.
538《本草綱目》, 위와 같은 곳.

참깨(《본초강목》)

를 절구에 넣고 찧어 거친 껍질은 없애고 얇은 껍질은 남겨둔다. 팥을 이것의 짝으로 삼아 적당량 뒤섞은 뒤 함께 볶아, 팥이 익으면 팥은 제거하고 쓴다.

對拌, 同炒, 豆熟, 去豆用之.

본초강목 [539] 《오부경(五符經)[540]》에 거승환(巨勝丸, 참깨로 만든 환) 조가 있는데, 여기서 "이것을 복용하기를 쉬지 않으면 만물을 다 알아 신명과 통하며, 세상과 함께 영원히 산다."[541]라고 했다.

《참동계(蔘同契)[542]》에도 "참깨는 수명을 늘릴 수

本草綱目 《五符經》有巨勝丸, 云 : "服之不息[115], 可以知萬物, 通神明, 與世常存."

《蔘同契》亦云 : "巨勝可延

---

539 《本草綱目》卷22 〈穀部〉 "胡麻", 1437쪽.

540 오부경(五符經) : 도교의 대표 경전 중 하나. 중국 남북조시대에 편찬된 서적으로, 편찬자는 미상이다. 정식명칭은 《영보오부경(靈寶五符經)》이며, 《정통도장(正統道藏)》에는 《태상통현영보오부서(太上洞玄靈寶五符序)》로 수록되어 있다.

541 이것을……산다 : 《太上洞玄靈寶五符序》卷中 〈出外益體服食方〉(《中華道藏》4-7, 65쪽).

542 참동계(蔘同契) : 《주역참동계(周易蔘同契)》의 별칭. 중국 후한(後漢)시대의 도사 위백양(魏伯陽, 100~170)이 저술한 양생서. 도가의 심신수련 방법과 장생불로의 비결을 수록하고 있다.

[115] 息 : 저본에는 "食". 《本草綱目·穀部·胡麻》에 근거하여 수정.

있고 단(丹)을 되돌려 입안으로 들어가게 할 수 있다."[543]라 했다. 옛날에는 참깨를 선약이라 쳤지만 근세에는 쓰는 이가 드물다. 혹자는 참깨가 이런 신묘한 효험이 있는 게 아니라 단지 오래 복용하면 유익할 뿐이라고 한다.

유완(劉阮)[544]이 천태산(天台山)[545]에 들어갔다가 선녀를 만나 참깨밥을 먹었다. 역시 참깨에 쌀을 넣고 함께 밥을 지으면 선가의 식품이 된다.

年, 還丹入口中." 古以胡麻爲仙藥, 而近世罕用. 或者未必有此神驗, 但久服有益而已耶.

劉阮入天台, 遇仙女, 食胡麻飯. 亦以胡麻同米作飯, 爲仙家食品焉.

8-3) 흑대두(黑大豆, 검정콩)

약성본초 [546] 식후에 흑대두를 잘 닦아서 30알씩 삼키면 장생한다. 처음엔 몸이 무거운 듯하나 1년 이후에 곧 몸이 가벼움을 느낄 수 있다. 또 양도(陽道, 남자의 성기능)를 돕는다.

식물본초 [547] 도화(陶華)[548]는 흑두에다 소금을 넣고 끓여 먹었다고 한다. 이것은 신장을 보할 수 있다. 대개 콩은 신장의 곡식이라 모양이 신장과 닮았고 또 흑색이 신장과 통하는 데다가 소금으로 인경(引經)[549]을 하니[550] 묘한 이치가 있을 수밖에!

黑大豆

藥性本草 每食後磨拭吞三十粒, 令人長生. 初服時似身重, 一年以後, 便覺身輕, 又益陽道也.

食物本草 陶華以黑豆入鹽煮食云, 能補腎. 蓋豆乃腎之穀, 其形類腎, 而又黑色通腎, 引之以鹽, 所以妙也.

---

543 참깨는……있다:《周易蔘同契解》卷上〈上篇〉《中華道藏》16-8, 180쪽).
544 유완(劉阮):중국 동한(東漢) 말기의 인물인 유신(劉晨, ?~?)과 원조(阮肇, ?~?) 2사람을 통칭한다. 2사람은 천태산에 함께 들어가 신선술을 익혔다는 고사가 전해온다.
545 천태산(天台山):중국 절강성(浙江省) 천태현(天台縣) 북쪽에 있는 산. 예로부터 천하의 절경으로 알려져 있다. 해발 1,098m.
546《本草綱目》卷24〈穀部〉"大豆", 1501쪽.
547《本草綱目》, 위와 같은 곳.
548 도화(陶華):1369~1463. 중국 명나라의 의학자. 자는 상문(尙文), 호는 절암(節庵) 또는 절암도인(節庵道人).
549 인경(引經):해당하는 경락(經絡)으로 약의 기운을 끌어당겨 치료를 촉진하는 작용.
550 소금으로……하니:소금의 짠 맛이 신장에 속하기 때문에 다른 약미들을 이끌고 신장으로 들어가는 힘이 있다.

연년비록(延年秘錄) [551] [552] 대두를 먹으면 살과 피부를 길러주고, 안색을 좋게 하며, 골수를 메우고, 기력을 더하여 허를 보하며 입맛을 돋운다. 복용할 때 분량은 2첩을 넘기지 않는다. 대두 5승을 장 담그는 법처럼 노란 메주콩을 골라 찧어 가루 낸 뒤 돼지비계에서 추출한 고(膏)로 반죽하여 벽오동씨크기의 환을 만든다. 50~100환씩 따뜻한 술과 함께 복용한다. 신험을 보는 비방이다. 살찐 사람은 먹으면 안 된다.

【안】 혹자는 여두(稆豆, 쥐눈이콩)가 곧 복식가들이 말하는 '오두(烏豆)'라고 한다. 이제 본초서를 살펴보니, 여두(稆豆)는 곧 팥(소두) 중에서 검은 것일 뿐이다. 만약 선가에서 쓰는 오두가 대두 중 검고 단단

延年秘錄 服食大豆, 令人長肌膚, 益顔色, 塡骨髓, 加氣力, 補虛能食, 不過兩劑. 大豆五升, 如作醬法, 取黃擣末, 以豬肪煉膏, 和丸梧子大. 每服五十丸至百丸, 溫酒下. 神驗秘方也. 肥人不可食.

【案】 或以稆豆爲卽服食家所稱"烏豆", 今考本草, 稆豆卽小豆之黑者耳. 若仙家所用烏豆, 本大豆之烏

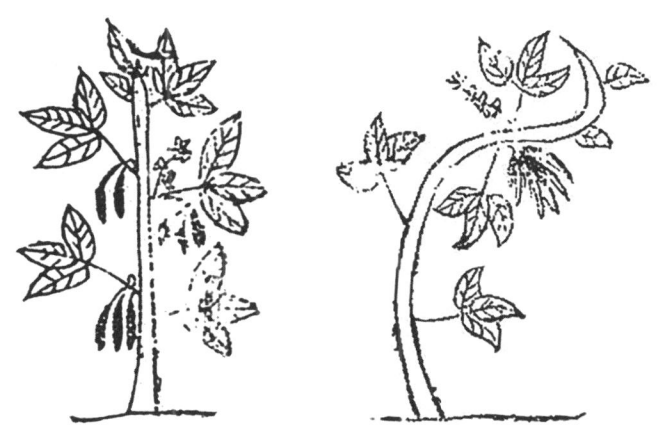

대두와 여두《본초강목》

---

551 연년비록(延年秘錄) : 중국 당나라 때 만들어진 의약서. 저자는 미상. 현재 책이 남아 있지 않으나, 그 내용 중 일부가 《본초강목》에 수록되어 있다.
552 《本草綱目》, 위와 같은 곳.

하며 작은 것이라면 애초에 '여두'라는 이름이 없었을 것이다.《정조지》에 자세히 보인다[553]】

9) 여러 가지 보약 처방[554]

9-1) 경옥고(瓊玉膏)

의학입문 [555] 정(精)을 메우고 골수를 보하며, 진기를 고르게 하고 본성을 길러주며, 노인을 어린아이로 만들고, 온갖 손상과 질병을 제거한다. 온갖 신기가 모두 풍족하여 오장에 가득 넘치며, 백발이 다시 검어지고 빠진 이가 새로 생기며, 걸음걸이가 달리는 말과 같이 빠르다. 하루에 몇 번 복용하면 종일 배고프거나 목마르지 않으니, 그 효능을 다 서술할 수가 없다.

1료(料, 1번 만든 약의 분량)를 5제(劑)로 나누어 복용하면 탄산(癱瘓)[556] 환자 5명을 구하고, 1료를 10제로 나누어 복용하면 노채(勞瘵, 폐결핵의 일종) 환자 10명을 구할 수 있다. 27년을 복용하면 360살을 살 수 있고, 64년을 복용하면 500살을 살 수 있다.

생지황 16근(찧고 짜서 즙을 낸 것), 인삼(곱게 간 것) 1.5근(24냥), 백복령(곱게 간 것) 3근(48냥), 꿀(졸여 찌꺼기를 제거한 것) 10근. 이상의 약미들을 고루 섞고 자기에 담아 기름종이 5겹, 두꺼운 베

553 정조지에……보인다 :《임원경제지 정조지》권1〈음식재료 요점 정리(식감촬요)〉'곡식' '흑대두(黑大豆)'에 있다.
554 보약 처방 : 몸을 보하고 진액을 생성시키는 약이(藥餌) 처방.
555《醫學入門》卷6〈雜病用藥賦〉"虛", 1087쪽 ;《東醫寶鑑》〈內景篇〉卷1 "身形" 養性延年藥餌(《原本 東醫寶鑑》, 78쪽).
556 탄산(癱瘓) : 몸이 마비되고 저린 증상.

滋補藥餌諸方

瓊玉膏

醫學入門 塡精補髓, 調眞養性, 返老還童, 去百損, 除百病. 萬神俱足, 五藏盈溢, 髮白復黑, 齒落更生, 行如奔馬, 日進數服, 終日不饑渴, 功效不可盡述.

一料分五劑, 可救癱瘓五人. 一料分十劑, 可救勞瘵十人. 若二十七歲服, 起壽可至三百六十. 若六十四歲服, 起壽可至五百年. 生地黃十六斤(擣絞取汁)、人蔘(細末)二十四兩、白茯苓(細末)四十八兩、白蜜(煉去滓)十斤. 右和均入磁缸

1겹으로 자기주둥이를 단단히 봉한다.

이것을 구리솥 안의 물속에 태반이 매달린 모양으로 두고 달아놓되 자기주둥이는 물 밖에 나오도록 한다. 상시화(桑柴火)[557]로 3일 밤낮을 끓이되 솥의 물이 줄어들면 더운물을 더 부어준다. 날짜가 차면 꺼내어 납지(蠟紙)[558]로 자기주둥이를 한 번 더 꽁꽁 봉하고 우물 속에 넣어 하루 밤낮을 담가둔다. 꺼내서 이전의 탕 속에 다시 넣고 하루 밤낮을 더 끓인 뒤 물기를 제거하고서야 꺼낸다.

먼저 조금 떠서 천지신명(天地神明)에 고수레를 한 뒤에 한두 술을 따뜻한 술에 타서 복용한다. 술을 못 마시면 끓인 물에 탄다. 하루 2~3번 먹는다.

더운 여름엔 서늘한 곳에 두거나 물속에 보관하거나 또는 땅속에 묻어둔다. 개나 닭소리가 들리지 않으면서 그윽하고 조용한 곳이어야 하고, 부인이나 상복(喪服) 입은 자가 보지 않아야 한다. 제조할 때에는 내내 철기를 만지지 말라. 복약 시에는 파·마늘·무·식초 등의 음식물을 금한다.

위생방 [559] 생지황 8근, 인삼 2근(32냥), 백복령 1.5근(24냥), 꿀 5근.

內、以油紙五重、厚布一重、緊封缸口.

置銅鍋內水中懸胎, 令缸口出水上. 以桑柴火煮三晝夜, 如鍋內水減, 則用煖水添之. 日滿取出, 再用蠟紙緊封缸口, 納井中浸一晝夜. 取出再入舊湯內, 煮一晝夜, 以去水氣乃取出.

先以少許祭天地神祇, 然後每取一二匙溫酒調服. 不飮酒白湯下, 日進二三服.

如遇夏熱, 置陰涼處, 或藏水中, 或埋地中. 須於不聞鷄犬聲幽淨處, 不令婦人、喪服人見之. 製時終始, 勿犯鐵器. 服時忌食葱、蒜、蘿葍、醋酸等物.

衛生方 生地黃八斤、人蔘三十二兩、白茯苓二十四兩、白蜜五斤.

---

557 상시화(桑柴火) : 뽕나무 땔감으로 지핀 불.
558 납지(蠟紙) : 꿀벌집을 끓여 짜낸 기름인 밀을 먹인 종이.
559 《東醫寶鑑》, 위와 같은 곳.

태평성혜방 560 영락(永樂)561 연간 중 태의원(太醫院, 궁중 의원) 회의에서는 천문동·백문동·지골피 각 0.5근(8냥)을 더하여 황제에게 올렸다. 그러자 황제가 '익수영진고(益壽永眞膏)562'란 이름을 이 약에 대해 하사했다.	太平聖惠方 永樂中太醫院會議, 加天門冬、麥門冬、地骨皮各八兩, 進御. 賜號 "益壽永眞膏".
구선방 563 위의 처방에 호박·침향 0.5냥을 더한다. 【안 고렴(高濂)의 《준생팔전·복식방》에서는 "인삼은 반드시 신라삼(新羅蔘, 조선삼)을 써야 한다."564라 했다】	瞿仙方 加琥珀、沈香半兩. 【案 高濂《服食方》云: "人蔘, 須用新羅蔘."】

9-2) 구전(九轉) 장생(長生) 신정옥액고(神鼎玉液膏)

九轉長生神鼎玉液膏

복식방 565 ① 1전(轉)566 : 백출은 기의 성질이 유순하면서 보하는 작용이 있다. 2근을 쓴다. 가을과 겨울에 채취하여 거친 껍질을 제거한다. 적출은 창출이다. 이것은 성질이 굳세고 발산하는 작용이 있다. 16냥을 쓴다. 위의 약재와 같은 방법으로 손질한다.	服食方 白朮氣性柔順而補. 每用二斤, 秋冬采之, 去麤皮. 赤朮, 卽蒼朮也. 性剛雄而發, 每用十六兩, 同上製.
2가지 약재(백출과 창출)를 나무절구나 돌절구에다 찧고 항아리에 넣어 천리수(千里水)567로 하루 밤낮을 담근다. 천리수 대신 산의 샘물도 좋다. 그다음 이	二藥, 用木石臼擣碎, 入缸中, 用千里水浸一日夜, 山泉亦好, 次入砂鍋, 煎汁一

---

560 출전 확인 안 됨 ;《本草綱目》卷16〈草部〉 "地黃", 1022~1023쪽.

561 영락(永樂) : 중국 명나라 성조(成祖)의 연호(1403~1424).

562 익수영진고(益壽永眞膏) : 수명을 늘리고 진기를 오래가게 한다는 의미의 약명.

563 출전 확인 안 됨.

564 중 인삼은……한다 :《遵生八牋》卷13〈飮饌服食牋〉下 "鉄甕先生瓊玉膏"(《遵生八牋校注》, 490쪽) 처방에는 신라삼 1.5근(24냥)을 쓴다고 기록되어 있다.

565《遵生八牋》卷13〈飮饌服食牋〉下 "九轉長生神鼎玉液膏"(《遵生八牋校注》, 487쪽).

566 1전(轉) : 원문에는 없는 말이나 내용의 구별이 용이하도록 추가했다. '전(轉)'은 추가한다는 뜻이다.

567 천리수(千里水) : 먼 곳에서 흘러내려온 깨끗한 강물.

를 사기그릇에 넣고 즙을 1번 달여 거두었다가 다시 1번 달인 다음 명주로 찌꺼기를 걸러 맑은 즙을 낸 뒤 찌꺼기는 버리고 그 즙을 상시화로 천천히 때서 고으면 고가 된다. 이 고를 자기에 담아 잘 봉한 뒤 땅속에 1~2일 묻어두어 화기를 내보낸다.

천덕일(天德日)[568]에 0.3냥을 1번 복용하되, 끓인 물에 타서 넘기거나 머금어 삼켜도 모두 좋다. 오래 복용하면 몸이 가볍고 수명을 늘리며 안색이 좋아진다. 복숭아·오얏·새조개·해산물 등의 음식은 금한다. 이 약방에는 약재를 더 추가하는 방법이 있으니, 이를 '구전(九轉)'이라 한다.

② 2전 : 인삼 3냥을 더하되, 진하게 달이고 2번 고아서 앞의 고 속에 넣는다. 이름을 '장생신지고(長生神芝膏)'라 한다.

③ 3전 : 황정 1근을 더하되, 달이고 고아서 앞의 고 속에 넣는다. 이름을 '삼태익산고(三台益算膏)'라 한다.

④ 4전 : 복령·원지(심을 제거한 것) 각 8냥 더하되, 고아서 앞의 고 속에 넣는다. 이름을 '사선구지고(四仙求志膏)'라 한다.

⑤ 5전 : 당귀 8냥을 더하되, 술로 씻고 고아서 앞의 고와 섞는다. 이름을 '오로조원고(五老朝元膏)'라 한다.

⑥ 6전 : 녹용과 미용(麋茸, 큰사슴뿔) 각 3냥을 더하되, 갈아서 가루 낸 뒤 고아서 앞의 고 속에 넣는

次收起, 再煎一次, 絹濾渣淨, 去渣, 將汁用桑柴火, 緩緩煉之, 熬成膏. 磁罐盛貯封好, 入土埋一二日, 出火氣.

用天德日服三錢一次, 白湯調下, 或含化俱可. 久服, 輕身延年, 悅澤顏色. 忌食桃、李、雀蛤、海味等食. 更有加法. 名曰"九轉".

二轉 : 加人蔘三兩, 煎濃汁二次熬膏, 入前膏內. 名曰"長生神芝膏".

三轉 : 加黃精一斤, 煎汁熬膏, 入前膏內. 名曰"三台益算膏".

四轉 : 加茯苓、遠志(去心)各八兩, 熬膏, 入前膏內. 名曰"四仙求志膏".

五轉 : 加當歸八兩, 酒洗, 熬膏, 和前膏內. 名曰"五老朝元膏".

六轉 : 加鹿茸、麋茸各三兩, 研爲末, 熬膏. 入前膏

다. 이름을 '육룡어천고(六龍御天膏)'라 한다.

⑦ 7전 : 호박(홍색이 피와 같은 것을 밥 위에 찌고 곱게 가루낸 것) 1냥을 더하되, 앞의 고에 섞는다. 이름을 '칠원귀진고(七元歸眞膏)'라 한다.

⑧ 8전 : 산조인(酸棗仁)569(씨를 제거하여 깨끗한 살) 8냥을 더하되, 고아서 앞의 고에 섞는다. 이름을 '팔선위호고(八仙衛護膏)'라 한다.

⑨ 9전 : 백자인 4냥을 더하되, 진흙처럼 질게 갈아서 앞의 고에 넣는다. 이름을 '구룡부수단(九龍扶壽丹)'이라 한다.

마지막 단약을 만들 때까지 9번의 가법을 쓴 이유는 사람의 병에 따라 가감하기 때문이다. 또한 한꺼번에 고를 만들면 화기가 약미에 온전히 도달치 않아서 바로 추출되는 약미와 쉽게 추출되지 않는 약미가 생길까봐 그리하였다. 그러므로 이처럼 옛 성인이 처방을 만든 데는 반드시 오묘한 도가 있는 것이다.

9-3) 팔괘약방(八卦藥方)

보생월록(保生月錄) 570 571 옛날 소거사(巢居士)572가 동해(東海)의 청동군(靑童君)573을 섬겼는데, 어려움을

內. 名曰 "六龍御天膏".

七轉 : 加琥珀(紅色如血者, 飯上蒸一炊, 爲細末) 一兩, 和前膏內. 名曰 "七元歸眞膏".

八轉 : 加酸棗仁(去核淨肉) 八兩, 熬膏, 和前膏內. 名曰 "八仙衛護膏".

九轉 : 加柏子仁四兩, 硏如泥, 入前膏內. 名曰 "九龍扶壽丹".

丹用九法加入, 因人之病而加損故耳. 又恐一幷煉膏, 有火候不到, 藥味有卽出者, 有不易出者. 故古聖立方, 必有妙道.

八卦藥方

保生月錄 昔巢居士事東海靑童君, 苦心屈節奉師, 潯

569 산조인(酸棗仁) : 중국 하남성(河南省) 산조현(酸棗縣)에서 자라는 산대추나무의 열매.

570 보생월록(保生月錄) : 중국 송나라의 문인 위행규(韋行規, ?~?)가 편찬한 서적. 양생과 섭생에 대한 글이 수록되어 있다.

571《遵生八牋》卷3〈四時調攝牋〉春 "太上肘後玉經八方"《遵生八牋校注》, 67쪽).

572 소거사(巢居士) : 미상.

573 청동군(靑童君) : 미상.

견디고 정성을 다하여 스승 섬기기를 무더운 여름이나 추운 겨울에나 게으르지 않아 20년 가까이 지속했다. 그러자 드디어 청동군이 팔괘약방을 구두로 전수하면서 팔절(八節)574에 맞게 약을 복용하여 8괘에 응하도록 했다.

사람이 학처럼 하늘을 날며 건곤(乾坤) 간에 둥실둥실 노닐 수 없을진대, 희고 맑은 기운을 지켜 안색에 변함이 없이 천수를 다하려면 이 약을 먹어야 한다. 신선의 비밀을 가벼이 누설할 수 없는 것이지만 오래 복용하면 반드시 신선에 오를 수 있으리라.

① 간괘(艮卦, ☶)575 동북(東北) 왕군하거방(王君河車方)576

자하거 1구(첫아기가 태어난 뒤 나오는 두터운 태반이 이것이다. 피와 근육을 빼고 수십 번 씻고 술로 씻은 다음 그늘에 말린 것이라야 비로소 약에 넣어 쓸 수 있다), 생지황 8냥, 우슬 4냥, 오미자 3냥, 복분자 4냥, 파극 2냥, 가려륵(訶黎勒)577 3냥, 고자화(鼓子花)578 2냥, 고탐(苦耽)579 2냥, 택사 3냥, 감국화 3냥, 창포 3냥, 건칠 3냥(누렇게 볶은 것), 백자인 3냥, 백복령 3냥, 황정 2냥, 종용 2냥, 석곡 2냥,

暑沍寒, 無懈無怠, 近二十年, 乃口授八方, 使八節制服, 以應八卦.

若人未能跨鶴登霄, 優遊于乾坤之內, 守顥116然之氣, 容色不改, 壽滿百年, 須服此藥. 神仙秘妙, 不可輕泄, 能久服, 必登上仙.

艮卦東北王君河車方

紫河車一具(首生併壯盛胞衣是也. 挑血筋, 洗數十遍, 仍以酒洗陰乾者, 始可和藥)、生地黃八兩、牛膝四兩、五味子三兩、覆盆子四兩、巴戟二兩、訶黎勒三兩、鼓子花二兩、苦耽二兩、澤瀉三兩、甘菊花

574 팔절(八節) : 입춘·춘분·입하·하지·입추·추분·입동·동지의 여덟 절후.

575 간괘(艮卦) : 주역 8괘 중 하나로, 팔괘방위지도(八卦方位之圖)에 의하면 동북방에 위치한다. 절기로는 입동(立冬)에 해당한다.

576 《遵生八牋》卷3〈四時調攝牋〉春 "太上肘後玉經八方" '艮卦東北 王君河車方'(《遵生八牋校注》, 67~68쪽).

577 가려륵(訶黎勒) : 사군자과의 낙엽 교목인 가자(訶子)나무 열매.

578 고자화(鼓子花) : 메꽃과의 여러해살이 덩굴풀. 우리말로는 메꽃이라고 한다.

579 고탐(苦耽) : 가지과의 여러해살이풀. 우리말로는 꽈리라고 한다.

116 顥 : 저본에는 "灝".《遵生八牋·四時調攝牋·太上肘後玉經八方》에 근거하여 수정.

원지 2냥, 행인 4냥(누렇게 볶고 껍질과 뾰족한 부분을 제거한 것), 참깨 4냥.

이상 21종의 약미들을 모두 찧어서 가루 내고 졸인 꿀로 반죽하여 벽오동씨크기의 환을 만든다. 술 또는 소금 끓인 물로 복용한다. 이렇게 3료(料)를 복용하면 얼굴이 처녀와 같아진다.

옛날 왕선군(王仙君)[580]은 소림자(蘇林子)[581]와 피를 마시는 맹약을 하고 태상지과(太上之科, 도교의 계율)를 다시는 어기지 않았다고 한다.

어떤 처방에 운영석 3냥이 있었는데, 지금은 쓰지 않는다. 또 세상일을 많이 하려는 사람들은 여기에 파극 1냥을 보탠다. 여자에게는 파극과 육종용은 쓰지 않는다.

② 진괘(震卦, ☳)[582] 정동(正東) 청정선생순미반방(靑精先生橉米飯方)[583]

백량미(흰 좁쌀) 1석(10두)을 남촉즙(南燭汁)[584]에 담갔다가 9증9포하면 백량미 30승 이상을 얻을 수 있

三兩、菖蒲三兩、乾漆三兩(炒黃)、柏子仁三兩、白茯苓三兩、黃精二兩、蓯蓉二兩、石斛二兩、遠志二兩、杏仁四兩(炒黃去皮尖)、苣勝子四兩.

右共擣爲末, 煉蜜丸如桐子大. 酒下或鹽湯下. 服三料, 顏如處子.

昔王仙君傳, 與蘇林子, 立盟歃血, 不再違太上之科.

一方, 有雲英石三兩, 今不用. 又欲多世事人, 加巴戟一兩. 女人不用巴戟、蓯蓉.

震卦正東靑精先生橉米飯方

白粱米一石, 南燭汁浸, 九蒸九曝, 可有三斗已上. 每

---

580 왕선군(王仙君) : ?~?. 중국 당나라의 도사. 어려서 숭산(嵩山)에 입산하여 도를 수련하였고, 세상과 절연했다고 한다.
581 소림자(蘇林子) : 미상.
582 진괘(震卦) : 주역 8괘 중 하나로, 팔괘방위지도에 의하면 동방에 위치한다. 절기로는 입춘(立春)에 해당한다.
583 《遵生八牋》 卷3 〈四時調攝牋〉 春 "太上肘後玉經八方" '震卦正東 靑精先生蘥米飯方'(《遵生八牋校注》, 68쪽).
584 남촉즙(南燭汁) : 남촉이라는 관목을 달인 물.

다. 매일 밥 1술씩 먹는데, 1개월 후엔 0.5술, 2달 후엔 1/3술을 먹는다. 다 먹으면 풍한이 침투하지 못하고, 수염과 두발이 푸른 실과 같고 얼굴이 빙옥과 같다.

日服一匙飯, 過一月後, 服半匙, 兩月後, 服三分之一. 盡一劑則風寒不能侵, 鬚髮如靑絲, 顔如氷玉.

③ 손괘(巽卦, ☴)[585] 동남(東南) 귀대왕모사동산방(龜臺王母四童散方)[586]

巽卦東南龜臺王母四童散[117]方

진사(眞砂, 주사) 4냥, 참깨 4냥(9증9포하고 약간 누렇게 볶은 것), 천문동 4냥(심을 제거한 것), 백복령 6냥, 적복령 6냥, 황정 6냥, 도인 4냥(뾰족한 부분을 제거한 것). 이상의 약미를 합하여 가루낸 뒤 졸인 꿀로 반죽하여 환을 만드는데, 찧기를 만 번 정도 한다.

眞砂四兩、胡麻四兩(九蒸九曝, 炒微黃)、天門冬四兩(去心)、白茯苓六兩、赤茯苓六兩、黃精六兩、桃仁四兩(去尖). 右合爲末, 煉蜜爲丸, 擣萬餘下.

여름엔 환으로 복용하고 다른 때엔 산(散)으로 복용한다. 8년 복용하면 얼굴이 애기 같고, 피부가 굳은 기름[凝脂]같이 희다. 환을 만들 적엔 벽오동씨크기로 한다. 20알씩 복용한다.

夏月丸服, 餘月散服. 服之八年, 顔如嬰童, 肌如凝脂. 其作丸者, 如桐子大, 每服二十丸.

④ 리괘(離卦, ☲)[587] 정남(正南) 팽군미각분방(彭君麋角粉方)[588]

離卦正南彭君麋角粉方

미(麋, 큰 사슴)는 사슴 중에 큰 것으로 뿔이 아(丫)자 모양으로 교차되고 가지런하지 않으며 희기가 상

麋, 鹿之大者, 角丫叉不齊, 白如象牙, 出水澤中, 非山

---

585 손괘(巽卦) : 주역 8괘 중 하나로, 팔괘방위지도에 의하면 동남방에 위치한다. 절기로는 입추(立秋)에 해당한다.

586 《遵生八牋》卷4〈四時調攝牋〉夏 "太上用後玉經八方" '巽卦東南 龜臺王母四童散方'(《遵生八牋校注》, 108~109쪽).

587 리괘(離卦) : 주역 8괘 중 하나로, 팔괘방위지도에 의하면 남방에 위치한다. 절기로는 춘분(春分)에 해당한다.

588 《遵生八牋》卷4〈四時調攝牋〉夏 "太上用後玉經八方" '離卦正南 彭君麋角粉方'(《遵生八牋校注》, 109쪽).

[117] 散 : 저본에는 없음. 《遵生八牋·四時調攝牋·太上用後玉經八方》에 근거하여 보충.

아 같은데, 물가에서 나오니 산짐승이 아니다. 큰 것은 20근이다. 일부는 해변에서 산다.

뿔[麋角]을 쓸 때마다 1~2구를 촌 단위로 잘라서 속의 검은 피와 좋지 않은 색깔이 있는 부위를 제거한다. 이어 쌀뜨물에 담가두는데, 여름에 3일 겨울에는 10일에 1번 쌀뜨물을 바꿔주면서 약 1개월 이상 담근다. 뿔이 연해졌다 싶으면 꺼내어 시루에 넣고 상백피로 덮어서 찐다. 찐 토란처럼 흐물흐물해지면 햇볕에 말렸다가 가루 낸 뒤, 불기운을 머금은 유황 1냥을 넣는다. 술에 타서 0.3냥씩을 1번에 복용한다.

이 처방으로 팽조(彭祖)가 먹고서 장수하고 신선이 되었다. 어떤 이가 곡명산(鵠鳴山)[589] 석굴에서 돌에 새겨진 처방을 얻었는데, 이 처방과 같았다.

⑤ 곤괘(坤卦, ☷)[590] 서남(西南) 풍후사선산(風后四扇散)[591]

오령지(五靈脂)[592] 3냥, 선령피(仙靈皮, 삼지구엽초) 3냥, 송지 2냥, 택사 2냥, 백출 2냥, 말린생강 2냥, 생지황 5냥, 석창포 3냥, 계피 2냥, 운모가루 3냥. 이상의 약미를 법에 따라 씻고 1만 번을 찧은 뒤 졸

獸也. 大者二十斤, 一副生海邊.

每用麋角, 取用一兩具, 解爲寸段, 去心中黑血、色惡物. 用米泔浸之, 夏三日, 冬十日, 一換泔浸, 約一月已上, 似欲輭卽取出, 入甑中蒸之, 覆以桑白皮, 候爛如蒸芋, 曬乾, 粉之, 入伏火硫黃一兩, 以酒調三錢一服.

此方彭祖服之, 得壽成仙. 有人于鵠鳴山石洞中, 得石刻方, 與此同也.

坤卦西南風后四扇散

五靈脂三兩、仙靈皮三兩、松脂二兩、澤瀉二兩、白朮二兩、乾薑二兩、生地黃五兩、石菖蒲三兩、桂皮二兩、

---

589 곡명산(鵠鳴山) : 중국 사천성 숭경현(崇慶縣) 서북쪽의 산. 학명산(鶴鳴山)이라고도 한다. 《삼국지(三國志)》〈위지(魏志)〉 "장로전(張魯傳)"에 장로가 곡명산에 들어가 도를 배웠는데, 도서를 만들고 백성을 미혹하게 하였고 따르는 자들에게 오두미(五斗米)를 내게 하였기 때문에 세상에서는 그 집단을 '오두미교'라고 불렀다고 했다.

590 곤괘(坤卦) : 주역 8괘 중 하나로, 팔괘방위지도에 의하면 서남방에 위치한다. 절기로는 동지(冬至)에 해당한다.

591 《遵生八牋》卷4〈四時調攝牋〉 秋 "太上肘玉經八方" '坤卦西南 風後四扇散'(《遵生八牋校注》, 155쪽).

592 오령지(五靈脂) : 날다람쥐의 마른 분변(糞便). 어혈(瘀血)을 없애는 효능이 있다.

인 꿀로 반죽하여 벽오동씨크기의 환을 만든다. 하루 30~40환씩 복용한다.

雲母粉三兩. 右如法擣洗一萬杵, 煉密爲丸桐子大, 日服三四十丸.

⑥ 태괘(兌卦, ☱)[593] 정서(正西) 하희행금단(夏姬杏金丹)[594]

兌卦正西夏姬杏金丹

행인 60승은, 물을 끓여 3~4번 넘치게 한 다음 행인을 넣어 손이나 절구로 으깨고 비벼 껍질을 제거한다. 반나절을 세게 끓이고 걸러서 그릇에 부어 씨는 버리고 맑은 즙을 약간 얻는다. 철솥에 겻불을 지피고 양기름 4근으로 솥 안을 계속 문지른다. 4근의 기름이 다할 때까지 문지르고 멈춘다. 솥 안에 행인을 넣고 졸이되 겻불을 조금씩 지펴 끓이지 않게 한다. 이렇게 3~4일이면 약이 되는데, 금광오채(金光五彩, 금빛이 나고 오색찬란함)와 같다. 복용할 때마다 1~2술씩 먹는다. 오래 복용하면 노인이 젊어지고 안색이 좋아진다. 하희(夏姬)[595]가 이것을 먹고 신선이 되었다.

【안】 행인은 성질이 뜨거워 오래 복용할 것이 못된다. 이런 설이 이미 앞에도 나왔다】

杏子六斗, 煮水滾三四沸, 放下杏子, 以手或棍槌摩, 令皮去, 大煮半晌, 漉起放盆中, 去核, 淸汁得若干. 取鐵鍋放糠火上, 以羊脂油四斤擦入釜中, 擦之不已, 盡此四觔脂爲止. 下杏釜中熬之, 糠火細細不斷, 三四日藥成, 如金光五彩, 每服一二匙. 久服, 變老成少, 顔色美好. 夏姬服之上昇.

【案】杏仁性熱, 不可久服. 說已見前】

⑦ 건괘(乾卦, ☰)[596] 서북(西北) 천지부모칠정산(天地

乾卦西北天地父母七情散

593 태괘(兌卦) : 주역 8괘 중 하나로, 팔괘방위지도에 의하면 서방에 위치한다. 절기로는 입하(入夏)에 해당한다.

594 《遵生八牋》卷4〈四時調攝牋〉秋 "太上肘玉經八方" '兌卦正西 夏姬杏金丹'(《遵生八牋校注》, 155쪽).

595 하희(夏姬) : 중국 춘추시대 정(鄭)나라 목공(穆公, 재위 B.C. 628~B.C. 607)의 딸. 매우 아름답고 요염한 미인이었다고 한다. 행인을 복용하여 얼굴색을 젊게 하고 수명을 늘리는 것을 '하희법(夏姬法)'이라고도 한다. 그 내용이 7-9) 행인 조에 보인다.(p.340 하희법 주석 내용 연관)

596 건괘(乾卦) : 주역 8괘 중 하나로, 팔괘방위지도에 의하면 서북방에 위치한다. 절기로는 하지(夏至)에 해당한다.

父母七情散)[597]

죽실(竹實, 참대열매) 3냥(9증9포한 것), 지부자(地膚
子, 댑싸리) 4냥, 황정 4냥, 만청자 3냥(9증9포한 것),
송지 3냥(정련하여 익힌 것), 도교 4냥, 참깨 5냥(9
증9포한 것). 이상의 약미를 가루 낸 뒤 졸인 꿀로
반죽하여 환을 만든다. 20~30환씩 먹으면 그 효과
가 빼어나서 이루 말할 수 없다.

⑧감괘(坎卦, ☵)[598] 정북(正北) 남악진인적송자구기
전환(南嶽眞人赤松子枸杞煎丸)[599]

구기자나무뿌리 30근의 껍질(지골피)은 9증9포
하여 찧고 가루 낸 뒤, 껍질을 뺀 근골(根骨)은 맑
은 물로 달이는데, 더운물을 첨가하면서 끓인다.
이어서 찌꺼기를 버리고 고아서 고를 만든 뒤 앞의
가루와 함께 섞어 벽오동나무씨크기의 환을 만든
다. 30~50환씩 복용하면 셀 수 없을 만큼 수명을
늘린다.

9-4) 삼정환(三精丸, 하늘·땅·사람의 정을 모은 환약)

[의학입문][600] 창출[하늘의 정(精)], 지골피(땅의 정)

竹實三兩(九蒸九曝)、地膚
子四兩、黃精四兩、蔓菁子
三兩(九蒸九曝)、松脂三兩
(煉令熟)、桃膠四兩、苣勝
五兩(九蒸九曝). 右爲末,
煉密爲丸, 每服二三十丸,
妙不可述.

坎卦正北南嶽眞人赤松子
枸杞煎丸

枸杞根三十觔取皮, 九蒸
九曝, 擣爲粉, 取根骨淸水
煎之, 添湯煮, 去渣, 熬成
膏, 和粉爲丸桐子大. 每服
三五十丸, 壽增無算.

三精丸

[醫學入門] 倉朮(天之精)、

597《遵生八牋》卷4〈四時調攝牋〉冬"太上肘後玉經八方"'幹卦西北 天地父母七精散'(《遵生八牋校注》,
　　185쪽).
598 감괘(坎卦) : 주역 8괘 중 하나로, 팔괘방위지도에 의하면 북방에 위치한다. 절기로는 추분(秋分)에 해당한다.
599《遵生八牋》卷4〈四時調攝牋〉冬"太上肘後玉經八方"'坎卦正北 南嶽眞人赤松子枸杞煎丸'(《遵生八牋
　　校注》, 185~186쪽).
600《東醫寶鑑》〈內景篇〉卷1"身形"'養性延年藥餌'(《原本 東醫寶鑑》, 78쪽);《醫學入門》卷7〈雜病用藥
　　賦〉"三精丸", 1016쪽.

깨끗한 가루 각각 1근, 검은 오디(사람의 정) 20근을 으깨어 비단주머니에 넣고 짜서 즙을 내고 찌끼를 버린다. 앞의 두 약가루를 오디즙 속에 넣고 골고루 섞은 뒤, 옹기그릇에 넣고 주둥이를 밀봉하여 시렁 위에 올려둔다. 이렇게 하여 낮에는 일정(日精), 밤에는 월화(月華)를 빨아들이도록 하여 다만 자연히 달여지고 마르기를 기다린다. 그제야 이것을 가루 낸 다음 꿀로 반죽하여 팥알크기의 환을 만든다. 10환씩 술이나 끓인 물과 함께 임의로 넘긴다. 오래 복용하면 몸이 가벼워지고 수명이 늘어나며 얼굴은 아기처럼 보인다.

9-5) 각로칠정산(却老七精散, 7가지 정을 모아 노화를 물리치는 산약)

고렴 복식방 [601] 복령(하늘의 정) 3냥, 지황꽃(땅의 정)·상기생(나무의 정) 각 2냥, 국화(달의 정) 1.03냥, 죽실(해의 정)·지부자(별의 정)·차전자(우뢰의 정) 각 1.03냥. 이상의 7가지 약미는 위로 일월성신에 응하므로 약을 제조하려는 사람은 사계절의 왕상일(旺相日)[602]에 먼저 9일간 목욕재계한 다음 따로 정실(靜室)에서 향을 피우고 이 약들을 수합(修合)하여 찧고 쳐서 고운 가루를 만든다.

地骨皮(地之精)各淨末一斤, 黑桑椹(人之精)取二十斤, 揉爛, 入絹袋內, 絞取汁去滓. 將兩藥末投汁內調均, 入罐內密封口, 閣於棚上. 晝採日精, 夜採月華, 直待自然煎乾, 方取爲末, 蜜丸小豆大. 每十丸酒湯任下. 久服, 輕身延年益壽, 面如童子.

却老七精散

高濂 服食方 茯苓(天之精)三兩、地黃花(地之精)·桑寄生(木之精)各二兩、菊花(月之精)一兩三分、竹實(日之精)·地膚子(星之精)·車前子(雷之精)各一兩三分. 右七種上應日月星辰, 欲合藥者, 以四時旺相日, 先齋戒九日, 別於靜室內焚香, 修合擣羅爲細散.

---

601 《遵生八牋》卷13〈飮饌服食牋〉下 "却老七精散方"(《遵生八牋校注》, 499쪽).
602 왕상일(旺相日) : 오행의 기가 왕성한 날.

매번 3방촌시씩 정화수에 타서 얼굴은 해를 향하여 복용한다. 양일(陽日, 홀수날)엔 1번 복용하고, 음일(陰日, 짝수날)엔 2번 복용하여야 한다. 이렇게 49일을 채우면 정을 굳게 하여 수명을 늘리고, 온갖 병을 물리치며, 귀와 눈을 총명케 하는 데 매우 효험이 있다.

지황꽃은 4월에 채취해야 한다. 죽실은 밀과 비슷한데, 쪽풀밭이나 대숲 가운데서 난다.

每服三方寸匕, 以井華水調下, 面向陽服之. 須陽日一服, 陰日二服, 滿四十九日, 卽能固精延年, 却除百病, 聰明耳目, 甚驗.

地黃花, 須四月采. 竹實似小麥, 生藍田·竹林中.

9-6) 연년익수불로단(延年益壽不老丹, 수명을 늘리고 늙지 않는 단약)

延年益壽不老丹

의학정전 [603] 하수오 적색 4냥, 백색 4냥, 도합 8냥을 쌀뜨물에 담가 연해지면 대나무칼로 껍질을 벗기고 조각으로 자른다. 이를 흑두 삶은 물에 푹 배게 한 뒤 그늘에 말린다. 다시 감초즙으로 뒤섞고 햇볕에 말린 뒤 찧어서 가루 낸다. 쪄서 익히지는 않는다.

지골피(술로 씻고 햇볕에 말린 것)·백복령(술로 씻고 햇볕에 말린 것) 각 5냥, 생건지황(술에 하룻밤 담갔다가 햇볕에 말린 것)·숙지황(술로 씻고 햇볕에 말린 것)·천문동(술에 6시간을 담갔다가 심을 제거하여 햇볕에 말린 것)·맥문동(술에 6시간을 담갔다가 심을 제거하여 햇볕에 말린 것)·인삼(노두를 제거한 것) 각 3냥.

醫學正傳 何首烏赤色四兩·白色四兩, 合八兩, 米泔浸軟, 以竹刀刮其皮, 切作片, 黑豆煎汁浸透, 陰乾. 却用甘草汁拌, 曬乾, 擣末, 不許蒸熟.
地骨皮(酒洗曬乾)·白茯苓(酒洗曬乾)各五兩·生乾地黃(酒浸一宿曬乾)·熟地黃(酒洗曬乾)·天門冬(酒浸三時, 去心曬乾)·麥門冬(酒浸三時, 去心曬乾)·人蔘(去蘆)各三兩.

---

603 《東醫寶鑑》〈內景篇〉卷1 "身形" '養性延年藥餌'(《原本 東醫寶鑑》, 78쪽).

이상의 약미를 모두 곱게 가루 낸 뒤 졸인 꿀로 반죽하여 벽오동씨크기의 환을 만든다. 따뜻한 술로 30~50환을 넘긴다.

이 약은 수백 배나 보익하기 때문에 10일 혹은 1개월을 먹으면 스스로 다른 사람이 되었음을 알 것이다. 늘 복용하면 그 효과를 말로 다 하기 어렵다.

9-7) 하령만수단(遐齡萬壽丹, 수명을 늘려 장수하는 단약)

단계심법 [604] 복령·적석지·천초(약간 볶아 천초에서 땀을 낸 것) 각 1냥, 주사(곱게 갈아 수비한 것)·유향(乳香)[605][등심(燈心, 골풀)과 함께 간 것] 각 1냥을 따로 가루 낸다. 계란 2개에서 노른자와 흰자를 뺀 뒤 주사·유향을 각각의 계란 안에 따로 쟁여넣는다. 이를 종이로 7겹을 붙인 다음 푸른 비단주머니에 담아, 정기가 건강한 부인의 배에 품어 늘 따뜻하게 한다. 주사는 35일, 유향은 49일을 품게 한 뒤 꺼내어 다시 간다.

앞의 3가지 약(복령·적석지·천초)도 역시 곱게 갈아 모두를 잘 섞은 뒤 찐 대추살로 반죽하여 녹두크기의 환을 만든다. 매일 빈속에 따뜻한 술과 함께 30환씩 삼킨다. 혹은 인삼 끓인 물로 넘긴다. 1개월이 넘어서면 40환까지도 먹는다.

右細末, 煉密和丸梧子大. 溫酒下三五十丸.

此藥千益百補, 服之十日或一月, 自己知爲別等人. 常服, 功效難盡言.

遐齡萬壽丹

丹溪心法 茯苓·赤石脂·川椒(微炒出汗)各一兩、朱砂(細研水飛)·乳香(燈心同研)各一兩, 別爲末. 鷄卵二箇, 去淸黃, 只將朱砂、乳香各裝一卵內. 用紙糊七重, 以靑絹袋盛之, 令精壯婦人懷於肚上, 常令溫煖. 朱砂懷三十五日, 乳香懷四十九日, 取出再硏.
前三味藥亦爲細末, 和均, 以蒸棗肉和丸菉豆大. 每日空心溫酒呑下三十丸, 或人蔘湯下. 一月外加至四十丸.

604 《東醫寶鑑》〈內景篇〉卷1 "身形" '養性延年藥餌'(《原本 東醫寶鑑》, 78쪽).
605 유향(乳香) : 감람과에 속하는 유향나무의 수액을 건조시켜 만든 약재.

갑자일이나 경진일 밤에 조용한 곳에서 수합(修合)한다. 부인과 닭·개가 보는 것은 금한다.

시(詩)에 다음과 같이 말했다.

"하령만수단,

복용하면 혼백 편안하리.

약 만들 적엔 닭이 알 품듯

시일을 맞추는 게 중요하지.

수합은 그윽한 방이 알맞으니,

일절 사람이 못 보도록 하라.

갑자일과 경진일 밤,

환을 만들되 하늘에 보이지 말지니.

1환(一還)[606]에 60년 늘리고,

2환(還)에 120년 늘린다네.

약을 복용하면 골격 비범해져

수명이 천지와 같아지리라.

비장(秘藏, 비밀스럽게 간직함)하게 하고 매우 비장히 해야

현묘(玄妙, 매우 오묘함)하고도 현묘하리라."[607]

以甲子、庚辰之夜，幽靜處修合. 忌婦人、鷄、犬見之.

詩曰：

"遐齡萬壽丹,

服食魂魄安.

養藥鷄抱卵,

日期要周全.

修合室深宜,

一切人勿觀.

甲子庚辰夜,

爲丸不見天.

一還增六十,

二還百卄年.

服藥非凡骨,

壽同天地間.

秘之深秘之,

玄之又更玄.

9-8) 연령고본단(延齡固本丹, 수명을 늘리고 근본을 굳건히 하는 단약)

延齡固本丹

만병회춘 [608] 모든 허손증을 치료한다. 중년에 양사(陽事, 성생활)가 제대로 되지 않거나 50이 안 되어 수염과 머리가 먼저 희어지는 경우 이 약을 0.5개월만 복

萬病回春 治諸虛百損. 中年陽事不擧，未至五十，鬚髮先白，服之半月，陽事雄

---

606 1환(一還) : 약을 만들어 복용하는 1차례의 과정으로 추정된다.

607 하령만수단……현묘하리라 : 이 시의 출전은 《단계심법(丹溪心法)》으로 알려져 있으나, 현재 전해지는 《단계심법》 판본에는 확인되지 않는다.

608 《東醫寶鑑》〈內景篇〉 卷1 "身形" '養性延年藥餌'(《原本 東醫寶鑑》, 78쪽)；《萬病回春》 卷6〈求嗣〉 "藥本健陽丹", 347~348쪽.

용하면 양사가 웅장해지고, 1개월이면 얼굴이 아기 같고 눈이 10리를 보며, 3개월이면 흰머리가 다시 검어진다. 오래 복용하면 신기(神氣)가 쇠약하지 않고 신체가 가볍고 튼튼해지며 신선의 지위에 오를 수 있다.

토사자(술로 법제한 것)·육종용(술로 씻은 것) 각 4냥, 천문동·맥문동·생지황·숙지황(모두 술로 법제한 것)·마·우슬(술로 씻은 것)·두충(생강즙을 발라 볶은 것)·파극(술에 담갔다가 심을 제거한 것)·구기자·산수유(술에 찌고 씨를 뺀 것)·백복령·오미자·인삼·목향·백자인 각 2냥, 복분자·차전자(질경이씨)·지골피 각 1.5냥, 석창포·천초·원지·감초(물에 담갔다가 생강즙을 발라 볶은 것)·택사 각 1냥.

이상의 약미를 곱게 가루 낸 다음 술을 넣고 쑨 묽은 밀가루풀로 반죽하여 벽오동씨크기의 환을 만든다. 빈속에 따뜻한 술과 함께 80환을 복용한다. 부인은 당귀·적석지 각 1냥을 더한다. 무·파·마늘·쇠고기·식초·엿·양고기는 금한다.

9-9) 반룡고본단(班龍[609]固本丹, 근본을 굳건히 하기 위해 오인반룡교와 섞어 만든 단약)

수세보원 [610] 여러 허손증을 치료한다. 마르고 쇠약

壯, 至一月, 顏如童子, 目視十里, 服之三月, 白髮還黑. 久服, 神氣不衰, 身體輕健, 可升仙位.

兔絲子(酒製)·肉蓯蓉(酒洗)各四兩、天門冬·麥門冬·生地黃·熟地黃(竝酒製)·山藥·牛膝(酒洗)·杜沖(薑汁炒)·巴戟(酒浸去心)·枸杞子·山茱萸(酒蒸去核)·白茯苓·五味子·人蔘·木香·柏子仁各二兩、覆盆子·車前子·地骨皮各一兩半、石菖蒲·川椒·遠志·甘草(水浸薑汁炒)·澤瀉各一兩. 右細末, 酒煮稀麪糊和丸梧子大. 空心溫酒八十丸. 婦人加當歸、赤石脂各一兩. 忌食蘿葍、蔥、蒜、牛肉、醋酸物、飴糖、羊肉.

班龍固本丹

壽世保元 治諸虛百損. 羸

---

609 반룡(班龍) : 사슴

610 《壽世保元》卷4〈中風〉"班龍固本丹"(《龔廷賢醫學全書》, 519쪽).

한 증상, 중년에 양사가 제대로 되지 않는 증상, 반신불수, 다리와 무릎이 쑤시고 아픈 증상, 아랫배가 당기고 아픈 증상[小腹疝氣], 부인이 허랭증으로 오랫동안 자식이 없는 경우에 신효하니, 자보(滋補, 진액을 자윤하고 기운을 보함)의 성약이다.

토사자(술에 축였다가 잿불에 구운 것) 4냥, 인삼·마·생지황·숙지황·천문동·맥문동·산수유·구기자·오미자·파극(술에 담가 심을 제거한 것)·육종용(술에 담근 것)·우슬(술로 씻은 것)·두충(생강을 넣고 함께 볶은 것)·백복령·백자인·목향·호경골(虎脛骨)[611](연유를 발라 구운 것) 각 2냥, 복분자·지골피·차전자 각 1.5냥, 택사·원지·감초(물에 불린 뒤 심을 제거한 것)·석창포·천초·부자(구운 것) 각 1냥.

이상의 약미들을 곱게 가루 낸 뒤 좋은 술로 오인반룡교(五仁班龍膠, 아래에서 소개함)와 섞어 벽오동씨크기의 환을 만든다. 빈속에 따뜻한 술로 100환씩 넘긴다.

복용 후 15일이면 양사(陽事)가 웅장해지고, 복용 후 1개월이면 얼굴이 아기 같고, 눈이 10리를 보며, 소변이 맑고 시원해지며, 복용 후 3개월이면 백발이 다시 검어진다. 오래 복용하면 신기(神氣)가 쇠약하지 않고, 신체가 가볍고 튼튼해지며 신선의 지위에 오를 수 있다.

---

611 호경골(虎脛骨) : 호랑이의 앞발뼈.

瘦衰朽, 中年陽事不擧, 右癱左瘓, 脚膝酸痛, 小腹疝氣, 婦人虛冷, 久無孕育, 神效, 滋補之聖藥.

兔絲子(酒煨)四兩、人蔘·山藥·生地黃·熟地黃·天門冬·麥門冬·山茱萸·枸杞子·五味子·巴戟(酒浸去心)·肉蓯蓉(酒浸)·牛膝(酒洗)·杜沖(薑炒)·白茯苓·柏子仁·木香·虎脛骨(酥灸)各二兩, 覆盆子·地骨皮·車前子各一兩五錢, 澤瀉·遠志·甘草(水泡去心)·石菖蒲·川椒·附子(炮)各一兩.

右細末, 好酒化五仁班龍膠, 爲丸如梧子, 每百丸空心溫酒下.

服至半月, 陽事雄壯, 服至一月, 顔如童子, 目視十里, 小便淸滑, 服至三月, 白髮再黑. 久服, 神氣不衰, 身輕體健, 可昇仙位.

오인반룡교(五仁班龍膠)[612] :

진양(眞陽, 순수한 양기)과 원정(元精, 근원의 정)이 부족하여 위장과 하초가 허약하고 몽설(夢泄, 몽정)·자한(自汗, 식은땀)·두현(頭眩, 어지럼증)·사지무력(四肢無力)에 이른 증상을 치료한다. 이 약은 정혈을 생성하고 기억력을 돕고 정신을 안정시키며, 심장과 신장을 보하고, 삼초를 화창케 하며, 오장을 채워 병을 퇴치하고 수명을 늘리므로 허손의 성약이다.

녹각은 두개골과 연결된 것이 좋다. 저절로 떨어진 녹각은 쓰지 않는다. 두개골은 제거하고 새것을 쓰되, 껍질을 제거하여 깨끗한 50냥을 0.3척 단위로 자른다. 이를 새로 길어온 맑은 샘물에 담가서 때를 씻어내 없애고 또 뿔 속의 피비린내와 더러운 물을 모두 제거한다.

구기자 8냥, 인삼·천문동·맥문동·우슬 각 5냥을 함께 준비한다. 이 5가지 약을 녹각과 함께 깨끗한 단지에 넣고 단지어깨까지 물을 붓는다. 이어서 죽순껍질이나 기름종이로 단지주둥이를 봉한다. 다시 큰 솥에 물을 붓고 이것을 넣어 뭉근한 불로 3일 밤낮을 충분히 끓인다. 끓는 물을 때때로 첨가하여 솥 안의 물이 마르고 닳는 것을 막는다. 약을 꺼내어 찌꺼기는 걸러서 버리고 그 즙을 다시 주둥이 넓은 사기솥에 넣고 고아 아교처럼 만든다.

여기에 약가루를 섞어 필요한 때에 쓴다. 이는 위 항목에 있는 약(반룡교본단)의 가루와 섞어 쓴다는 말

五仁班龍膠 :

治眞陽、元精內乏, 致胃弱下虛及夢泄、自汗、頭眩、四肢無力. 此膠生精養血, 益智寧神, 補心腎, 暢三焦, 塡五藏, 却病延年, 乃虛損聖藥.

鹿角連腦蓋骨者佳, 自解者不用. 去蓋用生, 淨五十兩, 截作三寸段, 新汲淡泉井水浸洗去垢, 吹去角內血腥、穢水盡.

同枸杞子八兩、人蔘·天門冬·麥門冬·牛膝各五兩. 五品藥以角入淨罈內, 注水至罈肩, 用筍殼、油紙封固罈口. 大鍋內注水, 文武火密煮三晝夜足. 時常加入沸湯於鍋內, 以補乾耗. 取出漉去滓, 將汁復入闊口砂鍋內, 熬成膠.

和藥末, 聽用, 和上項藥末. 作丸時, 量取五仁班龍

612 이하 내용은 《壽世保元》 卷4 〈補益〉 "五仁班龍膠法" (《龔廷賢醫學全書》, 598쪽).

이다. 환을 만들 때는 오인반룡교 적당량을 술에 녹여 쓰면 좋다.

膠, 酒化用之, 得宜.

9-10) 인삼고본환(人蔘固本丸, 인삼을 넣어 근본을 굳건히 하는 환약)

人蔘固本丸

비용방(秘用方)613 614 일명 '이황원(二黃元)'이다. 무릇 사람은 심장이 혈(血)을 저장하고 신장이 정(精)을 저장한다. 정과 혈이 충실하면 수염과 머리털이 하얗게 되지 않고, 얼굴이 쇠하지 않으며, 수명이 늘어나 장수한다. 자보(滋補)하는 약 중에서는 생지황과 숙지황, 이 2가지 지황보다 나은 게 없는 것은 사실이지만 세인들은 이 2가지 지황을 복용할 줄만 알 뿐, 2가지 문동(맥문동과 천문동)을 복용하여 인경(引經)할 줄은 모른다.

秘用方 一名"二黃元". 夫人、心藏血, 腎藏精, 精血充實, 則鬚髮不白, 顔貌不衰, 延年益壽. 藥之滋補, 無出於生、熟二地黃, 世人徒知服二地黃, 而不知服二門冬爲引也.

대개 생지황은 심장의 혈(血)을 생기게 할 수 있으니, 맥문동으로 생지황을 인경하여 혈을 생기게 하는 곳으로 들어가게 한다. 숙지황은 신장의 정기를 보할 수 있으니, 천문동으로 숙지황을 인경하여 정기를 보하는 곳으로 들어가게 한다. 이 4가지 약미가 서로 쓰임이 되고, 또 인삼으로는 심기(心氣)를 통하게 하는 주역으로 삼는다.

蓋生地黃能生心血, 用麥門冬引入所生之地 ; 熟地黃能補腎精, 用天門冬引入所補之地. 四味互相爲用, 又以人蔘爲通心氣之主.

천문동은 심을 제거하고 생강즙에 2일을 담근 뒤 2일간 술에 담근다. 맥문동은 심을 제거하고 2일간 술에 담근 뒤, 쌀뜨물에 2일간 담근다. 생건지황·

天門冬去心, 薑汁浸二日, 酒浸二日. 麥門冬去心, 酒浸二日, 泔浸二日. 生乾地

---

613 비용방(秘用方) : 중국 원(元)나라의 의학자인 살겸재(薩謙齋, ?~?)의 저서인 《서죽당경험방(瑞竹堂經驗方)》의 이칭으로 추정된다. 인삼고본환 처방은 《서죽당경험방》에 수록되어 있다.
614 《東醫寶鑑》〈內景篇〉卷1 "身形" '養性延年藥餌'(《原本 東醫寶鑑》, 78~79쪽).

숙지황은 각 2냥을 모두 술에 담근다.

이상의 약미들을 돌맷돌로 진흙처럼 갈거나 혹은 흐물흐물하도록 짓찧은 다음 행인 끓인 물에 풀어 찌꺼기를 맑게 거른다. 이를 다시 갈아 완전히 정화하기를, 쌀가루 깨끗이 씻는 법과 같이 하여 위에 뜬 물을 제거하고 가라앉은 약가루를 햇볕에 말린 뒤에야 인삼가루 1냥을 넣는다. 이것을 졸인 꿀로 반죽하여 벽오동씨크기의 환을 만든다. 50~70환씩 따뜻한 술이나 끓인 소금물로 임의대로 먹는다. 무·파·마늘은 금한다.

9-11) 현토고본환(玄兔固本丸, 근본을 굳건히 하는 환약)

단계심법 [615] 토사자(술로 법제한 것)·숙지황·생건지황(2가지 함께 술에 담갔다가 불에 말린 것)·천문동·맥문동(2가지 함께 술에 담갔다가 심을 제거한 것)·오미자·복신 각 4냥, 마(약간 볶은 것) 3냥, 연육·인삼·구기자 각 2냥. 이상의 약미를 가루 낸 뒤, 꿀로 반죽하여 벽오동씨크기의 환을 만든다. 80~90환씩 따뜻한 술 또는 소금 끓인 물로 임의대로 넘긴다. 치료 효과는 인삼고본환과 같다.

9-12) 사성불로단(四聖不老丹, 4가지 성약으로 만든 불로단)

본초강목 [616] 투명한 송지 1근을 무회주(無灰酒)[617]와

黃、熟地黃竝酒浸各二兩.
右以石磨磨如泥，或爛擣，以杏仁湯化開，漉淨渣，又磨淨盡如澄米粉之法，撤去上面水，取藥粉曬乾，乃入人蔘末一兩，煉蜜和丸梧子大.每取五七十丸，溫酒、鹽湯任下.忌蘿葍、蔥、蒜.

玄兔固本丸

丹溪心法 兔絲子(酒製)·熟地黃·生乾地黃(竝酒浸焙)·天門冬·麥門冬(竝酒浸去心)·五味子·茯神各四兩、山藥(微炒)三兩、蓮肉·人蔘·枸杞子各二兩.右爲末，蜜丸梧子大.每取八九十丸，溫酒或鹽湯任下.治效同人蔘固本丸.

四聖不老丹

本草綱目 明松脂一斤，以

615《東醫寶鑑》〈內景篇〉卷1 "身形" '養性延年藥餌'(《原本 東醫寶鑑》, 78쪽).
616《本草綱目》卷34〈木部〉"松", 1919쪽.
617 무회주(無灰酒) : 석회를 조금도 넣지 않은 술. 옛날엔 술이 시어지지 않도록 술에 석회를 조금 넣었는데, 그렇게 하면 담(痰)이 몰릴 위험이 있어 치료용에는 반드시 무회주를 썼다.

함께 사기솥 안에 넣고 상시화로 끓여 몇 번 끓어 넘치게 하고 댓가지로 고루 휘젓는다. 불을 빼고 물을 부으면 덩어리가 진다. 이것을 다시 술로 끓이기를 9번 하면 송지가 옥처럼 되는데, 맛이 쓰거나 떫지 않아야 그친다.

곱게 가루 낸 뒤 그 가루 0.75근(12냥)을 백복령가루 0.5근, 황국홧가루 0.5근, 백자인(기름은 제거하고 흰 가루를 취한 것) 0.5근과 함께 넣고 졸인 꿀로 반죽하여 벽오동씨크기의 환을 만든다.

빈속에 좋은 술과 함께 72환씩 넘기면 근육을 강건하게 하고 보익한다. 길일(吉日)을 가려 수합(修合)하되 부인·닭·개가 보지 않도록 한다.

無灰酒砂鍋內, 桑柴火煮數沸, 竹枝攪調. 乃住火傾入水, 內結塊, 復以酒煮九遍, 其脂如玉, 不苦不澁乃止.

爲細末, 用十二兩, 入白茯苓末半斤、黃菊花末半斤、柏子仁(去油取霜)半斤, 煉密丸如梧子大.

每空心好酒送下七十二丸, 強筋補益. 須擇吉日修合, 勿令婦人、鷄、犬見之.

9-13) 송매환(松梅丸, 송지와 오매가 들어간 환약)

백비하(白飛霞)[618] 방외기방(方外奇方) [619] [620] 송지에 장류수(長流水)[621]를 붓고 상시화로 3번 끓여내고, 다시 뽕나무잿물로 7번 끓여 가려내고 골라서, 또 좋은 술로 2번 끓인다. 이것을 다시 장류수로 색이 희고 쓰지 않을 때까지 2번 끓인다. 이 송지 1근(16냥)마다 9증9포한 지황가루 10냥, 오맷가루 6냥을 넣고 졸인 꿀로 반죽하여 벽오동씨크기의 환을 만든다. 70환씩 빈속에 소금과 쌀을 끓인 물로 넘긴다. 양기를

松梅丸

白飛霞 方外奇方 松脂以長流水, 桑柴煮扐三次, 再以桑灰滴汁煮七次, 扐拔, 更以好酒煮二次, 仍以長流水煮二次, 色白不苦爲度. 每一斤入九蒸地黃末十兩、烏梅末六兩, 煉蜜丸梧子大. 每服七十丸, 空心

---

618 백비하(白飛霞) : 중국 명나라의 문인 한무(韓懋, 1441~1522)의 별호. 자는 천작(天爵), 호는 비하자(飛霞子)라고 하였다.
619 방외기방(方外奇方) : 중국 명나라의 백비하가 여러 기이한 처방을 모아 편찬한 의서. 현재 책은 전하지 않고 그 내용 중 일부가 《본초강목》에 전한다.
620 《本草綱目》卷34〈木部〉"松", 1919쪽.
621 장류수(長流水) : 먼 곳에서 흘러내려온 깨끗한 강물. 천리수(千里水)라고도 한다.

군세게 하고, 속을 보하며, 근육을 튼튼히 하고, 살결에 윤기가 나므로 몸에 매우 이롭게 할 수 있다.

鹽米湯下. 健陽補中, 强筋潤肌, 大能益人.

9-14) **무비산약환**(無比山藥丸, 비할 데 없이 좋은 산약 환약)

無比山藥丸

태평혜민화제국방 [622] 허로를 치료하고 신장을 보하며, 정과 혈을 보익한다. 오미자 6냥, 육종용 4냥, 토사자·두충 각 3냥, 산약(마) 2냥, 적석지·복신·산수유·파극·우슬·택사·숙지황 각 1냥. 이상의 약미를 가루 낸 뒤 꿀로 반죽하여 벽오동씨크기의 환을 만든다. 따뜻한 술 또는 미음과 함께 70~90환을 넘긴다.

和劑局方 治虛勞, 補腎益精血. 五味子六兩、肉蓯蓉四兩、兔絲子·杜沖各三兩、山藥二兩、赤石脂·茯神·山茱萸·巴戟·牛膝·澤瀉·熟地黃各一兩. 右爲末, 蜜丸梧子大. 溫酒或米飮下七九十丸.

이 약을 복용하면 7일 뒤 몸이 가벼워지고, 몸에 윤기가 나며, 얼굴에 빛이 나고, 손발이 따뜻하며, 음성이 맑아지니, 그것이 약의 효험이다. 10일 뒤 기육(肌肉, 살과 근육)이 불어나고, 약이 속을 관통하여 뇌에 들어가면 코가 반드시 시큰하면서 아플 것이지만, 괴이하게 여기지 말라.

服此藥, 七日後, 身輕體潤, 面光手足暖, 音聲淸亮, 是其驗也. 十日後, 長肌肉, 通中入腦, 鼻必酸疼, 勿怪.

9-15) **천금연수단**(千金延壽丹, 수명을 늘려주는 천금 같은 단약)

千金延壽丹

의학정전 [623] 온갖 허로증과 일체의 허손을 치료한다.

醫學正傳 治虛勞百證, 一切虛損.

육종용 2냥, 토사자·오미자·우슬·두충·당귀·마·천문동·맥문동·생건지황·숙지황 각 1냥, 인

肉蓯蓉二兩、兔絲子·五味子·牛膝·杜沖·當歸·山

---

622 《東醫寶鑑》〈雜病篇〉 卷4 "虛勞" '腎虛藥'(《原本 東醫寶鑑》, 450쪽) ; 《太平惠民和劑局方》卷5 〈治諸虛〉 "無比山藥圓", 121~122쪽.

623 《東醫寶鑑》〈雜病篇〉 卷4 "虛勞" '虛勞通治藥'(《原本 東醫寶鑑》, 451쪽) ; 《醫學正傳》卷3 〈虛損〉 "延壽丹".

삼·백복령·회향·택사·지골피·녹용·석창포·천초· 파극·원지·복분자·구기자·백자인 각 0.5냥.

藥·天門冬·麥門冬·生乾
地黃·熟地黃各一兩、人
蔘·白茯苓·茴香·澤瀉·地
骨皮·鹿茸·石菖蒲·川椒·
巴戟·遠志·覆盆子·枸杞
子·柏子仁各五錢.

이상의 약미를 찧어서 가루 낸 뒤, 꿀로 반죽하여 벽오동씨크기의 환을 만든다. 따뜻한 술 또는 소금 끓인 물과 함께 임의로 100환씩 넘긴다.

右擣爲末, 蜜丸梧子大.
溫酒或鹽湯, 任下百丸.

9-16) 현주운묘단(玄珠耘苗丹, 싹을 김매주는 현묘한 보배와 같은 단약)[624]

玄珠耘苗丹

[의학강목][625] 장기(張機)[626]가 사람들에게 조열(燥烈, 건조하고 강함)한 성질의 약을 함부로 복용하는 일을 경계하였는데, 이것은 약의 기운이 한쪽으로 치우치면 병이 발생함을 말한 것이다. 이는 마치 곡식의 싹이 얼른 자라지 않는다고 걱정하여 싹을 잡아올리는 짓과 같다. 만약 기혈이 강하지 않게 타고난 사람의 경우 이 약을 함께 복용해야 하는데도 복용하지 않는다면, 이것은 곡식의 싹[苗]에 김을 매주지 [耘] 않는 것과 마찬가지다. 그러므로 이 약의 이름

[醫學綱目]張長沙戒人, 妄
服燥烈之藥, 謂藥勢偏有
所勝而病生焉. 猶憫苗不
長而揠之也. 若稟氣血不
强, 合服此而不服, 是不耘
苗者也. 故名"耘苗丹".

---

624 현주운묘단(玄珠耘苗丹) : 현주운묘단의 이름은 묘한 조합이다. 현주는 현묘한 보배를 뜻하므로 선가의 용어이다. 운묘는 《맹자(孟子)》〈공손추(公孫丑)〉上 "조장(助長)"에 나오는 용어로, 알묘조장(揠苗助長, 곡식의 싹을 잡아당겨 올려서 빨리 자라게 만듦)의 고사에서 나온 말이다. 이 단약의 이름은 도가와 유가의 현묘한 결합이라 할 수 있다.

625 《東醫寶鑑》〈雜病篇〉卷4 "虛勞" '虛勞通治藥'(《原本 東醫寶鑑》, 451쪽);《醫學綱目》卷17〈心小腸部〉 "諸瘵", 350쪽.

626 장기(張機) : 150~219. 중국 한나라의 의학자. 호는 중경(仲景). 장사(長沙) 태수를 역임했으므로, 장장사(張長沙)라 부르기도 한다. 대표 저서로 《상한잡병론(傷寒雜病論)》이 있다.

을 '운묘단(耘苗丹)'이라 했다.

이 약은 오장을 기르고 부족한 기운을 보하며, 진원을 굳세게 하고, 음양 두 기운을 고르게 조절하여 영위를 화창케 하며, 수명을 보호하고 중기(中氣)를 지킨다.

오미자 8냥, 파극·원지·구기자·마·백복령·육종용·백부근(百部根)[627]·두충·사상자(蛇床子, 뱀도랏)·방풍·백자인·토사자 각 2냥. 이상의 약미를 가루 낸 뒤, 꿀로 반죽하여 벽오동씨크기의 환을 만든다. 따뜻한 술이나 소금 끓인 물로 50~70환씩 임의로 넘긴다.

여름에는 오미자 4냥을 더하고, 사계(四季)[628]에는 육종용을 더하고, 가을에는 구기자 6냥을 더한다.

養五藏, 補不足, 秘固眞元, 均調二氣, 和暢榮衛, 保命守中.

五味子八兩、巴戟·遠志·枸杞子·山藥·白茯苓·肉蓯蓉·百部根·杜沖·蛇床子·防風·柏子仁·兔絲子各二兩. 右爲末, 蜜丸梧子大. 溫酒或鹽湯任下五七十丸. 夏加五味子四兩, 四季加肉蓯蓉, 秋加枸杞子六兩.

9-17) 신선거승자원(神仙苣勝子元, 참깨가 들어간 신선 되는 원약)

神仙苣勝子元

보제방 [629] 허로로 인한 여러 증상을 치료하고, 수백 배로 보익한다.

普濟方 [118] 治虛勞諸證, 千益百補.

숙지황·생건지황·하수오 각 4냥, 참깨·구기자·토사자·오미자·산조인·백자인·파고지·복분자·가시연밥·목향·연화예(蓮花蘂, 연꽃의 꽃술)·파극·육종용·우슬·천문동·관계(官桂, 품질 좋은 육계)·인삼·백복령·저실·부추씨·천웅(天雄, 부자의 이칭)·연육·속단(續斷)[630]·산약 각 1냥.

熟地黃·生乾地黃·何首烏各四兩、巨勝子·枸杞子·兔絲子·五味子·酸棗仁·柏子仁·破故紙·覆盆子·芡仁·木香·蓮花蘂·巴戟·肉蓯蓉·牛膝·天門冬·官

---

627 백부근(百部根) : 백부과에 속하는 만생백부의 뿌리. 해수(咳嗽)를 치료하는 효과가 있다.
628 사계(四季) : 각 계절의 마지막 달. 3·6·9·12월.
629《東醫寶鑑》〈雜病篇〉卷4 "虛勞" '虛勞通治藥'(《原本 東醫寶鑑》, 451쪽).
630 속단(續斷) : 꿀풀과의 여러해살이풀로, 뿌리와 전초(全草)를 한약재로 쓴다.
118 普濟方 : 오사카본에는 출전서명이 없고 '서명은 이후에 고증을 기다려야 한다[書名俟考].'라는 두주가 있다.

이상의 약미들을 가루 낸 뒤, 봄·여름에는 졸인 꿀로 환을 만들고, 가을·겨울에는 찐 대추살과 호두살로 함께 진흙처럼 찧은 뒤, 약과 섞고 천 번 찧어 벽오동씨크기의 환을 만든다. 이 환을 따뜻한 술이나 끓인 소금물로 70~90환씩 넘긴다. 더러는 천웅을 빼고 녹용으로 대신해도 좋다.

9-18) 신선불로환(神仙不老丸, 신선처럼 늙지 않는 환약)

양로방 [631] 가결에 다음과 같이 노래했다.

"늙지 않는 신선 처방, 효과 탁월하여

얼굴 젊어지는 데 공력 전혀 들어가지 않는다네.

인삼·우슬·사천땅의 파극,

촉 땅의 당귀·두충을 갖추지.

지황 하나는 생지황과 숙지황 쓰고,

토사자·백자인·석창포라.

지골피와 구기자 다시 더하여

곱게 가루 내고 꿀로 벽오동씨크기 환 만들지.

아침·점심·취침 전 3번 복용하고,

끓인 소금물이나 따뜻한 술과 함께 임의로 넘기라.

3백(총백·마늘·무)과 여러 혈물(血物, 피가 있는 음식물) 금하면

桂·人蔘·白茯苓·楮實·韭子·天雄·蓮肉·續斷·山藥各一兩.

右爲末, 春夏煉蜜爲丸. 秋冬蒸棗肉、胡桃肉, 同擣如泥, 和藥, 擣千杵, 丸梧子大. 溫酒或鹽湯呑下七九十丸. 或去天雄, 代鹿茸亦可.

神仙不老丸

養老方 歌曰:

"不老仙方功效殊,

駐顔全不費功夫.

人蔘、牛膝、川巴戟,

蜀地當歸、杜沖俱.

一味地黃生熟用,

兔絲、柏子、石菖蒲.

更添枸杞皮兼子,

細末蜜丸梧子如.

早午臨眠三次服,

鹽湯溫酒任君須.

忌飱三白并諸血,

631 《東醫寶鑑》, 위와 같은 곳.

수염 검어지고 머리도 검어지게 할 수 있다네."[632]

인삼·파극(술에 담갔다가 심을 제거한 것)·당귀(술에 담근 것)·토사자(술로 법제한 것) 각 3냥, 숙지황·생건지황(술에 적셨다가 불에 말린 것) 각 2냥, 우슬(술에 담근 것)·두충(밀가루와 함께 볶은 것) 각 1.5냥, 백자인(껍질을 제거하여 따로 가루 낸 것)·석창포(쌀뜨물에 담근 것)·구기자(술에 담근 것)·지골피 각 1냥.

이상의 약미들을 썬 뒤, 햇볕을 쬐어서는 안 된다. 단지 약한 불에 쬐어 말린 다음 찧어 곱게 가루 낸다. 이를 꿀로 섞어 천 번 찧고 벽오동씨크기의 환을 만든다. 70~90환씩 따뜻한 술이나 끓인 소금물과 함께 임의로 하루 3번 넘긴다. 3백(총백·마늘·무)과 여러 혈물을 금한다.

9-19) 이신교제단(二神交濟丹, 복신·신국이 서로 이끌어주는 단약)

수양총서 [633] 허로를 보하고 심장·비장·신장 세 경맥의 허손을 치료한다.

복신·율무 각 3냥, 산조인·구기자·백출·신국 각 2냥, 백자인·가시연밥·생건지황·맥문동·당귀·인삼·진피(陳皮, 묵은 귤껍질)·백작약·백복령·축사 각 1냥.

能使鬚烏髮亦烏."

人蔘·巴戟(酒浸去心)·當歸(酒浸)·兔絲子(酒製)各三兩、熟地黃·生乾地黃(酒焙)各二兩、牛膝(酒浸)·杜沖(麪炒)各一兩半、柏子仁(去皮另末)·石菖蒲(泔浸)·枸杞子(酒浸)·地骨皮各一兩. 右剉, 不可曬, 只慢火焙, 搗爲細末, 蜜和搗千杵, 丸如梧子大. 每服七九十丸, 以溫酒、鹽湯任下, 日三次. 忌三白、諸血物.

二神交濟丹

壽養叢書 [119] 補虛勞, 治心脾腎三經虛損. 茯神·薏苡仁各三兩、酸棗仁·枸杞子·白朮·神麴各二兩、柏子仁·芡仁·生乾地黃·麥門冬·當歸·人蔘·陳

---

632 늙지……있다네 : 출전 확인 안 됨.
633 《東醫寶鑑》〈雜病篇〉卷4 "虛勞" '虛勞通治藥'(《原本 東醫寶鑑》, 451쪽).
119 壽養叢書 : 오사카본에는 "東醫寶鑑". 오사카본에는 '서명은 다시 고증해야 한다[書名更考].'라는 두주가 있고, 《동의보감》에는 출전이 《의학입문(醫學入門)》으로 되어 있다.

이상의 약미들을 가루 낸 뒤, 숭늉 4잔에 졸인 꿀 4냥을 타고 맛가루 4냥을 넣고 달여 풀을 만든다. 이를 앞의 약가루와 섞어 벽오동씨크기의 환을 만든다. 미음으로 50~70환씩 넘긴다.

이상의 16가지 약미 중 신(神)자가 들어가는 약미(복신·신국)는 8가지 약미의 우두머리이면서 8절기에 부합한다. 약재의 총 무게인 24냥은 24절기에 부합하여 1년이 된다.

9-20) 신선기제단(神仙旣濟丹, 기제괘의 효능으로 신선이 되게 할 만한 단약)

의학강목 [634] 온갖 허손과 오로(五勞)와 칠상(七傷)을 전적으로 보한다. 신장의 수기를 적셔주고, 심장의 화기를 내리며, 비장의 토기를 보하고, 정수를 보익하며, 기혈을 조화하고, 근골을 건장하게 하며, 피부를 촉촉하게 하고, 귀와 눈을 밝게 한다. 가슴을 열어 지혜를 안정시키며, 음양의 기운을 강건하게 하고, 수명을 늘린다.

약의 성미가 따뜻하지만 뜨겁지 않고, 청량하지만 차갑지 않으니, 오래 복용하면 감(坎, ☵)과 리(離, ☲)가 기제(旣濟, ䷾)[635]를 이루어 음양이 화합한다.

皮·白芍藥·白茯苓·縮砂各一兩.

右爲末, 熟水四盞調煉蜜四兩, 煮山藥末四兩作糊, 和丸梧子大. 米飮下五七十丸.

已上十六味, 每神字領八味, 合八節, 共二十四兩, 合二十四氣, 爲一歲也.

神仙旣濟丹

醫學綱目 專補諸虛百損, 五勞、七傷, 滋腎水, 降心火, 補脾土, 添精補髓, 益氣和血, 壯筋骨, 潤肌膚, 聰耳明目, 開心定智, 强陰健陽, 延年益壽.

性味溫而不熱, 淸而不寒, 久服則坎離旣濟, 陰陽浹和. 火不炎而神自淸, 水不

---

634 《東醫寶鑑》〈雜病篇〉卷4 "虛勞"'虛勞通治藥'(《原本 東醫寶鑑》, 451~452쪽).

635 기제(旣濟, ䷾) : 주역 64괘의 63번째 괘. 이미 물을 건넜다는 의미로, 일이 이루어졌음을 뜻한다. 물이 위로 올라가고 불이 아래로 내려온 것이 기제의 형상이다. 인체의 상하구조에서 가슴 위쪽과 머리 부위는 서늘한 기운이 돌아야 하고, 배 아래쪽 사지 말단은 따뜻한 기운이 퍼져야 한다. 누구나 느낄 수 있는 건

화기(火氣)가 타오르지 않아서 신(神)이 절로 맑아지고, 수기(水氣)가 새지 않아서 정(精)이 절로 굳건해지니, 곧 안전하게 보해주는 성약이다.

황백(술에 적셨다가 볶은 것) 4냥, 마(술에 찐 것)·우슬(술로 씻은 것) 각 3냥, 인삼·두충(생강즙에 적셨다가 볶은 것)·파극·오미자·백복령·구기자(술로 씻은 것)·회향(소금물에 적셨다가 볶은 것)·육종용(술로 씻은 것)·산수유(술에 찐 것)·원지·감초(물에 담갔다가 심을 제거한 것)·석창포·지모(술에 적셨다가 볶은 것)·생건지황(술에 적셨다가 볶은 것)·숙지황·맥문동·토사자(술에 법제한 것)·감국(술로 씻은 것)·치자(볶은 것) 각 1냥, 진피(흰 부위를 제거한 것) 1냥.

이상의 약미들을 가루 낸 뒤, 꿀이나 찐 대추살로 반죽하여 벽오동씨크기의 환을 만든다. 빈속에 끓인 소금물이나 따뜻한 술로 70~90환씩 넘긴다.

다른 처방에는 천문동·당귀(술로 씻은 것) 각 2냥이 있고, 감국·치자·진피 3가지 약미가 없다.

9-21) 당귀고(當歸膏, 당귀가 들어간 고)

의학입문 [636] 오로(五勞)와 칠상(七傷) 및 온갖 허손을

渗而精自固, 乃平補之聖藥也.

黃柏(酒炒)四兩、山藥(酒蒸)·牛膝(酒洗)各三兩、人蔘·杜沖(薑汁炒)·巴戟·五味子·白茯苓·枸杞子(酒洗)·茴香(鹽水炒)·肉蓯蓉(酒洗)·山茱萸(酒蒸)·遠志·甘草(水浸去骨)·石菖蒲·知母(酒炒)·生乾地黃(酒炒)·熟地黃·麥門冬·兔絲子(酒製)·甘菊(酒洗)·梔子(炒)各一兩、陳皮(去白)一兩.

右爲末, 蜜和蒸棗肉和丸梧子大. 空心鹽湯、溫酒下七九十丸.

一方, 有天門冬、當歸(酒洗)各二兩, 無甘菊、梔子、陳皮三味.

當歸膏

醫學入門 [120] 治五勞七傷,

강 상태이며, 그 반대가 되면 몸에 문제가 생겼음을 바로 알 수 있다. 이처럼 화기(火氣)가 타오르지 않고 수기(水氣)가 새어 나가지 않는 것이 수화기제 건강법의 요체이다.

636 《東醫寶鑑》〈雜病篇〉 卷4 "虛勞" '虛勞通治藥'(《原本 東醫寶鑑》, 452쪽).

[120] 醫學入門 : 오사카본에는 "文". 오사카본에는 이 기사 위에 빈칸 4줄이 있고, '醫學入門'이라는 두주가 있다.

치료한다. 비장과 위를 보양하고 근골을 자영(滋榮, 왕성하게 함)한다.

구기자·당귀 각 5냥, 생건지황·백출·백작약(쌀과 함께 볶아 가루 낸 것) 각 4냥, 백복령 3냥, 율무 2냥, 마·맥문동 각 1.25냥, 지골피·연육·인삼 각 1냥, 숙지황·패모·감초 각 0.75냥, 천문동 0.5냥, 오미자 0.25냥, 호박(琥珀) 0.06냥.

물 5승에 이상의 약미들을 넣고 미약한 불로 달이다가 다시 물 5승을 더한다. 이와 같이 7번 하고 걸러서 찌꺼기를 제거한 다음 중간불로 달인다. 1승마다 졸인 꿀 4냥을 더하고 함께 고가 되도록 졸인 다음 2찻술씩 떠서 빈속에 끓인 물에 타서 넘긴다.

9-22) 익수고진단(益壽固眞丹, 수명을 늘리고 진기를 굳건하게 해주는 단약)

동의보감 [637] 정혈을 보전하고, 신기를 기르며, 노화를 막아 다시 젊어지게 하고, 수명을 늘리니, 중년 이후에 항상 복용하면 가장 좋다.

토사자(술에 담갔다가 달이고 불에 말린 다음 찧어 가루 낸 것) 3냥, 숙지황(술에 찌고 체에 거른 것)·생건지황(술에 담갔다가 불에 말린 것)·자석(불에 달궜다가 식초에 9번 담금질한 다음 갈아서 수비

諸虛百損. 補養脾胃, 滋榮筋骨.

枸杞子·當歸各五兩、生乾地黃·白朮·白芍藥(以米同炒粉)各四兩、白茯苓三兩、薏苡仁二兩、山藥·麥門冬各一兩二錢半、地骨皮·蓮肉·人蔘各一兩、熟地黃·貝母·甘草各七錢半、天門冬五錢、五味子二錢半、琥珀六分. 用水五升入藥, 微火煎之, 再加水五升. 如此七次, 濾去滓, 文武火煎. 每升加熟蜜四兩, 共熬成膏, 每取二茶匙, 空心白湯調下.

益壽固眞丹

東醫寶鑑 塡精補血, 益氣養神, 返老還童, 延年益壽, 中年以後, 最宜常服. 兔絲子(酒浸煮, 焙, 擣作末)三兩、熟地黃(酒蒸下篩)·生乾地黃(酒浸焙)·磁石(火煅醋淬九次, 研水

637《東醫寶鑑》〈雜病篇〉卷4 "虛勞" '虛勞通治藥'(《原本 東醫寶鑑》, 452~453쪽).

한 것)·하수오(쌀뜨물에 하룻밤 담갔다가 편으로 썰고 검은콩즙에 뒤섞어 찐 다음 햇볕에 말린 것)·육종용(술에 담갔다가 비늘껍질을 제거하고 쪄서 살만 취한 것) 각 2냥, 천문동(심을 제거한 것)·맥문동(심을 제거한 것)·마(조금 볶은 것)·당귀(술로 씻었다가 불에 말린 것)·백복령(수비한 것)·택사(술에 찐 것)·목단피 각 1.5냥, 인삼·산조인·산수유(술에 담갔다가 살만 취한 것)·석곡(술로 씻었다가 불에 말린 것)·복분자(술로 씻었다가 불에 말린 것)·구기자(술로 씻었다가 불에 말린 것)·오미자(술로 씻었다가 불에 말린 것)·사상자(볶은 다음 비벼 껍질을 제거한 것)·두충(껍질을 제거하고 썰어 생강즙에 적셨다가 볶은 다음 실을 제거한 것)·파극(소금물에 달였다가 속을 제거한 것)·녹용(털을 제거한 것)·부추씨(볶은 것)·적석지(수비한 것)·익지(껍질을 제거하고 소금물에 1번 끓도록 달인 것)·연화예·파고지(볶은 것)·백자인(껍질을 제거한 것)·청염·천웅[동변에 3일 동안 담갔다가 포제(炮制)638하여 껍질과 꼭지를 제거한 것]·양기석(陽起石)639(불에 달군 것) 각 1냥, 해구신(연유를 발라 노랗게 구운 것) 1개(없으면 누런 개의 음경 3개나 5개에 연유를 발라 노랗게 구운 것을 대신 쓴다).

飛)·何首烏(泔浸一宿, 切作片, 黑豆汁拌蒸, 曬乾)·肉[121]蓯蓉(酒浸, 去鱗甲, 蒸取肉)各二兩、天門冬(去心)·麥門冬(去心)·山藥(微炒)·當歸(酒洗焙)·白茯苓(水飛)·澤瀉(酒蒸)·牡丹皮各一兩半、人蔘·酸棗仁·山茱萸(酒浸取肉)·石斛(酒洗焙)·覆盆子(酒洗焙)·枸杞子(酒洗焙)·五味子(酒洗焙)·蛇床子(炒挼去皮)·杜沖(去皮剉, 薑汁炒, 去絲)·巴戟(鹽水煮, 去骨)·鹿茸(撩去毛)·韭子(炒)·赤石脂(水飛)·益智(去皮, 鹽水煮一沸)·蓮花藥·破故紙(炒)·柏子仁(去皮)·靑鹽·天雄(童尿浸三日, 炮去皮臍)·陽起石(火煅)各一兩、腽肭臍(酥炙黃色)一脛(無則以黃狗陰莖三箇或五箇, 酥炙黃色, 代用).

---

638 포제(炮制) : 불로 한약재를 가공하여 독성을 제거하는 방법.

639 양기석(陽起石) : 칼슘·마그네슘·철의 규산염으로 이루어진 광물. 우리나라 각지에서 난다. 한의학에서는 신경(腎經)에 작용한다고 한다.

[121] 肉 : 저본에는 "乾肉". 《東醫寶鑑·雜病篇·虛勞》에 근거하여 삭제.

이상의 약미들을 모두 철에 닿지 않게 하고 찧어 곱게 가루 낸 뒤, 찹쌀가루를 청주에 섞고 풀이 되도록 달인 다음 약가루와 고루 섞어 절구에 천 번을 찧고 벽오동씨크기의 환을 만든다. 0.2냥이나 0.3냥씩 빈속에 따뜻한 술이나 끓인 소금물 또는 미음으로 삼킨다. 여름에는 천웅을 빼고 대신 황백을 쓴다. 파·마늘·무·식초를 금하고, 술과 여자도 절제해야 한다.

右竝不犯鐵, 擣爲細末, 糯米粉和淸酒煮爲糊, 和均擣千杵, 作丸如梧子大, 每取二錢或三錢, 空心以溫酒或鹽湯或米飮呑下. 夏月, 去天雄代黃柏, 忌食蔥、蒜、蘿葍及醋, 酒色亦宜節.

9-23) 초환단(草還丹, 급히 원기를 되살리는 단약)

草還丹

[부수정방(扶壽精方)] [640] [641] 원양(元陽)과 원기(元氣)를 보익하고 원정(元精)과 원신(元神)을 굳건하게 하니, 바로 수명을 늘리고 후사를 잇게 하는 지극한 약이다.

[扶壽精方] 益元陽補元氣, 固元精壯元神, 乃延年續嗣之至藥也.

산수유(술에 담갔다가 살만 가려낸 것) 1근, 파고지(술에 담갔다가 불에 말린 것) 0.5근, 당귀 0.25근(4냥), 사향 0.1냥을 가루 낸 뒤, 졸인 꿀로 반죽하여 벽오동씨크기의 환을 만든다. 81환씩 잠잘 때 소금 탄 술로 넘긴다.

山茱萸(酒浸取肉)一斤、破故紙(酒浸焙乾)半斤、當歸四兩、麝香一錢, 爲末, 煉密丸梧子大. 每服八十一丸, 臨臥鹽酒下.

9-24) 교감단(交感丹, 수기를 생성하여 음기를 자양하는 단약)

交感丹

[서죽당경험방] [642] 일반적으로 사람이 중년이 되면 정(精)이 소모되고 신(神)이 쇠약해진다. 대개 심장의

[瑞竹堂經驗方] 凡人中年, 精耗神衰, 蓋由心血少, 火

640 부수정방(扶壽精方) : 중국 명나라의 오민(吳旻, ?~?)이 1530년에 간행한 처방서. 30가지 과목의 실용적이고 간편한 처방이 수록되어 있다.
641《本草綱目》卷36〈木部〉"山茱萸", 2095쪽.
642《本草綱目》卷14〈草部〉"莎草香附子", 891쪽.

혈(血)이 적어져 화기가 하강하지 못하고 신장의 기가 피로하여 수기가 올라가지 못하기 때문에 심장과 신장이 단절되어 영위가 조화롭지 못하다. 그래서 상초는 잘 놀라며, 중초는 막히고 답답하여 음식이 내려가지 않고, 하초는 허하고 차가워 유정(遺精, 정액이 저절로 새는 증상)이 된다.

어리석은 의사는 단지 하전(下田, 하단전)을 준보(峻補)[643]할 줄만 알기 때문에 환자는 수기를 생성하여 음기를 자양할 수 없을 뿐 아니라 도리어 쇠약해져 수척해지기까지 한다. 다만 이 교감단 처방으로 반년 동안 복용하고, 일체의 따뜻한 약을 모두 빼고, 욕심을 끊은 다음에 비고소류지술(秘固泝流之術)[644]을 익히면 그 효과를 이루 다 적을 수 없다.

유통봉(俞通奉)[645]이 나이 51세에 철옹성(鐵甕城)의 신선생(申先生)[646]을 만나 이 처방을 전수받은 다음 복용했더니 늙어서도 오히려 소년과 같아졌으며 85세가 되어서야 죽었다. 이런 좋은 효과로 인해 이 처방을 여러 사람들에게 보여 함께 장수하게 되었다.

향부자 1근(새로 길은 물에 하룻밤 담갔다가 돌 위에서 문질러 털을 제거하고 누렇게 볶은 것), 복신(껍질을 제거한 것) 4냥을 가루 낸 뒤, 졸인 꿀로 반죽하여 탄환크기의 환을 만든다. 1환씩 복용하는데, 이른 아침에 잘게 씹어 다음에 소개하는 강기탕

不下降, 腎氣憊, 水不上升, 致心腎隔絶, 榮衛不和. 上則多驚, 中則塞痞, 飮食不下, 下則虛冷遺精.

愚醫徒知峻補下田, 非惟不能生水滋陰, 而反見衰悴. 但服此方半年, 并去一切煖藥, 絶嗜慾, 然後習秘固泝流之術, 其效不可殫述.

俞通奉年五十一, 遇鐵甕城 申先生, 授此服之, 老猶如少年, 至八十五乃終也. 因普示群生, 同登壽域.

香附子一斤(新水浸一宿, 石上擦去毛, 炒黃)、茯神(去皮)四兩, 爲末, 煉蜜丸彈子大. 每服一丸, 侵早細嚼, 以降氣湯下.

---

643 준보(峻補) : 센 약을 써서 급하게 보하는 치료법. 병이 위급할 때 주로 쓴다.
644 비고소류지술(秘固泝流之術) : 도가 양생술의 일종으로, 원기를 굳게 감추고 근원으로 거슬러 올라가는 기술.
645 유통봉(俞通奉) : 미상.
646 신선생(申先生) : 미상.

(降氣湯)으로 넘긴다.

강기탕 : 향부자(위의 방법대로 만든 것) 0.5냥, 복신 2냥, 구운 감초 1.5냥을 가루 낸 뒤, 팔팔 끓인 물에 떨어뜨려 앞의 약과 복용한다.

降氣湯 : 用香附子(如上法) 半兩、茯神二兩、炙甘草一兩 半, 爲末, 點沸湯, 服前藥.

9-25) 팔선반룡교(八仙班龍膠, 녹용을 주로 하여 보익하는 아교약)

八仙班龍膠

수세보원 [647] 팔선반룡교는 보익하는 데 천하제일의 처방이다.

壽世保元 乃補益天下第一 方也.

녹용 50냥, 적하수오·백하수오·구기자 각 8냥, 인삼·천문동·맥문동·생지황·숙지황·우슬 각 5냥. 이상의 약미들을 큰 사기솥에 고루 섞고 5번 졸여 즙을 낸 뒤, 찌꺼기를 깨끗이 걸러내고 다시 5사발 이 되도록 졸이면 아교처럼 될 것이다. 은찻숟가락 으로 2~3술씩 좋은 술에 녹여 빈속에 복용한다.

鹿茸五十兩、赤何首烏·白 何首烏·枸杞子各八兩、人 蔘·天門冬·麥門冬·生地 黃·熟地黃·牛膝各五兩. 右將藥均入大砂鍋內, 熬 汁五次, 將渣濾淨, 再熬 至五椀, 則成膠矣. 每服 銀茶匙二三匙, 好酒調化, 空心服.

9-26) 귀록이선고(龜鹿二仙膏, 녹각교와 귀교를 주로하여 정과 혈을 보하는 고)

龜鹿二仙膏

장씨경험방 [648] 독맥(督脈)[649]과 임맥(任脈)[650]이 모두 허하여 정과 혈이 부족한 증상을 치료한다.

張氏經驗方 治督、任俱 虛, 精血不足.

---

647 《壽世保元》卷4〈補益〉 "八仙班龍膠"(《龔廷賢醫學全書》, 601쪽).
648 《濟衆新編》卷2〈虛勞〉 "腎虛" '龜鹿二仙膏', 46쪽.
649 독맥(督脈) : 온몸의 양경(陽經, 양의 경락)을 통솔하며 뇌·척추·회음부에 연결되어 있는 맥. 28개 혈이 있다.
650 임맥(任脈) : 온몸의 음경(陰經, 음의 경락)을 통솔하며 회음부에서 시작하여 눈까지 연결되는 맥. 배와 가슴 부위의 장부와 연계된다.

녹각교(鹿角膠)[651]·귀교(龜膠)[652] 각 1근(절반은 넣고 절반은 녹인다), 구기자·용안육 각 6냥, 인삼 4냥. 먼저 녹각교와 귀교를 술에 담갔다가 기원고(杞圓膏)[653] 속에 넣어 녹인다. 다 녹으면 앞의 인삼가루를 넣고 자기약탕관에 저장해두었다가 새벽에 진한 술에 타서 0.5냥을 복용한다.

鹿角膠·龜膠各一斤(半入半烊)、枸杞子·龍眼肉各六兩、人蔘四兩. 右先將二膠酒浸, 烊杞圓膏中, 候化盡, 入右人蔘末, 磁罐收貯, 清晨, 醇酒調服五錢.

9-27) 천일보진단(天一補眞丹)

제중신편(濟衆新編)[654][655] 기혈이 매우 허해져서 남자가 야위고 약해져 신장이 허하거나, 부인이 허로하여 자식이 없는 증상을 치료한다.

양 1마리(근막을 제거하고 살코기만 취한 것), 숙지황(생강즙에 담근 것) 10냥, 마·산수유 각 5냥, 목단피·백복령·택사 각 3냥, 진피·축사 각 2냥.

이상의 약미들을 가루 낸 뒤, 양고기를 칼로 흐물흐물하게 저미고 돌절구에 넣어 흐물흐물하게 찧은 다음 약가루와 섞어 다시 천여 번 절구에 찧는다. 이 반죽으로 벽오동씨크기의 환을 만든다. 미음

天一補眞丹

濟衆新編 治氣血大虛, 男子瘦弱腎虛, 婦人虛勞無子.
羊一隻(去筋膜, 取精肉)、熟地黃(薑浸)十兩、山藥·山茱萸各五兩、牧丹皮·白茯苓·澤瀉各三兩、陳皮·縮砂各二兩.
右末, 羊肉以刀爛攢, 入石臼爛擣, 和藥末, 更擣千餘杵, 丸如梧子. 米飮或淡薑茶下七八十丸.

---

651 녹각교(鹿角膠) : 사슴의 뿔을 고아 만든 아교.

652 귀교(龜膠) : 거북의 껍질을 고아 만든 아교.

653 기원고(杞圓膏) : 《임원경제지 인제지》 권14 〈소갈〉 "탕액"에 다음과 같은 내용으로 보인다. "음기가 허하고 화기가 요동쳐 발생한 소갈을 치료한다. 용안육·구기자 각 1근, 검은콩 1승. 검은콩을 물 30승에 담갔다가 적당한 불로 진하게 달여 즙을 13승 낸다. 여기에 용안육·구기자를 넣고 다시 7승 정도가 되도록 달여 찌꺼기를 제거한 다음 좋은 꿀 1승을 넣고 고가 되도록 졸여 4.5승이 되면 바로 물을 방울방울 뿌려 구슬처럼 만들고 자기에 담아둔다. 끓인 물 또는 생강을 묽게 끓인 물에 녹여 넘긴다."

654 제중신편(濟衆新編) : 정조 23년(1799) 왕명에 의하여 내의원(內醫院) 수의(首醫) 강명길(康命吉, 1737~1801)이 편찬한 의서. 《동의보감》을 기반으로 하고, 내의원의 처방들을 더하여 편찬했다.

655 《濟衆新編》 卷2 〈虛勞〉 "虛勞通治" '天一補眞丹', 46쪽.

이나 묽은 생강차로 70~80환씩 넘긴다.

　신장에 냉기가 있으면 회향·파고지를 더하고, 냉기가 극심하면 관계·부자를 더한다. 기체(氣滯)[656]에는 동변에 법제한 향부자·침향을 더한다. 부인의 경우는 동변에 4번 법제한 향부자를 더한다. 적취가 있으면 청피를 더한다. 양뼈 전체를 달여 복용해도 좋다.

腎冷, 加茴香、破故紙；冷極, 加官桂、附子. 氣滯, 加便香附、沈香. 婦人則加四製香附. 有積, 加靑皮. 全羊骨煎服亦可[122].

9-28) 양육탕(羊肉湯, 양고기를 넣은 탕약)

羊肉湯

|제중신편| [657] 남자나 부인이 양기가 허하여 야위고 약해지는 증상을 치료하고 기와 혈을 함께 보할 수 있다.

|又| 治男子、婦人, 陽虛瘦弱, 能雙補氣血.

　양고기 육포 2~3냥, 생강 2냥, 계피·말린 생강 각 0.5냥을 썬 뒤, 달여 복용한다.

　혈이 허하면 백작약(술에 적셨다가 누렇게 볶은 것) 0.2냥을 더한다. 겨울철에는 생양고기 1큰잔이면 더욱 좋다.

羊脯二三兩、生薑二兩、桂皮·乾薑各五錢, 剉, 煎服. 血虛, 加白芍藥(酒炒黃)二錢. 冬月, 生羊肉一大盞, 尤好.

9-29) 무술환(戊戌丸)[658]

戊戌丸

|건곤비온(乾坤秘韞)| [659][660] 남자와 부인 모두의 여러 허증 및 기가 부족한 증상과 골증(骨蒸, 골수에서 열이 나는 듯한 증상)·조열(潮熱)[661] 등의 증상을 치료한다.

|乾坤秘韞| 治男子、婦人一應諸虛不足, 骨蒸潮熱等症.

---

656 기체(氣滯) : 기가 순환되지 못하고 몸안에 머물러 있는 증상. 환부가 그득해지고 아프다.
657 《濟衆新編》 卷2 〈虛勞〉 "虛勞通治" '羊肉湯', 46쪽.
658 무술환(戊戌丸) : 개를 달여 보하는 환약. 술(戌)은 12간지에서 개를 상징한다.
659 건곤비온(乾坤秘韞) : 중국 명(明)나라 주권(朱權, 1378~1448)이 편찬한 의학서.
660 《本草綱目》 卷50 〈獸部〉 "狗", 2716쪽.
661 조열(潮熱) : 열이 일정한 시간에 주기적으로 발생하는 증상.
[122] 可 : 저본에는 "可耳". 오사카본·《濟衆新編·虛勞·虛勞通治》에 근거하여 수정.

누런 강아지 1마리는 가죽·털·내장을 제거하고 생식기와 함께 사기솥 안에 넣는다. 술·식초 0.08냥, 물 2승에 지골피 1근, 전호·황기·육종용 각 4냥을 넣고 함께 하루 동안 달인 다음 약재를 제거하고 다시 하룻밤 동안 달인다. 뼈를 제거하고 고기가 진흙처럼 될 때까지 다시 달인 다음 문질러 짜서 고기를 걸러낸다.

여기에 당귓가루 4냥, 연육·창출가루 각 1근, 후박·귤핏가루 10냥, 감촛가루 8냥을 넣고 섞어 절구에 천 번 찧고 벽오동씨크기의 환을 만든다. 빈속에 끓인 소금물로 50~70환씩 넘긴다.

用黃童子狗一隻, 去皮毛腸肚, 同外腎, 於砂鍋內, 用酒·醋八分, 水二升, 入地骨皮一斤, 前胡·黃蓍·肉蓯蓉各四兩, 同煮一日, 去藥再煮一夜, 去骨再煮肉如泥, 擩濾.

入當歸末四兩、蓮肉·蒼朮末各一斤, 厚朴·橘皮末十兩、甘草末八兩, 和杵千下, 丸梧子大. 每空心鹽湯下五七十丸.

9-30) 계고(鷄膏, 닭고기를 달여 만든 고)

제중신편 [662] 가난한 집에서 인삼 등의 약재를 마련하기 어려우면 이 약을 대신 쓴다. 비록 인삼을 마련할 수 있어도 원래 혈이 마르고 폐경(肺經)[663]에 화기가 있어 인삼 등의 약재를 복용하기 어려운 사람에게도 좋다.

늙은 암탉 1마리(근막·껍질·뼈·목·척추를 제거하고 어깨·다리·배 아래의 단단한 고기만을 취한 것)에 생도라지 1뿌리, 생강 2냥, 관계 0.5냥, 산사 20개, 말린 밤 10개를 넣고 법에 따라 고를 만든다.

鷄膏

濟衆新編 貧家難辦蔘料, 以此代用. 雖能辦蔘, 素稟血燥, 肺經有火, 難服蔘料者亦宜.

陳雌鷄一隻(去筋膜、皮、骨及頸與脊, 只取肩、脚及腹下堅肉), 入生桔梗一條、生薑二兩、官桂五錢、

662《濟衆新編》卷2〈虛勞〉"虛勞通治" '鷄膏', 46쪽.
663 폐경(肺經) : 수태음폐경(手太陰肺經)의 준말. 중초에서 시작하여 아래로 내려가 대장에 속하고 다시 분문부(噴門部)를 돌아 횡경막을 지나 폐에 속한 다음 뒷머리로 간다. 뒷머리에서 내려와 겨드랑이를 지나 팔 안쪽 아랫부분을 거쳐 주관절 부위에서 상완이두근(上腕二頭筋)의 바깥쪽·팔뚝·안쪽의 앞쪽 아랫부분·요골(橈骨) 동맥의 촉지부·손모지구 등을 차례로 지나 엄지손가락 요골 쪽 끝에 가서 끝난다.

혈이 마르면 백작약(술에 적셨다가 누렇게 볶은 것) 0.2냥을 더한다. 양허(陽虛)[664]에는 부자 0.1~0.2냥을 더한다. 기가 허하여 감기에 걸리거나, 과다한 성생활로 감기에 걸려 보(補)하거나 사(瀉)하기가 모두 어려우면 인동초 0.3냥 또는 0.5냥, 생강 1냥, 산사 10개, 생밤 9개, 생도라지 1뿌리를 쓴다. 대체로 가감하는 것은 오직 활법(活法, 살려내는 법)에 달려 있다.

9-31) 오중고(五重膏, 약재를 5겹의 동물로 감싸 달인 고약)

[제중신편][665] 민간의 처방에서 허로를 치료하는 데 효과가 있다.

큰 붕어 1마리는 비늘과 내장을 제거하고 생강·말린 생강·후추·흰 겨자·외톨마늘 각 0.1냥을 가루 낸 뒤, 붕어 속에 넣고 붕어배를 실로 꿰맨다. 꿰맨 붕어를 늙은 누런 암탉 뱃속에 넣은 다음 꿰맨다. 꿰맨 암탉을 소밥통 중 하나에 넣은 다음 꿰맨다. 꿰맨 소밥통을 누런 개의 뱃속에 넣은 다음 꿰맨다.

닭과 개는 한결같이 붕어를 손질하는 방법대로 내장을 제거한다. 누런 개는 소가죽 1장에 넣어서

山査二十箇、乾栗十箇, 如法作膏.

血燥, 加白芍藥(酒炒黃)二錢. 陽虛, 加附子一二錢. 氣虛感傷, 或房勞挾感, 補瀉兩難, 忍冬三錢或五錢、生薑一兩、山査十箇、生栗九箇、生桔梗一條. 大抵加減惟在活法.

五重膏

又 俗方治虛勞有效.

大鮒魚一尾去鱗及內腸, 生薑、乾薑、胡椒、白芥子、獨頭蒜各一錢, 作末, 盛於鮒魚內, 以線縫之. 鮒魚盛於陳黃雌鷄腹中, 縫之;黃雌鷄盛於牛胖一部內, 縫之;胖亦盛於黃狗腹內, 縫之.

鷄狗去內腸一如鮒魚治法, 黃狗盛於牛皮一領內縫

---

664 양허(陽虛) : 신장의 양기가 허한 병증. 음기가 성하여 살이 찌고, 얼굴이 희게 되고 입안이 마르는 등의 증상이 나타난다.
665 《濟衆新編》卷2 〈虛勞〉 "虛勞通治" '五重膏', 46쪽.

꿰매어 칼로 이리저리 찔러 구멍을 내고 물기가 통하도록 한다.

큰 솥 안에 다리 2개를 설치하고 다리 위에는 소가죽으로 싼 약을 태반 매단 모양으로 둔다. 솥 안에는 물 10승, 참기름·소주·간장 각 1승을 넣고, 놋이나 구리로 만든 세숫대야로 덮는다.

소금기 있는 진흙으로 솥과 대야의 틈새를 단단히 막는다. 대야에는 한결같이 소주를 빚을 때 판을 덮는 방법대로 물을 담아 메주콩을 몇 홉 넣은 다음 비로소 약한 불로 달인다. 메주콩이 익으면 메주콩과 물을 이 방법대로 몇 번 갈아준 다음 솥 안의 소가죽을 다시 뒤집어두고, 앞의 방법대로 대야를 덮고 물을 담아 콩을 넣는다. 콩이 익은 다음 다시 콩과 물을 몇 번 갈아주면 고기가 저절로 흐물흐물하게 익을 것이다.

고기는 먹는 양에 따라 먹고 국물도 양에 따라 마신다. 단, 동지 뒤부터 입춘 전까지는 복용하면 안 된다.

9-32) 반룡연(斑龍宴, 사슴피를 술과 마시는 연회)

한씨보익방(韓氏補益方) 666 667 사육하는 숫사슴 1~2마리에게 매일 인삼 1냥을 물에 달여 먹인다. 달이고 남은 인삼찌꺼기를 해당 지역에서 나는 풀·쌀·

之, 以刀亂刺開穴, 俾通水氣.

大釜中, 設兩橋, 橋上置牛皮如懸胎之狀, 釜內灌水一斗、胡麻油·燒酒·清醬各一升, 以鍮、銅鹽水器覆之.

用鹽泥固濟其罅隙, 盛水于銅器中一如燒酒蓋板法, 水中入黃豆數合, 始慢火煎熬. 豆熟則又改豆與水如是數次後, 釜內牛皮更爲翻置如前覆蓋盛水, 入豆, 待豆熟, 又改豆與水數次, 其肉自然爛熟矣.

肉則隨量啖之, 其汁亦隨量飮之. 冬至後立春前, 不可服.

斑龍宴[123]

韓氏補益方 用馴養牡鹿一二隻, 每日以人蔘一兩煎水與飮. 將滓拌土産草

666 한씨보익방(韓氏補益方) : 미상.
667 《本草綱目》卷51 〈獸部〉 "鹿", 2858~2859쪽.
[123] 宴 : 저본에는 "晏". 《本草綱目·獸部·鹿》에 근거하여 수정.

콩과 섞고 때에 맞춰 먹인다. 이때 다른 물과 풀을 섞지 말아야 한다. 100일이 지나면 근육이 노출되어 쓸 수 있다.

연법(宴法) : 전날 밤에 먹이를 줄이고, 다음날 아침에는 굶긴다. 사슴을 평상 위에서 포박하고, 머리를 아래로 향하고 꼬리를 위로 향하여 힘센 사람으로 하여금 사슴의 앞발을 감싸서 고정시킨다. 뿔이 있으면 뿔을 잡아 고정시키고, 뿔이 없으면 나무로 머리를 싸서 움직이지 못하게 한다. 그런 뒤 삼릉침(三稜針)668으로 눈초리 앞의 모공을 찌른다. 그곳을 '천지혈(天池穴)'이라 한다.

길이 0.3척 정도인 은관(銀管, 은으로 만든 대롱)을 콧마루를 향해 천지혈에 꽂은 다음 자리 잡고 앉아 그 피를 빨아 먹고 약주를 몇 잔 마신다. 다시 피를 빨아 먹고 다시 약주를 마시는 과정을 취할 때까지 한다. 코에서 흘러나오는 피도 술과 함께 마실 수 있다. 다 마신 다음 바람을 피하고 기를 올리고 내리는 수련을 하면 이것이 1연(宴)이 된다.

새살이 나는 약을 사슴의 혈(穴, 천지혈)에 발라주고 계속 기른다. 1개월에 1번 시행할 수 있고, 사슴 1마리를 6~7년 사용할 수 있다. 남녀노소 관계없이 이 약을 복용하면 평생 동안 질병 없이 오래 살게

料米豆, 以時餧之, 勿雜他水草. 百日之外, 露筋可用矣.

宴124法 : 夜前減其食, 次早空心125. 將布縛鹿於床, 首低尾昂, 令有力者抱定前足. 有角者, 執定角, 無角者, 以木囊頭拘之, 使頭不動, 用三稜針刺其眼之大眥前毛孔, 名"天池穴".

以銀管長三寸許, 挿向鼻梁, 坐定咂其血, 飮藥酒數杯. 再咂再飮, 以醉爲度. 鼻中流出者, 亦可接和酒飮. 飮畢, 避風, 行升降工夫, 爲一宴126也.

用生肌藥, 敷鹿穴127養之. 月可一度, 一鹿可用六七年, 不拘男女老少服之, 終身無疾而壽, 乃仙家服食

---

668 삼릉침(三稜針) : 침끝이 삼각추 모양이고 침날도 삼각형인 침으로, 피를 뽑아낼 때 주로 쓴다.

124 宴 : 저본에는 "晏".《本草綱目·獸部·鹿》에 근거하여 수정.

125 空心 : 저본에는 없음.《本草綱目·獸部·鹿》에 근거하여 보충.

126 宴 : 저본에는 "晏".《本草綱目·獸部·鹿》에 근거하여 수정.

127 穴 : 저본에는 "血".《本草綱目·獸部·鹿》에 근거하여 수정.

되니, 바로 선가의 복식단방(服食丹方) 24품의 하나이다. 약주는 팔진산(八珍散)669에 침향·목향을 더하여 달인 것을 쓴다.

丹方二十四品之一也. 藥酒, 以八珍散加沈香、木香, 煮之.

9-33) 온보하원삼재환(溫補下元三才丸, 하초의 원기를 따뜻하게 보하는 천지인 삼재를 갖춘 환약)670

溫補下元三才丸

결고활법기요(潔古活法機要)671 672 천문동(심을 제거한 것)·생지황 2냥(이상의 2가지 약미를 버드나무 시루깔개에 놓고 술로 씻어 9번 찌고 9번 햇볕에 말려 마른 다음 무게를 잰 것), 인삼 1냥을 가루 낸 뒤, 찐 대추살을 찧은 것으로 반죽하여 벽오동씨크기의 환을 만든다. 30환씩 식사 전에 따뜻한 술로 하루 3번 복용한다. 음혈(陰血)673을 자양한다.

活法機要 天門冬(去心)·生地黃二兩(二味用柳甑箅, 以酒灑[128]之, 九蒸九曬, 待乾秤之)、人蔘一兩, 爲末, 蒸棗肉擣和丸梧子大. 每服三十丸, 食前溫酒下, 日三服. 滋陰養血.

9-34) 대조환(大造丸, 음양의 기를 크게 만들어주는 환약)

大造丸

의방집략(醫方集略)674 675 6맥(六脈)676이 모두 허하고 미미하여, 혈기가 쇠약해진 증상을 치료한다. 이 처

醫方集略 治六脈虛微, 血氣衰弱. 此方滋陰補陽,

---

669 팔진산(八珍散) : 인삼·백출·황기·백복령·마·좁쌀·구운 감초·백편두의 8가지 약재에 생강·대추를 넣어 달인 약.

670 온보……환약 : 《본초강목》에서는 해당 처방의 이름을 "삼재환(三才丸)"이라 하고 온보하원(溫補下元)은 삼재환의 효능으로 서술했다. 《인제지(仁濟志)》권3 〈내인(內因)〉 "실혈총방(失血總方)" 탕액(湯液)에 삼재환 처방이 나오는데 다음과 같다. "혈이 허한 것을 보한다. 천문동·숙지황·인삼 각 같은 양. 이상의 약미들을 가루 낸 뒤, 꿀로 반죽하여 벽오동씨크기의 환을 만든다. 술이나 미음으로 100환을 넘긴다(補血虛. 天門冬、熟地黃、人蔘各等分. 右末, 蜜丸梧子大, 酒飮任下百丸)."

671 결고활법기요(潔古活法機要) : 중국 원(元)나라 주진형(朱震亨, 1281~1358)이 저술한 종합의서.

672 《本草綱目》 卷18, 〈草部〉 "天門冬", 1285쪽.

673 음혈(陰血) : 혈(血)과 같은 용어. 혈이 음(陰)에 속한다고 여겨 붙인 이름이다.

674 의방집략(醫方集略) : 중국 명나라의 관리 곽감(郭鑑, ?~?)이 1545년에 편찬한 의서.

675 《東醫寶鑑》 〈雜病篇〉 卷4 "虛勞" '陰虛用藥'(《原本 東醫寶鑑》, 445~446쪽).

676 6맥(六脈) : 태양·양명·소양·태음·소음·궐음의 6가지 맥으로, 인체 오장육부의 기운을 표현하는 지표가 되는 경맥.

128 灑 : 저본에는 "曬". 《本草綱目·草部·天門冬》에 근거하여 수정.

방은 음기를 자양하고 양기를 보하므로 수명을 기르는 성약(聖藥)이다.

자하거(紫河車, 태반) 1구(쌀뜨물에 담갔다가 깨끗이 씻어 대그릇에 넣는다. 이를 장류수에 15분 동안 담가 생기를 회복하게 한 뒤, 작은 질동이에 담아 나무시루나 질시루에 넣고 쪄서 풀처럼 푹 익힌다. 꺼내어 먼저 따라낸 자연즙을 따로 둔 다음 자하거를 돌절구에 천 번 찧고 앞의 자연즙과 함께 절구에 섞는다), 생건지황 4냥, 거북등껍질·두충·천문동·황백(소금을 탄 술에 적셨다가 볶은 것) 각 1.5냥, 우슬·맥문동·당귀신(當歸身)677 각 1.2냥, 인삼 1냥, 오미자 0.5냥.

이상의 약미들을 가루 낸 뒤, 자하거즙과 쌀풀을 섞고 흐물흐물하게 찧어 환을 만든다. 따뜻한 술이나 끓인 소금물로 100환씩 하루 2번 임의로 복용한다.

9-35) 보천대조환(補天大造丸, 양기를 더 보하는 대조환)

의학입문 678 생지황 2.5냥, 백복령 2냥, 축사인 0.6냥. 이 3가지 약미를 비단으로 싸서 자기항아리에 넣고 술로 달이다가 술이 마르면 다시 술을 더하는 식으로 7번 달인다. 이를 꺼내어 축사인·백복령은 제거하고 쓰지 않는다. 대개 지황이 축사인·백복령

養壽之聖樂也.

紫河車一具(泔浸洗淨, 盛竹器, 長流水中浸一刻, 以回生氣, 盛小瓦盆, 於木甑或瓦甑內蒸, 極熟如糊, 取出, 先傾自然汁別貯, 將河車石臼內擣千下, 同前汁和臼)、生乾地黃四兩、龜板·杜沖·天門冬·黃柏(鹽酒炒)各一兩半、牛膝·麥門冬·當歸身各一兩二錢、人蔘一兩、五味子五錢.

右爲末, 河車汁和米糊, 爛擣, 作丸. 以溫酒或鹽湯任下百丸, 日再服.

補天大造丸

醫學入門 生地黃二兩半, 用129 白茯苓二兩, 縮砂六錢, 以紗絹包之, 入磁缸內酒煮, 乾, 再添酒, 煮七次, 取出, 去砂, 苓不用. 蓋地

---

677 당귀신(當歸身) : 당귀의 잔뿌리와 노두 부분을 제외한 몸체 부위.
678《東醫寶鑑》〈雜病篇〉卷4 "虛勞" '陰虛用藥'(《原本 東醫寶鑑》, 446쪽).
129 用 : 저본에는 "同".《東醫寶鑑·雜病篇·虛勞》에 근거하여 수정.

과 만나면 신장 경맥에 들어가기 때문이다. 사용할 약은 모두 위의 대조환의 약미와 같다. 오래 복용하면 귀와 눈이 밝아지고, 수염과 머리카락이 모두 검어지며, 수명을 늘린다.

[만병회춘] [679] 양의 원기를 건장하게 하고, 신장의 수기를 자양함으로써 천지와 교류하여 소통한다. 만약 허로한 사람이 성행위를 지나치게 하여 오심(五心, 손·발바닥과 심장)이 답답하고 열이 날 때 복용하면 신통한 효과가 있다. 오래 복용하면 수명을 늘린다.

자하거 1구(앞의 방법에 따라 찐 것), 숙지황·당귀(술로 씻은 것)·회향(술에 적셨다가 볶은 것)·황백(술에 적셨다가 볶은 것)·백출(볶은 것) 각 2냥, 생건지황(술에 적셨다가 볶은 것)·천문동·맥문동·우슬(술로 씻은 것)·두충(볶은 것) 각 1.5냥, 구기자·오미자 각 0.7냥, 진피·말린 생강 각 0.2냥, 측백잎(동쪽으로 향한 가지에 난 잎을 불에 말린 것) 2냥.

이상의 약미들을 가루 낸 뒤, 자하거를 넣고 여러 사람이 함께 찧어 벽오동씨크기의 환을 만든다. 미음이나 따뜻한 술로 100환씩 하루 2번 임의로 복용한다.

黃得砂仁·茯苓, 則入腎經故也. 餘料俱與上同. 久服, 耳目聰明, 鬚髮皆黑, 延年益壽.

[萬病回春] 壯陽元 [130], 滋腎水, 爲天地交泰. 若虛勞之人, 房室過度, 五心煩熱, 服之神效. 久服, 延年益壽.

紫河車一具(照前法蒸)、熟地黃·當歸(酒洗)·茴香(酒炒)·黃柏(酒炒)·白朮(炒)各二兩、生乾地黃(酒炒)·天門冬·麥門冬·牛膝(酒洗)·杜沖(炒)各一兩半、枸杞子·五味子各七錢、陳皮·乾薑各二錢、側柏葉(向東枝者焙)二兩.

右爲末, 入河車, 共擣衆手, 爲丸梧子大. 米飮或溫酒任下百丸, 日再服.

---

679 《東醫寶鑑》, 위와 같은 곳; 《萬病回春》 卷4 〈補益〉 "補天大造丸"(《龔廷賢醫學全書》, 312쪽).
[130] 元 : 저본에는 "光". 《萬病回春·補益·補天大造丸》에 근거하여 수정.

9-36) 보천환(補天丸, 양기를 보하는 환약)

補天丸

단계심법 680 음허(陰虛)증을 보한다.

丹溪心法 補陰虛.

자하거 1구(위와 같이 법제한 것)에 황백·거북등껍질 각 2냥, 지모·두충·우슬 각 1냥, 오미자 0.7냥, 진피·말린 생강 각 0.5냥을 넣는다.

紫河車一具(製法如上), 入黃柏·龜板各二兩、知母·杜沖·牛膝各一兩、五味子七錢、陳皮·乾薑各五錢.

이상의 약미들을 가루 낸 뒤,681 술로 쑨 풀로 반죽하여 벽오동씨크기의 환을 만든다. 따뜻한 술이나 끓인 물로 70환씩 넘긴다.

右末, 酒糊丸梧子大, 溫酒或白湯下七十丸.

9-37) 혼원단(混元丹, 원기를 혼합시키는 단약)

混元丹

의학입문 682 허로로 야위고 수척해지는 증상, 담이 성하여 기침이 나는 증상, 폐결핵을 치료한다.

醫學入門 治虛勞羸瘦, 痰嗽鬼疰.

자하거(위와 같이 법제한 것) 1구, 인삼 1.5냥, 숙지황·당귀·백출·복신 각 1냥, 목향·백복령 각 0.5냥, 유향·몰약 각 0.4냥, 주사 0.2냥, 사향 0.02냥.

紫河車一具(製如上法)、人蔘一兩半、熟地黃·當歸·白朮·茯神各一兩、木香·白茯苓各五錢、乳香·沒藥各四錢、朱砂二錢、麝香二分.

이상의 약미들을 가루 낸 뒤, 술로 쑨 풀로 벽오동씨크기의 환을 만든다. 인삼 끓인 물로 50환씩 넘긴다. 일명 '자하거단(紫河車丹)'이다.

右爲末, 酒糊丸梧子大. 人蔘湯下五十丸. 一名"紫河車丹".

---

680 《東醫寶鑑》, 위와 같은 곳; 《丹溪心法》卷3〈補損〉 "補天丸", 169쪽.

681 이상의······뒤 : 자하거는 가루가 아니므로 이를 제외한 약미들을 먼저 가루 내고, 이 가루를 자하거에 넣어야 순서상 맞다.

682 《東醫寶鑑》, 위와 같은 곳.

9-38) 태상혼원단(太上混元丹)

太上混元丹

단계심법 [683] 오장의 노손(勞損, 음허증)을 치료하고 진기를 보한다. 자하거 1구를 동쪽으로 흐르는 물에 깨끗이 씻어 사향 0.1냥을 안에 넣고 봉합한다. 이를 사기약탕관에 넣고 술 5승에 고가 되도록 졸인다.

인삼·육종용·안식향(술에 달여 찌꺼기를 제거한 것)·백복령 각 2냥, 침향·유향·주사(수비한 것) 각 1냥.

이상의 약미들을 가루 낸 뒤, 앞의 자하거고(紫河車膏)에 넣고 천 번을 찧어 벽오동씨크기의 환을 만든다. 따뜻한 술로 70환씩 넘긴다.

丹溪心法 治勞損五藏, 補眞氣. 紫河車一具東流水洗淨, 入麝香一錢在內縫定, 於砂罐內, 酒五升熬膏.

人蔘·肉蓰蓉·安息香(酒煮去滓)·白茯苓各二兩、沈香·乳香·朱砂(水飛)各一兩.

右末, 入河車膏內, 擣千下, 丸梧子大. 以溫酒吞下七十丸.

9-39) 이류유정환(異類有情丸, 서로 다른 정기로 보하는 환약)

異類有情丸

의학입문 [684] 허로를 치료하고, 기와 혈이 모두 허한 증상을 보해준다.

녹각상(鹿角霜)[685]·거북등껍질(연유를 발라 구운 것) 각 3.6냥, 녹용(술에 씻었다가 연유를 발라 구운 것)·호랑이 앞정강이뼈(술에 달였다가 연유를 발라 구운 것) 각 2.4냥.

이상의 약미들을 가루 낸 뒤, 수퇘지척수 9개를 졸인 꿀과 함께 찧은 것으로 벽오동씨크기의 환을 만든다. 빈속에 끓인 소금물로 70~80환씩 넘긴다.

대개 사슴은 양이고, 거북·호랑이는 음이다. 혈

醫學入門 治虛勞, 補氣血兩虛.

鹿角霜·龜板(酥灸)各三兩六錢、鹿茸(酒洗酥灸)·虎脛骨(酒煮酥灸)各二兩四錢.

右爲末, 雄猪脊髓九條同煉蜜擣丸梧子大. 空心鹽湯下七八十丸.

蓋鹿, 陽也;龜、虎, 陰也.

---

683 《東醫寶鑑》, 위와 같은 곳.
684 《東醫寶鑑》〈雜病篇〉 卷4 "虛勞" '陰陽俱虛用藥'(《原本 東醫寶鑑》, 447~448쪽).
685 녹각상(鹿角霜) : 녹각교를 만들고 남은 찌꺼기를 말린 약재.

기(血氣)가 있는 짐승은 정(情)이 있어서 각각 자기 부류를 좇는 정도가 금석이나 초목의 사례와는 다르다. 만약 기름진 음식과 술을 잘 먹는 사람은 돼지 쓸개즙 0.1~0.2승을 더하면 화기(火氣)를 내리는 뜻을 잘 맞출 수 있다. 중년에 쇠약함을 느끼는 사람이 바로 복용하면 좋다.

血氣有情, 各從其類, 非金石草木例也. 如厚味善飲之人, 可加猪膽汁一二合, 以寓降火之義. 中年覺衰者, 便可服餌.

9-40) 시재쌍보환(是齋雙補丸, 기와 혈을 고르게 보하는 환약)

是齋雙補丸

단계심법 [686] 기와 혈을 고르게 보하여 마르거나 뜨거운 성질이 없게 한다. 숙지황(혈을 보한다)·토사자(기를 보한다) 각 8냥. 이상의 약미들을 가루 낸 뒤, 술로 쑨 풀로 반죽하여 벽오동씨크기의 환을 만든다. 술이나 음료로 70환씩 넘긴다.

丹溪心法 平補氣血, 不燥不熱. 熟地黃(補血)、兔絲子(補氣)各八兩. 右爲末, 酒糊和丸梧子大. 酒飲下七十丸.

9-41) 추석환원단(秋石還元丹, 오줌버캐로 원기를 되돌리는 단약)

秋石還元丹

경험양방 [687] 오래 복용하면 온갖 병을 물리치고, 골수를 강하게 하며, 정혈을 보하고, 심(心)을 열어주고 지(志)를 보익하며, 하원(下元)을 따뜻하게 보하고, 안색을 밝게 하며, 입맛을 당긴다. 오래 복용하면 아랫배가 항상 불이 있는 것처럼 따뜻하여 여러 냉증이 모두 낫는다. 오랫동안 냉로(冷勞)[688]로 허약해진 사람이 복용하면 또한 건강해진다.

經驗良方 久服, 去百病, 强骨髓, 補精血, 開心益志 [131], 補煖下元, 悅色進食. 久則臍下常如火煖, 諸般冷疾皆愈. 久年冷勞虛憊者, 服之亦壯盛.

그 방법은 다음과 같다. 남자소변 10석을 준비

其法：以男子小便十石, 更

686《東醫寶鑑》〈雜病篇〉卷4 "虛勞" '陰陽俱虛用藥'(《原本 東醫寶鑑》, 448쪽).
687《本草綱目》卷52〈人部〉"秋石", 2947~2948쪽.
688 냉로(冷勞) : 허로로 냉증이 심한 병. 아랫배가 차고, 손발이 시리며, 소화가 잘 되지 않고, 관절이 저리고 몸이 여위는 등의 증상이 있다.
[131] 志 : 저본에는 "智".《本草綱目·人部·秋石》에 근거하여 수정.

하는데, 많으면 효과가 더욱 빼어나다. 먼저 큰 솥 1개를 빈방에 받쳐 놓는다. 그 위에는 깊은 질시루를 솥아가리에 댄 다음 지근(紙筋)[689]을 넣어 찢은 석회반죽으로 시루와 솥아가리 사이의 틈을 봉하여 공기가 통하지 않게 한다.

반죽이 마르면 솥에 오줌을 싸서 7/10~8/10을 채우고 난 다음 아궁이에 옮겨놓고 불을 때어 달인다. 끓어 넘치면 곧 찬 소변을 조금씩 더한다. 달이다가 마른 것이 인중백(人中白) 곧 오줌버캐다.

오줌버캐를 좋은 약탕관 안에 법대로 넣고 주둥이를 단단히 막아 숯화로 속에 넣어 달군다. 이어서 바로 2~3냥을 꺼내어 다시 가루처럼 간다. 이 가루를 달인 대추고로 반죽하여 녹두크기의 환을 만든다. 5~7환씩 복용하다가 점점 늘려 15환이 되도록 하고, 빈속에 따뜻한 술이나 끓인 소금물로 넘긴다.

그 약은 항상 불을 가까이하는 것이 중요하고, 때때로 다시 불 기르기[養火][690]를 3~5일 하면 효과가 더욱 크다.

9-42) 음양이련단(陰陽二鍊丹, 음양으로 추석을 단련한 단약)

섭몽득(葉夢得)[691] 수운록(水雲錄) [692] [693] 세상에서 추

多尤妙. 先揺大鍋一口于空室內, 上用深瓦甑接鍋口, 以紙筋杵石灰泥, 甑封并鍋口, 勿令通氣.

候乾, 下小便納鍋中七八分以來, 竈下用焰火煮之. 若湧出卽少少添冷小便. 候煎乾, 卽人中白也.

入好罐子內如法, 固濟, 入炭爐中煅之, 旋取二三兩, 再研如粉. 煮棗膏和丸如綠豆大. 每服五七丸, 漸加至十五丸, 空心溫酒或鹽湯下.

其藥常要近火, 或時復養火三五日, 則功效更大也.

陰陽二鍊丹

石林 [132] 水雲錄 世之鍊秋

---

689 지근(紙筋) : 광목천 등을 짓찧어 만든 섬유질의 반죽. 막음질에 사용된다.

690 불 기르기[養火] : 불기운을 약효로 취한다는 의미로, 오줌버캐가 든 약탕관을 화롯불에 달구는 과정을 가리킨다. 불기운을 머금으면 좋은 약이 되는 것이라는 생각이 들어 있다.

691 섭몽득(葉夢得) : 1077~1148. 중국 송나라 때의 관료. 말년에 영롱산(玲瓏山) 석림(石林)에 은거하여 석림거사(石林居士)라 불렸다.

692 수운록(水雲錄) : 섭몽득의 저술.

693 《本草綱目》 卷52 〈人部〉 "秋石", 2948쪽.

[132] 手毛……石林 : 오사카본에는 해당 부분 페이지가 결락되어 있다.

석(秋石, 오줌버캐)을 정련하는 이들은 화련(火鍊) 1가지 법만 알고 있지만, 이 약은 반드시 음련법[陰鍊法, 곧 수련법(水鍊法)]과 양련법[陽鍊法, 곧 화련법(火鍊法)] 두 가지를 함께 거쳐야 비로소 훌륭한 약이 된다.

화련은 양 중의 음이 화기를 얻어 응결되고, 물에 들어가면 풀려 실체가 없어지게 된다. 그러므로 대개 바탕은 제거되고 맛만 남으니, 이는 리(離, ☲)괘 중의 허[‒‒]를 말한다.

수련(水鍊)은 음 중의 양이 수기를 얻어 응결되고, 햇볕을 쬐면 촉촉해져 천 년 동안 불변한다. 그러므로 맛은 제거되고 바탕만 남으니, 이는 감(坎, ☵)괘 중의 실[—]을 말한다.

이 2가지는 모두 심장과 신장 두 장기에서 나와 소장으로 흘러간다. 수기와 화기는 등사(螣蛇)[694]와 현무(玄武)[695]의 정기(正氣)인데, 외부에서 천지의 수기와 화기를 빌림으로써 응결되어 실체가 된다. 이를 복용하면 다시 태양(太陽, 방광)·상화(相火, 삼초)의 두 장기를 보하니[696], 참으로 명(命)을 기르는 근본이 된다. 빈속에 양련단(陽鍊丹)을 복용하고, 한낮에 음련단(陰鍊丹)을 복용한다. 이 방법은 들이는 힘을 극히 절약하면서 보통의 방법과는 효력을 비교할 수 없다. 오랜 질병에 복용해도 모두 낫는다.

石者, 但得火鍊一法. 此藥須兼陰陽二鍊, 方爲至藥.

火鍊, 乃陽中之陰, 得火而凝, 入水則釋, 歸于無體, 蓋質去味存, 此離中之虛也.

水鍊, 乃陰中之陽, 得水而凝, 遇曝而潤, 千歲不變, 味去質留, 此坎中之實也.

二物, 皆出乎心腎二臟而流于小腸. 水火, 螣蛇、玄武正氣, 外假天地之水火, 凝而爲體. 服之, 還補太陽、相火二臟, 眞爲養命之本. 空心服陽鍊, 日午服陰鍊. 此法極省力, 與常法功用不侔, 久疾服之, 皆愈.

---

694 등사(螣蛇) : 12천장(天將, 도교에서 하늘을 관장하는 수호신)의 2번째 신으로, 정사(丁巳)를 상징하며 불을 다스린다.

695 현무(玄武) : 12천장의 10번째 신으로, 계해(癸亥)를 상징하며 물을 다스린다.

696 이를……보하니 : "삼초는 소양상화의 기를 가지고 태양방광경을 따라 하행하면서 수의 장, 곧 신장을 따뜻하게 하므로 수 기운이 하체에서 왕성하게 된다(三焦少陽相火, 隨太陽膀胱之經下行, 而溫水髒, 水旺於下, 故下焦如瀆)."고 하는 《소문현해(素問懸解)》 12장상사론(十二臟相使論)의 설명을 참조하여 해석하였다.

① 양련법(陽鍊法) : 소변 10여 석을 각 통에 담아 1석마다 조각[皂莢] 달인 물을 1사발씩 넣어 대나무 막대로 급히 수백 번 젓고 가라앉힌다. 맑아지면 맑은 물은 버리고 앙금[湴]만 남겨두었다가 합하여 1통을 만든다. 앞의 방법대로 저었다가 맑게 가라앉으면 앙금만 남기는 식으로 하여 진한 즙 10~20승를 얻는다. 이를 깨끗이 걸러 솥 안에 넣고 마르도록 졸인 다음 오줌버캐를 긁어내어 곱게 찧는다.

다시 맑은 맹물을 끓여 버캐가루를 녹인 뒤에 대나무소쿠리에 종이를 깔고 여과하여 다시 달인다. 이처럼 여러 번 하여 색이 다만 눈처럼 희게 되어야 바로 그친다. 이를 사기합에 넣고 단단히 막은 다음 불로 달구어 약의 바탕이 완성되면 기울여 꺼낸다. 만약 약이 완성되지 않으면 다시 1~2번 달군다.

영롱한 옥과 같은 색이 되면 곱게 갈아 사기합에 넣고 단단히 막는다. 이를 불꽃 끝에만 닿게 하여 7일 밤낮이 지나면 꺼내어 흙 위에 펼쳐놓는다. 이렇게 화독을 제거하고 가루 낸 뒤, 대추고로 벽오동 씨크기의 환을 만든다. 빈속에 따뜻한 술로 30환씩 넘긴다.

② 음련법(陰鍊法) : 소변 4~5석을 큰 항아리에 담고 새로 길어온 물을 항아리의 절반이 되도록 넣어 천 번을 젓고 맑게 되도록 두었다가 맑은 물은 버리고 앙금만 남겨둔다. 또 새로 길어온 물을 넣고 저어 맑게 한 다음 다만 냄새가 없어질 때까지 기다렸다가 이분(膩粉, 수은가루) 같은 것이 맑게 가라앉으면, 비로소 햇볕을 쬐어 말린 뒤 긁어내어 다시 간다.

陽鍊法 : 用水尿十餘石, 各用桶盛, 每石入皂莢汁一椀, 竹杖急攪百千下. 候澄, 去淸留湴, 幷作一桶, 如前攪澄, 取濃汁一二斗, 濾淨, 入鍋內熬乾, 刮下擣細.

再以淸湯煮化, 筲箕鋪紙淋過, 再熬, 如此數次, 直待色白如雪方止. 用砂盒固濟火煅, 成質傾出. 如藥未成, 更煅一二次.

候色如瑩玉, 細硏, 入砂盒內固濟, 頂火養七晝夜, 取出, 攤土上, 去火毒, 爲末, 棗膏丸梧子大. 每空心, 溫酒下三十丸.

陰鍊法 : 用人尿四五石, 以大缸盛, 入新水一半, 攪千回, 澄定, 去淸留湴. 又入新水, 攪澄, 直候無臭氣, 澄下如膩粉, 方以曝乾刮下, 再硏.

이를 남자아이를 먹이는 젖으로 고(膏)처럼 섞고 뜨거운 햇볕에 쬐어 말린다. 이는 대개 태양의 진기를 빌리는 과정이다. 이와 같이 9번 하고 가루 낸 뒤, 대추고로 반죽하여 벽오동씨크기의 환을 만든다. 매일 낮에 따뜻한 술로 30환씩 넘긴다.

【안 은(㴂)은 음이 은(憖)이다. 《이아(爾雅)》에서는 침전물(앙금)을 '은(㴂)'이라 했다697】

의학입문 698 추석을 정련하는 방법을 '취용호수법 (取龍虎水法, 남자아이와 여자아이의 소변 취하는 법)'이라 한다. 용은 목(木)에 속하고 호랑이는 금(金)에 속하니, 용과 호랑이는 곧 어린 남자아이와 여자아이를 지칭한다. 나이 13~14살이나 15~16살로서 질병이 없고 성 경험이 없는 아이를 골라 각각 깨끗한 방에 거주하게 하고 음식을 깨끗하게 먹이면서 자기그릇에 이들의 소변을 거두어 두었다가 1~2석이 모이면 정련하여 쓴다. 그런데 이런 방법은 공력이 매우 많이 드니, 단지 병이 없는 사람의 소변만 많이 모아도 정련하여 쓸 수 있다.

【안 유천화(劉天和)699의 《보수당활인경험방(保壽堂活人經驗方)》700에서 "남자아이와 여자아이의 소변을

以男兒乳和如膏, 烈日曬乾, 蓋假太陽眞氣也. 如此九度, 爲末, 棗膏和丸梧子大. 每日午, 溫酒下三十丸.

【案 㴂音憖. 《爾雅》, 澱謂之"㴂"】

醫學入門 鍊秋石, 謂之 "取龍虎水法". 龍屬木, 虎屬金, 卽童男、童女之稱. 擇年方十三四、十五六, 無疾病, 未破陰陽者, 各置淨室, 淸潔飮食, 用瓷器收[133]貯小便, 積至一二石, 鍊用. 但功力甚大, 只取無病人小便積多, 亦可鍊用.

【案 劉氏《保壽堂方》云: "取童男女小便, 必擇潔淨,

---

697 침전물을……했다 : 《爾雅註疏》卷5〈釋器〉(《十三經注疏整理本》24, 161쪽).
698 《東醫寶鑑》〈雜病篇〉卷9 "雜方" '香譜'(《原本 東醫寶鑑》, 600쪽).
699 유천화(劉天和) : 1479~1546. 중국 명나라의 관료. 왜구토벌과 민생안정 등의 공으로 병부상서(兵部尙書)·태자태보(太子太保) 등의 관직을 역임했다. 의학에도 관심이 많아 《보수당활인경험방(保壽堂活人經驗方)》·《상한육서(傷寒六書)》·《유과유췌(幼科類萃)》 등의 의서를 남겼다.
700 보수당활인경험방(保壽堂活人經驗方) : 유천화가 지은 의서. 돌림병·인후병(咽喉病)·부인병(婦人病) 등의 12가지 항목의 병증에 관하여 서술되어 있다.
[133] 收 : 저본에는 "水". 《東醫寶鑑·雜病篇·雜方》에 근거하여 수정.

받을 때는 반드시 정결하면서도, 기가 막히거나 질병이 없는 아이들을 골라 목욕시키고 옷을 갈아입힌 다음 각각 한 방에 모아두고 깨끗한 음식과 끓인 소금물을 준다. 파·마늘·부추·생강·매운 음식물·비린 음식물을 금한다."라 했다. 또 "추석을 졸인 뒤에 깨끗한 향과 진한 젖을 섞고, 낮에는 햇볕을 쬐고 밤에는 이슬을 맞힌다. 다만 마르면 곧 젖을 더하면서 해의 정기(精氣)와 달의 화기(華氣)를 취하기를 꼬박 49일을 채우면 거두어 약을 배합한다."[701]라 했다】

無滯氣疾病者, 沐浴更衣, 各聚一室, 用潔淨飲食、鹽湯與之. 忌蔥、蒜、韭、薑、辛辣、羶腥之物." 又云: "熬成秋石後, 和潔淨香、濃乳汁, 日曬[134]夜露, 但乾卽添乳汁, 取日精月華, 四十九日數足, 收貯配藥[135]."】

본초강목[702] 《분문쇄쇄록(分門瑣碎錄)》[703]에서 "추석은 맛이 짜고 혈로 내달려, 수기가 화기를 제어하지 못하게 하므로 오래 복용하면 갈증을 일으킨다."[704]라 했다. 대개 이 약은 여러 번 달구고 정련하여 그 기가 따뜻함에 가깝다. 복용하는 사람은 대부분 음탕한 욕심이 있는 사람이므로 이 약에 기대어 성행위를 함부로 하다가 허양(虛陽)[705]이 멋대로 일어나고 진수(眞水)가 더욱 마르니, 어찌 갈증이 나지 않을 수 있겠는가? 오직 단전이 허랭한 사람만이 복용해야 좋다.

本草綱目 《瑣碎錄》云: "秋石, 味鹹走血, 使水不制火, 久服令人成渴疾." 蓋此物 屢經煅煉, 其氣近溫. 服者 多是淫慾之人[136], 藉此放肆, 虛陽妄作, 眞水愈涸, 安得不渴耶? 惟丹田虛冷者, 服之可耳.

---

701 남자아이와……배합한다 :《本草綱目》卷52〈人部〉"秋石", 2949쪽.

702《本草綱目》卷52〈人部〉"秋石", 2947쪽.

703 분문쇄쇄록(分門瑣碎錄) : 중국 남송(南宋)의 온혁(溫革, ?~?)이 지은 농서. 농사와 일상생활에 관련된 여러 가지 내용이 수록되어 있다.

704 추석은……일으킨다 : 출전 확인 안 됨.

705 허양(虛陽) : 화기가 치밀어 양기를 제어하지 못하기 때문에 성욕이 계속 일어나는 증상.

[134] 曬 : 저본에는 "洗". 오사카본·《本草綱目·人部·秋石》에 근거하여 수정.

[135] 配藥 : 저본에는 없음.《本草綱目·人部·秋石》에 근거하여 보충.

[136] 人 : 저본에는 없음.《本草綱目·人部·秋石》에 근거하여 보충.

9-43) 추빙유분환(秋氷乳粉丸, 추석의 정수와 유분을 사용하여 원양을 단단하게 하는 환약)

이진당경험방(頤眞堂經驗方) 706 707 원양(元陽)을 단단하게 하고, 근골을 건장하게 하고, 수명을 늘려 늙지 않으며, 온갖 병을 물리친다.

추빙(秋氷, 추석의 정수) 0.5냥, 초산으로 남자아이를 낳고 나오는 젖(햇볕에 말려 가루 낸 것) 0.5냥, 초산으로 여자아이를 낳고 나오는 젖(햇볕에 말려 가루 낸 것) 0.5냥, 유향 0.25냥, 사향 0.01냥을 가루 낸 뒤, 졸인 꿀로 반죽하여 가시연밥크기의 환을 만든다. 이를 금박으로 옷을 입혀 오금지(烏金紙)708로 싸고 황랍을 바른 상자에 담아 공기가 새지 않도록 한다. 매달 젖에 녹여 1환씩 복용하고, 날마다 젖을 마셔 효과를 돕는다.

추빙법(秋氷法) : 남자아이와 여자아이의 소변앙금 각 1통을 큰 솥에 넣은 다음 뽕나무 태운 불로 졸이다가 마르면 긁어내린 뒤 강물 1통을 넣고 저어 녹인다. 종이를 대고 여과한 다음 다시 졸여 긁어내린 뒤 다시 물을 붓고 여과하여 정련한다. 이와 같이 7번 하면 그 색이 서리처럼 희게 되며, 간혹 1근이 나온다.

이를 약탕관에 넣고 위에 철 등잔을 덮어 고정시킨

秋氷乳粉丸

頤眞[137]堂經驗方 固元陽, 壯筋骨, 延年不老, 却百病.

用秋氷五錢、頭生男乳(曬粉)五錢、頭生女乳(曬粉)五錢、乳香二錢五分、麝香一分, 爲末, 煉蜜丸芡子大. 金箔爲衣, 烏金紙包, 黃蠟匱收, 勿令洩氣. 每月用乳汁化服一丸, 仍日飮乳汁助之.

秋氷法 : 用童男、童女尿逕各一桶入大鍋內, 桑柴火熬, 乾刮下, 入河水一桶, 攪化, 隔紙淋過, 復熬刮下, 再以水淋鍊之. 如此七次, 其色如霜, 或有[138]一斤.

入罐內, 上用鐵燈盞蓋定,

---

706 이진당경험방(頤眞堂經驗方) : 미상.
707 《本草綱目》卷52 〈人部〉 "秋石", 2948쪽.
708 오금지(烏金紙) : 검은색 종이에 구리와 금을 섞어 만든 금박을 붙인 종이로, 배접·표구·포장 등에 사용된다. 오금(烏金)은 구리에 1~10%의 금을 합금한 금속이다.
[137] 眞 : 저본에는 "貞". 《本草綱目·人部·秋石》에 근거하여 수정.
[138] 有 : 저본에는 "以". 《本草綱目·人部·秋石》에 근거하여 수정.

다음 소금기 있는 진흙으로 단단히 막아 향을 3심지 태우는 동안 두들겨 추석이 올라오게 하고 나서 추석의 색이 옥처럼 흰 상태를 보면 이 추석을 다시 간다.

다시 앞의 방법대로 등잔을 덮어 두들겨 올라오게 하고, 등잔 위에는 물로 천천히 문지른다. 이때 많이 문지르면 안 되니, 많이 문지르면 응결되지 않기 때문이다. 적게 문질러도 안 되니, 적게 문지르면 올라오지 않기 때문이다. 진시(辰時, 오전 7시~9시)부터 미시(未時, 오후 1시~3시)까지 불을 빼고 식힌 다음 등잔 위에 올라온 것이 추빙(秋氷)이다.

추빙은 맛이 담박하고 향기로우니, 바로 추석의 정수[精英]이다. 추빙을 복용하면 신장의 수기를 자양하고 원양(元陽)을 단단하게 하며 담으로 인한 화기를 내려준다. 등잔으로 올라오지 않은 것은 곧 평범한 추석이다. 평범한 추석의 맛은 짜고 쓰며, 고기에 찍어 먹으면 또한 조금 보해주는 효과가 있다.

鹽泥固濟, 升打三炷香, 看秋石色白如玉, 再研.

再如前升打, 燈盞上用水徐徐擦之. 不可多, 多則不結 ; 不可少, 少則不升. 自辰至未, 退火冷定, 其盞上升起者, 爲秋氷.

味淡而香, 乃秋石之精英也. 服之, 滋腎水, 固元陽, 降痰火, 其不升者, 卽尋常秋石也. 味鹹苦, 蘸肉食之, 亦有少補.

9-44) 추석오정환(秋石五精丸)

秋石五精丸

보수당활인경험방 709 항상 복용하면 몸을 보익한다.

추석 1냥, 연육 6냥, 진천(眞川)710의 초홍(椒紅, 천초의 껍질) 0.5냥, 소회향 0.5냥, 백복령 2냥을 가루 낸 뒤, 대추살로 반죽하여 벽오동씨크기의 환을 만든다. 30환씩 끓인 소금물이나 따뜻한 술로 빈속에 넘긴다.

保壽堂經驗方 常服補益. 秋石一兩、蓮肉六兩、眞川椒紅五錢、小茴香五錢、白茯苓二兩, 爲末, 棗肉和丸梧子大. 每服三十丸, 鹽湯溫酒空心下.

709《本草綱目》卷52〈人部〉"秋石", 2949쪽.
710 진천(眞川) : 지금의 중국 섬서성(陝西省) 연안시(延安市) 남고현촌(南固縣村) 일대.

9-45) 접명단(接命丹)

接命丹

섭생중묘방(攝生衆妙方) 711 712 남자와 부인의 기혈이 쇠약해져 담(痰)으로 인한 화기가 치밀어 오르고 허손해지는 증상을 치료한다.

攝生衆妙方 治男婦氣血衰弱, 痰火上升, 虛損之症.

젖 2잔(향이 좋고 달며 흰 것이 좋다)을 좋은 배즙 1잔과 고루 섞고 은그릇이나 돌그릇에다 단번에 팔팔 끓인다. 매일 5경(五更, 오전 3시~5시)에 1번 복용하면 담을 삭이고 허증을 보하며, 혈을 생성하고 수명을 늘린다. 이 처방은 사람에게서 나온 것(젖)으로 사람을 보하니[以人補人], 그 빼어남이 더할 나위가 없다.

用人乳二杯(香甜白者爲佳), 以好梨汁一杯和均, 銀、石器內頓滾滾. 每日五更一服, 能消痰補虛, 生血延壽. 此乃以人補人, 其妙無加.

종행서(種杏書) 713 714 젖 2잔, 좋은 청주 0.5잔을 은그릇이나 돌그릇에 넣고 1번 끓도록 달인 다음 빈속에 단번에 복용한다. 여러 허손으로 인한 오로(五勞)와 칠상(七傷)을 치료한다.

種杏書 人乳二盞、好淸酒半盞, 入銀、石器內, 煮一沸, 空心頓服. 治諸虛百損五勞七傷.

【안 다른 처방 : 좋은 젖 2잔, 좋은 술(또는 배즙·생강즙을 합한 것) 2잔을 함께 1번 끓도록 달인 것을 '유주고(乳酒膏)'라 한다715】

【案 一方：好乳汁二盞、好酒(或梨汁、生薑汁合)二盞, 同煮一沸, 名"乳酒膏"】

한씨의통(韓氏醫通) 716 717 젖을 복용하면 심장의 기

韓氏醫通 服人乳, 大能益

---

711 섭생중묘방(攝生衆妙方) : 중국 명나라의 장시철(張時徹, 1500~1577)이 지은 종합의서. 보양(補養)·풍병(風病)·상한(傷寒) 등 47개 항목으로 분류되어 있다.

712 《本草綱目》卷52〈人部〉"乳汁", 2951~2952쪽.

713 종행서(種杏書) : 미상.

714 《東醫寶鑑》〈雜病篇〉卷4 "虛勞" '單方'(《原本 東醫寶鑑》, 456쪽).

715 좋은……한다 : 출전 확인 안 됨.

716 한씨의통(韓氏醫通) : 중국 명나라의 의사 한무(韓懋, 1441~1522)가 지은 의서. 맥결(脈訣)·처방(處方)·가정의료·약의 성질 등을 수록한 종합의서이다.

717 《本草綱目》卷52〈人部〉"乳汁", 2951쪽.

를 크게 더해주거나, 뇌수를 보해주고, 소갈을 멎게 할 수 있다. 풍화로 인한 병증을 치료하여 노인을 보양하는 데 더욱 좋다.

1번 흡입할 때마다 곧 종이로 콧구멍을 막고, 입술을 눌러 치아를 붙이고 입 안에 고루 굴려 젖과 침을 서로 섞는다. 그런 다음에 콧속으로 흡입하여 기가 명당혈(明堂穴, 두 눈썹 가운데의 혈자리)에서 뇌로 들어가게 한 뒤, 비로소 천천히 젖과 침을 삼킨다. 이와 같이 5~7번 흡입하는 것을 1번으로 한다. 입 안에 고루 굴려 흡입하지 않으면 타락을 마시는 것과 무엇이 다르겠는가? 단지 장과 위에 머물고 말 뿐이다.

心氣, 補腦髓, 止消渴. 治風火證, 養老尤宜.

每用一吸, 卽以紙塞鼻孔, 按脣貼齒而漱, 乳與口津相和. 然後以鼻內引上吸[139], 使氣由明堂入腦, 方可徐徐嚥下. 如此五七吸, 爲一度. 不漱[140]而吸, 何異飮酪? 止于腸胃而己.

본초강목 718 젖은 일정한 성질이 없다. 젖이 나오는 사람이 화평하고 먹는 음식이 담백하면 그 젖이 반드시 화평하다. 반면 사람이 포악하고 급하며 술과 매운 음식을 마시고 먹는 데다가 간혹 화병이 있으면 그 젖이 반드시 뜨겁다. 일반적으로 젖을 복용할 때는 반드시 뜨겁게 마셔야 한다. 만약 젖을 햇볕에 쬐어 말려 가루 낸 뒤, 약에 넣으면 더욱 좋다.

本草綱目 人乳無定性. 其人和平, 飮食沖淡, 其乳必平 ; 其人暴躁, 飮酒食辛, 或有火病, 其乳必熱. 凡服乳, 須熱飮. 若曬曝爲粉, 入藥尤佳.

명의별록 719 전한(前漢)의 장창(張蒼)720은 늙어서 이가 없었기 때문에 처첩 100여 명을 두고 항상 인유

名醫別錄 漢 張蒼年老無齒, 妻妾百數, 常服人乳,

---

718 《本草綱目》, 위와 같은 곳.

719 《本草綱目》, 위와 같은 곳.

720 장창(張蒼) : B.C. 253~B.C. 152. 중국 진(秦)나라 때 어사(御史)를 지내다가 한 고제(高帝)에게 가담하였고, 문제(文帝) 때 승상(丞相)이 되었다. 음율과 역법에 밝았으며 100살이 넘어 죽었다.

[139] 引上吸 : 저본에는 없음. 《本草綱目·人部·乳汁》에 근거하여 보충.

[140] 漱 : 저본에는 "嗽". 《本草綱目·人部·乳汁》에 근거하여 수정.

를 복용하였다. 나이가 100여 살이 되어서도 표주 박처럼 몸에 살이 쪘다.

年百餘歲, 身肥如瓠.

10) 배꼽 단련하여 수명 늘리는 방법

煉臍延壽方

10-1) 장생연수단(長生延壽丹)

長生延壽丹

[의학입문][721] 무릇 사람의 배꼽은 생명을 받는 처음에 아버지의 정(精)과 어머니의 혈(血)이 서로 응결되어 생긴다. 태아가 어머니 뱃속에 있을 때는 어머니가 숨을 내쉬면 아기도 내쉬고, 어머니가 들이쉬면 아기도 들이쉬므로 이 한몸의 탯줄은 꽃과 열매가 가지에 달려 있을 때 서로 통하는 꼭지와 같다.

[醫學入門] 夫人之臍也, 受生之初, 父精母血相受凝結以成. 胞胎在母腹中, 母呼兒呼, 母吸兒吸, 是一身臍帶, 如花果在枝而通蒂也.

태어난 뒤에는 입으로 호흡하여 배꼽의 문이 저절로 닫히고, 자란 뒤에는 배꼽 밖으로는 정(精)과 신(神)을 소모하고, 안으로는 생것과 냉기에 상하여 진기가 통하더라도 기의 소통이 화창하지 못하게 된다. 배꼽을 훈증하여 배꼽의 꼭지를 단단하게 하는 일은 물을 대어 주고 흙을 북주면 초목이 저절로 무성해지는 이치와 같다.

旣生之後, 從口呼吸, 臍門自閉, 旣長之後, 外耗精神, 內傷生冷, 眞氣不得條暢, 所以蒸臍固蒂, 如水灌土培, 草木自茂壯也.

사람이 항상 정해진 방법에 따라 배꼽을 훈증하면 영위(榮衛)가 조화롭고, 혼백(魂魄)이 안정되며, 한기와 더위가 침범하지 않고, 신체가 가볍고 건강해지니, 그 가운데에 신묘함이 있다.

人常依法熏蒸, 則榮衛調和, 安魂定魄, 寒暑不侵, 身體輕健, 其中有神妙也.

인삼·부자·후추 각 0.7냥, 야명사(夜明砂)[722]·몰

人蔘·附子·胡椒各七錢、

---

[721]《東醫寶鑑》〈外形篇〉 "臍" '煉臍延壽'(《原本 東醫寶鑑》, 277쪽);《醫學入門》卷1〈針灸〉 "煉臍法", 240~242쪽.

[722] 야명사(夜明砂) : 박쥐똥을 말린 것.

약·호랑이뼈·뱀뼈·용골(龍骨)723·오령지(五靈脂)724·백부자(白附子)725·주사·사향 각 0.5냥, 청염·회향 각 0.4냥, 정향·웅황(雄黃)726·유향·목향 각 0.3냥.

이상의 약미들을 가루 낸 뒤, 따로 흰밀가루로 가락을 만들어 배꼽 위에 동그라미 모양으로 둥글게 놓는다. 앞의 약가루를 3등분으로 나누고 그 안에서 1/3을 취하여 준비한다. 먼저 사향가루 0.05냥을 배꼽 안에 메워 넣는다. 그런 뒤에야 약가루 1/3을 밀가루 동그라미테두리 안에 넣고 약을 눌러 단단하게 한 다음 가운데에 몇 개의 구멍을 낸다. 밖으로는 회화나무껍질 1쪽을 약 위에 덮고 쑥뜸을 무시로 뜨고, 뜸이 다 타면 다시 새로 뜬다.

뜸의 열기가 몸에 투과하면 환자가 반드시 취한 것처럼 몸이 나른하게 가라앉는다. 뜸을 50~60장 뜨면 온 몸에 땀이 많이 난다. 만약 땀이 나지 않으면 병이 없어지지 않은 것이니, 다시 3~5일 뒤에 또 땀이 날 때까지 뜸을 뜬다.

풍한을 삼가고, 날 음식·찬 음식·기름진 음식을 경계하면서 1개월 동안 보양하면 온갖 병이 모두 제거되고 수명을 늘린다. 부인이 배가 차가워서 자식

夜明砂·沒藥·虎骨·蛇骨·龍骨·五靈脂·白附子·朱砂·麝香各五錢、靑鹽·茴香各四錢、丁香·雄黃·乳香·木香各三錢.

右爲末, 另用白麵作條, 圈於臍上. 將前藥一料分爲三分, 內取一分, 先塡麝香末五分, 入臍孔內, 乃將一分藥, 入麵圈內, 按藥令緊, 中揷數孔. 外用槐皮一片蓋於藥上, 以艾火灸之無時, 損則易壯.

其熱氣透身, 患人必倦沈如醉. 灸至五六十壯, 遍身大汗. 苟不汗則病未除, 再於三五日後, 又灸至汗出爲度.

愼風寒, 戒生冷·油膩, 保養一月, 百病皆除, 益壽延年. 婦人腹冷無子, 尤宜此

---

723 용골(龍骨) : 고대의 포유동물뼈가 변화하여 탄산칼슘이나 인산염광물화가 된 약재.

724 오령지(五靈脂) : 날다람쥐똥을 말린 것. 이질·하혈 등에 효과가 있다.

725 백부자(白附子) : 미나리아재비과의 식물로, 덩이뿌리를 약재로 사용한다. 부자와 유사하게 생겼으나 다른 식물이다.

726 웅황(雄黃) : 황 화합물인 삼류화비소를 주성분으로 하는 광물. 살균작용이 있다.

이 없으면 더욱 이 뜸을 떠야 좋다. 이때는 사향을 빼고 소뇌(韶腦, 용뇌의 일종) 0.1냥을 더한다.

灸, 去麝香, 加韶[141]腦一錢.

10-2) 접명단(接命丹)

의학입문 [727] 단전을 기르고, 좌우의 신장을 도우며, 정수를 더해주고 보함으로써 노화를 막아 젊어지게 하고, 병을 물리치고 수명을 늘린다.

큰 부자 1개를 8조각으로 잘라 베로 싼다. 감초·감수(甘遂)[728] 각 2냥을 두드려 부순다. 소주 2근에 이 약미들을 함께 12시간 동안 담근 다음 중간 불로 술이 마를 때까지 달인다. 부자만 취하고, 감초·감수를 제거하고 사향 0.03냥을 더하여, 천여 번을 찧은 다음 환을 2개 만들어 그늘에 말린다. 그중 1환은 배꼽에 넣고 7일이 지나면 갈아준다. 갈아줄 1환은 합 속에 잘 넣어둔다.

接命丹

又 養丹田, 助兩腎, 添精補髓, 返老還童, 却病延年.

大附子一枚, 切作八片, 以布包定, 用甘草·甘遂各二兩, 槌碎, 燒酒二斤共浸半日, 文武火煎酒乾爲度, 取起附子, 去草·遂, 加麝香三分, 槌千餘下, 分作二丸, 陰乾. 納一丸於臍中, 七日一換, 一丸則放盒內養之.

10-3) 소접명훈제비방(小接命熏臍秘方)

만병회춘 [729] 무릇 사람은 정과 혈에 힘입어 형태를 이룬다. 사람이 태반에 있을 때는 오직 탯줄로 어머니의 기와 서로 통하며 어머니를 따라 호흡한다. 10개월이 지나면 태반을 벗고 점점 자라 성인이 되고

小接命熏臍秘方

萬病回春 [142] 夫人賴精血而成形. 其在[143]胞胎, 惟有臍帶, 與母氣相通, 隨母呼吸. 十月脫胎, 漸長成

---

727 《東醫寶鑑》〈外形篇〉"臍" '煉臍延壽'(《原本 東醫寶鑑》, 2778쪽);《醫學入門》卷1〈針灸〉"接命丹", 242쪽.

728 감수(甘遂) : 대극과의 여러해살이풀로, 중국에서 난다. 뿌리줄기를 약용하며, 우리나라에서 나는 개감수를 대용으로 쓰기도 한다.

729 《東醫寶鑑》〈外形篇〉"臍" '煉臍延壽'(《原本 東醫寶鑑》, 277~278쪽);《萬病回春》卷4〈補益〉"彭祖小接命熏臍秘方"(《龔廷賢醫學全書》, 316쪽).

[141] 韶 : 저본에는 "小". 《醫學入門·針灸·煉臍法》에 근거하여 수정.

[142] 萬病回春 : 저본에는 "又". 《東醫寶鑑·外形篇·臍》에 근거하여 수정.

[143] 在 : 저본에는 "外". 《東醫寶鑑·外形篇·臍》에 근거하여 수정.

칠정과 육욕(六慾)730이 안팎으로 침입하여 진원(眞元, 사람 몸의 원기)을 잃고 몸이 손상되어 목숨을 잃으니, 참으로 애석할 만하다.

내가 세상 사람들을 애처롭고 안타깝게 여겨 좋은 처방을 특별히 전한다. 이 약은 바탕을 튼튼하게 하고 신체를 보호하며 본원(本源)을 훈증하여 온갖 병을 물리치는데, 그 효과가 신통하다. 매년 추석에 1번 훈증하면 병을 물리치고 수명을 늘린다.

유향·몰약·쥐똥·청염(양쪽 끝이 뾰족한 것)·속단 각 0.2냥, 사향 0.01냥.

이상의 약미들을 가루 낸 뒤, 환자를 배불리 먹이고 반듯이 눕힌다. 메밀가루와 물을 반죽하여 지름 1촌 남짓의 동전모양 덩이를 만든다. 배꼽이 크면 덩이 지름을 2촌으로 한다. 반죽 안에 약가루를 넣고 배꼽 위에 둔 다음 회화나무껍질 1쪽으로 반죽과 약 위를 덮는다. 그 위에다 콩알 정도 크기의 쑥심지로 뜸을 뜨면 온갖 맥이 화창해지고 식은땀이 비 오듯 난다.

뜸을 뜰 때 아프게 하면 안 된다. 아프면 도리어 진기가 새나가기 때문이다. 뜸은 나이 수만큼 뜨고 그친다. 병이 없는 사람은 연일 뜸 뜨고, 병이 있는 사람은 3일에 1번 뜬다. 뜸뜰 때 배가 아프거나 소

人，七情、六慾內外交侵，喪失眞元，損軀喪命，良可惜也。

余哀悶世人，特傳良方，壯固根蒂，保護形軀，熏蒸本源，除却百病，其效如神。每年中秋日，熏蒸一次，却病延年。

乳香·沒藥·鼠[144]糞·靑鹽（兩頭尖）·續斷各二錢、麝香一分。

右爲末，令人食飽，仰臥，用蕎麥麵水，和捏一團，徑過寸餘，臍大則徑二寸。內入藥末，安臍上，用槐皮一片覆圍藥之上，以豆許艾壯灸之，百脈和暢，冷汗如雨。

不可令痛，痛則反泄眞氣。灸至行年歲數而止。無病者，連日灸之；有病者，三日一次。灸至腹內作痛作

---

730 육욕(六慾) : 색욕(色慾)·형모욕(形貌欲)·위의자태욕(威儀姿態慾)·언어음성욕(言語音聲欲)·세활욕(細滑慾)·인상욕(人相慾). 각각 빛깔, 미모, 행동에서의 애교, 언어·음성·노래, 이성의 살결, 이성의 인상에 대한 탐욕을 말한다.

[144] 鼠 : 저본에는 "假鼠". 《萬病回春·補益·彭祖小接命熏臍秘方》에 근거하여 수정.

리가 나고, 대변에 거품 같은 것이 나오면 그친다.

聲, 大便有涎[145]沫等物出爲止.

단지 미음만 복용하면서 기름기 없는 고기와 황주(黃酒)731로 약효를 돕는다. 만약 풍기가 있어 주리(腠理)732에 열이 몰리는 증상에는 여자의 초경 생리혈을 약에 섞으면 땀이 쉽게 나므로 질병이 그에 따라서 나을 것이다.

只服米湯, 兼食白肉、黃酒以助藥力. 若患風氣, 有鬱熱在腠理者, 加女子紅鉛[146]拌藥, 則汗易出而疾隨愈矣.

10-4) 서분구제법(鼠糞灸臍法, 쥐똥으로 배꼽 뜸 뜨는 법)

침구자생경(針灸資生經) 733 734 어떤 사람이 나이가 많은데도 얼굴이 어린아이 같았는데, 대개 매년 쥐똥으로 배꼽에 뜸을 1장씩 떴기 때문이다.

鼠糞灸臍法

資生經 有人年老而顔如童子者, 蓋每年以鼠糞灸臍中一壯故也.

10-5) 증제비묘방(蒸臍秘妙方, 배꼽찜질 비방)

준생팔전(遵生八牋) 735 736 오로(五勞)와 칠상(七傷) 및 여러 허손증을 치료하고 온갖 병을 제거한다.

사향 0.5냥, 정향 0.3냥, 청염 0.4냥, 유향 0.5냥, 몰약 0.5냥, 호랑이뼈 0.5냥, 뱀뼈 0.5냥, 용골 0.5냥, 목향 0.3냥, 웅황 0.3냥, 오령지 0.5냥, 소회향 0.5냥, 주사 0.5냥, 인삼 0.7냥, 큰 부자 0.7냥, 후추

蒸臍秘妙方

遵生八牋 治五勞七傷, 諸虛百損, 萬病脫除.

麝香五錢、丁香三錢、靑鹽四錢、乳香五錢、沒藥五錢、虎骨五錢、蛇骨五錢、龍骨五錢、木香三錢、雄黃三錢、

---

731 황주(黃酒) : 중국 발효주의 일종. 누룩·차조·찰수수 등으로 만들어 갈색이며 진하면 검은색에 가깝다.

732 주리(腠理) : 피부·근육·장기의 무늬나 조직 간의 결합부분. 피부의 뜻으로도 쓴다.

733 침구자생경(針灸資生經) : 중국 남송의 침구학자(針灸學者) 왕집중(王執中, 1140~1207)이 간행한 침구서. 여러 침구 문헌과 임상을 결합했다.

734 《東醫寶鑑》〈內景篇〉卷1 "身形" '灸臍法'(《原本 東醫寶鑑》, 81쪽) ; 《針灸資生經》卷3〈虛損〉, 107쪽.

735 준생팔전(遵生八牋) : 중국 명나라의 문인 고렴(高濂, 1573~1620)의 수필집. 일상생활·취미·의료 등의 다양한 내용이 수록되어 있다.

736 《遵生八牋》卷18〈靈秘丹藥牋〉下 "癆症方" '蒸臍秘妙方'(《遵生八牋校注》, 721쪽).

[145] 涎 : 저본에는 "□". 《東醫寶鑑·外形篇·臍》·《萬病回春·補益·彭祖小接命熏臍秘方》에 근거하여 보충.

[146] 鉛 : 저본에는 "□". 《東醫寶鑑·外形篇·臍》·《萬病回春·補益·彭祖小接命熏臍秘方》에 근거하여 보충.

0.7냥, 백부자 0.5냥, 야명사(박쥐똥) 0.5냥.

이상의 18가지 약미들을 가루 낸 뒤, 사용할 때에 기주(蘄州)[737]에서 나는 쑥으로 뜸을 뜬다. 이때 회화나무껍질 1쪽을 큰 동전크기로 만들고 약을 덮어 약미가 달아나지 않게 한다.

쓸 때마다 환자 배꼽 구멍의 깊이를 보고 먼저 사향을 0.001~0.002냥(釐, 1/10푼) 정도 배꼽에 메우고, 그다음 약을 채워 넣는다. 그 위에 메밀가루를 고루 반죽하여 테두리를 만든 뒤 이를 배꼽의 크기에 맞추어 둥글게 두른다. 이어서 배꼽 구멍에 약을 채워 누른 다음 다시 약을 테두리 안에 꽉 차도록 메운다.

그다음 은비녀 끝부분으로 배꼽 속의 약에 구멍을 몇 개 뚫고, 그다음 회화나무껍질을 덮는다. 껍질 위에는 쑥심지를 태워 뜸을 120장 뜨고 그친다. 온몸에 뜨거운 땀이 나면 온갖 병이 모두 흩어진다. 만약 땀이 나지 않으면 다시 뜸을 뜬다.

뜸을 뜬 뒤 1개월 남짓 동안 보양하며, 바람·한기·기름기 있는 음식·날 음식·찬 음식을 1개월 동안 접하지 않는다. 1년에 4번 배꼽을 훈증하면 온갖 병이 사라져 오래된 기침과 천식, 피를 토하는 증상, 한기로 인한 허로, 정액이 새고 소변이 뿌연

五靈脂五錢、小茴香五錢、朱砂五錢、人蔘七錢、大附子七錢、胡椒七錢、白附子五錢、夜明砂五錢.

右藥十八味爲末, 聽用次, 要蘄艾作灸壯, 槐皮一片如大錢, 蓋藥而取其不走藥味.

每用, 看人臍孔淺深, 先將麝香塡一二釐入臍中, 次將藥塡實, 上用蕎麥麵和均作箍, 照臍眼小大圈轉, 按實在臍四圍, 再將藥塡其中, 令滿着實.

次用銀簪脚, 挿臍中藥上數孔, 次蓋槐皮, 皮上以艾壯灸燒, 至一百二十壯爲止, 渾身熱汗, 百病皆散矣. 如汗不出, 再灸.

灸後, 保養月餘, 不見風寒、油膩、生冷一月. 一年四次蒸臍, 百病消除, 久嗽久喘, 吐血寒勞, 遺精白濁, 陽事不起, 下元冷弱,

---

737 기주(蘄州) : 중국 호북성(湖北省) 기춘현(蘄春縣) 남부 일대. 기주 약재시장이 지금까지 남아 있다.

증상, 발기부전, 하원(下元)이 차갑고 약해진 증상이 치료된다. 부인이 적대하(赤帶下)[738]나 백대하(白帶下)[739]로 오랫동안 자식이 없을 때도 모두 뜸을 뜨면 좋다. 단지 이때는 사향을 쓰지 않아야 효과가 빼어나다. 이는 선가의 처방이다.

痰火等疾. 婦人赤、白帶下久無子嗣, 俱可灸. 只不用麝香爲妙. 此仙方也.

11) 눈 밝게 하는 방법

11-1) 황정(黃精)

[태평성혜방][740] 황정 2근, 순무씨 1근(물에 인 것)을 9번 찌고 9번 햇볕에 말려 가루 낸다. 빈속에 미음으로 0.2냥씩 하루 2번 복용한다. 간을 보하고 눈을 밝게 하며 수명을 늘린다.

明目方

黃精

太平聖惠方 黃精二斤、蔓菁子一斤(淘), 九蒸九曝, 爲末. 空心, 每米飮下二錢, 日二服. 補肝明目, 延年益壽.

11-2) 청호자(靑蒿子, 개똥쑥씨)

[십편양방][741] 3월 3일이나 5월 5일에 청호화(靑蒿花, 개똥쑥꽃)나 청호자를 채취하여 그늘에 말려 가루 낸다. 정화수로 빈속에 0.2냥씩 복용한다. 오래 복용하면 눈이 밝아져 밤에도 책을 볼 수 있다. 이를 '청호산(靑蒿散)'이라 한다.

靑蒿子

十便良方 三月三日或五月五日, 采靑蒿花或子, 陰乾, 爲末. 每井華水空心服二錢. 久服明目, 可夜看書. 名"靑蒿[147]散".

11-3) 청상자(靑箱子, 맨드라미씨)

[사성본초(四聲本草)][742][743] 눈을 다스리는 데 쓰는 약

靑箱子

四聲本草 理眼有靑箱子丸.

---

738 적대하(赤帶下) : 여성의 질에서 붉은색 분비물이 밖으로 흘러나오는 증상. 혈(血)과 관련된 증상이라고 여겼다.
739 백대하(白帶下) : 여성의 질에서 흰색 분비물이 밖으로 흘러나오는 증상. 기(氣)와 관련된 증상이라고 여겼다.
740 《本草綱目》 卷12 〈草部〉 "黃精", 721쪽.
741 《本草綱目》 卷15 〈草部〉 "靑蒿", 946쪽.
742 사성본초(四聲本草) : 중국 당나라의 의사 소병(蕭炳, ?~?)이 지은 본초서. 약명을 사성(四聲)에 따라 배열하여 찾기 편리하게 했다고 한다. 현재 남아 있지 않다.
[147] 蒿 : 저본에는 "金". 《本草綱目·草部·黃精》에 근거하여 수정.

으로는 청상자환(靑箱子丸)이 있다.

본초연의 744 《신농본초》에서는 청상자가 눈을 치료한다고 말하지 않았다. 오직 《약성론(藥性論)》과 《일화자제가본초(日華子諸家本草)》745에서 처음 간을 치료하고 눈을 밝힌다고 말했다. 지금 사람들이 눈을 치료하는 데 많이 쓰므로 《신농본초》의 뜻과는 서로 맞지 않다.

本草衍義 靑箱子, 《經》不言治眼. 惟《藥性論》、《日華子》, 始言治肝明目. 今人多用治眼, 殊與《經》意不相當.

본초강목 746 청상자는 눈을 치료하는데, 결명자·현실(莧實, 비름씨)과 효과가 같다. 《신농본초》에 비록 눈을 치료한다는 말은 없지만 일명 '초결명(草決明)'이라 하고 입술과 입이 퍼렇게 된 증상을 치료한다고 했으니, 눈을 밝게 하는 효과를 알 수 있다.

눈은 간의 구멍이고 입술과 입이 퍼런 증상은 족궐음경(足厥陰經)의 증상이다. 옛 처방에서 열을 제거하는 데 또한 많이 썼으므로 청상자가 궐음경의 약이 된다는 사실도 알 수 있다. 더욱이 눈을 치료할 때도 종종 효험이 있었으니, 더욱 증거로 삼을 만하다.

《위략(魏略)747》에서 "초평(初平) 연간(190~192)에 청우선생(靑牛先生)이 청상자환(靑箱子丸)을 항상 복용했

本草綱目 靑箱子治眼, 與決明子、莧實同功. 《本經》, 雖不言治眼, 而云一名"草決明", 主脣口靑, 則其明目之功可知矣. 目者肝之竅, 脣口靑者足厥陰經之證. 古方除熱亦多用之, 靑箱子之爲厥陰藥, 又可知矣. 況用之治目, 往往有驗, 尤可徵據.

《魏略》云："初平中, 有靑牛先生, 常服靑箱子丸, 年

---

743 《本草綱目》 卷15 〈草部〉 "靑箱", 964쪽.

744 《本草綱目》, 위와 같은 곳.

745 일화자제가본초(日華子諸家本草) : 중국 북송 초기에 일화자(?~?)가 지은 본초서로, 《대명본초(大明本草)》라고도 한다. 현재 남아 있지 않다.

746 《本草綱目》, 위와 같은 곳.

747 위략(魏略) : 중국 삼국시대 위(魏)나라의 역사서. 현재 남아 있지 않고 《삼국지(三國志)》의 배송지(裴松之, 372~451) 주석에 일부 인용되어 있다.

는데, 나이가 100여 세인데도 50~60세 같았다."[748] 라 했다.

百餘歲, 如五六十老."

11-4) 시이실(菜耳實, 도꼬마리열매)

보제방 [749] 시이실 1승을 가루 낸 뒤, 백미 0.5승과 죽을 쑤어 매일 먹으면 눈이 밝아진다.

菜耳實

普濟方 一升爲末, 白米半 升作粥, 日食之, 明目.

11-5) 지황(地黃)

보제방 [750] 생지황·숙지황 각 2냥, 천초(붉은 것) 1냥 을 가루 낸 뒤, 꿀로 벽오동씨크기의 환을 만든다. 빈속에 끓인 소금물로 30환씩 넘긴다. 눈을 밝게 하고 신장을 보한다.

地黃

又 生芐·熟芐各二兩、川 椒(紅)一兩, 爲末, 蜜丸梧 子大. 每空心, 鹽湯下三十 丸. 明目補腎.

11-6) 맥문동(麥門冬)

본초습유 [751] 오래 복용하면 몸이 가벼워지고 눈이 밝아진다. 차전·지황을 섞어 환으로 복용하면 습 비(濕痺)[752]를 제거하고 흰 머리를 검게 바꾸며, 밤에 볼 때도 밝다.

麥門冬

本草拾遺 久服, 輕身明 目. 和車前、地黃丸服, 去 濕痺, 變白, 夜視有光.

11-7) 결명(決明, 결명자)

약성본초 [753] 결명자를 아침마다 1술씩 떠서 깨끗이 문지른 다음 빈속에 삼킨다. 100일 뒤에는 밤에도

決明

藥性本草 決明子, 每早取 一匙挼淨, 空心吞之. 百日

---

748 초평(初平)……같았다 : 출전 확인 안 됨.
749《本草綱目》卷15〈草部〉"菜耳", 991쪽.
750《本草綱目》卷16〈草部〉"地黃", 1023쪽.
751《本草綱目》卷16〈草部〉"麥門冬", 1034쪽.
752 습비(濕痺) : 습기로 관절이 저리고 쑤시는 병증. 땀이 많이 나고 팔다리에 힘이 없고 정신이 혼미해지는 등의 증상이 있다.
753《本草綱目》卷16〈草部〉"決明", 1057쪽.

물건을 밝게 본다.

　잎으로 나물을 만들어 먹으면 오장을 매끄럽게 하고 눈을 밝게 하는 데 매우 좋다.

태평성혜방 [754] 결명자 1승, 순무씨 2승을 술 5승에 달이고 햇볕에 말려 가루 낸다. 0.2냥씩 따뜻한 물로 하루에 2번 복용한다. 간을 보하고 눈을 밝게 한다.

11-8) 토사자(兎絲子)

태평성혜방 [755] 토사자 3냥을 술에 3일 담갔다가 햇볕에 말리고 가루 낸 뒤, 계란 흰자로 반죽하여 벽오동씨크기의 환을 만든다. 빈속에 따뜻한 술로 30환씩 넘긴다. 신장을 보하고 눈을 밝게 한다.

11-9) 지부자(地膚子, 댑싸리)

본초강목 [756] 허증을 보하고 눈을 밝게 한다. 지황 가루와 함께 복용한다.

11-10) 충울자(茺蔚子, 또는 충위자)

본초강목 [757] 곧 익모초다. 이 약물은 피를 잘 돌게 하고 음을 보하므로, 눈을 밝게 하고 정을 보탤 수도 있다. 일명 '익명(益明)'이다.

後, 夜見物光.

葉作荣食, 利五藏, 明目甚良.

太平聖惠方 決明子一升、蔓菁子二升, 以酒五升煮, 暴乾, 爲末, 每服二錢, 溫水下日二服, 補肝明目.

兎絲子

又 三兩酒浸三日, 暴乾, 爲末, 鷄子白和丸梧子大. 空心, 溫酒下三十丸. 補腎明目.

地膚子

本草綱目 補虛明目. 同地黃末服.

茺蔚子

又 卽益母草. 此物能活血補陰, 故能明目益精. 一名"益明".

754《本草綱目》卷16〈草部〉"決明", 1058쪽.
755《本草綱目》卷18〈草部〉"菟絲子", 1237쪽.
756《本草綱目》卷4〈百病主治藥〉"眼目", 277쪽.
757《本草綱目》卷15〈草部〉"茺蔚", 953쪽.

11-11) 제채(薺菜, 냉이)

본초강목 758 제채의 뿌리는 눈을 밝게 하고 위장을 돕는다.

薺菜

又 其根, 明目益胃.

11-12) 질려자(蒺藜子, 납가새)

도경본초 759 옛 처방에는 모두 가시가 있는 것을 썼다. 풍을 치료하고, 눈을 밝게 하는 데 가장 좋다.

蒺藜子

圖經本草 古方皆用有刺者. 治風明目, 最良.

외대비요 760 보간산(補肝散) : 30년 된 실명을 치료할 수 있다. 질려자를 7월 7일에 거두어 그늘에 말리고 찧어 가루 낸 뒤, 식후에 물로 1방촌시씩 하루 2번 복용한다.

外臺秘要 補肝散 : 可治三十年失明. 蒺藜子七月七日收, 陰乾, 擣散, 食[148]後, 水服方寸匕, 日二服.

11-13) 순무씨

외대비요 761 순무씨 1승을 물 9승에 달여 즙이 다 마르면 햇볕에 말린다. 이렇게 3번 하여 곱게 간다. 물로 1방촌시씩 하루 3번 복용한다. 또한 물에 갈아 쌀과 섞고 죽을 쑤어 먹어도 좋다.

蔓菁子

又 蕪菁子一升、水九升煮, 汁盡, 日乾, 如此三度, 研細. 水服方寸匕日三. 亦可研水和米煮粥食.

비급천금요방 762 항상 복용하면 눈이 밝아지고, 사람으로 하여금 위와 장을 꿰뚫어 보게 한다. 순무씨 3승을 식초 3승에 푹 달여 햇볕에 말리고 갈아서

千金要方 常服明目, 使人洞視腸胃. 用蕪菁子[149]三升, 以苦酒三升煮熟, 日

758 《本草綱目》卷27〈菜部〉"薺", 2648쪽.
759 《本草綱目》卷16〈草部〉"蒺藜", 1105쪽.
760 《本草綱目》卷16〈草部〉"蒺藜", 1104쪽.
761 《本草綱目》卷26〈菜部〉"蕪菁", 1614쪽.
762 《本草綱目》, 위와 같은 곳.
[148] 食 : 저본에는 "石".《本草綱目·草部·蒺藜》에 근거하여 수정.
[149] 子 : 저본에는 없음.《本草綱目·菜部·蕪菁》에 근거하여 보충.

체로 걸러 가루 낸다. 정화수로 1방촌시씩 하루 3번 복용한다. 금하는 것은 없다.

乾, 研篩末. 以井華水服方寸匕日三. 無所忌.

11-14) 복분자(覆盆子)

개보본초 [763] 간을 보하고 눈을 밝게 한다. 복분자를 찧고 체로 쳐서 아침마다 0.3냥씩 물로 복용하면 좋다.

覆盆子

開寶本草 補肝明目. 宜擣篩, 每朝水服三錢.

11-15) 마치현자(馬齒莧子, 쇠비름씨)

개보본초 [764] 눈을 밝게 한다. 선가의 경전에서 썼다.

馬齒莧子

又 明目. 仙經用之.

11-16) 석창포(石菖蒲)

구선신은서 [765] 석창포는 1동이를 책상 위에 두고 밤에 책을 보면 연기를 들이마셔도 눈에 해가 될 염려가 없다. 또는 이슬이 드는 곳에 두고 다음날 아침이 되어 잎끝에 달린 이슬로 눈을 씻으면 눈이 정말 잘 보인다. 이를 오래 행하면 한낮에도 별을 본다. 단오에 술로 복용하면 효과가 더욱 빼어나다.

石菖蒲

臞仙神隱書 石菖蒲置一盆於几上, 夜間觀書, 則收烟無害目之患. 或置星露之下, 至朝取葉尖露水洗目, 大能明視, 久則白晝見星. 端午日以酒服[150], 尤妙.

11-17) 파[蔥]

식의심경(食醫心鏡) [766] [767] 파씨 0.5승을 가루 낸 뒤, 1술씩을 끓인 물 1.5승에 넣고 찌꺼기를 제거하여

蔥

食醫心鏡 蔥子半升爲末, 每取一匙, 煎湯一升半去

763《本草綱目》卷18〈草部〉 "覆盆子", 1244쪽.
764《本草綱目》卷27〈菜部〉 "馬齒莧", 1658쪽.
765《本草綱目》卷19〈草部〉 "菖蒲", 1358~1359쪽.
766 식의심경(食醫心鏡) : 중국 당나라의 잠은(昝殷, ?~?)이 지은 의서. 음식으로 병을 치료하는 방법을 주로 다루었다.《식의심감(食醫心鑑)》이라고도 한다. 현재 남아 있지 않다.
767《本草綱目》卷26〈菜部〉 "蔥", 1588쪽.
[150] 酒服 : 저본에는 "服酒".《本草綱目·草部·菖蒲》에 근거하여 수정.

쌀을 넣고 죽을 쑤어 먹는다. 환으로 먹어도 된다. 꿀로 반죽하여 벽오동씨크기의 환을 만든다. 식후에 미음으로 10~20환씩 하루 3번 복용한다. 눈을 밝게 하며 속을 보한다.

滓, 入米煮粥食之. 亦可爲丸, 蜜丸梧子大. 食後米湯服一二十丸, 日三服. 明目補中.

명의별록 768 총백은 눈으로 돌아가 눈의 정기를 보태고, 간의 사기를 제거한다.

名醫別錄 蔥白歸目, 益目精, 除肝中邪氣.

11-18) 동과인(冬瓜仁, 동아씨)

식료본초 769 동과인 7승을 취하여 비단주머니로 싸서 3번 끓어오르도록 달인 물에 넣는다. 조금 뒤에 꺼내어 햇볕에 말리기를 3번 한다. 다시 맑은 식초에 1일 밤 동안 담갔다가 햇볕에 말려 가루 낸다. 하루에 1방촌시씩 복용한다. 사람을 살찌고 환하게 하며, 눈이 밝아지고, 수명을 늘려 늙지 않게 한다.

冬瓜仁

食療本草 取冬瓜仁七升, 以絹袋盛, 投三沸湯中, 須臾取曝乾, 如此三度. 又與淸苦酒漬之一[151]宿, 曝乾, 爲末. 日服方寸匕. 令人肥悅明目, 延年不老.

11-19) 지각(枳殼, 광귤나무과실)

보제방 770 밀기울로 볶은 지각 1냥을 가루 낸 뒤, 끓인 물을 부어 차 대신 먹는다. 기운을 잘 돌게 하고, 눈을 밝게 한다.

枳殼

普濟方 麩炒一兩爲末, 點湯代茶. 利氣明目.

11-20) 회화나무[槐]

도경본초 771 눈을 밝혀 눈이 흐릿한 증상을 제거한

槐

圖經本草 明目去昏. 十月

768《本草綱目》卷26〈菜部〉"蔥", 1582쪽.
769《本草綱目》卷28〈菜部〉"冬瓜", 1699쪽.
770《本草綱目》卷36〈木部〉"枳", 2083쪽.
771《東醫寶鑑》〈外形篇〉卷1"眼"'單方'(《原本 東醫寶鑑》, 230쪽);《本草綱目》卷35〈木部〉"槐", 2006쪽.
[151] 一 : 저본에는 "二".《本草綱目·菜部·冬瓜》에 근거하여 수정.

다. 10월 상순의 사일(巳日)에 회화나무열매를 채취하여 항아리 속에 넣은 다음 소쓸개즙에 담가 입구를 봉하고 100일 뒤에 꺼낸다. 1일째에는 1개를 빈속에 삼키고, 2일째는 2개, 3일째는 3개를 복용한다. 10일째에 10개를 먹으면 다시 1개부터 시작한다.

上巳日采槐角, 納缸中, 漬牛膽汁, 封口, 經百日取出. 初服一枚空心呑下, 再服二枚, 三日三枚. 十日服十枚, 還從一枚始.

11-21) 검정콩

비전안료용목론(秘傳眼科龍木論) [772] [773] 간이 허하여 눈이 어두운 증상을 치료한다. 12월에 잡은 암소의 쓸개에 검정콩을 담아 바람 부는 곳에 매달아두었다가 꺼내어 밤마다 21알씩 삼킨다. 오래 복용하면 저절로 눈이 밝아진다.

黑豆

龍木論 治肝虛目暗. 用臘月牡牛膽, 盛黑豆懸風處, 取出, 每夜呑三七粒. 久久自明.

11-22) 교요(翹搖) [774]

위생이간방 [775] 교요를 가루 낸 뒤, 감초 끓인 물로 0.2냥씩 하루 2번 복용한다. 피를 잘 돌게 하고 눈을 밝게 한다.

翹搖

衛生易簡方 漂搖豆爲末, 甘草湯服二錢, 日二服. 活血明目.

11-23) 단사(丹砂, 주사)

위생이간방 [776] 좋은 술 5승에 주사 5냥을 5일 동안 담갔다가 햇볕에 말려 갈고 가루 낸 뒤, 꿀로 반죽

丹砂

又 美酒五升浸朱砂五兩五宿, 日乾, 研末, 蜜丸小豆

---

772 비전안료용목론(秘傳眼科龍木論) : 작자 미상의 의서. 눈과 관련된 병을 주로 서술했다. 송(宋)나라 때 저술된 것으로 추정된다.

773 《本草綱目》 卷24 〈穀部〉 "大豆", 2506쪽.

774 교요(翹搖) : 중국 사천지방과 장강 이남 지역에서 자라는 식물. 열매는 완두콩과 비슷하다. 야잠두(野蠶豆)·표요(漂搖)라고도 한다.

775 《本草綱目》 卷27 〈菜部〉 "翹搖", 1670쪽.

776 《本草綱目》 卷9 〈金石部〉 "丹砂", 521쪽.

하여 팥크기의 환을 만든다. 20환씩 끓인 물로 넘긴다. 눈이 밝아지고, 몸이 가벼워진다. 오래 복용하면 효과가 있다.

大. 每服二十丸, 白湯下. 明目輕身, 久服見效.

11-24) 학뇌(鶴腦, 정수리가 붉은 학의 뇌)

포박자 [777] 학뇌와 천웅(天雄, 오두)·파씨를 섞어 복용한다. 사람의 눈이 밝아져 밤에도 글씨를 쓸 수 있다.

鶴腦

抱朴子 和天雄、蔥實服之. 令人目明, 夜能書字.

11-25) 돼지간[猪肝]

본초강목 [778] 간을 보하고, 눈을 밝게 한다.

猪肝

本草綱目 補肝明目.

11-26) 소간[牛肝]

명의별록 [779] 간을 보하고, 눈을 밝게 한다.

牛肝

名醫別錄 補肝明目.

11-27) 소쓸개[牛膽]

【안 소쓸개로 검정콩을 발효하여 빚는 법은 위에 보인다.[780] 회화나무씨를 발효하여 빚는 법은 위의 '초목 복용하는 방법'에 보인다】[781]

牛膽

【案 釀黑豆法見上. 釀槐子法見"服草木方"】

11-28) 양간(羊肝)

당본초 [782] 간을 보하고 눈을 치료한다. 새끼양의 간

羊肝

唐本草 補肝治目. 用子肝

---

777 《本草綱目》卷47 〈禽部〉 "鶴", 2558쪽.
778 《本草綱目》卷50 〈獸部〉 "豕", 2695쪽.
779 《本草綱目》卷4 〈百病主治藥〉 "眼目", 279쪽.
780 소쓸개로……보인다 : 위의 '11-21) 검정콩' 기사에 나온다.
781 회화나무씨를……보인다 : 《보양지》 권5 〈약이〉 "초목 복용하는 방법" '괴실'의 《본초강목》과 《의학입문》을 인용한 기사에 나온다.
782 《本草綱目》卷50 〈獸部〉 "羊", 2735쪽.

7개를 생으로 먹으면 효과가 신통하다. 또는 편으로 썰어 물에 담갔다가 환부에 붙인다.

七枚, 作生食, 神效. 亦切片水浸, 貼之.

삼원참찬연수서[783] 어떤 사람이 나이 80여 세가 되어서도 눈동자가 명료하여 밤에 작은 글씨를 읽었다. 그는 "따로 복용하는 약은 없고, 다만 어릴 때부터 가축이나 짐승의 간을 먹지 않았을 뿐이다."라 했다. 더러는 이 때문에 본초서에서 양의 간이 눈을 밝게 한다고 하는 것을 의심하기도 했다. 대개 양의 간이 눈을 밝게 하는 이유는 양의 본성 때문이다. 그러나 다른 짐승의 간은 그렇지 않다. 일반적으로 가축이나 짐승은 도살당할 때 간에 분노의 기가 모이기 때문에 간의 혈이 눈에 이롭지 않은 것은 당연하다.

三元延壽書 有人年八十餘, 瞳子瞭然, 夜讀細字. 云 : "別無服藥, 但自少不食畜獸肝耳." 或以本草羊肝明目而疑之. 蓋羊肝明目, 性也, 他肝則否. 凡畜獸臨殺之時, 忿氣聚於肝, 肝之血不利於目, 宜矣.

11-29) 영양뿔[羚羊角]

신농본초[784] 눈을 밝게 하고, 기를 더한다.

羚羊角

神農本草 明目益氣.

11-30) 주경환(駐景丸)

태평혜민화제국방[785] 질경이씨·숙지황(술에 쪘다가 불에 말린 것) 각 3냥, 토사자(술에 담근 것) 5냥을 가루 낸 뒤, 졸인 꿀로 벽오동씨크기의 환을 만든다. 따뜻한 술로 30환씩 하루 2번 복용한다. 간을 보하고, 시력을 더해준다.

駐景丸[152]

和劑局方 車前子·熟地黃 (酒蒸焙)各三兩、兔絲子 (酒浸)五兩, 爲末, 煉蜜丸 梧子大. 每溫酒下三十丸, 日二服. 補肝增目力.

783《本草綱目》, 위와 같은 곳.
784《本草綱目》卷51〈獸部〉"麢羊", 2735쪽.
785《本草綱目》卷16〈草部〉"車前", 1070쪽 ;《太平惠民和劑局方》卷7〈治眼目疾〉"駐景圓", 184쪽.
[152] 丸 :《太平惠民和劑局方·治眼目疾·駐景圓》에는 "圓".

11-31) 가미자주환(加味磁朱丸, 자석·주사를 더해 만든 환약) 加味磁朱丸

인재직지방론 [786] 오래 복용하면 눈을 밝게 하여 100살에도 작은 글씨를 읽을 수 있다.

자석(불에 달궈 식초에 담금질하기를 7번 하여 곱게 가루 낸 뒤, 수비한 것) 2냥, 주사(갈아서 수비한 것) 1냥, 침향 0.5냥. 이상의 약미들을 가루 낸 뒤, 신국가루 2냥으로 쑨 풀로 반죽하여 벽오동씨크기의 환을 만든다. 끓인 소금물이나 미음으로 30~50환을 빈속에 넘긴다.

자석은 수기(水氣)를 본받아 신장으로 들어가고, 주사는 화기를 본받아 심장으로 들어가며, 침향은 수기와 화기를 오르내리게 한다.

直指方 久服能明目, 百歲可讀細書.

磁石(煅醋淬七次, 細末, 水飛)二兩、朱砂(研水飛)一兩、沈香五錢. 右爲末, 神麴末二兩作糊和丸梧子大. 鹽湯或米飮下三五十丸, 空心.

磁石法水入腎, 朱砂法火入心, 沈香升降水火.

동의보감 [787] 다른 처방에서는 야명사(박쥐똥) 1냥을 더한다.

東醫寶鑑 一方加夜明砂一兩.

11-32) 익음신기환(益陰腎氣丸, 음의 신장 기운을 보태주는 환약) 益陰腎氣丸

의학정전 [788] 《황제내경》에서 "물의 주체를 건장하게 하여 지나친 양기를 진정시킨다."[789]라 했는데, 음기를 자양하는 것이 이 약이다.

숙지황 2냥, 생건지황(술에 적셨다가 불에 말린 것)·산수유 각 1냥, 오미자·마·목단피·시호·당귀미(술에 씻은 것) 각 0.5냥, 복신·택사 각 0.25냥.

醫學正傳 《經》曰"壯水之主, 以鎭陽光", 滋陰是也.

熟地黃二兩、生乾地黃(酒焙)·山茱萸各一兩、五味子·山藥·牧丹皮·柴胡·

---

786 《東醫寶鑑》〈外形篇〉卷1 "眼" '眼昏'(《原本 東醫寶鑑》, 225쪽).
787 《東醫寶鑑》, 위와 같은 곳.
788 《東醫寶鑑》〈外形篇〉卷1 "眼" '內障'(《原本 東醫寶鑑》, 215쪽).
789 물의……진정시킨다 : 《黃帝內經素問》〈黃帝內經素問目錄〉(《文淵閣四庫全書》733, 4쪽).

이상의 약미들을 가루 낸 뒤, 꿀로 반죽하여 벽오동씨크기의 환을 만들고, 주사로 옷을 입힌다. 끓인 소금물로 빈속에 50~70환씩 넘긴다.

當歸尾(酒洗)各五錢、茯神·澤瀉各二錢半.
右爲末, 蜜丸梧子大, 朱砂爲衣. 空心鹽湯下五七十丸.

동의보감 790 다른 처방에는 주사가 없다.

東醫寶鑑 一方無朱砂. 153

12) 점안하거나 눈 씻어내는 방법[點洗諸方]

點洗諸方

12-1) 입 속의 침[口津唾]

口津唾

본초강목 791 침은 곧 사람의 정(精)이 변화한 것이다. 사람이 아침마다 양치질하고 이를 닦을 때 침으로 눈을 씻고, 평상시에 혀로 엄지손톱을 핥아 눈 문지르기를 오래 하면 눈이 빛나고 침침하지 않게 된다.

本草綱目 津唾, 乃人之精所化. 人能每朝漱口擦齒, 以津洗目, 及常時, 以舌舐拇指甲, 揩目, 久久令人光明不昏.

12-2) 춘협(椿莢, 가죽나무에서 기생하는 식물)

椿莢

위생이간방 792 봉안초(鳳眼草)(곧 가죽나무 위에서 더부룩하게 나서 기생하는 풀이다) 태운 재를 뿌린 물로 머리를 씻는다. 1년이 지나면 눈이 어린아이와 같아진다. 가죽나무껍질 태운 재를 더하면 더욱 좋다.

衛生易簡方 用鳳眼草(卽椿樹上叢生莢也), 燒灰淋水洗頭. 經一年, 眼如童子, 加椿皮灰尤佳.

　1월 7일, 2월 8일, 3월 4일, 4월 5일, 5월 2일, 6월 4일, 7월 7일, 8월 3일, 9월 20일, 10월 23일,

正月七日、二月八日、三月四日、四月五日、五月二日、

790《東醫寶鑑》, 위와 같은 곳.
791《本草綱目》卷51〈人部〉"口津唾", 2957쪽.
792《本草綱目》卷35〈木部〉"椿樗", 1991쪽.
153 駐景……朱砂 : 저본에는 없음. 오사카본에 근거하여 보충.

11월 29일, 12월 14일에 씻는다.

六月四日、七月七日、八
月三日、九月二十日、十月
二十三日、十一月二十九
日、十二月十四日洗之.

12-3) 황벽(黃蘗)

보제방 [793] 아침마다 황벽 1쪽을 입에 머금었다가 그 침을 뱉어 눈을 씻는다. 평생 동안 하면 영원히 눈병이 없다.

黃蘗

普濟方 每早含黃蘗一片,
吐津洗目. 終身行之, 永無
目疾.

12-4) 뽕잎[桑葉]

보제방 [794] 옛날 무승군(武勝軍)[795] 송중부(宋仲孚)[796]가 청맹(靑盲)[797]을 10년 동안 앓았는데, 이 법을 쓰고 2년 뒤에 예전처럼 눈이 밝아졌다.

새로 딴 푸른 뽕잎을 그늘에 말려 매달 날을 정해 땅에 놓고 약성이 남도록 불에 태운다. 0.1승씩 자기그릇에 넣고 2/10으로 줄어들 때까지 달인 다음 가라앉혀 맑은 물만 따라내고 그 물을 따뜻하게 하여 눈을 100번 씻는다. 여러 번 시험하여 효과를 보았다.

桑葉

又 昔武勝軍 宋仲孚患靑
盲十[154]年, 用此法, 二年目
明如故.
新采[155]靑桑葉陰[156]乾, 逐
月按日, 就地上燒存性. 每
以一合, 於瓷器內煎減二
分, 傾出澄淸, 溫熱洗目,
至百度, 屢試有驗.

---

793 《本草綱目》 卷35 〈木部〉 "蘗木", 1980쪽.

794 《本草綱目》 卷36 〈木部〉 "桑", 2067~2068쪽.

795 무승군(武勝軍) : 중국 산동성(山東省) 용구시(龍口市) 일대.

796 송중부(宋仲孚) : ?~?. 중국 당나라의 관료. 《태현경(太玄經)》에 주석을 달았다.

797 청맹(靑盲) : 눈이 점점 잘 보이지 않다가 실명하는 증상. 겉으로 보기에는 이상이 없는 것이 특징이다. 지금의 녹내장(綠內障)으로 추정된다.

[154] 十 : 《本草綱目·木部·桑》에는 "二十".

[155] 采 : 저본에는 "硏". 《本草綱目·木部·桑》에 근거하여 수정.

[156] 陰 : 저본에는 "□". 《本草綱目·木部·桑》에 근거하여 보충.

1월 8일, 2월 8일, 3월 6일, 4월 4일, 5월 5일, 6월 2일, 7월 7일, 8월 20일, 9월 12일, 10월 17일, 11월 2일, 12월 30일에 씻는다.

正月初八、二月初八、三月初六、四月初四、五月初五[157]、六月初二、七月初七、八月二十、九月十二、十月十七[158]、十一月初二、十二月三十.

12-5) 뽕나무 가지[桑枝]

비전안료용목론(秘傳眼科龍木論)[798] 1월 8일, 2월 8일, 3월 6일, 4월 4일, 5월 5일, 6월 2일, 7월 7일, 8월 20일, 9월 12일, 10월 17일, 11월 26일, 12월 30일.

桑枝

龍木論[159] 正月八、二月八、三月六、四月四、五月五、六月二、七月七、八月二十、九月十二、十月十七、十一月二十六、十二月三十日. 每遇上件神日, 用桑柴灰一合煎湯, 沃之於瓷器中, 澄取極清, 稍熱洗之. 如冷卽重湯頓溫, 不住手洗, 久久視物如鷹、鶻也.

위의 신일(神日, 신령스러운 날)이 될 때마다 뽕나무재 0.1승을 물에 달여 자기그릇에 붓고 가라앉혀 매우 맑은 물만 떠서 조금 뜨거울 때 눈을 씻는다. 차가워지면 중탕하여 바로 따뜻하게 한 다음 멈추지 않고 손으로 씻는다. 이 처방을 오래 쓰면 시력이 매나 솔개와 같아진다.

다른 방법 : 뽕나무재를 동변으로 반죽하여 환을 만든다. 1환씩 뜨거운 물에 불려 가라앉힌 물로 눈을 씻는다.

一法 : 以桑灰, 童子小便和作丸. 每用一丸, 泡湯澄洗.

798《本草綱目》卷36〈木部〉"桑", 2070~2071쪽.
[157] 五 : 저본에는 "六".《本草綱目·木部·桑》에 근거하여 수정.
[158] 七 : 저본에는 "三".《本草綱目·木部·桑》에 근거하여 수정.
[159] 龍木論 :《本草綱目·木部·桑》에는 "經驗方".

12-6) 산뽕나무[柘]

해상집험방(海上集驗方) [799] [800] 산뽕나무를 물에 달인 뒤 날을 골라 따뜻하게 눈을 씻는데, 인시(寅時, 오전 3~5시)부터 해시(오후 9~11시)까지 하고서야 그친다. 이 처방으로 효험을 보지 못한 경우가 없다.

1월 2일, 2월 2일에 씻고, 3월은 씻지 않는다. 4월 5일, 5월 15일, 6월 11일, 7월 7일, 8월 2일, 9월 2일, 10월 19일에 씻고, 11월은 씻지 않는다. 12월 14일에 씻는다. 이는 서수신(徐守信)[801]의 처방이다.

12-7) 대추나무껍질태운재[棗皮灰]

본초강목 [802] 묵은 뽕나무껍질(모두 북쪽을 향한 것)과 함께 같은 양을 태워 간 뒤, 0.1승씩 우물물에 달여 가라앉힌 맑은 물로 1개월에 3번 눈을 씻으면, 침침한 눈이 다시 밝아진다. 매운 음식·술·성행위를 금한다.

12-8) 측백잎 이슬[柏葉上露]

본초강목 [803] 눈을 밝게 할 수 있다. 아침에 씻는다.

柘

海上集驗方 柘木煎湯, 按日溫洗, 自寅至亥乃止, 無不效者.

正月初二、二月初二、三月不洗. 四月初五、五月十五、六月十一、七月初七、八月初二、九月初二、十月十九、十一月不洗. 十二月十四日. 徐神翁方也.

棗皮灰

本草綱目 同老桑樹皮(竝取北向者)等分, 燒研, 每用一合井水煎, 澄取清, 洗目, 一月三洗, 昏者復明. 忌葷、酒、房事.

柏葉上露

又 能明目. 朝洗之.

799 해상집험방(海上集驗方) : 중국 당(唐)나라의 최원량(崔元亮, ?~?)이 지은 의서.

800 《本草綱目》卷36〈木部〉"柘", 2073쪽.

801 서수신(徐守信) : 1032~1108. 중국 북송(北宋)의 도사. 황제에게 초빙되어 태중대부(太中大夫)를 지냈으며, 신선이 되었다고 하여 서신옹(徐神翁)이라 불린다. 중국 민간전설에서 8선(八仙)의 한 명으로 꼽혀 추앙받았다.

802 《本草綱目》卷29〈果部〉"棗", 1759쪽.

803 《本草綱目》卷5〈水部〉"露水", 391쪽.

12-9) 명수(明水)

|본초습유|804 일명 '방제수(方諸水)'이다. 방제(方諸)는 큰 조개다. 방제껍질을 충분히 문질러 열을 내고, 달을 향하여 두면 물 0.2~0.3승을 얻을 수 있는데, 또한 아침이슬과 비슷하다. 양수(陽燧)805가 해를 향하고 방제가 달을 향하면, 모두 불과 물을 생성할 수 있다. 방제수는 눈을 밝게 하고, 마음을 안정시킨다.

|본초강목|806 더러는 방제를 돌이라 하고, 더러는 큰 조개라 하고, 더러는 오석(五石, 단사·웅황·백반·증청·자석)을 제련한 것이라 하나, 모두 틀렸다.

《주례(周禮)·고공기(考工記)》에서 "구리와 주석을 절반씩 섞은 것을 '감수(鑑燧)의 제(劑)'라 한다."807라 했다. 이는 불이 수(燧, 해에서 불을 취하는 도구)가 되고 물이 감(鑑, 달에서 물을 취하는 도구)이 되는 것이다. 고당륭(高堂隆)808은 "양수(陽燧)는 일명 '양부(陽符)'라 하고 해에서 불을 취한다. 음수(陰燧)는 일명 '음부(陰符)'라 하고 달에서 물을 취한다. 모두 구리로 만드는데, 그것을 '물과 불의 거울[水火之鏡, 수화지경]'이라 한다."809라 했다. 이 설이 맞다.

明水

|本草拾遺| 一名"方諸水". 方諸, 大蚌也. 熟摩令熱, 向月取之, 得水三二合, 亦如朝露. 陽燧160向日, 方諸向月, 皆能致水火也. 方諸水明目定心.

|本草綱目| 或以方諸爲石, 或以爲大蚌, 或以爲五石鍊, 皆非也.

《考工記》云:"銅錫相半, 謂之'鑑燧之劑'." 是火爲燧, 水爲鑑也. 高堂隆云:"陽燧, 一名'陽符', 取火於日;陰燧, 一名'陰符', 取水於月. 並以銅作之, 謂之'水火之鏡'." 此說是矣.

804《本草綱目》卷5〈水部〉"明水", 392쪽.
805 양수(陽燧) : 오목거울. 태양빛을 모아 불을 내기 위하여 쓰였다.
806《本草綱目》卷5〈水部〉"明水", 392~393쪽.
807 구리와……한다 :《周禮註疏》卷40〈冬官考工記〉上 "輈人"《十三經注疏整理本》9, 1285쪽).
808 고당륭(高堂隆) : ?~237. 중국 삼국시대 위(魏)나라의 관료. 역법에 조예가 있었으며, 제도 개혁을 주장했다.
809 양수(陽燧)는……한다 :《周禮註疏》卷24〈春官宗伯〉下 "菙氏"《十三經注疏整理本》8, 762쪽).
160 燧 : 저본에는 "隧".《本草綱目·水部·明水》에 근거하여 수정.

간보(干寶)[810]의 《수신기(搜神記)》[811]에서는 "5월 병오(丙午)일 오시(午時, 오전 11시~오후 1시)에 양수를 주조하고, 11월 임자(壬子)일 자시(子時, 오후 11시~오전 1시)에 음수를 주조한다."[812]라 했다.

干寶《搜神記》云："五月丙午日午時, 鑄爲陽燧, 十一月壬子日子時, 鑄爲陰燧."

12-10) 흑연[鉛]

鉛

승금방(勝金方)[813][814] 흑연(黑鉛)[815] 0.5근을 솥에 녹여 즙을 내고 여기에 바로 뽕나무가지 태운 재를 넣어가면서 버드나무로 저어 모래처럼 만들고 체로 쳐서 가루 낸다. 아침마다 이 가루로 이를 닦은 뒤, 물로 입을 양치질하고서 뱉은 물로 눈을 씻어낸다. 눈을 밝게 하고, 치아를 튼튼하게 하며, 수염과 머리털을 검게 한다.

勝金方 黑鉛半斤鍋內鎔汁, 旋入桑條灰, 柳木攪成沙, 篩末. 每朝揩牙, 以水漱口, 洗目. 能明目固牙, 黑鬚髮.

12-11) 소금[鹽]

鹽

식성본초(食性本草)[816] 빈속에 소금으로 이를 닦고 물을 뱉어 뱉은 물로 눈을 씻는다.

食性本草 空心揩齒, 吐水洗.

영류검방(永類鈐方)[817][818] 바다소금을 100번 끓도

永類鈐方 海鹽, 以百沸

---

810 간보(干寶) : 282~351. 중국 동진(東晉)의 학자. 《진서(晉書)》의 모체인 《진기(晉記)》를 저술했다.
811 수신기(搜神記) : 중국 동진의 간보가 지은 수필. 신비한 일과 전설 등이 많이 수록되어 있으며, 《전등신화(剪燈新話)》·《요재지이(聊齋志异)》 등의 원류가 되었다.
812 5월……주조한다 : 《搜神記》卷13(《文淵閣四庫全書》1042, 431쪽).
813 승금방(勝金方) : 미상.
814 《本草綱目》卷8〈金石部〉"鉛", 471쪽.
815 흑연(黑鉛) : 탄소로 이루어진 광물로, 석탄이 변질되어 생성된다.
816 《本草綱目》卷11〈石部〉"食鹽", 630쪽.
817 영류검방(永類鈐方) : 중국 원(元)나라의 이중남(李仲南, ?~?)이 지은 의서. 조선에서는 세종 때 간행되었다. 중국에는 원본이 남아 있지 않으며 조선의 간행본은 일본국립공문서관 내각문고에 있다.
818 《本草綱目》卷11〈石部〉"食鹽", 633쪽.

록 달인 물에 뿌려넣고 녹인 다음 여기서 얻은 맑은 즙을 은그릇이나 돌그릇에 담는다. 이를 졸여 눈처럼 흰 염화(鹽花, 소금버캐)를 취하여 새 질그릇에 담는다. 아침마다 염화로 이를 닦고 양치질한 물을 엄지손톱에 찍어 그 물을 눈에 넣어 눈을 씻고, 눈을 감고 한참 앉아 있다가 얼굴을 씻는다. 이것은 '통시천리법(洞視千里法, 1,000리를 꿰뚫어 볼 수 있는 법)'이라 하는데, 효과가 매우 신통하게 빼어나다.

湯泡散, 清汁于銀石器內, 熬取雪白鹽花, 新瓦器盛. 每早, 揩牙漱水, 以大指甲點水, 洗目閉坐良久, 乃洗面. 名"洞視千里法", 極神妙.

12-12) 청염(青鹽)

세의통변요법(世醫通變要法)[819] [820] 청염 2냥, 백염 4냥, 천초 4냥을 달인 즙에 소금을 반죽하여 마를 때까지 볶는다. 매일 이것으로 이를 닦고 눈을 씻으면 영원히 잇병과 눈병이 없다.

【안 청염은 일명 '융염(戎鹽)'으로, 서강(西羌)[821]에서 난다】

青鹽

通變要法 青鹽二兩、白鹽四兩、川椒四兩, 煎汁, 拌鹽炒乾, 日用揩牙洗目, 永無齒疾、目疾.

【案 青鹽, 一名"戎鹽", 西羌産也】

12-13) 망초(芒硝)

태평성혜방[822] 망초 0.6냥을 물 1잔에 0.06냥씩 넣고 가라앉힌 맑은 물로 정해진 법에 따라 눈을 씻는다. 1년이면 눈이 어린아이와 같아진다.

1월 3일, 2월 8일, 3월 4일, 4월 4일, 5월 5일, 6월 4일, 7월 3일, 8월 1일, 9월 13일, 10월 13일,

芒硝

太平聖惠方 芒硝六錢, 水一盞六分, 澄清, 依法洗目. 至一年, 眼如童子也. 正月初三、二月初八、三月初四、四月初四、五月初五、

---

819 세의통변요법(世醫通變要法) : 중국 명나라의 섭정기(葉廷器, ?~?)가 지은 의서.
820 《本草綱目》卷11〈石部〉"戎鹽", 637쪽.
821 서강(西羌) : 지금의 중국 서장(西藏, 티벳) 자치구 일대.
822 《本草綱目》卷11〈石部〉"朴消", 647쪽.

11월 16일, 12월 5일에 씻는다.

六月初四、七月初三、八月
初一、九月十三、十月十三、
十一月十六、十二月初五日.

12-14) 반딧불이[螢火]

[태평성혜방] 823 간이 허하여 눈이 어두운 증상. 반
딧불이 14마리를 큰 잉어의 쓸개 속에 넣고 그늘에
100일 동안 말려 가루 낸다. 이를 조금씩 점안하면
효과가 매우 빼어나다. 다른 처방에서는 흰개의 쓸
개를 쓴다.

螢火

[又] 肝虛目暗. 用螢火二七
枚, 納大鯉魚膽中, 陰乾百
日, 爲末. 每點少許, 極妙.
一方, 用白犬膽.

12-15) 청어눈알의 즙[鯖魚睛汁]

[개보본초] 824 청어눈알의 즙을 눈에 넣으면 밤에도
볼 수 있다.

鯖魚睛汁

[開寶本草] 靑魚眼睛汁注
目, 能夜視.

12-16) 구욕(鸜鵒)825의 눈[鸜鵒目睛]

[본초습유] 826 구욕의 눈을 젖과 섞어 간 뒤, 눈에 떨
어뜨리면 눈을 밝게 하여 하늘 멀리 있는 사물도 볼
수 있다.

鸜鵒目睛

[本草拾遺] 和乳汁研, 滴目
中, 令人目明, 能見霄外之
物.

12-17) 매의 눈[鷹睛]

[약성본초] 827 매의 눈을 젖과 섞어 간 뒤, 하루 3번

鷹睛

[藥性本草] 和乳汁研之, 日

823《本草綱目》卷41〈蟲部〉"螢火", 2319쪽.
824《本草綱目》卷44〈鱗部〉"靑魚", 2430쪽.
825 구욕(鸜鵒) : 중국에서 서식하는, 구관조와 비슷한 새. 사람의 목소리와 비슷한 소리를 낼 수 있다.
826《本草綱目》卷49〈禽部〉"鸜鵒", 2656쪽.
827《本草綱目》卷49〈禽部〉"鷹", 2672쪽.

눈에 넣는다. 3일 뒤에는 하늘에 있는 사물도 보인다. 연기 쐬는 일을 금한다.

三注眼中. 三日見碧霄中物. 忌烟熏.

12-18) 제호(醍醐)[828]

일화본초 [829] 정수리에 바르면 눈을 밝게 한다.

醍醐

日華本草 傅腦頂心, 明目.

13) 치아 튼튼하게 하는 방법

固齒方

13-1) 지황(地黃)

어약원방 [830] 1번 복용하면 치통을 치료하고, 2번 복용하면 진액(침)을 생성하고, 3번 복용하면 백발을 검게 변화시키므로, 그 효과가 매우 빼어나다.

지황 5근을 버드나무시루에 넣고, 흙으로 덮어 푹 익힌 다음 햇볕에 말린다. 이와 같이 3번 하고, 찧어 작은 떡을 만든다. 1개씩 머금었다가 삼킨다.

地黃

御藥院方 一治齒痛, 二生津液, 三變白髮, 其功極妙.
地黃五斤, 柳木甑內, 以土蓋上, 蒸熟, 曬乾. 如此三次, 擣爲小餠. 每噙嚥一枚.

13-2) 한련초(旱蓮草)

섭생묘용방(攝生妙用方) [831][832] 7월에 캔 한련초(뿌리가 달린 것) 1근을 무회주(無灰酒)[833]로 깨끗이 씻는다. 청염 4냥을 한련초를 씻은 무회주에 3일 동안 담가둔다. 한련초를 이 즙과 함께 기름솥에 넣고 약성이 남도록 태운 다음 갈아서 가루 낸다. 매일 이 가루로 이를 닦고 이어서 그 침을 삼킨다.

旱蓮草

攝生妙用方 七月取旱蓮草(連根)一斤, 用無灰酒洗淨. 靑鹽四兩淹三宿, 同汁入油鍋中, 炒存性, 硏末. 日用擦牙, 連津嚥之.

---

828 제호(醍醐) : 연유를 정제한 버터의 일종.
829 《本草綱目》 卷50 〈獸部〉 "醍醐", 2791쪽.
830 《本草綱目》 卷16 〈草部〉 "地黃", 1023쪽.
831 섭생묘용방(攝生妙用方) : 미상.
832 《本草綱目》 卷16 〈草部〉 "鱧腸", 1079쪽.
833 무회주(無灰酒) : 석회가 들어가지 않은 술. 예전에는 술이 상하지 않도록 하기 위하여 석회를 넣었다.

수친양로신서(壽親養老新書)834 835 한련산(旱蓮散): 콧수염을 검게 하고 치아를 튼튼하게 한다.

한련초 1.5냥, 깻묵 3냥, 승마(升麻)836·청염 각 3.5냥, 가자(訶子)837(씨가 달린 것) 20개, 조각 3정(挺), 월잠사(月蠶沙, 누에똥) 2냥을 가루 낸 뒤, 묽은 식초로 쑨 밀가루풀로 탄환크기의 환을 만든 다음 햇볕에 말린다. 이를 질그릇병에 넣고 불로 외제하여 연기는 나가고 약성은 남도록 한 다음 꺼내고 갈아서 가루 낸다. 이 가루로 매일 이를 닦는다.

壽[161]親養老新[162]書 旱蓮散：烏髭固牙.

旱蓮草一兩半、麻姑餅三兩、升麻·靑鹽各三兩半、訶子(連核)二十個、皁角三挺、月蠶沙二兩, 爲末, 薄醋糯糊丸彈子大, 曬乾. 入泥瓶中, 火煨, 令烟出存性, 取出研末. 日用揩牙.

13-3) 하눌타리[栝樓]

栝樓

보제방838 큰 하눌타리 1개의 꼭지를 열어 청염 2냥, 행인(껍질과 뾰족한 끝을 제거한 것) 21알을 넣고 꼭지를 닫고 다시 원래대로 봉합한다. 구인니(蚯蚓泥, 지렁이똥)에 소금을 섞어 하눌타리 전체를 단단히 감싸고, 약성이 남도록 숯불에 달군 다음 갈아서 가루 낸다.

이 가루로 매일 3번 열이 나도록 이를 닦는데, 100일이면 효험이 있다. 만약 먼저 흰수염이 있으

普濟方 大栝樓一個開頂, 入靑鹽二兩、杏仁(去皮尖)三七粒, 原頂合札定. 蚯蚓泥和鹽固濟, 炭火煅存性, 研末.

每日揩牙三次, 令熱, 百日有驗. 如先有白鬚, 拔去以

---

834 수친양로신서(壽親養老新書): 중국 송나라의 진직(陳直, ?~?)이 지은 의서. 양생(養生)에 관련된 내용이 많다.
835 《本草綱目》, 위와 같은 곳.
836 승마(升麻): 미나리아재비과에 속하는 다년생 초본식물. 외감성 발열, 열독으로 인한 두통, 피부병 등을 치료한다.
837 가자(訶子): 가자나무와 털가자나무의 익은 열매를 가을에 따서 햇볕에 말린 약재.
838 《本草綱目》卷18〈草部〉"栝樓", 1270쪽.
[161] 壽: 저본에는 "奉". 《本草綱目·草部·鱧腸》에 근거하여 수정.
[162] 新: 저본에는 없음. 《本草綱目·草部·鱧腸》에 근거하여 보충.

면 이를 뽑아내고 약을 바르면 곧 검은 수염이 난다. 하눌타리가 입과 이를 치료하는 효과는 다 말하기가 어렵다.

藥投之, 卽生黑者. 其治口齒之功, 未易具陳.

13-4) 송진[松脂]

구지필기(仇池筆記) [839] [840] 송진을 성긴 베에 담아 팔팔 끓는 물에 넣은 다음 달여서 물에 뜬 송진은 건어 냉수에 넣고, 뜨지 않는 것은 쓰지 않는다. 물 위에 뜬 송진을 갈아서 가루 낸 뒤, 백복령가루를 넣고 고루 섞어 놓는다. 이 가루로 날마다 이를 닦아 양치질하는데, 삼켜도 된다. 이를 튼튼하게 하고 안색을 좋게 한다.

松脂

仇池筆記 松脂稀布盛, 入沸湯, 煮取浮水面者, 投冷水中, 不出者不用. 研末, 入白茯苓末和均, 日用揩齒嗽口, 亦可嚥之. 固牙駐顔.

13-5) 팥가루[赤豆屑]

금화경독기 [841] 팥가루는 치아를 튼튼하게 하는 데 가장 좋다. 어떤 노인이 70이 넘어도 생선뼈를 잘 씹어 먹기에 어떤 방법으로 그럴 수 있냐고 물었더니, 이렇게 대답했다. "다른 방법은 없습니다. 팥가루로 이를 닦고 조금 뒤에 물로 헹굽니다. 이처럼 10여 년을 했더니 평생 치아에 병이 없었습니다. 이 방법을 예전에 얻었는데, 지나가던 시주받는 승려가 말해주었을 뿐이지요."

赤豆屑

金華耕讀記 赤豆屑最能固齒. 有一老人, 年過七十, 能咀骨鯁, 問何術致此, 曰 : "無他法, 屑赤豆刷齒, 少停, 用水漱之. 如是十餘年, 終身無齒病. 曾得之, 過去乞僧云耳."

---

839 구지필기(仇池筆記) : 중국 북송(北宋)의 문인 소식(蘇軾, 1037~1101)의 수필집.
840 《本草綱目》卷34〈木部〉"松", 1919쪽.
841 출전 확인 안 됨.

13-6) 흑연[鉛]

[보제방]842 흑연 1근을 재가 되도록 볶아 땅속에 5일간 묻어두었다가, 여기에 승마·세신·가자를 넣고 함께 검게 되도록 볶는다. 이것으로 매일 이를 닦으면 100일에 효과를 본다.

13-7) 흑연단(黑鉛丹)

[준생팔전]843 산에서 나온 흑연 1근을 누에똥[二蠶砂]으로 볶아 가루가 되게 한다. 그 외에 청염 6냥, 회화나무열매 6냥(볶아서 가루 낸 것), 몰석자 4냥, 승마 2냥, 석고 8냥, 향부자 4냥(볶아서 검게 태운 것)을 더한다.

　먼저 버드나무로 공이를 만들어 볶은 흑연과 누에똥을 잿가루가 되도록 간다. 이어서 6가지 약미를 더하여 함께 가루 낸다. 이를 납그릇에 담아둔다.

　이 가루로 매일 이를 닦으면 수염과 머리카락을 검게 하고 치아를 튼튼하게 하니, 빼어난 효과는 이루 다 말할 수 없다. 이를 닦은 뒤에도 한참 동안 머금었다가 술을 가글거리다 뱉어내면 효과가 더욱 빼어나다. 술이 아니면 끓인 물을 써도 좋다.

鉛

[普濟方] 黑鉛一斤炒灰, 埋地中五日, 入升麻、細辛、訶子同炒黑. 日用揩牙, 百日效.

黑鉛丹

[遵生八牋] 用出山黑鉛一斤, 將二蠶砂炒成末, 外加青鹽六兩、槐角子六兩(炒爲末163)、沒石子四兩、升麻二兩、石膏八兩、香附子四兩(炒焦黑).

先將柳木作槌, 擂炒鉛164、砂成灰末, 加藥六味共爲末, 鉛盒165收起.

每日擦牙, 烏鬚髮, 堅齒牙, 妙用莫述. 擦過須含半晌, 以酒泪166出, 更妙. 否則用湯亦可.

842《本草綱目》卷8〈金石部〉"鉛", 471쪽.
843《遵生八牋》卷18〈靈秘丹藥牋〉下"口齒症方"'黑鉛丹'(《遵生八牋校注》, 732쪽).
163 槐……末 : 저본에는 없음. 《遵生八牋·靈秘丹藥牋·口齒症方》에 근거하여 보충.
164 鉛 : 저본에는 "硏". 오사카본·《遵生八牋·靈秘丹藥牋·口齒症方》에 근거하여 수정.
165 盒 : 저본에는 "合". 《遵生八牋·靈秘丹藥牋·口齒症方》에 근거하여 수정.
166 泪 : 저본에는 "泊". 《遵生八牋·靈秘丹藥牋·口齒症方》에 근거하여 수정.

13-8) 환소단(還少丹, 다시 젊어지는 단약)

서죽당경험방 [844] 옛날 월(越)나라 왕이 기인을 만나 이 처방을 얻었다. 치아를 튼튼하게 하고, 근육과 뼈를 건강하게 하며, 신장의 수기를 생성하는 데 매우 효능이 좋았다. 일반적으로 나이 80이 되지 않은 사람이 복용하면 수염과 머리카락이 다시 검어지고, 빠진 이가 다시 생겼으며, 젊은 사람이 복용하면 늙어도 쇠약해지지 않는다.

민들레[蒲公英]는 일명 '구욕초(構耨草)', 또는 '포공영(蒲公罌)'으로, 평지나 습지에서 나고 3~4월에 많이 보이며, 가을 이후까지 꽃을 피우는 것도 있다.

뿌리와 잎이 달린 채로 민들레 1근을 채취하여 깨끗이 씻고 햇볕을 쐬지 않도록 하여 습기를 말린 다음 10승들이 통에 넣는다. 해염(解鹽)[845] 1냥, 향부자 0.5냥, 2가지 약미를 곱게 가루 낸 뒤, 민들레에 넣고 하룻밤 담가 두었다가 20덩이로 나눈다.

이것을 피지(皮紙)[846]로 3~4겹 싸서 묶고, 육일니(六一泥)(곧 지렁이똥)로 정해진 법을 써서 단단히 감싼다. 이를 부뚜막에 넣어 불에 말린 다음에서야 전체가 붉게 될 때까지 센 불에 달군다. 식으면 꺼내어 지렁이똥을 제거하고 가루 낸다.

이 가루로 아침저녁으로 이를 문지르고 양치질

還少丹

瑞竹堂經驗方 昔越王遇異人, 得此方. 極能固齒牙, 壯筋骨, 生腎水. 凡年未及八十者服之, 鬚髮反黑, 齒落更生, 年少服之, 至老不衰.

蒲公英, 一名"構耨草", 又名"蒲公罌", 生平澤中, 三四月甚有之, 秋後亦有放花者.

連根帶葉取一斤, 洗淨, 勿令見天日, 朗乾, 入斗子. 解鹽一兩、香附子五錢二味, 爲細末, 入蒲公草內, 淹一宿, 分爲二十團.

用皮紙三四層裹札定, 用六一泥(卽蚯蚓糞), 如法固濟, 入竈內, 焙乾, 乃以武火煅, 通紅爲度. 冷定, 取出去泥, 爲末.

早晚擦牙漱之, 吐嚥任便,

844《本草綱目》卷27〈菜部〉"蒲公英", 1665쪽.
845 해염(解鹽) : 중국 산서성(山西省) 운성시(運城市) 해지(解池)에서 나는 소금. 해지는 산서성에서 가장 큰 호수이며 소금이 생산된다.
846 피지(皮紙) : 닥나무껍질의 찌꺼기로 만든 질 낮은 종이.

하는데, 양치질한 침을 뱉거나 삼키거나 편할 대로 한다. 오래 실행해야 효과가 있다.

久久方效.

13-9) 찰아오금산(擦牙烏金散)

擦牙烏金散

준생팔전847 포도 2근(불에 말렸다가 가루 낸 것), 석고 1근, 당귀(불에 구운 것)·세신·몰석자 각 2냥, 감초·삼내(三柰)848 각 3냥, 백지 4냥, 청염 4냥[녹여서 진흙을 제거하고 화초(花椒, 천초) 2냥을 넣은 다음 달이고 말려서 화초를 제거한 것].

遵生八牋 葡萄二斤(焙乾, 爲末)、石膏一斤、當歸(焙)·細辛·沒石子各二兩、甘草·三柰167 各三兩、白芷四兩、靑鹽四兩(化開去泥脚, 入花椒二兩, 煮乾去椒).

이상의 약미들을 가루 낸 뒤, 자기약탕관에 담아둔다. 잠잘 때마다 이를 닦고 천천히 삼켜야 이를 튼튼히 하고 풍을 제거한다. 참으로 신기한 약이다.

右爲末, 入磁罐收起. 每於臨睡擦齒, 徐徐嚥下, 方能固齒去風, 眞神藥也.

13-10) 어용아약(御用牙藥)

御用牙藥

거가필용849 질려(蒺藜, 납가새) 1냥(볶은 다음 끝부분을 제거한 것), 세신·천궁 각각 조금.

居家必用 蒺藜一兩(炒去尖)、細辛·川芎各少許.

이상의 약미들을 곱게 가루 낸다. 아침에 일어날 때와 잠잘 때 이를 닦고 조금 뒤에 삼킨다.

右爲細末, 早起及臨臥刷牙, 少停嚥之.

13-11) 금주아약(金主牙藥)

金主牙藥

거가필용850 좋은 담반(따로 간 것), 금사반(金絲礬)851

又 眞膽礬(另研)·金絲礬

847《遵生八牋》卷18〈靈秘丹藥牋〉下"口齒症方"'擦牙烏金散'(《遵生八牋校注》, 732~733쪽).
848 삼내(三柰): 중국 남부 및 동남아시아에서 나는 약용식물로, 생강과 유사하다. 일반적으로 산내(山柰)라 한다.
849《居家必用事類全集》壬集〈衛生〉"諸雜方"'御用牙藥', 382쪽.
850《居家必用事類全集》壬集〈衛生〉"諸雜方"'金主牙藥方', 382쪽.
851 금사반(金絲礬): 황철광이 산화하여 된 광물. 금색 실 같은 무늬가 있다. 황반(黃礬)이라고도 한다. 해독·살충·소염 등의 효능이 있다.
167 柰 : 저본에는 "賴". 《遵生八牋·靈秘丹藥牋·口齒症方》에 근거하여 수정.

1냥(따로 간 것), 축사인 0.25냥, 천궁 0.25냥, 이활석(膩滑石) 1냥, 화세신(華細辛)[852] 0.25냥(깨끗이 씻은 것).

이상의 약미들을 곱게 가루 낸 뒤, 좋은 강차(江茶, 절강 지역에서 나는 차) 0.3냥을 넣고 고루 섞어 놓는다. 아침저녁으로 이를 닦고 조금 뒤에 입을 헹군다.

13-12) 경진아약(經進牙藥)

사승상방(史丞相方) [853] [854] 가자 1.5냥, 몰석자 2냥, 백약전(百藥煎)[855] 0.5냥, 세신 0.2냥, 오배자 0.3냥(태운 것), 영릉향(零陵香)[856] 0.1냥, 필발(蓽撥)[857] 0.1냥, 좋은 담반 0.3냥, 관궁 0.5냥, 백단 0.2냥, 사향 조금, 석류나무껍질 0.3냥(약간 볶은 것), 녹반(綠礬)[858] 1냥, 금사반(金絲礬) 0.5냥, 방풍 0.2냥, 상두자(橡斗子, 도토리) 2개.

이상의 17가지 약미에서 담반·사향·백단 3가지를 제외하고는 따로 간다. 태우는 약 3가지[859]는 약성이 보존되도록 태우고 함께 곱게 가루 낸 뒤, 앞의 3가지 약미를 넣고 고루 섞는다. 잠잘 때 먼저 따뜻

一兩(另研)、縮砂仁二錢半、川芎二錢半、膩滑石一兩、華細辛二錢半(淨洗). 右爲細末, 入好江茶三錢和均. 早晚刷牙, 少停漱口.

經進牙藥

史丞相方 訶子一兩半、沒石子二兩、百藥煎半兩、細辛二錢、五倍子三錢(燒)、零陵香一錢、蓽撥一錢、眞膽礬三錢、貫芎半兩、白檀二錢、麝香少許、酸榴皮三錢(微炒)、綠礬一兩、金絲礬半兩、防風二錢、橡斗子二個.

右件十七味, 除礬、麝、檀三味, 另研. 燒者三味存性, 同爲細末後, 入前三味, 和均. 臨臥先用溫水

---

852 화세신(華細辛) : 족도리풀의 뿌리줄기를 말린 약재.
853 사승상방(史丞相方) : 미상.
854 《居家必用事類全集》 壬集 〈衛生〉 "諸雜方" '經進牙藥', 383쪽.
855 백약전(百藥煎) : 오배자·찻잎·누룩을 섞어 발효시킨 약.
856 영릉향(零陵香) : 콩과 식물로, 유럽이 원산이다. 전초를 말려 약재로 쓴다.
857 필발(蓽撥) : 후추과 식물로, 덜 익은 열매를 말려 약재로 쓴다.
858 녹반(綠礬) : 철광의 일종으로 황산이 포함되어 있다. 겉면은 녹색이고 내부는 흰색이다.
859 태우는 약 3가지 : 오배자·석류나무껍질·녹반. 해독, 살충 등의 효과가 있다.

한 물로 이를 닦아 깨끗이 한 뒤에 약가루 0.05냥으로 이를 닦고 좁쌀죽웃물로 200~300번 헹군다.

刷牙淨後, 用藥半錢刷牙, 漿水漱二三百度.

13-13) 화산(華山)[860] 연화봉(蓮花峯)[861]의 신선이 전해 준 치약

西華嶽 蓮花峯神傳齒藥

수양총서 [862] 서문에 다음과 같이 말했다. "원형(元亨)[863] 천성(天聖) 연간(1025~1032)에 의기투합하고 화산(華山)의 정상에 올라 목욕재계하고 제사를 지내고서야 그쳤다. 이어서 3봉을 두루 노닐면서 태상천(太上泉)[864]에서 한 잔 하고, 명성관(明星館)에 이르렀다. 옛 집터에서 깨진 비석 몇 조각을 얻었는데, 비석 조각에는 고문(古文)같아 보이는 게 있었다. 이를 물로 씻고 나서 글자를 읽을 수 있었는데, 바로 입과 이를 치료하고 머리를 검게 하는 약의 가결 1수였다. 세월이 오래되어 비석 조각이 깎이고 갈라져 내용이 완전하지 못할까 염려하여 곧바로 기록하고 돌아왔다. 어떤 사람이 산중에 사는 나에게 찾아와 이런저런 질문을 하기에 문득 기록을 옮겨 처방을 만들어 사용해 보니, 그 효과가 메아리가 응하는 듯했다."

壽養叢書 序曰[168] : "元亨天聖中, 結道友登嶽頂, 齊宿祈祠方已. 徧遊三峯, 乾坤生意秘韞酌太上泉, 至明星館. 於故基下, 得斷碑數片, 髣髴有古文, 洗滌而後可辨讀之, 乃治口齒烏髭藥歌一首. 慮歲月寢久, 剝裂不完, 遽錄以歸, 而有訪山中故事者, 輒傳修製以用, 其效響應."

---

860 화산(華山) : 중국 섬서성(陝西省) 화양시(華陽市) 일대에 있는 산. 중국 5악중 서쪽에 위치하고 있어 서악(西嶽)이라고도 한다. 해발 2,437m.
861 연화봉(蓮花峯) : 화산의 서쪽에 있는 봉우리. 해발 2,080m.
862 출전 확인 안 됨.《삼인극일병증방론》에 가결 부분만 수록되어 있다.
863 원형(元亨) : 매우 길하다는 의미로, 본래는 《주역(周易)》에서 유래한 말이다. 원(元)은 만물의 시작과 봄, 형(亨)은 만물의 생장과 여름을 상징한다.
864 태상천(太上泉) : 화산 남쪽의 낙안봉(해발 2,160m) 근처에 있는 샘. 깊이는 약 1m, 면적은 3㎡이다.
[168] 序曰 : 오사카본 두주에는 "서왈(序曰) 위는 서명을 반드시 고증해야 한다[序曰上須考書名]."라 되어 있다.

가결은 다음과 같다.

"저아조각과 생강,

서국(西國, 서쪽 나라)의 승마, 촉(蜀)의 지황을 준비하네.

여기에 목률(木律)[865]·한련·회화나무열매[목(木)이 다른 곳에는 초(草)로 되어 있다],

세신·박하잎(박하잎의 심을 달인 것이다) 적당량을 더 준비하지.

청염과 같은 양으로 함께 불에 달구어

갈아두면 장래에 매우 좋으리라.

이 닦으면 이가 튼튼하고 수염도 검어지니

누가 세상에 이 신통한 처방을 알겠는가?"

歌曰：

"猪牙皁角及生薑,

<u>西國</u>升麻<u>蜀</u>地黃.

木律皁蓮槐角子(木一作草),

細辛荷葉(煎荷葉心子也)要相當.

靑鹽等分同燒煅,

硏殺將來使最良.

揩齒牢牙髭鬢黑,

誰知世上有神方？"

13-14) 치아일용묘방(治牙日用妙方, 매일 치아를 잘 간수하는 신묘한 처방)

治牙日用妙方

준생팔전 [866] 천초 1냥, 북세신(北細辛, 만주 지역산 세신) 1냥, 백부(百部)[867] 1냥, 웅황 0.5냥, 청염 1냥, 백염 1냥.

먼저 청염과 백염을 여지껍질 속에 넣고 센 불을 때서 흰 덩어리 1개가 되게 한다. 이를 꺼내어 갈아 부순 다음 앞의 5가지 약미와 함께 가루 낸다. 이 가루로 아침저녁으로 이를 닦으면 이가 쑤시고 아픈 증상을 영원히 없앤다.

遵生八牋 川椒一兩、北細辛一兩、百部一兩、雄黃五錢、靑鹽一兩、白鹽一兩. 用鹽入荔枝殼內, 大火化爲一箇白塊, 取起研碎, 同前五味爲末. 早暮擦齒, 永絕疼痛.

---

865 목률(木律) : 낙엽교목인 호양나무의 진액이 땅에 묻혀 오래된 것. 호동루(胡桐淚)·호동률(胡桐律)이라고도 한다.
866 《遵生八牋》 卷18 〈靈秘丹藥牋〉 下 "日抄客談經驗奇方" '治牙日用妙方'(《遵生八牋校注》, 745쪽).
867 백부(百部) : 중국 원산의 다년생 덩굴풀. 뿌리를 말려 약재로 쓴다.

13-15) 신비찰아방(神秘擦牙方, 치아를 문지르는 신묘한 처방)

神秘擦牙方

준생팔전 [868] 한련초(찧어서 즙을 낸 것) 1근, 청염 6냥(물에 씻었다가 볶은 것), 하수오 1근(편으로 썰어 검정콩과 함께 3번 찐 것), 북세신·백지 각 0.5냥, 연한 석고 8냥(불에 외제한 것), 뽕나무겨우살이 4냥, 검정콩 1승.

이상의 약미들을 가루 낸다. 매일 새벽과 밤늦게 이를 닦으면 수염과 머리카락이 검어지고 사기와 풍을 제거하기 때문에 효과가 매우 많다.

遵生八牋 旱蓮草(擣汁)一斤、青鹽六兩(水洗炒)、何首烏一斤(切片, 黑豆蒸三次)、北細辛·白芷各五錢、軟石膏八兩(火煨)、桑寄生四兩、黑豆一升.

右爲末. 每日侵晨夜晚擦牙, 黑鬚髮, 去邪風, 功效甚多.

14) 머리카락 검게 하는 방법

烏鬚方

담(膽)의 상태가 꽃피우는 곳은 수염에 있고, 신장의 상태가 꽃피우는 곳은 머리카락에 있다. 정기가 올라가면 머리카락이 윤기나고 검다. 48세 이후에 정화(精華)가 올라가지 못하고 가을과 겨울의 기운이 유행하면 폐의 금기(金氣)가 깎여 폐가 마르면서 수염과 머리카락이 회백색처럼 바짝 마른다. 양생하는 사람은 마땅히 정혈을 보하는 약을 미리 복용하여 예방해야지, 염색하거나 머리카락을 뽑는 것도 좋은 대책이 아니다. 《의학입문》[869]

膽榮在鬚, 腎華在髮. 精氣上升, 則髮潤而黑. 六八以後, 精華不能上升, 秋冬令行, 金削肺枯, 以致鬚髮焦槁, 如灰白色. 養生者, 宜預服補精血藥以防之, 染掠亦非上策.《醫學入門》

14-1) 지황(地黃)

地黃

동의보감 [870] 건지황·숙지황 2종류는 모두 수염과

東醫寶鑑 乾、熟二種, 皆

868《遵生八牋》卷18〈靈秘丹藥牋〉下 "口齒症方" '神秘擦牙方'(《遵生八牋校注》, 732쪽).

869《東醫寶鑑》〈外形篇〉 卷4 "毛髮" '毛髮榮枯'(《原本 東醫寶鑑》, 307~308쪽);《醫學入門》卷4〈雜病分類〉 "內傷" '虛類'(《醫學入門》下, 803쪽).

870《東醫寶鑑》〈外形篇〉 卷4 "毛髮" '單方'(《原本 東醫寶鑑》, 310쪽).

머리카락을 검게 하는 좋은 약이다. 환으로 복용하거나 술을 담가 복용하면 모두 좋다.

黑鬚髮良藥. 丸服或釀酒服之竝佳.

14-2) 우슬(牛膝, 쇠무릎풀)

동의보감 [871] 머리카락이 희게 되는 현상을 멈춘다. 달여 복용하거나 술을 담가 복용한다.

牛膝

又 止白髮. 煎服或釀酒服之.

14-3) 하수오(何首烏)

동의보감 [872] 수염과 머리카락을 검게 한다. 가루로 복용하거나 환으로 복용하거나 술을 담가 복용해도 모두 좋다.

何首烏

又 黑鬚髮. 末服、丸服或釀酒服皆佳.

14-4) 번루(繁縷, 별꽃)

태평성혜방 [873] 번루로 김치를 담아 오래 먹으면 콧수염과 머리카락을 검게 할 수 있다.

繁縷

太平聖惠方 繁縷爲虀, 久久食之, 能烏髭髮.

14-5) 장천사초환단(張天師草還丹)

의가대법(醫家大法) [874] [875] 이 약을 오래 복용하면 몸이 가벼워져서 바람을 타고 다니게 되니, 열자(列子)[876]가 허공을 타는 것 같다. 머리가 흰 자의 경우는 뿌리부터 검어지고, 아직 희지 않은 자의 경우는

張天師草還丹

醫家大法 此藥久服, 則身輕隨風而去, 如列子之乘虛. 若髮白者, 從根而黑; 如未白者, 永不白. 有不信

---

871 《東醫寶鑑》, 위와 같은 곳.
872 《東醫寶鑑》, 위와 같은 곳.
873 《本草綱目》 卷27 〈菜部〉 "繁縷", 1651쪽.
874 의가대법(醫家大法) : 중국 원나라의 왕호고(王好古, 1200~?)가 지은 의학서.
875 《東醫寶鑑》 〈外形篇〉 卷4 "毛髮" '毛髮榮枯'(《原本 東醫寶鑑》, 308쪽).
876 열자(列子) : ?~?. 중국 전국시대 도가 사상가. B.C. 400년경 정(鄭)나라에 살았다고 전해지며 저서인 《열자(列子)》가 전해지는데, 우공이산(愚公移山)·조삼모사(朝三暮四) 등의 한자성어가 여기에서 유래했다. 허구의 인물로 보는 견해도 있다.

영원히 희게 되지 않는다. 못 믿는 사람이 있거든 이 약을 밥에 섞어 흰고양이한테 먹이면 1개월 만에 고양이털이 곧 검게 될 것이다.

지골피·생지황·석창포·우슬·원지·토사자(술에 삶은 것).

이상의 약미들을 각각 같은 양으로 하여 곱게 가루 낸 뒤, 꿀로 벽오동씨크기의 환을 만든다. 30~50환씩 빈속에 따뜻한 술이나 끓인 소금물로 넘긴다. 약을 조제할 때는 철기를 피하고, 부인·닭·개가 보는 일을 금한다.

者, 將藥拌飯, 與白猫吃, 一月卽黑.

地骨皮、生地黃、石菖蒲、牛膝、遠志、兔絲子(酒煮).

右等分, 爲細末, 蜜丸梧子大. 每三五十丸, 空心溫酒或鹽湯送下. 修製忌鐵器, 及婦人、鷄犬見.

14-6) 칠보미염단(七寶美髥丹, 7가지 귀한 약재로 수염을 아름답게 해주는 단약)

七寶美髥丹

적선당방 877 수염과 머리카락을 검게 하고, 근골을 건장하게 하며, 정기를 굳세게 하고, 후사를 잇게 하며, 수명을 늘린다.

積善堂方 烏鬚髮, 壯筋骨, 固精氣, 續嗣延年.

적하수오·백하수오 각 1근은 다음과 같이 준비한다. 쌀뜨물에 3~4일 담갔다가 자기조각으로 긁어 껍질을 제거한다. 검정콩 2승을 깨끗이 인다. 사기솥에 나무시루를 얹어 콩을 깔고 하수오를 까는데, 층층이 깔고 뚜껑을 덮어 찐다. 콩이 익으면 꺼내어 콩을 제거하고 햇볕에 말린 뒤, 콩을 바꾸어 다시 찐다. 이와 같이 9번 하고 햇볕에 말려 가루 낸다.

用赤、白何首烏各一斤, 米泔浸三四日, 瓷片刮去皮, 用淘淨黑豆二升, 以砂鍋木甑, 鋪豆及首烏, 重重鋪蓋蒸之. 豆熟取出, 去豆暴乾, 換豆再蒸, 如此九次, 暴乾爲末.

적복령·백복령 각 1근은 다음과 같이 준비한다. 껍질을 제거하여 갈고 가루 낸 뒤, 물에 일어 근막

赤、白茯苓各一斤, 去皮研末, 以水淘去筋膜及浮者,

<hr>

877《本草綱目》卷18〈草部〉"何首烏", 1290쪽.

(筋膜)과 뜬 것을 제거하고 가라앉은 것만 꺼낸다. 이를 비벼 덩이를 만들고, 젖 10주발에 고루 담갔다가 햇볕에 말리고 갈아서 가루 낸다.

우슬 8냥은 다음과 같이 준비한다. 싹을 제거하고 술에 하룻밤 담갔다가, 하수오를 7번째 찔 때부터 함께 쪄서 9번째까지 찌고 햇볕에 말린다.

그리고 당귀 8냥(술에 담갔다가 햇볕에 말린 것), 구기자 8냥(술에 담갔다가 햇볕에 말린 것), 토사자 8냥(술에 새싹을 담갔다가 흐물흐물하게 갈아 햇볕에 말린 것), 보골지 4냥(검은참깨와 함께 향이 나도록 볶은 것)을 준비한다.

이 약미들은 모두 철기를 금하므로 돌절구에 찧어 가루 낸 뒤, 졸인 꿀로 반죽하여 탄환크기의 환을 150환 만든다. 매일 3환씩 새벽에는 따뜻한 술로 넘기고, 오시(午時, 오전 11시~오후 1시)에는 생강 끓인 물로 넘기고, 잠잘 때는 끓인 소금물로 넘긴다.

그 나머지는 모두 벽오동씨크기의 환을 만든다. 이 환은 매일 빈속에 술로 100환씩 복용한다. 오래 복용하면 매우 효험이 좋다.

14-7) 신선오운단(神仙烏雲丹)

고금의감 [878] 수염과 머리카락을 검게 하고 노화를 어린아이처럼 되돌리는데, 효과가 신통하여 비교할 약이 없다.

取沈者捻塊，以人乳十盌浸均，曬乾研末.

牛膝八兩，去苗，酒浸一日，同何首烏第七次蒸之，至第九次止，曬乾.

當歸八兩(酒浸曬)、枸杞子八兩(酒浸曬)、兔絲子八兩(酒浸生芽，硏爛曬)、補骨脂四兩(以黑脂麻炒香).

竝忌鐵器，石臼爲末，煉蜜和丸彈子大，一百五十丸. 每日三丸，侵[169]晨溫酒下，午時薑湯下，臥時鹽湯下.

其餘幷丸梧子大. 每日空心酒服一百丸. 久服極驗.

神仙烏雲丹

古今醫鑑 烏鬚髮，返老還童，神效無比.

878《東醫寶鑑》〈外形篇〉卷4 "毛髮" '毛髮榮枯'(《原本 東醫寶鑑》, 308쪽);《古今醫鑑》卷9〈鬚髮〉"神仙烏雲丹", 240쪽.
[169] 侵 : 저본에는 "淸".《本草綱目·草部·何首烏》에 근거하여 수정.

하수오 8냥(사기솥에 넣고 검정콩과 함께 한나절 삶은 뒤, 콩을 제거하고 좋은 술에 7일 담갔다가 햇볕에 말린다. 이와 같이 7번 찐 것), 파고지 4냥(술에 씻었다가 사기솥에 누렇게 되도록 볶은 것), 한련즙 2냥, 회화나무열매 2냥(가루 낸 것), 호동루(胡桐淚) 1냥(가루 낸 것).

이상의 약미들을 곱게 가루 낸 뒤, 대추살 2근, 호두 0.5근과 함께 찧어 벽오동씨크기의 환을 만든다. 끓인 소금물로 빈속에 50~70환씩 넘긴다. 3개월 동안 빠뜨리지 말고 복용한다.

14-8) 일취불로단(一醉不老丹)

[고금의감][879] 오로지 혈을 기르고 수염과 머리카락을 검게 한다.

연꽃술·생지황·회화나무열매·오가피 각 2냥, 몰석자 6개.

이상의 약미들을 나무절구나 돌절구에 찧어 부수고 명주주머니에 약을 담은 다음 좋은 청주 10근과 함께 깨끗한 단지에 넣는다. 봄과 겨울에는 1개월, 가을에는 20일, 여름에는 10일 동안 담그는데, 입구를 단단히 봉했다가 날짜가 되면 내키는 대로 취할 때까지 마신다.

매일 복용하여 없어질 때까지 복용해야 한다. 술이 다 떨어지면 흰수염과 흰머리카락이 저절로 검어

何首烏八兩(入砂鍋內, 黑豆同煮半日, 去豆, 用好酒浸七日, 曬乾, 如此蒸七次), 破故紙四兩(酒洗, 砂鍋內炒黃), 旱蓮汁二兩, 槐角二兩(爲末), 胡桐淚一兩(爲末).

右細末, 棗肉二斤, 胡桃仁半斤, 擣爲丸梧子大. 空心鹽湯下, 五七十丸. 服三月勿輟.

一醉不老丹

又 專養血, 烏鬚黑髮.

蓮花藥·生地黃·槐角子·五加皮各二兩, 沒石子六箇. 右以木·石臼擣碎, 以生絹袋盛藥, 同好淸酒十斤, 入淨罈內, 春冬浸一月·秋二十日·夏十日, 緊封罈口, 浸滿日數, 任意飮之, 以醉爲度.

須連日服令盡. 酒盡而鬚髮白者自黑矣. 若不黑, 再

879《東醫寶鑑》, 위와 같은 곳;《古今醫鑑》卷9〈鬚髮〉"一醉不老丹", 241쪽.

질 것이다. 만약 검어지지 않을 때는 다시 조제했다
가 복용하면 신통한 효과가 있다.

製, 服之神效.

14-9) 사물감리환(四物坎离丸)

四物坎离丸

의학입문 880 수염과 머리카락을 검게 하는 데 좋다.

醫學入門 善烏鬚髮.

숙지황 3냥과 생지황 1.5냥(둘을 함께 술에 담갔
다가 찧어 고를 만든 것), 당귀 2냥과 백작약 1.5냥
(둘을 함께 술에 적셨다가 볶은 것), 지모 1냥과 황
백 2냥(둘을 함께 소금을 넣은 술에 담갔다가 볶은
것), 측백잎과 회화나무열매 각 1냥(둘을 함께 볶은
것), 연교 0.6냥.

熟地黃三兩·生地黃一兩半
(同酒浸, 擣膏)、當歸二兩·
白芍藥一兩半(同酒炒)、知
母一兩·黃柏二兩(同鹽酒
浸炒)、側柏葉·槐子各一兩
(同炒)、連翹六錢.

이상의 약미들을 가루 낸 뒤, 꿀로 반죽하여 벽
오동씨크기의 환을 만든다. 이를 자기동이에 담아
땅 위에 7일 동안 두었다가 햇볕에 말린 뒤 거두어
둔다. 50~60환씩 따뜻한 술이나 끓인 물로 넘긴다.

右爲末, 蜜丸梧子大. 盛
磁盆內, 放地上七日, 曬
乾, 收之, 每五六十丸, 溫
酒或白湯下.

14-10) 칭금단(秤金丹)

秤金丹

의학입문 881 또한 '일칭금(一秤金)'이라 한다. 오래 복
용하면 수염과 머리카락이 검어지고 노인을 어린 아
이처럼 되돌린다.

又 又名"一秤金". 久服鬚
髮黑, 返老還童.

숙지황 1냥, 지골피·연꽃술·회화나무열매(모두
술에 담그는데, 여름에는 1일, 봄과 가을에는 3일,
겨울에는 6일 동안 담갔다가 꺼내어 햇볕에 말린
것)·박하 각 3냥, 몰석자 1냥, 인삼·목향 각 0.5냥.

熟地黃一 170 兩、地骨皮·蓮
花蘂·槐角子(俱用酒浸,
夏一日, 春秋三日, 冬六日
取出, 曬乾)·薄荷各三兩、

---

880 《東醫寶鑑》, 위와 같은 곳; 출전 확인 안 됨.
881 《東醫寶鑑》, 위와 같은 곳;《醫學入門》卷4〈雜病分類〉"內傷" '虛類'(《醫學入門》下, 804쪽).
170 一 :《東醫寶鑑·外形篇·毛髮》에는 "二".

이상의 약미들을 모두 가루 낸 뒤, 꿀로 반죽하여 가시연밥크기의 환을 만든다. 1환씩 입에 머금어 녹이고 따뜻한 술로 하루 3번 넘긴다.

14-11) 환원추석단(還元秋石丹, 추석을 주로 하여 원기를 되돌리는 단약)

의학입문 [882] 성행위로 정(精)이 손상된 증상, 수염과 머리카락이 일찍 희게 된 증상을 치료한다.

추석 1근, 백복령 1근, 천문동·맥문동·생지황·숙지황·인삼·지골피·젖가루 각 4냥.

이상의 약미들을 가루 낸 뒤, 꿀로 반죽하여 벽오동씨크기의 환을 만든다. 끓인 물이나 따뜻한 술로 30~50환씩 넘긴다.

14-12) 각로오수건양단(却老烏鬚健陽丹, 노화를 물리치고 수염을 검게 하는 단약)

의학입문 [883] 흰수염과 흰머리카락을 변화시켜 검게 할 수 있다.

적하수오·백하수오 각 1근, 우슬 8냥(검은콩즙에 섞어 2번 찐 것), 적복령(우유 5승으로)·백복령

沒石子一兩、人蔘·木香各五錢.

右爲末, 蜜丸芡實大. 每一丸嚼化, 溫酒送下, 日三服.

還元秋石丹

[又] 治因房室損精, 鬚髮早白.

秋石一斤、白茯苓一斤、天門冬·麥門冬·生地黃·熟地黃·人蔘·地骨皮·人乳粉各四兩.

右爲末, 蜜丸梧子大. 白湯或酒下三五十丸.

却老烏鬚健陽丹

[又] 能變白鬚髮令黑.

赤何首烏·白何首烏各一斤、牛膝八兩(以黑豆汁拌蒸

882《東醫寶鑑》, 위와 같은 곳;《醫學入門》, 위와 같은 곳.
883《東醫寶鑑》, 위와 같은 곳;《醫學入門》, 위와 같은 곳.

(젖 5승으로 각각 중간불에 달였다가 말린 것) 각 1근, 토사자·파고지 각 8냥.

이상의 약미들을 가루 낸 뒤, 꿀로 반죽하여 탄환크기의 환을 만든다. 1환씩 따뜻한 술에 녹여 하루 2번 복용한다. 간혹 생지황과 숙지황을 더하여 넣으면 효과가 더욱 빼어나다.

14-13) 가미창출고(加味蒼朮膏)

의학입문 884 오래 복용하면 정(精)과 기(氣)가 충만하고 흰머리가 검게 변하며 빠진 이가 다시 난다.

창출 10근을 진흙처럼 찧어 큰 솥에 넣고 물 2통을 10주발이 되도록 중간불로 달인다. 이를 명주로 걸러낸 즙을 자기약탕관에 넣는다.

인삼·생지황·숙지황·황백·원지·두충·천궁·호두살·천초·파고지·당귀·생강즙 각 4냥, 청염 1냥, 주사 1냥, 한련초즙 2주발, 꿀 2근을 쓴다.

각각의 약미들을 가루 낸 뒤, 앞의 창출고를 담은 약탕관에 넣고 단단히 봉하여 큰 솥에 넣은 다음 물에 달인다. 관향(官香)885 2심지를 태울 때까지 달

二[171]次)、赤茯苓(用牛乳五升)·白茯苓(用人乳五升, 各以文武火煮乾)各一斤、兔絲子·破故紙各八兩.

右爲末, 蜜丸彈子大. 每服一丸, 溫酒化下, 日二次. 或生地黃、熟地黃加入, 尤妙.

加味蒼朮膏

又 久服, 精滿氣盛, 髮白變黑, 齒落更生.

蒼朮十斤搗如泥, 入大鍋內, 用水二桶, 以文武火煮至十餘椀, 絹濾取汁, 入磁罐內. 以人蔘·生地黃·熟地黃·黃柏·遠志·杜沖·川芎·胡桃肉·川椒·破故紙·當歸·薑汁各四兩、靑鹽一兩、朱砂一兩、旱蓮草汁二椀、白蜜二斤.

各藥爲末, 入朮膏內, 封固, 大鍋水煮, 官香二炷爲度, 取出, 埋土中七日, 每

---

884 《東醫寶鑑》, 위와 같은 곳 ; 《醫學入門》, 위와 같은 곳.
885 관향(官香) : 관아에서 쓰는 향. 좋은 품질의 향을 가리킨다.
171 二 : 《東醫寶鑑·外形篇·毛髮》에는 "三".

이다가 꺼낸 뒤, 땅속에 7일 동안 묻어둔다. 2~3술씩 떠서 빈속에 술이나 끓인 물로 임의대로 하루 2번 넘긴다. 이 약은 정(精)·기(氣)·신(神)을 자양한다.

取二三匙, 空心酒湯任下, 日二服. 養精、養氣、養神.

14-14) 칠선단(七仙丹)

단계심법 [886] 심장과 신장을 보하고, 얼굴색을 좋게 하며, 수염과 머리카락을 검게 하는 성약(聖藥)이다.

하수오(9번 찌고 9번 햇볕에 말린 것) 4냥, 인삼·생건지황(술에 씻은 것)·숙지황·맥문동·천문동·백복령·회향(볶은 것) 각 2냥.

이상의 약미들을 가루 낸 뒤, 꿀로 반죽하여 탄환 크기의 환을 만든다. 1환씩 꼭꼭 씹어 좋은 술로 넘기는데, 끓인 소금물도 좋다. 또는 벽오동씨크기의 환을 만든다. 50~70환씩 빈속에 술로 넘긴다. 3가지 흰 음식물(삼백, 총백·마늘·무)과 성행위를 금한다.

七仙丹

丹溪心法 補心腎, 駐容顏, 黑鬚髮之聖藥.

何首烏(九蒸九曝)四兩、人蔘·生乾地黃(酒洗)·熟地黃·麥門冬·天門冬·白茯苓·茴香(炒)各二兩.

右爲末, 蜜丸彈子大. 每一丸細嚼, 好酒送下, 鹽湯亦可. 或丸如梧子大. 每五七十丸, 空心酒下. 忌食三白及犯房事.

14-15) 오수내보인인환(烏鬚內補人仁丸)

준생팔전 [887] 인삼·축사인·침향·목향·회화나무열매·생지황(술에 씻은 것)·오디·숙지황 각 0.5냥, 마(껍질을 제거한 것)·복령·천초(눈을 제거한 것)·대회향(술에 씻은 것)·구기자·한련초·감초·창출(쌀뜨물에 3일 동안 담갔다가 껍질을 제거한 뒤, 소금과 함께 볶은 것) 각 1냥, 하수오(검정콩을 섞어 7번을

烏鬚內補人仁丸

遵生八牋 人蔘·砂仁·沈香·木香·槐角子·生地黃(酒洗)·桑椹·熟地黃各五錢, 山藥(去皮)·茯苓·川椒(去目)·大茴香(酒洗)·枸杞子·旱連草·甘草·蒼朮(米

---

886 《東醫寶鑑》, 위와 같은 곳.
887 《遵生八牋》卷18 〈靈秘丹藥牋〉下 "烏鬚髮方" '烏鬚內補人仁丸'(《遵生八牋校注》, 310~311쪽).

쪄서 쓴다. 하수오는 먼저 대나무칼로 자르고 부수어 끝을 제거하고 쓰는데, 철기에 대지 않은 것) 4냥.

이상의 약미들을 가루 낸 뒤, 졸인 꿀로 반죽하여 벽오동씨크기의 환을 만든다. 이를 소금 넣은 술로 넘긴다. 무 먹기를 금한다.

이 약을 복용하면 수염과 머리카락이 모두 검게 될 뿐 아니라 진원(眞元)을 단단하게 하는 효과도 빼어나니, 그 효과를 다 적을 수 없다.

14-16) 금릉전(金陵煎)

천금월령방(千金月令方)[888] [889] 수염과 머리카락을 더하고 흰수염이나 흰머리카락을 변화시켜 검게 한다.

금릉초(金陵草, 한련초) 1칭(秤, 15근)을 6월 이후에 채취한 다음 푸르고 연하며 진흙이 묻지 않은 것을 고른다. 이를 씻지 않고 누런 잎만 따서 제거하여 흐물흐물하게 찧고, 새 베로 짜서 즙을 낸다. 다시 명주에 걸러낸 다음 기름칠한 사발에 넣고 5일 동안 종일 달인다.

다시 생강 1근(짜서 즙을 낸 것), 백밀 1근을 합하여 섞고, 종일 달이면서 버드나무 빗치개[890]로 손

泔水浸三日, 去皮鹽炒)各一兩、何首烏(用黑豆拌蒸七次, 取起, 首烏先以竹刀切碎, 去頭用, 勿見鐵器)四兩.

右爲末, 煉蜜爲丸如桐子大, 鹽酒下. 忌食蘿薑.

服此藥者, 不惟鬚髮皆烏, 其固元保眞之妙, 不可盡述.

金陵煎

千金月令方 益髭髮, 變白爲黑.

金陵草一秤, 六月以後收探, 揀靑嫩無泥土者, 不用洗, 摘去黃葉, 爛擣, 新布絞, 取汁, 以紗絹濾過, 入通油器鉢盛之, 日中煎五日.

又取生薑一斤(絞汁)、白蜜一斤, 合和日中煎, 以柳木

---

888 천금월령방(千金月令方) : 중국 당(唐)나라의 의사 손사막(孫思邈, 581~682)이 지은 의서. 본래 이름은 《고전비방천금월령(古傳秘方千金月令)》이며, 《천금월령》이라 하기도 한다.
889 《本草綱目》 卷16 〈草部〉 "鱧腸", 1079쪽.
890 빗치개 : 가르마를 타거나 빗살에 낀 때를 제거하는 도구. 끝이 뾰족한 형태이다.

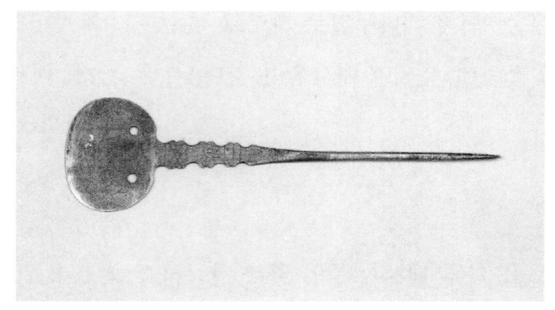

빗치개(국립민속박물관)

을 쉬지 말고 젓는다. 묽은 엿처럼 되면 약이 비로소 완성된 것이다.

매일 해가 뜰 때와 오후에 각 1술씩 따뜻한 술 1잔에 녹여 넘긴다. 환으로 만들려면 종일 더 달인 다음 벽오동씨크기의 환을 만들어 30환씩 복용한다. 때에 맞춰 많이 배합하면 좋고, 그 약효가 매우 빠르다.

【안 《고금의감》에는 '한련고(旱蓮膏)'라 되어 있다.[891] 금릉초는 곧 한련초의 다른 이름이다】

14-17) 내복오자약(內服烏髭藥, 수염을 검게 하는 내복약)

고금비원(古今秘苑) [892][893] 하수오(검정콩과 함께 찐 것)·숙지황·마치현(馬齒莧, 쇠비름)[894]의 3가지 약미 각

篦攪勿停手. 待如稀餳, 藥乃成矣.

每日出及午後, 各服一匙, 以溫酒一盞化下. 如欲作丸, 日中再煎, 令可丸大如梧子, 每服三十丸. 及時多合爲佳, 其效甚速.

【案 《醫鑑》作"旱蓮膏". 金陵草, 卽旱蓮之一名也】

內服烏髭藥

古今秘苑 何首烏 (黑 豆 同[172]蒸過)·熟地黃·馬齒莧

---

891 《古今醫鑑》卷9 〈鬚髮〉 "旱蓮膏", 240쪽.
892 고금비원(古今秘苑) : 중국 청나라 때 묵마주인(墨磨主人, ?~?)이 편집한 유서.
893 《古今秘苑》 2集 卷1 〈烏鬚方〉 "又內服方".
894 마치현(馬齒莧, 쇠비름) : 쇠비름과의 쇠비름의 전초를 말린 약재. 잎의 모양이 말의 이빨과 닮고, 성질은 비름[莧]과 닮아 이름 붙었다.
[172] 豆同 : 《古今秘苑·烏鬚方·又內服方》에는 "萵".

1냥을 함께 꿀에 담갔다가 햇볕에 말린 뒤, 9번 찌고 9번 햇볕에 말린다. 이를 철기에 닿지 않도록 하여 곱게 가루 낸다. 검은소의 쓸개 1개를 준비하여 약가루를 쓸개 속에 쟁여넣고 그늘에 49일 동안 말린 다음 필요할 때 쓴다.

이 약은 소쓸개를 많이 얻어 여러 개를 조제한다. 0.3냥씩 복용하다가 49일 뒤에는 0.08냥을 줄인다. 좋은 술로 넘긴다. 1개월 뒤에는 수염이 완전히 검어진다. 끓인 물로 복용해도 좋다.

14-18) 경백발선방(更白髮仙方, 백발을 바꿔주는 선방)

거가필용 [895] 지황(3월에 거둔 것)·회화나무열매(8월에 거둔 것)·연심(蓮心)[896](7월에 거둔 것).

이상의 약미들 각 1냥씩을 해를 보지 않고 그늘에 말린 다음 무회주 1병을 넣고서 주량에 따라 여러 번 마신다. 7일 동안 계속 취하면 효과를 본다. 만약 믿지 못할 때에는 이 약미들을 넣고 찐 떡을 술병에 7일 동안 담갔다가 닭에게 7일 동안 먹이면 검은 닭으로 변한다.

14-19) 중산환동주(中山還童酒, 아이로 돌아가게 하는 중산의 술)

만병회춘 [897] 노래에 "중산환동주(中山還童酒), 세상

三味各一兩, 共用蜜浸過, 曝乾, 九蒸九曬, 勿見鐵器, 爲細末. 將黑牛膽一箇, 以藥末裝入膽內, 陰乾, 至四十九日, 聽用. 此藥, 多取牛膽, 數個修製, 每服三錢, 至四十九日後, 減去八分, 好酒下. 一月全黑. 滾[173]湯亦可.

更白髮仙方[174]

居家必用 地黃(三月收)、槐角(八月收)、蓮心(七月收). 右各一兩不見日陰乾, 入無灰酒一瓶, 量力飮多時, 七日一醉, 見效. 恐不信時, 將蒸餠酒瓶內浸七日, 餧鷄七日, 變爲烏鷄.

中山還童酒

萬病回春 歌曰："中山還童

895《居家必用事類全集》壬集〈衛生〉"諸雜方"'仙方更白髮', 382쪽.

896 연심(蓮心) : 연꽃의 싹눈을 말린 약재. 가을에 익은 열매를 따서 껍질을 벗기고 싹눈을 내어 말려 쓴다.

897《東醫寶鑑》〈外形篇〉卷4"毛髮"'鬚髮榮枯'(《原本 東醫寶鑑》, 308쪽);《萬病回春》卷5〈須髮〉, 258쪽.

[173] 滾 :《古今秘苑·烏鬚方·又內服方》에는 "開".

[174] 迫更白髮仙方 :《居家必用事類全集·衛生·諸雜方》에는 "仙方更白髮".

곳곳에 있구나. 좋은 인연으로 이 술 만난다면, 곧 봉래(蓬萊)898 신선이 되겠지."라 했다.

마린자(馬藺子)899 1승(땅속에 3일간 묻었다가 꺼낸 것), 마린뿌리(씻어서 얇게 썬 것) 1승을 황미(黃米, 기장쌀) 20승과 함께 물로 끓여 죽을 만든다.

묵은 누룩 2덩이를 가루 낸 뒤, 술밑[酒酵子]900 2그릇에 앞의 마린자 등과 함께 한 곳에 섞어 술을 만든다. 술이 익으면 따로 마린자와 마린뿌리 1승을 물로 10번 끓여 술 속에 3일간 넣어둔다.

매일 고루 젓고 찌꺼기를 제거한 다음 주량에 따라 취하도록 마신다. 술을 다 마시고 나면 수염과 머리카락이 모두 검어진다. 술의 색깔은 옻칠처럼 검다.

酒, 人間處處有. 善緣得遇者, 便是蓬萊曳⑰."

馬藺子一升(埋土三日取出)、馬藺根(洗切片)一升, 同黃米二斗水煮成糜⑯.

陳麴二塊爲末, 酒酵子二椀, 并前馬藺子, 共和一處做酒, 待熟, 另用馬藺子竝根一升, 用水煮十沸, 入酒內三日.

每日攪勻⑰去渣⑱, 隨量飮醉. 其酒飮盡, 鬚髮盡黑. 其酒之色如漆之黑.

14-20) 경험오수주(經驗烏鬚酒, 수염을 검게 하는 효험을 본 약주)

經驗烏鬚酒

만병회춘 901 흰머리를 검게 바꾸고, 몸이 가볍고 강건해지니, 그 공을 다 말하기 어렵다.

매년 겨울 10월 임계(壬癸)일에 동쪽을 향하여 열린, 붉고 큰 구기자 2승을 딴 다음 으깨어 좋은 무회주 20승과 함께 자기 안에 담는다. 21일 동안 충

又 能變白爲黑, 身輕體健, 功不可述.

每年冬十月壬癸日, 面東採摘紅肥大枸杞子二⑲升, 擣破, 同好無灰酒二斗, 同

898 봉래(蓬萊) : 중국 전설상의 삼신산(三神山) 중 하나로, 불로불사하는 신선이 사는 곳.
899 마린자(馬藺子) : 타래붓꽃열매. 인후가 막혀서 숨을 쉬기 어려운 증상 등을 치료한다.
900 술밑[酒酵子] : 술을 빚을 때에 빨리 발효되도록 누룩과 곡물로 미리 만들어둔 발효제.
901 《東醫寶鑑》, 위와 같은 곳 ; 《萬病回春》, 위와 같은 곳.
⑰ 曳 : 저본에는 "旻". 《東醫寶鑑·外形篇·毛髮》·《萬病回春·須髮》에 근거하여 수정.
⑯ 糜 : 저본에는 "堞". 《萬病回春·須髮》에 근거하여 수정.
⑰ 勻 : 저본에는 "白". 《東醫寶鑑·外形篇·毛髮》·《萬病回春·須髮》에 근거하여 수정.
⑱ 渣 : 《萬病回春·須髮》에는 "根".
⑲ 二 : 《萬病回春·須髮》에는 "十二".

분히 담근 다음 개봉하여 생지황즙 3승을 첨가하고 고루 젓는다. 이것을 각각 종이 3겹으로 자기아가리를 봉했다가 모두 입춘 30일 전에 개봉한다. 빈속에 1잔씩을 따뜻하게 마시면 입춘 뒤에는 수염과 머리카락이 모두 검어진다. 삼백(三白, 무·파·마늘)을 먹지 말라.

盛於磁器內, 浸二十一日足, 開封, 添生地黃汁三升攪均. 各以紙三層封其口, 俱至立春前三十日開甁. 空心煖飮一盞, 至立春後, 髭髮都黑. 勿食三白.

14-21) 오수주(烏鬚酒)

【안】 처방이 "보약이 되는 여러 약주 빚는 방법(자보주례제방)"에 보인다[902]】

烏鬚酒

【案】 方見《滋補酒醴方》】

14-22) 진인변자발주(眞人變髭髮酒)

북산주경(北山酒經)[903][904] 찹쌀 20승(다른 쌀이 들어가지 않게 깨끗이 키질한 것), 지황 20승(깨끗이 씻었다가 물기가 다 마른 다음 대나무칼로 콩크기로 잘라 층층이 쌓은 형태로 만들고, 철기에 닿지 않게 한 것), 모강 4근(母薑, 씨로 쓰는 생강)(생으로 쓴다. 새 수건으로 문질러 껍질을 제거해서 반드시 육질이 드러나게 한 뒤, 잘게 썰어서 무게를 단 것), 법국 2근(法麴, 법제한 약용 누룩)(만약 일반적인 누룩이라면 4근을 찧어 가루 낸 것).

이상의 약미에서 먼저 찹쌀을 맑은 물에 일고 깨끗이 씻어서 일반적인 방법대로 지에밥을 짓는다.

眞人變髭髮酒

北山酒經 糯米二斗(淨簸擇, 不得令有雜米)、地黃二斗(淨洗, 候水脈盡, 以竹刀切如豆顆大, 勃堆疊二斗, 不可犯鐵器)、母薑四斤(生用, 以新布巾揩之去皮, 須見肉, 細切秤之)、法麴二斤(若常麴, 四斤搗爲末).

右取糯米, 以淸水淘令淨, 一依常法炊之, 良久卽不

902 처방이……보인다 : 《보양지》 권5 〈약주[酒醴, 약이. 약이 되는 술과 단술]〉 "보약이 되는 여러 약주 빚는 방법(자보주례제방)"에 있다.
903 북산주경(北山酒經) : 중국 송(宋)나라 주굉(朱肱, 1068~1165)이 편찬한 책. 술 만드는 법·술 마시는 법·누룩 만드는 법 등을 담고 있다.
904 출전 확인 안 됨.

오랫동안 밥을 지으면 밥이 설익지 않는다. 여기에 지황, 생강을 넣고 거듭 익힌다. 다 익으면 그릇에 담고 충분히 저어 죽같이 되도록 만든 다음 식혀서 누룩가루를 넣는다. 이것을 기름 바른 자기병이나 독 속에 넣고 그 안에서 술을 빚는다. 이때 아가리를 진흙으로 단단히 막아 놓고 움직이지 않게하여 여름에는 30일, 가을·겨울에는 40일 동안 둔다.

매일 아침에 일어날 때마다 마시는데, 항상 복용하면 효과가 더욱 빼어나다.

饋, 入地黃、生薑相重炊, 待熟, 便置於盆中, 熟攪如粥, 候冷卽入麴末, 置於通油瓷瓶、甕中醞造, 密泥頭, 更不得動, 夏三十日, 秋冬四十日.

每起[180]卽飮, 常服尤妙.

15) 머리카락 염색하는 여러 방법

染掠諸方

15-1) 백합

百合

편민도찬(便民圖纂)[905][906] 7월 7일 백합을 잘 찧은 다음 새 자기병에 담아 밀봉하고 문 위에 걸어 100일 동안 그늘에 말린다. 흰머리를 뽑아낼 때마다 바르면 곧 검은 머리카락이 생긴다.

便民圖纂 七月七日取百合熟擣, 用新瓷瓶盛之, 密封, 挂門上, 陰乾百日. 每拔去白者[181]摻之, 卽生黑者也.

15-2) 호두

胡桃

적선당방[907] 호두껍질·올챙이 각각 같은 양을 진흙처럼 찧고 개어서 바른다. 1번 염색하면 바로 머리카락이 검어진다.

積善堂方 胡桃皮、科蚪等分, 擣泥塗之, 一染卽黑.

---

905 편민도찬(便民圖纂) : 중국 명(明)나라 광번(鄺璠, 1465~1505)이 편찬한 농서. 곡물·과일·채소·화훼류의 재배방법과 양잠·가축 기르기·기상관측 등 농사와 관련된 내용 등을 도해(圖解)와 함께 다루었다.
906 《本草綱目》 卷27 〈菜部〉 "白合", 1682쪽.
907 《本草綱目》 卷30 〈果部〉 "胡桃", 1807쪽.
[180] 起 : 오사카본에는 "飢".
[181] 者 : 저본에는 "髭". 《本草綱目·菜部·白合》에 근거하여 수정.

성제총록[908] 청호두 3개를 껍질째 곱게 찧어서 젖 3잔을 넣고 은석기(銀石器) 안에서 고루 개어 수염과 머리카락에 3~5번 바른다. 매일 호두기름으로 윤기가 나게 바르면 좋다.

聖濟總錄 靑胡桃三枚, 和皮擣細, 入乳汁三盞于銀石器內調均, 搽鬚髮三五次. 每日用胡桃油潤之, 良.

15-3) 자작나무껍질

다능비사[909] 자작나무껍질 1근으로 측백나무가지 1개를 싸고 태워 그 연기를 쏘인 다음, 기름종지에 이 연기의 그을음을 채취하여 손으로 그을음을 수염과 머리카락에 문지르면 곧 검어진다.

樺皮

多能鄙事 皮一斤, 包側柏一枝, 燒煙熏香, 油盞[182]內成煙, 以手抹在鬚鬢上, 卽黑也.

15-4) 오배자

행림적요(杏林摘要)[910][911] 오배자 1근을 갈아서 가루낸 뒤 구리솥에 볶는데, 덩어리지지 않게 한다. 연기가 나면 아래에 있는 오배자를 위로 올려주면서 잘 뒤집어준다. 약한 불 위에서 천천히 볶는데, 색이 검어질 때까지만 한다. 이것을 젖은 청색 베에 싸서 묶고 발로 밟아 떡을 만들었다가 거두어 저장해 필요할 때 쓴다.

쓸 때마다 조각자 달인 물로 수염과 머리카락을 깨끗이 씻는다. 그런 다음 오배자 1냥, 홍동(紅銅)가루(술에 적셨다가 볶은 것) 0.16냥, 생백반 0.06냥,

五倍子

杏林摘要 用五倍子一斤研末, 銅鍋炒之, 勿令成塊. 如有煙起, 卽提下撥之. 從容上火慢炒, 直待色黑爲度. 以濕靑布包札, 足踏成餠, 收貯聽用.

每用時, 以皀角水洗淨鬚髮. 用五倍子一兩、紅銅末(酒炒)一錢六分、生白礬

908《本草綱目》, 위와 같은 곳.
909《本草綱目》卷35〈木部〉"樺木", 2047쪽.
910 행림적요(杏林摘要) : 중국 명(明)나라의 왕영(王英, 1360~1422)이 지은 의학서.
911《本草綱目》卷39〈蟲部〉"五倍子", 2240쪽.
[182] 盞 : 저본에는 "怨". 오사카본·규장각본에 근거하여 수정.

가자육(訶子肉) 0.04냥, 몰석자 0.04냥, 요사 0.01냥을 가루 낸 뒤, 오매·석류껍질 달인 물에 타 고루 섞는다.

이를 그릇에 담고 중탕하여 40~50번 끓도록 달인다. 엿처럼 되면 이것을 손가락으로 찍어 수염과 머리카락에 비비고 1번 씻어낸 뒤 다시 바르고 그대로 둔다. 다음날 씻어내고 복숭아씨기름을 수염과 머리카락에 윤기가 나게 바른다. 15일에 1번씩 염색하면 효과가 매우 빼어나다.

15-5) 증기수(甑氣水, 시루뚜껑에 맺힌 물)

본초습유 912 증기수를 그릇에 받아 머리를 감으면 모발을 잘 자라게 하고, 모발이 검고 윤기가 나게 한다.

15-6) 흑연[鉛]

보제방 913 흑연을 녹이고, 여기에 벌레 먹지 않은 조각자를 1촌 크기로 잘라 넣은 다음 볶아서 숯을 만든다. 소금을 조금 넣고 고루 갈아 이것으로 매일 이를 닦으면서 흰머리를 뽑아낸다. 그러면 검은 머리카락은 다시 희어지지 않는다.

15-7) 침사(針砂, 바늘에서 나오는 쇳가루)

성제총록 914 침사 8냥(쌀식초에 5일간 담근 뒤에 대략 홍색이 되도록 볶고 갈아 가루 낸 것), 오배자·백

六分、訶子肉四分、沒石子四分、硇砂一分, 爲末, 烏梅、酸榴皮煎湯調均.
碗盛重湯煮四五十沸, 待如飴狀, 以指掠刷於鬚髮上, 一時洗去, 再上包住. 次日洗去, 以桃核油潤之. 半月一染甚妙.

甑氣水
本草拾遺 以器承取沐頭, 長毛髮, 令黑潤.

鉛
普濟方 黑鉛消化, 以不蛀皁莢寸切投入, 炒成炭, 入鹽少許研均, 日用揩牙, 摘去白髭. 黑者更不白也.

針砂
聖濟總錄 用針砂八兩(米醋浸五日, 炒略紅色, 研末)、五

912《本草綱目》卷5〈水部〉“甑氣水”, 409쪽.
913《本草綱目》卷8〈金石部〉“鉛”, 471쪽.
914《本草綱目》卷39〈蟲部〉“五倍子”, 2240쪽.

약전·몰석자 각 2냥, 가려륵피(訶黎勒皮)[915] 3냥을 갈아 가루 낸 뒤 각각 따로 싸둔다.

먼저 조각자 달인 물로 머리카락과 수염을 씻고, 쌀식초를 넣고 쑨 메밀풀을 침사와 섞어 머리카락과 수염에 붙인 다음 연잎으로 하룻밤 싸둔다. 이것[916]을 다음날 제거하고 메밀풀로 뒤의 4가지 약(오배자·백약전·몰석자·가려륵피)을 붙인다. 하루가 지나 씻어내면 수염과 머리카락이 곧 검어진다.

15-8) 거북오줌

龜尿

의학입문 [917] 큰 오귀(烏龜, 검은 거북) 1마리를 1~2일 굶긴 다음, 밥·고기·뼈·과일·불에 익힌 음식을 먹인다. 이렇게 키우다가 3~5개월 뒤, 밤에 옻칠한 궤에 거북을 담고 대나무조각으로 궤의 아가리에 두어 공기가 통하게 한다. 밖에는 등불 1개를 놓아두어 궤 안이 뜨거워지면 거북이 스스로 오줌을 싼다. 급할 땐 삼씨기름을 태워 그 연기를 거북의 코에 쐬면 곧 오줌을 싼다. 이에 앞서 오배잣가루를 따끈한 식초에 개어 아교처럼 만들어둔다.

만약 거북오줌이 1작은종지 정도 된다면 식초에 갠 오배자 0.5종지와 함께 자기에 넣고 한 번 끓여서 따끈하게 한다. 이를 각관(角罐, 뼈로 만든 그릇의 일종)에 거두어 저장한다. 새 붓으로 약을 약간 찍어 수염에

倍子·百藥煎·沒石子各二兩、訶黎勒皮三兩, 研末, 各包. 先以皁莢水洗髭鬚, 用米醋打蕎麥麪糊, 和針砂末傅上, 荷葉包過一夜, 次日取去, 以蕎麥糊四味敷之, 一日洗去卽黑.

醫學入門 大烏龜一箇餓一二日, 將飯與肉、骨、果子、煙火之食飼之. 三五月後, 夜間以漆盝盛之, 用竹片置盝口令通氣, 外放燈一盞, 盝內熱, 龜自撒尿, 急則取麻油煙熏鼻, 亦卽尿. 先用五倍末炊醋如膠.

若龜尿得一小鍾, 入五倍醋半鍾, 入磁器炊一滾, 角罐收貯. 以新筆略蘸搽鬚, 多用面黑.

915 가려륵피(訶黎勒皮): 가려륵은 가리륵(呵梨勒)이라고도 하며, 고대 인도에서 약의 왕이라는 별칭으로 불리며 오래전부터 약용했다. 동아시아에서는 가자(訶子)라 불린다. 가려륵피는 가자의 껍질을 말한다.

916 이것: 싸둔 연잎만을 가리키는지 연잎과 침사를 모두 가리키는지 불분명하지만 원문에 "洗去"라 하지 않고 "取去"라 한 점으로 보아 연잎만 제거하라는 뜻으로 보인다.

917 《東醫寶鑑》〈外形篇〉卷4 "毛髮" '染白烏鬚髮'(《原本 東醫寶鑑》, 309쪽).

바른다. 많이 쓰면 얼굴이 검어진다.

15-9) 거머리

水蛭

담씨시험방(談氏試驗方)[918] [919] 거머리를 아주 곱게 가루 낸 뒤, 거북오줌과 섞고 이를 수염 끝부분에 발라서 이 약이 저절로 수염의 뿌리로 들어가게끔 한다.

談氏試驗方 水蛭極細末, 以龜尿調, 撚鬚稍, 自行入根.

또 다른 방법 : 오골계 1마리를 죽여 피를 병 속에 넣고, 살아 있는 거머리 수십 마리를 그 속에 넣어 물이 되기를 기다린다. 돼지쓸개껍질로 손가락을 싸고 병 속에 담갔다가 수염 끝부분에 찍어 문지르면 끝부분에서부터 저절로 검어지면서 수염의 뿌리로 번져 들어간다.

又法 : 烏骨鷄一隻, 殺血入甁中, 納活水蛭數十於內, 待化成水, 以猪膽皮包指, 蘸撚鬚稍, 自黑入根也.

보제방[920] 큰 거머리 7마리(가루 낸 것), 수은 1냥을 은 3냥으로 만든 작은 함(盒)에 담는다. 이것을 구인니(蚯蚓泥, 지렁이똥)로 손가락 절반 두께로 단단히 막은 다음 말똥 속에 깊이 묻어둔다. 이를 49일 뒤 꺼내어 보면 검은 기름으로 변해 있다.

普濟方 大水蛭七枚(爲末)、汞一兩, 以銀三兩作小盒盛之, 用蚯蚓泥固濟半指厚, 深埋馬糞中. 四十九日, 取出, 化爲黑油.

물고기부레로 손가락을 싸고 검은 기름을 조금씩 찍어 수염에 문지르면 기름이 자연스럽게 거꾸로 가서 뿌리까지 흘러 수염이 흑색으로 변한다.

以魚脬籠指, 每蘸少許, 撚鬚上, 其油自然倒行至根, 變爲黑色也.

단계심법[921] 큰 거머리 2마리를 자기그릇 속에 두

丹溪心法 大水蛭二箇, 放

---

918 담씨시험방(談氏試驗方) : 중국 명나라의 관리인 담륜(談綸, 1520~1577)이 지은 의학서. 담야옹시험방(談野翁試驗方)이라고도 한다.

919 《本草綱目》 卷40 〈蟲部〉 "水蛭", 2287쪽.

920 《本草綱目》, 위와 같은 곳.

921 《東醫寶鑑》 〈外形篇〉 卷4 "毛髮" '鬚髮榮枯'(《原本 東醫寶鑑》, 308쪽).

고 7일을 굶긴다. 오골계 수컷의 피를 송연묵(松煙墨)으로 진하게 갈아 돼지오줌보에 따라서 넣는다. 이를 거머리가 흠뻑 빨아먹게 한 뒤, 철침(鐵針)으로 거머리를 찔러 피를 낸다.

이것을 수염과 머리카락에 뿌리쪽으로 0.02척 정도 남겨두고 바른다. 이렇게 하면 살 속으로 거머리의 피가 스며들어 수염과 머리카락이 1년 만에 검게 무성해지고 또 부드러워지니, 효과가 매우 빼어나다.

磁碗中, 餓一七日. 取烏骨雄鷄血, 以松煙墨濃磨汁, 傾入猪尿胞內, 任水蛭吮飽, 將鐵針刺蛭, 流出血汁.

塗鬚髮, 留根二分, 其汁浸漬入肉, 鬚髮一年茂黑, 且柔軟, 極妙.

15-10) 올챙이

蝌斗

세의득효방 [922] 올챙이와 검은 오디 각 0.5근을 병에 담아 밀봉한다. 이를 집의 동쪽에 100일 동안 매달아두어 이것이 진흙처럼 되면 수염과 머리카락에 발라준다. 이렇게 하면 수염과 머리카락이 오래도록 옻칠처럼 검어진다.

危氏得效方 蝌斗、黑桑椹各半斤, 瓶密封, 懸屋東百日化泥, 取塗鬚髮, 永黑如漆也.

구루신서(岣嶁神書) [923] [924] 3월 3일에 올챙이 0.1승을 그늘에 말린다. 오디가 익을 때 오디즙 1승에 말린 올챙이를 담가서 동쪽 벽 아래에 묻어둔다. 100일이 지난 뒤 꺼내서 수염과 머리카락에 발라주면 오래도록 수염과 머리카락이 희어지지 않는다.

岣嶁神書 三月三日, 取蝌斗一合陰乾, 候椹熟時, 取汁一升浸, 埋東壁下. 百日取出, 塗髭髮, 永不白.

---

922 《本草綱目》卷42〈蟲部〉"蝌斗", 2344쪽.
923 구루신서(岣嶁神書) : 중국 명나라의 구하자(九霞子)가 지은 방술서(方術書).
924 《本草綱目》, 위와 같은 곳.

15-11) 반딧불이

편민도찬 925 7월 7일 밤에 반딧불이 14마리를 잡아 머리카락에 문지르면 머리카락이 저절로 검어진다.

15-12) 외염오운고(外染烏雲膏)

종행서 926 오배자(법제한 것) 0.5냥, 구릿가루(법제한 것) 0.2냥, 백반·흰소금 각 0.15냥, 몰석자 2개(밀가루와 함께 누렇게 볶은 것).

이상의 약미들을 가루 낸 뒤, 진한 차에 타서 중탕으로 끓인다. 검은색이 보일 때 비전오수방(秘傳烏鬚方)927의 용법대로 사용하면 수염과 머리카락이 검어진다.

15-13) 연하고(蓮荷膏)

거가필용 928 한련화(旱蓮花)·연잎[荷葉]·몰석자·생돼지털.

이상의 약미들을 각각 같은 양으로 준비해 둔다. 먼저 돼지털을 구리솥 안에 넣고 볶는다. 그다음 나머지 약을 함께 넣어 검게 볶는데, 약미들의 성질을 보존하면서 재를 만든다. 이것을 버들가지 자연즙에 조금 개어 흰머리 뽑은 자리에 약을 찍어 넣는다. 이때 버들가지로 약을 찍어 넣으면 그 묘미를 전달하

螢火

便民圖纂 七月七日夜, 取螢火二七枚撚髮, 自黑.

外染烏雲膏

種杏書 五倍子(製)五錢、銅末(製)二錢、白礬·白鹽各一錢半、沒石子二箇(麵炒黃色).

右爲末, 濃茶調, 重湯煮, 見黑色, 如秘傳烏鬚方法用卽黑.

蓮荷膏

居家必用 旱蓮花、荷葉、沒石子、活猪鬃.

右等分, 先將鬃入銅銚內炒, 次入餘藥竝炒令焦黑, 存性爲灰, 以柳枝自然汁調少許, 拔白卽蘸入藥, 以柳枝蘸藥, 妙不可傳.

925《本草綱目》卷41〈蟲部〉"螢火", 2319쪽.
926《東醫寶鑑》〈外形篇〉卷4 "毛髮" '染白烏鬚髮'(《原本 東醫寶鑑》, 309쪽).
927 비전오수방(秘傳烏鬚方) : 아래 15-18)에 나온다.
928《居家必用事類全集》壬集〈衛生〉"諸雜方法", 380~381쪽.

기 어려울 정도로 효과가 빼어나다.

15-14) 연수고(撚鬚膏)

撚鬚膏

거가필용[929] 맛이 신 산석류(酸石榴)가 아직 열매 맺지 않을 때, 가지에 구멍 1개를 뚫어 수은을 그 속에 넣는다. 이를 원래의 석류나무껍질로 막은 뒤 삼껍질로 동여매고 소똥으로 발라 봉한다. 이후 서리를 맞으면 석류를 따서 과즙을 기울여 부어낸다. 돼지쓸개로 손가락을 싸고 손가락으로 이것을 찍어 수염에 문지른다[撚鬚].

又 酸石榴未結成時, 就枝上開一竅, 置水銀於中. 却將元皮封之, 以麻皮纏定, 用牛糞泥封了. 候經霜, 摘下傾出, 以猪膽裏指蘸撚.

15-15) 약빈고(掠鬚膏)

掠鬚膏

거가필용[930] 백렴·백지·백견우·청대·백급·감송(甘松)[931].

又 白斂, 白芷, 白牽牛, 青黛, 白芨, 甘松.

　이상의 약미들을 각각 같은 양으로 가루 낸 뒤, 가루를 물에 개어 흰머리 뽑은 곳에 바른다.

右等分爲末, 水調搽之.

15-16) 도류유(倒流油)

倒流油

거가필용[932] 계두피(鷄頭皮)[933]·호두껍질·백약전·감씨껍질·석류껍질·오배자.

又 鷄頭皮, 胡桃皮, 百藥煎, 柹子皮, 石榴皮, 五倍子.

　이상의 약미들을 각각 같은 양으로 가루 낸 뒤, 자기그릇 안에 담아 49일간 말똥 속에 묻어둔다.

右等分爲末, 於磁器內盛之, 馬糞埋四十九日, 入金

929《居家必用事類全集》壬集〈衛生〉"諸雜方法", 381쪽.
930《居家必用事類全集》, 위와 같은 곳.
931 감송(甘松) : 마타리과 식물인 감송향의 뿌리를 말린 약재.
932《居家必用事類全集》, 위와 같은 곳.
933 계두피(鷄頭皮) : 가시연밥을 계두실(鷄頭實)이라 하는데, 가시연밥의 껍질을 말하는 것으로 보인다.

여기에 금사반(金絲礬) 조금을 넣은 뒤 돼지쓸개로 손
가락을 싸고 이것을 찍어 수염과 머리카락에 문지
른다.

15-17) 염자약(染髭藥)

거가필용 [934] 소의 무릎뼈 1개(골수가 있는 것)에다
송곳으로 한쪽 끝을 뚫는다. 살아 있는 거머리 6~7
마리, 담반 0.1냥, 청염 0.05냥, 노사(瑙砂)[935] 조금을
각각 가루 낸 뒤, 함께 뼈 안에 넣고 종이로 봉한다.
뼈에 넣은 거머리가 물이 되면 여기에 다시 침사(針
砂) 0.1냥을 고루 섞어 뼈 속에 넣는다. 다시 기름 먹
인 홑겹 종이로 봉하여 싼 다음, 깨끗한 곳에 7일간
걸어둔다. 17일이면 더욱 좋다.

그런 다음 열어보아 물이 흑색이면 쓸개로 손가
락 끝을 싸고 손가락으로 약을 찍어 수염을 조금씩
염색한다. 약이 수염의 뿌리 속까지 들어가면 뜨거
운 물로 깨끗이 씻은 뒤 잘 닦고 말린다. 7일 뒤에
다시 한번 한다. 이렇게 3차례 반복하면 오래도록
색이 바라지 않고, 마르거나 빠지지도 않는다.

15-18) 비전오수방(秘傳烏鬚方)

고금의감 [936] 오배자를 양에 관계없이 망치로 찧어

染髭藥

又 牛膝骨一條(連髓), 用
椎開一頭, 以活水蛭六七
枚, 膽礬一錢, 青鹽半錢,
瑙砂少許, 各爲末, 同入骨
內, 以紙封. 候水蛭成水,
再入針砂一錢, 拌均入骨,
再用油單紙封裹, 懸淨處
七日, 或一十七日尤佳.
開水黑色, 膽包指頭蘸藥,
染髭稍, 藥行入髭, 熱湯淨
洗, 拭乾, 七日再作. 三遍
永不退, 仍不焦脫.

秘傳烏鬚方

古今醫鑑 五倍子不拘多

934《居家必用事類全集》, 위와 같은 곳.

935 노사(瑙砂) : 염화암모늄을 주성분으로 하는 광석인 요사(硇砂)를 가리킨다. 적체(積滯)·옹종(癰腫) 등
을 치료하는 데 효과가 있다.

936《東醫寶鑑》〈外形篇〉卷4 "毛髮" '染白烏鬚髮'(《原本 東醫寶鑑》, 309쪽);《古今醫鑑》卷9〈須發〉,
239~240쪽.

서 껍질을 제거하고 사기솥 안에 넣고서 연기가 나지 않을 때까지 볶는다. 청색 베수건을 물에 적셨다가 짜서 말린다. 볶은 오배자를 청색 베수건으로 싼 다음 발로 밟아 떡을 만든다. 이것을 가루 낸 뒤, 0.15냥씩 쓴다.

오흑상(누렇게 볶은 좋은 밀가루) 4냥, 당귀미 1냥(가루 낸 것), 백급가루 1냥. 이 3가지 약미를 고루 저어 0.015냥씩 쓴다.

홍동(紅銅)가루는 양에 관계없이 불속에서 매우 붉어지게 달군 다음 물이 담긴 대야 속에 넣었다가 꺼낸다. 이를 다시 달구고 다시 물에 넣는 과정을 반복한다. 이때 물속에 자연스럽게 생긴 가루를 물로 깨끗이 씻는다. 이를 식초로 몇 번 끓어올라 마를 때까지 달이고, 검게 될 때까지 볶아 0.015냥씩 쓴다.

명백반가루 0.015냥, 청염 0.012냥, 몰석자 0.0025냥, 가자육 0.0025냥. 이 중 몰석자와 가자육 2가지는 모두 밀가루로 싸서 사기솥에 넣고 뽕나무숯과 함께 뒤섞어 볶은 다음 바짝 말린다.

이상의 약미들을 가루 낸 뒤, 진한 찻물에 고루 개어 술잔에 담고 철표(鐵杓)[937]로 물을 부어가며 풀처럼 되도록 끓인다. 먼저 조각 달인 물로 수염과 머

少, 槌碎去皮[183], 入砂鍋內, 炒煙盡爲度. 以靑布巾打濕扭乾, 布裹, 脚踏成餅, 爲末, 每用一錢半.

烏黑霜(卽炒黃好細麵)四兩、當歸尾一兩(爲末)、白芨末一兩, 三味攪均, 每用一分半.

紅銅末不拘多少, 火內燒極紅, 投入水碗中, 取出再燒, 再投. 取水內自然之末, 用水淘淨, 醋煮數沸至乾, 隨炒黑色, 每用一分半.

明白礬末一分半、靑鹽一分二厘、沒石子二厘半、訶子肉二厘半. 二味俱用麵包, 入砂鍋內, 將桑[184]炭同拌炒, 至焦乾.

右爲末, 用濃茶調均, 以酒盞盛貯, 用鐵杓注水, 煮如糊, 先將皁角水洗淨鬚

---

937 철표(鐵杓) : 쇠로 만든 구기. 술을 뜨는 작은 국자.
[183] 皮 :《東醫寶鑑·外形篇·毛髮》·《古今醫鑑·須發》에는 "灰".
[184] 桑 :《古今醫鑑·須發》에는 "柴".

리카락을 깨끗이 씻은 뒤에 약을 바르고 하룻밤을 싸둔다. 다음날 아침에 씻어내고 호두기름을 발라 윤기가 나게 한다.

15-19) 신묘미염방(神妙美髥方)

준생팔전 938 흑연 4냥에 유황 0.3냥을 넣고 검게 볶아 가루 낸다. 오배자를 좋은 술에 축인 다음 검게 볶아 가루 낸다. 구릿가루를 쌀식초로 검은색이 되도록 7번 볶아 가루 낸다(오배자·구릿가루 2가지 약미는 양에 관계없이 준비했다가 필요할 때 쓴다).

이상의 약미들 중 볶은 흑연 0.03냥, 오배잣가루 0.1냥, 구릿가루 0.05냥, 백반 0.15냥, 동청(銅靑) 0.01냥, 요사 0.01냥, 가자 0.05냥을 함께 곱게 가루 낸 뒤, 산석류피를 달인 물에 개어 검은빛의 옻칠 같은 고(膏)를 만든다. 이것을 수염에 바르면 효과가 신묘하다.

15-20) 원후상수방(猿猴上樹方)

준생팔전 939 검은 암소의 쓸개 1개에, 불에 말린 회화나무열매 1냥, 오배자(바싹 볶아서 연기가 다 빠져나간 것) 1냥, 석류피(불에 말린 것) 0.5냥, 백반 0.1냥을 넣는다. 이때 약미를 함께 곱게 가루 내서 쓸개 속에 쟁여넣는다. 이어서 쓸개 입구를 묶고 매달

神妙美髥方

遵生八牋 黑鉛四兩, 入硫黃三錢, 炒爲黑末. 五倍子用好酒, 炒爲黑末. 銅末子用米醋炒, 七次成黑末(二味不枸多少, 聽用).

右每料, 用炒鉛三分, 倍子末一錢, 銅末五分, 白礬一錢五分, 銅靑[185]一分, 硇砂一分, 訶子五分, 共爲細末, 用酸石榴皮煎水, 調成膏子如黑漆, 搽之神妙.

猿猴上樹方

又 取黑牡牛膽一個, 入槐子焙一兩、五倍子(炒焦去煙)一兩、石榴皮(焙)五錢、白礬一錢, 共爲細末, 裝膽內, 紮[186]口弔起, 陰乾

938《遵生八牋》卷18〈靈秘丹藥〉下 "烏髭髮方"(《遵生八牋校注》, 731쪽).
939《遵生八牋》, 위와 같은 곳.
185 銅靑 : 저본에는 "靑銅". 오사카본·《遵生八牋·靈秘丹藥·烏髭髮方》에 근거하여 수정.
186 紮 : 저본에는 "孔".《遵生八牋·靈秘丹藥·烏髭髮方》에 근거하여 수정.

아 14일간 그늘에 말린다.

먼저 납으로 약탕관 1개를 만들고, 거기에 쓸개 속의 약미를 모두 부어넣고 쓸개껍질은 버린다. 다시 호두기름 1작은잔, 상상(桑霜)[940] 0.3냥, 사향 0.01 냥을 섞어 쓸개 속에 두었던 약에 섞어서 더 넣는다. 약탕관을 봉하여 중탕으로 향 1개를 태울 시간 동안 끓이고 꺼낸다.

흰수염은 살찐 조각 달인 물로 깨끗하게 씻고 돼지오줌보나 닭모이주머니나 기름종이로 손가락을 싸서 약을 찍어다 수염의 아래쪽 반절에 문질러준다. 이때 굳이 뿌리 가까이까지 갈 필요는 없다. 그러면 약이 자연스럽게 수염을 따라 위로 올라가 수염이 옻칠처럼 검어진다. 약미를 담는 쓸개는 12월에 잡은 검은 암소의 쓸개가 좋다.

15-21) 염수3방(染鬚三方, 수염 염색 3가지 방법)

[고금비원][941] 구릿가루 0.3냥, 오배자 1냥, 비염(飛鹽, 매우 가는 소금) 0.07냥, 담반 0.05냥, 백반 0.15냥, 백급 0.15냥을 각각 잘 정제한 다음 갈아 매우 곱게 가루 낸 뒤, 진한 차에 타서 묽은 죽처럼 만든다. 이를 자기그릇에 넣고 표면이 거울처럼 빛이 날 때까지 찐다. 이것을 가지고 1~2일 연이어 염색하면 효과가 빼어나다.

十四日.

先將鉛打一罐, 將膽內藥物盡傾入罐, 去膽皮, 再加核桃油一小盞、桑霜三錢、麝香一分, 攪入膽藥內. 封罐重湯, 煮一炷香, 取起.

鬚白用肥皂湯洗潔, 以猪脬或鷄食袋、油紙, 包手指蘸藥, 撚鬚下半節, 不必近根, 自然上去, 其黑如漆. 膽用十二月取者爲佳.

染鬚三方

[古今秘苑] 銅末三錢、五倍子一兩、飛鹽七分、膽礬五分、白礬一錢五分、白芨一錢五分, 各要精製, 研極細末, 用濃茶調, 如稀糊, 瓷杯蒸, 鏡光爲度, 連染一二妙.

---

940 상상(桑霜) : 뽕나무 태운 재를 종이로 광주리 밑을 받쳐서 거르고 다시 자기에 중탕으로 끓여 햇볕에 말린 약재.
941 《古今秘苑》〈二集〉卷1 "烏鬚方", 2쪽.

또 다른 방법 : 돼지쓸개 7개에서 즙을 취하여 자기그릇에 담고 솥 안에서 찐다. 술잔 1잔 정도로 양이 줄어들면, 갈아둔 좋은 먹물 1잔을 여기에 섞어 넣는다. 이 둘을 합쳐 1잔이 될 때까지 다시 찐다. 여기에 연석(鉛錫)[942]가루 0.1냥을 넣고 저어가면서 고약처럼 될 때까지 다시 솥 안에서 찐다.

염색할 때는 다 쓴 붓의 끝부분을 제거하고 붓에 물을 적시고 약을 섞어 수염의 흰 부분을 염색한다. 매일 이처럼 하면 옷이 젖지 않고 손에 검은 칠을 묻히지 않을 수 있으니, 효과가 매우 빼어나다.

또 다른 방법 : 먼저 화로의 재에 물을 뿌려 이 잿물을 구리솥에 넣고 녹색 무늬가 생길 때까지 끓였다가 필요할 때 쓴다. 그다음 조분(潮粉)[943](가루 낸 것) 2냥, 전복껍데기(석결명)(불에 달궈 하얗게 된 것으로, 희면 흴수록 더 좋다. 곱게 가루 낸 것) 1냥. 이 2가지 약미를 섞어서 앞의 잿물에 넣고 고루 갠다.

잿물이 따끈할 때 잿물을 묻혀 수염을 빗어 내리고 다시 세수대야에 뜨거운 물을 담아 그 열기를 수염에 쏘이면 잠깐 사이에 수염이 검어진다. 3~4일을 지켜보다가 뿌리 부분에서 다시 흰수염이 나오기 시작하면 다시 염색한다.

又方：猪膽七枚取汁, 以磁碗盛, 入湯鍋內蒸, 至一酒盞, 磨上好墨汁一盞相和, 再蒸, 至共一盞, 入鉛錫末一錢, 攪在內再蒸, 如膏藥爲度.

用時以舊筆去尖, 用水調濕染白處. 每日如此, 竝不沾衣黑手, 甚妙.

又方：先用爐灰淋水, 放銅鍋內, 煎至綠紋起, 聽用. 後將潮187粉（爲末）二兩、石決明（火煅白色, 愈白愈佳, 爲細末）一兩. 二味打和, 入灰水內, 調均.

要乘熱刷鬚上, 更用面盆盛熱水, 使熱氣熏蒸其鬚, 則頃刻黑. 候至三四188日, 鬚根方透出白來, 再染.

<hr>

942 연석(鉛錫) : 미상.
943 조분(潮粉) : 미용재료로 쓰인 것으로 추측되는 가루. 구체적 성분은 미상이다.
187 潮 : 저본에는 "□". 《古今秘苑·烏鬚方》에 근거하여 보충.
188 四 : 저본에는 "四十". 《古今秘苑·烏鬚方》에 근거하여 삭제.

16) 치아 닦아 수염 검게 만드는 방법[944]

揩牙烏髭方

16-1) 추괴회(鰍槐灰)

鰍槐灰

보제방 [945] 미꾸라지[泥鰍魚]·회화나무꽃술[槐蕊]·낭파초(狼把草)[946] 각 1냥, 수컷 새끼제비 1마리, 산석류피 0.5냥을 찧어서 덩이를 만든다.

이를 와관(瓦罐, 질항아리) 안에 넣은 다음 소금 섞은 진흙을 발라 주둥이를 단단히 막는다. 처음엔 약한 불로, 나중엔 센 불로 불을 태우면서 재 10근을 만들어 갈아둔다.

이것으로 매일 이를 닦는다. 1개월이면 흰수염이 모두 검어진다.

普濟方 泥鰍魚·槐蕊·狼把草各一兩、雄燕子一箇、酸石榴皮半兩, 擣成團.

入瓦罐內, 鹽泥固濟. 先文後武, 燒灰[189]十斤取研.

日用揩牙, 一月以來, 白者皆黑.

16-2) 치약환단산(齒藥還丹散)

齒藥還丹散

사월왕방(史越王方) [947] [948] 3~4월에 민들레꽃이 필 때 뿌리·꽃·잎을 채취하여 깨끗하게 씻고 햇볕에 말려 물기를 뺀다. 1근당 해염(解鹽) 1냥, 향부자 0.5냥을 넣고 반죽하여 2~3일간 재운다. 1근으로 20덩이씩 만들어 두꺼운 피지(皮紙)[949]로 싸고 바늘구멍[線箚]을 낸 뒤 불에 말린다.

그런 다음 육일니(六一泥, 지렁이가 배설한 흙)로 구멍을 단단히 막고 약한 불로 1일 동안 말린다. 약간 마

史越王方 蒲公英三四月開花時, 採根、花、葉淨洗, 日曬去水. 每斤用解鹽一兩、香附子半兩, 拌罨三二宿. 每斤作二十團, 用厚皮紙裏, 線箚之, 焙乾.

次用六一泥固訖, 慢火焙一日. 候微乾, 密室炭火

---

944 치아……방법 : 치아·수염·머리카락은 모두 신장의 기운과 밀접한 관계가 있다는 인식이 이런 처방의 이론적 바탕이다.

945 《本草綱目》卷44 〈鱗部〉 "鰍魚", 2457쪽.

946 낭파초(狼把草) : 국화과 식물인 가막사리의 전초. 기침·이질·단독(丹毒) 등을 치료하는 데 효과가 있다.

947 사월왕방(史越王方) : 미상.

948 출전 확인 안 됨.

949 피지(皮紙) : 뽕나무나 닥나무 껍질을 주재료로 만든 질긴 종이.

[189] 灰 : 《本草綱目·鱗部·鰍魚》에는 "炭".

르면 밀실에서 숯불에 달군다. 전체가 벌겋게 달궈지면 불을 빼고 하룻밤 지난 뒤 흙과 종이를 제거한다. 이것을 곱게 갈아 아침저녁 이를 닦는다.

그 약은 독이 없어 양치한 물을 삼켜도 되고 뱉어내도 되며, 끓인 물로 입을 헹구어준다. 오래 복용하면 수염과 머리카락이 흰 사람은 검어지고 늙어도 쇠약해지지 않는다. 무·총백을 금한다.

일반적으로 남자가 80살이 되지 않은 경우라면 모두 젊어질 수 있으니, 그 효과가 신통하다.

煆之, 通紅去火, 隔一宿, 摘去土幷紙, 研細, 早晚擦牙.

其藥無毒, 津唾漱嚥, 或吐之亦得, 湯水灌漱. 久服髭髮白者黑, 至老不衰. 忌蘿蔔、蔥白.

凡男子未滿八十, 皆能返少, 其效如神.

16-3) 하파산(苄破散)

거가필용[950] 숙지황[熟苄] 2냥(불에 말린 것), 파고지(破故紙) 1냥, 청염 0.5냥.

이상의 약미들을 볶아 곱게 가루 낸다. 먼저 이를 깨끗이 닦은 뒤에 이것으로 이를 문지르고 한참 뒤에 삼킨다.

수염을 검게 하고, 신장을 보하며, 눈을 밝게 하고, 이를 하얗게 한다.

苄破散

居家必用 熟地黃二兩(焙乾)、破故紙一兩、靑鹽半兩.
右炒爲細末, 先刷牙淨, 然後以此擦牙, 良久嚥之.

烏髭補腎, 明目白牙.

16-4) 귀궁산(歸芎散)

거가필용[951] 당귀(當歸) 0.5냥, 천궁(川芎) 0.5냥, 세신 0.2냥, 청염 0.2냥.

이상의 약미들을 곱게 가루 낸 뒤, 이 가루로 이를 꼼꼼히 문지른 뒤에 삼킨다.

歸芎散

又 當歸半兩、川芎半兩、細辛二錢、靑鹽二錢.
右爲細末, 擦令透嚥之.

950 《居家必用事類全集》壬集〈衛生〉"諸雜方法", 382쪽.
951 《居家必用事類全集》, 위와 같은 곳.

수염을 검게 하고, 치통을 치료하며, 눈을 밝게 하고, 신장을 보한다.

烏髭, 治牙痛, 明目補腎.

2. 약주[酒醴, 주례. 약이 되는 술과 단술]
【부록】약떡[糕餌, 고이. 약이 되는 떡]】

酒醴
【附 糕餌】

1) 보약이 되는 여러 약주 빚는 방법(자보주례제방)

1-1) 황정주(黃精酒)

본초강목 1 황정(黃精)·창출 각 4근, 구기자뿌리·측백잎 각 5근, 천문동 3근을 달인 물 1석(石)에 누룩 10근, 찹쌀 1석을 함께 넣고 보통의 술 빚는 방법으로 만들어 마신다.

근육과 뼈를 건장하게 하고, 정수를 보익하며, 흰머리를 검게 바꾸고, 온갖 병을 치료한다.

1-2) 인삼주(人蔘酒)

본초강목 2 인삼가루에 누룩·쌀을 함께 넣고 술을 빚거나 인삼가루를 포대에 담고 술에 담갔다가 술을 달여 마신다.

중초를 보하고, 기운을 북돋우며, 모든 허증을 두루 치료한다.

滋補酒醴諸方

黃精酒

本草綱目 黃精·蒼朮各四斤、枸杞根·柏葉各五斤、天門冬三斤, 煮汁一石, 同麴十斤、糯米一石, 如常釀法飲.

壯筋骨, 益精髓, 變白髮, 治百病.

人蔘酒

又 人蔘末, 同麴、米①釀酒②, 或袋盛浸酒煮飲.

補中益氣, 通治諸虛.

---

1 《本草綱目》卷25〈穀部〉"酒", 1563쪽.
2 《本草綱目》, 위와 같은 곳.
① 米 : 저본에는 "末".《本草綱目·穀部·酒》에 근거하여 수정.
② 酒 : 저본에는 없음.《本草綱目·穀部·酒》에 근거하여 보충.

1-3) 우슬주(牛膝酒)

본초강목 3 우슬 달인 물에 누룩·쌀을 섞어 술을 빚거나 우슬을 잘게 썰어서 포대에 담고 술에 담갔다가 술을 달여 마신다.

근육과 뼈를 건장하게 하고, 손발이 저린 증상을 치료하며, 허손(虛損)을 보하고, 오랜 학질을 없앤다.

1-4) 복령주(茯苓酒)

본초강목 4 복령가루에 누룩·쌀을 함께 넣고 술을 빚어 마신다.

두풍증과 어지럼증을 치료하고, 허리와 무릎을 따뜻하게 하며, 오로칠상(五勞七傷)5을 주치한다.

1-5) 의이인주(薏苡仁酒)

본초강목 6 아주 좋은 율무(의이인)를 빻은 가루에 누룩·쌀을 함께 넣고 술을 빚거나 율뭇가루를 포대에 담고 술에 담갔다가 술을 달여 마신다.

풍습(風濕)을 제거하고, 근육과 뼈를 강해지게 하고, 비위를 튼튼히 한다.

牛膝酒

又 牛膝煎汁, 和麴、米釀酒, 或切碎袋盛浸③酒, 煮汁飲.

壯筋骨, 治痿痺, 補虛損, 除久瘧.

茯苓酒

又 茯苓粉, 同麴、米釀酒飲之.

治頭風虛眩, 煖腰膝, 主五勞七傷.

薏苡仁酒

又 用絶好薏苡仁粉, 同麴、米釀酒, 或袋盛煮酒飲.

去風濕, 强筋骨, 健脾胃.

---

3 《本草綱目》, 위와 같은 곳.

4 《本草綱目》, 위와 같은 곳.

5 오로칠상(五勞七傷) : 심로(心勞)·폐로(肺勞)·간로(肝勞)·비로(脾勞)·신로(腎勞)의 5가지 허로증과 음한(陰寒)·음위(陰痿)·이급(裏急)·정루(精漏)·정소(精少)·정청(精淸)·소변삭(小便數)의 7가지 증상을 아울러 말한다.

6 《本草綱目》 卷25 〈穀部〉 "酒", 1562쪽.

③ 浸 : 저본에는 "侵". 오사카본·규장각본·《本草綱目·穀部·酒》에 근거하여 수정.

1-6) 서여주(薯蕷酒)

본초강목[7] 맛(서여)가루에 누룩·쌀을 함께 넣고 술을 빚거나, 산수유·오미자·인삼 등의 여러 약재와 함께 술에 담갔다가 술을 달여 마신다.

풍한(風寒)과 어지럼증을 치료하고, 정수를 보익하며, 비위를 건장하게 한다.

1-7) 거승주(巨勝酒)

본초강목[8] 검은참깨(거승) 2승(향이 나게 볶은 것), 율무 2승, 생지황 0.5근을 포대에 담고 술에 담갔다가 술을 마신다.

풍허(風虛)로 저리고 쇠약해지는 증상과 허리와 무릎이 쑤시고 아픈 증상을 치료한다.

1-8) 천문동주(天門冬酒)

비급천금요방[9] 천문동주는 오장을 촉촉이 적셔주고 혈맥을 고르게 한다. 오래 복용하면 오로칠상·간질·악질(惡疾)을 제거한다.

술기운이 계속 이어지게 마시되 너무 취하게 마시지 말라. 날것이나 차가운 음식은 금한다. 마신 지 10일이면 풍진(風疹)과 독기가 빠져 나오고, 30일이 지나야 나으며, 50일이면 바람이 부는 것을 느끼지 못한다.

薯蕷酒

又 薯蕷粉, 同麴、米釀酒, 或同山茱萸、五味子、人蔘諸藥浸酒煮飲.

治風寒眩暈, 益精髓, 壯脾胃.

巨勝酒

又 巨勝子二升(炒香)、薏苡仁二升、生地黃半斤, 袋盛浸酒飲.

治風虛痹弱, 腰膝疼痛.

天門冬酒

千金要方 天門冬酒, 潤五臟, 和血脈, 久服除五勞七傷④、癲癇、惡疾.

常令酒氣相接, 勿令大醉, 忌生冷. 十日當出風疹、毒氣, 三十日乃已, 五十日不知風吹也.

---

7 《本草綱目》卷25〈穀部〉"酒", 1563쪽.
8 《本草綱目》卷25〈穀部〉"酒", 1565쪽.
9 《本草綱目》卷25〈穀部〉"酒", 1562쪽.
④ 傷 : 저본에는 "腸". 오사카본·규장각본·《本草綱目·穀部·酒》에 근거하여 수정.

겨울에 천문동의 심을 제거하고 달인 물에 누룩·쌀을 함께 넣고 만든다. 처음 술이 익을 때는 약간 시지만 오래되면 맛이 좋다.

冬月用天門冬去心煮汁, 同麴、米釀成. 初熟微酸, 久乃味佳.

의학입문 [10] 천문동뿌리를 찧어 즙을 짠 뒤, 즙을 누룩·쌀과 반죽하여 보통의 술 빚는 방법대로 한다. 마른 것은 가루를 내어 빚어도 좋다. 잉어 먹는 일을 금한다.

醫學入門 取根擣絞汁, 拌麴、米如常釀法. 乾者作末釀之亦可. 忌食鯉魚.

1-9) 창포주(菖蒲酒)

의학입문 [11] 창포뿌리를 짜낸 즙 50승, 찹쌀 50승으로 지어 익힌 지에밥에 고운 누룩 5근을 고루 섞어 보통의 술 빚는 방법대로 한다. 술이 익으면 맑게 가라앉는다.

오랫동안 복용하면 신명을 통하고 수명을 늘린다.

菖蒲酒

又 菖蒲根絞取汁五斗, 糯米五斗炊熟, 細麴五斤拌均, 如常釀法, 酒熟澄淸.

久服, 通神明, 延年益壽.

1-10) 지황주(地黃酒)

의학입문 [12] 지황주 만드는 방법 : 찹쌀 10승을 100번 씻어서 생지황 2근을 잘게 썰어 함께 찌고, 백국(白麴)과 섞어 술을 빚는다. 술이 익으면 윗부분의 맑은 술을 마신다.

혈을 고르게 하고 젊은 얼굴색을 유지하는 데 큰 효능이 있다.

地黃酒

又 地黃酒方 : 糯米一斗百度洗, 生地黃二斤細切同蒸, 拌白麴釀之, 候熟取淸飮.

大能和血、駐顔.

---

10 《東醫寶鑑》〈內景篇〉卷1 "身形" '單方'(《原本 東醫寶鑑》, 79쪽).
11 《東醫寶鑑》, 위와 같은 곳.
12 《東醫寶鑑》, 위와 같은 곳.

북산주경[13] 살찌고 큰 지황을 골라 쌀 10승 당 생지황 1근을 대나무칼로 자르고 나무절구나 돌절구에서 대략 찧는다. 이를 쌀과 고루 섞고 시루에 쪄 익혀서 보통의 술 빚는 방법대로 한다. 황정도 또한 이 방법대로 한다.

北山酒經 地黃擇肥實大者, 每米一斗, 生地黃一斤用竹刀切, 略於木石臼中擣碎, 同米拌和, 上甑熟, 依常法入醞. 黃精亦依此法.

본초강목[14] 지황주는 허약한 증상을 보하고, 근육과 뼈를 건장하게 하고, 혈맥을 소통하고, 복통을 치료하고, 흰머리를 검게 바꾼다.

本草綱目 地黃酒, 補虛弱, 壯筋骨, 通血脈, 治腹痛, 變白髮.

살찐 생지황의 즙을 짜서 누룩·쌀과 함께 그릇에 넣고 밀봉한 뒤 5~7일이 지나 열어본다. 거기서 생긴 녹색의 즙이 좋은 정영(精英. 정수)이므로, 먼저 이 즙을 먹어야 한다. 그런 다음 즙을 한번 걸러서 보관해둔다.

用生肥地黃絞汁, 同麴、米封密器中, 五七日啓之, 中有綠汁, 眞精英也, 宜先飮之, 乃濾汁藏貯.

여기에 우슬즙을 더하면 효과가 더욱 빠르다. 그밖에 여러 가지 약미를 넣는 경우도 있다.

加牛膝汁, 效更速, 亦有加群藥者.

1-11) 출주(朮酒)

朮酒

본초강목[15] 창출(蒼朮) 30근(껍질을 제거하고 찧은 것)을 동류수(東流水, 동쪽으로 흐르는 물) 3석(石)에 30일간 담근다. 담근 즙을 취하여 하룻밤 한데에 내놓은 뒤 누룩·쌀을 담가 술을 빚어 마신다.

又 蒼朮三十斤(去皮擣), 以東流水三石漬三十日, 取汁, 露一夜, 浸麴、米釀成飮.

일체의 풍습(風濕)으로 인해 근육과 뼈에 생기는 각종 병을 치료하고, 젊은 얼굴색을 유지하며, 추위

治一切風濕筋骨諸病, 駐顏色, 耐寒暑.

---

13 출전 확인 안 됨.
14 《本草綱目》卷25〈穀部〉"酒", 1563쪽.
15 《本草綱目》, 위와 같은 곳.

와 더위를 이긴다.

<table>
<tr><td>증보산림경제 [16] 창출을 달인 물 10승에 좋은 술 30승과 섞어 옹기에 넣고 납지(蠟紙, 밀랍을 먹인 종이)로 처음에는 1잔을 마시고, 그 뒤에는 임의대로 마시되 취할 정도로 마시지 말아야 한다.</td><td>增補山林經濟 蒼朮水煮取汁一斗, 和好酒三斗入甕, 封以蠟紙, 三七日開. 初服一杯, 後任意而勿至醉.</td></tr>
</table>

1-12) 선령비주(仙靈脾酒)

<table>
<tr><td>식의심경(食醫心鏡) [17] [18] 선령비(일명 '음양곽'이다) 1근을 술 10승에 3일간 담가두고 때에 따라 마신다.

남자의 양기를 일으키는 데 좋고, 허리와 무릎이 차가운 증상을 다스린다.

【안】 음양곽은 일명 '삼지구엽초(三枝九葉草)'이다. 요즘 개성 사람들이 매년 5월 5일 선령비잎을 달여 즙을 취하고, 지에밥을 한 다음 누룩과 함께 섞어 보통의 술 빚는 방법대로 한다고 한다. 이렇게 하면 매우 보익된다】</td><td>仙靈脾酒

食醫心鏡 仙靈脾(一名"淫羊藿")一斤, 酒一斗浸三日, 逐時飲之.

益丈夫興陽, 理腰膝冷.

【案】淫羊藿, 一名"三枝九葉草". 今松京人每於五月五日, 取葉煮取汁, 炊飯, 拌麴, 如常釀法云, 甚補益也】</td></tr>
</table>

1-13) 요주(蓼酒)

<table>
<tr><td>비급천금요방 [19] 8월 3일 여뀌[蓼]를 채취하여 햇볕에 말린다. 만약 술 5승 정도를 만들고자 한다면 여뀌 60줌을 물 6석에 넣고 1석이 되도록 달인다. 찌꺼</td><td>蓼酒

千金要方 八月三日, 取蓼日乾, 如五升大, 六十把, 水六石煮取一石, 去滓, 拌</td></tr>
</table>

---

16 《增補山林經濟》卷7〈攝生〉"藥名" '朮'(《農書》3, 505쪽).

17 식의심경(食醫心鏡) : 중국 당(唐)나라의 구은(咎殷, ?~?)이 지은 의학서.

18 《本草綱目》卷12〈草部〉"淫羊藿", 751쪽.

19 《本草綱目》卷16〈草部〉"蓼", 1092쪽~1093.

기를 제거하고 쌀밥과 섞어 술 빚는 방법대로 하고, 술이 익으면 매일 마신다.

귀와 눈이 밝아지고 비위가 튼튼해진다.

米飯如造酒法, 待熟, 日飮之.

聰明耳目, 脾胃健壯.

1-14) 국화주(菊花酒)

北山酒經 [20] 9월에 국화를 햇볕에 말렸다가 비비고 부수어 고두밥 속에 넣고 익힌다. 술 빚는 방법은 지황주와 같다.

菊花酒

北山酒經 九月取菊花曝乾, 揉碎, 入米饋中令熟, 釀酒如地黃法.

醫學入門 [21] 감국화·생지황·구기자뿌리껍질 각 5승을 물 1석에 넣고 50승이 되도록 달인다. 찹쌀 50승으로 지에밥을 짓는다. 여기에 고운 누룩을 고루 섞고 단지에 넣는다. 술이 익어 맑게 가라앉으면 따뜻하게 복용한다.

근육과 뼈를 건장하게 하고, 골수를 보익하며, 수명을 늘린다. 백국화를 쓰면 더욱 좋다.

醫學入門 甘菊花、生地黃、枸杞根皮各五升, 水一石煮取汁五斗, 糯米五斗炊熟, 入細麴和均, 入甕, 候熟澄淸, 溫服.

壯筋骨, 補髓, 延年益壽. 白菊花尤佳.

1-15) 오가피주(五加皮酒)

本草綱目 [22] 일체의 풍습(風濕)으로 인해 손발이 저린 증상을 제거하고, 근육과 뼈를 건장하게 하며, 정수(精髓)를 메운다.

오가피뿌리껍질을 깨끗이 씻고 뼈처럼 딱딱한 부분을 제거한 다음 줄기나 잎도 함께 물에 달여 여기에 누룩·쌀을 섞어 술을 빚는다. 혹은 잘게 썰어서

五加皮酒

本草綱目 去一切風濕痿痺, 壯筋骨, 塡精髓.

用五加根皮洗淨, 刮去骨, 莖葉亦可以水煎汁, 和麴、米釀成. 或切碎, 袋盛浸

---

20 출전 확인 안 됨.
21 《東醫寶鑑》〈內景篇〉卷1 "身形" '單方'(《原本 東醫寶鑑》, 79쪽).
22 《本草綱目》卷25〈穀部〉"酒", 1561쪽.

포대에 담고 술에 담갔다가 술을 달여 마신다. 혹은 원지를 더하여 사약(使藥)[23]으로 삼으면 더욱 좋다. 또 당귀·우슬·지유를 더하기도 한다.

酒煮飮, 或加遠志爲使更良. 又或加當歸、牛膝、地楡.

비급천금요방 [24] 허로(虛勞)로 기혈이 부족한 증상을 치료한다.

오가피·구기자뿌리속껍질 각 10승을 물 1.5석에 넣고 70승이 되도록 달인다. 이 중 40승에는 누룩 10승을 담그고, 30승에는 밥과 섞어 보통의 술 빚는 방법대로 만들어 술이 익으면 임의대로 마신다.

千金要方 治虛勞不足.

五加皮、枸杞根白皮各一斗, 水一石五斗煮汁七斗, 分取四斗, 浸麴一斗, 以三斗飯拌如常釀酒法, 待熟任飮.

증보산림경제 [25] 오가피주 만드는 방법 : 4월이나 5월에는 오가피의 겉껍질을 제거하고 1근(16냥)을 쓴다. 1근 마른 것은 10냥에 해당한다. 겨울엔 겉껍질이 있는 그대로 2근을 쓴다. 이것을 물 10병에 넣고 5병이 되도록 달인다. 백미 10승을 100번 씻고 가루 내어 오가피 달인 물 3병이 끓을 때 잘 섞어 넣고 식힌다.

누룩가루 0.5승, 밀가루 0.5승, 석임[腐本] 1승을 고루 섞은 다음 옹기에 담고 푹 익혀 밑술을 만든다. 그런 뒤에 백미 20승을 100번 씻은 다음 쪄서 익히고 오가피 달인 물 6병과 섞은 뒤 식힌다. 여기에 앞서 빚어놓은 밑술을 함께 섞어 빚는데, 다 익으

增補山林經濟 五加皮酒法 : 四月五月, 去外皮, 用一斤, 乾則十兩, 冬月則竝外皮倍, 入水十瓶煮至五瓶. 白米一斗百洗作末, 以五加皮煎水三瓶, 乘沸, 調和待冷.

麴末五合, 小麥末五合, 腐本一升, 調均入甕, 爛熟. 後以白米二斗百洗, 熟蒸, 以五加水六瓶調和, 待冷. 與本釀同和以釀, 待熟,

---

23 사약(使藥) : 약재 처방의 원리 중 하나인 군신좌사(君臣佐使)에서 사(使)에 해당하는 약. 군약(君藥)의 독을 덜어주고 효능을 잘 전달하는 역할을 한다.
24 《本草綱目》卷36〈木部〉"五加", 2110쪽.
25 《增補山林經濟》卷7〈攝生〉"藥名" '五加皮'(《農書》3, 500쪽).

면 술주자에 올려 짠다.

비록 여러 두(斗)를 빚더라도 달인 물과 누룩을 쓰는 양은 여기의 사례에 비추어 비율에 맞게 한다. 또 일반적으로 섞을 적에는 다른 물을 절대로 쓰지 말아야 한다.

또 다른 방법 : 백미 10승을 100번 씻어 누룩가루 4승을 넣고 오가피 달인 물 4~5병으로 술을 빚은 다음 이를 고아서 소주(燒酒)를 만든다. 또 찹쌀 5승을 100번 씻어 고운 누룩가루 0.7승을 넣고 오가피 달인 물 3병으로 술을 빚는데, 단맛이 적어지고 독한 기운이 많아질 때까지 기다려 노주(露酒, 소주)를 그 속에 붓는다. 일반적으로 노주를 만드는 이유는 맛을 좀 담박하게 하기 위함이다. 술맛이 너무 강하면 맛이 좋지 않다. 기름종이로 봉하여 약간 따뜻한 곳에 7~8일 두었다가 술주자에 올려 짠다.

上槽.

雖釀累斗, 煎水用麴, 照此爲例. 且凡調和⑤時, 切勿用他水.

又方 : 白米一斗百洗, 入麴末四升, 以五加皮煎水四五甁, 釀酒熬作燒酒. 又以粘米五升百洗, 入細末麴七合, 用五加水三甁釀酒, 待其味少甘多烈, 以露酒注于其中. 凡作露酒, 欲其少淡, 若太烈則不美也. 以油紙封, 置微溫處, 過七八日, 上槽.

왕륜의론(王綸醫論) [26][27] 술은 담(痰)을 생기게 하지만, 유독 오가피 한 가지는 술에 담가 매일 몇 잔씩 마시면 가장 좋다. 여러 가지 담근 약술 종류 중에 오가피와 술이 잘 어울리고 맛도 좋다. 초주(譙周)[28]의 《파촉이물지(巴蜀異物志)》에 "문장(文章)으로 술을 만들면 참맛을 이룰 수 있다. 금으로 이 식물을 살

王綸醫論 酒能生痰, 惟五加一味浸酒, 日飮數杯, 最有益. 諸浸酒藥, 惟五加與酒相合, 且味美也. 譙周《巴蜀異物志》云 : "文章作酒, 能成其味, 以金買

---

26 왕륜의론(王綸醫論) : 중국 명나라 왕륜(王綸, ?~?)이 지은 의학서. 내과의 잡병 위주 치료법에 부인과와 소아과 질병까지 두루 담고 있다.

27 《本草綱目》, 위와 같은 곳.

28 초주(譙周) : 201~270. 중국 삼국시대 촉(蜀)나라의 관리. 자는 윤남(允南), 호는 복우자(伏愚子). 제갈량에게 발탁되어 권학종사(勸學從事)·광록대부(光祿大夫)를 역임했다.

⑤ 和 : 《增補山林經濟·攝生·藥名》에는 "水".

정도이니, 귀하기가 이를 데 없다."라 했다. 여기서 문장은 오가(五加)의 또 다른 이름이다.

草, 不言其貴." 文章, 五加 之一名也.

1-16) 구기주(枸杞酒)

枸杞酒

외대비요 [29] 생구기자 5승을 찧어 명주주머니에 넣고 좋은 술 20승에 담근다. 기운이 새지 않게 밀봉하여 14일 동안 뒀다가 복용한다. 주량에 따라 양을 조절하되, 취하지는 말아야 한다.

허한 곳을 보하고 노열(勞熱, 허로로 인한 열)을 없애며, 살집을 키우고, 안색을 좋게 하며, 사람을 건장하게 한다. 간이 허한 탓에 쉽게 감정에 북받쳐 눈물을 흘리는 증상을 치료한다.

外臺秘要 生枸杞子五升 擣破, 絹袋盛, 浸好酒二 斗中, 密封勿洩氣, 二七日 服之, 任性勿醉.

補虛, 去勞熱, 長肌肉, 益 顔色, 肥健人, 治肝虛衝感 下淚.

경험방 [30] 구기주는 흰머리를 바꾸고 노화를 이기며 몸을 가볍게 한다.

구기자 2승을 10월 임계일(壬癸日)에 동쪽을 향한 것으로 채취한다. 이것을 좋은 술 2승과 함께 자기병 속에 담가 21일이 되면, 생지황즙 3승을 붓고 고루 저어 밀봉했다가 입춘 30일 전에 개봉한다. 빈속에 따뜻하게 1잔씩 마신다. 입춘이 지나면 수염과 머리카락이 검어진다. 무이(蕪荑, 느릅나무열매)·파·마늘을 먹지 말아야 한다.

經驗方 枸杞酒變白, 耐老 輕身.

用枸杞子二升, 十月壬癸日, 面東采之. 以好酒二升瓷 瓶內浸, 三七日, 乃添生地 黃汁三升, 攪均密封, 至立 春前三十日開瓶. 每空心, 煖飲一盞, 至立春後, 髭鬢 却黑, 勿食蕪荑、蔥、蒜.

성제총록 [31] 구기자뿌리·생지황·감국화 각 1근을

聖濟總錄 枸杞根、生地

---

29 《本草綱目》卷36〈木部〉"枸杞", 2115쪽.

30 《本草綱目》, 위와 같은 곳.

31 《本草綱目》卷36〈木部〉"枸杞", 2116쪽.

잘게 찧고 물 1석을 넣어 50승이 되도록 달여 두고, 찹쌀 50승으로 지에밥을 짓는다. 달인 즙과 지에밥에 고운 누룩을 고루 섞어서 옹기에 넣고 봉하여 보통의 술 빚는 방법대로 한다. 술이 익어 맑게 가라앉으면 하루 3잔씩 마신다.

근육과 뼈를 건장하게 하고 정수를 보익하며, 수명을 늘리고 노화를 이긴다.

[증보산림경제] 32 구기자 5승을 물에 달여 묽은 엿처럼 만든다. 누룩가루 1승은 거칠게 찧어놓는다. 찹쌀 5승은 일어서 햇볕에 말린 뒤 지에밥을 짓는다. 봄과 여름에는 지에밥을 차게해서 넣고 가을과 겨울에는 약간 따뜻하게 해서 재료들을 고루 섞어 옹기에 넣는다. 여름에는 7일 동안 잘 살피면서 뜨거워지지 않게 하고, 봄과 겨울에는 10일 동안 밀봉하여 꽉 닫아두었다가 익으면 술주자[榨]에 걸러 마신다. 일반적으로 약주를 빚을 때에는 모두 이 방법을 쓴다.

1-17) 상심주(桑椹酒)

[보제방] 33 뽕나무의 심과 껍질을 썰어 물 20승에 넣고 10승이 되도록 달인다. 여기에 오디[桑椹]를 넣고 다시 5승이 되도록 달인다. 찹쌀지에밥 5승으로 술을 빚어 마신다.

黃、甘菊花各一斤, 擣碎, 以水一石煮取汁五斗, 炊糯米五斗, 細麴拌均入甕, 如常封釀, 待熟澄淸, 日飮三杯.

壯筋骨, 補精髓, 延年耐老.

[增補山林經濟] 枸杞子水煎五升, 如稀餳, 麤擣麴末一升, 糯米五升淘洗曬乾, 炊飯. 春夏冷下, 秋冬稍溫, 和均入甕, 夏七日, 勤看勿令熱, 春冬十日, 密封閉之, 待熟, 榨濾飮之. 凡造藥釀皆用此法.

桑椹酒

[普濟方] 桑心皮切, 以水二斗煮汁一斗, 入桑椹再煮取五升, 以糯飯五升釀酒飮.

---

32 《增補山林經濟》卷7〈攝生〉 "服食諸方" '枸杞漬酒服法'(《農書》3, 497쪽).
33 《本草綱目》卷36〈木部〉 "桑", 2116쪽.

수종(水腫)과 창만(脹滿)을 치료한다.

治水腫、脹滿.

본초강목 [34] 오디를 찧어 낸 즙을 달인 뒤, 누룩·쌀을 넣고 보통의 술 빚는 방법대로 만들어 마신다.

오장을 보하고 귀와 눈이 밝아진다.

本草綱目 桑椹擣汁煎過,
同麴、米如常釀法飮.
補五藏, 明耳目.

1-18) 장송주(長松酒)

長松酒

한씨의통 [35] 장송주는 일체의 풍허(風虛)를 자보(滋補)하는데, 여산(廬山)[36]의 휴휴자(休休子)[37]가 전한 방법이다.

장송(長松)[38] 1.5냥(모양은 독활과 비슷하나 향기가 있어 술 가운데서는 효능이 뛰어난 약이다), 숙지황 8냥, 생지황·황기(꿀을 발라 구운 것)·진피 각 0.7냥, 당귀·후박·황벽 각 0.5냥, 백작약(외제한 것)·인삼·지각 각 0.4냥, 창출(쌀뜨물에 법제한 것)·반하(법제한 것)·천문동·맥문동·사인·황련 각 0.3냥, 목향·촉초·호두인 각 0.2냥, 작고 붉은 대추살 8개, 묵은쌀 1줌, 등심초(5촌 길이) 120뿌리.

韓氏醫通 長松酒滋補一
切風虛, 乃廬山 休休子所
傳.
長松一兩五錢(狀似獨活而
香, 乃酒中聖藥也)、熟地
黃八兩、生地黃·黃芪(蜜
炙)·陳皮各七錢、當歸·
厚朴·黃蘗各五錢、白芍藥
(煨)·人蔘·枳殼各四錢、蒼
朮(米泔製)·半夏(製)·天
門冬·麥門冬·砂仁·黃連
各三錢、木香·蜀椒·胡桃
仁各二錢、小紅棗肉八個、
老米一撮、燈心(五寸長)
一百二十根.

---

34 《本草綱目》卷25〈穀部〉"酒", 1563쪽.

35 《本草綱目》卷12〈草部〉"長松", 718쪽.

36 여산(廬山) : 중국 강서성(江西省) 구강시(九江市) 남쪽에 있는 산. 해발 1,474m.

37 휴휴자(休休子) : 중국 명나라의 관리인 강연(江淵, ?~?)으로 추정된다.

38 장송(長松) : 선묘(仙茆)라고도 한다. 《본초강목(本草綱目)》의 이시진(李時珍)은 장송에 대해 잎은 소나무와 같고 잎에 기름이 돌며, 오래된 소나무 아래에서 나는 초본식물이라 했다. 현대 식물명으로 정확히 어떤 식물을 지칭하는지 확실치 않다. 다만 중국의 포털사이트 바이두의 이미지 정보에는 침엽과 활엽이 함께 있는 식물로 나온다.

앞의 약 전체를 10첩으로 나누어 명주주머니에 담는다. 일반적으로 쌀 5승으로 술 1동이를 만들 수 있으니, 1첩의 약주머니를 달인 다음 땅을 파서 만든 움에 오래두고 나서야 마신다.

一料分十劑, 絹袋盛之. 凡米五升, 造酒一尊, 煮一袋, 窖久乃飮.

1-19) 송액주(松液酒)

松液酒

본초강목 [39] 큰 소나무 아래 구덩이를 파고 거기에 옹기를 놓아 소나무진액을 받는다. 이 진액 1근을 찹쌀 50승과 함께 섞어 술을 빚고 술이 되면 마신다.

일체의 풍비(風痺)와 각기(脚氣)를 치료한다.

本草綱目 於大松下掘坑置甕, 承取其津液, 一斤釀糯米五斗, 取酒飮之. 治一切風痺、脚氣.

1-20) 송절주(松節酒)

松節酒

본초강목 [40] 솔가지를 끓인 물에 누룩·쌀을 함께 넣고 술을 빚는다. 솔잎 달인 물 또한 좋다.

냉풍(冷風)으로 인한 허약, 근육과 뼈의 경련이나 통증, 각기나 완비(緩痺)[41]를 치료한다.

又 松節煮汁, 同麴、米釀酒. 松葉煎汁亦可. 治冷風虛弱, 筋骨攣痛, 脚氣、緩痺.

1-21) 백엽주(柏葉酒)

柏葉酒

본초강목 [42] 동쪽으로 향해 있는 측백나무의 잎을 달인 물에 누룩·쌀을 함께 넣고 술을 빚는다.

풍비와 역절(癧節)[43]로 생긴 통증을 치료한다.

又 東向側柏葉煮汁, 同麴、米釀酒. 治風痺、癧節作痛.

---

39 《本草綱目》卷25 〈穀部〉 "酒", 1564쪽.

40 《本草綱目》, 위와 같은 곳.

41 완비(緩痺) : 손발에 힘이 없고 저린 증상.

42 《本草綱目》卷25 〈穀部〉 "酒", 1565쪽.

43 역절(癧節) : 역절풍. 비증(痺證)의 하나로 관절에 풍(風)·한(寒)·습(濕)의 사기가 침입하여 생기며, 몹시 통증이 심한 증상.

1-22) 백화주(百花酒)

동의보감[44] 온갖 풀꽃[百草花]은 온갖 병을 치료하고 장생하여 신선이 되게 한다.

온갖 풀꽃을 그늘에서 말린 다음 이를 달인 물로 술을 빚어 복용한다.

증보산림경제[45] 온갖 꽃을 따서 그늘에 말린다. 여름에 그늘에서 말리기 어려우면 햇볕에 말려도 된다. 쌀 10승으로 술을 빚을 경우 꽃은 0.5근, 혹은 3~4냥이면 된다. 꽃이 많으면 맛이 좋지 않다. 꽃을 지에밥·누룩과 고루 섞고, 이것을 밑술에 넣었다가 익으면 마신다.

사람을 보익한다.

1-23) 종유주(鍾乳酒)

외대비요[46] 오장을 편안하게 하고, 모든 관절을 부드럽게 하며, 구규(九竅)를 잘 통하게 하고, 풍허증을 주치하고, 하초를 보하며, 정기를 보익하며, 눈을 밝게 한다.

종유(정련하여 가루 낸 것) 5냥을 겹으로 된 명주 주머니에 담는다. 청주 6승과 함께 병에 넣고 봉하여 양이 2/3로 줄도록 중탕한다. 이어서 꺼냈다가 다시 가득 채우고 7일간 봉한다. 하루에 0.3승을 마신다. 성행위·파·두시·날 음식·단단한 음식을 금한다.

百花酒

東醫寶鑑 百草花主百病, 長生神仙.

取百種草花陰乾, 煮汁釀酒, 服之.

增補山林經濟 採百花陰乾. 夏月難於陰乾, 則曬乾亦可. 欲釀米一斗, 用花半斤或三四兩爲可. 花多則味不美. 取花調飯、麴, 納於酒本, 待熟飮之.

益人.

鍾乳酒

外臺秘要 安五藏, 通百節, 利九竅, 主風虛, 補下焦, 益精明目.

鍾乳(鍊成粉)五兩, 以夾練袋盛之, 清酒六升, 瓶封, 湯內煮減三之二, 取出添滿, 封七日, 日飮三合. 忌房事、蔥、豉、生食、硬食.

---

44 《東醫寶鑑》〈內景篇〉卷1 "身形" '單方'(《原本 東醫寶鑑》, 79쪽).

45 《增補山林經濟》卷9〈治膳〉下 "造酒諸法" '百花酒法'(《農書》4, 182쪽).

46 《本草綱目》卷9〈金石部〉"石鍾乳", 565쪽.

1-24) 미골주(麋骨酒)

본초강목 47 고라니뼈[麋骨]를 달인 물에 누룩·쌀을 함께 넣고 술을 빚는다.

음허증과 신장이 약한 증상을 치료한다. 오래 복용하면 살지고 피부를 희게 한다.

1-25) 녹두주(鹿頭酒)

본초강목 48 사슴대가리[鹿頭]를 흐물흐물하게 삶고 질게 찧어 그 즙에 누룩·쌀을 섞고 술을 빚는다. 여기에 파·천초를 조금 넣는다.

허로로 기혈이 부족한 증상을 치료하고 정기를 보익한다.

1-26) 녹용주(鹿茸酒)

보제방 49 어린 녹용 1냥(털을 제거하고 얇게 썬 것), 맛가루 1냥을 함께 명주주머니에 싸서 술단지 속에 넣는다. 7일 후에 술단지를 열고 하루 3잔씩 마신다.

양사(陽事, 성기능)가 허약하고, 소변이 잦으며, 얼굴빛에 광택이 없는 증상을 치료한다.

麋骨酒

本草綱目 麋骨煮汁, 同麴、米釀酒.

治陰虛、腎弱. 久服令人肥白.

鹿頭酒

又 鹿頭煮爛擣泥, 連汁和麴、米釀酒, 少入蔥、椒.

治虛勞不足, 補益精氣.

鹿茸酒

普濟方 嫩鹿茸一兩(去毛切片)、山藥末一兩, 絹袋裹, 置酒壜中, 七日開瓶, 日飮三盞.

治陽事虛痿, 小便頻數, 面色無光.

---

47 《本草綱目》卷25〈穀部〉"酒", 1566쪽.
48 《本草綱目》, 위와 같은 곳.
49 《本草綱目》卷51〈獸部〉"鹿", 2849쪽.

1-27) 무술주(戊戌酒)[50]

戊戌酒

양로방[51] 원기(元氣)를 크게 보한다.

養老方 大補元氣.

누런 개 1마리의 고기를 24시간 달인 뒤 진흙처럼 짓찧고 그 즙에 찹쌀 30승으로 지은 지에밥을 섞는다. 거기에 누룩을 넣고 보통의 술 빚는 방법대로 한다. 술이 익으면 아침마다 빈속에 마신다.

用黃犬肉一隻, 煮一伏時, 擣如泥, 和汁拌炊糯米三斗, 入麴如常釀酒. 候熟, 每朝空心飲之.

【 안 개는 완전히 누런 개 수놈을 쓴다. 혹자는 검은 개가 남자를 크게 보익할 수 있다고 한다】

【案 犬用純黃雄犬. 或云烏犬大能補益男子】

1-28) 양고주(羊羔酒)

羊羔酒

선화화성전진방(宣和化成殿眞方)[52][53] 쌀 1석(보통의 방법대로 물에 담갔다가 찐 것), 어리고 살진 양고기 7근, 누룩 14냥, 행인 1근을 함께 흐물흐물하게 삶는다.[54] 그 즙으로 가루[55]를 반죽한 다음 목향 1냥을 넣고 함께 술을 빚는다. 이때 물에 닿지 말아야 한다. 10일이 되면 익는다.

宣和化成殿眞方 用米一石(如常浸蒸⑥)、嫩肥羊肉七斤、麴十四兩、杏仁一斤, 同煮爛, 連汁拌末, 入木香一兩同釀, 勿犯水, 十日熟.

본초강목[56] 또 다른 방법 : 양고기 5근을 푹 쪄서 술에 하룻밤 담그고, 배[消梨][57] 7개를 넣고 함께 찔

本草綱目 一法 : 羊肉五斤蒸爛, 酒浸一宿, 入消梨七

---

50 무술주(戊戌酒) : 무(戊)는 10간(干)에서 오행 중 토(土)에 해당하고, 색상으로는 황색을 상징한다. 술(戌)은 12지(支)에서 동물 중 개를 상징한다. 이에 무술주는 누런 개고기로 담그는 술이라는 의미가 된다.

51 《本草綱目》 卷50 〈獸部〉 "狗", 2716쪽.

52 선화화성전진방(宣和化成殿眞方) : 선화(宣和)는 송나라 휘종(徽宗)이 사용한 여섯 번째 연호(1119~1125)이고, 화성전(化成殿)은 송나라 궁궐의 전각 중 하나였다. 선화 연간 화성전에서 사용한 좋은 처방이라는 의미로 보인다.

53 《本草綱目》 卷25 〈穀部〉 "酒", 1566쪽.

54 쌀……삶는다 : 누룩을 함께 삶는다는 설명이 이해되지 않는다. 누룩을 삶아서는 술이 되지 않기 때문이다.

55 가루 : 여기서는 누룩가루일 가능성이 가장 높으나, 확실하지 않다.

56 《本草綱目》, 위와 같은 곳.

57 배[消梨] : 소리(消梨)는 배의 한 종류로, 향이 좋고 과즙이 많아 향수리(香水利)라고도 한다.

⑥ 蒸 : 저본에는 "裝". 《本草綱目·穀部·酒》에 근거하여 수정.

어 즙을 낸다. 여기에 누룩·쌀을 섞고 술을 빚어 마신다.

원기를 크게 보하고, 비위를 건장하게 하며, 허리와 신장을 보익한다.

1-29) 올눌제주(膃肭臍酒)

본초강목 [58] 물개 수컷의 생식기[膃肭臍]를 술에 넣고 흐물흐물하게 간 다음 누룩·쌀을 함께 넣고 보통의 술 빚는 방법대로 만들어 마신다.

양기를 돕고, 정수를 보익하며, 징결(癥結)[59]과 냉기를 깨뜨리고, 사람을 크게 보익한다.

1-30) 준순주(逡巡酒)

본초강목 [60] 준순주는 허한 곳을 보하고 기운을 북돋우며, 일체의 풍비와 습기를 제거한다. 오래 복용하면 수명을 늘리고, 노화를 견디며, 안색을 좋게 한다.

제조법 : 3월 3일에 복숭아꽃 3.3냥을 거두고, 5월 5일에 마린화(馬藺花, 타래붓꽃) 5.5냥을 거두고, 6월 6일에 참깨꽃 6.6냥을 거두고, 9월 9일에 황감국화(黃甘菊花) 9.9냥을 거두어 그늘에 말린다.

個, 同擣取汁, 和麴、米釀酒飲之.

大補元氣, 健脾胃, 益腰腎.

膃肭臍酒

又 膃肭臍酒擂爛, 同麴、米, 如常釀酒飲.

助陽氣, 益精髓, 破癥結、冷氣, 大補益人.

逡巡酒

又 逡巡酒補虛益氣, 去一切風痺、濕氣. 久服, 益壽耐老, 好顏色.

造法 : 三月三日, 收桃花三兩三錢;五月五日, 收馬藺花五兩五錢;六月六日, 收脂麻花六兩六錢;九月九日, 收黃甘菊花九兩九錢, 陰乾.

---

58 《本草綱目》卷25〈穀部〉"酒", 1567쪽.
59 징결(癥結) : 사기(邪氣)가 쌓여서 뭉친 증상.
60 《本草綱目》卷25〈穀部〉"酒", 1562쪽.

12월 8일에 납수(臘水)[61] 30승을 준비해두었다가, 이듬해 춘분이 되면 도인(桃仁) 49개(좋은 도인의 껍질과 뾰족한 끝부분을 제거한 것), 흰밀 정확히 10근을 앞의 꽃들과 함께 섞어 누룩을 만든다. 이를 종이로 싸서 49일을 둔다.

사용할 때에는 맑은 물 1병, 누룩 1환, 밀가루 1덩이를 넣어 한참 봉해두면 완성된다. 술의 농도가 묽으면 다시 누룩 1환을 더한다.

1-31) 신선고본주(神仙固本酒)

신선복식방 [62] 흰머리를 바꾸고, 노화를 되돌려 어린아이로 돌아가게 할 수 있다.

우슬 8냥, 하수오(거칠게 가루 낸 것) 6냥, 구기자(잘게 찧은 것) 4냥, 천문동·맥문동·생지황·숙지황·당귀·인삼 각 2냥, 육계 1냥.

따로 찹쌀 20승, 백국(白麴) 2승을 쪄 익히고 앞의 약가루와 섞어 보통의 술 빚는 방법대로 제조한다.

1-32) 고본주(固本酒)

위생편 [63] 노증(勞症, 폐결핵)을 치료하고 허한 곳을 보하며 수명을 늘리고, 수염과 머리카락을 검게 하고,

神仙固本酒

神仙服食方 能變白髮, 返老還童.

牛膝八兩、何首烏(麤末)六兩、枸杞子(擣碎)四兩、天門冬·麥門冬·生地黃·熟地黃·當[7]歸·人蔘各二兩、肉桂一兩.

糯米二斗、白麴二升, 蒸熟, 和藥末, 釀如常法.

固本酒

衛生篇 治勞補虛, 益壽延年, 烏鬚髮, 美容貌.

十二月八日, 取臘水三斗, 待春分, 取桃仁四十九枚(好者去皮尖)、白麵十斤正, 同前花和作麴, 紙包四十九日.

用時, 白水一瓶、麴一丸、麵一塊, 封良久成矣. 如淡, 再加一丸.

---

61 납수(臘水) : 동지 뒤의 셋째 술일(戌日)에 길은 물, 혹은 이때 내린 눈을 녹인 물.

62 《東醫寶鑑》〈雜病篇〉卷9 "雜方" '香譜'(《原本 東醫寶鑑》, 598쪽).

63 《東醫寶鑑》〈內景篇〉卷1 "身形" '養性延年藥餌'(《原本 東醫寶鑑》, 79쪽).

[7] 當 : 저본에는 "常". 오사카본·규장각본·《東醫寶鑑·雜病篇·雜方》에 근거하여 수정.

용모를 아름답게 한다.

생건지황·숙지황·천문동·맥문동(모두 심을 제거한 것)·백복령 각 2냥, 인삼 1냥.

이상의 약미들을 썬 뒤, 자기항아리에 좋은 술 10호리병을 담고 앞의 약을 3일간 담근다. 중간불로 술이 검은색을 띨 때까지 2~4시간 끓인 뒤 빈속에 3~5잔 복용한다.

1-33) 오수주(烏鬚酒)

만병회춘 [64] 황미(黃米) 30승, 맥문동 8냥, 생지황·하수오 각 4냥, 천문동·숙지황·구기자·우슬·당귀 각 2냥, 인삼 1냥.

이상의 약미들을 가루 낸 뒤, 좋은 누룩을 넣고 밥과 섞어 보통의 술 빚는 방법대로 한다. 술이 익으면 술주자에 걸러 맑은 청주를 매일 새벽 약간 취기가 돌 때까지 1~2잔 마신다. 백주·무·파·마늘·쇠고기를 금한다. 황미는 찰기장쌀로서 색이 누런 것이다.

치료 효과는 위의 고본주와 같다.

生乾地黃·熟地黃·天門冬·麥門冬(拉去心)·白茯苓各[8]二兩、人蔘一兩.

右剉, 用磁缸盛好酒十壺, 浸藥三日, 文武火煮一二時, 以酒黑色爲度. 空心, 服三五杯.

烏鬚酒

萬病回春 黃米三斗、麥門冬八兩、生地黃·何首烏各四兩、天門冬·熟地黃·枸杞子·牛膝·當歸各二兩、人蔘一兩.

右爲末, 入好麴拌飯, 如常釀法. 待酒熟, 榨出, 取淸, 每日淸晨飮一二杯, 微醺爲度. 忌白酒、蘿菖、蔥、蒜、牛肉. 黃米卽粘黍米, 色黃也.

治效同上.

---

64 《東醫寶鑑》, 위와 같은 곳.

[8] 各 : 저본에는 "冬". 오사카본·규장각본·《東醫寶鑑·內景篇·身形》에 근거하여 수정.

1-34) 연령취보주(延齡聚寶酒)

준생팔전 [65] 이 처방은 사람의 목숨이 달린 것으로 양생의 지극한 보배이다.

하수오(껍질을 제거한 것, 적하수오와 백하수오를 아울러 사용한다)·생지황·회화나무열매(누렇게 볶은 것)·말린 국화·복령·숙지황·연꽃의 꽃술·오디 각 4냥, 천문동(심을 제거한 것)·석창포·오가피·창출(쌀뜨물에 하룻밤 담가둔 것)·구기자(꼭지를 제거한 것)·황정·세신·백출·방풍·인삼(모두 노두를 제거한 것)·맥문동(심을 제거한 것)·창이자(볶고 가시를 제거한 것)·육종용(황주에 담갔다가 비늘을 제거한 것)·사원백질려(沙苑白蒺藜)(볶고 가시를 제거한 것)·천마(天麻)[66]·감초(굽고 껍질을 제거한 것)·우슬(수염뿌리를 제거한 것)·두충(생강즙에 하룻밤 담갔다가 볶아서 실을 제거한 것) 각 2냥, 당귀 1냥.

이상의 각 약미들은 해당 약미로 유명한 지역에서 난 것으로 골라 얇게 썰어서 명주주머니에 넣는다. 큰 단지 1개에 무회황주(無灰黃酒) 90~100승을 담고, 여기에 약미가 담긴 명주주머니를 넣는다. 봄에는 10일, 여름과 가을에는 7일, 겨울에는 14일을 담가둔다.

延齡聚寶酒

遵生八牋 此方係身命, 養生至寶.

何首(去皮, 赤白兼用)·生地·槐角子(炒黃)·乾菊花·茯苓·熟地·蓮蕊·桑椹各四兩、天門冬(去心)·石菖蒲·五加皮·蒼朮(米泔浸一宿)·枸杞(去蒂)·黃精·細辛·白朮·防風·人蔘(竝去蘆)·麥門冬(去心)·蒼耳子(炒去刺)·肉蓯蓉(黃酒浸, 去鱗)·沙苑白蒺藜(炒去刺)·天麻·甘草(炙去皮)·牛膝(去鬚)·杜沖(薑汁浸一宿, 炒去絲)各二兩、當歸一[9]兩.

右各味, 務要眞正藥材, 切片, 入生絹袋. 用無灰[10]黃酒一大罈, 盛九斗十斗, 將藥入罈, 春浸十日, 夏秋七日, 冬十四日.

---

65 《遵生八牋》卷17〈靈秘丹藥牋〉上 "丹藥"(《遵生八牋校注》, 699~700쪽).

66 천마(天麻) : 난초과의 여러해살이풀. 참나무 종류의 그루터기에서 나는 버섯의 균사에 붙어산다. 덩이줄기를 약재로 사용한다.

[9] 一 : 《遵生八牋·靈秘丹藥牋·丹藥》에는 "二".

[10] 灰 : 《遵生八牋·靈秘丹藥牋·丹藥》에는 "灰高".

이 술은 오경(五更, 새벽 3~5시)에 빈속으로 3작은 잔씩 복용하고 다시 잠깐 눕는다. 낮에 다시 3잔을 복용한다. 날 음식·찬 음식·생파·부추·비린 음식·흰무를 금한다. 야간에 또 2~3번 복용한다. 정성을 다해 복용하면 저절로 효험이 있다.

여기서 나온 약찌꺼기를 햇볕에 말리고 갈아서 가루 낸 뒤, 졸인 꿀로 반죽하여 벽오동씨크기의 환을 만든다. 빈속에 50환씩 무회주로 넘긴다.

2) 보약이 되는 여러 약떡 만드는 방법(자보고이제방)[67]

2-1) 구선왕도고(九仙王道糕)

만병회춘 [68] 정신을 기르고, 원기를 돕고, 비위를 튼튼하게 하며, 음식을 당기게 하고, 허손을 보하고, 새살을 돋게 하며, 습열을 제거한다.

연육·마(볶은 것)·백복령·율무 각 4냥, 맥아(볶은 것)·백편두(白扁豆)(볶은 것)·가시연밥 각 2냥, 시상(柿霜)[69] 1냥, 백설탕 20냥.

이상의 약미들을 곱게 가루 낸 뒤, 멥쌀가루 5승을 넣고 떡[糕]을 쪄서 햇볕에 말린다. 이를 임의대로 먹고 미음으로 넘긴다.

將酒每五更空心，服三小鍾，還臥片時，午間再服三鍾．忌生冷、生蔥、韭⑪、腥、白蘿蔔．夜間又服二三次．致誠服者，自有功效．仍將藥曬乾，研末，煉蜜丸梧子大．每五十丸，空心，無灰酒下．

滋補糕餌諸方

九仙王道糕

萬病回春 養精神，扶元氣，健脾胃，進飲食，補虛損，生肌肉，除濕熱．

蓮肉·山藥(炒)·白茯苓·薏苡仁各四兩、麥芽(炒)·白扁豆(炒)·芡仁各二兩、柿霜一⑫兩、白砂糖二十兩．

右細末，入粳米粉五升，蒸糕，曬乾，任意食之，米飲送下．

---

67 보약이……(자보고이제방) : 앞의 대제목에서는 이 부분을 '부록'으로 기록했으나, 실제로는 '부록' 표기가 없다.

68 《東醫寶鑑》〈雜病篇〉卷4 "內傷" '內傷調補藥'(《原本 東醫寶鑑》, 440쪽);《萬病回春》卷2〈內傷〉, 102쪽.

69 시상(柿霜) : 곶감 표면의 하얀 가루.

⑪ 韭 :《遵生八牋·靈秘丹藥牋·丹藥》에는 "生韭".

⑫ 一 : 저본에는 "四".《東醫寶鑑·雜病篇·內傷》·《萬病回春·內傷》에 근거하여 수정.

2-2) 비전삼선고(秘傳三仙糕)

秘傳三仙糕

의방집략[70] 내상(內傷)으로 비위가 허약하고, 음식이 당기지 않는 증상을 치료하고, 원기를 보양하는 일을 주로 한다.

인삼·마·연육·백복령·가시연밥 각 5냥(각각 따로 가루 낸 것), 백밀(白蜜)·설탕가루 각 1근, 찹쌀가루 3승, 멥쌀가루 7승.

이상의 약밋가루를 고루 섞고 쪄 익힌 다음 햇볕에 말린 것을 다시 가루 낸다. 1큰술씩 끓인 물에 타서 넘긴다. 하루 3~4번 복용한다.

醫方集略 治內傷脾胃虛弱, 飮食不進, 主補養元氣.

人蔘·山藥·蓮肉·白茯苓·芡仁各五兩(另爲末)、白蜜·砂糖屑各一斤、糯米粉三升、粳米粉七升.

右末拌均, 蒸熟, 曬乾, 再爲末, 每取一大匙, 白湯調下, 日三四次.

2-3) 복령조화고(茯苓造化糕)

茯苓造化糕

의방집략[71] 위와 같은 증상을 치료한다.

백복령·연육·마·가시연밥 각 4냥, 흰늦멥쌀 1승(가루 낸 것), 설탕 1근(긁어서 가루 낸 것).

이상의 약미들을 가루 낸 뒤, 고루 섞어 시루 속에 넣고, 대나무칼로 가루에 금을 그어 얇게 경계를 지은 다음 대껍질이나 쑥으로 시루 위를 덮고 쪄 익힌다. 이를 꺼내어 햇볕에 말리고 임의대로 먹는다. 만약 나무덮개를 덮으면 익지 않는다.

又 治同上.

白茯苓·蓮肉·山藥·芡仁各四兩、白晚粳米一[13]升(爲粉)、砂糖一斤(刮爲屑).

右爲末, 拌均, 入甑中, 以竹刀劃爲片界, 以篛蓬覆甑上, 蒸熟, 取出曬乾, 任意食之. 若覆木蓋, 則不熟矣.

---

70 《東醫寶鑑》, 위와 같은 곳.
71 《東醫寶鑑》〈雜病篇〉卷4 "內傷"'內傷調補藥'(《原本 東醫寶鑑》, 440~441쪽).
[13] 一:《東醫寶鑑·雜病篇·內傷》에는 "二".

2-4) 백설고(白雪糕)

고금의감 [72] 내상을 치료하고, 비위를 보양한다.

마·가시연밥·연육 각 4냥, 멥쌀·찹쌀 각 1승(함께 가루 낸 것), 설탕가루 1.5근.

이상의 약미들을 고루 섞어 떡으로 찐 다음 임의대로 먹는다.

2-5) 오향고(五香糕)

준생팔전 [73] 좋은 흰찹쌀과 멥쌀을 2/10와 6/10으로 섞은 것, 가시연밥(말린 것) 1/10, 인삼·백출·복령·사인(砂仁) 모두 합해 1/10의 비율로 하여 매우 곱게 갈아 체로 걸러낸 다음 백설탕 끓인 물과 고루 섞어 시루에 올린다.

멥쌀가루 10승에 가시연밥 4냥, 백출 2냥, 복령 2냥, 인삼 1냥, 사인 0.1냥(모두 곱게 가루 낸 것)을 더하여 섞고, 백설탕 1승을 넣는다.

白雪糕

古今醫鑑 治內傷, 補養脾胃. 山藥·芡仁·蓮肉各四兩、粳米·糯米各一升(竝爲粉)、砂糖屑一斤半.
右拌均, 蒸糕, 任食之.

五香糕

遵生八牋 上白糯米和粳米二·六分、芡實(乾)一分、人蔘·白朮·茯苓·砂仁總一分, 磨極細篩過, 用白砂糖滾湯拌均, 上甑.
粳粉一斗, 加芡實四兩、白朮二兩、茯苓二兩、人蔘一兩、砂仁一錢(共爲細末), 和之, 白糖一升拌入.

---

72 《東醫寶鑑》〈雜病篇〉卷4 "內傷" '內傷調補藥'(《原本 東醫寶鑑》, 441쪽).
73 《遵生八牋》卷13〈飮饌服食牋〉下 "甛食"(《遵生八牋校注》, 472쪽).

3. 부록 기타 여러 방법　　　　附 雜方

1) 베개[枕]로 보양하는 방법

1-1) 신침(神枕)

운급칠첨 [1] 옛날 태산(太山)[2] 아래 어떤 노인이 있었는데, 그 이름은 전하지 않는다. 한(漢) 무제(武帝)[3]가 동쪽을 순행(巡行)하다가 노인이 길에서 김매기하는 모습을 보았다. 노인의 등 뒤로 흰빛이 수 척 높이로 솟아 있었다.

무제가 이상히 여겨 그에게 물었다. "이것은 무슨 도술이 아닌가?"

그러자 노인이 다음과 같이 말했다. "제가 옛날에 나이 85세 때 쇠로하여 죽음이 가까워지자 머리가 희고 치아가 빠졌었습니다. 어떤 도사가 저에게 대추와 물만 먹고 곡기를 끊으라고 했지요. 또 신침(神枕) 만드는 법을 가르쳐 주었는데, 그 속엔 32가지 약미가 들어 있었습니다. 그중 24가지 좋은 약미는 24절기에 해당하고, 8가지 독물(毒物)은 8풍(八風)[4]에

枕方

神枕

雲笈七籤 昔太山下有老翁, 失其名字. 漢武東巡, 見老翁鋤於道, 背上有白光, 高數尺.

帝怪而問之 : "有道術否?"

老翁曰 : "臣昔年八十五時, 衰老垂死, 頭白齒落. 有道士敎臣, 服棗飮水絶穀, 竝作神枕法, 中有三十二物. 其中二十四物善, 以當二十四氣 ; 八物毒, 以應八風.

1　《雲笈七籤》卷48〈秘要訣法〉"神枕法"《中華道藏》29, 395~396쪽).
2　태산(太山) : 중국 산동성(山東省) 태안시(泰安市)에 있는 산. 해발 1,545m. 중국의 오악(五岳) 중 하나로, 고대부터 신성한 산으로 인식되어 왔다.
3　한(漢) 무제(武帝) : B.C. 156~B.C. 87. 중국 한(漢)나라의 제7대 황제(재위 B.C. 141~B.C. 87). 경제(景帝)의 11번째 아들로, 시호는 세종(世宗)이다.
4　8풍(八風) : 사기(邪氣)로 이루어진, 8가지 방위에서 불어오는 바람을 말한다. 그 종류는 대약풍(大弱風)·모풍(謀風)·강풍(剛風)·절풍(折風)·대강풍(大剛風)·흉풍(凶風)·영아풍(嬰兒風)·약풍(弱風)이다.

응합니다.

제가 그의 말대로 따랐더니 조금 뒤에 흰머리가 다시 검어지고 빠진 치아가 다시 나며, 하루 300리를 걸을 수 있게 되었습니다. 지금 제 나이가 180살입니다만, 자손들이 그리워 아직 세상을 버리고 산에 들어가지 못하고 있습니다. 다시 곡식을 먹은 지가 이미 20여 년이 지났는데도 아직 신침(神枕)의 힘을 받아 다시 늙지 않고 있습니다."

무제가 노인의 얼굴을 보니, 50살 정도로 보였다. 또 이웃들에게 확인 차 물어보니, 모두가 맞는 말이라고 했다. 그러자 무제가 그 방법을 좇아 신침을 만들었으나 곡기를 끊고 물만 먹으라는 말은 따르지 못했다.

신침 만드는 방법 : 5월 5일이나 7월 7일에 숲속의 측백나무를 가져다가 길이 1.2척, 높이 0.4척의 베개를 만들되 속은 비워두어 그 속에 12승을 채울 수 있게 한다. 측백나무 심재(心材) 중 붉은 부분으로 덮개를 만드는데, 두께를 0.02척으로 한다. 덮개는 꽉 맞도록 만들되, 또한 열어 쓸 수 있도록 해야 한다. 또 덮개 위에 3줄을 만들고 각 줄에 40개의 구멍을 뚫어 모두 120개의 구멍을 낸다. 크기는 좁쌀만 하게 한다.

신침에 들어가는 약 : 궁궁·당귀·백지(白芷)·신이(辛夷)·두충(杜衡)·백출·고본(藁本)·목란(木蘭)·촉초(산초)·계피·말린 생강·방풍·인삼·도라지·백미(白薇,

臣行之, 轉少, 白髮返黑, 墮齒復生, 日行三百里. 臣今年一百八十矣, 不能棄世入山, 顧戀孫子, 復還穀食, 又已二十餘年, 猶得神枕之力, 往不復老."

帝視老翁顏狀, 如五十許, 又驗問其隣, 皆云信然. 帝乃從受其方作枕, 而不能隨其絶穀飲水也.

方 : 用五月五日、七月七日, 取山林柏以爲枕, 長一尺二寸, 高四寸, 空中, 容一斗二升, 以柏心赤者爲蓋, 厚二分, 蓋致之令密, 又當使可開用[1]也. 又鑽蓋上爲三行, 行四十孔, 凡一百二十孔, 令容粟米大.

其用藥 : 芎藭、當歸、白芷、辛夷、杜衡、白朮、藁本、木蘭、蜀椒、桂皮、乾薑、防風、

---

[1] 用 : 《雲笈七籤·秘要訣法·神枕法》에는 "閉".

백미꽃뿌리) · 형실(荊實, 형개열매) · 육종용 · 비렴(飛廉, 엉경퀴) · 측백나무열매 · 율무 · 관동화 · 백형(白蘅)[5] · 진초(秦椒) · 미무(靡蕪, 천궁의 어린싹).

일반적으로 이 24가지 약미는 24절기에 응한다. 또 독물 8가지를 더해 8풍에 응하는데, 독물은 오두 · 부자 · 여로(黎蘆)[6] · 조협 · 망초 · 반석 · 반하 · 세신이다.

이상의 약미 32가지를 각 1냥씩 썰어서 모두 베개 속에 채우는데, 그중 독약을 위에 얹어 놓는다. 배게 속을 가득 채우고 베주머니로 베갯잇을 입힌다. 이 베개를 100일간 베면 얼굴에 광택이 나고, 1년이면 몸속의 고질이나 풍병이 하나하나 모두 나아서 몸에 향기가 가득하다. 4년이면 흰머리가 흑색으로 변하고 빠진 치아가 다시 나며, 귀와 눈이 밝아진다. 이것은 천지신명의 비밀스러운 징험이므로 올바른 사람이 아니면 전해주지 않는다.

무제가 그 일을 동방삭(東方朔)[7]에게 물었더니, "옛날 여렴(女廉)[8]이 이 방법을 옥청(玉靑)[9]에게 전했고, 옥청은 광성자(廣成子)[10]에게, 광성자는 황제(黃帝)에게 전했습니다. 요즘에는 곡성도사(穀城道士) 순우공

人蔘、桔梗、白薇、荊實、肉蓯蓉、飛廉、柏實、薏苡子、款冬花、白蘅、秦椒、靡蕪. 凡二十四物, 以應二十四氣. 加毒者八物, 應八風, 烏頭、附子、黎蘆、皁莢、草、礜[2]石、半夏、細辛.
右三十二物各一兩, 皆咬咀, 以毒藥上安之, 滿枕, 中用布囊以衣枕. 枕百日, 面有光澤, 一年體中所疾及有風病, 一一皆愈而身盡香, 四年白髮變黑, 齒落更生, 耳目聰明. 神明驗秘, 不傳非人也.

帝以問東方朔, 答曰："昔女廉以此方傳玉靑, 玉靑傳廣成子, 廣成子傳黃帝. 近者穀城道士 淳于公枕此藥

5　백형(白蘅) : 미상. 형(蘅)은 족두리풀을 말한다.

6　여로(黎蘆) : 백합과의 여러해살이풀. 뿌리줄기를 약재로 쓴다.

7　동방삭(東方朔) : B.C. 154~B.C. 93. 중국 한나라의 관리. 무제 때 태중대부(太中大夫)를 지냈다. 언변과 문장에 모두 뛰어났으며, 특히 해학과 처세술에 능하였다. 그와 관련된 여러 가지 전설이 전해지며, 그 중 서왕모(西王母)의 복숭아를 훔쳐 먹어 삼천갑자를 살았다는 전설이 가장 유명하다.

8　여렴(女廉) : 미상.

9　옥청(玉靑) : 미상.

10　광성자(廣成子) : ?~?. 고대의 선인(仙人). 공동산(崆峒山)에 은거하면서 도를 닦아 1,200살이 되어서도 늙지 않았다고 한다. 황제(黃帝)가 그를 찾아가 지도(至道)와 치신(治身)에 대해 물었다고 전해진다.

② 礜 :《雲笈七籤 · 秘要訣法 · 神枕法》에는 "礜".

(淳于公)[11]이 이 약침을 베고서 100여 살에도 머리카락이 희어지지 않았습니다. 무릇 통증은 모두 양맥(陽脈)을 따라오는데, 지금 이 약침을 베면 풍사가 사람에게 침범하지 못합니다. 또 베주머니로 베갯잇을 입혔어도 오히려 다시 휘장이나 이불로 베개를 거듭 싸두어야 하고, 잠자리에 들 때만 벗겨야 합니다."

枕, 百餘歲而頭髮不白. 夫痛之來皆從陽脈, 今枕藥枕, 風邪不得侵人矣. 又雖以布囊衣枕, 猶當復以幝衾重包之, 須欲臥枕時, 乃脫去之."

1-2) 약침(藥枕)

보생요록 [12] 약침은 약침 속에 들어가는 약의 성질이 너무 뜨거우면 열기가 위로 치밀어오르고, 너무 냉하면 냉기가 뇌를 손상한다. 오직 풍(風)을 다스릴 수 있도록 평(平)하면서 서늘해야 좋다. 이 베개는 두풍(頭風)과 목현(目眩, 현기증)을 치료한다.

만형자 0.08냥, 감국화 0.08냥, 세신 0.06냥, 오백지(吳白芷)[13] 0.06냥, 궁궁 0.06냥, 백출 0.04냥, 통초(通草, 으름덩굴) 0.08냥, 방풍 0.08냥, 고본 0.06냥, 영양뿔 0.08냥, 무소뿔 0.08냥, 검정콩 0.5승(가려서 깨끗이 씻은 것), 석상창포(石上菖蒲) 0.08냥.

이상의 약미들을 잘게 썰고 부수어 가루 낸 뒤, 서로 고루 섞은 다음 명주주머니에 담는다. 약기운을 보전하고 싶으면 이것을 다시 푸른색 비단주머니

藥枕

保生要錄 藥枕, 藥性太熱則熱氣衝上, 太冷則冷氣傷腦, 唯理風平凉者, 乃爲得宜. 此枕治頭風、目眩.

蔓荊子八分、甘菊花八分、細辛六分、吳白芷六分、芎藭六分、白朮四分、通草八分、防風八分、藁本六分、羚羊角八分、犀角八分、黑豆五合(揀擇令淨)、石上菖蒲八分.

右件藥細剉, 成碎末, 相拌令均, 以生絹囊盛之. 欲其氣全 [3], 次用碧羅袋盛

---

11 순우공(淳于公) : 미상.
12 《保生要錄》〈論居處門〉 "藥枕方"(《中華道藏》 23-67, 711쪽).
13 오백지(吳白芷) : 오나라 지역에서 난 백지. 《본초강목》에서는 백지가 곳곳에서 나는데, 오나라 지역에서 더욱 많이 난다고 했다.
③ 其氣全 : 《保生要錄 · 論居處門 · 藥枕方》에는 "達其氣".

에 담아 베개모양으로 만든 뒤 그 안에 약을 꽉 채워 합 속에 넣어둔다. 그 합의 모양도 베개같이 하되, 약주머니의 주둥이가 합 바깥으로 0.15척쯤 나오게 한다.

저녁에 잘 때에는 합의 뚜껑을 치우고, 베지 않을 적엔 덮어서 약기운이 흩어지지 않게 한다. 베개를 벤 지 오래되어 높이가 점점 낮아지면 다시 약을 넣어 채우거나, 검정콩을 집어넣어 처음처럼 만들어둔다.

3~5개월 뒤, 약기운이 다하면 교환한다. 처음 베개를 벤 지 10일이나 1개월간에는 이명이 약간 있을 수 있는데, 이는 약이 풍(風)을 뽑아내는 증거이다.

之, 如枕樣, 內藥直令緊實, 置在盒子中. 其盒形亦如枕, 內藥囊令出盒子, 脣一寸半.

晚來欲枕時, 揭去盒蓋, 不枕卽蓋之, 使藥氣不散. 枕之日久, 漸低, 更入藥以實之, 或添黑豆, 令如初.

三五月後, 藥氣歇則換之, 初④枕旬日或一月, 耳中微鳴, 是藥抽風之驗.

1-3) 자석침(磁石枕)

磁石枕

風寧傳(豐寧傳) 14 15 눈을 보익하는 일 중에서 자석으로 만든 베개만 한 게 없다. 늙어서도 눈이 침침하지 않다.

豐寧傳 益眼者, 無如磁石以爲盆枕, 可老而不昏.

起居器服箋 16 만약 큰 덩이를 부수어서 베개를 만들 만한 자석이 없다면, 자석을 쪼아 머리가 닿는 면만 만들고, 그 아래쪽은 나무판으로 만들어도 된다. 눈을 밝게 하고 정기를 보익하는 데 가장 좋으니, 늙어서도 잔글씨를 읽을 수 있다.

起居器服箋 磁石如無大塊以碎者, 琢成枕面, 下以木鑲成枕, 最能明目益精⑤, 至老可讀細書.

---

14 풍녕전(豐寧傳) : 미상.
15 출전 확인 안 됨.
16 《考槃餘事》卷14〈起居器服箋〉"枕", 324쪽.
④ 初 : 저본에는 "勿".《保生要錄·論居處門·藥枕方》에 근거하여 수정.
⑤ 精 :《考槃餘事·起居器服箋·枕》에는 "睛".

1-4) 녹두침(綠豆枕)

일화본초 17 녹두로 베개를 만들어 베면 눈을 밝게
하고 두풍을 치료한다.

綠豆枕

日華本草 綠豆作枕， 明
目, 治頭風.

1-5) 결명침(決明枕)

일화본초 18 결명자로 베개를 만들어 베면 두풍을
치료하고 눈을 밝게 하는 효과가 검정콩보다 뛰어
나다.

決明枕

又 作枕, 治頭風, 明目,
甚於黑豆.

쇄쇄록 19 결명자를 베개 속에 두면 눈을 가장 밝게
한다.

瑣碎錄 決明子置之枕中,
最明眼.

1-6) 국화침(菊花枕)

대명본초 20 국화로 베개를 만들어 베면 눈을 밝게
한다.

菊花枕

大明本草 作枕明目.

쇄쇄록 21 국화로 베개를 만들어 베면 안 된다. 오래
되면 뇌를 차갑게 하기 때문이다.

瑣碎錄 不可用菊花爲枕.
久之, 令人腦冷.

1-7) 사향침(麝香枕)

호구(狐丘)22 오금분도결(五金粉圖訣) 23 24 사향 1제(劑)

麝香枕

狐剛子 粉圖 6 將麝香一

---

17 《本草綱目》卷24〈穀部〉"綠豆", 1514쪽.

18 《本草綱目》卷26〈穀部〉"決明", 1057쪽.

19 출전 확인 안 됨.

20 《本草綱目》卷15〈草部〉"菊", 930쪽.

21 출전 확인 안 됨;《醫方類聚》卷205〈養生門〉7 "瑣碎錄" '雜說'(《醫方類聚》9, 542쪽).

22 호구(狐丘) : ?~?. 중국 동진(東晉)의 연단가(練丹家). 단사(丹砂)로 황금과 백은을 제조하는 황백술(黃
白術) 연구에 큰 업적을 남겼다.

23 오금분도결(五金粉圖訣) : 중국 동진의 호구가 지은 연단술서(練丹術書). 금(金)·은(銀)·동(銅)·석(錫)·

를 베개 속에 넣어두면 사악한 기운을 물리칠 수 있다.

剉安於枕中, 能除邪辟惡.

진고(眞誥) [25 26] 사향 1구(具)를 목에 베고 자면 수기(水氣)가 왕성하게 몰려오는 것을 물리치고 악몽을 꾸는 일이 영영 없어질 것이다.

眞誥 枕麝香一具於頸間, 辟水汪之來[7], 永絶惡夢.

2) 빗[梳]으로 보양하는 방법

2-1) 오수연소(烏鬚鉛梳)

보제방 [27] 납[鉛] 10냥, 주석 3냥, 파라득(婆羅得)[28] 3개, 침사(針砂, 바늘에서 나오는 쇳가루)·숙지황 0.5냥, 꼭두서니뿌리·호두껍질 1냥, 몰석자·가려륵껍질·유황·석류껍질·자석·조반(皁礬, 녹반)·오마유(烏麻油, 검은깨기름) 각 0.25냥을 가루 낸다.

먼저 납과 주석을 녹이고, 이를 제외한 나머지 약가루 중 절반을 넣어서 버드나무로 고루 젓는다. 이를 빗을 만드는 주물모형틀에 기울여 부어 빗살을

梳方

烏鬚鉛梳

普濟方 鉛十兩、錫三兩、婆羅得三箇、針砂·熟地黃半兩、茜根·胡桃皮一兩、沒石子·訶黎勒皮·硫黃·石榴皮·慈石·皁礬·烏麻油各二錢半, 爲末.

先化鉛、錫, 入末一半, 柳木攪均, 傾入梳摸子, 印成修齒, 餘末同水煮梳, 三日

철(鐵) 등 다섯 가지 금속의 가루를 재료로 각종 합금 연구방법이 수록되어 있으며, 특히 수은제련법에서 큰 성과를 거둔 내용을 담고 있다.

24 《東醫寶鑑》〈內景篇〉 卷2 "夢" '辟惡夢'(《原本 東醫寶鑑》, 117쪽).

25 진고(眞誥) : 중국 양(梁)나라의 학자인 도홍경(陶弘景, 456~536)이 편찬한 도교서(道敎書). 신선과 진인이 인간과 모여 도를 전수해주는 일, 신선과 진인이 도를 닦고 덕을 쌓는 공덕을 가르치는 일, 그리고 답성(踏星)·존신(存神)·안마(按摩)·복기(服氣)·복약(服藥)·양생(養生) 등의 방술에 대해 기술하고 있다.

26 《眞誥》 卷8 〈甄命授〉(《中華道藏》 2-21, 160쪽).

27 《本草綱目》 卷8 〈金石部〉 "鉛", 471쪽.

28 파라득(婆羅得) : 서남아시아에서 자라는 교목의 하나. 파라륵(婆羅勒)이라고도 한다. 버드나무와 비슷한 생김새로 피마자처럼 생긴 씨를 약재로 쓴다. 여기서는 파라득의 씨를 가리킨 듯하다.

[6] 圖 : 저본에는 "茴". 일반적인 용례에 근거하여 수정.

[7] 來 : 저본에는 없음. 《眞誥·甄命授》에 근거하여 보충.

만든다. 나머지 절반의 약가루는 물에 타서 3일 밤낮으로 빗을 달인다. 이때 물이 마르면 더 첨가한다. 빗을 꺼내어 헌 헝겊으로 겹겹이 싸서 5일을 둔다.

　매번 부드러운 가죽을 손에 대고 100번 빗질을 한다. 빗질하기 전에 먼저 조협 달인 물로 머리를 깨끗이 감고 닦아 말린다.

三夜, 水耗加之, 取出, 故帛重包五日.

每以熟[8]皮襯手, 梳一百下. 須先以皁莢水, 洗淨拭乾.

2-2) 교가목소(交加木梳)

[초인직설(樵人直說)] 29 30 손사막(孫思邈)31은 교가목(交加木)32으로 빗살이 100개인 빗을 만들어 썼다. 이는 양생의 요법이다.

交加木梳

[樵人直說] 孫思邈以交加木造百齒梳用之. 養生要法也.

2-3) 대모소(玳瑁梳)

[쇄쇄록] 33 대모로 만든 빗은 비듬을 없앨 수 있다.

玳瑁梳

[瑣碎錄] 玳瑁梳能去風屑.

3) 잔[杯]으로 보양하는 방법

3-1) 유황배(硫黃杯)

[본초강목] 34 이 잔은 천지의 조화와 짝을 짓고, 음양을 고루 다스리며, 천지의 충화지기(沖和之氣)35를

杯方

硫黃杯

[本草綱目] 此杯配合造化, 調理陰陽, 奪天地沖和之

---

29 초인직설(樵人直說) : 미상.

30 출전 확인 안 됨.

31 손사막(孫思邈) : 618~907. 중국 당(唐)나라의 의학가. 기존의 의학적 지식에 본초학 중심의 처방을 강조하고 양생술 등을 접목하였다. 저서로 《비급천금요방(備急千金要方)》·《천금익방(千金翼方)》 등이 있다.

32 교가목(交加木) : 미상.

33 출전 확인 안 됨.

34 《本草綱目》卷11 〈金石部〉 "石硫黃", 664쪽.

35 충화지기(沖和之氣) : 중국 북송(北宋)의 장재(張載, 1020~1077)가 주로 강조한 천지간의 조화된 기운을 말하는데, 인간과 우주가 함께 공유하는 원천적 생기를 의미한다.

[8] 熟 : 저본에는 "熱". 《本草綱目·金石部·鉛》에 근거하여 수정.

얻는 것이니, 곧 수화기제(水火旣濟)[36]의 처방이다. 차갑지도 뜨겁지도 않으며, 느슨하지도 급하지도 않으므로 수명을 늘리고 노화를 물리치는 효과와 환골탈태하는 빼어남이 있다.

　상부를 쓸어내리고 하부를 실하게 하며, 음기와 양기가 오르내리게 하고, 구규(九竅)를 소통하고, 구충(九蟲)을 죽이며, 몽정을 없애고, 얼굴색을 윤기 있게 하고, 두풍을 풀어주며, 흉격을 열어주고, 담연을 삭이며, 귀와 눈을 밝게 하고, 피부와 살을 윤기 있게 하며, 정수(精髓)를 보태고, 음낭 하수증[疝墜]을 없애는 데 큰 효능이 있다. 또 부인의 혈해(血海, 충맥)가 마르고 차가워지는 증상이나 적백대하(赤白帶下)를 치료한다.

　만드는 법 : 자기그릇을 호두로 문질러둔다. 모래나 자갈이 없는 유황을 자기그릇에서 그대로 녹여 액체로 만든다. 거기에 명반을 좀 넣으면 찌꺼기가 모두 뜨게 된다. 찌꺼기는 막대기로 제거하고 액체를 솜으로 여과한 다음 다시 자기그릇에 넣고 녹인다. 이것을 거푸집으로 쓸 잔[杯]에 부어 잔모양으로 굳어지면 꺼내어 흙속에 하룻밤 묻어둔다. 이것을 목적(木賊, 속새)[37]으로 광을 내어 쓴다. 붉은색을 원하면 주사를 넣고, 푸른색을 원하면 포도를 넣는데, 고루 갈아서 함께 끓여 만든다.

氣, 乃水火旣濟之方. 不冷不熱, 不緩不急, 有延年却老之功, 脫胎換骨之妙.

大能清上實下, 升降陰陽, 通九竅, 殺九蟲, 除夢泄, 悅容顏, 解頭風, 開胸膈, 化痰涎, 明耳目, 潤肌膚, 添精髓, 蠲疝墜. 又治婦人血海枯寒, 赤白帶下.

其法 : 用瓷盌⑨, 以胡桃擦過, 用無砂石硫黃生溶, 成汁, 入明礬少許, 則塵垢悉浮, 以杖掠去, 綿濾過, 再入盌⑩溶化, 傾入杯內, 盪成杯, 取出, 埋土中一夜, 木賊打光用之. 欲紅, 入朱砂, 欲靑則入葡萄, 研均同煮成.

36　수화기제(水火旣濟) : 주역 63번째 괘명(卦名). 물은 올라가고 불은 내려가는 수승화강(水升火降)의 뜻이 있어 건강의 핵심이 되는 모형이다.

37　목적(木賊, 속새) : 속새과의 여러해살이 풀인 속새이다. 줄기가 거칠어 나무를 가는 일 등에 쓰기도 한다.

⑨　盌 : 저본에는 "怨". 오사카본·규장각본·《本草綱目·金石部·石硫黃》에 근거하여 수정.

⑩　盌 : 저본에는 "怨". 오사카본·규장각본·《本草綱目·金石部·石硫黃》에 근거하여 수정.

이 잔에 뜨거운 술 2잔을 아침 빈속에 따뜻하게 마시면 온갖 병이 다 제거되니, 이보다 나은 처방은 없다.

每用熱酒二杯, 淸早空心溫服, 則百病皆除, 無出此方也.

3-2) 자하배(紫霞杯)

섭몽득(葉夢得)[38] 수운록(水雲錄) [39][40] 유황을 주머니에 담아 약탕관 속에 매달아두고 자배부평(紫背浮萍)[41]을 물과 함께 끓이는데, 수십 번 끓어 넘치면 꺼낸다. 유황이 마르면 유황을 갈고 가루 내어 10냥을 만든다.

진주·호박(琥珀)·유향·웅황·주사·양기석(陽起石)·적석지·편뇌·자분(紫粉)·백지·감송(甘松)·삼내(三柰)[42]·목향·혈갈(血竭)[43]·몰약·소뇌(韶腦, 장뇌)·안식향 각 0.1냥, 사향 0.07냥, 금박 20조각을 가루 낸 뒤, 구리국자 속에 넣고 약한 불로 녹인다.

좋은 모양의 술잔 1개를 준비하여 잔 주위는 마분지로 싸고 가운데에 구멍을 하나 뚫어 유황을 안

紫霞杯

石林 水雲錄 用硫黃袋盛, 懸罐內, 以紫背浮萍同水煮之, 數十沸取出, 候乾, 研末十兩.

用珍珠·琥珀·乳香·雄黃·朱砂·陽起石·赤石脂·片腦·紫粉·白芷·甘松·三柰·木香·血竭·沒藥·韶腦·安息香各一錢, 麝香七分, 金箔二十片, 爲末, 入銅杓中, 慢火溶化.

以好樣酒杯一箇, 周圍, 以粉紙包裹, 中開一孔,

---

38 섭몽득(葉夢得) : 1077~1148. 중국 송나라의 관리. 호는 석림거사(石林居士). 박학다식하고 시를 잘 지었다. 만년에 호주(湖州, 후저우) 영롱산(玲瓏山) 석림(石林)에 은거하며 괴석을 수집하고, 시를 지으며 지냈다.

39 수운록(水雲錄) : 중국 송나라 섭몽득이 지은 책. 자세한 내용은 전해지지 않으며,《본초강목》등 다른 책에 일부 내용들이 전해진다.

40 《本草綱目》, 위와 같은 곳.

41 자배부평(紫背浮萍) : 잎 뒷면이 자주색인 개구리밥.

42 삼내(三柰) : 생강과의 산내(山柰)의 뿌리와 줄기. 중초(中焦)를 따뜻하게 하고, 소화를 촉진시키는 등의 효과가 있다.

43 혈갈(血竭) : 종려과의 덩굴나무인 기린갈나무의 진을 말린 약재. 피가 잘 돌게 하고 어혈을 없애며 출혈을 멈추게 하는 등의 효과가 있다.

에 붓고는 회전시켜 잔의 내면에 고루 퍼지게 한다. 이것을 냉수 속에 넣었다가 꺼낸다. 이런 식으로 준비한 술잔에 아침마다 술을 담아 2~3잔 마시면 그 효능이 앞의 유황배 처방과 같다.

옛날 중서(中書)[44] 유경휘(劉景輝)[45]가 노채(勞瘵)[46]에 걸렸을 때 태백산(太白山)[47] 속에서 한 늙은 선인(仙人)을 만났는데, 그가 친히 이 처방을 주었다. 이 잔을 만들어 술을 복용했더니 과연 병이 나았다. 사람이 마음을 맑게 하고 욕심을 줄이면서 이 잔으로 술을 복용하면 신선의 인연이 닿을 수 있다.

傾硫入內, 旋轉令均, 投冷水中取出. 每旱盛酒, 飮二三杯, 功同上方.

昔中書 劉景輝因遘勞瘵, 于太白山中遇一老仙, 親授是方, 服之果愈. 人能淸心寡慾而服此, 仙緣可到也.

3-3) 주사웅황배(硃砂雄黃杯)

준생팔전 [48] 좋은 진사를 갈아서 곱게 가루 낸다. 백랍을 녹인 데에 진사를 넣고 술잔에 붓기를 앞의 자하배 방법과 같이 하여 잔을 만든다. 그러면 마음을 편안하게 하고, 수명을 늘리는 효과가 있다. 웅황을 쓸 경우에도 이 방법과 같이 한다.

독을 풀어주고, 온갖 벌레를 물리치는 효력이 있다. 다만 이 두 종류의 잔은 모두 자하배의 **빼어남**보다 못하다.

硃砂雄黃杯

遵生八牋 碾好辰砂爲細末, 白蠟溶開, 入砂, 傾入酒鍾內如前法, 取起成杯, 有寧心安神、延年益算之功. 用雄黃者亦如此法. 有解毒、辟百蟲之力. 恐二杯皆不如紫霞杯之妙也.

---

44 중서(中書) : 중국 한(漢)나라 이후에 궁중의 문서·조칙 등을 맡아보던 벼슬.
45 유경휘(劉景輝) : 미상.
46 노채(勞瘵) : 전시병(傳尸病)이라고도 한다. 이는 사람이 죽은 후에 다시 친족에게 전해지기 때문에 붙여진 이름이다. 폐결핵과 같은 소모성 질환이다.
47 태백산(太白山) : 중국 섬서성(陝西省) 미현(眉縣) 남쪽에 있는 산. 해발 3,767m.
48 《遵生八牋》卷13〈飮饌服食牋〉下 "服食方類"(《遵生八牋校注》, 496쪽).

3-4) 현원호명자지배(玄元護命紫芝杯)

준생팔전 [49] 이 잔은 오로칠상, 온갖 허손중, 반신 불수, 각종 풍질(風疾), 온갖 사특한 기운으로 생긴 병을 치료한다. 도인 왕진(王進)[50]은 이 잔으로 술을 복용하여 300여 살을 살고 신선이 되어 떠났다.

깨끗하게 정제한 주사 1.5근(24냥) 중에 먼저 4냥 을 수화양성관(水火陽城罐)[51]에 넣고 센 불로 24시간 을 지핀 뒤, 꺼내어 곱게 가루 낸다. 다시 4냥을 더 하여 똑같이 불을 지핀다. 이처럼 총 6번을 한 다음 [52] 모두 함께 곱게 가루 낸다.

불에 달군 철등잔(鐵燈盞)을 큰 철술잔모양으로 고치고 광이 나게 갈아 성형틀을 만든 다음 이를 양 성관 속에 매단다. 철술잔의 몸통 전체에 금박을 5 겹 두께로 붙이고, 양성관 속에서 주사를 쟁여넣은 다음 양성관의 아가리에 이 잔을 얹어두고, 센 불로 3일 밤낮을 지핀다. 철잔의 윗면에 때때로 물을 부 어 문질러주면 성형틀 위에 있던 잔이 안에서부터 완성되니, 이를 떼어낸다.[53]

사용할 때마다 좋은 웅황 0.003냥을 갈아서 잔 속에 넣고, 뜨거운 술을 채워 1번에 2잔을 복용한

玄元護命紫芝杯

又 此杯能治五勞七傷, 諸 虛百損, 左癱右瘓[11], 各色 風疾, 諸邪百病. 道人王進 服之, 壽三百餘歲, 仙去. 用明淨朱砂一斤半, 先取 四兩, 入水火陽城罐, 打大 火一日一夜, 取出研細. 又 加四兩, 如此加添打火, 六 次足, 共爲細末.

將打火鐵燈盞改打一鐵大 酒杯樣, 磨光作塑, 懸入 陽城罐內. 鐵杯渾身貼以 金箔五層厚, 罐內裝砂, 口[12]上加此杯盞, 打大火三 日夜, 鐵盞上面, 時加水 擦, 內結成杯在於塑上, 取下.

每用好明雄三釐, 硏入硃 杯內, 充熱酒服, 二杯一

---

49 《遵生八牋》卷13〈飮饌服食牋〉下 “服食方類”(《遵生八牋校注》, 487~488쪽).

50 왕진(王進) : 미상.

51 수화양성관(水火陽城罐) : 중국 산서성(山西省) 진성시(晉城市) 양성현(陽城縣) 일대에서 생산되었던 항 아리로, 주로 연단(鍊丹)하는 용도로 사용되었다.

52 6번을……다음 : 1근은 16냥으로, 1근 반은 24냥이 된다. 4냥씩 6번을 법제하므로, 24냥 모두 처리하는 셈이다.

53 성형틀……떼어낸다 : 이 단락에서 설명한, 잔을 제조하는 공정은 정확히 이해하지 못했다.

[11] 左瘓右癱 : 저본에는 “左瘓右癱”. 《遵生八牋·飮饌服食牋·服食方類》에 근거하여 수정.

[12] 口 : 저본에는 “日”. 《遵生八牋·飮饌服食牋·服食方類》에 근거하여 수정.

다. 첫 잔을 거둔 뒤, 다시 사용하더라도 그 빼어난 효과를 이루 다 표현할 수 없다.

次, 收杯再用, 妙不盡述.

4) 세숫물·목욕물로 보양하는 방법

洗浴湯方

4-1) 구기탕(枸杞湯)

枸杞湯

[세시기][54] 1월 1일, 2월 2일, 3월 3일, 4월 4일에서 12월 12일에 이르기까지 모두 구기잎 달인 물로 몸을 씻는다. 그러면 몸에 광택이 나고, 온갖 병이 생기지 않는다.

歲時記 正月一日、二月二日、三月三日、四月四日, 以至十二月十二日, 皆用枸杞葉煎湯洗澡, 令人光澤, 百病不生.

[법천생의][55] 21일에 구기잎 달인 물로 목욕하면 사람이 병이 없고 늙지 않는다. 14일에 구기잎 달인 물로 목욕하면 몸에 광택이 나고 늙지 않는다. 11월 10일, 12월 제야에 구기잎 달인 물로 목욕하면 몸에 광택이 나고, 병이 없고 늙지 않으며, 재앙을 제거한다.

法天生意 廿一日, 枸杞煎湯沐浴, 令人不病不老. 十四日, 枸杞煎湯沐浴, 令人光澤, 不老. 十一月初十日、十二月除夜, 枸杞煎湯沐浴, 令人光澤, 不病不老, 去災.

4-2) 오지탕(五枝湯)

五枝湯

[사시양생론(四時養生論)][56][57] 여름 3개월 동안은 오지탕으로 씻고, 씻은 다음 향분(香粉)으로 몸을 바르면 장독(瘴毒, 악성 학질)을 제거하고, 풍기(風氣)를 흩어내

四時養生論 夏三月, 宜用五枝湯澡浴, 浴訖, 以香粉傅身, 能祛瘴毒, 疏風氣,

---

54 《本草綱目》卷36〈木部〉"枸杞", 2118쪽.

55 출전 확인 안 됨;《廣群芳譜》卷100〈藥譜〉"枸杞", 2505쪽.

56 사시양생론(四時養生論) : 미상.

57 《遵生八牋》卷5〈四時調攝牋〉"夏季攝生消息論"(《遵生八牋校注》, 107쪽).

며, 혈맥을 자윤할 수 있다.

오지탕 만드는 방법 : 뽕나무가지·회화나무가지·닥나무가지·버드나무가지·복숭아나무가지 각 1줌, 삼잎 2근.

이상의 6가지 약미를 물 1석이 80승 정도가 되도록 달여 찌꺼기를 제거하고 하루 1번 따뜻하게 씻는다.

몸에 바르는 향분 만드는 방법 : 좁쌀 1근을 가루낸다. 좁쌀가루가 없으면 칡가루로 대체한다. 또한 청목향(青木香)58·마황뿌리·부자(구워서 법제한 것)·감송·곽향(藿香)59·영릉향(零陵香)60·굴껍데기 각 2냥을 준비한다.

이상의 8가지 약미를 절구에 찧고 체질하여 가루낸 뒤, 명주주머니에 담아두었다가 목욕 후에 몸에 바른다.

滋血脈.

其五枝湯方 : 用桑枝·槐枝·楮枝13·柳枝·桃枝各一握、麻葉二14斤.

右件六味, 以水一石煎至八斗許, 去滓, 溫浴一日一次.

其傅身香粉方 : 粟米一斤作粉, 如無粟米粉, 以葛粉代之, 亦得青木香, 麻黃根, 附子(炮製15)、甘松、藿香、零陵香、牡蠣16各二兩.

右件八味, 杵羅爲末, 以生絹作袋盛之, 浴畢傅身.

4-3) 오종향탕(五種香湯)

五種香湯

목욕신심경(沐浴身心經) 61 62 첫째는 백지(白芷)이니, 삼

沐浴身心經 一者, 白芷

---

58 청목향(青木香) : 쥐방울과의 쥐방울덩굴의 뿌리. 다만 서유구는 아래 기사에서 청목향이 오엽송이 아닐까 하는 의문을 제시했다.

59 곽향(藿香) : 꿀풀과의 방아풀과 광곽향(廣藿香)의 전초를 말린 것. 땀이 나게 하고 기를 잘 통하게 하며 비위의 기능을 강화하는 등의 효과가 있다.

60 영릉향(零陵香) : 봄맞이꽃과의 영릉향의 전초를 말린 것. 기의 순환을 촉진하며 통증을 멎게 하는 등의 효과가 있다.

61 목욕신심경(沐浴身心經) : 작자 미상의 도교서.

62 출전 확인 안 됨 : 《雲笈七籤》卷41〈沐浴〉"沐浴七事獲七福"(《中華道藏》29, 333쪽).

13 楮枝 : 《遵生八牋·四時調攝牋·夏季攝生消息論》에는 없음.

14 二 : 《遵生八牋·四時調攝牋·夏季攝生消息論》에는 "半".

15 炮製 : 《遵生八牋·四時調攝牋·夏季攝生消息論》에는 "炒".

16 牡蠣 : 《遵生八牋·四時調攝牋·夏季攝生消息論》에는 없음.

시(三尸)[63]를 제거할 수 있다. 둘째는 복숭아나무껍질이니, 사기를 쫓아낼 수 있다. 셋째는 측백나무잎이니, 신선이 되도록 할 수 있다. 넷째는 영릉향이니, 영성(靈聖)을 모을 수 있다. 다섯째는 청목향이니, 더러운 것을 없애고 참된 것을 부를 수 있다【안《운급칠첨》에 "청목향은 꽃과 잎이 각각 다섯씩이라, 5와 5가 서로 맺어지니,[64] 악기(惡氣)를 쫓고, 혼백을 제어하고, 귀신의 기운을 제재하며, 영적(靈迹, 신령의 자취)에 이르게 한다. 그것은 5와 5의 절도가 있어서 사람에게 유익하기 때문이다.[65]"[66]라 했다. 또 "이 향은 창해(滄海, 발해)의 동쪽에서 많이 난다."[67]라 했다. 이에 근거하면 청목향은 우리 동방에서 나는 것인데, 지금은 알 수가 없다. 어쩌면 우리 동방의 오엽송(五葉松, 섬잣나무)이 아닐까?】.

능거삼시;이자, 도피, 능벽사기;삼자, 백엽, 능강진선;사자, 영릉, 능집영성;오자, 청목향, 능소예소진【案《雲笈七籤》云："靑木、華、葉五節, 五五相結, 故辟惡氣, 撿魂魄, 制鬼煙, 致靈迹, 以其有五五之節, 所以爲益於人耳." 又曰："此香多生滄海之東." 據此則靑木香卽吾東産, 而今不可知矣. 豈卽我東五葉松耶?】.

4-4) 사종향탕(四種香湯)

통신경(洞神經)[68][69] 상원재(上元齋)[70]라는 것은 운수(雲水) 3곡(斛), 청목향 4냥, 진단(眞檀, 단향) 7냥, 현삼

洞神經 上元齋者, 用雲水三斛、靑木香四兩、眞檀

---

63 삼시(三尸) : 도교 용어로, 사람의 몸 안에 있으면서 수명·질병·욕망 따위를 좌우하는 3마리의 벌레. 경신일(庚申日) 밤에 사람이 잠이 들면 나와서 하늘로 올라가 하느님에게 그 사람의 잘못을 고한다고 한다.

64 청목향은……맺어지니 : 뒤에서 서유구가 우리나라의 오엽송이 아닐까라고 의심한 것처럼 이 청목향을 꽃이 5엽, 잎도 5엽이 되어서 5가 중복되어 있는 점이 특이하다고 본 것이다. 이는 마치 단오절이 양수인 5가 중복되어 있어 특별한 절기가 된 상황을 연상케 한다.

65 청목향은……때문이다 : 《본초강목(本草綱目)》에서는 《삼동주낭(三洞珠囊)》을 인용하여 청목향을 '오향(五香)'이라고도 하는데, 한 그루에 다섯 뿌리가 나고, 한 줄기에 다섯 가지가 나며, 한 가지에 다섯 잎이 나고, 잎 사이에 다섯 마디가 있으므로 오향이라 한다고 했다. 《본초강목》 권14 〈목향(木香)〉 참조.

66 청목향은……때문이다 : 《雲笈七籤》 卷41 〈沐浴〉 "沐浴"(《中華道藏》 29, 331~332쪽).

67 이……난다 : 《雲笈七籤》 卷41 〈沐浴〉 "沐浴"(《中華道藏》 29, 332쪽).

68 통신경(洞神經) : 작자 미상의 도교서.

69 《雲笈七籤》 卷41 〈沐浴〉 "沐浴吉日"(《中華道藏》 29, 334쪽).

70 상원재(上元齋) : 도가에서 갑자를 처음 추산할 때 상원(上元)이라 한다. 여기서는 사종향탕의 별칭으로 쓰인 듯하다.

(玄蔘)[71] 2냥의 4가지 약미를 합해 달인 것인데, 1번 끓어오르면 맑게 가라앉혀 적당한 온도가 되면 먼저 머리를 감고 다음에 몸을 씻는다【안 운수는 무엇을 말하는지 모르겠다[72]】.

七兩、玄蔘二兩四種合煮, 一沸, 清澄, 適寒溫, 先沐後浴【案 雲水未詳】.

4-5) 이종향탕(二種香湯)

통신경[73] 4가지 약미를 마련하기 어려운 경우, 복숭아나무껍질과 죽엽을 썰어 양에 따라 물 1~2곡 정도를 붓고 1번 끓어오르게 달인다. 물에서 향기가 나게 하면 사악한 기운과 상서롭지 못한 것을 물리친다. 목욕실은 향기롭고 깨끗하게 한다. 가축의 우리[圈溷]에 가까이 짓지 말아야 하고, 우물이나 부엌에 가까이 짓지 말아야 하며, 사당이나 제단 옆에 짓지 말아야 하고, 더러운 땅을 쓰지 말아야 한다.

二種香湯

又 四種如難辨者, 用桃皮、竹葉剉之, 水一二斛, 隨多少, 煮一沸. 令有香氣, 辟惡除[17]不祥. 沐浴室令香淨. 勿近圈[18]溷, 勿逼井竈, 勿傍堂壇, 勿用穢地.

보양지 권제5 끝

葆養志卷第五

---

71 현삼(玄蔘) : 현삼과의 여러해살이풀. 인후염·연주창(連珠瘡)·부스럼·단독(丹毒) 등을 치료하는 데 효과가 있다.
72 운수는……모르겠다 : 자세한 내용은 알 수 없으나, 3곡(斛)이나 쓰이는 것으로 보아 물의 일종일 것이다.
73 《雲笈七籤》, 위와 같은 곳.
[17] 除 : 저본에는 "邪".《雲笈七籤·沐浴·沐浴吉日》에 근거하여 수정.
[18] 圈 :《雲笈七籤·沐浴·沐浴吉日》에는 "圃".

임원경제연구소

임원경제연구소는 고전 연구와 번역, 출판을 주요 목적으로 하는 사단법인이다. 문사철수(文史哲數)와 의농공상(醫農工商) 등 다양한 전공 분야의 소장학자 40여 명이 회원 및 번역자로 참여하여, 풍석 서유구의 《임원경제지》를 완역하고 있다. 또한 번역 사업을 진행하면서 축적한 노하우와 번역 결과물을 대중과 공유하기 위해 관련 전문가 및 단체들과 교류하고 있다. 연구소에서는 번역 과정과 결과를 통하여 '임원경제학'을 정립하고 우리 문명의 수준을 제고하여 우리 학문과 우리의 삶을 소통시키고자 노력한다. 임원경제학은 시골 살림의 규모와 운영에 관한 모든 것의 학문이며, 경국제세(經國濟世)의 실천적 방책이다.

번역

전종욱(全鍾頊)

대구 칠곡 출신. 전북대학교 한국과학문명학연구소 교수. 한의사. KAIST 의과학대학원 박사. 서울대학교 경제학과, 동신대학교 한의학과, 한국한의학연구원을 거쳤다. 도올서원과 한림대학교 태동고전연구소(지곡서당)에서 한문을 익혔다. 《임원경제지》〈보양지〉와 〈인제지〉 번역과 함께 우리 문화의 성취에 주목하고 동과 서, 고와 금을 아우르는 지평에서 한국문명의 좌표와 미래를 탐색하고 있다. 《임원경제지》〈인제지〉의 처방을 기반으로 신약개발플랫폼 특허를 등록하였으며, 〈원효의 《금광명경》〈제병품〉 주석을 통해 살펴본 한국고대불교의학〉, 《역시만필》 속 맥진에 대한 연구〉, 〈조선 침구의 지향에 대한 연구〉 등의 논문과 《국역 구급이해방》, 《국역 의림촬요》, 《조선최대의 실용백과사전, 임원경제지 개관서(공저)》, 《이수귀의 동의보감 실전기, 역시만필(공저)》, 《임원경제지와 조선의 일용기술(근간)》 등의 저서가 있다.

정명현(鄭明炫)

광주광역시 출신. 고려대 유전공학과를 졸업하고, 도올서원과 한림대 태동 고전연구소에서 한학을 공부했다. 서울대 대학원 '과학사 및 과학철학 협동 과정'에서 전통 과학기술사를 전공하여 석사와 박사를 마쳤다. 석사와 박사 논문은 각각 〈정약전의 《자산어보》에 담긴 해양박물학의 성격〉과 〈서유구의 선진농법 제도화를 통한 국부창출론〉이다. 《임원경제지》 중 《본리지》·《섬용지》·《유예지》·《상택지》·《예규지》·《이운지》·《정조지》를 공역했다. 또 다른 역주서로 《자산어보 : 우리나라 최초의 해양생물 백과사전》이 있고, 《임원경제지 : 조선 최대의 실용백과사전》을 민철기 등과 옮기고 썼다. 현재 임원경제 연구소 소장으로 《임원경제지》 번역 사업에 참여하고 있다.

감수 및 서문

도올 김용옥(金容沃)

우리시대를 대표하는 사상가이다. 고려대학교 생물과, 철학과, 한국신학대학 신학과에서 수학하고 원광대학교 한의과대학, 대만대학, 동경대학, 하바드대학에서 소정의 학위를 획득했다. 고려대학교, 중앙대학교, 한국예술종합학교, 연변대학, 사천사범대학 등 한국과 중국의 수많은 대학에서 제자를 길렀다. 《동양학 어떻게 할 것인가》 등 80여 권에 이르는 다양한 주제의 저술을 통해 끊임없이 민중과 소통하여 왔으며, 우리나라 KBS1 TV프로그램 《도올 아인 오방간다》(2019, KBS1 TV)를 통하여 우리 현대사 100년의 의미를 국민에게 전했다. 그가 직접 연출한 《도올이 본 한국독립운동사 10부작》(2005, EBS)은 동학으로부터 해방에 이르는 다난한 민족사를 철학자의 시각에서 영상으로 표현한 20세기 한국역사의 대표적인 걸작으로 꼽히며, 향후의 모든 근대사 탐구의 기준을 제시했다. 역사에 대한 탐색은 여기에 그치지 않고, 국학(國學)의 정립을 위하여 《삼국유사》·《일본서기》·《고려사》·《조선왕조실록》의 역사문헌과 유적의 연구에 정진하며, 고대와 근세 한국사에 대한 인식을 새롭게 하고 있다. 최근에는 광주MBC에서 마한문명을 고조선의 중심으로 파악하는 파격적인 학설을 주장하여 사계 학자들의 관심을 집중시켰다. 도올 김용옥 선생은 역사와 문학과 철학, 문화인류학, 고고학, 그리고 치열한 고등

문헌학을 총체적으로 융합시킬 수 있는 당대의 거의 유일한 학자로서 후학들의 역사이해를 풍요롭게 만들어가고 있다. 최근 50년 학문 역정을 결집시킨 《노자도덕경》 주석서, 《노자가 옳았다》는 인류문명 패러다임의 전환에 대한 새로운 시각을 제시하였으며, 베스트셀러로서 광범위한 민중들의 호응을 얻고 있다.

교열, 교감, 표점

민철기(閔喆基)

서울 출신. 연세대 철학과를 졸업하고 도올서원에서 한학을 공부했다. 연세대 대학원 철학과에서 학위논문으로 〈세친(世親)의 훈습개념 연구〉를 써서 석사과정을 마쳤다. 임원경제연구소 번역팀장과 공동소장을 역임했고, 현재는 선임연구원으로 재직하며 《섬용지》를 교감 및 표점했고, 《유예지》·《상택지》·《예규지》·《이운지》·《정조지》를 공역했다.

정정기(鄭炡基)

경상북도 장기 출신. 서울대 가정대학 소비자아동학과에서 공부했고, 도올서원과 한림대 태동고전연구소에서 한학을 익혔다. 서울대 대학원에서 〈성리학적 부부관에 대한 연구〉로 석사를, 〈조선시대 가족의 식색교육 연구〉로 박사를 마쳤다. 음식백과인 《정조지》의 역자로서 강의와 원고 작업을 통해 그에 수록된 음식에 대한 소개에 힘쓰며, 부의주를 빚고 가르쳐 집집마다 항아리마다 술이 익어가는 꿈을 실천하고 있다. 임원경제연구소 교열팀장과 번역팀장을 역임했고, 현재는 연구원으로 재직하며, 《섬용지》를 교열했고, 《유예지》·《상택지》·《예규지》·《이운지》·《정조지》를 공역했다.

최시남(崔時南)

강원도 횡성 출신. 성균관대 유학과(儒學科) 학사 및 석사를 마쳤으며 동 대학원 박사과정을 수료했다. 성균관(成均館) 한림원(翰林院)과 도올서원(檮杌書院)에서 한학을 공부했으며 호서대학교에서 강의를 했다. IT회사에서 조선시대 왕실 자료와 문집·지리지 등의 고문헌 디지털화 작업을 했다. 현재 임원경제연구소 팀장으로 근무하며, 《섬용지》·《유예지》·《상택지》·《예규지》·《이운지》·《정조지》를 공역했다.

김현진(金賢珍)

경기도 평택 출신. 공주대 한문교육과를 졸업하고 한림대 태동고전연구소와 한국고전번역원에서 한학을 공부하였으며 성균관대 대학원 한문학과에서 석사과정을 수료했다. 현재 임원경제연구소 연구원으로 근무하며 《섬용지》를 교열했고, 《유예지》·《상택지》·《예규지》·《이운지》·《정조지》를 공역했다.

김수연(金秀娟)

서울 출신. 한국전통문화대 전통조경학과를 졸업하고 한림대 태동고전연구소에서 한학을 공부했다. 현재 임원경제연구소 팀장으로 근무하며 《섬용지》를 교감 및 표점했고, 《유예지》·《상택지》·《예규지》·《이운지》·《정조지》를 공역했다.

강민우(姜玟佑)

서울 출신. 한남대 사학과를 졸업하고 한림대 태동고전연구소에서 한학을 공부했다. 성균관대 대학원 사학과에서 석사과정을 마쳤고, 박사과정 재학 중이다. 현재 임원경제연구소 연구원으로 근무하며, 《섬용지》를 교열했고, 《유예지》·《상택지》·《예규지》·《이운지》·《정조지》를 공역했다.

김광명(金光明)

전라북도 정읍 출신. 전주대학교 한문교육과를 졸업하고 한국고전번역원에서 한학을 공부했으며, 성균관대 대학원 고전번역 협동과정에서 석박사통합과정을 수료했다. 현재 임원경제연구소 연구원으로 근무하며, 《유예지》·《상택지》·《예규지》·《이운지》·《정조지》를 공역했다.

김용미(金容美)

전라북도 순창 출신. 동국대 철학과를 졸업하고, 한국고전번역원 국역연수원과 일반연구과정에서 한문 번역을 공부했다. 한국고전번역원에서 추진하는 고전 전산화사업에 교정교열위원으로 참여했고, 《정원고사(政院故事)》 공동번역에 참여했으며, 전통문화연구회에서 추진하고 있는 《모시정의(毛詩正義)》 공동번역에 참여하고 있으며, 현재 임원경제연구소 연구원으로 근무하며, 《유예지》·《이운지》·《정조지》를 공역했다.

자료정리

고윤주(高允珠)(푸르덴셜 라이프 플래너)

교감·표점·교열·자료조사

임원경제연구소

 **풍석문화재단**

(재)풍석문화재단은《임원경제지》등 풍석 서유구 선생의 저술을 번역 출판하는 것을 토대로 전통문화 콘텐츠의 복원 및 창조적 현대화를 통해 한국의 학술 및 문화 발전에 기여함을 목적으로 설립되었다.

재단은 ①《임원경제지》의 완역 지원 및 간행, ②《풍석고협집》,《금화지비집》,《금화경독기》,《번계시고》,《완영일록》,《화영일록》등 선생의 기타 저술의 번역 및 간행, ③풍석학술대회 개최, ④《임원경제지》기반 대중문화 콘텐츠 공모전, ⑤풍석디지털자료관 운영, ⑥《임원경제지》등 고조리서 기반 전통음식문화의 복원 및 현대화 사업 등을 진행 중이다.

재단은 향후 풍석 서유구 선생의 생애와 사상을 널리 알리기 위한 출판·드라마·웹툰·영화 등 다양한 문화 콘텐츠 개발 사업,《임원경제지》기반 전통문화 콘텐츠의 전시 및 체험교육 등을 목적으로 하는 서유구 기념관 건립 등을 추진 중이다.

풍석문화재단 웹사이트 및 주요 연락처

웹사이트

풍석문화재단 홈페이지 : www.pungseok.net

출판브랜드 자연경실 블로그 : https://blog.naver.com/pungseok

풍석디지털자료관 : www.pungseok.com

풍석문화재단 음식연구소 홈페이지 : www.chosunchef.com

주요 연락처

풍석문화재단 사무국

주　소 : 서울 서초구 방배로19길 18, 남강빌딩 301호

연락처 : 전화 02)6959-9921 팩스 070-7500-2050 이메일 pungseok@naver.com

풍석문화재단 전북지부

연락처 : 전화 063)290-1807 팩스 063)290-1808 이메일 pungseokjb@naver.com

풍석문화재단 음식연구소

주　소 : 전북 전주시 완산구 향교길 104

연락처 : 전화 010-8983-0658 이메일 zunpung@naver.com

조선셰프 서유구(음식연구소 부설 쿠킹클래스)

주　소 : 전북 전주시 완산구 향교길 104

연락처 : 전화 010-8983-0658 이메일 zunpung@naver.com

서유구의 서재 자이열재(풍석 서유구 홍보관)

주　소 : 전북 전주시 완산구 향교길 104

연락처 : 전화 010-3010-2057 이메일 pungseok@naver.com

풍석학술진흥연구조성위원회

(재)풍석문화재단은《임원경제지》의 완역완간 사업 등의 추진을 총괄하고 예산
집행의 투명성을 기하기 위해 풍석학술진흥연구조성위원회를 두고 있습니다.
풍석학술진흥연구조성위원회는 사업 및 예산계획의 수립 및 연도별 관리, 지출
관리, 사업 수익 관리 등을 담당하며 위원은 아래와 같습니다.

위원장 : 신정수(풍석문화재단 이사장)

위　원 : 서정문(한국고전번역원 고전번역연구소장), 진병춘(풍석문화재단 사무총장)
　　　　안대회(성균관대학교 한문학과 교수), 유대기(활기찬인생 2막 이사장)
　　　　정명현(임원경제연구소장)

풍석문화재단 사람들

이사장	신정수 ((前) 주택에너지진단사협회 이사장)
이사진	김윤태 (우석대학교 평생교육원장) 김형호 (한라대학교 이사) 모철민 ((前) 주 프랑스대사) 박현출 ((前) 서울시농수산식품공사 사장) 백노현 (우일계전공업그룹 회장) 서창석 (대구서씨대종회 총무이사) 서창훈 (우석재단 이사장 겸 전북일보 회장) 안대회 (성균관대학교 한문학과 교수) 유대기 (활기찬인생 2막 이사장) 이영진 (AMSI Asia 대표) 정명현 (임원경제연구소 소장) 진병춘 (상임이사, 풍석문화재단 사무총장) 채정석 (법무법인 웅빈 대표) 홍윤오 ((前) 국회사무처 홍보기획관)
감사	홍기택 (대일합동회계사무소 대표)
음식연구소장	곽미경 (《조선셰프 서유구》 저자)
재단 전북지부장	서창훈 (우석재단 이사장 겸 전북일보 회장)
사무국	박정진, 박소해
고문단	이억순 (상임고문) 고행일 (인제학원 이사) 김영일 (한국AB.C.협회 고문) 김유혁 (단국대 종신명예교수) 문병호 (사랑의 일기재단 이사장) 신경식 (헌정회 회장) 신중식 ((前) 국정홍보처 처장) 신현덕 ((前) 경인방송 사장) 오택섭 ((前) 언론학회 회장) 이영일 (한중 정치외교포럼 회장) 이석배 (공학박사, 퀀텀연구소 소장) 이수재 ((前) 중앙일보 관리국장) 이준석 (원광대학교 한국어문화학과 교수) 이형균 (한국기자협회 고문) 조창현 ((前) 중앙인사위원회 위원장) 한남규 ((前) 중앙일보 부사장)

《임원경제지·보양지》 완역 출판을 후원해 주신 분들

㈜DYB교육 ㈜벽제외식산업개발 ㈜오가닉씨드 ㈜우리문화 ㈜우일계전공업 ㈜청운산업 ㈔인문학문화포럼 굿데이영농조합법인 눈비산마을 대구서씨대종회 문화유산국민신탁 옹기뜸골 홍주발효식품 한국에너지재단 강윤화 강흡모 고관순 고경숙 고옥희 고유돈 고윤주 고혜선 공소연 구도은 구자민 곽미경 곽의종 곽중섭 곽희경 권경숙 권미연 권정순 권희재 김경용 김근희 김남주 김남희 김덕수 김덕숙 김동관 김동범 김동섭 김두섭 김문경 김문자 김미숙 김미정 김병돈 김상철 김석기 김선유 김성규 김성자 김 솔 김수경 김수향 김순연 김영환 김용도 김유혁 김은영 김은희 김익래 김인혜 김일웅 김재광 김정기 김정숙 김정연 김종덕 김종보 김종호 김지연 김지형 김창욱 김태빈 김현수 김혜례 김홍희 김후경 김 훈 김흥룡 나윤호 노창은 류충수 류현석 문성희 민승현 박낙규 박동식 박록담 박미현 박민숙 박민진 박보영 박상용 박상준 박석무 박선희 박성희 박수금 박영재 박용옥 박용희 박재정 박종규 박종수 박지은 박찬교 박춘일 박현자 박혜옥 박현술 박효원 배경옥 백노현 백은영 변흥섭 서국모 서봉석 서영석 서정표 서창석 서청원 석은진 선미순 성치원 손현숙 송상용 송은정 송원호 송형록 신동규 신미숙 신영수 신웅수 신종출 신태복 안순철 안영준 안철완 양덕기 양성용 양인자 양태건 양휘웅 오미환 오민하 오성열 오영록 오영복 오은미 오인섭 용남곤 우창수 유미영 유영준 유종숙 유지원 윤남철 윤석진 윤신숙 윤영실 윤은경 윤정호 이건호 이경근 이경제 이경화 이관옥 이광근 이국희 이근영 이기웅 이기희 이남숙 이동규 이동호 이득수 이범주 이봉규 이상근 이성옥 이세훈 이순례 이순영 이승무 이영진 이우성 이윤실 이윤재 이원종 이인재 이재용 이정란 이정언 이주희 이진영 이진희 이천근 이 철 이태영 이태인 이태희 이현식 이현일 이형배 이형운 이혜란 이효지 임각수 임승윤 임윤희 임종태 임종훈 임재춘 자원스님 장상무 장영희 장우석 전명배 전종욱 전치형 전푸르나 정갑환 정경숙 정 극 정금자 정명섭 정명숙 정상현 정소성 정여울 정연순 정영미 정외숙 정용수 정우일 정정희 정종모 정지섭 정진성 정창섭 정태경 정태윤 정혜경 정혜진 조규식 조문경 조성연 조숙희 조은미 조은필 조주현 조재현 조창록 조헌철 조희부 주석원 주호스님 지현숙 진묘스님 진병춘 진선미 진성환 진인옥 차재숙 차영익 차흥복 천재박 최경수 최경식 최광현 최미옥 최미화 최범채 최성희 최승복 최연우 최용범 최윤경 최정숙 최정원 최정희 최진욱 최필수 최희령 탁준영 태경스님 태의경 하영휘 하재숙 한승문 함은화 허영일 허 탁 홍미숙 홍수표 함은화 황경미 황재운 황재호 황정주 황창연 그 외 이름을 밝히지 않은 후원자분